# 推进以审判为中心的诉讼制度改革研讨会论文集

石德和　主编

合肥工业大学 出版社

# 编　委　会

# 序

　　党的十八届四中全会作出的《中共中央关于全面推进依法治国若干重大问题的决定》明确要求"推进以审判为中心的诉讼制度改革"。这是我们党从全面推进依法治国，加快构建中国特色社会主义法治体系、建设社会主义法治国家，确保刑事司法公正的现实需要和长远考虑所作出的重大改革部署。

　　在刑事诉讼中，审判程序是刑事诉讼的最后一道程序，是参与诉讼主体最多的诉讼程序，也是最终对案件审理结果做出裁判并承担法律责任的诉讼程序。推进以审判为中心的诉讼制度改革，就是要高度重视、切实发挥审判程序的职能，确保侦查程序和公诉程序的办案标准符合审判程序的法定定案标准，从源头上防止案件"带病"进入审判程序，从而有效防范冤假错案，确保侦查、起诉的案件经得起法律的检验。

　　推进以审判为中心的诉讼制度改革，涉及侦查、公诉、辩护和审判的方方面面，需要公检法司立足不同的岗位职责展开深入研究、积极探索。2015 年 12 月，安徽省法官协会、检察官协会、警察协会、律师协会共同召开"推进以审判为中心的诉讼制度改革"主题研讨会，这是省级层面法官、检察官、警官、律师围绕"以审判为中心的诉讼制度改革"的首次面对面互动交流，也是加强法律职业共同体建设进行的有益探索。此次研讨会共征集论文 305 篇，最终确定 53 篇优秀论文结集出版。这些论文的作者来自安徽省的各级司法机关、律师协会、法学院校，他们结合工作实际，从立法现状、务实运作、理论发展、制度建设等角度，对以审判为中心的诉讼制度改革进行理论思考和实践探索。这些论文所提出的观点和意见，颇有创新之处，对积极稳妥地推进改革具有理论与实践参考价值。

　　当前，司法改革已进入攻坚期、深水区，改革的力度、深度和难度前所未有。大力加强司法理论研究，大兴理论研究之风，为深化司法改革提供智力支撑，意义重大。我们期望广大法律职业者牢固树立中国特色社会主义法治理念，紧紧围绕党中央全面推进依法治国的重要战略部署，关注改革、投身改革，为科学构建中国特色社会主义司法理论体系，建设公正、高效、权威的社会主义司法制度而共同努力奋斗！

张　坚

2016 年 7 月 11 日

# 目　　录

# 以审判为中心诉讼制度改革的路径初探

石德和

**摘　要：** 推动以审判为中心的诉讼制度改革，是党的十八届四中全会《决定》提出的改革措施。以审判为中心的诉讼制度，要求把审判程序置于刑事诉讼的核心程序，通过审判程序对案件进行全面性、实质性审查，整个诉讼制度围绕审判而构建，全部诉讼活动围绕审判而展开。完善审判程序中的控诉、辩护、审判"等腰三角形"诉讼职能是以审判为中心诉讼制度改革的重点。

**关键词：** 同一诉讼理念；统一证据标准；控辩平等对抗；突出庭审中心

党的十八届四中全会《决定》指出，要"推进以审判为中心的诉讼制度改革，确保侦查、起诉的案件事实证据经得起法律的检验。"① 这一规定明确了以审判为中心诉讼制度改革的目标、任务和要求。以审判为中心的诉讼制度改革与省以下法、检两院人、财、物由省直管为主的管理体制改革和让审理者裁判、由裁判者负责为主的审判权运行机制改革并立，构成了我国司法改革的三大重要板块。以审判为中心的诉讼制度改革涉及刑事诉讼制度架构的重度变革和各诉讼主体职能的深度调整，能否确立审判在诉讼中的中心地位，能否实现、如何实现"以审判为中心"，是检验司法改革成效和刑事法治发展水平的重要标志。笔者拟就以审判为中心诉讼制度改革的路径谈点思考。

## 一、确立同一诉讼理念

以审判为中心是刑事诉讼规律的必然要求。现代刑事诉讼是一个各诉讼环节紧密相连、各诉讼阶段彼此依赖的系统工程，是控、辩、审三种职能共同作用的总和，终极目的是惩罚犯罪、保护人民、使无罪的人不受刑事追究。"从这个意义上说，刑事诉讼是以审判为中心的综合指标，是综合公、检、法和辩护律师正能量的合成。"② 侦查是为审判而做准备，起诉是启动审判程序的开端，刑罚执行是对审判结果的落实。侦查、起诉是审前阶段，是以审判为中心的前提和基础，要实现以审判为中心，脱离侦查、起诉等环节，审判就变成空中楼阁。审判是刑事诉讼的核心程序，案件事实需经庭审查清，证据需经庭审

---

① 《中共中央关于全面推进依法治国若干重大问题的决定》（2014 年 10 月 23 日中国共产党第十八届中央委员会第四次全体会议通过）。

② 樊崇义："以审判为中心"的概念、目标和实现路径，人民法院报，2015 - 1 - 14（1）。

质证、认证,是否构成犯罪、如何处罚犯罪均需经法院审判程序确定。通过审判程序对侦查、起诉等审前诉讼活动进行司法审视,整个刑事诉讼制度围绕审判而建构,全部刑事诉讼活动围绕审判而展开,审判阶段对案件的调查具有实质化特征。因此,整个刑事诉讼活动都必须以审判为中心,侦查、审查起诉等诉讼活动都要围绕审判程序而进行。长期以来,少数人主张以侦查为中心,以监督为借口,无视审判,从而形成弱势的审判,这与现代司法理念不相符,也是违背司法规律的。

以审判为中心是刑事程序法治的客观要求。从诉讼制度的演进来看,专制国家诉讼制度以侦查为中心,警察在国家法律体系中居支配地位;法治国家的诉讼制度则以审判为中心,主持审判的法官对侦查权、追诉权的行使进行控制。程序法治已成为现代社会的基本理念,在我国也越来越引起重视。程序法治的价值在于法律程序承载着自由、平等、权利、民主、公平等人类价值,刑事审判涉及限制和剥夺人身自由及财产,乃至剥夺他人生命。法律程序以保障权利和制约权力为核心,尊重当事人在诉讼中的主体地位,保证控辩双方地位平等,不仅赋予当事人广泛的诉讼权利,而且以程序保障权利和义务的实现。我国刑事诉讼法对公、检、法三机关的职能分工及相互制约作出了明确规定,这是对三机关权力行使边界的划定,集中凸显了审判中心的程序设置,这个边界设置是不可逾越的,是程序法治的要求使然。当然,以审判为中心本身也不是没有边界的,法律还设立了相应的、合理的程序规制审判的操作流程,保障司法判断的准确性,防止司法擅断任性。比如,设立审判中的合议制度、回避制度、两审终审制度、公开审判制度、审判监督制度和死刑复核制度等,都是公正司法的必要程序保障。

以审判为中心,不是以法院为中心,不是以法官为中心,不涉及法院、检察院、公安、司法各专门机关地位高低、作用大小,不涉及侦查、公诉、审判人员、辩护人员孰高孰低的问题,它是程序法治应有的一种状态。一切诉讼活动出发点和落脚点,就是围绕审判这个诉讼中心活动而展开,都是为了实现刑事诉讼的终极目的。以审判为中心,应成为司法、执法各机关和社会各有关方面的共同理念。

## 二、适用统一证据标准

证据是认定案件事实的唯一根据和适用法律的重要基础。我国刑事诉讼的立案、侦查、批捕、提起公诉、第一审审判、第二审审判、死刑复核、审判监督再审等一系列诉讼环节,都是围绕着证据的收集、固定、甄别、审查、判断,以查清案件事实这个中心问题进行的,而每个重要环节的证据、审查、判断的标准是由法律规定的,这就是"证据确实、充分",即:事实清楚,证据确实、充分的,即可以侦查终结、提起公诉和作出有罪判决,否则,则不能终结侦查、提起公诉和作出有罪判决①。这个证据标准由1980年1月1日起施行的《中华人民共和国刑事诉讼法》规定,此后,刑诉法典虽经多次修改,但这个标准始终未改变,然而,在司法实践中却没有得到很好的执行。

根据刑事诉讼法规定,刑事诉讼中的定罪需要承担证明责任的一方,将案件证明到

---

① 《中华人民共和国刑事诉讼法》第一百六十条、第一百六十七条、第一百六十八条、第一百七十二条、第一百九十五条(2012年3月14日第十一届全国人民代表大会第五次会议修订)。

"事实清楚，证据确实、充分"的程度，也就是要全面、彻底地查明案件事实真相，恢复案件事实的本来面目。"这一表面看来客观程度显得最高的标准，由于只强调了案件事实的客观程度，而没有为裁判者对案件事实的主观认识设定明确的幅度和标准，因此实际在以目标代替标准，抹杀了证明标准的可操作性"[①]。结果，侦查机关、检察机关、审判机关在司法实践中经常对这一标准各自进行自我解释，并对所办理的案件证据是否达到"确实、充分"作出各自判断。而事实上，警察和检察官如果认为案件事实已经达到了这种客观真实的程度，那么谁又能对此作出公正的判定呢[②]？如此，以审判为中心就是一句空话。

在一些案件办理过程中，侦查机关按照自行掌握的"证据确实、充分"的标准对案件终结侦查，检察机关也按照自行标准没有把住证据关口，将证据带有硬伤的案件起诉到法院；第一审法院囿于各方面压力，明知案件的证据不确实、不充分，却作出有罪判决把矛盾上交。第二审法院鉴于事实不清、证据不足，决定发回重审。原审法院只能具函建议侦查机关补充、补强证据，往往结果是"涛声依旧"。案件常常在一、二审法院之间往返多次，法院没有侦查取证职能，对一些案件定放两难，加之各方面的压力，最后作出了"疑罪从有"或"疑罪从轻"的判决。如"于英生案"就是典型例证：最初现场勘查从被害人体内提取的体液经 DNA 鉴定非于英生所留，证据存在明显矛盾。后经非合理解释，案件便大行其道通过了侦查、终结、审查起诉、提起公诉等重要诉讼阶段，"登堂入庭"进入审判阶段。二审法院认为证据不确实、不充分，两次发回重审，但终因多方面因素而作出有罪判决。2013 年 8 月，安徽省高级人民法院主动启动再审，认为于英生故意杀人事实不清，证据不确实、不充分，宣告于英生无罪。不幸的是，就在报道宣判无罪的当天媒体上，当年办理该案的有关工作人员称，该案的证据已经达到了认定于实施杀人行为的标准。所幸的是，再审改判无罪三个月后，主要依据当年提取的体液 DNA 鉴定查获了犯罪嫌疑人武钦元，现已经一审法院以强奸罪判处武钦元死刑。类似案件，没有落实证据的法定标准，从起点错、接着错、一错再错、一错到底。不同历史时期，证据标准不一致，不同诉讼阶段，证据标准不相同，不同类型案件，证据标准不统一，冤假错案的出现就非属偶然了。沉痛的教训警示我们：必须坚持以审判为中心，适用统一证据标准。

坚持以审判为中心，就要完善证据制度。刑事诉讼证据的收集、审查、判断是对过去发生的历史的再现和证明，是人们认识、揭示已然的过程，必须坚持辩证唯物主义认识论，坚持证据制度的指导思想，正确处理客观真实和法律真实的关系，建立和完善符合认识规律和我国司法实践的具有可操作性的证据证明标准。

坚持以审判为中心，就要遵守证据规则。审判活动的重心是审查、判断证据。全面收集、固定、保管、移送证据材料是证据审查的基础，严格审查、甄别证据是公正审判的前提。如果侦查机关没有全面收集、固定、移送证据材料，而是有选择地取证、有选择地移送，公诉机关没有严格甄别证据，审判机关对证据的判断、认定可能就会出现重大失误，造成不该起诉的，起诉到法院；不该定罪量刑的，被定罪量刑。因此，各诉讼阶段都必须严把证据关，切实执行"确实、充分"的法律规定，证据达不到确实充分的，不终结侦

---

① 何家弘：《新编证据法学》，法律出版社，2000 年 3 月出版，第 38 页。

② 陈瑞华：《刑事诉讼前沿问题》，中国人民大学出版社，2000 年出版，第 210 - 212 页。

查、不提起公诉、不作出有罪判决，坚决纠正"铁路警察各管一段"的做法，摒弃"做饭、送饭、吃饭"的错误理念，围绕审判中心，实现侦查、起诉、审判各职能的内在一体化、各阶段证据标准的统一化，筑牢防止冤假错案产生的屏障。

## 三、坚持控辩平等对抗

控辩对抗是指控诉方和被告人及其辩护人在刑事诉讼中具有平等的法律地位，法律赋予双方均衡的诉讼权利和义务，控辩对抗是当事人主义诉讼的集中体现。我国1996年修正的刑事诉讼法摒弃了职权主义诉讼体制，吸收了当事人主义的合理因素，确立了控辩对抗的诉讼模式，明确了双方平等的法律地位，强调审前控方取得的证据不具有预决力，双方的证据都必须在法庭调查中提出，经过质证后由法官判定其效力。但是，在实际的刑事诉讼中，控方代表国家对被告人进行追诉，辩方则针对指控进行被动防护，双方的角色强弱存在很大反差。法庭审判阶段控辩职能的行使都是在审前阶段工作基础上进行的，而在审前阶段，控方拥有专门的侦查机关和专门的强制措施收集证据，辩方则不具有，双方控与辩的基础和可资利用的资源反差很大，存在着固有的不对等。

英美国家的一些学者认为，控辩双方对抗是我们所能设计的发现真实的最好制度，因为真相能够通过双方对同一问题的强有力的陈述而获得最好的发现。审判的目的在于揭示曾经发生过的事情，对抗制是达到这一目的的最好方式①。实行以审判为中心的诉讼制度改革，就是要求诉讼的整个过程保持一种均衡，而不是一种一方以绝对优势压倒另一方的失衡状态，实现控辩双方真正的、实际的平等对抗，通过控辩双方收集证据、举证和质证、法庭辩论，推动法官进一步查清案件事实，审查、判断和认定证据。

坚持控辩平等对抗，一方面要完善起诉、监督制度。首先，作为控诉机关应当更加重视审查起诉、提起公诉等庭前的证据审查工作，对证据的客观真实性、与案件的关联性、取得证据的合法性进行全面、细致、严格审查，尽可能地安排并通知控方证人出庭做证，充分考虑证人出庭做证可能引起的证据变化和对案件定罪量刑产生的影响，围绕案件焦点做好充分的出庭应对准备。其次，要实行主诉检察官负责制。控辩的对抗化使得庭审活动更具有不可预测性，主诉检察官必须不断增强业务能力，提高举证、质证、交叉讯（询）问的针对性及出庭应变能力，真正通过扎实的证据和严密的论辩，履行对犯罪的追诉职能。第三，要正确处理庭审公诉职能和诉讼监督职能之间关系。人民检察院的审判监督具有建议性和事后性，在庭审过程中，尤其是在法庭上，如果存在需要监督的情形，根据《人民检察院刑事诉讼规则》的规定，人民检察院对违反程序的庭审活动提出纠正意见，应当以人民检察院的名义在庭审后提出②，不能因监督而影响庭审进行。第四，要强化刑罚执行活动的监督。人民检察院

---

① 熊秋红，刑事辩护论（M），北京法律出版社，1998。
② 《人民检察院刑事诉讼规则（试行）》第五百八十条 人民检察院在审判活动监督中，如果发现人民法院或者审判人员审理案件违反法律规定的诉讼程序，应当向人民法院提出纠正意见。出席法庭的检察人员发现法庭审判违反法律规定的诉讼程序，应当在休庭后及时向检察长报告。人民检察院对违反程序的庭审活动提出纠正意见，应当由人民检察院在庭审后提出。（2012年10月16日由最高人民检察院第十一届检察委员会第八十次会议通过，自2013年1月1日起施行）。

要依法对减刑、假释和暂予监外执行的裁决活动实施监督，防止和纠正"有权人""有钱人""前脚进后脚出"。

　　坚持控辩平等对抗，另一方面要强化刑事辩护。辩护职能是刑事诉讼三大职能之一，而且是不可缺少、更不可忽视的一种诉讼职能。刑事辩护制度的实施状况是一个国家、民族尊重和保障人权、民主与法治进步的重要标志。近代以来，中西方成功的实践表明，法庭对抗式论辩和律师功能的发挥是展示司法公开、增强司法公信、彰显司法公正、实现庭审主义的动机最强烈、成本最低廉、监督最有力、效果最直接的制度设计。当前，我国刑事辩护工作同民主与法治进程的要求还有相当大的差距。一方面是刑事辩护不到位，法律援助工作困难重重。据统计，我国约有70%的刑事案件没有律师辩护，这样的控辩双方是无法平等对抗的。另一方面，刑事辩护形式化色彩浓厚。在庭审中，不能形成有力的控辩对抗，或在控、辩、审的三角诉讼架构中缺少一角，或辩方明显处于弱势状态，大大削弱了庭审中心功能的有效性。推动以审判为中心的诉讼制度改革，就必然要求进一步强化刑事辩护工作。首先，要建立健全刑事案件的实体辩护，完善法律援助制度，对没有委托律师辩护的，不设定任何条件，一律为其指定律师辩护，务必使被告人的律师帮助权得到充分保障，确保控辩的实际对抗。第二，在制度安排和程序设计上，要确保嫌疑人、被告人在整个刑事诉讼过程中，享有充分的辩护权、辩解权。例如，在审前阶段，犯罪嫌疑人在被侦查机关第一次讯问后，或者被采取强制措施之日起，即可以聘请律师为其提供法律咨询、代理申诉、控告。在审判阶段，人民法院在通知同级人民检察院检察长列席审委会时，应同时通知承担相关案件辩护任务的律师代表一并列席。在死刑复核过程中，被判处死刑的被告人有权获得律师帮助，最高人民法院在复核过程中，应当注意听取辩护律师的意见。第三，要修改不合时宜的有关规定和废止人为限制，在诉讼活动中，防止和纠正"旧三难"和"新三难"，为律师履行辩护权提供切实保障。犯罪嫌疑人在被侦查机关第一次讯问后或者被采取强制措施之日起，律师便可以会见犯罪嫌疑人，有关机关应当为律师会见提供便利，取消对会见时间、次数、问话内容、记录等方面的限制。律师在审查起诉阶段就有权调查取证，经证人或其他有关单位和个人同意，律师可以向他们收集与本案有关资料，经人民检察院或人民法院许可，并经被害人或其近亲属、被害人提供的证人同意，律师可以向他们收集与本案有关的材料。除此，任何机关、任何个人不得增加任何限制。人民检察院在对案件审查起诉之日起，人民法院在受理案件之日起，即应允许律师查阅、摘抄、复制本案的诉讼文书、技术性鉴定材料、所指控的犯罪事实材料，申请调取有关证据材料。在法庭调查和辩论中，律师与控方具有对等的质证和辩护权，非与本案无关，法庭不得随意打断或限制。第四，刑事辩护律师作为法律职业共同体的重要方面，要自觉成为社会主义法治事业的建设者、捍卫者，克服利益驱动，真正伏下身、潜下心，吃透案情，找准辩点，依法据理向法庭提出辩护意见，切实有效地维护被告人的合法权益。第五，法官和检察官、律师都以维护宪法和法律权威、促进社会公平正义、保护公民合法权益为价值目标，要构建法官与检察官、律师相互理解、相互尊重、相互支持、各自依法履行职责的良性互动关系，让法律职业共同体迸发法治合力。

# 四、强化庭审的核心地位

习近平总书记指出，充分发挥审判特别是庭审的作用，是确保案件处理质量和司法公正的重要环节①。以庭审为中心是审判中心的具体落实，就是将庭审作为审判的关键环节，发挥庭审对侦查、起诉程序的制约和引导作用。但是，长期以来，刑事案件审判中普遍存在着庭审走过场、庭上审理庭下定案等痼疾，正如埃尔曼所言："由于大陆法官所具有的关键地位，他甚至很少在进入法庭审理之时，对眼前案件争议的问题装作一无所知，相反，他已细心研究卷宗，甚至可能近乎作出他的裁决"②，导致庭审功能虚化和审判程序弱化。以庭审为中心诉讼制度改革的最终目标就是要实现庭审实质化，保证庭审在查明事实、认定证据、保护诉权、公正裁判中发挥决定性作用③。

完善证人出庭做证制度，落实直接、言辞原则。这是庭审中心实质化的根本。根据我国刑事诉讼法的规定，我国刑事诉讼证人做证的方式采用了开庭书面证言与法庭当庭做证相结合的制度，该刑事证人做证制度的规定比较单薄并局限于原则性，在实际操作中存有诸多不尽如人意的地方，尤其是一些案件中应当出庭做证的证人不出庭做证，始终困扰着我国刑事庭审工作，许多法院常年不见证人到庭，平均出庭做证率不足1%，因此，要建立健全证人制度。一是要制定一部具有中国特色的"证人做证法"，借鉴美国、英国、印度、澳大利亚等国的立法先例，规定"证人资格""证人的权利与义务""证人做证规则""证人出庭做证程序""伪证责任等"，使证人做证的各项程序有法可依。二是要明确证人出庭做证的原则规定，细化不出庭做证的例外情形，确保证人出庭做证并接受交叉询问的方式进行质证，使法庭能够直接审查证人的做证资格、证人的感知能力、记忆能力、表达能力以及主客观因素对证人做证的影响，从而辨别证言的真伪，真正落实现代刑事诉讼的"直接原则、言辞原则"。三是要明确设立证人保护专门机构，确立经费保障机制，完善并落实证人保护与证人做证补偿制度。四是要对于证人应当出庭而未出庭做证的案件的处理适用相应的程序性制裁，或在二审中以程序违法发回重审，或在审判监督程序中启动再审，保证案件应当出庭做证的证人或关键证人，必须出庭做证。

有序组织庭审，有效质证认证。侦查、起诉、审判等诉讼阶段是"流水作业式"的分工结构，审判阶段为中心。在庭审中，控辩平等对抗，法官居中裁判是"等腰三角形"的诉讼结构，庭审是审判的中心，因而必须有序有效地组织进行，不能"走过场"。第一，审判长主持庭审活动，应熟练驾驭庭审，使诉讼各方能够围绕定罪和量刑问题，充分提出证据、发表意见，充分组织交叉询问、开展辩论，充分发挥举证、质证、认证各环节的作用，真正使诉讼各方有证举在庭上、有理说在庭上。第二，通过庭审，法庭应严格证据审查判断。要通过审查现场勘查笔录、被告人供述、证人证言等，判断移送证据材料的全面性、关联性。要通过审查被告人供述、证人证言等重要证据材料及相关笔录形成过程是否存在违规，判断证据的真实性、合法性，依法实行非法证据排除。要严密组织质证，坚持

---

① 习近平：《关于〈中共中央关于全面推进依法治国若干重大问题的决定〉的说明》，人民出版社 2014 年 10 月出版

② ［美］埃尔曼：《比较法律文化》，高鸿钧等译，三联书店 1990 年版，第 175 页。

③ 习近平：《关于〈中共中央关于全面推进依法治国若干重大问题的决定〉的说明》，人民出版社 2014 年 10 月出版

一证一质一认，避免证据材料打包质证。第三，审判长组织控、辩双方进行诉讼活动，不允许法官越位纠问，也不允许法官错位反诘，但对于辩护人提出的有利于被告人的证据材料，如果控方没有证据进行反驳，法官应主动调查，或依据辩护律师的申请进行调查。控辩双方均应听从法庭指挥，不允许任何一方凌驾于法庭之上。第四，要推动藐视法庭权威等违法犯罪行为的追诉机制，推动相关法律修改，依法惩处当庭毁损证据材料、庭审记录、法律文书和法庭设施及哄闹法庭、恶意诉讼等严重藐视法庭权威的行为，以及在法庭之外威胁、侮辱、跟踪、骚扰法官或其近亲属等违法犯罪行为。

要加强司法能力建设，发挥庭审决定作用。推进以审判为中心的诉讼制度改革，保证庭审在查明事实、认定证据、保护诉权、公正裁判中发挥决定性作用，这对主持审判的法官、主持庭审的合议庭提出了革命性要求。要担当这一重大而神圣职责，必须做到以下几方面：一要完善主审法官办案责任制，加强合议庭责任。要建立符合司法规律和个体化作业的司法特点的审判权运行机制，科学设置各类审判组织之间的关系，明确主审法官、合议庭的权力和职责，优化配置法院内部各主体的审判职责和管理职责，确保主审法官、合议庭及其成员依法公正独立行使职权，减少案件办理的审批环节，着力实现让审理者裁判、由裁判者负责。二要完善"听审"制度，明晰院长、庭长、审委会委员与合议庭之间的关系。要健全事实认定符合客观真相、办案结果符合实体公证、办案过程符合程序公正的审判制度。坚持审判的亲历性，法院院长、庭长、审委会委员应当通过参加合议庭担任审判长方式直接参加案件审理。从可行性考虑，审委会委员应对拟提请审委会讨论的案件的庭审进行旁听，由程序亲历而获得直接的、必要的案件信息，克服审委会以听取法官汇报的方式审理案件，避免办案法官带有个人认知主观色彩的汇报影响审委会讨论案件作出决议。三要强化庭审功能，理顺庭上质证认证与庭审前后阅卷之间关系。要秉持一切证据均须法庭质证才能作为定案根据的理念，强化法庭认证，发挥庭审在调查、质证、辩论、查明事实、认定证据、公正裁判中的功能，实现"诉在法庭、证在法庭、辩在法庭、判在法庭"。四要增强司法能力，打造过硬的法官队伍。要大力推进法官队伍正规化、专业化、职业化建设，完善法官遴选、有序交流、教育培训和职业保障机制，进一步增强与审判为中心的诉讼制度要求相适应的司法审判能力，锻造一支忠诚、干净、担当并胜任庭审中心职责的法官队伍。要健全内部监督制约机制，切实落实办案质量终身负责制和错案追究制，树立法官清廉、司法清明的良好形象，努力让人民群众在每一个司法案件中都感受到公平正义。

（作者单位：安徽省高级人民法院）

# 以审判为中心的改革内涵与检察因应

李领臣

**摘　要**：我国借鉴西方的审判中心主义，在刑事诉讼领域推行以审判为中心，不是用审判中心主义取代或否定现有诉讼结构模式，而是在仍然坚持诉讼阶段论的基础上，明确审判在诉讼中的中心地位，是对此前法律文本上不分中心的完善，是对实践中以侦查为中心的纠偏。以审判为中心，势必带来审判权威增强、检法相互制约增强、庭审实质化增强、控辩对抗性增强、证据裁判规则全面贯彻等。检察机关必须深刻把握改革的实质内涵，理清因应思路，既积极推动改革早日落地生根，又不断强化法律监督，发挥检察机关在法治中国建设中的应有作用。

**关键词**：以审判为中心；改革内涵；影响；应对

党的十八届四中全会《决定》提出，推进以审判为中心的诉讼制度改革，确保侦查、审查起诉的案件事实证据经得起法律的检验，通过法庭审判的程序公正实现案件裁判的实体公正，有效防范冤假错案。检察机关位于诉讼中，以审判为中心的诉讼制度改革势必对检察机关产生影响，何种影响、影响程度如何，检察系统必须予以仔细研究。当前相关研究以审判系统的多，主要是研究以审判为中心对审判工作的要求以及如何改进工作。检察系统有一定的研究，但是多为零碎化的，且对以审判为中心这一重大改革的基本内涵较少做深入精确分析，因而对检察的影响与应对的研究往往限于工作层面，不能为检察工作发展提供系统思路。本文希望通过对以审判为中心的改革内涵做深入分析、理清改革内涵的基础上，再去分析以审判为中心对检察的影响与应对思路，以求教于方家。

## 一、以审判为中心的改革内涵

检察机关必须准确把握以审判为中心的改革内涵，才能在因应改革中做到有的放矢。

（一）以审判为中心不同于西方的审判中心主义

我国借鉴西方的审判中心主义，在刑事诉讼领域推行以审判为中心的诉讼制度改革。但是西方的审判中心主义有其特定的内涵与制度支撑，以审判为中心并不同于西方的审判中心主义。

审判中心主义是指"审判是决定国家对于特定的个人有无刑罚权以及刑罚权范围的最

重要阶段，未经审判，任何人不得被认为是罪犯，更不得被迫承受罪犯的待遇"①。审判中心主义，意味着在刑事诉讼各阶段之间的关系问题上，将刑事审判阶段作为整个刑事诉讼的中心，整个诉讼制度和活动围绕审判而建构和展开，侦查是为审判进行准备的活动，起诉是开启审判程序的活动，执行是落实审判结果的活动，只有在审判阶段，诉讼参与人的合法权益才能得到充分的维护，被告人的刑事责任问题才能得到最终的、权威的确定。与审判中心主义相对应的是侦查中心主义，侦查阶段是刑事诉讼的最主要、最关键的阶段，侦查取得的证据及侦查结论通常成为审判证据和审判结论，法庭审判成为侦查过程和侦查结论的展示和推演。

英美法系严格贯彻执行审判中心主义，整个刑事程序的设计和运作都围绕审判中心来进行。侦查机关除非得到法官批准，不得在审判前羁押犯罪嫌疑人；采取强制侦查行为实行令状主义，即必须事先取得法官签署的令状许可；被告方在审判前除了自己可以进行侦查活动外，还可以在必要时申请法官保全证据，以司法强制有利于自己的证人提供证言；强调犯罪嫌疑人与侦查机关在侦查程序中的平等主体地位，赋予嫌疑人沉默权；建立值班律师制度等，充分重视和保障嫌疑人获得律师帮助的权利②。大陆法系，尽管侦查程序是审问制侦查模式，但仍受审判中心主义的深刻影响。强调法官对侦查程序的早期参与，以实现法官对侦查程序的有效调控；侦查机关虽然拥有广泛的侦查手段，但除现行犯和紧急情形外，采取强制侦查措施原则上要接受法官的司法审查；不得为获得口供而采用强制措施，承认嫌疑人有沉默权或者不受强迫自证其罪的权利；规定嫌疑人在侦查程序中有权获得律师的帮助，以保障在侦查中能有效行使辩护权③。改革是一个渐进的过程，必须立足于本土实践，不能简单照搬过来。我国虽然明确要实行以审判为中心，但是当前并无西方审判中心主义诉讼模式下一系列制度构建，且也不宜采取简单的拿来主义。因而我们不能不加分析地将以审判为中心等同于西方的审判中心主义，将两者混淆。

（二）以审判为中心是对法律文本上诉讼阶段论的修正与完善

我国受苏联的影响，为有效执行实施法律，宪法明确规定："人民法院、人民检察院和公安机关办理刑事案件，应当分工负责，互相配合，互相制约，以保证准确有效地执行法律。"刑事诉讼法也是如此规定，公安机关、检察院和法院分享侦查、起诉和审判权，三家处理刑事案件的程序呈现出明显的"分段包干"式的流水作业现象。诉讼流程划分为若干诉讼阶段，诉讼活动从开始到终结，被看作向前运动、逐步发展的过程，循序进行的相互连接而又各自相对独立的各个部分，称为"刑事诉讼阶段"。刑事诉讼阶段的特点是每一个诉讼阶段都是完整的，有其自身的任务和形式的一个整体。人们常用"铁路警察各管一段"和"一个车间，三道工序"来比喻我国的诉讼阶段构造和公检法三机关的接力关系。从这些描述中可以看出，公检法之间没有高低，不分中心，无分轩轾，莫论伯仲④。可见，从我国法律文本上看，我国刑事诉讼模式是"诉讼阶段论"，公检法分工制约，权力平行，既不是审判中心主义，也不是侦查中心主义。

---

① 孙长永：《审判中心主义及其对刑事程序的影响》，载《现代法学》1999 年第 4 期。
② 参见蒋石平：《论审判中心主义对侦查程序的影响》，载《广东社会科学》2004 年第 3 期。
③ 参见蒋石平：《论审判中心主义对侦查程序的影响》，载《广东社会科学》2004 年第 3 期。
④ 参见张建伟：《审判中心主义的实质与表象》，载《人民法院报》2014 年 6 月 20 日，第 5 版。

《决定》说明中指出："我国刑事诉讼法规定公检法三机关在刑事诉讼活动中各司其职、互相配合、互相制约，这是符合中国国情、具有中国特色的诉讼制度，必须坚持。"可见，改革后公检法在侦查、检察、审判领域的分工负责和相互配合与相互制约，这个基础没有变，侦查、检察、审判的三个阶段没有变，审判权也不可能像西方国家那样凌驾于侦查权和检察权之上，因而以审判为中心仍然坚持了诉讼阶段论。

进一步来说，以审判为中心，不涉及公检法各部门利益增减问题，也不是对公检法去排位次，也不是说公检法作用大小的问题①。但是，为了建立一个以审判为中心的科学、合理的诉讼构造，改革对诉讼阶段论做了修正，即改革前侦查、检察、审判三个阶段不分中心，不分主次，现在明确了审判是中心。可见，实行以审判为中心的诉讼制度改革，从不分中心到明确了以审判为中心，是在坚持诉讼阶段论的基础上对诉讼阶段论予以修正和完善。

（三） 以审判为中心是对司法实践中以侦查为中心的纠偏

司法实践中，公检法三机关之间的相互制约、相互监督机制基本上流于形式，并未起到应有的作用。起诉和审判似乎只是侦查环节的自然延续，整个诉讼制度的重心和支点似乎不在审判而在侦查。作为第一道"工序"的侦查是认定案件事实的实质性环节，侦查机关一旦抓获犯罪嫌疑人就意味着此案成功告破，就可以举行"破案立功表彰大会"，而审查起诉和审判只是紧随其后的两个流程、两道工序，是对上游工序的例行检验、履行一个对"已告破"刑案的有罪判决包装②。审判走过场、庭审流于形式的问题比较突出，审判成了对侦查卷宗的确认程序，大量的侦查违法行为无法通过审判得到监督和纠正，导致冤假错案时有发生。

以审判为中心，不仅要求在形式上突出审判活动的诉讼地位，更重要的是审判活动必须实质化，徒具形式而不具有实质性的审判无助于审判中心地位的确立，反而对此有消解作用。所以，以审判为中心，关键在于以庭审为中心，以此推动直接言辞、审判公开原则的落实。为保障庭审实质化而不流于形式，既应当防止法官在开庭之前受到检察机关移送至法院的案卷材料的影响，形成预断；又应当防止在庭前会议上提前研究与被告人定罪量刑有关的实质性问题，以及强行解决非法证据排除问题，导致庭审功能前置。正如《决定》指出的，要"保证庭审在查明事实、认定证据、保证诉权、公正裁判中发挥决定性作用"，审前程序在查明事实、认定证据上不再发生决定性作用，审前程序对审判的不当影响将会被消减，这种倾向将来会越来越明显。

文本上的诉讼阶段论，寄希望于通过公检法的相互配合与制约，来贯彻执行法律，维护公平正义，但是在实践中侦查权、检察权、审判权之间配合有余、制约不足，逐渐演变以侦查为中心，导致审判的苦果结在侦查的病枝上。为有效防范冤假错案产生，通过法庭审判的程序公正实现案件裁判的实体公正，以审判为中心的改革，作为对公检法三机关现状的反思，实际上是要摆正公检法三机关之间的关系，是对司法实践中以侦查为中心的纠偏。

---

① 参见王守安：《以审判为中心的诉讼制度改革带来深刻影响》，载《检察日报》2014 年 11 月 10 日第 3 版。
② 参见袁登明：《刑事冤错案的形成与以"审判为中心"》，载《人民法院报》2014 年 12 月 24 日第 2 版。

# 二、以审判为中心对检察工作的影响

检察院负责刑事案件的审查起诉，处于诉讼的中心环节，以审判为中心的诉讼制度改革与进一步完善法律监督工作机制密切相关，必然对检察工作产生诸多影响。以审判为中心对检察工作有何种影响，需要仔细探究。

（一）裁判权威性增强

以审判为中心，必然强调审判独立和裁判的终局性，增强裁判的权威性。审判独立是一项为现代法治国家普遍承认和确立的基本法律准则，它经历了从政治思想原则到宪法原则，再到司法审判活动准则的演变过程。"作为一项司法审判活动准则，它确保法院审判权的公正行使，防止法官的审判活动受到来自外在的不当干预、影响和控制，使法院的司法审判真正成为公民维护自身利益的最重要，也是最后一道屏障"[1]。司法审判的终局性，是由审判权的裁判性质、审判权的国家权力来源所决定的，同时也是行使审判职能、审判的中心地位所必需的。司法审判最基本的职能是裁判纠纷、定分止争，裁判若不具有终局性，争议各方将陷入无休止的争端，其权利义务关系将长期难以确定，不仅过度耗费司法资源，也不利于社会秩序的和谐稳定。因此，赋予法院裁判的终局性是一切司法裁判内在的基本功能性要求。以审判为中心的诉讼制度改革，必然强化法院的独立审判、中立审判，强化裁判的终局性、权威性。

（二）检法互相制约增强

公平正义的维护和实现，需要强化审判的中心地位，也需要强化检察院的法律监督，二者之间的制约势必会增强。进一步探究下去，检察院对于法院的制约，更多是程序性的，如果检察机关不提起公诉，法院是不得自行受理公诉案件进行开庭审理的。法院对于检察机关的制约更为实质性，制约更为有力，对于检察机关的犯罪指控、有罪无罪最终由法院在法庭上独立裁决，对于检察机关的量刑建议、罪轻罪终也是法院在法庭上说了算。制约的差异，源于检法在司法制度上的定位。

审判程序职能作用的切实发挥，促使侦查程序和公诉程序始终围绕审判程序的要求进行，力争从源头上防止事实不清、证据不足的案件或者违反法律程序的案件进入审判程序，但是，因公检法可能对案件性质认识上不一样等主客观原因，难以做到完全彻底，所以公诉案件的无罪判决率可能会大幅上升。另外，以撤回公诉代替无罪判决滥用撤诉权的做法以往较多[2]，与以审判为中心格格不入，今后撤回起诉的限制会强化，也将会导致无罪判决增多。无罪判决是正常司法现象，英美法系国家无罪判决率一般在25%左右[3]。在以审判为中心的诉讼制度改革下，无罪判决既是彰显司法公正的一种方式，也是公检法相互制约得以强化的彰显，应理性对待。

---

① 黄松有：《检察监督与审判独立》，载《法学研究》2000年第4期。

② 参见陈学权：《对"以撤回公诉代替无罪判决"的忧与思》，载《中国刑事法杂志》2010年第1期。

③ 参见皮文井、罗静：《无罪判决≠公诉案件质量》，载《中国检察官》2007年第4期。

### （三）庭审实质化增强

法庭是诉讼参与人参与诉讼活动、行使诉讼权利的主阵地，也是法院查明事实、认定证据、形成裁判结果的核心场所。以审判为中心，关键在于以庭审为中心。"审判中心主义不仅要求在形式上突出审判活动的诉讼地位，重塑法院的社会形象，更重要的是审判活动必须实质化，徒具形式而不具有实质性的审判无助于审判中心地位的确立，反而对此有消解作用"①。为保障庭审实质化而不流于形式，"既应当防止法官在开庭之前受到检察机关移送至法院的案卷材料的影响，形成预断；又应当防止在庭前会议上提前研究与被告人定罪量刑有关的实质性问题，以及强行解决非法证据排除问题，导致庭审功能前置"②。正如《决定》指出的那样，要"保证庭审在查明事实、认定证据、保证诉权、公正裁判中发挥决定性作用"，审前程序在查明事实、认定证据上不再发生决定性作用，审前程序对审判的不当影响将会被消减，这种倾向将来会越来越明显。

以审判为中心重在第一审的法庭审理。"在全部审判程序当中，第一审法庭审判是中心，其它审判程序都是以第一审程序为基础和前提的，既不能代替第一审程序，也不能完全重复第一审的工作"③。注重发挥一审程序在解决事实问题和排除非法证据上的功能，是推进以审判为中心的刑事诉讼制度改革的题中应有之义，对法律监督的实效提出了更高要求。

### （四）控辩对抗性增强

我国当前刑事诉讼制度还是属于传统的权力本位，刑事诉讼制度在设计和运作上趋向于维护和强化代表国家追诉的侦控机关的职权作用，忽视和弱化了被追诉人的辩护权利，造成控辩失衡，使被追诉人在诉讼中处于劣势地位，这与以审判为中心的要求是格格不入的。庭审实践中，法检往往站在同一战壕，共同占据主导地位，将法庭审判视为国家专门机关追查犯罪的进一步延续，是对公安侦查结论和检察机关控诉主张的一种确认和维护，以协作配合抛弃了控审分离的诉讼职能区分原理，导致审判格局由控辩平等对抗、双方举证质证、法官中立裁判的程序异化为法官、检察官联手主导的"审理讯问"程序，使得控辩力量对比进一步悬殊，原本就处于劣势的被告人甚至成为诉讼的客体，无法通过程序正义所需要的诉讼机制保障自身的合法权益。以审判为中心，构建审控辩三方结构，法庭居中公正独立地审理裁判，检察机关相对于嫌疑人的不当优势地位将会弱化，更强调控辩双方的平等性与对抗性。

### （五）证据裁判规则严格贯彻

"证据裁判是现代刑事诉讼普遍遵循的基本原则，是指认定案件事实和定罪量刑，必须根据依法查明的证据进行，裁判案件要以事实为根据，认定事实要以证据为根据，证据是认定案件事实的唯一根据"④。证据裁判规则是为了防止司法裁判的任意性，确保在事实前提和判决结论之间一定要有确证关系。全面贯彻证据裁判规则，要求在诉讼活动中，

---

① 张建伟：《审判中心主义的实质与表象》，载《人民法院报》2014 年 06 月 20 日第 5 版。
② 陈光中：《推进 "以审判为中心" 改革的几个问题》，载《人民法院报》2015 年 1 月 21 日第 5 版。
③ 孙长永：《审判中心主义及其对刑事程序的影响》，载《现代法学》1999 年第 4 期。
④ 周强：《推进严格司法》，载《人民日报》2014 年 11 月 14 日第 7 版。

所有办案机关和诉讼参与人，都要树立重证据不轻信口供的意识，坚持用证据说话，用证据证明案件事实，不搞非法证据，不搞虚假证据，不认定没有证据支持的事实，用严密的证据链条锁定犯罪事实。不仅重视收集和采信证明被告人有罪的证据，而且重视收集和采信证明被告人无罪的证据；不仅要坚持有罪则判，而且要坚持疑罪从无。冤假错案相当一部分是由刑讯逼供、非法取证造成的。非法证据排除虽然不断在强化，但司法实践中的运用仍不尽如人意，被告人及其辩护人提出的非法证据排除往往难以被采纳。办案质量终身负责制和错案责任倒查制等其他司法改革举措的统筹推行，法院以前在非法证据排除上的遮遮掩掩将会越来越少，势必会对检察工作提出更高要求。

## 三、检察机关的因应之策

检察机关必须深刻把握以审判为中心诉讼制度改革的实质内涵，准确研判以审判为中心的诉讼制度改革对检察机关工作产生的种种影响，改进检察工作，既要与法院一道将以审判为中心的改革落到实处，又要不断强化完善法律监督，发挥检察机关在依法治国中的应有作用。

（一）顺应改革要求，坚持以审判为中心

以审判为中心的改革影响整个诉讼环节，不光是法院的事情，也需要所有诉讼参与者的共同努力。检察机关要顺应改革要求，清除原有不当认识，有效转变工作思维、方式，保障庭审在查明事实、认定证据、保护诉权、公证裁判中发挥决定性作用，确保侦查、审查起诉的案件事实证据经得起法律检验，积极推动以审判为中心的制度落到实处。

其一，维护审判中立与权威。审判的中立与权威，需要法院系统不懈的努力，也需要检察机关的支持与呵护。法官居于中心地位，既是庭审的组织指挥者，也是居中裁判者，要充分尊重法官的居中裁判地位。审判职能不仅最终决定起诉与辩护的命运，而且对诉讼程序起主导和控制作用；不仅要对被告人行为的刑事责任问题做出结论，而且还要评判侦查、起诉等追诉行为和辩护行为。只有保障审判中立，才能维持刑事诉讼构造，才能为实现诉讼公正提供必要的保障。检察机关在庭审中要准确把握检法定位，"要自觉维护审判权威，在法庭上要自觉服从法官组织指挥、维护法庭尊严"①，不能以诉讼监督者的身份进行超脱式凌驾。

其二，提高审查起诉质量。以控审分离为基础的现代刑事审判，催生了不告不理的原则，即起诉的内容决定审判的范围，提起公诉是庭审的前提，缺少起诉，则没有审判。如果缺少起诉或起诉标准把关不严，则会使以庭审为中心丧失基本前提。实践中，因起诉标准的把握不严，证据材料缺失或其他影响案件审理的出现，导致庭审时，多次反复要求补充相关材料，待庭后阅卷再做出判决，导致庭审虚置化。所以，要严格起诉标准，确保"事实清楚、证据确实充分"，为实现庭审实质化做好审前准备。同时，庭审实质化需要审判效率、引导法官合理心证等各种支持性条件。在审前的审查起诉环节，检察机关严格非法证据排除，不仅能防止法官在庭审时淹没于各种非法证据中，以至于影响到法官庭审时

---

① 朱孝清：《略论"以审判为中心"》，载《人民检察》2015年第1期。

的精力管理，不利于证据的认证和裁判；更在于能够使非法证据排除在裁判者视野之外，防止因非法证据对庭审的侵扰，使法官产生先见和预判，影响法官的合理心证。

其三，正确对待控辩关系。在追诉程序中，作为犯罪嫌疑人、被告人最重要的武装配置就是辩护律师的介入。而在诉讼中特别是侦查环节，作为案件突破的关键环节，侦查与辩护的对抗激烈，辩护律师刑事辩护权被限制现象时有发生。作为法律监督机关，特别是依照检察官客观义务的要求，检察官理应保障辩护权的行使。"检察官和律师既不是简单的诉辩关系，更不是简单的对抗关系，而是对立中有统一、诉辩中相依存、探讨中共促进的良性互动关系"①。检察官要自觉从传统观念及实践工作中的不当优势倾斜中解放出来，从高人一等的错误思想中解放出来。要充分认识到律师是法律职业共同体的重要一员，保护律师依法履职的权利，充分发挥律师在防范冤假错案上的重要作用。

（二）理顺检警关系，强化检察机关的主导作用

以审判为中心的诉讼制度改革，必然要求进一步理顺检警关系，在审前程序中坚持以检察为中心。在侦查、检察、审判环节中，以审判程序为中心，侦查和检察都要围绕审判展开；以审判为中心对侦查的影响和支配，需要依赖检察机关来传递，所以在侦查与检察二者的关系中，必然要求以检察为中心，强化检察机关在审前程序中的主导作用，进一步消解以侦查为中心的原有办案模式。在西方国家，侦查机关要想对公民实施逮捕、拘留、搜查、扣押、窃听、勘验、检查等带有强制性的侦查措施，除在紧急情况下以外，一般必须事先取得法官的授权。所不同的是，在大陆法系国家，法官对于侦查行为的干预主要表现为事先的批准，而不是事后的审查，而在英美法系国家，法官对于侦查行为的干预除事前须签发令状方能实施外，法官还要对侦查行为的实施情况进行事后审查②。在我国，对侦查行为的监督更多地落在检察机关身上，这也要求在检警关系上，必须树立检察环节的中心地位。

建立以审判为中心的诉讼制度，必须强化检察对侦查的引导和规制功能，加强侦查监督，确保侦查围绕审查起诉展开，从源头上防止事实不清、证据不足的案件进入审判程序。一要积极开展提前介入侦查活动，为侦查机关排难解惑、针对证据间相互不能印证、取证不到位等情况开展引导侦查取证或补证工作，并加强对侦查活动的监督，及时纠正侦查中的不规范行为，确保侦查权依法规范行使。二要加强羁押必要性审查，预防超期羁押的出现，防止因审前和审中羁押的期限，导致未来法官量刑时纠结。即原本依案件事实及相关证据能够证明被告人属疑罪，但因之前羁押事实的存在，为防止因疑罪从无而出现的国家赔偿，便将判处的刑罚期限等于或略大于之前的羁押时间，宣判后进行刑罚折抵，则部分被告人虽能够当庭释放，却获有罪判决，审判的公正性受到影响，违反了以审判为中心的要求。

（三）强化法律监督，发挥检察机关的法治建设功能

以审判为中心的诉讼制度改革，明确以审判为中心，即审查起诉不是中心，但这并不

---

① 曹建明：《构建检察官与律师良性互动关系　共同推进中国特色社会主义法治建设》，载《检察日报》2013 年12 月 22 日第 2 版。

② 孙长永：《审判中心主义及其对刑事程序的影响》，载《现代法学》1999 年第 4 期。

是意味着要弱化法律监督。强化审判的中心地位是一个维度，强化法律监督是另一个维度，如车之两轮、鸟之双翼，可齐头并进。以审判为中心，并非意味着审判权运行无须接受监督，也并不能排除定罪不准、量刑失当情形的发生。检察机关的法律监督特别是审判监督权的运行，与以审判为中心并不矛盾，恰是保障了审判权正当行使，维护了审判权威，能够倒逼以审判为中心的实现。"有权必有责、权力受监督"是权力基本运行规范，"对权力进行监督，使权力的行使符合权力授予者的意图和目的，是人类政治文明的重要组成部分"①。检察干警对检察机关维护司法公正的作用，对法律监督的必要性与重要性，必须坚持高度的自信。

《决定》明确指出："必须完善司法管理体制和司法权力运行机制，规范司法行为，加强对司法活动的监督"。加强司法活动监督的主体不只是检察机关，检察机关作为宪法确立的国家法律监督机关，专门承担法律监督的职能，必然是加强司法监督的主力。《决定》亦明确要求"完善检察机关行使监督权的法律制度，加强对刑事诉讼、民事诉讼、行政诉讼的法律监督"，"检察机关在履行职责中发现行政机关违法行使职权或者不行使职权的行为，应该督促其纠正"，"探索建立检察机关提起公益诉讼制度"等。可见，法律监督职权不但没有减损，反而有所增强。必须牢牢把握检察工作的性质和职责，切实加强对司法活动的法律监督，确保案件办理中"事实认定符合客观真相、办案结果符合实体公正、办案过程符合程序公正"，努力让人民群众在每一个司法案件中感受到公平正义。

## 结　　语

以审判为中心诉讼制度的改革，是刑事诉讼领域一场广泛而深刻的革命，是一个长期目标，需要渐行渐近。改革最终目标的实现，需要对刑事诉讼法等相关法律进行修改完善，需要优化公检法的具体职权配置，需要健全证据制度、裁判规则等诉讼制度，需要完善司法公开制度、辩护代理制度、办案责任制等配套制度，是一个顶层设计的重大命题，是一项庞大的系统工程，宏大而精致，需要一个相当长的历史时期。检察机关作为改革的参与者、实践者，在实质变革尚未实现的当下，要准确把握改革内涵，理清因应思路，既积极推动改革的落地生根，又不断强化法律监督。

（作者单位：安徽省人民检察院法律政策研究室）

---

① 刘田玉：《民事检察监督与审判独立之关系的合理建构》，载《国家检察官学院学报》2004 年第 1 期。

# 论侦查人员"以审判为中心"理念的养成

唐文胜

**摘　要：**刑事诉讼中，侦查独立于审判，又与审判关系紧密，应当摒弃"以侦查为中心"，确立"以审判为中心"。侦查人员程序法治、司法终局、无罪推定、证据裁判等"以审判为中心"理念的养成具有重要意义。应当通过制度的约束、侦查人员自身理念的树立和加强对侦查人员相关理念的培养等措施，确立正确的侦审关系。

**关键词：**审判中心；侦查人员；侦审关系；养成

党的十八届四中全会《决定》提出"推进以审判为中心的诉讼制度改革"。"以审判为中心"属于刑事诉讼的范畴，从控辩审三者的关系而言，应当以审判为中心；从审判程序内部而言，应当以庭审为中心。在控辩审三者的关系中，侦审关系至关重要，而侦查人员"以审判为中心"理念的培养能够从源头上确立"以审判为中心"，本文拟从这一视角加以阐述。

## 一、"以审判为中心"的内涵及其对侦查的要求

在西方国家的法律中并无"以审判为中心"这一概念，在西方法治国家的刑事诉讼中，追究被告人刑事责任的诉讼活动围绕着审判这个中心展开，审判前阶段只是为审判阶段做准备，法院对侦查、起诉有权实行司法审查，审判前阶段权力主体的诉讼行为对审判阶段没有预决的法律效力，审判在刑事立法和司法实践中是毫无争议的核心阶段，没有必要提出专门的概念[1]。大陆法系国家都围绕审判建构自己的刑事诉讼法典的篇章结构，如德国刑事诉讼法典在分则程序部分没有单列侦查、起诉程序，而是将其包含在第一审程序中[2]。英美法系国家如美国，其联邦刑事诉讼规则和联邦证据规则则明确只适用于审判阶段[3]。审判中心主义有两层含义：一是在整个刑事程序中，审判程序是中心，只有在审判阶段才能最终决定特定被告人的刑事责任问题，侦查、起诉等程序中主管机关对于犯罪嫌疑人罪责的认定仅具有程序内的意义，对外不产生有罪的法律效果。二是在全部审判程序当中，第一审法庭审判是中心，其他审判程序都是以第一审程序为基础和前提的，既不能代替第一审程序，也不能完全重复第一审的工作[4]。

"以审判为中心"是司法终局原则在刑事诉讼中的具体体现，其含义主要包括两个方面：首先，在整个刑事诉讼程序中，应当以审判程序为中心，侦查、起诉程序是审判程序的准备阶段，辩护活动也要遵从于审判程序，控诉、辩护统一于审判程序，被告人是否有

罪以及如何定罪量刑这一刑事诉讼的中心问题只能通过审判程序解决。其次，在审判程序中，应当以"庭审为中心"，尤其是以第一审程序的庭审为中心。

本文主要是讨论侦查人员"以审判为中心"理念的培养，因此，这里着重谈一下侦查阶段的侦审关系。侦查独立于审判，侦查具有独立性特征。侦查活动的独立性特征体现在侦查活动的专业性、技术垄断性、时效性、高度不确定性等方面，这些特征决定侦查活动自治的一面，必须赋予侦查主体一定的独立判断权，才能使侦查权力正常运行。与此同时，侦查必须接受审判的制约，以确保侦查不至于失控，这是侦审关系的核心[5]。

侦查是刑事诉讼的开始阶段，"公正始于侦查，如果侦查机关在搜集、固定证据时偏离了公正要求，案件就不会有公正的结果"[6]。司法实践中，审判程序难以有效发挥对其他诉讼程序的制约作用，主要表现在：有的办案人员对审判重视不够，常常出现一些关键证据该收集而没有收集，不依法进行收集，或者收集后不依法移送，导致进入庭审的案件不符合"案件事实清楚、证据确实充分"的法定要求[7]6。因此，必须强化侦查基础工作，按照审判程序的法定定案标准全面、规范收集证据，避免案件"带病"进入审查起诉和审判阶段，是构建以审判为中心的诉讼制度的关键所系、根基所在。应当"切实转变侦查办案方式，坚持以收集证据作为侦查活动的中心，以为起诉、审判提供证据作为侦查活动的基本要求，在证据规格和标准上把'破案'与'庭审'的要求结合起来，切实实现侦查办案由'抓人破案'向'证据定案'的目标转变"。要进一步加大科技强警工作力度，使民警熟练掌握运用高科技手段，增强做群众工作、案情调查的本领，减少对口供的过分依赖，使侦查工作进一步向精细化、专业化和规范化转变[8]。

## 二、侦查人员养成"以审判为中心"理念的重要性及其主要内容

侦查程序作为刑事诉讼的启动阶段，对整个刑事程序的良好运作具有举足轻重的地位，尤其是对保障审判程序的公正运转具有重要意义。以审判还是侦查为诉讼活动的重心，其含义是，对案件进行全面性、实质性的调查是通过审判还是侦查来完成的。在我国，刑事诉讼的实际重心在侦查阶段，案件的实质调查和全面调查都在这一阶段完成。诉讼重心前置于侦查阶段，对于案件进行全面、实质调查的任务就落在侦查人员头上，审查起诉和审判就成了对侦查成果的二次质量检查，起到的是质检把关作用[9]。在侦查中心主义之下，侦查机关必然拥有超强的决定权、自主权。侦查机关在制度上的独立性，导致其不仅不受审判权制约，而且检察监督权对侦查权也难以制约，导致侦查阶段不能排除非法证据，审查起诉阶段也难以排除非法证据，甚至审判阶段也难以排除非法证据。非法证据不能依法排除成为冤假错案发生的根源[10]153。由此产生的危害在于，一是人权保障状况恶化，二是加剧了警民关系的紧张度，三是司法权威难以确立①。在我国的刑事审判中实际存在着一种以侦查为中心的传统运作机制，即侦查机关在侦查程序中所取得的证据和侦查阶段形成的结论，通常会成为审判的依据和结论[11]。正如德国的舒乃曼教授所描绘的那样："侦查程序成为刑事诉讼的核心和顶点阶段。""公开审理早已不是刑事程序真正的判

---

① 参见叶青：《以审判为中心的诉讼制度改革之若干思考》，载《法学》2015年第7期。

断中枢了，它无非指望花了费用走个过场，对侦查程序中产生的结果再加渲染而已。"[12] 以侦查为中心不仅容易导致庭审的虚化，造成对于犯罪嫌疑人合法权利之侵犯，更使得侦查程序中出现的违法行为和错误结论无法弥补和纠正，从而引发诸多弊端，甚至铸成冤假错案。中外刑事诉讼的历史已经反复证明，错误的审判之果从来都是结在错误的侦查之病枝上的[13]。

"以审判为中心"是我国法律界针对司法实践状况所提出来的术语，是对应"以侦查为中心"而使用的[14]。确立"以审判为中心"，实际上是对"以侦查为中心"的纠偏。"以审判为中心"意味着整个刑事诉讼的制度和活动都是围绕着审判而建立和开展的。一方面，刑事诉讼程序的重心由侦查转向审判，回归审判对案件应有的最终裁判权。而侦查活动对审判活动不能起到决定性作用，只能为审判做准备、打基础。另一方面，扭转当前侦查权过大而审判权弱化的局面，加强审判权对侦查权的合理制约，最重要的是发挥非法证据排除制度的功能，尤其是通过排除非法言辞证据来制裁警察的非法取证行为，从源头上遏制冤假错案的发生[15]。

可见，要真正实现"以审判为中心"，就必须改变司法实践中的"以侦查为中心"的实际情况。除了进行庭审方式改革、完善证据制度特别是非法证据排除制度、加强司法权对侦查的制约以外，还应进行侦查程序的改革。

法律的制定和法律的实施之间还是有较大的不同，"静态的法"必须转化为"动态的法"才能得到真正的贯彻落实。刑事诉讼制度的改革与完善是一项系统工程，任何一项制度的改革都离不开相关制度改革的支持，否则就不可能达到预期的目的。例如，1996年刑事诉讼法修改时改革了案卷移送方式和庭审方式，但是侦查程序和证据制度几乎没有作相应的修改，导致改革根本没有实现预期目标，2012年刑事诉讼法再次修改时将案卷移送方式又改回去了。侦查程序的改革离不开侦查人员转变执法理念的支撑，刑事诉讼法新规定的警察出庭做证、非法证据排除规定、不得强迫自证其罪的规定等制度，以及将来有可能增加的司法权对侦查权制约的相关制度都有赖于侦查人员相关理念的转变。

在刑事诉讼中确立"以审判为中心"，侦查人员应当树立下列理念：（1）程序法治的理念。推进以审判为中心的诉讼制度改革，是现代诉讼制度的题中应有之义，是程序法治应有的标准，是法治社会应有的状态，是确保刑事司法公正的必然要求。侦查人员树立应当严格遵守法定程序的理念，树立接受"庭审的检验"就是接受"法律的检验"的观念，严格依照法定程序进行侦查活动，在侦查活动中既要惩罚犯罪又要保障人权，既要履行职责又要接受约束，坚决摒弃有罪推定的观念。（2）司法终局的理念。在刑事诉讼中坚持以审判为中心，从根本上讲是由司法审判的最终裁判性质所决定的。侦查工作的实际成效，最终需要通过、也必须通过法庭审理来检验，法庭审理是确保案件公正处理的最终程序。要切实发挥审判程序应有的制约、把关作用，形成一种倒逼机制，促使侦查人员树立案件必须经得起法律检验、庭审检验的理念，严格依法规范侦查活动，既要从源头上防止案件"带病"进入审判程序，以更加有效地防范冤假错案，又要有效避免因人为失误、失职甚至渎职，导致有罪者未能受到法律的应有制裁，造成客观上放纵犯罪或者打击不力的现象发生①。（3）无罪推定的理念。无罪推定是现代刑事诉讼的一项基本原则，也是现代法治国家所要求的一种司法观念。无罪推定不仅要体现在审判阶段，而且应贯彻到整个刑事诉讼的过程之中。侦查人员在侦查活动中要坚持无罪推定的原则，以保证客观公正地收集证据并查明案件事实。要从有罪推定的办案观转向无罪推定的办案观，侦查人员在办案过程中应当防止先入为主，防止用"有罪的眼光"看待犯罪嫌疑人，养成中立、客观调查取证的思维习惯，养成尊重法院裁判的办案习惯。（4）证据裁判的理念[16]136。证据裁判是法治国家的基本司法原则。它要求"认定案件事实，必须以证据为根据"。这是为了防止司法裁判的任意性，确保在事实前提和判决结论之间一定要有确证关系[17]。在刑事诉讼中认定被告人有罪和处以刑罚，必须以证据为根据，没有证据或证据不足不能作出有罪裁判。

## 三、侦查人员养成"以审判为中心"理念的途径

侦查人员"以审判为中心"的理念养成不是单方面的，需要多措并举，大体上有制度的约束、自身理念的树立和加强对侦查人员的培养三个方面。

（一）相关刑事诉讼制度的约束

与"以审判为中心"相关的刑事诉讼制度可以分为两类："以审判为中心"的专门制度、与侦查程序紧密相关的制度②。

首先，应当完善"以审判为中心"的制度。当前，应当由全国人大常委会通过立法解释或由六部委通过司法解释，明确规定"以审判为中心"的基本原则，并对相关制度作出相应的规定，将来再对刑事诉讼法进行相应的修改。完善庭审制度，在审判阶段应当做到"以庭审为中心"，其核心要求是保护被告方的对质权；法院判决的权威性来自公正的庭审，法院自身也不能脱离庭审来进行事实认定。在纵向的审级结构上，在打造坚实的第一审的基础上，确立第一审在事实认定方面的权威地位，同时合理界定和调整第二审和死刑复核程序的功能，确保第一审在整个刑事程序体系中居于"重心"地位[18]。还应当完善提起公诉、证据、辩护、法律援助等制度。在证据制度中，要完善非法证据排除、不得强迫被告人自证其罪以及证人、鉴定人出庭做证等制度。

其次，完善与侦查程序紧密相关的制度。这些制度包括从外部对侦查活动进行制约的制度和侦查程序内部的制度。从外部对侦查活动进行制约的制度有对强制性侦查行为实行令状制度和侦审阻隔制度。在我国，除逮捕以外的其他强制性措施均由侦查机关自己决定、自己签发执行令、自己执行，未能形成令状原则所要求的司法控制机制和程序制约机制。从强化刑事追究的正当性，防止强制性措施被滥用的角度看，对强制性侦查实行令状原则应当成为我国侦查制度改革的趋势。具体做法是：确立对强制性侦查措施的司法审查机制。凡侦查机关实施的涉及对犯罪嫌疑人的人身自由或财产权利进行限制或剥夺的行为，侦查人员都需向法官提出附理由的申请，由法官进行审查并决定是否准许。除法定的

---

① 参见：沈德咏：《论以审判为中心的诉讼制度改革》，载《中国法学》2015 年第 3 期。
② 本文只大概列出与"以审判为中心"相关的制度，不是很周全，也不展开论述。

紧急情况外，只有持法官签发的有效令状者，才能实施强制性侦查措施[19]。还要实行侦审阻隔制度，切断审判对侦查所收集证据的过分依赖，不能仅仅根据侦查卷宗材料进行定罪判刑。"以司法裁判为中心"来改造我国诉讼构造，其重要一步是"彻底切断审判前的追诉程序与审判程序的因果关系，真正使法庭审判成为决定案件结局的唯一阶段"[20]。"强调'审判中心主义'，必然要求抑制侦查程序对审判程序的影响，实行侦审阻断制，防止出现所谓'侦查中心主义'"[8]。卷宗移送限制实现了侦审阻隔，其目的是防止主审法官接触卷宗，防止其在审判前形成对案件事实的预见以确保审判公正。在限制主审法官接触卷宗的基础上，继而对卷宗在法庭审判中的使用继续限制，以实现法官裁判结论摆脱侦查结论之影响[5]168。从侦查程序内部而言，应当"切实转变侦查办案方式，坚持以收集证据作为侦查活动的中心，以为起诉、审判提供证据作为侦查活动的基本要求，在证据规格和标准上把'破案'与'庭审'的要求结合起来，切实实现侦查办案由'抓人破案'向'证据定案'的目标转变"[21]。应当通过《公安机关办理刑事案件程序规定》和《公安机关执法细则》进一步规范取证程序，完善侦查程序中的非法证据排除规则、讯问录音录像制度、侦查预审制度，坚决杜绝刑讯逼供，做到强化对客观性证据的收集、弱化口供在案件侦查中的作用、依法全面收集和移送证据①。

（二）侦查人员"以审判为中心"理念的树立

侦查人员是侦查活动的执行者，只有侦查人员真正树立"以审判为中心"的理念，才能改变"以侦查为中心"的现状，实现"以审判为中心"。侦查人员应当提高认识，自觉树立"以审判为中心"的理念，严格按照法定程序进行侦查活动、强化证据裁判意识，自觉排除非法证据、摒弃刑讯逼供。

首先，要提高对"以审判为中心"理念的认识。十八届四中全会通过的《中共中央关于全面推进依法治国若干重大问题的决定》提出："推进以审判为中心的诉讼制度改革，确保侦查、审查起诉的案件事实证据经得起法律的检验。"这是我们党从全面推进依法治国，加快建设社会主义法治国家，坚持严格司法，确保刑事司法公正的现实需要和长远考虑所作出的重大改革部署[7]。侦查人员应当充分认识到这一部署的重大意义，准确理解这一部署并在实践中认真落实。要认识到"以审判为中心"是程序法治的必然要求，是诉讼终局原则的基本内容，侦查应服务于审判并接受审判的最终检验。

其次，要克服侦查本位的观念。侦查本位强调侦查在整个刑事诉讼中居于主导地位，实践中侦查人员的视野也往往局限于侦查破案、抓获犯罪嫌疑人，比较关注案件是否能顺利移送审查起诉，而不太重视调查取证是否能够满足案件起诉、审判阶段证明犯罪事实和审查判断证据的需要，在证据收集上存在欠缺，不能形成证据锁链，影响了案件的最终定罪量刑。以审判为中心，侦查人员必须认识到侦查仅仅是整个刑事诉讼中的最初环节，破

---

① 参见沈德咏：《论以审判为中心的诉讼制度改革》，载《中国法学》2015年第3期。1997年刑侦体制改革后，公安机关将分设的侦查、预审机构合并，推行"侦审一体化"，预审程序名存实亡。基于提升案件办理质量、有效防范冤假错案的考量，确有必要重新审视侦查预审制度的功能。建议公安机关依据现行法律规定，在总结历史和实践经验的基础上恢复设立侦查预审程序，通过设置独立的侦查预审程序，把好诉前和审前"第一关"，促使侦查人员更为自觉地按照法定程序和审判标准收集、固定和移送证据，确保案件办理质量。目前，公安部正在试点刑事案件"两统一制度"，由公安机关法制部门对刑事案件进行统一法律审核，统一向出口检察机关出口，以期提升案件质量，但是公安机关法制部门只是进行法律审核，与以前的侦查预审制度还是有所区别。

案并非侦查的终极目标，从而树立侦查取证为侦查、公诉、法庭审理服务的大局意识，树立和检察机关共同承担刑事犯罪的证明责任的意识，全面、客观地开展侦查工作[22]。

再次，要树立证据裁判的意识。对于侦查机关而言，立案、拘留、提请批捕、移送审查起诉，每个环节都要依凭证据说话，没有证据或证据不足不能强行为之，其中特别是不能以证据的证明力代替证据的证据能力，从内容、形式和来源等各方面确保证据的合法确实和充分。侦查人员需增强证据意识，把证据裁判的原则贯穿于侦查的各个环节之中。

（三）加强对侦查人员"以审判为中心"理念的培养

侦查人员"以审判为中心"理念的养成还需要侦查机关采取多种措施加强培养。一是将法治理念和"以审判为中心"的理念作为侦查人员培训的重要内容。对于新录用的和在职的侦查人员，要将法治理念和"以审判为中心"的理念列入培训计划，对新录用的侦查人员主要是让他们掌握相关知识、养成依法办案和按照程序办案的意识，对在职人员的培训主要是结合案例培训相关业务技能。二是加强侦查人员法律职业素养的培养。要让侦查人员认识到警察、检察官、法官、律师同属于法律职业共同体，警察与律师是对手不是敌人，不同的角色决定了各自不同的职能，但大家都是法律人，都要维护公平与正义。三是大力加强证据法学教育。证据法是法治的基石，是实现司法公正的基石。证据法缺位的法学教育不能适应法治国家和司法文明建设的需要。将证据法学作为侦查人员的必学课程，使侦查人员牢固树立证据法治的理念、证据裁判意识，掌握运用证据法原理解决权利和义务争端的能力，是推进以审判为中心的诉讼制度改革必须做的知识准备和人才准备①。四是加强侦查人员实践技能的培养。通过侦查人员出庭做证、旁听庭审，使侦查人员增强对"以审判为中心"的感性认识和"庭审"对证据的要求和证明的过程，增进侦查人员与公诉人、法官、律师之间的交流，特别是通过对冤案、错案的认真分析，总结经验与教训，不断提高侦查人员的办案水平。

侦查机关和侦查人员的侦查活动应当"以审判为中心"，但这并不意味着侦查程序这一审前程序要依附于审判程序，"以审判为中心"也不是"以法院为中心"。在刑事诉讼制度改革的过程中，既要摒弃"以侦查为中心"的做法，逐步过渡到"以审判为中心"，也要发挥侦查程序自身的特点和作用，正确处理侦审关系，实现刑事诉讼惩罚犯罪、保障人权的价值追求。

（作者单位：安徽公安职业学院）

**参考文献：**

[1] 陈光中，步洋洋. 审判中心与相关诉讼制度改革初探 [J]. 政法论坛，2015，(3)：120.

[2] 德国刑事诉讼法典 [M]. 李昌珂译. 北京：中国政法大学出版社，1995.

[3] 美国联邦刑事诉讼规则和证据规则 [M]. 卞建林译. 北京：中国政法大学出版

---

① 参见张保生："审判中心与证据裁判"，载《光明日报》2014年11月5日。

社, 1998.

[4] 孙长永. 审判中心主义及其对刑事程序的影响 [J]. 现代法学, 1999, (4): 93.

[5] 门金玲. 侦审关系研究 [M]. 北京: 中国社会科学出版社, 2011.

[6] 中央司改办负责人姜伟就司法体制改革答记者问 [N]. 法制日报, 2014 - 10 - 31.

[7] 沈德咏. 论以审判为中心的诉讼制度改革 [J]. 中国法学, 2015, (3): 6.

[8] 杨焕宁. 切实转变执法观念和办案方式努力提高公安刑事执法水平 [EB/OL] (2015 - 05 - 05) [2015 - 10 - 05]. http://news. xinhuanet. com/.

[9] 张建伟. 审判中心主义的实质与表象 [N]. 人民法院报, 2014 - 06 - 20.

[10] 杨正万, 王天子. 非法证据排除证明机制研究——以审判中心主义为视角 [J]. 贵州民族大学学报, 2015 (1): 153.

[11] 鲶越. 日本刑事法律援助的现状和问题点 [J]. 外国法译评, 1998, (2).

[12] [德] 勃朗特·舒乃曼. 警察机关在现代刑事程序中的地位 [J]. 研究生法学, 2000, (2).

[13] 李心鉴. 刑事诉讼构造论 [M]. 北京: 中国政法大学出版社, 1992: 129.

[14] 陈光中, 步洋洋. 审判中心与相关诉讼制度改革初探 [J]. 政法论坛, 2015, (3): 120.

[15] 叶青. 以审判为中心的诉讼制度改革之若干思考 [J]. 法学, 2015, (7): 5.

[16] 何家弘. 从侦查中心转向审判中心——中国刑事诉讼制度的改良 [J]. 中国高校社会科学, 2015, (2): 136.

[17] 张保生. 审判中心与证据裁判 [N]. 光明日报, 2014 - 11 - 5.

[18] 魏晓娜. 以审判为中心的刑事诉讼制度改革 [J]. 法学研究, 2015, (4): 86.

[19] 樊崇义, 张中. 论以审判为中心的诉讼制度改革 [J]. 中州学刊, 2015, (1): 56.

[20] 陈瑞华. 刑事诉讼的前沿问题 [M]. 北京: 中国人民大学出版社, 2000.

[21] 万毅. 程序如何正义——中国刑事诉讼制度改革纲要 [M]. 北京: 中国人民公安大学出版社, 2004.

[22] 唐雪莲. 论审判中心主义对我国侦查工作的影响 [J]. 四川警察学院学报, 2014, (6): 19.

# 检视与探索：刑事庭审虚化走向实质化路径

## ——以审判为中心的诉讼制度改革为视角

崔　艳

**摘　要：**以审判为中心的诉讼制度改革，凸显了审判的中心地位，抓住了司法公正的"牛鼻子"，无疑是一场诉讼制度的革命，实质上就是要求刑事庭审实质化，强调把事实认定和证据采信限定在审判阶段，提高审判质量，最大限度地从源头避免冤错案件，提升法院的权威，保证判决的终局性。反观我国刑事庭审现状，庭审虚化相当普遍，主要表现在五个方面：庭前全面阅卷，形成预断；主审法官独自裁判，合议庭徒有虚名；审委会越俎代庖，庭审成为走过场；审批请示制度异化，独立裁判权被分割；证据审查形式化，庭审对抗性不强等。究其原因，发现全案移送制度导致以卷裁判、侦查中心主义弱化庭审中心地位、司法裁判层级审批趋向行政化、控辩双方地位不平等、人民陪审员陪而不审，是造成刑事庭审虚化的主要根源。要想彻底改变刑事庭审虚化，就必须改革全案卷宗移送制度、阻断侦审连接、贯彻直接言辞原则、强化主审法官权责、保障当事人诉讼权利、完善人民陪审员制度，这样才能实现事实证据调查在法庭、定罪量刑辩论在法庭、裁判结果形成于法庭，最终实现刑事庭审实质化。

**关键词：**刑事庭审；虚化；实质化

2013 年以来，全国法院系统相继发现和纠正了几十起冤假错案，如安徽蚌埠于英生杀妻冤案，它不仅损害了当事人的合法权益，更损害了人们对公平正义的期待[1]。而造成这些冤假错案的主要原因之一就是刑事庭审虚化。在我国，刑事庭审虚化主要表现在证据审查的形式化和裁判的形式化[2]。

党的十八届四中全会通过的《中共中央关于全面推进依法治国若干重大问题的决定》明确提出："推进以审判为中心的诉讼制度改革，确保侦查、审查起诉的案件事实证据经得起法律的检验。"这就保证了庭审在查明事实、认定证据、保护诉权、公正裁判中发挥决定性作用。我国《刑事诉讼法》第二十条规定"未经人民法院依法判决，对任何人都不得确定有罪"。这些足以说明审判具有定罪量刑的终局性，各诉讼环节都必须围绕审判展开。但是，目前我国的刑事诉讼从立法到实践，都不是按照以审判为中心进行设计和操作的[3]。因此，为了防范或杜绝冤假错案，实现司法公正，让人民群众在每一个司法案件中感受到公平正义，就必须让刑事庭审从虚化走向实质化。

---

① 蚌埠杀妻案真凶受审，http：//legal. people. com. cn/n/2015/0106/c188502-26329927. htm，2015 年 6 月 30 访问。
② 何家弘：《刑事庭审虚化的实证研究》，《法学家》2011 年第 6 期。
③ 张建伟：《审判中心主义的实质与表象》，《人民法院报》2014 年 6 月 20 日第 5 版。

# 一、审视：刑事庭审"虚化"的表现

以审判为中心是法治国家诉讼制度的基本特征①。在刑事诉讼整个诉讼程序中，庭审应是中心环节。但当下我国司法实践中的庭审却普遍"形式化"。从表面上看庭审庄严、正式，但很多情况下法官对定案证据和案件事实的认定不是通过法庭调查来完成的，有的裁判结果在审前便已形成，有的案件未审先定，庭审成了走过场的"表演秀"。

（一）庭前全面阅卷，形成预断

2012年《刑事诉讼法》对案卷移送制度进行了修改，检察机关移送至法院的案卷材料实行"全案移送"②。庭前移送案卷制度的恢复可以保证法官庭前全面阅卷，从而进行全面的审判准备③。实务中，主审法官开庭之前通常都会"熟悉"卷宗来获得全部的证据材料，虽能为开庭审理做足准备，但极易导致法官对案件形成先入为主的判断，甚至会形成"被告人有罪"的认识。如果对证据和案件事实的认定是"以卷裁判"，那么庭审在刑事诉讼过程中就起不到任何实质性作用，对法官的中立性也会造成消极的影响。笔者曾和一些从事刑事审判的法官交流过"审前阅卷对裁判结果是否有影响"的话题。有的法官直言，开庭审判是法律规定的必经程序，但实务中多是走形式，因为主要证据都在卷宗里，庭前审读案卷后心中都有个预知，而且法庭上举证、质证、认证也多是走程序，当庭并不能解决案件定性的实质性问题（见图1）。

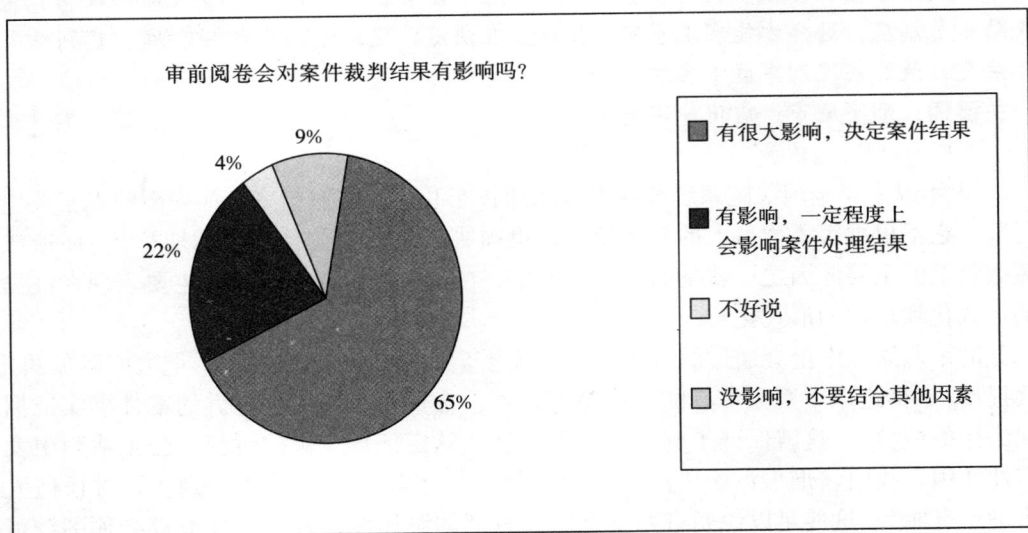

审前阅卷会对案件裁判结果有影响吗？

- 有很大影响，决定案件结果
- 有影响，一定程度上会影响案件处理结果
- 不好说
- 没影响，还要结合其他因素

65%　22%　4%　9%

图1　审前阅卷对案件裁判结果的影响

---

① 张保生：《审判中心与证据裁判》，《光明日报》2014年11月5日第13版。

② 自1949以来，我国《刑事诉讼法》对案卷移送制度主要进行了三次修改：1979年"全案移送"模式、1996年主要证据复印件或照片"部分卷宗移送"模式、2012年"全案移送"模式。

③ 陈瑞华：《案卷移送制度的演变与反思》，载《政法论坛》2012年第5期。

（二）主审法官独自裁判，合议庭徒有虚名

实务中，所有普通刑事案件的审判活动均是以合议庭的名义对外作出，但一般性审前准备工作、庭审过程控制和裁判文书写作基本上是由承办法官（或审判长）自主决定后独立完成；陪庭法官都有自己承办的案件，囿于案件数量激增与审限限制，他们无法投入过多的时间和精力到非己承办案件中，极少参与庭前准备工作。庭前会议制度目前尚未普及，所以大多数法官基本上依赖于听取承办人的汇报来了解案情，"陪庭"思想严重①；（在有人民陪审员的合议案件中，人民陪审员多是"沉默的第三者""裁判结果被通知者"）。笔者对"合议庭成员在诉讼阶段的参与情况"进行了问卷调查（见表1）。

表1　合议庭成员在案件诉讼阶段的参与情况

| 合议庭成员 | 诉讼阶段 | | |
| --- | --- | --- | --- |
| | 庭审前 | 庭审中 | 庭审后 |
| 主审法官 | 仔细阅卷形成阅卷笔录 | 均会发问控制庭审秩序 | 阅卷核实，并形成裁判结果 |
| 陪庭法官 | 偶尔会主动了解案情 | 偶尔会发问 | 偶尔会主动询问裁判结果 |
| 人民陪审员 | 不知案情被通知开庭 | 不发问、沉默 | 裁判结果被通知 |

（三）审委会越俎代庖，庭审成为走过场

对涉案人数众多、案情复杂的疑难案件提交审判委员会讨论可以防止冤假错案的出现，但目前审委会对案情的了解主要来源于主审法官的汇报，审委会成员并不实际参与案件的审理。审委会成员听完汇报后提出自己的意见，多数意见具有一致性，最后形成审委会意见，根据这个审委会意见，主审法官形成裁判结果。这种行政决策的习惯和主审法官规避责任的心理，使承办法官不再对案件处理结果享有决定权，庭审成为走过场，司法公正受到威胁②。笔者对所在Y区法院近两年所有经院审委会评议的适用普通程序案件随机抽取60件卷宗进行分析③，发现最终的裁判结果基本上与审委会讨论意见相一致（见表2）。

表2　Y区法院审委会讨论案件情况统计表（S＝S1＋S2＝60）

| 案件特点 | 2014年（S1＝49） | | | 2015年（S2＝11） | | |
| --- | --- | --- | --- | --- | --- | --- |
| | 适用案件数 | 审委会意见 | 裁判结果 | 适用案件数 | 审委会意见 | 裁判结果 |
| 被告人较多、案情较复杂 | 37 | 多数意见一致，均认定构成犯罪，量刑建议 | 定罪量刑 | 9 | 多数意见一致，均认定构成犯罪，量刑建议 | 定罪量刑 |
| 被告人做无罪辩护 | 11 | 1件认定无罪 | 1件认定无罪 | 2 | 0件认定无罪 | 认定无罪 |
| 程序合法性问题 | 1 | 程序不违法 | 不违法 | 0 | 无 | 无 |

---

① 何家弘：《谁的审判谁的权——刑事庭审制度改革的实证研究》，法律出版社2011年版，第63－65页。

② 刘品新：《刑事错案的原因与对策》，中国法制出版社2009年版，第43页。

③ 之所以选择普通程序，是因为适用普通程序案件的案情相对复杂，审理期限较长，辩护意见较全面，审委会成员讨论意见的差异性可能更强。样本法院中2014年1月—12月抽取49件案件，2015年1—6月抽取11件案件。

### （四）审批请示制度异化，独立裁判权被分割

目前我国法院内部关系等级结构特征明显，内部审批与层级请示行政化倾向明显。法官与庭长、分管院长、院长、审委会有着明显的行政级别特征，案件处理层层审批，主审法官独立裁判权被分割。敏感案件请示上级法院，下级法院依赖上级法院"判决结果"的权威并以此作出一审裁判。事实上，主审法官向上级请示的真正目的并不是由于确实无法下判，而是摸透上级法院的观点，防止案件上诉被改判①。但是，这种请示汇报制度不仅损害了上下级法院的独立性，而且还导致两审变一审，损害了被告人的上诉权②（见图2）。

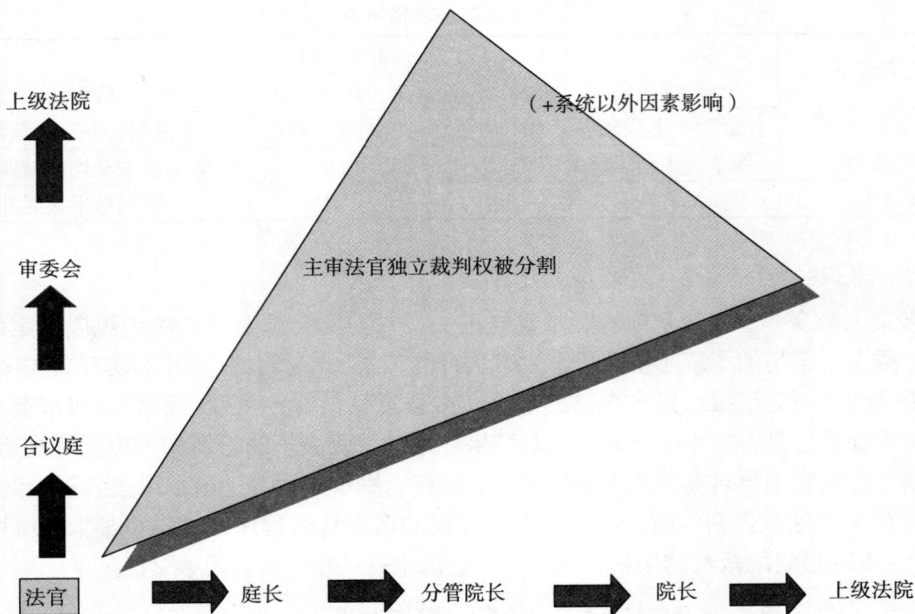

图 2　法院内部关系等级结构图

### （五）证据审查形式化，庭审对抗性不强

法院在公诉人、当事人和其他诉讼参与人参加下，在听取控辩双方对证据、案件事实和运用法律展开辩论的情况下，依法确定被告人是否有罪、应否处刑、给予何种刑事处罚③。也就是说据以定罪量刑的证据必须在法庭上经控辩双方举证、质证、认证才能实现它的证明力。然而在实务中庭审对证据的审查普遍流于形式，出现了公诉机关举证"笔录宣读式"、辩护方举证"个人表现式"的现象，控辩双方质证"无关痛痒"。笔者对 Y 法院近三年来审理的刑事案件中随机抽取 30 件有辩护律师参与的适用普通程序审理的案

---

① 田鲁敏：《主审法官责任制研究》，载 http：//article. chinalawinfo. com，2015 年 7 月 7 日访问。
② 陈光中主编：《刑事诉讼法实施问题研究》，法律出版社 2000 年 5 月版，第 4 页。
③ 樊崇义主编：《刑事诉讼法学》，中国政法大学出版社 1999 年版，第 346 页。

件①，对样本卷宗里的证据材料进行统计分析，发现绝大部分证据材料由公、检、法三方收集，定罪证据材料为主导；辩护律师提供的证据材料相对较少，多为被告人日常表现等酌定量刑情节方面的证明材料（见表3）。

**表3　证据材料对比统计表（S=30）**

| 内容 | 公、检、法收集的证据 | | 辩护律师收集的证据 | | 合　计 |
|------|------|------|------|------|------|
| 证据种类 | 书证、物证、证人证言、勘验笔录、鉴定意见、电子证据等 | | 案卷复印件、证人证言、书面证明材料等 | | |
| 证据数量（份） | 1219 | | 196 | | 1415 |
| 证明目的（份） | 定罪 | 量刑 | 定罪 | 量刑 | |
| | 1162 | 57 | 21 | 175 | 1415 |
| 占比（%） | 95.32 | 4.68 | 10.7 | 89.3 | 100% |

## 二、透析：刑事庭审虚化的成因

庭审应当是刑事诉讼程序的中心环节，它既是实体公正的要求也是程序公正的要求。但实务中庭审普遍"虚化"，这既危害司法的程序公正，更危害司法的实体公正②。错案的发生有很多主客观原因，不能完全归罪于庭审虚化，但在许多错案背后，人们或多或少可以看到庭审虚化的"影子"。因此，我们必须认真研究刑事庭审虚化的原因。

（一）全案移送制度导致以卷裁判

从1979年到2012年的数次案卷移送制度改革来看，我国的司法制度里一直存在着法院的法官通过阅卷形成裁判结论的司法文化传统。2012年修订后的《刑事诉讼法》对案卷移送制度进行的修改，引起了很多学者的质疑，认为法官"先定后审"、庭审流于形式将不可避免③。事实上，目前普遍存在主审法官在庭前和庭后翻阅检察院移送的卷宗材料的现象，无形中会对被告人形成某种预判，之后的开庭审理既是依法律规定之事，也是对先前预判的验证。最终，裁判结论不是建立在庭审中对证据和案件事实的认定上，而是通过庭下全面阅卷完成；不是由主审法官做出的，而是由"法官背后的法官"即侦查机关或检察机关做出，庭审在刑事诉讼过程中没有起到应有的作用。

---

① 之所以选择适用普通程序审理并有辩护律师参与的案件，是因为适用普通程序审理的案件案情较复杂，大部分被告人的人身自由受到限制，辩护律师的参与可增强庭审对抗性。

② 刘智峰主编：《走向司法公正》，中国物资出版社1998年12月版，第129页。

③ 陈瑞华：《评〈刑事诉讼法修正案（草案）〉对审判程序的改革方案》，载《法学》2011年第11期。

（二）侦查中心主义弱化庭审中心地位

从立法上看，我国《刑事诉讼法》规定公、检、法三机关"分工负责、互相配合、互相制约"。按照这一规定，公安机关负责侦查、检察院负责起诉、法院负责审判，三机关相互独立、互不隶属，各自独立实施诉讼行为。从实务来看，我国公、检、法三机关就像一条生产线上的三个主要操作员，处理刑事案件的程序呈现出明显的"分段包干"式的流水作业格局，三者只有具体权限上的分工①。这种诉侦模式利于快速追究犯罪，保障国家刑罚权的实现，但"侦查"便成了刑事诉讼程序的首要环节、中心环节，审判的中心地位得不到充分体现。此外，这种"流水作业"模式使得公诉机关不能从庭审角度去监督、引导案件的侦查取证，易导致证据收集不够全面，合法性也存在疑义，会直接影响审判机关对案件事实与证据的认定，难以在法庭上形成强有力的追诉合力②。主审法官对证据进行审查，最后非法排除掉的证据较少，几乎原封不动地采纳侦查机关已收集的证据材料。对于那些违反法律程序的行为没有确立宣告无效的程序后果，使得当事人无法获得有效的司法救济③。如遇到疑难复杂案件，政法委牵头组织公、检、法三家联合办案，司法将失去其最重要的属性正义④。因为在公安机关侦查完毕、检察机关提起公诉、政法委督促的情况下，法院的庭审只能做出既定判决。

（三）司法裁判层级审批趋向行政化

对涉案人数众多、案情复杂的疑难案件和敏感案件，主审法官提交审判委员会讨论、向上级法院请示汇报、向政法委汇报在一定程度上可以防止冤假错案的出现。然而，在"司法裁判行政化"下，裁判文书庭长、院长层层审批，审委会讨论决定案件结果和政法委未审先判的现象屡见不鲜。对于上级、人大、政府等交办的案件，合议庭在审判案件过程中往往失去正确方向，即使原本简单的案件，也因为"交办"变得复杂，合议庭只能上报审判委员会⑤。于是，下级服从上级，重大案件领导拍板定案，层层汇报、级级审批的做法成了司法裁判的"潜规则"，分割法官的独立裁判权，导致主审法官无法对案件的处理结果享有决定权。

（四）控辩双方地位不平等

控辩平衡是刑事诉讼程序中应当遵循的一项重要原则，我国现有立法也出台了不少规定，以积极营造控辩平等对抗的环境。但也只是法律上提供了一种相对平等的对抗机会，实际上控辩双方的对抗能力是不平等的。由于绝大部分犯罪嫌疑人在审前处于被羁押状态，有效的律师辩护权对保障犯罪嫌疑人的诉讼权益具有重要意义。2012年《刑事诉讼法》扩大了辩护律师参与刑事诉讼的范围和力度，可以有效地保证辩护律师查阅、摘抄、复制案卷材料，充分地进行辩护准备活动⑥。然而在实务中，律师往往只能在法院受理案件后方可深入参与。此外，律师在行使辩护权时还面临一系列的人为障碍，如：阅卷的限

---

① 陈瑞华：《刑事诉讼的前沿问题》，中国人民大学出版社2000年版，第231—232页。
② 孙长永：《审判中心主义及其对刑事程序的影响》，载《现代法学》1999年第4期。
③ 陈瑞华：《刑事司法改革的重大突破》，载《人民法院报》2010年6月6日第2版。
④ 刘品新：《刑事错案的原因与对策》，中国法制出版社2009年版，第43页。
⑤ 左德起、郑慧：《试论法院审判委员会职能的转变》，载《特区实践与理论》2012年第01期，第67页。
⑥ 陈瑞华：《案卷移送制度的演变与反思》，载《政法论坛》2012年第5期。

制、会见的限制、取证的限制，特别是取证手段、能力和权限与司法机关相比远远处于弱势。再者，聘请辩护律师需要一笔很大的费用，不是所有犯罪嫌疑人都能做到的，致使控辩双方地位难以保持平等。

（五）人民陪审员陪而不审

我国现行的陪审员制度是在借鉴苏联陪审制度的基础上建立的，是践行群众路线、对法官的制约、防止司法腐败的有效途径①。人民陪审员参与审判，有利于弘扬司法民主、促进司法公正，在一定程度上缓解了法院合议庭人员短缺的难题。但是，在实际运行中，陪审员制度并没有发挥其应有的效果，陪审员"陪而不审"，成了一种"摆设"。其主要表现在三个方面：一是部分人民陪审员思想认识上存在误区，认为陪审既能帮助法院提高人民陪审率，又能取得相应的报酬，甘当陪衬；二是部分陪审员积极性不高，临时陪庭现象较多，庭前不主动了解案情、庭中不主动发问、庭后不主动参与讨论评议，多是"沉默的第三者"；三是部分法官思想认识上存在错误，未认识到陪审员的价值，再加上案件数量激增和审限限制，主审法官很难与人民陪审员深层次交流与评议，人民陪审员成了"裁判结果被通知者"。

# 三、建构：刑事庭审实质化的路径

英国哲学家培根曾经说："一次不公正的审判，其恶果甚至超过十次犯罪。因为犯罪虽是无视法律——好比污染了水流，而不公正的审判则毁坏法律——好比污染了水源。"推进以审判为中心的诉讼制度改革，实现庭审虚化走向实质化，有助于提高审判质量，保证法院对刑事诉讼实体性问题与程序性问题的解决享有最终决定权，提升法院的权威，保证司法公正，提高司法公信力。

（一）改革全案卷宗移送制度

目前我国刑事案件在司法实务中实行的是全案卷宗移送制度，立案时案卷材料全案移送，主审法官全面阅卷，庭审活动成了一场审判表演秀。正如有学者所言："全案卷宗移送制度对中国刑事法官的公正审判而言，所带来的并不是福音，而可能是另一种形式的负面作用。"② 为了避免法官被案卷"绑架"，建议实行起诉状一本主义，即检察机关在提起公诉时只向法院移送起诉书，这样，主审法官便失去了庭前全面阅卷的机会。法官庭前不了解案情，也不熟悉控辩双方的证据掌握情况，只能充当证据调查的主持者和消极的裁判者③。在这种起诉方式下，公诉方的所有证据都在庭审中当庭逐一提出，辩护方的证据也在庭审中当庭提出。各类案卷笔录、书证、物证等证据"曝光"在庭审中，充分发挥庭审举证、质证、认证各环节的作用，使庭审真正成为确认和解决罪、责、刑问题的关键环节④。

① 马俊驹、聂德宗：《当前我国司法制度存在的问题与对策》，载《法学评论》1998 年第 6 期。
② 陈瑞华：《评〈刑事诉讼法修正案（草案）〉对审判程序的改革方案》，载《法学》2011 年第 11 期。
③ 陈瑞华：《案卷移送制度的演变与反思》，载《政法论坛》2012 年第 5 期。
④ 惠从冰：《以审判为中心诉讼制度改革的司法应对》，http://www.yangtse.com/gd/2015-06-17/549678.html，于 2015 年 7 月 10 日访问。

（二）阻断侦审连接

侦审连接，就是由侦查形成的证据能够直接进入审判并作为定案的依据，具有"预审"和"代审"的功能①。要发挥审判的中心作用，就必须割断侦查程序与法庭审判程序之间的联系，使侦查由"预审"和"代审"回归"控诉的准备"，突出庭审的中心地位。侦审连接的阻断除了要改变刑事诉讼中公、检、法三机关流水作业式的线性结构，调节控审之间的关系，还需要运用证据合法性排除规则。根据我国《刑事诉讼法》的相关规定，作为认定事实的证据必须是以合法方式收集的，非法取得的证据应当予以排除。笔者认为，侦查机关从侦查环节开始就应该全面、规范地收集和固定证据，使侦查活动取得的证据材料为公诉服务。法庭上，公诉人应该提供原始性证据，并经法庭举证、质证、辩论的检验，以便能够达到有效的质证，使法庭能够进行实质性审查，防止出现事实不清、证据不足的"带病"案件。

（三）贯彻直接言辞原则

直接言辞原则包括直接原则和言辞原则，是刑事诉讼程序的一项重要原则。首先，主审法官是案件的裁判者，未亲历证据审查的法官不能对案件事实作出裁判。法官只有了解案情、接触证据才有机会查明案件事实。在台湾地区，如果没有参与审理案件的法官参与了案件的判决，那么上诉法院就可以裁定该判决违法②。其次，所有定案证据都必须经过法庭举证和质证。德国《刑事诉讼法》第250条规定："如果对事实的证明以个人感觉为根据，应当在审判中询问本人，不得以宣读询问笔录或者书面证言的方式代替询问。"③《联邦证据规则》第802条规定传闻证据不可采纳④。第三，完善我国证人出庭做证制度。我国《刑事诉讼法》只规定对案件定罪量刑有直接或重大影响的证人应当出庭做证，这样规定的结果就是一般案件证人出庭率非常低，辩护方的质证权无法得到保障，法院也无法对证人进行询问。因此，应该创造条件让证人在法庭上亲自陈诉，这既能体现司法民主，又能保障司法公正。

（四）强化主审法官权责

目前，我国法院系统"司法裁判行政化"倾向一直存在，内部层级审批、审委会讨论案件分割主审法官独立审判权，请示汇报制度不规范导致上下级法院关系不正常⑤。要实现主审法官掌握裁判结果最终决定权和裁判结果终身负责制，就必须减少案件审批环节，突出主审法官权责。首先，作为裁判者的法官必须亲自审查证据，没有直接在法庭上审查证据的法官不能就案件中的事实认定问题作出裁判，在这个问题上，法院领导、上级法院需要转变观念，尊重司法裁判规律，抛弃行政决策习惯，让审理者成为真正的裁判者⑥。其次，法院院长、庭长应当通过参与合议庭担任审判长等方式，走进法庭直接参与案件的审理，发挥对案件的把关作用。确需审委会讨论的疑难复杂案件，审委会讨论决定的事项

---

① 龙宗智：《论建立以一审庭审为中心的事实认定机制》，载《中国法学》2010年第02期。

② 张丽卿：《刑事诉讼法理论与运用》，台北五南图书出版公司2004年版，第703页。

③ 何家弘、张卫平：《外国证据法选译》（上卷），人民法院出版社2000年版，第462页。

④ 何家弘、张卫平：《外国证据法选译》（下卷），人民法院出版社2000年版，第745－766页。

⑤ 陈光中主编：《刑事诉讼法实施问题研究》，法律出版社2000年5月版，第4页。

⑥ 何家弘：《从侦查中心转向审判中心——中国刑事诉讼制度的改良》，载《中国高校社会科学》2015年第2期。

应限定在法律适用问题的范围内，讨论意见只作参考，不应直接作为案件的裁判结果。

（五）保障当事人诉讼权利

对犯罪嫌疑人而言，审判意味着将要对其行为进行法律评价，关系着其人身自由与生命权的归属。由于绝大部分犯罪嫌疑人无法自行行使诉讼权利，若要保障犯罪嫌疑人的诉讼权益，首先，在立法上赋予犯罪嫌疑人部分特权，赋予其可以对抗追诉机关的诉讼权利如无罪推定权、不被强迫自证其罪权、沉默权等①。其次，保障律师辩护权。目前犯罪嫌疑人的权益只能通过辩护律师来实现，而保障辩护律师的辩护权就是有效保护犯罪嫌疑人权益的重要途径。因此，相关政府部门和国家机关在实务中还应注重保障辩护律师的权利，为辩护律师取证创造条件，使其充分行使辩护权，提高质证的质量②。再者，扩大法律援助范围。我国《刑事诉讼法》将应当提供法律援助的案件限于"可能被判处无期徒刑、死刑"，范围较窄。建议应扩大法律援助范围，对开庭审理时不满18周岁的未成年人和盲、聋、哑或行为能力受限的人，人民法院应当为其指定辩护人；对经济困难且犯罪嫌疑人要求法律援助的，人民法院一般也应当为其指定辩护人；对在死刑复核程序中的被告人也应该提供法律援助。

（六）赋予人民陪审员实质参审权

人民陪审员制度有利于弘扬司法民主、促进司法公正。2015年《人民陪审员制度改革试点方案》出台③，对人民陪审员的选任、参审机制、参审范围等方面进行了制度规定。那么如何在审判实务中发挥陪审员的作用呢？首先，实行法律审与事实审相分离。人民陪审员只参与案件事实认定问题，法律适用问题由法官认定，改变让非职业法官解决法律专业问题的弊端。其次，赋予陪审员实质参审权。陪审员可以就案件的人证、物证等事实问题向被告人、公诉机关、证人、辩护人进行提问，在合议庭评议时发表自己的意见，改变"沉默者"现象。再次，探索符合中国特色的"大陪审"制度。在西方国家，陪审团是根据法庭审理情况，围绕法官指示来判断、评议控方的指控是否达到"排除合理怀疑"的证明标准，最终形成被告人的罪与非罪判断④。目前，我国合议庭多采用"3人制"，即"2名法官+1名人民陪审员"模式，很难一步到位实行西方国家成熟的陪审团审判模式。笔者认为可以先增加参审陪审员的数量，从少数到多数人参审，并逐步探索符合中国特色的陪审制度。

# 结　语

以审判为中心是目前大多数国家普遍认同的一项刑事诉讼原则，特别是十八届四中全

---

① 蒋石平：《论审判中心主义对侦查程序的影响》，载《广东社会科学》2004年第3期。

② 耿慧茹：《刑事诉讼应坚持庭审中心原则》，《人民日报》2014年12月29日第7版。

③ 《人民陪审员制度改革试点方案》，2015年4月24日，十二届全国人大常委会第十四次会议作出授权在部分地区开展人民陪审员制度改革试点工作的决定，确保改革于法有据。改革方案将在北京、河北、黑龙江、江苏、福建、山东等10省、自治区、直辖市共50家中级或基层人民法院开展试点。

④ ［美］爱伦·豪切斯泰勒·斯黛丽、南希·弗兰克：《美国刑事法院诉讼程序》，陈卫东、徐美君译，中国人民大学出版社2002年版，第535～537页。

会通过的《中共中央关于全面推进依法治国若干重大问题的决定》，使得我国法治建设的蓝图更加清晰。围绕十八届四中全会的《决定》，最高法出台了《最高人民法院关于全面深化人民法院改革的意见》，以此推动建立以审判为中心的诉讼制度。然而，刑事庭审虚化走向实质化并非易事，既需要公检法三机关转变观念从"侦查中心"走向"审判中心"，也需要完善相关配套制度。作为司法改革目标之一，庭审实质化应当是每一位法官的努力方向。

（作者单位：安徽省蚌埠市禹会区人民法院）

# 疑罪从无司法困境与实现途径研究

罗永胜

**摘　要：** 疑罪从无，是刑事诉讼的基本原则，也是法律职业共同体的普遍共识，但从司法实践来看，疑罪从无制度却无法得到具体落实，疑罪从轻成为司法人员的功利性选择，大量冤假错案不可避免。文章试以一个执业律师的视角，着重从疑罪从无制度的司法困境及其实现途径等方面进行探讨，求同存异，推动刑事审判制度的改革与发展。

**关键词：** 疑罪从无；司法困境；实现途径

## 一、疑罪从无原则的含义

疑罪从无是现代刑法"有利被告"思想的体现，是无罪推定原则的具体内容之一。即既不能证明被告人有罪又不能证明被告人无罪的情况下，推定被告人无罪。西方规定古罗马法中采用"罪案有疑，利归被告"的原则，从有利于被告的角度出发，做出从宽或从免的判决。疑罪从无原则在资产阶级启蒙运动中被作为一项思想原则提出来。1764 年 7 月，意大利刑法学家贝卡利亚提出了无罪推定的理论构想："在法官判决之前，一个人是不能被称为罪犯的。只要还不能断定他已经侵犯了给予他公共保护的契约，社会就不能取消对他的公共保护。"后该原则被许多西方国家的宪法、宪法性文件，或国际条约所采用。"诉讼的起点由被告人无罪开始，证明的天平首先向有利于被告人一侧倾斜，公诉人的责任是逐一搬出证明被告人有罪的砝码堆放在对被告人不利的一侧，直至天平完全向被害人一侧倾斜达到法律要求的定罪标准。"

刑事审判生杀予夺，事关公民的名誉、财产、自由乃至生命，事关国家安全和社会稳定，坚持依法公正审判，防止发生冤假错案，是我们必须坚守的底线。对被告人定罪量刑，以证据是否确实、充分作为定罪量刑的唯一标准已成为司法界共识。《刑事诉讼法》规定，案件事实清楚，证据确实、充分，依据法律认定被告人有罪的，应当作出有罪判决；反之，案件证据不足，不能认定被告人有罪的，应当作出证据不足、指控的犯罪不能成立的无罪判决。证据确实、充分，应当综合全案证据，对所认定事实已排除合理怀疑；不能排除合理怀疑，则应作出证据不足、指控的犯罪不能成立的无罪判决。排除合理怀疑与证据确实、充分是对有罪证明标准不同角度的两种界定，证据确实、充分是从正面对证据的质和量提出的要求，而排除合理怀疑是从反向角度对证据的充分程度提出的判断标准。作出任何一个有罪判决，都应当要求在案证据足以排除被告人无罪的任何合理怀疑，在案证据所得出的有罪结论是唯一的，具有排他性。

## 二、疑罪从无是刑事诉讼必须遵循的基本原则

（一）疑罪从无制度是尊重和保障人权的制度体现

2012 年新修订的刑诉法开宗明义，将我国刑事诉讼法的基本任务，增加"尊重和保障人权"的内容，这是继 2004 年"国家尊重和保障人权"载入《宪法》以来，第一次在基本法律中作出明文规定。

笔者认为，刑事诉讼惩罚犯罪的任务，其终极目的在于预防犯罪。惩罚犯罪，虽有不放纵犯罪之意，但更有拒绝惩罚无辜之意，故惩罚犯罪，应做到准确打击犯罪；若滥用惩罚，不仅起不到打击犯罪之目的，而且致使无辜之人蒙受不白之冤，无异于由公检法联手制造一起新的犯罪，惩罚犯罪却成为受惩罚犯罪。因此，切实有效避免冤假错案，是体现对人权的极大尊重和保障，是对公民的人身自由不受侵犯的直接保护，是对我国加入并签署的 25 项国际人权公约的信守和承诺。现代司法活动崇尚公正与文明，人类社会的进步表现为对人权的尊重。一切惩罚犯罪都应建立在保障无罪之人不受刑事追究基础之上、建立在尊重和保障人权之上，才能真正实现惩恶扬善、弘扬社会正义之终极任务，绝不能以削弱、牺牲人权为代价片面追求和强化惩罚犯罪，导致权力滥用，错判无辜。

为了确保国家公诉机构和审判机构的权力不被滥用，必须制定一系列具有可操作性的制度、规则加以明文约束，确保国家对个人的刑罚经过正当的、合法的程序作出，并建立在明确的规则、制度基础之上，如此才有可能保证裁判结果的公正性得到社会公众的信服和认可，并进而在民众中确立司法权威和得到普遍的尊重，有助于法治精神和秩序的建立。而疑罪从无制度将会在现阶段最大限度地避免无辜之人受到错误追究，最大限度地体现尊重和保障人权的宪政思想。立法的思路是希望通过这种刚性的强制性规定，发挥其倒逼和牵引作用，促使司法机关依法严格执行该项制度，避免无罪之人遭受牢狱之灾。

（二）疑罪从无是无罪推定原则在审判实践中的贯彻和落实

无罪推定（presumption of innocence），是指任何人在未经证实和判决有罪之前，应视其无罪。无罪推定原则是现代法治国家刑事司法通行的一项重要原则，是国际公约确认和保护的基本人权，也是联合国在刑事司法领域制定和推行的最低限度标准之一。无罪推定的典型表述如法国《人权宣言》第 9 条的规定："任何人在未被宣告为有罪以前应推定为无罪。"又如 1996 年 12 月联合国大会通过的《公民权利和政治权利国际公约》规定的："凡受刑事控告者，在未依法证实有罪之前，应有权被视为无罪。"

疑罪从无是无罪推定原则在全部刑事诉讼活动中最集中、最关键的体现，只有确立疑罪从无理念，才能从根本上杜绝冤假错案的发生，因而疑罪从无制度融入刑事诉讼法，无疑是司法理念的巨大进步，真正实现保障无罪之人最大限度地避免不法追究。

落实疑罪从无制度是司法认定环节体现无罪推定原则精神的关键。我国法律虽然明确规定了疑罪从无，但在司法实践中并未得到全面落实。剖析所曝光的冤假错案，大都与疑罪从轻有关。究其原因，既有社会环境的因素，如社会舆论、维稳压力、公众认知、评价机制等各方面构成的制约疑罪从无制度落实的外部氛围，又有包括公检法在内的司法人员

的主观因素，如司法人员无罪推定、疑罪从无原则司法信念的不确信抑或趋利避害的功利心理，还包括与疑罪从无原则相匹配、相印证的制度缺失。

（三）疑罪从无是刑法的法益保护功能与自由保障功能相对平衡的结果

刑法的设定必须顾及合法权益的保护和公民自由权利的保障。刑罚权的指向并不只是国家对侵犯和破坏合法权益行为的一种单向镇压和惩罚，更是在限定刑罚权的范围和强度，从而使其为暴力赋予正义光环。因此，刑法的法益保护功能与自由保障功能必须达到相对的平衡。刑法的法益保护功能，意味着通过适用刑法从而保护合法权益；刑法的自由保障功能，意味着通过限制国家的刑罚权从而保障行为人自由的功能。两大功能不可避免存在冲突，刑法以刑罚来实现保护法益，处罚范围越宽越有利于保护法益，但同时也限制了公民自由，越不利于实现刑法的保障功能。疑罪从无，就是为了保证这一平衡的实现而制定的一项诉讼原则，当刑罚权所依据的事实存在疑问时，作出有利于被告的裁判，正是为了提升在国家强大的机器面前作为弱者的被告人的地位，从而验证国家刑罚权的正当性。

# 三、疑罪从无原则的现实困境

疑罪从无作为一项刑事诉讼的基本原则，同为法律人的警察、检察官、法官和律师一样知晓，但综合刑侦、审查批捕、提起公诉和审判各个阶段来看，疑罪从无原则仅仅停留在理论上。司法实践中疑罪从无原则往往被疑罪从轻原则所取代，法官主审民事案件时，面对原告证据不足时，很容易作出证据不足驳回原告诉请的判决；而法官主审刑事案件时，面对公诉机关指控犯罪的证据不足或证据相互矛盾或证据存疑不能排除合理怀疑时，却往往难以作出无罪判决。

从表面上看，出现疑罪从有、疑罪从轻现象的原因在于司法人员执法水平，但究其根源，疑罪从无原则不能得到具体落实在于现有司法体制的弊端，公检法已经形成固定的流水作业式的实践模式。

首先，侦查权、批捕权、审查起诉权甚至审判权极易受到行政干预和舆情影响。刑事案件的发生率和破案率是考量地方治安环境的标尺，也是地方政绩和民意支持的现实体现。很多重大刑事案件，尤其是命案，必然引起地方党委和政府的重视，舆论也会高度关注，在双重压力下，公安机关很难对疑罪案件作出撤销案件和立即释放的决定。侦查工作有其自身的规律，强调"命案必破"必然会给公安机关办案增添无形的压力，有的甚至会形成外在的干预因素，进而影响到办案质量以致违法办案。同理，检察机关对疑罪案件作出不批捕决定和不起诉决定也需要承受上述压力，自觉或不自觉地迁就当地的党委、政府、民众、公共舆论、被害人家属。受诉法院作为实现正义的最后隘口，面临一些事实不清、证据不足、存在合理怀疑、内心不确信的案件，特别是对存在非法证据的案件，法院在放与不放、判与不判、轻判与重判的问题上往往面临巨大的压力。诚然，疑罪从轻虽在防止错杀上有功，但这种留有余地的判决，不仅严重违背罪刑法定、程序公正的原则，而且经不起事实与法律的检验。

其次，判决前的羁押措施。在刑事诉讼中，最大的障碍已不是法官有没有"无罪推定"和"疑罪从无"观念的问题，而往往是法官准备作出无罪判决时必须面临的重重顾虑。当法官准备认定被告人自由时，经常发现刑罚已经被实际执行了，如果倒转，势必涉及国家赔偿、错案追究等等许多人和机构的利益。受此影响，对法院依法作出的无罪判决尤其是疑罪从无判决，检察机关、公安机关甚至纪检部门必然产生天然的抗拒态度，在法官个体不独立的体制下，指责法官缺乏坚持原则的勇气是不公平和不现实的。因此，公正的司法，应当以法院作出生效判决前尽可能不限制犯罪嫌疑人和被告人的人身自由为前提，否则势必出现为了定罪而定罪的悲剧。

第三，法院过于盲从公、检。应当肯定的是，《刑事诉讼法》在证明标准上对公、检、法三机关的要求是一致的，即在有罪认定时一律做到"犯罪事实清楚，证据确实充分"。这种规定主要是基于刑事诉讼是行使国家处罚权的活动，与犯罪嫌疑人、被告人的命运密切相关，任何一阶段的结论出现错误，都会酿成错案。这种通过层层把关来保障最终裁决的正确性的法律机制是没有任何问题的，问题是在通过公安、检察院两级把关的情况下，法官常常因此产生懈怠和麻痹，疏于纠错，将把关流于形式。

第四，审判权不独立，法院缺乏权威性。审判权除了行政干预和舆情影响之外，还有来自检察监督权的影响。刑事诉讼法规定人民检察院对刑事诉讼实行法律监督，对于检察机关提起公诉的疑罪案件，法院一旦作出无罪判决，不仅意味着检察机关败诉，还会面临公安机关、检察机关作出国家赔偿的窘境。因此，检察机关往往以行使法律监督权为由列席审判委员会甚至直接摊牌，对审判委员会产生一种无形的压力，甚至害怕职业报复。检察机关作为国家的"法律监督机关"，自身又肩负侦查和公诉两项追诉职责，它与案件追诉结果有直接的利害关系，并在很多情况下与公安机关具有共同的职业利益和动机。从诉讼原理上看，让检察机关担负法律监督这一事实上属于司法裁判的职能，充当"法官之上的法官"，违背了程序公正的基本原则，其法律监督的指向几乎是惩治犯罪，而不是疑罪从无。

第五，主审法官人格不独立。主审法官虽然能通阅全部卷宗、主持庭审全过程，但对于疑罪案件却必须依照刑事诉讼法的规定提交审判委员会讨论决定，在现行的人事任免体制下，法院院长、检察长实行一轨制，由院长主持的审判委员会，必然会对检察机关产生一种天然的法律共同体的认知，并倾向于追究犯罪，放弃了公正审判的基本原则。

第六，追责机制存在缺陷。法院将有罪案件错判无罪，责任承担者是法院；法院将无罪案件错判有罪，责任承担者由公检法共同承担；法院将无罪案件错判轻罪，责任承担者虽然是公检法，但法院却常常以刀下留人为由表功。功利之下，法院自然不会选择独立承担责任，疑罪从轻自然成为不二选择。

## 四、实现疑罪从无原则途径的构想

实现疑罪从无原则不可能一蹴而就，而是依赖司法体制改革、审判权独立，缺乏上述制度的共同运行，疑罪从无原则必然无法得到真正落实。

笔者认为，确立疑罪从无原则是法治进程不可阻挡的潮流，唯有进一步完善相关刑事制度和规则，才能共同架构一座法治桥梁。

构想之一，落实并细化"未经人民法院依法判决，对任何人都不得确定有罪的"规定，排除审判干预。

对于行政干预具体案件，不能仅停留在干预领导违法、违纪登记制，而应作为犯罪行为一律予以追究，若产生错案，由干预者承担错案责任。对于非客观舆论报道，涉及判决前对犯罪嫌疑人的犯罪事实妄加定性、推测的，赋予利害关系人对责任人提起民事侵权赔偿的权利，侵权赔偿数额应参照消法惩罚性赔偿的规定。

构想之二，构建预审法官捕前介入、律师有条件保释制度，严格羁押措施。

现代刑诉理论崇尚审判中立、控辩平衡，这一原则不仅表现在审判阶段，还应贯彻于审前程序。为了保持侦辩平衡，要求在对被指控人这一诉讼主体采取剥夺人身自由的羁押措施时，必须由法官这一中立裁判者作出决定。逮捕乃至羁押的目的是防止被指控人实施妨碍诉讼的行为，而是否有逮捕乃至羁押的必要，不应由控方决定，这既是裁判中立、控辩平衡的现代刑诉机理的必然要求，也是现代法治的重要特征。按照《刑事诉讼法》的规定，侦查机关基于讯问及预防串供的需要，对犯罪嫌疑人可采取刑拘的羁押措施。但刑拘期满时，笔者以为，根据侦查结果或者继续羁押，或者无罪释放，犯罪证据确实充分的，侦查机关应向法院申请逮捕令以达到继续羁押之目的。一般而言，除了严重的暴力犯罪，在取保候审足以控制再犯可能的情况下，法院不予签发逮捕令，特别是对大多数经济型犯罪案件的犯罪嫌疑人，事实上只要规定其不得妨碍证据并限制出境即可。犯罪嫌疑人要求保释的，统一由辩护律师向法院提出申请，由法院根据案件性质以保释不影响侦查和律师提供的保证金、保证人的保证方式足以达到保证目的为标准决定是否保释，案件提起公诉后，被告人被保释的，法院在判决生效前应自动延续保释。

上述制度旨在疑罪从无的案件中有效避免国家赔偿责任，其法理在于犯罪嫌疑人的羁押并非来自侦查机关和公诉机关，羁押的发生决定于犯罪嫌疑人是否行使律师保释权以及保证方式是否适当。

构想之三，增强合议庭的独立性，树立审判权威。

合议庭的独立性体现在相辅相成的两个方面，首先是法院必须独立于其他社会控制系统，包括不受行政权的钳制、不受社会舆论的干扰、不受检察权的监督等等，为此必须改变司法区划与行政区划完全重合的现状，目前这一体制改变正在摸索、试点阶段；其次是法官个人独立于法院，司法权与行政权的最大区别就在于司法活动的亲历性和个别化，法院系统的等级制度诸如法官服从庭长、庭长服从院长等等都是违背司法活动的客观规律的。法院审理案件过程中，作为控辩双方中的任何一方，均无权对居中裁判者发号施令，应当取缔检察机关对法院审判时的检查监督权，即便赋予检察机关监督权，也仅仅应当体现在审后监督。而非审前监督或者审时监督。

构想之四，囿于司法体制的现状，笔者认为，可以选择死刑案件作为陪审团定罪制度的试点，并逐步延伸至被告人拒绝认罪案件。

司法系统中最忌讳的是"关系"之风，只有改变权力运作的机制和限制法官过大的权力，才能有效地阻断这种不正之风。由一个法官或几个法官，不论其道德品质如何、个性怎样，就长期拥有权力决定一个人的命运的做法实际上是不公正的，审判权力同样需要制约，否则同样会带来腐败。当法官无视律师正确意见、法律规定的时候，错案的原因就不可能是对法律的错误理解，而是法官的专权。解决上述问题的有效办法就是进行审判方式的改变和设立陪审团制度，这也是公平审判的呼唤。陪审团的建立，可以在很大程度上解决现行司法体制带来的众多弊端，能在一定程度上减少人治，更好地体现民主精神。当罪与非罪由随机选出的人员决定的时候，就可以防止出现诸如司法机关内定审判结果、领导批条子打招呼、法官独断专行、行贿受贿、法官担心职业报复和功利性选择判案等等，并有效避免"你辩你的，我判我的"的走过场的现象。应当认识到，法律并非深不可测，每一个有正常价值观念的人都可以在律师、检察官和法官解释法律规定后，用自己的公正观和是非观作出判定。陪审团制度可以使法律更贴近人们的日常生活，使善良、同情、助人、公正、惩治邪恶等人类美好的价值观念更加容易地通过公民参与审判的方式深入人心，由普通人来决定普通人的命运，即使发生错案，当事人的怨气也不再是指向法院和各级政府，不存在上访难题。这种体制也可以使控辩和审判三方失去权力而追求法律的共识，最终推动形成法律职业共同体。

构想之五，构建辩诉交易制度。

辩诉交易（pleabargaining），是西方国家推行的一种非常规的处理刑事案件的程序，如果犯罪嫌疑人自知定罪难免，可以让自己的律师和检察官谈判，以主动认罪来换取减轻罪名或减轻处罚。辩诉交易是对抗式刑事诉讼司法制度的产物，其必须以平等的对抗式诉讼为基础，并以正当程序作为有力的制度保障。随着诉权理论在中国刑事诉讼中的成功导入与司法体制的深刻变革这两个根本性因素的出现，辩诉交易的构建成为可能。笔者认为，辩诉交易已经具备借鉴性的条件，是司法改革之必然，应当允许公诉人与犯罪嫌疑人或被告人通过其辩护人就案件事实及一些关键证据进行有限度的"交易"，作为"回报"。犯罪嫌疑人可以得到不起诉或者公诉人向法庭建议比法定刑较轻的量刑结果。辩诉交易由律师与检察官直接谈判，以增加犯罪嫌疑人的信任度，重拾犯罪嫌疑人对坦白从宽抗拒从严原则的信心，并形成足以对法官量刑形成拘束力的辩诉交易书。辩诉交易既以其解决疑案从挂之难题从而维护司法公正，又可简化审理程序，节约诉讼成本，同时又能减少冤假错案、减轻国家赔偿压力。

构想之六，完善证人、鉴定人强制出庭做证制度，允许控辩双方对证人的盘问。

现代刑事诉讼理念中的直接言辞规则、交叉询问规则要求证人出庭并当庭接受控辩双方的交叉询问，以使法庭更好地审查证据。然而，证人出庭率极低的现状导致在司法实践中只能采取宣读书面证词的方式。特别是在被告人、辩护人对证言持较大异议的情况下，如何当庭核实存疑证言存在极大难度。

笔者认为，证人必须在法庭上以言辞方式做证，证人证言必须在法庭上经过公诉人、被告人、辩护人双方询问、质证才能作为定案根据。只有通过富有经验的控辩双方对证人的交叉询问，才能让法官或者陪审团成员确信证人证言的可信度，才能了解案件真相。因此，必须由公诉机关承担证人不出庭的不利后果，其理论依据一是公诉机关负有举证义务，二是公诉机关针对无正当理由拒不出庭的证人有追究妨碍司法罪的权力，三是公诉机关有保护出庭证人免受打击报复的义务和条件。

构想之七，将程序正义优先于实体正义作为刑事审判的绝对规则。

程序正义的标准，较为确定和容易遵循，而实体正义，则较为模糊且有一定的主观感受性。司法公正，很大程度上指的是程序公正。因此，有必要以程序作为界定错案的标准，以非法证据排除规则为例，应当排除的非法证据坚决排除，即使非法证据足以证明犯罪事实。以非法收集的证据作为定罪依据的有罪判决，无论被告人事实上是否犯罪，都是错判，而以非法收集的证据为由不予采信从而作出无罪判决，无论被告人事实上是否犯罪,都是正确的判决。

毋庸讳言,上述构想在现阶段也算是一种假想,毕竟,问题的根源已经涉及整个司法体制的巨大变革,甚至触及政治体制变革,但是,在法律人的心中,应当永远存有希望、勇气和信心,因为除非我们放弃法治,否则我们别无选择。随着中国法治进程的有序推进,只要推进方向不变,不断打破阻碍疑罪从无制度实践的桎梏,疑罪从无制度的落实自然水到渠成。

# 结　束　语

司法不能轻易宣称自己已经发现了真相,司法只能最大限度地接近真相。疑罪从无,不仅是对被追诉者的权利保障,也是对每一个可能涉及诉讼的公民的普遍保障;疑罪从无,绝非以牺牲受害人的权利作为代价换取被告人的权利保障,而是以排除错误追诉的可能实现包括受害人在内的普遍正义。刑事审判作为刑事诉讼的中心环节,必须坚决守住防范冤假错案的底线,用依法独立公正的审判把好最后一道关,切实维护司法公正。

(作者单位:安徽宣广律师事务所)

**参考文献:**

[1]陈瑞华.正当程序与控制犯罪的平衡——从刑事司法的国际标准看修正后的刑事诉讼法 [J].中国律师,1997,(2).

[2]雷扬兰.对疑罪从无司法原则的分析 [J].攀登,2004,(2):95.

[3]美国联邦刑事诉讼规则和证据规则 [M].卞建林译.北京:中国政法大学出版社,1996.

[4]樊崇义.公平正义之路 [M].北京:中国人民公安大学出版社,2012.

[5]冀祥德.辩诉交易中国化理论辨析 [J],中国律师,2003,(6).

[6]张培鸿.理想的诉讼模式——重构我国刑事诉讼体制的思考 [J].中国律师,2002,(11).

[7]李肖霖.关于司法体制改革的设想 [J].中国律师,1999,(4).

# 从庭审中心主义论羁押权的行使

胡毅杰

**摘　要：** 近年来，不断暴露出来的一些重大冤假错案，无不牵涉到刑讯逼供。而羁押是刑讯逼供、暴力取证的前提，如何科学配置羁押权，重新设定羁押制度，确立以庭审为中心的羁押权行使机制，通过庭审对刑事羁押进行司法审查，是司法改革应当考虑的选项之一，且不容回避。

在我国，羁押不是一个严格意义上的法律概念，而是剥夺或完全限制人身自由的强制措施与其自动带来的结果和状态的综合体，这种综合体大体相当于西方国家的逮捕与严格意义的羁押总和。现代羁押制度兼有保卫社会与保障人权的双重机能，一方面需剥夺被羁押者的人身自由以保证刑事诉讼顺利进行，另一方面又要防止权力滥用，以保障国民人身自由权利不受任意剥夺。而后者才是羁押制度的本质核心。我国羁押制度的设置，却未能体现羁押的本质，而是与羁押制度创设初衷相悖。而要使我国羁押制度回归本质，还其本来之面目，就必须对其重新进行制度安排，对司法职权予以相应的配制，应当在我国羁押权制度的改革中引入司法审查机制，让羁押权交由法院来行使。

司法体制的改革已经到了向纵深推进的关键时刻，而司法职权的配置无疑是其中最重要的一环，它牵一发而动全身，是司法体制改革中不可回避的问题。而司法职权中最令世人关注、最令学界和司法界重视的，无疑是刑事的审前羁押权。近年来，多起重大冤假错案刑事案件的曝光或多或少地牵涉到刑讯逼供，同时多起犯罪嫌疑人在羁押中非正常死亡，又让人们再一次将目光聚焦于羁押制度的改革。如何在保障刑事诉讼顺利进行的同时，充分地保障人权，如何让刑事羁押权的行使更加正当和透明，确立以庭审为中心的羁押权行使机制，通过庭审对刑事羁押进行司法审查，都让理论界和实务界深深思考。

## 一、现代羁押制度的本质——限制羁押

"羁押"一词，并非自古就有，我国最早规定有"羁押"一词的法律文献是晚清政府于 1907 年完成的《大清新刑律》①，是在间接学习西欧法、直接移植日本法的"西法东渐"中被创造出来的。它的创造实际上是现代羁押制度在我国确立的重要标志，蕴含了在

---

① 石经海著：《我国羁押制度的法文化考察》，载《西北政法大学学报》2008 年第 3 期第 11 页。

近代西方文明基础上的羁押制度的特征①。其意义主要在于它是限制羁押权行使和保障国民自由的法律文化载体，与以前任意、恣睢剥夺或限制人身自由的强制措施彻底划清了界限，在法律渊源上具有划时代的意义。

虽然羁押制度是现代文明发展的产物，但是并不是说在专制制度下就没有羁押的存在。只是没有建立在近代文明基础上的"羁押"，在保证刑事诉讼顺利进行和保卫社会等功利性目的下，在剥夺和限制人身自由方面更加任意而为，更加无拘无束，更加野蛮和残酷。资产阶级革命胜利后，以"三权分立"等思想为指导，构筑了诸多保障人权的现代法律制度，而严格限制羁押适用的羁押制度就应运而生，其目的是以保障国民人身自由权利不受任意、恣意剥夺。1789 年法国《人权宣言》宣称："除非在法律所规定的情况下并依照法律已规定的程序之外，任何人都不受控告、逮捕或拘留。"因此，现代羁押制度兼有保卫社会与保障人权的双重机能：一方面需剥夺被羁押者的人身自由以保证刑事诉讼顺利进行；另一方面又要防止权力滥用，以保障国民人身自由权利不受任意剥夺。两者之中，后者才是羁押制度建立的本质所在。当然有学者从社会契约论的角度认为："作为维持政治权威的具体表现形式，羁押适用的目的在于保障共同体成员的人身和财产安全，在这一点上，共同体利益、共同体成员的利益以及共同体成员个人的自我利益是一致的。"② 其实，就从社会契约论来说，虽然国民为了共同体利益需要让渡部分人身自由是必要的，但这个契约主体双方地位的不对等性决定了人身自由应在何时才被让渡、让渡多少、如何让渡都是弱小国民无法控制的。正因为如此，在法治社会，羁押制度的立法设置，自然不是为了增强强大的国家对抗弱小国民的实力，而应是相反，否则，不仅"法治"不成为"法治"，而且试图维护的"秩序"不成之为"秩序"，试图建立的"共同体利益"不成为"共同体利益"③。限制羁押适用及其保障国民人身自由不受任意、恣意剥夺的机能，应始终是羁押制度之本质所在。虽然保证刑事诉讼顺利进行也是现代法治下羁押制度的机能之一，但绝对不能被视为羁押制度之核心。

因此，无论羁押制度创设之初，还是其发展到当今较为成熟的法治阶段，其本质只能是限制羁押适用及其保障国民人身自由不受任意剥夺。这是羁押制度天然的机能所在，是羁押之所以要从工具性措施上升到法律制度的缘由所在。其本质在于，实现了羁押的限制适用，也就在一定程度上保障了国民人身自由权利不受任意剥夺。在两者的关系中，前者是手段和方法，后者是目的和结果。从操作层面上来看，限制羁押适用是发挥羁押制度功能之关键。　综上笔者认为，羁押制度的设立，恰恰不是作为国家行使惩罚措施的工具，而是保障国民人身自由的保护伞，而相关制度的设计也必须在此理念下予以合理安排，才能真正实现现代羁押制度设立之初衷。

## 二、我国审前羁押制度的反思

在我国，羁押不是一个严格意义上的法律概念，而是剥夺或完全限制人身自由的强制

---

① 石经海著：《我国羁押制度的法文化考察》，载《西北政法大学学报》2008 年第 3 期第 12 页。
② 杨立新、刘根菊著：《法治视野下的羁押制度》，载《政法评论》2004 年第 4 期。
③ 石经海著：《论羁押制度的内核》，载《中国刑事杂志》2009 年第 2 期。

措施与其自动带来的结果和状态的综合体，这种综合体大体相当于西方国家的逮捕与严格意义的羁押总和①。这就决定了，在我国现行羁押立法体制下，所谓的羁押制度，就是关于羁押状态与羁押行为的法律制度的综合体。所谓羁押制度的本质，既包括羁押状态的适用成为"例外"，也包括羁押行为的有效适用限制。在这个"综合体"中，无论是羁押状态制度的本质丧失，还是羁押行为制度内核的虚化，都会让羁押适用失控。由于我国审前羁押未能成为一个独立的特定的刑事强制措施，意味着在适用程序上没有为限制羁押的适用提供可能和条件，为任意扩大和变相羁押提供了前提和基础。具体来说，体现在以下几个方面：

（一）羁押并非为独立的强制措施

根据我国立法体制的安排，无论是刑事拘留，还是逮捕，两者所带来的结果只有一个，即犯罪嫌疑人或被告人被当然羁押。羁押是拘留和逮捕后的必然状态。但环顾全球，无论英美法系国家，还是大陆法系国家，基本上是将逮捕与羁押相分开，逮捕后是否羁押，尚需经过法官的司法审查，然后由法官作最后决定。由于我国实行逮捕与羁押合一的做法，检察机关作出逮捕决定后，不需要向法院申请司法审查。而检察院作为公诉机关天然带有追诉倾向，这种倾向难以保证其站在客观、公正的立场上做出逮捕的决定②。但逮捕决定后，又没有建立司法审查的控制机制，难免会以牺牲犯罪嫌疑人、被告人的人身自由为代价换取"国家权利"。在法治发达的实行逮捕与羁押分离制度的国家，逮捕之后，对羁押权进行相应的司法控制，更加有利于实现通过司法控制所欲达到的两个目标，即审查审前羁押的合法性、限制审前羁押措施的广泛采用。

正是由于我国的羁押非为一种独立的刑事强制措施，司法审查也就无从安排，也就无法将《公民权利与政治权利国际公约》第 9 条第 3 款的规定，即"任何因刑事指控被逮捕或拘禁的人，应被迅速带见审判官或其他经法律授权行使司法权力的官员"体现在我国刑事司法的体制中。

（二）羁押依附于追诉活动

羁押依附追诉活动主要体现在两个方面，一个是羁押是一种刑事侦查的手段，另一个是羁押期限依附于办案期限。

在我国羁押作为一种重要的侦查手段，为侦查机构获取被羁押人的口供提供条件，而且为了侦查的需要，根据办案的进展情况，在未经司法机关审查的情况下，对羁押期限可以采用行政审批的方式予以延长。这样羁押必然成为保证侦查、起诉成功的手段，依附于刑事追诉的活动。而羁押作为一种例外的强制措施，其目的是保全证据，以免犯罪嫌疑人、被告人毁灭证据、收买威胁及干扰证人，或逃跑、自杀，不能只是为了满足收集证据而羁押犯罪嫌疑人、被告人。而在我国，羁押的这些功能往往被丢弃，而其侦查功能却无以复加地被突出。与取保候审或监视居住等其他强制措施相比，羁押使犯罪嫌疑人、被告人掌握在侦查机关手中，可以随时满足侦查机关获取口供的现实需要，通过对犯罪嫌疑人的羁押，限制其人身自由，增大其心理压力，在羁押期间进行长时间的审讯甚至刑讯逼供，获取犯罪嫌疑人的

---

① 陈瑞华著：《问题与主义之间——刑事诉讼基本问题研究》，中国人民大学出版社 2003 年版，第 201 页。

② 周伟、邵尔希著：《释放还是羁押——扩大适用取保候审的困难与选择》，载《现代法学》2007 年第 1 期。

供述，并将进一步获取其他证据，这无疑使审前羁押成为一种侦查手段。

我国的审前羁押期限到底有多长，还不是一个很好回答的问题。从刑事诉讼法来看，规定了不同情况下不同的羁押期限，非常复杂，不是三言两语能说清楚的，但是有一点非常明确，即审前羁押期限依附于办案期限，即办案期限有多长，审前羁押期限就有多长，基本上到判决书开始生效时结束。而这种过长的依附于办案期限的羁押期限也明显与联合国《公民权利与政治权利国际公约》不相符，该公约第9条第3款规定：任何国家刑事指控被逮捕或拘禁的人，应被迅速带见审判官或其他经法律授权行使司法权力的官员，并有权在合理的时间内受审判或被释放。该条第4款则规定：法庭应不拖延地决定拘禁他是否合法以及如果拘禁不合法时命令予以释放。

（三）救济制度缺失

在我国，对于刑事拘留、逮捕、逮捕后羁押的延长，以及审查起诉和审判阶段的羁押，无论是公检法机构主动发动的救济，还是被羁押者一方申请提出的救济，由于采取的是行政救济方式，既没有专门负责的机构和人员，也没有专门的救济程序，因此，在司法实践中几乎完全名存实亡。可以说，针对羁押合法性的司法救济机制基本上是不存在的。

这种自我决定自我审查的行政救济方式，当被羁押方的救济申请被拒绝后，而法院又无法审查，那么剩下的也许只有"华山一条道"了——上访或求诸媒体。于是，本应作为法律问题、可通过司法途径加以解决的问题，由于司法救济的途径不畅，而变成了社会问题甚至政治问题；本应成为社会"减压阀"的司法程序，也失去了吸纳不满、减少冲突的功能，甚至使羁押的合法性问题直接演变成严重的社会冲突或政治对抗。显然，司法救济途径的缺失所带来的不仅是被羁押者诉权得不到保障的后果，而且还有法律纠纷的"外泄"，使得本来属于法律问题的羁押"越过"司法领域，演变成了社会不安定的因素。司法制度在这里不仅没有解决争端，反而制造了更大、更严重的争端。回想当年台湾地区就前领导人陈水扁上演的捉了放、放了捉之案例，堪称经典。当年陈水扁一直企图将其被羁押引申为"政治迫害"而未能成功，笔者认为，主要是因为羁押权始终控制在司法领域，控辩双方的对抗通过正当程序很好地被司法吸纳，而化解了政治及社会冲突。如果我们设想，台北地检署特侦组不仅拥有侦查陈水扁弊案的权利，同时拥有羁押陈水扁的权利，那么其羁押的公正性就会大打折扣，难免不会引起政治及社会冲突。虽然有人认为，陈水扁捉了放、放了捉，浪费了司法资源，但正是这样周密的程序设计，致使陈水扁被羁押让人心服口服。正当程序付出的也许只是程序上的周折，但换来的却是权利的保障和公正的司法，可程序的虚无与恣意，而牺牲的很可能就是社会的无序与和谐、法治的流失、人权的沦丧、自由的匮缺，长期任之，贻害无穷！

# 三、限制羁押的正当程序——司法控制

德国法学家拉德布鲁赫说：如果将法律理解为社会生活的形式，那么作为"形式的法律则是这种形式的形式。他如同桅杆顶尖，对船身最轻微的运动也会做出强烈的摆动"[①]。

---

① ［德］拉德布鲁赫著：《法学导论》，中国大百科全书出版社，1997年版，第143页。

作为限制羁押的正当程序，应当体现现代的法治精神，而从分权制衡原则考虑，对羁押权予以重新配置并对其予以司法控制，是国际刑事诉讼司法体制改革的时代潮流。

（一）现代刑事司法的分权制衡原则

刑事诉讼法在现代国家中可谓是"宪法之测震仪"，而侦查程序最能体现一国人权状况的震级。在侦查程序中，如果法官与检察官在侦查中所担当的是"纠问官"的角色，相互间缺少必要的权力制衡，审前羁押的司法审查与人权保障则会流于形式①。

在现代宪政下，权力分立制衡系指国家为保障公民的自由，须将立法、行政、司法等各种权力机关分立设置并使权力相互牵制与协调。在被称为"黑暗时代"的欧洲中世纪，行政权与司法权间并不作严格的区分，刑事司法权的各项权能间也缺乏明确的分工与制约。欧陆的预审法官在刑事侦查中拥有包括刑讯拷问在内的各种强制处分权，侦查、起诉与审判职能也很难进行严格的区分，司法机关之间只有分工而无权力制衡，结果导致欧洲中世纪的刑事司法演变为宗教迫害与刑讯拷问程序，人民的基本权利在刑事司法中得不到应有的正当程序保障②。此种状况下，国家、社会利益被绝对地置于个人权利之上，受控诉人在刑事司法的地位仅仅是被动的"纠问客体"。

为保障受指控人基本权利，现代刑事司法以控诉原则、审检分立、审检制衡、法官保留等原则来防止权力机关滥用权力。权力分立制衡可谓是现代法治国公权力运行的根基原则。就国际公约与欧美先进国家的法治经验论，纠问式侦查构造已日渐式微，检察官无羁押权成为立法之通例。刑事程序在追诉犯罪之准确性与有效外，同时亦兼顾到程序正义与人权之保障。程序理性是现代国家权力运作的法治基石，羁押不应是司法机关擅断专行，而应通过各种程序保障机制的设置给予被羁押人相应的程序权利，以保障羁押的适用符合"比例性"与"法合平性"。检察官如果同时作为羁押决定主体与听审主体，其不易在羁押听审程序中保持中立。所以，对于涉及受指控人重大人身自由的侦查强制处分，为尊重受指控人的人性尊严，不仅应当赋予其听审的权利，还应当通过中立的法院来进行羁押审查。

对于被羁押人而言，如果可以通过听审程序获取充分的"案件资讯"并及时申请保释，或者通过侦查主体的言辞辩论而使中立法官驳回检察官的不当羁押请求，则可以有效地进行诉讼防御。由于检察官在人力、组织与职权上处于绝对资源优势与心理优势，被羁押人在力量对比上则明显处于弱势，如果不允许被羁押人在羁押审查中表达任何正当意见，将会使羁押审查演化为"秘密审查"程序。侦查程序虽以秘密侦查为原则，但并不意味着犯罪嫌疑人在羁押审查中丧失所有的程序性权利。更何况羁押既然属重大的实体处分，由中立法院通过听审程序审查检察官羁押请求是否正当，则更能符合现代法治国权力分立制衡原则。

（二）国际公约赋予检察官羁押权之分析

从《公民权利与政治权利国际公约》的规定来看，羁押权不仅由法官行使，而且还可以由"其他法律授权的司法官员"来行使。《欧洲人权公约》第 5 条第 3 款规定，羁押权

---

① 刘磊著：《从分权制衡原则审视羁押权之归属》，载《环球法律评论》，2008 年第 3 期。
② 林朝荣著：《检察制度民主化之历史》，载《刑事诉讼之运作》，台北五南图书出版公司 1997 年版，第 177 页。

由"法官或其他依法执行司法权限的人员"行使。有论者正是从上述国际公约中找到理由和立论基础，认为，我国羁押权可以不必交由法院来行使，可以不受司法之控制。因为"其他法律授权的司法官员"或"依法执行司法权限的人员"，其实就是指检察官。相关国际公约的规定，确实没有绝对地将羁押权交由法官。但是根据欧洲人权法院在 1998 年"鲍韦尔斯"案的判决书中指出，一国若将侦查权与公诉权授予同一司法机关，即使该机关独立行使职权，其中立性也会颇受质疑，如果检察官同时担当侦查、公诉职能则不应当再拥有羁押决定权。该判例足以表明，检察官拥有羁押权，必须不承担侦查或控诉职能，保持严格中立时才能行使预审法官的角色。在欧洲，检察官拥有羁押权的有两个国家，即荷兰与瑞士联邦允许检察官拥有羁押权，但是该两国检察官的职权、身份的独立性近似法官。相关国际公约之所以使用"其它法律授权的司法官员"的表述，其目的是使荷兰、瑞士等少数国家能够加入公约。而我国，检察官不仅担负侦查职能、公诉职能，还担负着重要的法律监督职能，因此，也就无法保持严格的程序中立，也就不能与上述少数国家检察官拥有羁押权相提并论。

而且，如果我们能够怀有真正的"法律全球化"的眼光，通览欧美国家羁押权的立法现状与法治实效，我们会发现检察官无羁押权已成欧美国家立法通例。在日本、我国台湾地区等也将羁押决定权交由中立的法院行使，禁止享有侦查权、起诉权、执行权的检察官再享有羁押决定权。曾与我们有着深厚法律渊源的俄罗斯司法体制，近年来也进行了大规模的刑事司法体制的改革，新的俄罗斯联邦刑事诉讼法，完全取消了检察机关独立作出羁押决定的权利，确立了司法审查原则。有学者指出，强制措施在各个国家都是存在的，由于文化传统、社会形态以及刑事诉讼模式的不同，审前羁押在不同国家有不同的形式，司法控制的模式也不尽相同，但相同的是现代法治国家都将保护人权提到了立法的高度，一般都在开庭审判前引入"司法裁判"机制，以抑制侦查和起诉中可能对公民人身权利的侵犯。世界刑法协会第十五届代表大会《关于刑事诉讼中的人权问题的决议》明确规定，影响被告人基本权利的任何政府措施，包括警察所采取的措施，必须有法官授权，并且可受司法审查。

## 四、我国审前羁押权行使机制的再造

羁押制度的改革应以建立司法审查机制为关键点，并以此为核心进行合理的司法职权的配置。司法审查制度的基本精神在于通过中立的司法权力制衡强势的侦查权力，救济弱小的私权利，最终达到防止公权力滥用、保障个人基本人权的目的。借鉴其他法治国家或地区的立法，考虑国际刑事诉讼基本准则的要求，结合我国实际，应当建立由人民法院对审前羁押进行司法审查的司法控制机制。

（一）理念之争——国情论的虚与实

制度的安排是建立在一定的理念指导下，什么样的理念就会有什么样的制度设计。司法体制的改革重要的是理念碰撞、交锋后的取舍。目前要不要将羁押权交由法院，有两种不同意见，主持维持现制论者往往假借"国情"为据，认为我国检察官的羁押权是源于宪法规定，而且"自信"的论证我国检察官中立性、独立性不逊于欧陆检察官制或我国法院，其认为由法院行使羁押审查会使法院产生所谓"有罪预断"。国情论者认为，西方羁押权有西方的宪政背景、诉讼文化、司法体制等诸多原因，与我国国情不符。但国情论者很可能没有注意到，羁押制度究竟为何设立，即设立羁押是为了惩罚，还是为了保障羁押权不被滥用？如果是后者，就必然要对羁押设置一套慎重行使的正当程序，而由司法控制羁押权的行使，无论在哪个国家，无论有什么样的国情，都并不排斥。而且羁押权的司法审查是由国际公约明确规定，具有强制性，如果可以以国情为由拒绝适用，那也就表明，国际公约所要求的标准是不合理或相对合理。如果这种认识成立的话，那么国际公约作为国际法的效力和作用也就会荡然无存，我们国家为什么还要签署这样一个公约？关于国情，有学者指出："国情论"或"本土论"其实是一个伪问题，任何真正由人民选择或经过人民认可的价值或制度必然是符合国情的。市场经济改革以最有说服力的方式表明，"国情"并不是一成不变的概念，更不是国情论者自己定义的那套东西；没有经过人民的自由尝试和实践，任何人都没有权利垄断这个概念来排斥和阻碍改革。其实，宪法规定的批捕权也并不能作为羁押权归属的依据，因为逮捕与羁押根本就是两个不同的措施和概念，在依然维持检察院批捕权的基础上，将羁押权交由法院行使，并不违反宪法的规定，至于羁押与逮捕分离，只是刑事诉讼法技术上的立法安排而已，而非涉宪法层面。

改革的动力可能来自国际人权标准，改革的成败因素还取决于改革者是否能够承受"突破的阵痛"以及拥有反省自身的能力。真正改革者应当具有接受外来制度的胸襟与气度，以人民的真实利益诉求为考量，深入研讨一切制度的利弊得失后而革故鼎新。因此，笔者认为，羁押权交由法院行使，其实更多的是理念指导下的技术安排，可以在不突破宪法体制下予以合理设计，应该说是切实可行的。

（二）羁押权配置的具体安排

理论最终要落实到具体的制度安排，因此为了更加清晰地阐明羁押权的具体重置与司法控制，笔者依据国际人权公约的刑事标准，借鉴国外或其他地区的羁押制度，结合我国国情，提出以下具体的具有可操作性的制度设计：

刑事拘留、逮捕与羁押均为刑事的强制措施，拘留或逮捕后是否羁押应经人民法院审查后决定；公安机关传唤犯罪嫌疑人可以由公安机关负责人签发传唤证。犯罪嫌疑人经传唤拒不到案接受讯问的，可以对其进行刑事拘留。

嫌疑重大，有下列情形之一的，可以不经传唤，径行予以拘留：（1）无一定之住所或居所的；（2）逃亡或有事实足以认为有逃亡之危险的；（3）有事实足以认为有湮灭、伪造、变造证据或勾串共犯或证人的；（4）所犯为死刑、无期徒刑或最轻本刑为五年以上有期徒刑之罪的。

公安机关拘留犯罪嫌疑人时，应当向检察院申请拘留证，情况紧急，可以先行拘留，在执行完拘留后二十四小时内报请检察院签发拘留证；检察院应在期限届满前作出决定，检察院不签发的，公案机关应当将被拘留人立即释放。

公安机关拘留犯罪嫌疑人后的讯问时间不得超过二十四小时，逾期除符合逮捕条件应向检察院报请批准逮捕外，应即释放。

公安机关经讯问犯罪嫌疑人，发现符合逮捕条件的，应在二十四小时期限届满前报请检察院批准逮捕；检察院在二十四小时内作出是否逮捕的决定，不予批准的，公安机关应当立即释放被拘留人。

逮捕犯罪嫌疑人后，检察院应在二十四小时内向法院提出羁押申请，法院接到申请后应当在二十四小时内开庭进行审理，审理中应当听取检察院、犯罪嫌疑人、辩护人是否羁押的意见，对拘留、逮捕的合法性及是否需要羁押一并予以审查。

法院在开庭审理后，应当庭或最迟不超过十二小时内作出是否羁押的决定。法院作出不予羁押的决定，侦查机关应立即释放犯罪嫌疑人。

羁押期限，侦查中不超过两个月，审判中不超过一个月。但有继续羁押之必要的，可以于期限届满前，经法院讯问被告后以裁定延长，但应由检察院于期间届满五日前申请法院裁定。

延长羁押期间，侦查中不超过两个月，以延长两次为限，审判中不得超过二个半月，以延长一次为限；法院裁定羁押或者不予羁押的，检察院或者犯罪嫌疑人及其法定代理人、近亲属可在五日内向上一级人民法院提起抗诉或上诉，上级人民法院应在二十四小时内经开庭或书面审查后，作出维持、变更或撤销的决定，也可在撤销一审裁定后，发回重审。

原审法院在接到重审裁定后，应在二十四小时内重新开庭或书面审查后作出决定，检察机关或犯罪嫌疑人不服的，可以在五日内向上一级人民法院提出抗诉或上诉。

上级人民法院在收到上诉状后二十四小时内开庭或书面审查后，作出终审裁定，但不得再次裁定发回重审。

在羁押期间，犯罪嫌疑人及其近亲属如果认为羁押条件已经消灭或者受到刑讯逼供时，可以向法院提出停止羁押的请求；检察院认为原裁定不予羁押的犯罪嫌疑人有新的羁押事由出现时，可以向法院重新申请羁押。由法院在收到申请后二十四小时内经开庭审理，作出决定。一方不服法院的决定，可在五日内向上一级人民法院提起抗诉或上诉。

犯罪嫌疑人以受到刑讯逼供为由，申请停止羁押的，由检察机关就未实行刑讯逼供承担举证责任。

法院如查明犯罪嫌疑人确实受到刑讯逼供的，应当裁定停止羁押或变更强制措施。

对是否停止羁押不服，可以向上一级人民法院提起上诉或抗诉，上级人民法院在二十四小时内开庭或书面审查后作出维持、变更或撤销的决定，也可撤销原裁定，发回重审。

以上具体制度设计只是对羁押权的司法审查进行了最核心最基础的初步设计，还有许多程序上的问题需要进一步论证。羁押制度的改革涉及的不仅仅是羁押权的司法控制问题，比如羁押期限的问题、羁押场所的问题、拘留、逮捕的条件、羁押的具体理由、保释制度等，当然这些问题的研究已超出本文所要论证的范畴。

# 结　　语

审前羁押已经成为学理界、司法界、公众和社会关注的热点问题，羁押制度的沉疴重积，已被越来越多的人所诟病。司法改革者必须有清醒地正视问题的勇气，必须有突破阵痛的改革决心。当国际刑事司法体制改革的车轮奋勇向前时，我们没有理由裹足不前，没有理由不抓住这次改革的契机。在司法体制改革的大势之下，本文选中此题，对羁押的相关制度进行了深入的考察，尤其对羁押制度的本质进行了独特的理性思考，并观照我国羁押制度指明其本质的缺失，从现代刑事分权制衡原则的角度，阐明如何让羁押制度的本质回归，并以此为理论基础，建立我国羁押权的司法控制。笔者在具体设计相关制度的同时，廓清了我国目前关于羁押权归属理念上的是与非、国情论的虚与实，突破了从比较法到国内法的传统体例的束缚，形成了独特的理论体系，其与本文最后具体的法律条文的设计，一起成为本文的特色。

当然，笔者作为一名司法实践工作者，并不精于理论的研究，囿于工作的压力和研究能力的有限，对相关问题的论证还有很多不足之处，期望拙文能够得到法律界的师长和同人们不吝赐正！

（作者单位：安徽省安庆市迎江区人民法院）

# 试论以审判为中心诉讼模式的
# 内涵和法理基础及检察机关宏观应对①

胡胜友　　陈广计

**摘　要：** 党的十八届四中全会部署的推进以审判为中心的诉讼制度改革，客观上要求实行以审判为中心的诉讼模式。这种符合现代民主的诉讼模式有其深刻的内涵及基本要求，在当前全面进行司法改革的新形势下，具有深厚的法理基础和重大意义。当前检察机关适应和应对以审判为中心的诉讼模式还存在不少问题，必须采取转变司法理念；加强检察引导侦查和提前介入工作；加强侦查监督工作并坚持原则；取消检法联席会议制度，杜绝检察人员依赖于庭审后的沟通；坚持保障犯罪嫌疑人、被告人及辩护律师的诉讼地位及认真对待其辩护意见；加强规范化执法办案并开展经常性的案件质量评查工作；建立健全适应以审判为中心的预测和预警机制；进一步加强对检察执法办案的内外监督等有力措施，以促进检察机关执法办案工作能够更好地适应和应对好"以审判为中心的"诉讼制度改革及其诉讼模式。

**关键词：** 以审判为中心；诉讼模式；检察机关适应和应对措施

"推进以审判为中心的诉讼制度改革"是党的十八届四中全会在《中共中央关于全面推进依法治国若干重大问题的决定》（以下简称《决定》）中作出的重要部署。为了推进中央确定的"以审判为中心诉讼制度"改革举措在检察机关的贯彻执行，最高人民检察院及其领导高度重视，先后通过会议、调研讲、举办大检察官研讨班等方式，对贯彻落实作出部署，并提出要求。曹建明检察长在7月上旬最高人民检察院举办的大检察官研讨班上作重要讲话时，专门对"关于以审判为中心的诉讼制度改革"强调指出："这项改革对刑事诉讼各个环节都提出了新的更高要求，对检察工作必将产生全方位的深远影响。要准确把握这项改革精神和要求，主动适应，积极作为。"因此，如何在执法办案理念和执法措施机制上适应"以审判为中心诉讼制度改革"，是摆在当前和今后检察机关及其干警，特别是执法办案部门及其干警面前迫切需要研究和应对的一个重大课题。鉴于此，笔者现对以审判为中心诉讼模式的法理基础、内涵及检察机关的宏观应对若干问题，作一些研究和探讨，不足与错误之处，欢迎有关学者、专家及同人批评指正！

① 本文也是2015年安徽省人民检察院公布立项的研究课题《"以审判为中心"的诉讼模式对检察工作的影响》阶段性研究成果（AJ201514）。

# 一、以审判为中心诉讼模式的内涵及基本要求

自中央《决定》提出要"推进以审判为中心的诉讼制度改革"后，关于什么是"以审判为中心的诉讼制度"，目前，学术界不少学者、专家都进行了学理解读和探讨①。但对什么是"以审判为中心的诉讼模式"，目前，学术界和司法实务界却鲜有论述。笔者认为，以审判为中心的诉讼制度与以审判为中心的诉讼模式是内容与形式、实质与表象的关系。中央决定推进以审判为中心的诉讼制度的改革应当指的是刑事诉讼领域，针对的是长期以来我国刑事诉讼实际上实行的是以侦查为中心和法庭审判形式化的诉讼制度而言的。而在民事诉讼和行政诉讼领域无侦查环节，在诉讼过程中，贯彻的是谁主张谁举证原则，本身就是实行以审判为中心的诉讼制度的。为此，笔者认为，以审判为中心的诉讼模式的内涵是指在我国刑事诉讼中，根据以审判为中心的诉讼制度，构建的按照以审判、特别是以法庭审判作为整个诉讼的决定和中心环节而依法固定的诉讼方式、方法和程序，以及建构侦、诉、辩、审及被控方的诉讼结构及其关系。因此，以审判为中心的诉讼模式作为现代民主诉讼模式，不仅包括构建符合以审判为中心要求的诉讼方式、方法和程序，更包括建构符合以审判为中心要求的侦、诉、辩、审及被控方的诉讼结构及其关系。

由于推进"以审判为中心的诉讼制度改革"，针对的是我国过去乃至目前实行的"以侦查为中心的诉讼模式"和法庭审判的形式化所带来的弊端，包括可能造成冤假错案而提出的，目的就是中央《决定》提出的使"侦查、审查起诉的案件事实证据经得起法律的检验"。因此，推进以审判为中心的诉讼制度改革，必然要构建与以审判为中心的诉讼制度相适应的诉讼模式。这种诉讼模式是对以侦查为中心的诉讼模式和法庭审判形式化做法的否定。因此，构建以审判为中心的诉讼模式作为现代民主的诉讼模式在诉讼规程中应当符合以下基本要求：

（一）应当坚持将法庭审判阶段摆在解决刑事诉讼内容过程中决定和核心性的位置

根据刑事诉讼原理，"刑事诉讼活动的内容是解决被告人或者犯罪嫌疑人是否构成犯罪，犯了什么罪，是否应当受到刑事处罚，以及处以何种刑罚等问题。"② 由于刑事诉讼分为立案、侦查、起诉、审判和执行各个诉讼阶段，而究竟在哪个阶段是解决刑事诉讼内容的最重要和核心阶段呢？党的十八届四中全会通过的《决定》明确要求："保证庭审在查明事实、认定证据、保护诉权、公正审判中发挥决定性作用。"习近平总书记在《决定》起草说明中也强调指出："充分发挥审判特别是庭审作用，是确保案件处理质量和司法公正的重要环节。"因此，实行以审判为中心的诉讼模式，即将法庭审判摆在解决刑事诉讼内容过程中决定和核心位置，客观上要求司法办案人员，特别是侦查、审查起诉人员

---

① 如：樊宗义教授在《"以审判为中心"的概念、目标和实现路径》一文提出："以审判为中心，是在我国宪法规定的分工负责、互相配合、互相制约的前提下，诉讼的各个阶段都要以法院的庭审和裁决关于事实和法律适用的要求和标准进行，确保案件质量，防止错案的发生。"陈光中教授在《推进"以审判为中心"改革的几个问题》一文中提出："以审判为中心其内涵主要两个方面：首先，是指审判在公诉案件刑事诉讼程序中居于中心地位；其次，是指在审判中庭审（开庭审理）成为决定性环节。"最高人民检察院原副检察长朱孝清在《略论"以审判为中心"》一文中提出："以审判为中心是指以审判特别是庭审作为诉讼的中心，同时也指法官是庭审的中心。"等等。

② 樊崇义主编：《刑事诉讼法学》，中央广播电视大学出版社，2008年1月第8次印刷，第4页。

应当高度重视审判，特别是庭审环节，按照经得起法庭审判检验的标准和要求去收集、审查判断证据及开展诉讼活动。这样，司法人员，特别是侦查、起诉人员收集、审查判断证据及开展的刑事追诉活动才能保证质量，经得起法庭审判活动的检验。

（二）应当坚持落实法庭审判实质化和直接言辞的证据裁判原则

由于以审判为中心的诉讼模式是现代民主诉讼模式，必然要求解决刑事诉讼内容的法庭审判的实质化，并要求贯彻直接言辞的证据裁判原则。所谓的法庭审判实质化，正如中国政法大学教授汪海燕所说："是指应通过庭审的方式认定案件事实并在此基础上决定被告人的定罪量刑，其基本包括两个方面：一是庭审应成为诉讼中心阶段，被告人的刑事责任应在审判阶段而不在侦查、审查起诉或者其他环节解决；另一个是庭审是决定被告人命运的关键环节。"[1] 这就是最高人民法院《关于建立健全防范刑事冤假错案工作机制的意见》所提出的"审判案件应当以庭审为中心。事实证据调查在法庭，定罪量刑辩护在法庭，裁判结果形成于法庭"。而法庭审判的实质化必然反对法庭审判的形式化或者虚化，那种将法庭审判只是作为一种形式，或者"走过场"，习惯于"先判后审"或者"先定后审"，显然是与以审判为中心的诉讼模式相悖的。与此同时，实行以审判为中心的诉讼模式也必然要求在法庭审判过程中贯彻落实"直接言辞的证据裁判原则"，通过控辩双方以直接言辞的方式向法庭提供证据和陈述诉讼主张及进行辩论，并进行当庭质证，由法庭居中审判，使控辩双方当事人都有机会提供自己所掌握的证据，并表达诉讼主张和诉权，从而有利于维护司法公正。

（三）应当坚持将程序正义贯穿于整个刑事诉讼的始终

实行以审判为中心的诉讼模式，必然客观要求每个诉讼环节或者过程，特别是审前程序更加符合刑事诉讼法规定的过程公正或正义。只有这样司法办案人员所收集判断认定的证据才能依法通过法庭审判的检验和认定。程序正义被认为是彰显司法公信力的重要保证[2]。正是因为如此，党的第十八届四中全会的《决定》强调指出："健全事实认定符合客观真相、办案结果符合实体公正、办案过程符合程序公正的法律制度。"诉讼理论告诉我们，程序正义是实现实体正义的前提和保障。坚持将程序正义贯穿于刑事诉讼、特别是审前程序的始终，才能使司法办案人员收集审查判断认定的证据及其诉讼主张符合法律规定，得到法庭的认可和认定。

（四）应当坚持法官独立审判和检察官履行客观义务的角色定位及控辩诉讼权利平等

实行以审判为中心的诉讼模式，客观上要求主持法庭审判的法官或者合议庭应当依法独立居中审判，不偏向控辩任何一方当事人，而是完全站在中立的立场上，依法和法官职业伦理操守，独立进行审理和作出裁判。与此同时，作为控告方的检察官应当依法履行客观义务，即在履行审查起诉和提出公诉以及出庭公诉职责的过程中，必须站在客观公正的立场上，恪守以事实为根据、以法律为准绳的执法办案原则，才能为法官客观公正审判提供前提和基础。此外，还要在法庭审判中，坚持控辩双方诉讼权利平等，使控辩双方提供的证据及其诉讼主张、辩论都能得到法庭审判的平等认真对待。这不仅是实现程序正义的

① ①汪海燕：《论刑事庭审实质化》载《中国社会科学》2015 年第 2 期第 103－104 页
② ①肖沛权：《程序正义彰显司法公信力》载《时事报告》2013 年第 11 期第 30 页。

需要，更是增强和提高司法公信力的重要保证。

## 二、实行以审判为中心的诉讼模式的法理基础及重大意义

党中央高度重视推进"以审判为中心的诉讼制度改革"，实行以审判为中心的诉讼模式，笔者认为，不仅有深刻的法理基础，而且有非常重大的现实意义和深远的历史意义。

（一）实行以审判为中心的诉讼模式是体现和保证现代民主刑事诉讼程序正义的客观要求

当代无论是大陆法系国家，还是英美法系国家，实行控审分离，控辩对抗、法庭居中裁判这种三角形的刑事诉讼结构已成为现代民主刑事诉讼较为成熟和较好的诉讼模式。在这种三角形的诉讼构造下，实行以审判、特别是以法庭审判为中心，客观上要求法庭审理的实质化，也就是要求控诉方与被追诉方及辩护方各自陈述的诉讼主张、所举的证据及证明的案件事实和法律上的是非曲直及案件结果的最后处理，都必须依法由居于中间立场的法庭通过公开审理、全面听取控辩双方当事人以及其他诉讼参与人的意见、当场审查所举的证据后作出裁判。通过以审判为中心的诉讼模式的公开审判，就能使控辩双方当事人能有法庭上有充分的机会举证和表达诉讼意愿，并能促进和保证诉讼各方严格依照法律程序进行诉讼，将非法办案的现象予以排除，或者宣布无效，从而体现和保了程序正义。

（二）实行以审判为中心的诉讼模式，是尊重现代刑事诉讼规律、调动和保障控辩双方当事人、特别是被告人及辩护人的举证积极性和诉权的客观要求

现代刑事诉讼运行的规律之一，就是解决刑事诉讼的内容，不以控诉方诉求为准，也不以被告人和辩护人诉求为准，而是由法庭通过审判居中裁判为准，以保证法庭裁判所认定的证据和事实及处理决定符合法律正义。根据中央《决定》提出的"推进以审判为中心的诉讼制度改革"的要求，实行以审判为中心的诉讼模式显然是尊重上述司法规律的重要表现。因为，实行以审判为中心的诉讼模式，就是要充分发挥庭审在整个刑事诉讼中的决定性作用，"实现诉讼证据质证在法庭、案件事实证明在法庭、诉辩意见发表在法庭、裁判理由形成在法庭"[1]。另外，通过实行以审判为中心的诉讼模式，必然要求控辩双方诉讼权利平等，能够充分调动控辩双方、特别是被告人及其辩护人在法庭上举证及表达诉求的积极性，并保护他们的诉讼权利，为居中审判的法庭客观公正地认定案件事实和事实，并作出法律正义的裁判提供全面的证据材料和事实材料基础和前提。

（三）实行以审判为中心的诉讼模式，是提高司法人员、特别是公安、检察人员执法办案的责任感，促进严格执法、公正办案的重要保证

由于实行以审判为中心的诉讼模式，客观上要求发挥法庭审判在整个刑事诉讼中起决定作用，也必须要求居于中立地位的法庭在主持刑事审判的过程中，客观公正地依据控辩双方及其诉讼参与人举证，并严格依照法律认定案件事实，作出裁判，而不能偏袒或者照顾到任何一方。也就是说，如果公安、检察人员违法办案所获得的证据，进入法庭审判阶段，都要依法被法庭排除，不能作为认定案件事实的根据。因此，实行以审判为中心的诉

---

① 详见《最高人民法院关于全面深化人民法院改革的意见》（法发〔2015〕3 号三、（二）。

讼模式必然会促使司法人员、特别是检察人员深刻认识到，只有在立案侦查、审查起诉、审查逮捕等刑事诉讼中，严格执法，公正执法，切实提高执法办案质量，才能使自己的执法办案经得起法庭审判的检验，并得到法庭的认同，而不对违法执法办案、甚至对关键证据不去收集心存侥幸，从而有力促进司法人员特别是公安、检察人员不断增强执法办案的责任感，努力提高办案质量。正是因为如此，习近平总书记在党的十八届四中全会决定说明中强调指出："全会决定推进以审判为中心的诉讼制度改革，目的是促使办案人员树立办案必须经得起法律检验的理念，……这项改革有利于促进办案人员增强责任意识，通过法庭审判的程序公正实现案件裁判的实体公正，有效防止冤假错案。"①

（四）实行以审判为中心的诉讼模式，也是有针对性解决刑事诉讼中实际存在的"侦查中心主义"和"法庭审判虚化"所带来的弊端和问题，促使和保证现行刑事诉讼法的立法规定及其精神的贯彻落实

通过阅览有关参考资料，早在20世纪90年代，就有学者提出"以审判为中心"诉讼理念。我国2012年的《刑事诉讼法》再次修正案虽然没有明确提出"以审判为中心的诉讼制度和模式"，但从某种意义上讲，在一些立法规定上，已经确立了审判在诉讼中的中心地位②。然而由于种种原因，我国在以往很长时间里，包括当前在贯彻落实刑事诉讼法的过程中，仍然存在着与现代民主司法精神不相符的"侦查中心主义"以及"庭审虚化"等突出问题，从而使一些公安司法人员对法庭审判重视不够，进入法庭的案件在没有达到"案件事实清楚、证据确实充分"的程度就作出裁判，甚至出现冤假错案，严重损害司法公信力和威信。因此，笔者认为，贯彻执行中央提出的"推进以审判为中心的诉讼制度改革"。实行以审判为中心的诉讼模式，实际上，就是将我国现行《刑事诉讼法》规定的"以审判为中心"的有关法律规范能在刑事司法中落地生根开花，得到贯彻落实，也即让现行公安司法人员执法办案回归到《刑事诉讼法》的本源。同时，也是有针对性地纠正和防范刑事司法中实际存在的"侦查中心主义"和"庭审虚化"严重问题以及可能带来的弊端的客观需要。

## 三、检察机关适应"以审判为中心的诉讼模式"面临的挑战、存在的主要问题及其原因

贯彻落实中央《决定》，"推进以审判为中心的诉讼制度改革"，实行以审判为中心的诉讼模式，实际上是要求公安司法人员在贯彻执行现行《刑事诉讼法》上的本源回归。有的学者认为："以审判为中心的实施主体，不仅仅是人民法院，而是由公安、检察、辩护律师形成合力。"③ 因此，作为国家的法律监督机关和实施《刑事诉讼法》重要主体的人民检察院是以审判为中心的诉讼模式的重要参加者。那么，当前，检察机关在适应以审判为中心的诉讼模式方面所面临的现状及所做的准备工作如何？据我们调研，笔者认为，检察机关在各项业务工作中总的说来，基本上是能够适应并按照以审判为中心的诉讼模式开

---

① ①详见习近平总书记《关于〈中共中央关于全面推进依法治国若干重大问题的决定〉的说明》第十项。
② ②参见樊崇义、张中《论以审判为中心的诉讼制度改革》载《中州学刊》2015年第1期第54页。
③ 樊崇义：《"以审判为中心"的概念、目标和实现路径》，载《人法院报》2015年1月14日第5版。

展工作的，但是不可讳言，检察机关在适应"以审判为中心的诉讼模式"上，还面临着不容忽视的一些挑战、存在不少问题。主要表现在以下方面：

（一）在执法办案的理念上，一些干警跟不上"以审判为中心的诉讼模式"的要求

从检察执法办案一线特别是基层检察执法办案一线调研情况来看，检察机关适应"以审判为中心的诉讼模式"，贯彻落实"以审判为中心的诉讼制度"所面临的主要挑战和问题来自检察干警的执法办案理念方面。一些干警无论是对中央推进"以审判为中心"的诉讼制度及其模式初衷的理解，还是对"以审判为中心"的诉讼制度及其模式的思想观念认同，都与中央《决定》的要求有较大的距离。比如，《决定》公布后，有的干警说：这次司法改革要以审判为中心，显然法院在改革权力博弈中是最大的赢家，检察机关地位降了；有的说：以审判为中心还怎么对法院的审判权进行监督？还有一些检察干警对"以审判为中心"的诉讼制度及其模式在思想观念上不能认同，甚至有抵触情绪，如此等等，不一而足。这些对中央《决定》提出的"以审判为中心"诉讼制度及其模式的内涵及其初衷不能正确理解，不能做到思想感情认同，更不能深刻认识其重大意义和必要性，甚至与其相悖的执法办案理念，成为当前检察机关适应"以审判为中心"的诉讼制度及其模式的主观壁垒和障碍。

（二）检察引导侦查工作不够，特别是提前介入侦查不够充分

实行以审判为中心的诉讼模式，绝不能否认审判前的程序，特别是侦查、审查起诉阶段的重要性。因为侦查、审查起诉阶段的工作是审判阶段的基础。而侦查阶段的工作则是审查起诉工作的基础。因此，侦查、审查起诉工作搞不好，必然会影响到审判阶段的工作。正如俗语所说的那样：基础不牢，地动山摇！在司法界都知道，自20世纪末，公安机关在刑事侦查工作改革中，实行多警种办案，特别是取消了预审部门以后，由于种种原因，公安机关刑事侦查的案件质量出现了不同程度的下降，有不少刑事侦查案件存在证据收集方面较为粗糙、办案违反法定程序等质量问题，在一定程度上影响到检察机关审查起诉的工作质量。目前，检察机关对公安刑事侦查工作存在不同程度的引导不够，包括检察机关内部侦查监督部门、公诉部门对职务犯罪案件侦查工作引导不够，特别在是提前介入方面的作用发挥得不够等问题，致使检察机关提起公诉的案件部分出现"带病进入审判阶段"，在一定程度上影响了检察机关办案质量和执法公信力。这也是检察机关执法办案不能完全适应以审判为中心的诉讼模式重要体现。

（三）有时侦查监督工作不力、不能坚持原则

我国宪法和法律之所以赋予检察机关的法律监督职能包括对公安机关的侦查监督职能，目的就是通过维护法律的统一实施、保证程序正义，实现实体公正。通过调研我们发现，目前，由于受公安机关的强势地位等影响，检察机关在贯彻执行刑事诉讼法的过程中，有时对公安机关刑事侦查活动偏重于讲配合，而开展侦查监督工作不力，特别是对发现证据、程序及其事实方面的问题，不能坚持原则，对公安机关违反侦查活动过于迁就，致使一些有问题的案件通过审查起诉程序进入审判程序，甚至导致冤假错案。如引起国内外广泛关注的佘祥林冤案，其实当时检察机关审查起诉该案时已发现许多证据存在问题，向公安机关提出疑问，但在有关部门的协调下，该案最后还是被提起了公诉，最终导致冤案发生。后来，在总结该案的教训时，承办该案的检察院某位院领导曾痛悔地说：在办理

该案时，我们不是没有发现问题，错就在没有坚持到最后，没有坚持原则！

（四）检察机关公诉工作有依赖于法庭审理后与审判人员沟通、要求关照的问题和倾向

真正实行以审判为中心的诉讼模式后，主持法庭审判的法官或者合议庭必须站在中立的立场上，居中审理并作出裁判，而不能照顾或偏向于任何一方。从调研情况来看，笔者认为，目前，检察机关的刑检工作特别是公诉工作有普遍依赖于法庭审理后与审判人员沟通、要求照顾的问题和倾向，是难于适应以审判为中心的诉讼模式的一大问题。实践中，大部分检察院公诉部门都与所对应的法院刑事审判庭建立了"联席会议制度"，不仅定期通过召开会议进行联系，而且在案件庭审过后，如果发现庭审结果有可能对检察机关不利，就会通过各种方式与主持法庭审理的法官进行沟通，有的甚至要求"关照"。而这种检察机关与法院"庭审"后的沟通，显然会对法院的独立裁判产生较大的影响。因为检察机关依法拥有对法院的审判监督权，包括对法官的司法渎职犯罪的职务犯罪案件侦查权。面对检察机关庭审后的沟通，法院的法官们能不有所顾忌?! 因此，检察机关这种有依赖于法庭审理后与审判人员沟通、要求关照的问题和倾向，不仅可能影响以审判为中心的控辩平等诉讼结构，而且可能影响法院的公正裁判，显然与以审判为中心的诉讼模式不相符合。

（五）检察机关有时不能平等对待犯罪嫌疑人、被告人及其辩护人的诉讼地位，不能全面依法保障辩护律师的执业权，特别是不能认真对待犯罪嫌疑人、被告人及其辩护人的辩护意见

实行以审判为中心的诉讼模式，客观要求法官居中审判，控辩诉讼地位和诉讼权利平等。然而，从调研情况来看，检察机关的一些干警在执法办案过程中，在诉讼地位和诉讼权利方面，不仅在思想感情认同上，而且在具体的执法办案活动上，不能平等对待犯罪嫌疑人、被告人及其辩护人；更难以将辩护律师视为"法律职业人共同体"的一部分。以至于在检察工作中，一些检察干警完全以国家控告人自居，司法实践上有时会出现不依法保障律师的会见权、阅卷权，不注重听取律师的意见权等违法现象，有的甚至将"辩护律师"视为完全的对手或者"敌人"，特别是有些办案人员不能恪守检察官的客观义务，仅注重履行控告职责，而对犯罪嫌疑人、被告人及其辩护人的辩护意见不能认真对待，总认为他们是狡辩，以至于有可能使一些"有问题的案件"进入审判程序，甚至导致冤假错案。近年来发生多起重大冤假错案，原因当然很多，但是司法人员，包括检察人员不能认真听取和对待犯罪嫌疑人、被告人及其辩护律师的辩护意见，是其中很重要的原因。如发生在浙江的张氏叔侄重大冤案，在审查起诉阶段，张氏叔侄因在侦查阶段受到刑讯作了有罪供述，在审查起诉阶段接受讯问时，以为可以申冤了便翻供，否认杀人！但当时承办此案的检察官并没有认真对待、审查，偏信于公安侦查所获的证据及事实，以至于该案顺利起诉到法院，遂酿成重大冤案。

（六）检察机关有的干警有时执法不规范，接受监督不够

目前，高检院正在全国部署开展执法规范化专项整治工作，说明当前检察机关一些干警确有执法不规范，包括以监督者自居，不能树立监督者也要接受监督的理念等问题和倾向，有的甚至还很严重。检察工作实践表明，严格执法、规范办案、广泛接受监督，是实现程序正义、保证办案质量的条件和手段。而执法办案不规范，不注重接受监督，则可能

是影响办案质量、产生司法腐败，甚至是发生冤假错案的祸源。因此，执法不规范、不能充分接受监督，则是检察机关适应以审判为中心的诉讼模式一大问题。

（七）检察机关执法办案普遍没有建立适应以审判为中心诉讼模式的预警及预测机制

古人云：凡事预则立，不预则废。实行以审判为中心的诉讼模式，客观要求检察机关的执法办案工作，包括职务犯罪侦查、审查逮捕、审查起诉和各项诉讼监督活动，都必须依法经得起法庭审判的质证和检查。那么，我们检察机关所进行的执法办案活动，以及所经办的案件能否经得起法庭审判的检验？只有经过预测和预警，才能及早找到应对适应措施。然而，目前，检察机关的各项业务部门，包括职务犯罪侦查、侦查监督、公诉等部门都没有建立适应以审判为中心的诉讼模式的预警和预测机制，这必然会对检察机关适应以审判为中心的诉讼模式埋下隐患。

（八）检察干警，特别是一线执法办案干警的综合素能及职业保障水平需要进一步提高

推进以审判为中心的诉讼制度改革，实行以审判为中心的诉讼模式，对检察机关执法办案干警的综合执法素能及职业保障水平提出了更高要求。然而，从调研情况来看，有的检察干警无论是执法办案的理念，还是执法办案的业务能力，都与实行以审判为中心诉讼模式的要求存在一定的差距。与此同时，检察干警的职业保障水平、特别是工资收入水平偏低，不少检察官、特别是年轻检察官因待遇低问题而辞职，执法办案还只是检察干警的谋生和生存的一种手段，还没有被当成"事业"去做，在任何时候坚守法律信仰还没有完全根植于每个检察干警的灵魂，必然会从根本上影响到检察机关适应以审判为中心的诉讼模模式。

## 四、检察适应和应对"以审判为中心的诉讼模式"应当采取的主要对策建议

中央《决定》提出的"推进以审判为中心的诉讼制度改革"是大势所趋，实行以审判为中心的诉讼模式也是势在必行。为此，高检院曹建明检察长在 2015 年 7 月上旬举办的大检察官研讨班上特别就"关于以审判为中心的诉讼制度改革"问题，强调指出："这项改革对刑事诉讼各个环节都提出了新的更高要求，对检察工作必将产生全方位的深远影响。要准确把握这项改革精神和要求，主动适应，积极作为。"为此，根据上述概括分析检察机关适应"以审判为中心的诉讼模式"所面临的挑战和存在的问题，笔者现就如何适应和应对问题提出以下对策建议措施：

（一）应当转变司法理念，切实树立与以审判为中心诉讼模式相适应的现代司法理念

众所周知，思想观念历来是行动的先导。因此，检察机关各项业务工作要很好适应"以审判为中心的诉讼模式"，并做好应对工作，其中首要的就是要准确把握"以审判为中心的诉讼制度改革及其诉讼模式"的内涵及其精神实质的基础上，彻底摒弃以往的"以侦查为中心"和"庭审虚化或者形式化"的执法办案方式及其理念，客观要求司法人员包括检察干警真正树立与"以审判为中心的诉讼制度及其诉讼模式"相应适应的现代司法理念，即牢固树立以法庭的审实质理作为决定案件证据、事实认定和案件最终处理结果的中心环节的执法办案理念，不断增强严格执法、保证办案质量的责任心，使执法办案所收

集、审查认定的证据和事实及其适应法律必须依法能够经得起法庭审理的质证和检验。只有将执法办案理念切实转变到"以审判为中心的诉讼制度及其诉讼模式"上来，才能为适应和应对"以审判为中心的诉讼模式"奠定坚实的主观基础。

（二）应当按照经得起法庭审理和法律检验的标准和要求坚持检察引导侦查工作，并不断加强提前介入侦查工作

针对当前公安在办理刑事案件实行多警种办案、部分干警法律业务水平偏低、执法办案不够规范等情况下导致一些刑事侦查案件办案质量出现不同程度的下降，给检察机关审查逮捕、审查起诉工作带来严重影响的实际，笔者认为，检察机关要提高办案质量，适应和应对好以审判为中心的诉讼模式，应当从刑事立案侦查的源头上抓起，坚持用经得起庭审和法律检验的标准和要求，加强对公安刑事侦查活动的引导工作，并不断加强对侦查活动的提前介入工作，特别是要加强对重大疑难案件的侦查活动的检察引导、提前介入工作。这样从源头上，对有效促进检察机关的审查逮捕和审查起诉等执法办案工作不断提高质量和水平，防范违法办案及冤假错案具有十分重要的意义。

（三）应当坚持用经得起庭审和法律检验的标准和要求加强侦查监督工作，并能坚持法律原则

加强对侦查活动的法律监督，不仅是促进严格执法、公正办案、维护法律统一实施的重要手段，更是保证检察机关审查逮捕、审查起诉案件质量的重要基础。因此，检察机关的审查逮捕工作、审查起诉工作要适应和应对好"以审判为中心的诉讼制度改革及诉讼模式"，就应当高度重视用经得起法庭审判和法律检验的标准和要求加强侦查监督工作，并在加强侦查监督工作中应当恪守法律原则，坚守法律底线，不该迁就的绝不能迁就，不搞无原则的变通。依法不能批准逮捕的，坚决不予以批准逮捕；依法不能起诉的，坚决不予起诉；并且对发现公安机关在侦查活动中有违法行为的，要敢于坚持原则，坚决予以监督纠正。

（四）应当取消检法联席会议制度，杜绝检察执法办案人员依赖于庭审后与法官沟通的现象

针对当前存在的检法联席会议制度、一些执法办案干警存在依赖庭审后与主审法官沟通的现象，可能带来影响法庭的独立审判和司法公信力，并助长一些检察干警对"不严格执法、办案质量不高"存有侥幸心理等弊端，笔者建议应当取消当前一些检察院与法院实行的联席会议制度，并杜绝一些检察执法办案人员庭审后与主审法官沟通、有的甚至要求关照的现象。这不仅仅是以审判为中心的诉讼模式客观要求法官独立审判的需要，更是提升司法公信力的需要。同时，还有利于倒逼检察执法办案人员打消对"执法不严、办案质量不高"的侥幸心理，把全部精力用在严格执法、提高办案质量上。

（五）应当切实尊重和保障犯罪嫌疑人、被告人及其辩护律师的诉讼法律地位，保障辩护律师的执业权，特别是要认真对待犯罪嫌疑人、被告人及其辩护律师的辩护意见

针对当前一些检察执法办案人员不能尊重和保障犯罪嫌疑人、被告人及其辩护律师的诉讼法律地位，侵犯辩护律师的执业权等不适应以审判为中心的诉讼模式问题，笔者认为，检察机关的执法办案工作在对待犯罪嫌疑人、被告人特别是辩护律师，应当换一种思路，深刻认识到犯罪嫌疑人、被告人特别是辩护律师在刑事诉讼中与检察执法办案人员是平等的诉讼主体、享有平等的诉讼权利，办案中有犯罪嫌疑人、被告人特别是辩护律师的

辩护，对促进检察机关严格执法、提高办案质量具有重要的作用。因此，检察机关应当将辩护律师视为法律职业人的共同体的一部分，依法保护辩护律师的阅卷权、知情权、会见权、辩护权等各项诉讼权利，对于犯罪嫌疑人、被告人特别是辩护律师的辩护意见，应当认真对待，以高度负责的态度进行调查核实。这样才能坚守检察官的客观义务，从容应对和适应以审判为中心的诉讼制度改革及其诉讼模式。

（六）应当建立健全适应"以审判为中心的诉讼制度改革及其诉讼模式"的执法办案预测及预警机制

为了适应以审判为中心的诉讼制度改革及诉讼模式，保证检察机关职务犯罪侦查、侦查监督、公诉及其他各项诉讼监督工作等执法办案工作都能达到应有的质量，经得起法庭审判及法律的检验，笔者认为，当前应当乘实行主任检察官办案责任制改革的有利时机，在检察机关各业务部门建立适应"以审判为中心的诉讼制度改革及其诉讼模式"的执法办案预测及预警机制。即在主任检察官的领导下，指定其他非办理此案的检察官二至三人组成审核组，对所有的执法办案活动在作出处理决定前，都要由该审核组审核该项执法办案工作是否能经得起庭审和法律检验进行预测和预警。一旦发现不能经得起庭审和法律检验的，应当立即建议主任检察官补正或者纠正。通过建立和健全适应以审判为中心的诉讼模式的预测和预警机制，可以最大限度地防止和阻却经不起庭审和法律检验的检察机关所办理的案件进入审判程序。

（七）应当坚持抓好检察执法办案的规范化工作，并注重经常化开展案件质量评查活动

依法办案、规范执法，不仅是对保证办案质量具有根本意义的措施，也是防止违法办案及司法腐败的制度性屏障，正是因为如此，最高人民检察院2015年以来高度重视在全国检察系统抓执法规范化专项整治活动。因此，为做好适应和应对以审判为中心的诉讼制度改革及其诉讼模式工作，笔者认为，检察机关应当坚决贯彻高检院的部署，将抓好检察执法办案规范化作为一项长期的战略任务来抓，坚持经常抓，抓经常，并配之以经常化开展案件质量评查活动，必能有效促进检察执法办案活动严格依法，不断提高质量水平，经得起庭审和法律的检验。

（八）应当坚持健全接受内外监督机制，保证检察执法办案权力装进法律制度的"笼子"

俗语云：不受监督的权力必然产生腐败，绝对的权力导致绝对的腐败。检察机关的执法办案权依法属于国家公权力的重要组成部分。为了防止检察人员违法办案、保证办案质量，经得起庭审和法律的检验，检察机关及干警、特别是一线执法办案人员应当增强"监督者"必须接受监督的意识：一方面，要不断坚持和健全检察机关执法办案活动接受人大、政协、社会各界、特别是新闻媒体、网络的监督；另一方面，还要坚持和健全检察机关执法办案活动接受内部纪检监察监督、各业务部门相互监督等内部监督机制，使检察机关的执法办案活动置于广泛的监督之下，以保证将检察执法办案权力装进法律制度的"笼子"，不仅有效促进检察机关严格执法、保证办案质量，更可有效防止和纠正司法腐败行为。

（九）应当坚持不断提高检察干警的综合执法办案能力和职业保障水平

中央部署推进以审判为中心的诉讼制度改革，充分发挥庭审在诉讼中的决定作用，对执法办案的检察官综合职业能力及其职业保障要求提出了更高的要求。为了促进检察机关

执法办案，更好地适应和应对"以审判为中心的诉讼制度改革及其诉讼模式"，检察机关特别是最高人民检察院及省级人民检察院要通过加强教育培训、先进典型示范引导、反面教材的惩戒警示等有效方式，在引导检察干警树立与以审判为中心诉讼模式相应的现代司法理念的基础上，大力宣传和弘扬广大检察干警永远保持严格执法、秉公办案、刚正不阿、恪守法律正义的崇高职业品质，并提高他们的职能能力和综合素质，为检察机关适应和应对"以审判为中心的诉讼模式"提供强大的人力资源和组织保障。此外，还要不断提高检察官的职业保障，特别是工资薪酬水平，使检察官们在履行职务的过程中尽可能减少后顾之忧，将自己的聪明才智和主要精力尽可能奉献于崇高的检察执法办案事业。

（作者简介：胡胜友，男，安徽省芜湖市人民检察院党组书记、检察长，国家二级高级检察官；陈广计，男，安徽省芜湖市人民检察院研究室主任，国家四级高级检察官）

# 刑事证人出庭做证制度在审判
# 实践中的适用与完善

段志侠

**摘　要**：作为现代庭审制度的基本要求之一，证人出庭做证制度有利于充分发挥庭审功能、提高案件庭审质量，有利于维护程序公正、实现实体公正，对于贯彻执行十八届四中全会的《决定》，建立以审判为中心的诉讼制度也有着非常重要的现实意义。多年来，我国刑事案件庭审普遍存在证人出庭率偏低、缺乏保护措施及侦查人员不出庭做证等问题。修改后的刑事诉讼法，已经从规则、实践以及操作细节层面着手，对证人出庭做证制度进行了大幅修订，确立了证人出庭的范围、强制证人到庭、警察和鉴定人出庭、不出庭的法律后果、证人补偿制度等。但是，由于受到相对复杂的司法现实的影响和制约，审判实践中证人出庭做证还是呈现出通知证人到庭难、到庭后如实做证难、庭审中接受控辩双方质证难的局面，距离法律修改的初衷相去甚远。唯有立足于审判实践、汲取修法教训，对症下药、完善立法，才能有效发挥这一制度对于司法实务的功能。文章拟从刑事证人出庭做证制度设立的价值考量入手，通过对该制度的立法规定和审判实践现状进行分析，提出健全刑事审判中证人出庭做证制度的建议，以期对完善立法、推动实务有所裨益。

**关键词**：刑事证人出庭；审判实践；适用；完善

证人出庭做证制度是我国刑事诉讼中的一项重要的证据制度，证人出庭有利于查明案件事实，正确定罪量刑，保护公民行使诉讼权利。修改后的刑事诉讼法，明确规定证人应当出庭做证的案件范围、强制证人出庭做证、证人做证义务豁免权、侦查人员出庭做证及证人权利等内容，被视为此次修法的亮点之一，也使我国初步形成了一套科学完整的证人做证机制。然而据调查，当前刑事审判中，证人几乎不出庭做证，法官裁判时绝大多数依据书面证言，证人出庭做证依旧难。十八届四中全会《决定》将司法公正提升到前所未有的重要地位，完善证人出庭做证是推进以审判为中心的诉讼制度改革的重要内容之一。基于此，笔者通过审视该制度确立的重大意义，分析证人出庭现状，及时找出问题症结所在，提出了进一步完善有关制度的意见和建议，以期对审判实践提供参考。

## 一、刑事证人出庭做证制度的设立价值

证人是凭其亲身体验感知案件有关事实而向法院陈述做证的自然人。证人证言具有不可替代性，即不能由其他人员代替作为。证人证言的不可替代性要求证人必须亲自到庭做

证。现阶段我国刑事审判既承担着有效打击犯罪的任务，还要有力保障人权。证人出庭做证，不仅有利于法官正确认定案件事实，也有利于保障控辩双方的诉讼权利，对于提高法庭审理的质效、落实证据裁判原则，具有十分重要的意义。

（一）贯彻直接言辞原则的必要形式

德国学者克劳思·罗科信认为："直接原则乃指法官以从对被告人之询问及证据调查中所得之结果、印象，才得作为其裁判之基础。"[1] 直接言辞原则是大陆法系国家和地区普遍奉行的一项证据规则，强制证人出庭做证是直接言辞原则的内在要求，强调法官在审理案件过程中要亲自参加法庭调查，认真听取法庭辩论，直接接触、审查证据，庭审中全部言辞证据都以口头方式提出，强调法官的亲历性和证据的原始性，目的在于限制侦查书面材料的大量使用，提高证人在审判阶段的出庭率，切实保障被告人的对质权和辩护权。[2] 十八届四中全会《决定》提出了完善证人出庭制度，最高人民法院第六次全国刑事审判工作会议也提出要贯彻直接言辞原则[3]。贯彻直接言辞原则要求证人出庭做证，接受控辩双方诉讼参与人的询问、质证，让法官更客观地对案件事实真相作出判断。

（二）保障控辩双方诉讼权利实现的重要手段

证人出庭，有利于将其置于庭审之庄严的气氛，亲自陈述所见所闻，接受控辩双方询问，通过举证质证来最大限度地暴露证言的矛盾，由表及里地还原案件真相；有利于保护被告人及其辩护人的对质权，通过程序正义来达到息诉服判的法律效果。特别是随着依法治国观念日益深入人心，当事人的权利意识进一步增强，迫切要求法官在审理案件时注重坚持现代法治理念，通过通知证人出庭做证，让案件事实查明在法庭，确保程序公开透明，避免控辩双方以及旁听群众对法官能否公正审理案件的质疑，维护司法威信。

（三）查明案件客观事实的重要途径

"人民法院审理案件应以事实为依据，尤其是在刑事案件中，揭露和证实犯罪是一个对过去的事实作回溯证明的艰难过程"[4]。裁判结果符合客观真相是审判工作追求的目标，但这一追求是建立在现有的证据基础之上的，法官应尽可能基于对现有的证据综合分析作出最接近客观真实的认定。出庭做证是法官在审判阶段对证人证言进行甄别的重要方式。证人只有出庭做证，在法庭上接受各方诉讼主体的交叉询问，其证言的真实性才能得到进一步的保证，证明力也才能进一步增强，进而通过与其他证据的相互印证，排除一切合理怀疑，更好地证明待证事实。

（四）发挥庭审功能、提高庭审质量的必然要求

以审判为中心的诉讼制度改革要求以庭审为中心，以证据为核心，通过庭审实质化，维护审判的权威性。以庭审为中心是进一步落实以审判为中心的关键环节，以审判为中心

---

① 刘秋平：《论直接言辞原则》，载《中国期刊数据库》，于2012年4月8日访问。

② 参见陈光中、步洋洋：《以审判为中心与相关诉讼制度改革初探》，《政法论坛》2015年03月，第32卷第3期。

③ 2013年10月，第六次全国刑事审判工作会议文件提出："审判案件以庭审为中心，事实证据调查在法庭，定罪量刑辩论在法庭，裁判结果形成于法庭，全面落实直接言辞原则，严格执行非法证据排除制度"。最高人民法院院长周强在"推进严格司法"一文中也明确提出"确保直接言辞原则体现在法庭"。

④ 樊崇义：《刑事诉讼法学》，中国政法大学出版社1999年版，第269页。

必须通过以庭审为中心加以实现，证人是否出庭是审判能否成为中心的决定性因素之一。证人不出庭，举证质证在法庭、事实调查在法庭、控辩争论在法庭就无法得到有效落实，不利于人们接受裁判结果、提高庭审质效、提升司法公信、增强司法权威。

## 二、刑事证人出庭做证的现状分析

（一）立法现状及存在的问题

**1. 立法现状**

2012 年刑事诉讼法（以下称现行刑事诉讼法）对证人出庭做证制度进行了大幅度修订，在立法上完善了该制度。其真正旨意不是让案件所有的证人都出庭做证，否则，既浪费司法资源，也确无必要，而是要敦促关键证人出庭。

（1）明确了证人应当出庭做证案件范围

第一百八十七条第一款是关于证人出庭做证的范围的规定。证人出庭做证，应当同时具备三个条件：一是公诉人、当事人或者辩护人、诉讼代理人对证人证言有异议，包括公诉人、当事人等认为证人证言不符合实际情况，与其掌握的其他证据之间存在矛盾等；二是对案件定罪量刑有重大影响的证人证言；三是具备证人出庭做证的必要性。

（2）确立了警察及"有专门知识的人"出庭做证制度

第一百八十七条第二款是关于警察作为目击证人出庭做证的规定，首次将警察作为证人出庭做证上升至法律高度。警察就其执行职务时目击的犯罪情况作为证人出庭做证，适用前款规定。这里的"执行职务"时目击犯罪的情况，既包括作为侦查人员执行职务时目击犯罪情况，也包括执行其他职务如治安巡逻时目击犯罪的情况，这种情况下警察是作为目击者提供证言的，与其他证人没有区别，对于符合出庭条件的，应当出庭做证。还应特别注意的是，警察出庭做证仅限于目击犯罪的情况，不包括因为勘验、检查等而知晓案件的情形。

第三款是关于鉴定人出庭的规定。根据本款规定，鉴定人应当出庭，同时满足两个条件：一是公诉人、当事人或者辩护人、诉讼代理人对鉴定意见有异议；二是人民法院认为鉴定人有必要出庭的。这里规定的条件和证人出庭做证有所不同，未列明"对案件定罪量刑有重大影响"，主要是因为鉴定意见通常都对案件的定罪量刑有重大影响，同时，鉴定意见具有专门性、科学性的特点，往往在证明力上会优于其他证据。关于鉴定人不出庭的后果，经人民法院通知，鉴定人不出庭的，其鉴定意见将失去证据作用，鉴定意见不得作为定案的根据。这样规定，是考虑到鉴定意见与其他证据不同，鉴定意见是专业人员根据科学方法和自己的专业知识作出的判断，不具有唯一性，鉴定人不出庭的，可以另外进行鉴定，提出鉴定意见。

（3）建立了强制证人出庭制度、例外情形及法律后果

第一百八十八条第一款是关于强制到庭及其例外情形的规定。根据本款规定，经人民法院通知，证人没有正当理由不出庭做证的，人民法院可以强制其到庭，但是被告人的配偶、父母、子女除外。强制其到庭是指由法警采取强制手段，将证人带至法庭。但在两种情况下有例外：一是证人有正当理由，如生病不能出庭，不可抗力无法到庭等。这里的正当理由应由法官判断是否成立，法官认为不成立的，也可强制其到庭。二是证

人是被告人的配偶、父母、子女。这些是由于其身份，不宜对其强制到庭，主要是考虑到强制配偶、父母、子女在法庭上对被告人进行指证，不利于家庭关系的维系、和谐社会的构建。需要特别指出的是，这里规定的是免予强制出庭，不是拒证权，只是在庭审阶段可以免予强制到庭，并没有免除其做证的义务。拒证权一般是指在特定情形下，负有做证义务的证人被司法机关要求提供证言时，因其特殊身份或者法律的规定而享有的拒绝做证的权利，贯穿侦查、起诉、审判等各个诉讼阶段。这里的配偶是指与被告人有夫妻关系的人，不包括有事实上的同居关系的人，父母、子女包括依法确立收养关系的养父母、养子女。

第二款是关于对拒不出庭和拒绝做证的证人处罚的规定。根据本款规定，证人没有正当理由拒绝出庭或者出庭后拒绝做证的，予以训诫，情节严重的，经院长批准，处以十日以下的拘留。被处罚人对拘留决定不服的，可以向上一级人民法院申请复议。复议期间不停止执行。对证人处罚有两种方式，一般情况下予以训诫即可，只有达到情节严重的程度，才予以拘留。

（4）完善了证人出庭做证的保障机制

现行刑事诉讼法第六十二条界定了证人保护适用案件的范围，明确公、检、法机关实施保护措施的具体内容，建立了对证人履行做证义务的经费补助和待遇保障，对证人出庭做证起到激励作用，旨在弥补证人因为做证导致的经济损失。立法从程序上突出了对刑事案件出庭证人的保护，在一定程度上推进了我国审判方式的改革。

2. 存在的问题

我国影响证人出庭的因素复杂多样，既包括制度设计上的原因，也包括道德观念、行为习惯等原因，特别是随着社会的发展，新的问题层出不穷，这一制度又面临新的挑战。

（1）出庭做证案件范围的规定过于原则

现行刑事诉讼法对证人出庭案件的范围表述"有异议""重大影响""有必要"，过于原则，法官享有过多的自由裁量权，易滋生腐败。另外，缺乏当事人合意与协商机制所带来的证人出庭的需求。

（2）证人保护机制缺乏现实可操作性

证人保护的对象范围狭窄，仅列举了危害国家安全犯罪、恐怖活动犯罪、黑社会性质组织犯罪、毒品犯罪等案件；保护的手段不够全面，兜底条款带有模糊性；保护的主体不明确；保护程序不完善；补助的程序及救济途径等法条规定，在实践中有诸多局限。

（3）对拒不出庭证人的处罚措施缺乏强制力

对于没有正当理由不出庭的证人，法院"可以"强制其到庭，这一弹性条款为法院不让证人出庭留有余地；没有明确强制证人出庭的手段，拘传只能适用于未被羁押的犯罪嫌疑人、被告人，对证人是否适用没有明确；没有明确侦查人员不出庭的法律责任以及证人拒不出庭的证言效力。

（二）审判实践现状及成因

1. 审判实践现状

众所周知，在刑事审判实践中证人出庭做证少、做证难，庭审中对书面证言进行举证、质证已成为惯例。检察机关提交的证人名单只是简单罗列证人的姓名、单位、住址等情况，甚至很多时候，连如此简单的证人名单都怠于移送。

（1）出庭做证比例偏低

有调查显示，在刑事案件中，明确有证人的案件超过80%，然而真正出庭做证的却不足5%。另据新华社有关报道，目前，中国法院的证人出庭率平均不到10%。以安徽省凤阳县为例，2014年全年收案近400件，证人出庭比例不足1%；2015年上半年收案168件，证人出庭仅2件，且均为职务犯罪案件，所占比例约1.19%。可见，审判实践中证人出庭率相对较低。

（2）庭审质证效果难以保证

庭审中，受利益驱使，证人出庭情况不尽如人意。有的证人在庄严的法庭上，心理素质差，情绪易受到影响，表达内容不够准确，直接影响待证事实的认定；有的证人急于表达对被告人量刑有利的证言，故意作出虚假陈述，比如为证明被告人平时表现好，多年前搬走的邻居出庭做证；有的是辩护人编织好的"陷阱"，在交叉询问时，故意让证人"绕进去"；有的证人随意性大，碍于情面，虽然到庭，但敷衍了事，没有认真尽到义务，存在不正面回答询问等情况。这样一来，庭审质证效果难以达到。

（3）证人权利得不到切实有效维护

证人因惧怕报复而不敢出庭、因碍于情面而不愿出庭，再加上法律规定得过于抽象，一旦发生因指认凶手而遭受打击报复的情况，自身的权利维护往往费时费力。基于种种原因，出庭做证遭受的经济损失获取补偿也很难。据调查，安徽省滁州市中级人民法院及所辖的两个县级法院，没有遇到过要补偿证人经济损失的情况。

2. 形成原因

（1）证人出于对自身权益保护的考量

证人对出庭做证有抵触心理，要说服证人做证并非易事。刑事案件被告人毕竟有一定的人身危险性，证人首先担心的是自己及家人的人身和财产安全受到威胁。例如，近期审结的周某故意杀人案，在通知关键证人戴某某（被害人邻居）出庭做证时，戴某某开始非常不情愿，告诉合议庭，他担心自己的两个孩子遭受报复，两个孩子分别上初中和高中，学习很好，后来通过做大量的说服解释工作，戴某某勉强同意出庭，合议庭依法通知他开庭的相关事宜，但开庭的前一天再次核实时，戴某某手机关机，无法联系上。后来，让公安人员去戴某某住处找他，戴表示，既不想影响到与被害人家的邻居关系，又不想陷入麻烦中。证人到庭，还要自己支付一定的费用，案件本来与自己无关，又得不到什么好处，如果是异地出庭，开支更多，多一事不如少一事。

（2）以案卷笔录为中心的裁判模式的影响

我国目前司法资源的投入非常有限，刑事审判实际采用以案卷为中心的裁判模式。目前来看，这一模式有符合我国的现实国情之处，也有利于降低司法成本，提高诉讼效率。但这种模式也存有明显缺陷，特别是仅通过检方当庭宣读言辞证据即可作为定案根据，事实上架空了证人做证制度，使证人徘徊在法庭之外。法院在判决书中普遍引用该言辞证据，并作为判决的基础，使庭审某种程度上流于形式，影响司法公正的实现。

（3）当前法院案多人少的矛盾带来的弊端

近年来，我国社会矛盾复杂多样，犯罪率呈明显上升趋势，尤其是在不发达地区，刑事案件的数量逐年上升。对比最高人民法院和最高人民检察院近五年的工作报告，可以发现我国正面临着史无前例的案件激增期，再加上法院一直面临着案多人少的矛盾，证人出庭，需要充足的司法资源作保障。比如，开庭前通知证人出庭所需预留时间，庭审中询问证人所需时间，以及对证人采取保护措施和补偿措施都需要投入非常多的人力、物力、财力。另外，证人出庭可能会带来翻供的情况，法官对证人出庭的态度不是那么积极，宁愿庭审后核实证人证言，也不愿意面对庭审中证人翻供或者转换程序的风险，增加案件办理的难度。正如龙宗智所说的那样："我国司法机关包括法院和检察院对证人出庭问题实际上采取一种说起来重要但心里头不以为然的态度"①。

（4）法律有关程序和实体规定均不完善

首先，证人可以选择做证的方式。刑事诉讼法规定证人应当到庭，但是不到庭的则可以宣读证人证言作为质证方式，最高人民法院司法解释也确认了这一点。公诉人在庭审中直接宣读证言内容进行质证，无疑出庭与不出庭具有同等的法律效力，这也是证人出庭率低的重要原因。其次，侦查人员不出庭做证不产生法律后果。不论针对目击犯罪做证的情况，还是针对证据收集合法性说明情况，在我国当前"侦查中心"的诉讼模式以及公安机关相对高于法院的组织体制之下，法院都没有足够的权威让侦查人员出庭做证。最后，普通证人不同于侦查人员、鉴定人，后者在一定情况下受职业道德约束，但对于普通证人出庭做证的程序、证言效力及产生的后果没有体现应有的区别。

# 三、完善审判实践中刑事证人出庭做证制度的路径

（一）完善立法规定

1. 明确关键案件及关键证人范围

关键案件的证人出庭及案件的关键证人出庭，对于法官认定事实、正确定罪量刑具有很大的现实意义。关键案件和关键证人的确定各自有一定的标准，结合我国刑事审判现状，笔者认为：

关键案件是指重大疑难复杂或者有较大影响的案件。重大案件的确定可以综合考量以下几个因素：一是犯罪性质恶劣，手段残忍；二是被告人可能判处十年以上有期徒刑、无期徒刑或者死刑；三是犯罪数额大，有隐匿、转移涉案财产等行为，社会危害性大；四是涉港、澳、台或者其他涉外的案件。

疑难复杂案件包括法律规则上的复杂、证据采信上的复杂、事实认定上的复杂。当某一种行为无法完全对应或者纳入某一法律规则时，法官就要充分发挥自己的知识运用能力，虽然同样是行使自由裁量权，但要言之有理，言之有据，在说服当事人的同时，还要符合公序良俗。法律规则确定的情况下，需要法官从现有杂乱的材料中找出能够认定事实的适格的证据。证据采信和事实认定是密不可分的，证据效力高低和证明力大小不宜区分，必然导致事实难以认定，直接影响对案件的定罪处刑。客观性证据比较少的案件，主要依靠言辞证据定案，证人出庭在很大程度上减少了案件认知的难度。比如，2013 年审理的宿州市张某抢劫案，张某与另两名同案犯半夜共同盗窃邻村的鸡，被人发现后将鸡的主人捅死。该案是追逃案件，另外两名同案犯各自分案处理，且已经刑满释放。由于案件发

---

① 龙宗智：《中国做证制度之三大怪现状评析》，《中国律师》2001 年第 1 期。

生年代久远，对于直接行凶者的认定没有客观性证据，三人归案后的供述不稳定，翻供频繁，其原因没有作出合理解释，也不存在刑讯逼供的情况，法官对证据的采信存在困惑。故基于此，法院对先归案的两人虽然都认定为共同抢劫，但没有认定为直接行凶者。张某归案后，公安人员再找到另两名同案犯时，两人均将凶手指向了张某。二审合议庭认真制定庭审预案，事先对两同案犯约见，做好法制思想宣传教育，要求两人出庭。在庭审中，控辩双方交叉询问，三人当庭对质，对案件发生的具体细节有了比较清晰的脉络，再通过控辩双方"越辩越明"的口头展示，张某避重就轻的供述不攻自破，合议庭对案件的处理比较成功。

在一定范围内有影响的案件，是指案件的发生在当地或者本省、自治区、直辖市范围内影响重大，或者关涉国家安全、重大经济活动、社会稳定，或者涉及众多不特定被害人人身、财产等利益。社会影响越大越受社会各界关注，法官在审理时更要慎之又慎。比较常见的有集资诈骗、县处级以上职务犯罪案件。证人出庭做证，使案件审理过程公开、透明，可以有效消除公众的疑虑。

关键证人的确定可以考虑以下因素：一是其证言影响对被告人认定有罪与无罪，或者此罪与彼罪；二是其证言对被告人的量刑有影响，比如自首、立功、中止等情节的认定与否；三是目睹了犯罪行为实施的关键情节；四是对犯罪分子实施了犯罪行为的重要知情人。

另外，对于辩护人或者检察机关要求证人出庭做证的情况，是否准许，法官要研判证人出庭的价值。比如，对被告人量刑可能会有影响的品格证人证言。

2. 明确证人安全保护及经济保障内容

进一步明确保护证人及其家属人身财产安全的主体、程序及具体措施，消除证人出庭带来的顾虑。一是成立保护证人的专门机构，以公安警力为执行主体，法院、检察院协助，对三机关进行职能分工，权责定位。该机构设在法院内部，但通过立法的形式明确公安配合执行的具体要求，不履行职责所要承担的责任等，提高履职的积极性，形成整个诉讼流程全方位保护。二是充分发挥好庭前会议的作用，对证人名单，控辩双方进行充分的讨论，对庭审预案进行细致的斟酌，相互交换意见，以确保证人出庭不受人为因素的威胁和干扰，实现庭审效果。三是采用多种技术方式加大对证人的保护。如不暴露真人真像，只听到证人声音，或者作技术变声处理，或者证人可选择就近的公、检、法机关，利用远程视频技术做证，减少奔波辛苦和路途上的风险等。四是细化证人出庭经济补偿的范围、程序、标准。可以统一将补偿的范围限制在交通费、食宿费、通信费等必需的开支方面，明确各自的补偿标准，做到既不浪费，又能体现人性化待遇。补偿可以采用现金或者转账方式，以方便证人为原则，以提高效率为标准。同时，根据证人发挥作用的大小，可以给予适当的物质奖励，提高证人出庭的主动性。

3. 明确证人拒不出庭的法律后果

一是立法应明确"正当理由"的范围，对不出庭的原因进行分类列举，但应排除证人主观因素；二是对证人亲属享有出庭做证豁免的范围，由被告人的配偶、父母、子女，扩大到其兄弟姐妹、指定监护人；三是处罚证人的措施可以增设罚款，对于严重妨碍法庭秩序的行为，应增设相应的罪名，如以藐视法庭罪给予严厉处罚；四是应明确侦查人员拒不出庭所应承担的法律责任，如视情节轻重给予相应的行政处罚、罚款、拘留等措施；五是增加证人不出庭其证言无效的条款，以此提高司法机关要求证人出庭的积极性。

（二）优化审判资源配置

审判资源是有限的公共资源，不能无限制增加。实现司法公正最理想的状态是所有案件相关的证人都能出庭做证。但在现实中，任何一个国家的司法资源都无法实现这种状态，我国也不例外。我国现有的司法资源极其有限，实现关键案件证人或者关键证人出庭也并非易事，必须优化司法资源配置，将有限的资源进行合理的分配，创造良好的法治环境。

一是用规范化的司法管理优化审判资源配置。在制度上，逐步改变法院双重管理的模式，实现人财物的垂直统一管理，尽快实现司法权的真正独立；实行案件审判长负责制，建立审判长联席会议制度，实行特定案件专家参与论证制度，专家可以由法院系统内部、高校教授或者律师界权威人士组成；增加审判力量，减少审判人员的行政事务。

二是加快法官职业化的进度。对法院人员分类管理已提上司法改革的日程，实现审判人员精英化，娴熟地驾驭庭审，引导庭审，倾听控辩双方对证人的交叉询问，发现证据之间有无矛盾、不合情理之处，更客观地查清事实。

（三）提高法官职业素养

做一名称职的法官，坚持司法为民的理念。法官是维持社会秩序的一个重要群体，其职责涉及当事人的财产、名誉、自由甚至生命，因而社会要想健康存在、公平正义要想实现，必须拥有一支称职的法官群体[①]。这就要求法官必须具备系统的法律知识、特有的法律思维、扎实的专业技能、过硬的职业操守和丰富的社会经验，法官适格的五要素相辅相成，缺一不可。我国现实的国情中，刑事案件形形色色、错综复杂，对作为案件最后一道关口的法院，当事人的期望值最高。这就要求法官能够加快司法理念更新，加强理论修养，强化人权意识，不断提升为民服务的能力和水平，高标准、严要求，注重群众的感受，力求所办的案件法律效果和社会效果有机统一。

抵得住各种干扰，坚持证据裁判原则。法官审判案件时，面对法院内部和外部的各种干预，要始终树立铁案意识，只依据证据、法律和良心独立判断，作出对案件事实认定和结果处理。唯有如此，才能公正审判，使案件的处理能经得起法律、历史的检验。当面对刑事证人不愿意出庭、出庭作伪证或者拒不做证的情形时，法官要调动一切积极因素，做好思想宣传引导工作。对于被告人，"定罪量刑主要应当以案件的事实和法律为依据，不能为其他机关、社会组织和公民的态度所左右，因为这不但会影响司法独立，而且会使法院的司法行为受到公民情绪的干扰，从而会使法院的司法行为误入非理性的误区"[②]。做到这一点并非易事，面对各种干扰、社会舆论等，法官更要居中裁判，不应有支持一方或者反对另一方的偏见，与案件有利害关系要主动回避，引导公众对法律敬畏和对法官支持，更好地化解矛盾。

---

① 侯欣一：《一个合格的法官到底该如何养成》，《深圳特区报》2013 年 8 月 27 日。
② 胡云腾：《反酷刑与限制死刑》，载夏勇等主编：《如何根除酷刑——中国与丹麦酷刑问题合作研究》，社会科学文献出版社 2003 年版，第 417 页。

（四）加快推进以审判为中心的诉讼制度改革

证人出庭制度作为以审判为中心的诉讼制度改革的重要内容之一，无疑是尊重司法规律、革除传统运作机制弊端的现实需要。刑事审判传统的以侦查为中心的办案机制，已经越来越不适应现代法治社会的发展，亟待向以审判为中心转变。以审判为中心，实质上就是以庭审为中心，以证据为核心。以审判为中心的诉讼制度强调法庭不能简单地接受公安、检察机关移送来的证据材料，而是应当运用庭审将这些证据有序、全方位地摆放在公众的视线下，努力形成举证质证在法庭、事实认定在法庭、裁判结果形成在法庭的局面，将裁判的过程和结果公开，接受社会各界监督。

（五）建立健全公安、检察、法院及律师办案联动衔接长效机制

召开由法院牵头，公安、检察、律师代表参与的联席会议，联合协商制定规范性文件，对证人出庭做证的范围、操作程序、补偿标准等问题达成一致，减少分歧，明确在庭前、庭中、庭后各阶段各部门的职责，相互协助，共同解决庭审中遇到的问题。为应对新问题、新情况的出现，还应将协商制度作为一种长效机制确立下来，不断总结，及时沟通。另外，必要的时候可以邀请侦查人员旁听庭审，以利于工作中进一步提高办案水平。

（作者单位：安徽省高级人民法院）

# "以审判为中心"的实现路径探析

王亚林　丁大龙

**摘　要：**审判中心主义是近现代刑事诉讼中普遍认同的一项基本原则，是中国司法实践中自主产生的理念。贯彻审判中心主义需要摆正公检法三机关的位置，确立审判阶段在刑事诉讼中的核心地位，应确保律师在刑事诉讼中的作用，保障被追诉人的诉权行使。实现审判中心主义应保证司法机关独立行使审判权，真正实现控辩平衡，构建证人做证制度，贯彻直接言辞原则；同时要提高侦查和起诉质量，确保侦查成果与起诉工作都能符合庭审标准。

**关键词：**以审判为中心；解析；实现路径

党的十八届四中全会《决定》明确提出，要"推进以审判为中心的诉讼制度改革，确保侦查、起诉的案件事实证据经得起法律的检验。全面贯彻证据裁判规则，严格依法收集、固定、保存、审查、运用证据，完善证人、鉴定人出庭制度，保证庭审在查明事实、认定证据、保护诉权、公正裁判中发挥决定性作用"。孙长永教授指出："审判中心主义是近现代国家刑事诉讼中普遍认同的一项基本原则，它是司法最终解决原则在刑事诉讼中的具体表现。"这既是实行刑事程序法定原则而导致程序法治化的必然结果，也是民主社会公正彻底地解决政府与个人利益冲突的客观需要[①]。审判中心主义需要通过一系列制度的构建来加以保障，以庭审为中心可以避免先定后审、庭审走过场等司法顽疾，实现庭审的实质化，保障被告人诉权，避免冤假错案的产生。

## 一、"审判中心主义"解析

"审判中心"理念是中国司法界在司法实践中自主产生的，西方法学理论中没有与此切合的概念。究其原因在于在西方法治国家的刑事诉讼中，追究犯罪嫌疑人、被告人刑事责任的诉讼活动本身就是围绕着审判这个中心展开的，审判前阶段只是为审判阶段做准备。法院对侦查、起诉有权实行司法审查，审判前阶段权力主体的诉讼行为对审判阶段没有预决的法律效力，审判在刑事立法和司法现实中是毫无争议的核心阶段，因此没有必要提出这样的一个概念。[②]大陆法系国家从来都是围绕着审判程序这一核心来构建刑法典的

---

① 参见孙长永：审判中心主义及其对刑事程序的影响，现代法学，1999年第4期
② 陈光中、步洋洋：审判中心与相关诉讼制度改革初探，政法论坛，2015年第3期。

体系。例如德国刑法典中就没有单独将侦查程序列举出来，只是作为一审程序的一部分。

审判中心主义是我国司法界在实践中提炼出的理念，是相对于侦查中心主义提出的。樊崇义教授认为，审判中心主义是指在我国宪法规定的分工负责、互相配合、互相制约的前提下，诉讼的各个阶段都要以法院的庭审和裁决关于事实认定和法律适用的要求和标准进行，确保案件质量，防止错案的发生①。由于刑事案件社会影响较大，案情相对复杂，调查取证难度大，因此单立侦查程序是非常有必要的。但事实上，公安机关在三机关的关系中处于强势地位，侦查阶段的结论往往决定了审查起诉甚至审判的结果。三机关在实践中存在着一定程度的分工混淆、制约不足的现象，整个刑事诉讼程序是一条流水线，"公安做饭、检察院端饭、法院吃饭"。刑事诉讼的重心前移至侦查阶段，审判环节被严重边缘化。因此，审判中心主义事实上是对现有刑诉参与各方诉讼地位的一次重新定位。我们可以从以下几点来对其内容进行理解：

（一）摆正公检法三部门间的关系是以审判为中心的前提

对以审判为中心的改革要求，必须结合改革的背景进行。当前，制约刑事司法公正的核心要素在于公检法三机关之间关系的失调，无法树立司法权威。公检法各部门工作流程是流水线式的，再加上司法实务中长期以卷宗为中心，形成了"公安强势、检察院优势、法院弱势"的局面。近期暴露出的部分冤假错案都与公检法三机关之间的关系失衡存在密切联系。由此可见，以审判为中心作为对三机关现状的反思，实际上是要摆正公检法三机关之间的关系，重新配置司法职权，也要求切断那些客观上侵蚀以审判为中心的诉讼制度的机制，构建一个以审判为中心的科学、合理的诉讼机制。当然，构建以审判为中心的刑事诉讼机制并不否定检察院对法院的司法监督职能。因为新的诉讼体制的构建必须在宪法和刑事诉讼法的框架之下进行，而检察院的司法监督职责则是宪法、法律明确规定的。

（二）以庭审为中心是以审判为中心的核心

审判中心主义是指审判活动在整个刑事诉讼程序的各个阶段中处于一种核心地位，侦查、起诉等阶段都应该服从审判阶段，并围绕法庭审判开展司法活动，探讨审判为中心必须以刑事诉讼各个阶段的分工合作为前提，有人认为探讨以审判为中心的理论只需要讨论法院应该发挥的作用就可以了，这是把"以审判为中心"和"以庭审为中心"混为一谈了。

审判中心主义与庭审中心主义确实存在一定的联系，审判中心主义需要通过以庭审为中心来实现，以庭审为中心是以审判为中心的核心内容。庭审实质化自然会增强庭审的威力，倒逼侦查机关和公诉机关将一切工作目标指向庭审，从而实现审判中心主义。但两者区别也是很明显的。审判中心主义主要解决的是在刑事诉讼不同阶段中审判阶段的地位问题，是相对于侦查、起诉等环节而言，属于法院审判工作的外部问题。而庭审中心主义则解决的是法院在审判工作中的内部工作机制问题，会具体到法院的审判程序和审判体制等。两者虽有联系也有区别，应将其区分开来②。

以审判为中心是指在审判中，庭审应成为决定性环节。因为庭审是刑事诉讼各项基本

---

① 樊崇义：解读"以审判为中心"的诉讼制度改革，中国司法，2015 年第 2 期。
② 参见顾永忠："庭审中心主义"之我见，法制资讯，2014 年第 6 期。

原则得到最充分体现的舞台，当事人的诉讼权利也可以在庭审中得到有效行使。庭审必须实质化而不能流于形式，为此，法官应注意这样几个问题：首先，开庭之前不能因为检察机关移送的案卷材料而对案件事实形成"预断"，这样有先定后审的嫌疑；其次，尽量避免在庭前会议上处理与事实认定或定罪量刑有关的实质性内容，防止出现"庭前庭"；最后，应当防止庭审功能外移，规范法官的庭外调查和庭外刑事和解活动范围。总之，在庭审中，必须使控辩双方能够平等对抗，双方举证在法庭，质证在法庭，非法证据排除在法庭，辩论说理在法庭，而法院居中公正独立地审理裁判，进而使案件的公正裁判形成于法庭。只有通过这些改革才能真正做到以庭审为中心，实现审判中心主义。

（三）充分发挥刑辩律师的作用是以审判为中心的重要保障

中央政法委书记孟建柱在"政法领导干部全面推进依法治国专题研讨班"开幕式讲话中强调，律师依法在案件细节上较真、在诉讼环节上挑毛病、在起诉书和判决书字里行间发现漏洞，有助于提高司法的精准性、公正性。他说："我们要信任广大律师，构建彼此尊重、平等相待、相互促进的新型关系，共同为全面依法治国作出更大贡献。"由此可见刑辩律师在审判中心主义践行过程中的地位。

司法机关应当重视律师辩护"旧三难"和"新三难"问题，要切实保障律师会见权、阅卷权、调查取证权和庭审中发问、质证、辩论等辩护权利；对于被告人及其辩护人提出的辩解、辩护意见和提交的证据材料，人民法院应当认真审查，并在裁判文书中说明采纳与否的理由。法庭还应当注重引导控辩双方依法履职、均衡对抗，避免出现因未形成对抗格局而演绎为诉讼"一边倒"的情形；对于律师因开庭冲突等情形而要求法院延期审理的案件，应当予以延期；对于律师多次投诉限制律师庭审发言等诉讼权利的法官，应当进行调离审判岗位等处理；对于一审程序中限制律师权利的案件，二审法院可以违反法定程序为由，撤销原判。只有各司法部门充分尊重刑辩律师的合法辩护权，被告人的诉权才能得到保障，才能构建一个控辩对等的诉讼平台，以审判为中心才不是一句空话。

# 二、审判中心主义的实现路径

以审判为中心的诉讼制度改革虽然是对我国现行三机关关系的完善和发展，但不仅仅是技术层面的小修小补，而是要对我国现行刑事诉讼制度作一系列的重大改革。我国目前的诉讼制度在诸多方面还不符合审判中心的要求，如影响审判独立性的内外因素依然存在；庭审中书面证言被广泛使用，庭审流于形式；辩护率偏低，控辩力量失衡；侦查、起诉质量不高等问题，都极大地制约着审判中心的推行。因此，要真正实现以审判为中心，从我国当前司法实践的问题出发，笔者认为至少有以下几个问题要加以考量：

（一）保证司法机关依法独立行使职权

审判独立是一项为现代法治国家普遍承认和确立的基本法律原则，其核心精神在于法官在进行司法裁判的过程中，只服从法律的要求和良心的驱使，客观判断证据、事实，公正裁决案件而不受来自法院内部和外部的干预和控制，即马克思所讲的"法官除了法律就没有别的上司"。

领导干部干预司法活动、违规插手具体案件处理，一直是影响司法公正的顽疾。此类活动无论是出于私人目的，还是出于地方和部门利益的需要，都是对司法机关依法独立行使职权的干扰，对司法公正的伤害。党的十八届四中全会明确提出，要"建立领导干部干预司法活动、插手具体案件处理的记录、通报和责任追究制度"。

我国宪法、法院组织法、检察院组织法和诉讼法均明确规定"人民法院、人民检察院依照法律规定独立行使审判权、检察权不受行政机关、社会团体和个人的干涉"。然而在现实中，领导干部干预司法活动的现象仍然屡禁不止。针对这一状况，应该设立明确的记录制度，使司法机关对领导干部干预司法活动全程留痕，并由党委政法委对领导干部违法干预司法活动、插手具体案件处理进行通报，同时还要有明确的责任追究制度，由纪检监察机关对领导干部违法干预司法活动以及司法人员不记录或者不如实记录进行责任追究。这几项制度必须环环相扣，才能形成一个完整而严密的预防权力干预司法的制度体系。只有这样才能彻底阻断领导干部干预司法，使制度设计能够真正具有可操作性，能够达到可行、可用、可靠的要求，真正成为权力与司法之间的"隔离带"。

（二）完善辩护制度，真正实现控辩平衡

刑事诉讼被视为一场国家与个人之间的斗争。公诉方较之于被追诉方处于天然的强势地位，孟德斯鸠在《论法的精神》一书中就曾指出："一个人，即使最卑微的人的生命也应受到尊重，国家在控诉他的时候，也必定要给他一切可能的手段为自己辩护。"① 要想真正实现控辩平衡，必须有效地强化和保障被追诉方的诉讼权利。但是，司法实践中，侦查机关过于强大，使得犯罪嫌疑人、被告人的许多重要的辩护权利大打折扣。

首先是侦查阶段的知情权不能保证，当犯罪嫌疑人被侦查机关询问后，有些甚至不知道自己所涉嫌的犯罪到底是什么，这让犯罪嫌疑人很难有针对性地作出辩护。而这一阶段，犯罪嫌疑人通常还没来得及聘请辩护律师，其言论很有可能成为以后庭审中对其不利的供述。其次，沉默权这项作为当事人主义诉讼模式的重要权利在我国也是形同虚设，虽然在新的刑事诉讼法中得到了确认，但是，新刑诉法中关于沉默权的规定存在着严重的矛盾。一方面，新刑诉法规定任何人不被强迫自证其罪；另一方面，又规定犯罪嫌疑人在接受询问时应当如实回答。这种表述，让人明显感觉我国的沉默权只是一种虚有其表的权利。最后，在刑事诉讼中，律师服务是必需品，而非奢侈品，新刑诉法虽然规定犯罪嫌疑人在侦查阶段就可以请辩护律师，但由于律师权利的限制，律师帮助权并不能得到更好的发挥，在面对强大的国家控诉机关时，辩护律师实在是爱莫能助②。

（三）完善证人出庭制度，贯彻直接言辞原则

直接言辞原则是现代刑事诉讼基本原则之一，它在许多国家诉讼实践中得到贯彻实行，"要求以言辞陈述或问答形式而显现于审判庭之诉讼材料，法院始得采为裁判之基础"③。虽然我国刑事诉讼法及有关司法解释的一些规定体现了直接言辞原则，但由于立法的笼统、模糊并缺乏相应的配套规定，我国在审判实务中未能真正贯彻执行这一原则。为此，笔者建议如下：

---

① 孟德斯鸠：《论法的精神（上册）》，商务印书馆 1982 年版。
② 程雷：审判公开背景下刑事庭审实质化的进路，法律适用，2014 年第 12 期
③ 参见林钰雄：《刑事诉讼法（下）》，中国人民大学出版社 2005 年版，第 150 页。

一是防止庭前预断，改变庭后阅卷定夺的审判模式。我国刑事诉讼法将庭前审查由全面审查改为程序性审查，防止了以往"先定后审"的弊端。但最高人民法院《关于执行〈中华人民共和国刑事诉讼法〉若干问题的解释》第一百一十六条规定："被告人最后陈述，审判长宣布休庭后，人民检察院应当在休庭后三日内，将当庭出示的证据以外的其他全部案卷和证据材料移送人民法院。"这样，虽然表面上是"先审后定"，但这个"定"并不完全是建立在"审"的基础上，主要还是依据检察机关移送的案卷材料。

二是建立证人出庭做证制度。我国刑事诉讼法在规定了证人有出庭做证义务的同时，又规定了对未到庭的证人的证言笔录应当庭宣读，这本身就是一种自相矛盾的规定，这样的规定导致的结果就是，证人虽未出庭，其证言仍有可能成为认定案件事实的依据。为了贯彻直接言辞原则，保证裁判结果的公正，必须建立证人出庭做证机制。只有证人出庭，才能确保法庭审理以言辞辩论的方式进行，保障被告人辩护权的充分行使。

三是建立以裁判为中心的诉讼体系。我国的刑事诉讼构造是一种"流水作业式"的构造，公检法三机关前后接力，共同致力于实现惩治犯罪、查明案件事实真相的目的。这种诉讼构造决定了无论是法院、侦检机构，还是被告人都不能适应直接言辞的审理方式，司法裁判机关失去了作为社会正义最后堡垒的作用。因此，确立并贯彻直接言辞原则必须建立以裁判为中心的刑事诉讼体系。

（四）提高侦查、审查起诉质量，为公正审判奠定坚实基础

第一，规范侦查行为，严格取证规则。侦查是诉讼的第一道工序，我国刑事诉讼体系是以侦查作为审判的前提和基础。侦查环节在刑事诉讼体系中的作用至关重要。樊崇义教授认为，提高侦查质量应该做到以下几点：一是侦查中拘留逮捕必须送往看守所羁押；二是讯问必须在看守所进行；三是讯问的方法要由刚变柔；四是讯问全程录音录像；五是侦查模式必须由"口供为本"转向"物证优先"和"实物证据为本"；六是调整办案程序，先取证后讯问。[①] 必须坚持执行我国刑事诉讼法规定的严禁刑讯逼供的机制，只有这样，才能保证打牢刑事诉讼的基础，从根本上防止冤假错案产生。

不仅仅要在公安机关侦查案件中斩断冤假错案的根源，在检察院自侦案件中同样如此。当前，以审判为中心的诉讼制度改革中，必然要改革自侦案件的侦查模式和方法，以适应"审判为中心"的需要。检察机关必须进一步弱化口供对案件侦查的决定作用，更加重视侦查活动中以客观证据为核心。与"由供到证"式侦查模式只需要在室内对犯罪嫌疑人进行讯问相比，"由证到供"模式会涉及更广泛的侦查空间和复杂的侦查操作，因而也就需要各方面的司法投入。今后检察机关应当加强对侦查人员的业务培训，切实转变执法观念，不断优化侦查队伍的专业结构。同时要增加侦查工作的技术含量，强化秘密侦查措施和技术侦查手段的规范运用，充分发挥科技手段在职务犯罪侦查工作中的作用，利用新的技术装备及时发现、收集、固定各种证据，坚持科技强检，摆脱对口供的过分依赖。只有这样，才能实现《决定》中提出的"确保案件处理经得起法律和历史的检验"的目标[②]。

---

① 樊崇义：解读"以审判为中心"的诉讼制度改革，中国司法，2015 年第 2 期。
② 王守安：《以审判为中心的诉讼制度改革带来深刻影响》，《检察日报》，2014 年 11 月 10 日。

第二，审查起诉、提起公诉是以审判为中心的诉讼制度改革的中间环节，也是防范冤假错案最重要的屏障之一，因此以审判为中心的诉讼制度改革，必然要求检察机关提高公诉质量，把好关口。公诉检察官应当从庭前证据审查和庭上举证辩论两个方面寻找改善工作的切入点：首先，应当更加重视庭前的证据审查工作，对证据的真实性、关联性、合法性进行全面、细致、严格审查，充分考虑证人出庭做证可能引起的证据变化和对案件定罪量刑产生的影响，围绕案件焦点做好出庭应对准备。其次，庭审实质化使得庭审活动更具对抗性和不可预测性。公诉检察官必须不断增强业务素质，提高交叉讯问能力和当庭应变能力，真正通过扎实的证据和严密的论辩，履行好对犯罪的追诉职能①。

通过刑事诉讼参与者的通力合作，以审判为中心的理念必然能在刑事诉讼中得到贯彻。以审判为中心必然要求庭审的实质化，庭审的实质化必然要求刑事辩护的实质化，这样的历史机遇给刑辩律师提供了一个广阔的舞台，刑辩律师必将在今后的司法改革中扮演越来越重要的角色。

（作者简介：王亚林，男，法学硕士，安徽金亚太律师事务所管委会主任，国家一级律师，全国优秀律师，安徽省十佳律师，安徽省律协刑事业务委员会主任；丁大龙，男，法学硕士，安徽金亚太律师事务所主任律师助理）

**参考文献：**

[1] 孙长永. 审判中心主义及其对刑事程序的影响 [J]. 现代法学，1999，（4）.

[2] 陈光中，步洋洋. 审判中心与相关诉讼制度改革初探 [J]. 政法论坛，2015，（3）.

[3] 樊崇义. 解读"以审判为中心"的诉讼制度改革 [J]. 中国司法，2015，（2）.

[4] 顾永忠. "庭审中心主义"之我见 [J]. 法制资讯，2014，（6）.

[5] 孟德斯鸠. 论法的精神（上册）[M]. 北京：商务印书馆，1982.

[6] 林钰雄. 刑事诉讼法（下）[M]. 北京：中国人民大学出版社，2005：150.

---

① 同注8。

# 《行政诉讼法》的修改对公安工作的影响及应对

刘光沛

全国人大常委会顺应法治国家、法治政府、法治社会一体建设的新要求，针对行政诉讼中存在的"立案难、审理难、执行难"等突出问题进行全面深入调研，吸取了行政审判的司法实践经验和行政诉讼法学研究的积极成果，坚持立足实际、循序渐进、逐步完善的原则，对1989年制定的《中华人民共和国行政诉讼法》进行了全面修改，并在2014年11月1日的十二届全国人大常委会第十一次会议上，通过了《全国人民代表大会常务委员会关于修改〈中华人民共和国行政诉讼法〉的决定》，同时予以公布，自2015年5月1日起施行。

## 一、《行政诉讼法》修改内容的解读

此次修法，对1989年版的《行政诉讼法》进行了大面积的修订，对行政诉讼制度进行了科学全面的完善。1989年版的《行政诉讼法》共计十一章七十一条，新法共十章一〇三条。从修改的章节条款上看，对原法律的十一章均有不同程度的修改，将第七章分为一般规定、第一审普通程序、简易程序、第二审程序、审判监督程序五节。因《国家赔偿法》对行政侵权及赔偿进行了更为明确的专门规定，故将原法律中第九章"侵权赔偿责任"删除。对原法律三十二条进行了修改，删除了五条，新增二十六条；对原法律相对于"抽象行政行为"表述的"具体行政行为"全部替换成"行政行为"。修改的内容主要是：

（一）对行政争议当事人诉权强力保护

一是扩大了受案范围：将原来八项受案范围增至十二项，对土地、矿藏、森林等自然资源确权和征收、征用决定及其补偿决定不服的，对行政机关滥用行政权力排除或者限制竞争的，认为行政机关侵犯其经营自主权、农村土地承包经营权、违法要求履行其他义务和没有依法保障最低生活待遇或者社会保险待遇的，对暂扣许可证及执照和行政强制执行不服的等等，均增设为可诉法定范畴。二是明确规定可以口头起诉，方便当事人行使诉权。三是诉讼时效由原来的三个月延长到六个月。四是设立登记立案制度，并赋予当事人对法院立案环节的投诉权。五是对以欺骗、胁迫等非法手段迫使原告撤诉的诉讼参与人和行政单位主要负责人或者直接责任人员，人民法院可以根据情节轻重，予以训诫、责令具结悔过或者处一万元以下的罚款、十五日以下的拘留；构成犯罪的，依法追究刑事责任。六是将维持原行政行为决定的复议机关列入共同被告。七是明确规定与行政行为有利害关系的公民、法人或者其他组织，有权提起诉讼；没有提起诉讼的，可以作为第三人申请参加诉讼，或者由人民法院通知参加诉讼。

（二）完善了行政诉讼管辖制度和审判监督机制

为了减少地方政府对行政审判的干预，根据党的十八届三中全会关于探索建立与行政区划适当分离的司法管辖制度的精神，新法增加规定：经最高人民法院批准，高级人民法院可以根据审判工作的实际情况，确定若干人民法院跨行政区域管辖行政案件；对县级地方人民政府所做的行政行为提起诉讼的案件，由中级人民法院管辖。

为确保法院裁判结果的合法公正，新法规定了八种启动再审程序的情形，并明确赋予检察机关的抗诉监督权。

（三）明确规定了被诉机关负责人应当出庭应诉

新法增加规定，被诉行政机关负责人应当出庭应诉；不能出庭的，应当委托行政机关相应的工作人员出庭。行政诉讼是"民告官"，行政机关负责人出庭应诉，不仅有利于解决行政争议，也有利于增强行政机关负责人依法行政的意识。在历年的行政诉讼中，一些行政机关或不到庭应诉，或中途随意退庭，影响了案件的正常审理。因此，修订时增加了明确的惩戒措施：人民法院对被告经传票传唤无正当理由拒不到庭，或者未经法庭许可中途退庭的，可以将被告拒不到庭或者中途退庭的情况予以公告，并可以向监察机关或者被告的上一级行政机关提出依法给予其主要负责人或者直接责任人员处分的司法建议。

（四）拓展了对行政行为的司法审查范围

修改后的《行政诉讼法》规定：原告认为行政行为所依据的国务院部门和地方人民政府及其部门制定的、除规章以外的规范性文件不合法，在对行政行为提起诉讼时，可以一并请求对该规范性文件进行审查。人民法院在审理行政案件中，发现上述规范性文件不合法的，不作为认定行政行为合法的依据，并应当向制定机关提出处理的司法建议。同时增加了对行政行为合理性审查，对"明显不当的"行政行为可判决撤销或变更。

（五）增设简易程序

为提高审判效率，降低诉讼成本，新法增加规定：人民法院审理事实清楚、权利义务关系明确、争议不大的第一审行政案件，可以适用简易程序。一是被诉行政行为是依法当场作出的；二是案件涉及款额两千元以下的；三是属于政府信息公开案件的；四是当事人各方同意适用简易程序的。发回重审、按照审判监督程序再审的案件不适用简易程序。同时规定，适用简易程序审理的行政案件，由审判员一人独任审理，并应当在立案之日起四十五日内审结。

（六）完善了行政诉讼判决类型

现行行政诉讼法规定了维持判决、撤销判决、履行判决和变更判决等四类判决形式：这些判决形式已不能完全适应审判实际需要，应予修改完善。新法进行补充修改：一是以判决驳回原告诉讼请求代替维持判决：行政行为证据确凿，适用法律、法规正确，符合法定程序的，或者原告要求被告履行职责或给付义务理由不成立的，人民法院判决驳回原告的诉讼请求。二是增加给付判决：人民法院经过审理，查明被告依法负有给付义务的，判决被告履行给付义务。三是增加确认违法或者无效判决：人民法院判决确认行政行为违法五种情形，即行政行为依法应当撤销，但撤销该行政行为将会给国家利益、社会公共利益造成重大损害的；行政行为依法应当撤销，但不具有可撤销内容的；行政行为程序轻微违法，但对原告权利不产生实际影响的；被告不履行或者拖延履行法定职责，判决履行已没有意义的；被告撤销或者变更原违法行政行为，原告仍要求对原行政行为的违法性作出确认的。同时规定：行政行为有实施主体不具有行政主体资格或者没有依据等重大且明显违法情形，原告申请确认行政行为无效的，人民法院判决确认无效。人民法院作出确认违法或者无效的判决时，可以同时判决责令被告采取补救措施；给原告造成损失的，依法判决被告承担赔偿责任。四是扩大了变更判决范围，为适应审判实际需要，规定行政处罚明显不当，或者其他行政行为涉及对款额的确定或者认定确有错误的，人民法院可以判决变更。人民法院判决变更，不得加重原告的义务或者减少原告的利益。但利害关系人同为原告，且诉讼请求相反的除外。

（七）设立了民事行政争议交叉处理机制

有些行政行为引起的争议，往往伴随着相关的民事争议，原来法律对这两类争议依照行政诉讼法和民事诉讼法分别立案，分别审理，有的还导致循环诉讼，浪费了司法资源，影响司法效率，更不利于保护当事人的合法权益。结合司法实践，将行政争议与相关民事争议一并审理的做法，新法增设规定：一是在涉及行政许可、登记和就民事争议所作的裁决的行政诉讼中，当事人申请一并解决相关民事争议的，人民法院可以一并审理；二是在行政诉讼中，人民法院认为该行政案件审理需以民事诉讼的裁判为依据的，裁定中止行政诉讼。

（八）增设了诉讼代表人制度

现行行政诉讼法规定了共同诉讼，但未规定诉讼代表人制度。为了提高司法效率，新法参照民事诉讼法，增加规定：当事人一方人数众多的共同诉讼，可以由当事人推选代表人进行诉讼。代表人的诉讼行为对其所代表的当事人发生效力，但代表人变更、放弃诉讼请求或者承认对方当事人的诉讼请求，应当经被代表的当事人同意。

（九）进一步完善了行政诉讼证据制度

现行行政诉讼法有关证据的规定较为简单，总结现行做法，新法吸收了《最高人民法院关于行政诉讼证据若干问题的规定》：一是规定被告逾期不举证的视为没有相应证据。二是明确了被告可以补充证据的两种情形，即被告在作出行政行为时已经收集了证据，但因不可抗力等正当事由不能提供的；原告或者第三人提出了其在行政处理程序中没有提出的理由或者证据的。三是明确了原告在起诉被告不履行法定职责、行政赔偿和补偿的案件中的举证责任。四是明确了人民法院调取证据制度的三类情形，即由国家机关保存而须由人民法院调取的证据；涉及国家秘密、商业秘密和个人隐私的证据；确因客观原因不能自行收集的其他证据。五是明确证据的适用规则。为了规范证据使用，增强判决的公正性和说服力，增加规定：证据应当在法庭上出示，并由当事人互相质证。对涉及国家秘密、商业秘密和个人隐私的证据，不得在公开开庭时出示。人民法院应当按照法定程序全面、客观地审查核实证据。对未采纳的证据应当在裁判文书中说明理由。以非法手段取得的证据，不得作为认定案件事实的根据。

（十）赋予了法院更强的执行力

为解决行政诉讼案件的执行难问题，新法设定了多种执行方式和对拒不执行追责的多样手段，让法院的执行方式更为灵活，执行力度更加强大。新法规定：行政机关拒绝履行判决、裁定、调解书的，一审人民法院可以采取下列措施：一是对应当归还的罚款或者应当给付的款额，通知银行从该行政机关的账户内划拨；二是在规定期限内不履行的，从期满之日起，对该行政机关负责人按日处五十元至一百元罚款；三是将行政机关拒绝履行的情况予以公告；四是向该行政机关的上一级行政机关或者监察、人事机关提出司法建议。接受司法建议的机关，根据有关规定进行处理，并将处理情况告知人民法院；五是拒不履行判决、裁定、调解书，社会影响恶劣的，可以对该行政机关直接负责的主管人员和其他直接责任人员予以拘留；情节严重，构成犯罪的，依法追究刑事责任。

## 二、《行政诉讼法》的修改对公安工作的影响及应对

《行政诉讼法》的修改，就是要将行政机关公权力运用纳入更为严谨、更为科学的司法审查程序，以司法监督的形式促进法治政府的建设。新法于 2015 年 5 月 1 日起正式施行，对公安行政管理工作必将产生巨大而深远的影响，深入推进法制公安建设同样迫在眉睫。公安行政执法点多面广，执法效果直接关系着人民群众的切身利益和公安机关执法的公信力。随着依法治国方略的全面推进和广大民众维权意识的不断提高，为适应新的《行政诉讼法》对公安行政行为进行司法审查的要求，控制行政诉讼案件的总量，从根本上预防和减少败诉案件，有效地降低或化解行政诉讼的风险，各级公安机关应主动作为，积极应对，多措并举，借助全面深化公安改革的重大历史机遇，强力持续深入推进执法规范建设，将《关于贯彻党的十八届四中全会精神深化执法规范化建设全面建设法治公安的决定》各项措施落到实处。

（一）牢固树立法律至上、执法为民的基本法治观念

依法治国，是坚持和发展中国特色社会主义的本质要求和重要保障，是实现国家治理体系和治理能力现代化的必然要求；执法为民是党的全心全意为人民服务宗旨意识在行政执法活动中的具体表现，是统领公安工作的核心。全体公安民警都要牢固树立宪法法律至上、执法为民、尊重和保障人权、证据意识、程序意识等基本法治观念，自觉遵从文明、理性、规范、严谨执法的基本要求，特别是各级领导干部更要"做尊法的模范，带头尊崇法治、敬畏法律；做学法的模范，带头了解法律、掌握法律；做守法的模范，带头遵纪守法、捍卫法治；做用法的模范，带头厉行法治、依法办事"。"带头营造办事依法、遇事找法、解决问题用法、化解矛盾靠法的法治环境"。以确保公安各项行政管理行为合法、有效、正当。

（二）全面提升执法主体的法治素养

结合执法资格考试，将宪法、社会主义法治理念和公安机关常用法律法规知识作为公安民警入警训练、晋升训练、专业训练、发展训练的重要内容，拓展"网上警校"学习、考试和个案指导功能，强化执法实战培训，完善法律规定与实践应用相结合的教育培训机制，增强法治教育培训的针对性、有效性，不断提高全体民警法律素质；同时要兼顾对警务辅助人员的法律教育培训，提高警务辅助人员法律意识。法制部门要充分利用案件审核、执法检查、复核复议案件办理过程中的监督机会，善于发现问题症结，及时纠正执法

偏差，指导一线民警办案，切实提升民警调查取证能力和办案水平，加强执法源头管理，提高案件整体质量，有效控制行政诉讼案件的发生。

（三）强化规范性文件合法性审查和清理评估机制

公安部《关于贯彻党的十八届四中全会精神深化执法规范化建设全面建设法治公安的决定》要求：健全落实规章制度起草、论证、协调、审议机制，健全专家咨询、论证制度和公众意见采纳情况反馈机制，积极拓展人民群众参与制度建设的途径，有效防止部门利益和地方保护主义对制定执行执法制度的影响；尽快启动规章规范性文件合法性审查机制，严格执行规范性文件备案审查制度，重点加强对涉及公民、法人或者其他组织的权利义务的规章和规范性文件的审查工作；对已经制定的制度，要及时进行实施效果评估，对不符合经济社会发展要求，不符合执法活动客观规律，有违公平正义，与上位法相抵触、不一致的，或者相互之间不协调的规章和规范性文件，及时进行修改或者废止，对实践中理解不一致的问题，加强解释宣讲，切实维护法制统一，杜绝因规范性文件违法造成的败诉案件。

（四）完善公安机关负责人出庭应诉制度

本着法律至上、尊重法庭的原则，各级公安机关和具有独立执法资格的交警、消防、边防等警种，以及公安派出所，均应建立健全负责人出庭应诉制度，积极配合法庭，积极参与行政诉讼，妥善化解行政争诉案件。通过系统培训学习、模拟法庭、旁听庭审等方式，让参与庭审的负责人熟知行政诉讼的庭审环境和程序，通晓行政案件证据规则和法律适用原则，切实提高举证质证、应诉抗辩能力和水平。各级领导要尊重法院裁判，主动履行生效的裁判文书，防止因诉讼活动违法而受到司法制裁的情形发生。

（五）加强公安法制队伍履职能力建设

各级公安机关要进一步加强法制队伍建设，健全机构，加大对法制干部的培养、使用和交流力度，努力提高法制民警专业素质。落实公安法制部门列席公安机关党委会、办公会制度，充分发挥法制部门在法治公安建设和执法规范化建设中的统筹规划、组织协调和辅助依法决策、加强执法管理等作用。法制部门要进一步提高监督管理、服务保障的能力和水平，加强对公安工作中遇到的新情况、新问题的研究，及时依法提出解决措施和处置对策，为执法实践提供及时、有效的指导服务。建立健全重大执法事项合法性评估机制，制定出台重大执法制度、部署开展专项执法行动、处置重大敏感案事件，认真听取法制部门对相关决策的法律意见，从源头上预防和控制执法过错与风险。

（六）健全内部防止执法过错与瑕疵的监督管理体系

一是完善接警、受案、立案的相关制度机制，坚持首问首接负责制。二是严格依法收集、固定、保存、审查、运用证据，防止取证不及时、不全面、不规范，严格实行非法证据排除规则。三是规范查封、扣押、冻结、处理涉案财物程序，加强涉案财物管理。四是强化法制员制度的落实，加强执法源头管理，确保每一起案件都事实清楚、证据确实充分、办案程序合法、法律适用正确。建立重大、疑难案件集体讨论制度。五是健全执法责任制和追究体系，全面落实执法责任制，完善执法巡查制度，上级公安机关法制部门对下级公安机关或执法问题突出的，通过听取汇报、明察暗访、案件评查、驻点指导、社会调查、核查案卷、诫勉谈话等形式开展执法巡查，针对重大执法问题说明情况，提出整改意见，追究执法过错责任。六是完善执法办案考评指标体系，取消罚没款数额、刑事拘留数、行政拘留数、批捕数、发案数、退查率、破案率等不合理的考评指标，科学设立质量与效率并重的考评标准，建立公正执法导向，引导民警多办案、办好案，不断增强执法办案考评标准的科学性和公信力，加大执法质量考评结果的运用力度。七是深化执法信息化建设，进一步完善网上执法办案信息系统功能，实现案件质量网上逐案考核，办案期限和程序预警提示，自动监测和统计分析；实现接报警信息与网上办案、监督考评、督察、办案场所管理、执法记录仪音视频资料管理、涉案财物管理等各类信息系统之间数据共享，实现案件全流程信息化管理和同步记录；对执法办案系统适时升级，实现系统生成的法律文书和办案程序与新修订的法律法规同步运行。如：新修改的《行政诉讼法》实施后，"交通管理综合应用平台""协同办案系统"等执法办案系统，均应将行政处罚类、行政强制类、行政复议复核类、行政许可类的决定书等涉及当事人合法权益、可能引发行政诉讼的、由系统自动生成的法律文书的提起行政诉讼的时限由三个月修改为六个月。八是强化执法办案场所使用管理，严格落实"四个一律"要求，加强日常督导检查，严防执法安全事故。九是规范执法记录仪的使用和管理，交警现场执法，处理量大且极易引起行政复议或诉讼，更应规范使用执法记录仪，记录现场执法全过程和认定并给予处罚的交通违法事实，加强音视频资料的管理，应将有效保管期限延长到六个月以上，并应合理命名，分类存放，便于查找，为平息争诉提供有力的直接证据。

（七）行政管理严守比例原则

行政比例原则是指行政主体实施行政行为应兼顾行政目标的实现和保护相对人的权益，如果行政目标的实现可能对相对人的权益造成不利影响，则这种不利影响应被限制在尽可能小的范围和限度之内，二者有适当的比例。

行政比例原则是以均衡法益、维护公民权、有效控制行政主体的自由裁量权为最终目的，是我国行政法律体系中的一项重要原则。例如：《人民警察使用警械和武器条例》第四条："人民警察使用警械和武器，应当以制止违法犯罪行为，尽量减少人员伤亡、财产损失为原则。"《治安处罚法》第五条："治安管理处罚必须以事实为依据，与违反治安管理行为的性质、情节以及社会危害程度相当。"《行政处罚法》第四条："设定和实施行政处罚必须以事实为根据，与违法行为的事实、性质、情节以及社会危害程度相当。"《行政强制法》第五条："行政强制的设定和实施，应当适当。采用非强制手段可以达到行政管理目的的，不得设定和实施行政强制。"《行政复议法》第二十八条和新《行政诉讼法》第七十条都规定，具体行政行为"明显不当的"，可以撤销或变更。这些法律规定，都是比例原则的具体体现。各级公安机关和全体民警在各项行政管理活动中，特别是在依法行使行政强制和行政处罚权力时，应严格遵循"警察权力不可违反比例原则""超越必要性原则即违法的滥用职权行为"，避免过度执法、选择性执法等"明显不当的"执法违法的现象出现。

（八）增强法律文书说理性

公安行政法律文书是公安行政执法活动的重要载体，规范严谨、说理透彻的公安行政法律文书，是规范执法程序、促进执法公正、推进执法公开的重要基础。各级公安机关、各警种均应积极采取措施，规范法律文书文本式样，切实提升一线民警法律文书制作质量和水平，有效增强行政处罚、行政强制、复议复核等各类执法决定书的说理性。对当事人的行为定性，有明确透彻的法理分析说明，对处理结果，有从轻、从重、减轻、加重或免于处理的情形说明和明确的法律依据。让一纸法律文书准确地表述案件事实，严谨地记录执法过程，透彻地分析当事人行为性质，恰当地适用法律，处理结果合理合法、公正严明，成为感化、说服、教育当事人鲜活的明法释理教材，全面提高公安机关执法公信力。

（九）提高一线民警执法技能

高超的执法水平是避免和有效化解行政争诉的重要基础。一是基层一线民警要始终坚持人民的利益高于一切，坚持文明、理性、平和、规范执法，严禁语言粗暴蛮横，特别是线长面广的交管部门民警，更不能执情绪法，罚态度款。二是认真总结提炼推广基层民警的优秀群众工作法，全面提升做群众工作的能力和化解矛盾的水平。三是要为基层配足执法记录仪、警务通、数码相机等先进的现场执法取证装备，提高取证质量。四是要通过正反两方面的实践案例教育，引导民警规范执法言行，提高现场处置综合技能。

（作者单位：宁国市公安局交通管理大队）

# 公安机关如何适应推进以
# 审判为中心的诉讼制度改革

冯兴吾

**摘　要：**党的十八届四中全会提出推进以审判为中心的诉讼制度改革，必然对我国诉讼制度的价值取向、诉讼结构、权利义务关系等产生重大影响，必然要求公安机关改革完善侦查模式、构建新型的侦诉关系、必然要求突出庭审核心地位、提高办案质量。因此，公安机关必须培育现代司法理念，规范侦查行为，增强收集、固定证据的能力，自觉接受诉讼监督，注重对辩护权的保障，重视保障人权，让每一起司法案件中都感受到公平正义。

**关键词：**审判；中心；诉讼制度；公安机关；侦查

党的十八届四中全会审议通过的《中共中央关于全面推进依法治国若干重大问题的决定》（以下简称《决定》）提出："推进以审判为中心的诉讼制度改革，确保侦查、审查起诉的案件事实证据经得起法律的检验。全面贯彻证据裁判规则，严格依法收集、固定、保存、审查、运用证据，完善证人、鉴定人出庭制度，保证庭审在查明事实、认定证据、保护诉权、公正裁判中发挥决定性作用。"[①] 以审判为中心也就是"审判中心主义"。"审判中心主义"，是指在刑事诉讼的各个阶段关系中，都凸显审判的中心地位，将刑事审判作为整个诉讼的核心。侦查阶段和起诉阶段均是刑事审判的预备阶段，只有审判才具有定纷止争的权威性、终局性作用。

## 一、推进以审判为中心的诉讼制度改革对公安机关的影响

（一）推进以审判为中心的诉讼制度改革必然改变公安机关诉讼价值取向

推进以审判为中心有利于充分实现程序正义，但其对诉讼资源和时间上的投入有很高的要求，这必然会在一定程度上影响效率。"迟到的正义是非正义"，公正和效率是现代诉讼的最大价值追求，为了更充分地实现程序正义，对刑事案件在审前进行科学分流、完善多元化的案件处理机制，是"以审判为中心"的应有之义。这就要求调整公安机关的权力

---

① 审判中心是我国法律界针对司法实践状况所提出的法律术语，是相对于侦查中心而使用的，提出审判为中心的代表性文章有：陈光中的《中国司法制度的基础理论研究》，陈光中、龙宗智的《关于司法改革若干问题的思考》，孙长永的《审判中心主义及其刑事程序的影响》。

配置，转变工作理念、工作方式等。如侦查案件事实经得起法律检验、符合法庭审判为标准，依法规范地收集、固定、保存证据。

以审判为中心的诉讼制度改革，其根本目的是使各办案部门重视庭审的决定性作用，严格证据标准，落实规则要求，确保案件质量。"审判中心是尊重司法规律，革除传统运作机制弊端的现实需要"①。以审判为中心并不是以法院为中心，而是强调公检法机关的办案活动都要围绕法庭审判进行。如刑事案件只有经过侦查机关调查事实、收集证据、查获犯罪嫌疑人之后，才能进入审查起诉阶段；审查起诉阶段，检察机关再对案件事实与证据进行审查，决定是否提起公诉；审判阶段，法官居中裁判，保障双方的诉讼权利，控辩双方在法庭上提出自己的证据，要求本方的证人出庭做证，反驳对方的观点和发表自己对案件的看法。

（二）推进以审判为中心的诉讼制度改革必然要求公安机关改革完善侦查模式

推进以审判为中心要求庭审实质化，而庭审实质化的关键是让各类案卷笔录、书证、物证等证据在庭审时展示，通过控辩双方举证、质证，充分发表意见，最后揭示案件事实真相。由于多数犯罪案件存在言辞证据多、实物证据偏少的特点，传统上我国侦查多采用"由供到证"的侦查模式，将重收集口供、证言等言辞证据作为侦查的出发点和主要突破口，从而带动全案侦破。这种侦查模式在口供属实、程序合法的情况下，办案效率很高。但这种依赖口供的侦查模式存在明显的弊端，难以有效应对犯罪嫌疑人翻供和证人翻证，必然要求公安机关完善侦查模式。由于言辞证据是人们对经历的一种感觉，加之个体的差异性必然导致言辞证据的不稳定性。

（三）推进以审判为中心的诉讼制度必然要求构建新型的侦诉关系

推进以审判为中心的诉讼制度改革，必然导致诉讼模式的变化，例如：实现我国原有的刑事诉讼模式实际重心的转移；完成公诉职能从属或依附于侦查职能将在很大程度上改变，以利于在审前阶段与公安机关形成合力；控辩双方的对抗在审判阶段会更为激烈，承担追诉责任的侦查、起诉一方只有更为紧密地结合，才能形成合力，有效查明案件、打击犯罪。因此，应当逐步构建新型的侦诉关系，强化公诉对侦查的引导和规制功能，公诉人应根据庭审证明的需要，以客观公正的视角，从应对法庭质疑和律师挑战的角度有针对性地引导侦查人员收集、补充证据，更加注重证据的真实性、合法性和证据链条的完整性，从整体上提高追诉质量。这种新型的侦诉关系是为了实现"以审判为中心"的诉讼制度变革，而对侦查权和公诉权关系作出的必然理解，虽然不能用于建立检察机关与公安机关两个权力主体之间的管理关系，但是，为了适应庭审的需要，在原有基础上发展更为合理科学的关系，也是"以审判为中心"的诉讼制度改革的必然方向②。

（四）推进以审判为中心的诉讼制度必然要求突出庭审的核心地位

以审判为中心，关键在于以庭审为核心。《刑事诉讼法》第十二条规定，"未经人民法院依法判决，对任何人都不得确定有罪"。因此，应通过法庭审判的程序公正，实现案件裁判的实体公正。只有坚持以庭审为核心，将诉讼各方的注意力聚集到庭审上来，才能

---

① 陈光中、步洋洋：《审判中心与相关诉讼制度改革初探》，载《政法论坛》，2015年3月，第122页。

② 王守安：《以审判为中心的诉讼制度改革带来深刻影响》，载《检察日报》，2014年11月10日，第3版。

为各项刑事司法理念的贯彻落实提供比较合适的载体和比较坚实的基础，把法律面前人人平等、尊重和保障人权、罪刑法定、罪责刑相适应、控辩平等、程序正义等理念和原则不折不扣地落实到每一个案件中。法官、公诉人和诉讼参与人的诉讼活动都要围绕庭审进行，案件事实查明认定在法庭，诉讼证据展示质证在法庭，诉辩意见发表在法庭。因为立案和侦查为刑事诉讼的开局，其收集运用证据的质量关系到从源头上保证案件审判质量；审查起诉是把守案件审判质量的重要闸门，检察机关不提起公诉，法院是不得自行受理公诉案件进行庭审；只有经过审判才能对被告人定罪量刑。

（五）推进以审判为中心的诉讼制度改革必然要求公安机关提高办案质量

《决定》中明确指出："推进以审判为中心的诉讼制度改革，确保侦查、审查起诉的案件事实证据经得起法律的检验"。这就给公安机关在侦查中的案件证据提出了更高的要求。"以审判为中心"意味着庭审中控辩对抗的加强和证据规则的完善，庭审成为定罪量刑的决定性阶段，审判者的自由心证均应当来自公开进行的庭审活动。庭审实质化使得庭审活动更具对抗性和不可预测性，必然要求公安机关更新刑事司法理念，必须不断增强业务素质，提高对犯罪现场的勘验检查能力，重视收集有关书证、物证，特别是犯罪嫌疑人在现场遗留的痕迹、生物信息的收集和获取，提高讯问能力和技巧，真正通过扎实的证据和严密的逻辑思维，查明案件事实，履行好打击犯罪、保障人权的职能。

## 二、公安机关在推进以审判为中心的诉讼制度改革中的应对

（一）培育现代司法理念，准确为审判权定位

庭审是刑事诉讼的最后一道工序，是实现公平正义、防止错案的最后一道防线。只有经过公开公正的审判阶段，案件结果才最具有权威性和公信力。因此，人民法院的庭审必须排除一切干扰，依法独立行使审判权。长期以来，事实上的以侦查为中心，违背司法规律，也不符合现代司法理念。

以审判为中心首先就是要以庭审为核心，因此，必须坚持直接言辞原则和证据裁判原则。"让审判者裁判、由裁判者负责"[①]。直接言辞原则是指法官亲自听取双方当事人、证人以及其他诉讼参与人的当庭陈述和法庭辩论，从而形成内心确信，并据以裁判。裁判者只能亲自就法庭上直接获取的证据材料作为定罪量刑的判断标准，禁止庭前或者庭外不当因素的干扰。证据裁判原则要求对于诉讼中事实的认定，应当依据有关的证据作出，没有证据不得认定事实。总之，以审判为中心就是要求事实证据调查在法庭，各方举证在法庭，定罪量刑辩论在法庭，法官裁判心证形成在法庭，最大限度地防止庭前因素和庭外因素对法官的干扰，让庭审成为定罪量刑的决定性阶段，让审判者的自由心证来自公开进行的法庭审理活动。

公安机关"要自觉以法院认可的标准制度办案，力争使自觉办理的每一个案件能够通

---

① 习近平：《关于〈中共中央关于全面深化改革若干重大问题的决定〉的说明》，载《习近平论治国理政》，外文出版社2014年10月第1版，第83页。

过刑事诉讼中下一个环节的检验，最终来讲是通过法院的裁判的检验"①。"侦查、起诉阶段为审判做准备，其对于事实认定和法律适用的标准应当参照适用审判阶段的标准"②。改变庭审"走过场"现象，树立庭审权威，保证庭审在查明事实、认定证据、保护诉权、公正裁判中发挥决定性作用③。在司法实践中，要彻底改变"两高"都有司法解释的格局，只承认最高人民法院的司法解释权，公安机关自己制定的工作标准当然也不能做司法解释。

（二）规范侦查行为，严格取证规则

侦查是诉讼的第一道工序，是起诉和庭审的前提和基础。侦查作为整个刑事诉讼活动的起点，最接近案件发生的时间，是查明案件事实，发现、收集、固定、补充证据的黄金阶段。同时，侦查阶段也是最容易、最集中发生程序违法、侵害诉讼参与人权利的时间段。因此，在侦查阶段的程序规范、审查把关，必然为审查起诉、审判打下坚实的基础。然而，由于公安机关预审职能的取消，无疑带来了侦查质量不高、程序瑕疵等弊端。目前，恢复侦查程序中预审十分必要，由预审部门对证据的客观性、关联性、合法性严格把关。

1. 必须进一步转变侦查模式

为适应以审判为中心的需要，必然要改革案件的侦查模式和方法。要转变以破案为中心的工作机制，建立以"审判为中心"的执法办案工作机制，做到破案和办案并重，公平与效率、质量与数量兼顾，实现"三个转变"，即从个案侦查，向串案侦查、类案侦查和规模侦查转变；从单一的"从案到人"侦查，向"从人到案""从物到案""人+物到案"的多元化侦查转变；从人的战术侦查，向技术的战役侦查转变。同时，要加快实现从"由供到证"到"由证到供""以证促供""供证结合"的模式转变，弱化口供对案件侦查的决定作用，更加重视侦查活动中以客观证据为核心。要更加重视实物证据的收集与固定，特别针对杀人等重大案件，要运用现代科技手段收集犯罪嫌疑人的生物信息、电子信息等客观性证据，查明事实真相。

2. 必须进一步完善证据收集工作机制

为围绕司法审判的要求，要依法全面取证，严格依法收集、固定、保存、审查、运用证据，严格实行非法证据排除规则，切实防止取证不及时、不全面、不规范。需要特别指出的是，必须坚持执行我国刑事诉讼法规定的严禁刑讯逼供的机制，从根本上防止刑事错案，对证据的收集必须做到不得强迫自证其罪；对非法证据一定要排除；讯问要全程录音录像。

要依法落实讯问犯罪嫌疑人录音录像制度，依法保障律师参与刑事诉讼活动，强化当事人和其他诉讼参与人诉讼权利的制度保障，健全落实错案防范和纠正机制；规范查封、扣押、冻结、处理涉案财物程序，加强涉案财物管理④。

3. 必须进一步明确"中心论"与"阶段论"辩证统一

以审判为中心不是颠覆"分工负责、互相配合、互相制约"，而是"中心论"与"阶

①  吴晓静：《资政群议》，《团结》，2014年，第6期，第60页。
②  陈光中 步洋洋：《审判中心与相关诉讼制度改革初探》，载《政法论坛》，2015年3月，第121页。
③  中共中央宣传部理论局：《法治热点"面对面"》，学习出版社、人民出版社，2015年1月第1版，第94页。
④  张耀宇：《认真贯彻全面依法治国方略全面建设法治公安》，《人民公安报》，2015年3月20日，第1版。

段论"辩证的统一,二者并不矛盾。审判中心体现了刑事司法规律,是公正司法的必然要求,是严格司法的题中应有之义,是对宪法、刑事诉讼法规定的人民法院、人民检察院、公安机关"分工负责、互相配合、互相制约"原则的完善和发展。习近平总书记在关于《决定》的说明中明确指出:"我国刑事诉讼法规定公、检、法三机关在刑事诉讼活动中各司其职、互相配合、互相制约,这是符合中国国情的,具有中国特色的诉讼制度,必须坚持。"侦查、起诉等庭审前阶段,是以审判为中心的前提和基础,脱离了侦查、起诉等环节,审判就成了空中楼阁。因此,必须在坚持侦查、起诉阶段论的基础上加强审判[①]。

(三)接受检察机关监督,注重对辩护权的保障

在刑事诉讼活动中,坚持人民法院、人民检察院和公安机关分工负责,互相配合,互相制约的原则。强调以审判为中心,并不是对我国"三机关"分工负责、相互配合、相互制约关系的否定,对于侦查机关等的严重违法行为,审判机关有权予以纠正。非法证据排除规则的确立凸显了审判机关对侦查行为的监督与纠正,并对权利受到侵犯者予以救济与保障。在公安机关与检察机关的关系上,一方面,要改变公安机关与检察机关的侦查活动相脱节的局面,使检察机关在刑事追诉中启动伊始就能参与侦查机关的调查取证活动中,为支持公诉做必要的准备。由于按照以审判为中心,审前程序视为一个整体,侦查和起诉都承担追诉的职能,其本质是一致的,侦查作为起诉的准备和辅助程序,因此侦查应当服从并服务于起诉工作[②]。另一方面,公安机关要接受检察机关的引导或指导,[③]特别是通过检察机关提前介入等加强对侦查机关调查取证的引导。

以审判为中心要求控辩双方加强对抗性,最主要就是保障辩护权更充分地行使。2012年《刑事诉讼法》规定了侦查阶段辩护律师的辩护人地位,这为辩护人有效参与、有效监督、有效辩护提供了制度保障。然而,在司法实践中,刑事辩护尚有50%至70%的刑事审判辩护律师缺位;刑事辩护尚未达到实质化,实体辩护和程序辩护均残缺不全;法律援助工作缺人、缺钱、缺经验,无效辩护制度尚未建立。因此,公安机关必须高度重视律师辩护的实质化。

实现刑事辩护工作实质化不仅要建立健全案件的实体辩护,而且要完善案件的程序辩护,以程序公正和实体公正为目标,全面推进刑事辩护工作。刑事辩护实质化的要求,就是要确立有效辩护制度。有效辩护包括:犯罪嫌疑人、被告人作为刑事诉讼的当事人在诉讼过程中应享有充分的辩护权;应允许犯罪嫌疑人、被告人聘请合格的辩护人为其辩护;国家应保障犯罪嫌疑人、被告人[④]。

(四)全面贯彻证据裁判规则,让每一个司法案件中感受到公平正义

《决定》强调"全面贯彻证据裁判规则"。证据裁判规则,要求法官认定事实必须依据证据,没有证据不得认定事实;作为认定事实的证据必须有证据能力,能使案件得出唯一合理的结论;证据必须在法庭上出示,经过控辩双方的质证、认证。如此,才能使法院

① 樊崇义:《"以审判为中心"的概念、目标和实现路径》,载《人民法院报》,2015年1月4日,第5版。
② 唐雪莲:《论审判中心主义对我国侦查工作的影响》,载《四川警察学院学报》,2014年12月,第17页。
③ 樊宗义 张中:《论以审判为中心的诉讼制度改革》,载《中州学刊》,2015年1期,第57页。
④ 樊崇义:《"以审判为中心"的概念、目标和实现路径》,载《人民法院报》,2015年1月4日,第5版。

所确定的法律事实符合客观事实，所作出的裁决具有说服力和权威性。对证据的认识必须以庭审为时空条件，以证据调查为认知方式，依托证据链准确构建庭审事实。对于侦查机关而言，立案、刑事拘留、提请批准逮捕、提请移送起诉，每个环节都要依靠证据支撑，从内容、形式和来源等各方面确保证据合法、确实和充分。然而，在司法实践中，侦查人员收集证据时，没有考虑取证主体、手段、形式等程序是否合法，没有以能否通过法庭审查为目标①。因此，必须贯彻证据裁判规则，做到以事实为根据、以法律为准绳，通过健全制度，实现三符合，即"事实认定符合客观真相、办案结果符合实体公正、办案过程符合程序公正"，从而努力让人民群众在每一个司法案件中感受到公平正义。

（五）坚持法治思维，提升公安机关侦查人员的能力

1. 提升侦查人员的学习能力

公安机关要组织全体公安民警牢固树立社会主义法治理念，加强对侦查人员的思想教育和业务培训，切实转变执法观念，不断优化侦查队伍的专业结构；善于运用法治思维维护国家安全、社会稳定，善于依靠法律手段加强社会治理、维护治安秩序，善于运用法治方式化解社会矛盾、促进社会和谐，做自觉守法、严格依法办事的表率，自觉接受监督；公安机关的领导干部要以身作则，全面建立领导干部学法用法制度，加大对领导干部法律培训力度，加强对领导干部尊法学法用法守法和依法决策情况的考核监督；强化执法实践培训，完善法律规定与实践应用相结合的教育培训机制。要多读书，把读书作为一种生活方式。因为"读书可以让人保持思想活力，让人得到智慧启发，让人滋养浩然正气"②。使之"服从命令、遵守纪律、遵循规则和方法"③。

2. 提升证据收集固定运用能力

证据是认定案件事实的基础，《决定》指出，未来我们改革诉讼制度就是要"加强证据规则的完善，严格依法收集、固定、保存、审查、运用证据，完善证人和鉴定人出庭制度"，注重证据的真实性、合法性和证据链条的完整性，确保庭审质量。随着以审判为中心的诉讼制度的推进，侦查机关过度依赖重视口供、证言等言辞证据的侦查模式，将受到犯罪嫌疑人不断翻供以及庭审中心主义的极力挑战。因此，侦查机关必须实现从"由供到证"到"由证到供"的模式转变，转变以实物证据调查、收集和运用为主，以言辞证据为辅，更多注重物证、书证、电子证据等客观性证据的提取。最高人民法院 2012 年 12 月 20 日公布的《关于适用刑事诉讼法的解释》第七十二条规定："对与案件事实可能有关联的血迹、体液、毛发、人体组织、指纹、足迹、字迹等生物样本、痕迹和物品，应当提取而没有提取，应当检验而没有检验，导致案件事实存疑的，人民法院应当向人民检察院说明情况，由人民检察院依法补充收集、调取证据或者作出合理说明。"2013 年 11 月 21 日发布的《关于建立健全防范冤假错案工作机制的意见》第九条规定："现场遗留的可能与犯罪有关的指纹、血迹、精斑、毛发等证据，未通过指纹鉴定、DNA 鉴定等方式与被告人、被害人的相应样本作同一认定的，不得作为定案的根据。涉案物品、作案工具等未通过辨认、鉴定等方式确定来源的，不得作为定案的根据。对于命案，应当审查是否通过被

① 唐雪莲：《论审判中心主义对我国侦查工作的影响》，载《四川警察学院学报》，2014 年 12 月，第 19 页。
② 习近平：《改革再难也要向前推进》，载《习近平论治国理政》，外文出版社，2014 年 10 月第 1 版，第 102 页。
③ ［德国］克劳塞维茨著：《战争论》，李传训译，北京出版社，2007 年 10 月第 1 版，第 46 页。

害人近亲属辨认、指纹鉴定、DNA 鉴定等方式确定被害人身份。"在办案方式上，要实现从传统的"先抓人再取证"到"先取证后抓人再补证"的方式转变。

3. 提升科技侦查能力

要充分发挥科技手段在犯罪侦查工作中的作用，不断增加侦查工作的技术含量，规范秘密侦查和技术侦查的运用，提高利用新的高科技手段及时发现、收集、固定各种证据的能力，摆脱对口供的过分依赖，实现《决定》提出的"确保案件处理经得起法律和历史的检验"这一目标。如 2013 年公安机关就利用 DNA 破案 10 万起。各地储存十指指纹信息已超过一亿条，每年利用比对直接破案 11 万起。近年来，公安刑侦系统已建成全国在逃人员、重大案件、犯罪指纹、被盗抢汽车、失踪人员、DNA、现场勘查信息系统等贯通全国、服务全警的信息系统[①]。

4. 提升责任能力

推进以审判为中心的诉讼制度改革，必须"促进办案人员增强责任意识，通过法庭审判的程序公正实现案件的实体公正，有效防范冤假错案"[②]。责任意识是公安机关人民警察精神的体现，它要求我们对事业负责，对组织负责，做到"心中有党、心中有民、心中有法、心中有戒"；责任能力是责任意识衍生出来的相应工作能力，如决策能力、统筹协调能力、开拓创新能力、执行落实能力、责任团队建设能力等[③]。

同时，实行办案质量终身负责制。"要健全权力运行机制和监督体系，有权必有责，用权受监督，失职要问责，违法要追究，保证人民赋予的权力始终用来为人民谋利益"[④]。明确追责程序启动的主体、时间、流程；完善执法质量考评指标体系，科学设立质量与效率并重的考评标准，有效引导基层民警既多办案，又办好案；建立常态化监督制度，实行日常检查与集中评查、网上巡查与实地检查相结合，强化执法活动现场督察，加强执法办案场所督导检查，加大执法监督力度。《决定》指出："明确各类司法人员职责工作流程、工作标准，实行办案质量终身负责制和错案责任倒查制，确保案件经得起法律和历史的检验。"

（作者单位：安徽省宣城市公安局）

---

① 王文硕：《解读新形势下公安刑侦工作"密码"》，载《人民公安报》，2014 年 12 月 24 日，第 4 版。

② 习近平：《关于〈中共中央关于全面推进依法治国若干重大问题的决定的〉说明》，载人民出版社，2014 年 10 月版，第 59 页。

③ 唐渊：《责任决定一切》，清华大学出版社，2010 年 9 月第 1 版，第 62 页。

④ 习近平：《在首都各界纪念现行宪法公布 30 周年大会上的讲话》，载《习近平论治国理政》，外文出版社 2014 年 10 月第 1 版，第 142 页。

# 审判中心主义视角下公诉环节
# 退回补充侦查制度的实证考察与完善

## ——以安徽省 H 市检察机关退补实践为样本

### 朱新武　靳良成

**摘　要：** 退回补充侦查不是刑事诉讼的必经程序，是刑事诉讼程序的非常态，该制度在惩治犯罪、提高案件诉讼质量、防止冤假错案等方面都发挥着重要作用。但是，该制度在司法实践中还存在着许多问题，被频繁应用乃至滥用的情形大量存在，还未能充分发挥其立法原意上的价值功能，不能顺应"以审判为中心"的诉讼制度改革要求，仍有许多改进与完善之处。以退回补充侦查制度运行的实践为样本，分析退回补充侦查制度存在的问题，完善退回补充侦查制度，强化公诉引导侦查，以期适应"以审判为中心"的诉讼制度改革。

**关键词：** 补充侦查；审查起诉；审判中心；证据；人权

## 引　言

十八届四中全会提出的推进"以审判为中心"的诉讼制度改革，是司法体制改革新常态下加强人权保障的客观需要，是遵循诉讼规律、实现程序公正的基本要求，是全面提办理升案件质量、严防冤假错案的重要制度保障，"以审判为中心"的诉讼制度改革，必将对我国刑事诉讼体制、理念、意识带来全方位的影响。

检察机关作为诉讼中间环节和法律监督机关，特别是检察机关的公诉部门，上承侦查下启审判，是重要的"以审判为中心"的推动、贯彻、实施主体，因此，以审判为中心的诉讼制度改革必然对公诉工作产生广泛而深刻的影响，检察机关唯有科学谋划、积极应对，重新检视公诉环节的各项制度、机制，理顺各项诉讼关系，努力构建以审判为中心、以公诉为审前主导的新型诉讼格局，才能确保各项检察权能全面融入"以审判为中心"的整体格局。退回补充侦查作为公诉环节的一项重要诉讼制度，是法律赋予检察机关的一项重要检察权能，是公诉引导侦查的有效手段，是构建新型侦诉关系的重要载体，其在保障案件办理质量、防止冤假错案等方面都发挥着重要的作用。然而，退回补充侦查作为一种逆向的刑事诉讼活动，在司法实践中还存在着一定问题，还不能适应"以审判为中心"的诉讼制度改革的新要求。本文以安徽省 H 市检察机关退回补充侦查制度运行状况为样本，通过对一些具有指向性意义的数据进行实证考察，尝试探寻退回补充侦查程序运行过程中存在的问题，探讨在"以审判为中心"的诉讼制度改革背景下，进一步规范司法实践中退回补充侦查制度的运行，构建新型侦诉关系，强化公诉对侦查的引导与规制功能，以期通过积极的司法实践，正面回应"以审判为中心"的诉讼制度改革。

## 一、公诉环节退回补充侦查程序运行的实证面向

公诉环节退回补充侦查，是指检察机关在审查起诉阶段，通过对案件的审查，将审查后认为犯罪事实不清、证据不足或者遗漏罪行、遗漏同案犯罪嫌疑人，不符合起诉条件的案件退回侦查机关或部门进行补充侦查的诉讼活动。新《刑诉法》）第一百七十一条对退回补充侦查做了原则性地规定，新《高检规则》第三百八十至三百八十四条、四百零一条至四百零三条又进一步对退回补充侦查做了相应的细化规定。为了全面了解公诉环节退回补充侦查制度在司法实践中的运行状态，本文以 2014 年安徽省 H 市检察机关退回补充侦查运行状态为样本进行考察，为了使考察样本的数据尽量准确与客观，考察样本过滤了某些不具有指向性意义的参考数据，通过对那些具有实践意义的数据进行系统分析，从而形成客观指标的组合，进而反映 H 市检察机关退回补充侦查程序运行的真实情况[①]。2014 年，H 市检察机关共受理一审公诉案件 1814 件 2612 人，其中，自行补充侦查 0 件 0 人；一次退回补充侦查 477 件 867 人，分别占受理总数的 26.3%、33.2%；一次退回补充侦查案件中又有 132 件 299 人进行了二次退回补充侦查，分别占受理总数的 7.3%、11.4%，分别占一次退回补充侦查总数的 27.7%、34.5%[②]，见表 1 所列。

表1　H 市检察机关 2014 审查起诉阶段退回补充侦查程序运行总体情况

| 受理一审公诉案件（件/人） | 自行补充侦查 | 一次退查案件（件/人） | 二次退查案件（件/人） | 一次退查率（%） | 二次退查率（%） | 二次退查占一次退查比例（%） |
|---|---|---|---|---|---|---|
| 1814/2612 | 0/0 | 477/867 | 132/299 | 26.3 | 7.3 | 27.7 |

2014 年 H 市两级院退回补充侦查运行的具体情况为：H 市院受理一审公诉案件 74 件 132 人，一次退回补充侦查 17 件 46 人，退补率为 23%；二次退回补充侦查 4 件 17 人，二次退补率为 5.4%。A 区（县）院受理一审公诉案件 118 件 162 人，一次退回补充侦查 36 件 78 人，退补率为 30.5%；二次退回补充侦查 4 件 5 人，二次退补率为 3.4%。B 区（县）院受理一审公诉案件 461 件 635 人，一次退回补充侦查 132 件 212 人，退补率为 28.6%；二次退回补充侦查 44 件 93 人，二次退补率为 9.5%。C 区（县）院受理一审公诉案件 510 件 762 人，一次退回补充侦查 147 件 270 人，退补率为 28.8%；二次退回补充侦查 36 件 91 人，二次退补率为 7.1%。D 区（县）院受理一审公诉案件 263 件 383 人，

① 比如，鉴于"危险驾驶类案件"性质的特殊性，在司法实践中该类型案件数量占有一定比例，H 市所辖个别基层院受理的一审公诉案件中，该类型的案件甚至超过受理总数的三分之一，但是该类型案件大都是事实清楚，情节简单，证据确实充分，因此退回补充侦查的比重比较低，而且统计分析指标也说明了这一点：2014 年 H 市检察机关共受理危险驾驶类一审公诉案件 496 件，占受理总数的 21.5%，然而一次退回补充侦查的仅 9 件，退补率仅为 1.8%。因此，在考察样本中，所有数据均不包括"危险驾驶类案件"的参考数据。

② 样本数据均来源于全国检察机关统一业务应用系统与检察统计报表。但是在司法实践中，由于受案件承办人系统案卡信息填录的不完整性、不全面性以及一些主客观因素的影响，样本相关数据的准确度还存在着一定误差。

一次退回补充侦查 74 件 142 人，退补率为 28.1%；二次退回补充侦查 24 件 40 人，二次退补率为 9.1%。E 区（县）院受理一审公诉案件 131 件 186 人，一次退回补充侦查 32 件 52 人，退补率为 24.4%；二次退回补充侦查 10 件 29 人，二次退补率为 7.6%。F 区（县）院受理一审公诉案件 257 件 352 人，一次退回补充侦查 40 件 68 人，退补率为 15.6%；二次退回补充侦查 10 件 24 人，二次退补率为 3.9%，见表 2 所列。

表 2　H 市检察机关审查起诉阶段退回补充侦查程序运行总体情况

| 类型＼单位 | 受理一审公诉案件（件/人） | 一次退查案件（件/人） | 二次退查案件（件/人） | 一次退查率（%） | 二次退查率（%） | 二次退查占一次退查比例（%） |
|---|---|---|---|---|---|---|
| H 市院 | 74/132 | 17/46 | 4/17 | 23 | 5.4 | 23.6 |
| A 区（县）院 | 118/162 | 36/78 | 4/5 | 30.5 | 3.4 | 11.1 |
| B 区（县）院 | 461/635 | 132/212 | 44/93 | 28.6 | 9.5 | 33.3 |
| C 区（县）院 | 510/762 | 147/270 | 36/91 | 28.8 | 7.1 | 24.5 |
| D 区（县）院 | 263/383 | 74/142 | 24/40 | 28.1 | 9.1 | 32.4 |
| E 区（县）院 | 131/186 | 32/52 | 10/29 | 24.4 | 7.6 | 31.2 |
| F 区（县）院 | 257/352 | 40/68 | 10/24 | 15.6 | 3.9 | 25 |

# 二、公诉环节退回补充侦查程序运行的特征分析

（一）退回补充侦查案件受理数占比较高

从退回补充侦查案件的数量来看，退回补充侦查案件数占案件受理数的比重较高。H 市全年一次退回补充侦查案件数占一审公诉案件总数的比重达 26.3%，而且在一次退回补充侦查的案件中，二次退查案件的比重又达 27.7%。从每个月的退回补充侦查率来看，除了 1 月份与 3 月份的退回补充侦查率低于 20%，其余各月一次退回补充侦查率均在 20% 以上，甚至在最高的 12 月份达到了 52.8%，如图 1 所示。

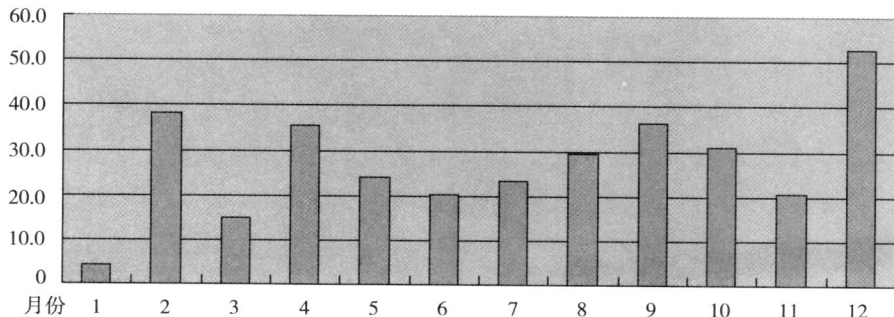

图 1　全市退回补充侦查率月份分布情况图

## （二）罪名较为集中

从退回补充侦查案件所涉罪名来看，罪名较为集中。罪名主要集中在故意伤害、聚众斗殴、"两抢一盗"、诈骗类、毒品类等比较常见而且在犯罪事实、情节、要件认定上容易出现错误或者困难的案件上。2014 年全市检察机关退回补充侦查案件中，故意伤害类案件 72 件/111 人，分别占退回补充侦查总数的 15.1%、12.8%；"两抢一盗"类案件共 70 件/166 人，分别占退回补充侦查总数的 14.7%、19.1%；毒品类案件 65 件/98 人，分别占退回补充侦查总数的 13.7%、11.3%；诈骗类案件 64 件/101 人，分别占退回补充侦查总数的 13.4%、11.7%；贪污贿赂类案件 24 件/140 人，分别占退回补充侦查总数的 5%、16.1%；聚众斗殴类案件 20 件/67 人，分别占退回补充侦查总数的 4.2%、7.7%。如图 2 所示。

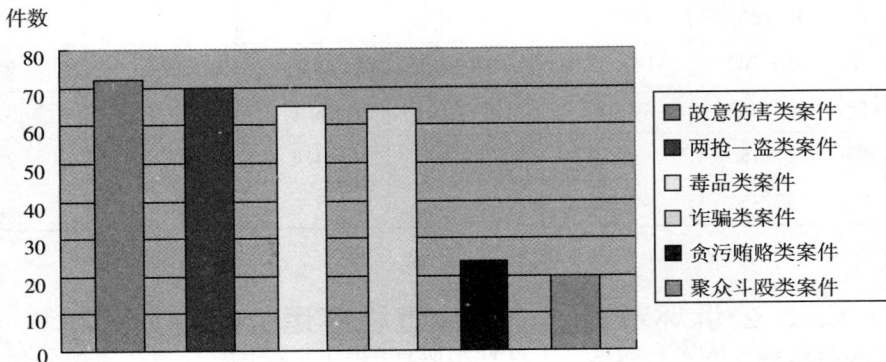

图 2　退回补充侦查案件所涉罪名情况

## （三）逮捕羁押率较高

从退回补充侦查案件嫌疑人适用强制措施情况来看，逮捕羁押率较高。全年退回补充侦查案件中，适用监视居住强制措施的共 28 件 36 人，分别占退回补充侦查总数的 5.9%、4.2%；适用取保候审强制措施的 137 件 239 人，分别占退回补充侦查总数的 28.7%、27.5%；适用逮捕强制措施的 312 件 592 人，分别占退回补充侦查总数的 65.4%、68.3%。如图 3 所示。

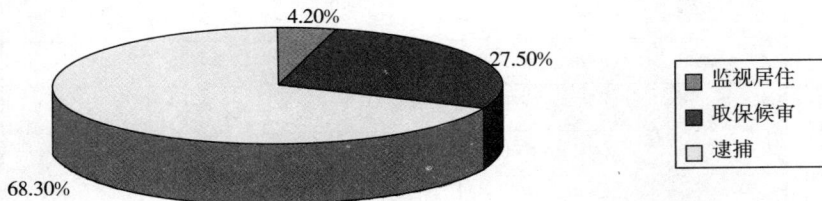

图 3　退回补充侦查案嫌疑人强制措施适用情况

## （四）起诉率较高

从退回补充侦查案件的处理结果来看，起诉率较高。全年退回补充侦查案件的处理结果中，同意公安机关撤回起诉的 9 件 13 人，分别占退回补充侦查总数的 1.9%、1.5%；

同意公安机关撤回起诉后又以新事实、证据重新起诉的 3 件 4 人，分别占退回补充侦查总数的 0.6%、0.5%；做出不起诉处理结果的 14 件 18 人，分别占退回补充侦查总数的 2.9%、2.1%；起诉 451 件 832 人，分别占退回补充侦查总数的 94.6%、96%。如图 4 所示。

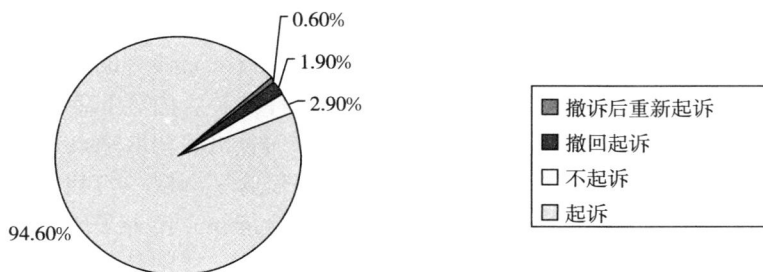

图 4　退回补充侦查案件处理情况

（五）补充侦查用时较长

从退回补充侦查期限看，补充侦查用时较长。按照法律规定，退回补充侦查案件应该在 1 个月内补充侦查完毕，以 A 区（县）院、B 区（县）院、E 区（县）和 F 区（县）院为考察样本来看，在这四个院 240 件一次退回补充侦查案件中，补充侦查用时在 10 天以下的仅 8 件，占一次退回补充侦查数的 3.4%；补充侦查用时在 10 天以上 25 天以下的为 62 件，占一次退回补充侦查数的 25.8%；补充侦查用时在 25 天以上的为 144 件，占一次退回补充侦查数的 60%；超过一个月补充侦查期限的为 26 件，占一次退回补充侦查数的 10.8%。如图 5 所示。

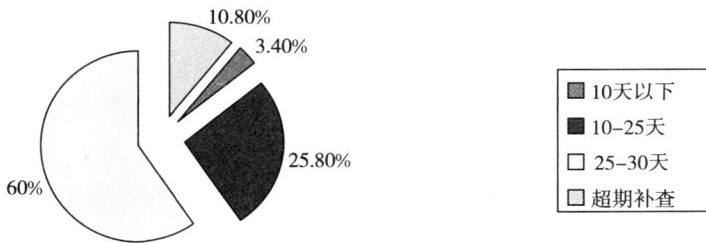

图 5　退回补充侦查案件补查用时情况

# 三、公诉环节退回补充侦查程序运行过程中存在的问题

（一）退回补充侦查率过高，退回补充侦查已成为刑事诉讼流程非常态中的常态

退回补充侦查只适用于部分案件事实、情节尚未查清，证明案件事实的证据链尚不稳固，还没有达到提起公诉标准的刑事案件，其是刑事诉讼过程中的逆程序诉讼活动，在延缓刑事诉讼进程的同时，造成诉讼效益低下，诉讼成本增加，更有可能造成犯罪嫌疑人的隐性超期羁押。因此，退回补充侦查程序应当是刑事诉讼过程中的非常态，退回补充侦查案件理应占受理案件总数比较低的比例。但是从样本统计数据可以看出，高达 25% 的退回

补充侦查率，已然成为刑事诉讼程序中的常态，远远超出了该项制度设计的初衷。

（二）自行补充侦查适用率不高，诉讼效率降低

自行补充侦查是检察机关的法定职权，新刑事诉讼法第一百七十一条第二款明确赋予了检察机关的自行补充侦查权，其对于保证案件质量、提高诉讼效率、节约司法资源具有重要的现实意义。然而，从考察样本的数据来看，全市 477 件需要补充侦查的案件，无一例外地退回公安机关补充侦查，没有一件是检察机关自行补充侦查的。而且在样本数据的统计分析中，我们发现，有相当数量退回补充侦查案件的补查内容非常简单，比如在一份补充侦查提纲中，承办人退回补充侦查的内容是要求侦查机关调取嫌疑人曾经被判处刑罚的刑事判决书，结果该案退回补充侦查用时一个月仅仅为了调取一份判决书。像这样补充侦查内容比较简单的退补案件，承办人完全可以通过自行补充侦查予以解决，从而大大提高诉讼效率，没有必要将案件退回公安机关延误诉讼时限，特别是犯罪嫌疑人已被羁押的案件。

（三）侦查机关补充侦查质量与效率不高

当前，在"以审判为中心"的诉讼模式还没有完全树立的司法背景下，"以侦查为中心"的诉讼模式仍然主导着刑事诉讼全过程。因此，侦查机关往往侧重于破案，重捕前侦查而轻捕后诉讼的思想仍然存在，加之部分侦查人员业务素质不高，证据意识不强，在侦查过程中的取证和保全证据方面与检察机关公诉环节的举证、质证的要求还有一定差距，同时双方对案件公诉的证明标准有着不同的理解，从而导致侦查机关对退回补充侦查往往比较反感，一定程度上抱有抵触、怠惰情绪。在考察样本中发现，侦查机关以"情况说明""无法查实"等理由退重报的占相当高的比重，而且二次退查占一次退查27.7%的比例也在一定程度上表明补充侦查的质量有待提高。从前述我们以 A 区（县）院、B 区（县）院、E 区（县）和 F 区（县）院为考察样本，对退回补充侦查案件的补查用时情况的分析，也可以看出侦查机关退而不查、查而不清的现象是不争的事实。

（四）检察机关退回补充侦查提纲制作不够规范，可操作性不强

侦查机关或者部门补充侦查的质量与效率不高的原因，在一定程度上与检察机关补充侦查提纲的制作不够规范、明确有关。司法实践中，检察机关的退回补充侦查提纲没有统一的制作规范要求，加之案件多人少的现实状况，相当部分的案件承办人不愿意花过多精力去制作退查提纲，导致退查提纲如何撰写、退查内容如何表达等方面因案件的不同、承办人的不同而呈现出极大的差异性与随意性，诸如退查的问题不够明确、退查的目的不够清楚、解决问题的方式方法不够具体等，使得侦查机关或部门难以操作和执行，导致退查质量与效率不佳。例如，某区院办理的吴某某涉嫌合同诈骗案的补充侦查提纲表述为："加大讯问力度，以获取蔡某某、闵某某口供，并补充索要钱款方面的口供。"此退查提纲过于笼统，没有起到"公诉引导侦查"的目的，如何叫"加大讯问力度"，难道鼓励侦查机关刑讯逼供？因此，补查方向、补查证据目的、补查措施等方面均过于粗糙，使得侦查机关难以操作，不易接受。再如，某区院办理的马某某寻衅滋事案件的一次补充侦查提纲与二次补充侦查提纲一模一样，没有任何改动，这样不可避免会使得一次退查与二次退查缺乏针对性与目的性，侦查机关补查的质量难免受到影响。

（五）检警双方规避法律，互"借"时间，滥用退回补充侦查制度

在司法实践中，此种情形导致的退回补充侦查案件所占的比例，很难利用统计数据来进行实证分析，因为是否规避法律、是否互相借用办案期限，多数判断来自于承办人的口述，主观因素过强。但是，在司法实践中，"互借时间"的嫌疑毋庸置疑，如侦查人员由于业务素质不高、证据意识不强等，在侦查期限届满时仍无法查清犯罪事实，达不到起诉标准，或者因案情复杂、疑难、重大，侦查期限届满仍然达不到审查起诉标准。在诸如此类情形下，侦查机关便利用退补时间继续侦查。更有甚者，在检察机关案件管理部门成立之前，侦查机关连案卷材料都不移送，经过与公诉部门沟通后而要求其直接出具"退回补充侦查决定书"，而检察机关出于种种因素的考量，也希望通过"配合"换取侦查部门的"合作"，一般都会为侦查机关办理退补手续。同样，检察机关公诉部门由于案多人少的现实困境，很可能导致案件积压，以至于审查起诉期限紧张，从而将案件退回补充侦查，以先处理手中其他快到期的案件，甚至部分案件承办人在特殊时期内或者在年终将退回补充侦查作为一种规避考核的办法。诸如此类情形，我们从考察样本中年末高达52.8%的退补率，以及案件退查时审查起诉期限的剩余天数可以尝试加以佐证。退查时审查起诉剩余期限越长，则"借时间"的嫌疑就越小，反之亦然。在全市477件退回补充侦查的案件中，有232件是在延长审查起诉期限内即1个月以后退回补充侦查的，占全部退查案件的48.6%；退查时审查起诉期限剩余10天以下的177件，占全部退查案件的37.1%；退查时审查起诉期限剩余10天以上的68件，仅仅占全部退查案件的14.3%[①]（见图6）。从某种意义上说，退回补充侦查制度的适用，实现了侦查机关与检察机关在时效利益划分上的双赢局面。

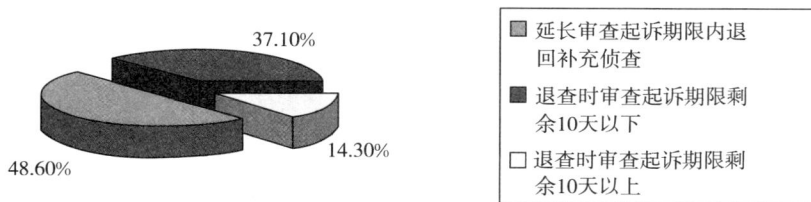

37.10%

■ 延长审查起诉期限内退回补充侦查

■ 退查时审查起诉期限剩余10天以下

□ 退查时审查起诉期限剩余10天以上

48.60%　　14.30%

图6　案件退回补充侦查时审查起诉期限剩余天数情况

## 四、退回补充侦查制度在司法实践中产生诸多问题的原因分析

（一）规范层面

1. 退回补充侦查标准不明确

新《刑事诉讼法》第一百七十一条对退回补充侦查的规定过于笼统与原则，比如何为"需要退回补充侦查"的情形，没有具体规定，虽然新《高检规则》将退回补充侦查的标准进一步细化为"犯罪事实不清、证据不足，或者遗漏罪行，遗漏同案犯罪嫌疑人等情

---

① 该部分的统计数据对于所证明的问题仅仅具有一定的参考意义，因为退回补充侦查时，剩余审查起诉期限的长短与是否"借时间"的关系，无法进行统计学上实证分析，所以该部分的数据不具有完全的指向意义。

形", 但是"事实不清、证据不足"一定程度上受制于承办人的主观认知, 加之我国目前还没有证据法对此进行统一规范, 使得侦诉双方在刑事诉讼过程中对"事实不清、证据不足"的标准把握尺度不一, 从而形成对公诉证明标准的理解不一, 这必然导致退查工作在司法实践中的恣意性。另一方面, 法律对于何种情形退回公安机关补充侦查, 何种情形检察机关自行补充侦查没有做出明确的界定, 而且新《高检规则》第三百八十三条规定了自行补充侦查应当在审查起诉期限内侦查完毕, 因此在这种情形下, 检察机关更愿意将案件一退了之。这也是退回补充侦查率居高不下的原因之一, 考察样本数据中, 全年检察机关无一件自行补充侦查案件, 便可以清楚地看出这一点。

2. 启动、批准退回补充侦查程序不规范

新《刑事诉讼法》《高检规则》及相关司法解释均没有对退回补充侦查的启动、批准程序加以明确的规定。司法实践中, 退回补充侦查程序的启动完全由公诉部门案件承办人自行掌控, 一般情形下, 只要案件承办人在案件审查过程中认为侦查机关的证据证明标准达不到公诉要求, 甚至出于规避法律假退补之名行借时间之实时, 就可以制作退回补充侦查决定书报领导审批, 而分管领导大都不会审核全案卷宗, 加之公务繁忙, 仅仅取信于承办人的退补理由而做出批准退补决定, 导致退回补充侦查程序的启动缺乏刚性监督机制。虽然当前检察机关内部已经成立了案件管理机构, 强化了检察机关内部监督机制, 但是案管的监督主要是程序上的监督, 而非侧重于案件实体办理的监督, 因此案管部门对于退回补充侦查案件不可能也无法进行翔实的实体监督。2014 年全市检察机关案管部门发送的流程监控通知书中, 没有一份是关于退回补充侦查程序的, 这在一定程度上也说明了启动退回补充侦查程序的监管机制缺失。

3. 补充侦查程序的监督机制缺失

不仅补充侦查程序的批准程序缺乏有效的检察内部监督机制, 而且整个退回补充侦查的运行程序, 在立法上也缺乏有效的监督制约机制。"配合有余、制约不足、各自为政、互不干涉"是当前我国"侦诉分离"诉讼体制的主要特征之一, 立法的缺位、体制的制约, 导致补充侦查程序缺乏检察机关的监督与引导。司法实践中, 检察机关对于侦查机关出现的退而不查、查而不清、敷衍塞责、补查超期等情形, 因缺乏监督制约机制而无计可施, 常常不得不对没有实质性的补充侦查案件提起公诉或者不得已作出不起诉处理的决定。比如考察样本 10.8% 的补查超期案件, 也进一步佐证了退回补充侦查程序监督制约机制的缺失。

（二）制度层面

1. 证据制度的完善对退回补充侦查程序的影响

新《刑事诉讼法》第五十三条对刑事诉讼"证据确实、充分"的证明标准进行了具体明确的界定, 即: 定罪量刑的事实都有证据证明; 据以定案的证据均经法定程序查证属实; 综合全案证据, 对所认定事实已排除合理怀疑。新证据制度不仅要求全案证据在总体上要达到排除合理怀疑的最高证明标准, 而且要求每一个据以定案的证据都必须达到"依法定程序查证属实"的程序标准, 强调实体与程序并重。同时, 新《高检规则》第三百六十三条在新《刑事诉讼法》第一百六十八条的基础上, 更加明确地要求检察机关须查明"证据是否确实、充分, 是否依法收集证据, 有无应当排除非法证据的情形"。因此, 新的证据制度对检察机关审查起诉提出了更高、更严、更细的要求, 检察机关必须严格审查侦查机关（部门）是否依照法定程序去调查、收集、审查、判断证据，并且最终案件事实的认定是否达到"排除合理怀疑"的证明标准；反之，必然导致案件的退回补充侦查或者作出不起诉决定，抑或"带病起诉"。

2. 检察机关内部监督制约机制的强化对退回补充侦查程序的影响

检察机关是国家法律监督机关，只有自身监督制约到位，强化案件质量管理，才能树立法律监督的公信力。为了强化检察机关内部监督制约，当前，全国检察机关内部都成立了案件管理部门，强化自身的内部监督与管理，特别是全国检察机关统一业务应用系统的上线运行，使得检察机关办理的除涉密以外的所有案件办理流程均在网上运行，并通过流程监控机制，使得网上运行的每一起案件都能实现实时、动态、全程跟踪、监控。如此，一方面实现了执法办案规范化水平的不断提升，最大限度地遏制"习惯当规范"的执法作风以及执法办案程序上的随意性、恣意性，有效防止检警双方通过事先"沟通"而不走实质退查程序，假退回补充侦查为名行互借时间之实，而将案卷留下继续审查或侦查；另一方面案件管理机制改革对过去检察机关的执法办案模式产生了巨大的冲击，对执法规范化的要求提升到了前所未有的高度，部分案件承办人松散、粗犷的传统办案思维，很难适应当前执法办案的科学规范化、网络系统化、信息自动化，使得案件承办人不得不花费大量的时间与精力去关注案件办理每一流程节点的规范性与程序的公正性，加之实际办案过程中出现的许多新情况新问题，以及伴随系统不断升级而增加的新功能，都对办案人员系统应用提出了更高的要求与标准；甚至有时为了忙于系统的规范操作、案管部门发出的流程监控通知、文书的审批等情况而疲惫不堪，进而影响到案件的实体审查；加之当前检察机关案多人少的客观现实，必然导致个别重大、疑难、复杂案件在法定期限内难以审结，极易形成隐性超期办案。为了避免案件办理期限的不足，就公诉部门而言，在当前退补启动程序把关不严的情形下，走退回补充侦查程序不失为一种权宜之计。

3. "以审判为中心"的诉讼制度改革对退回补充侦查程序的影响

审判中心主义是近现代世界各国刑事诉讼制度中普遍认同的一项基本原则，十八届四中全会明确提出了"推进以审判为中心的诉讼制度改革"。然而，从"以侦查为中心"向"以审判为中心"的转变是个渐进的过程，特别是当前侦查机关严格依法收集、固定、保存、审查、运用证据的能力，与现代刑事司法理念的需要还有一定的差距。在此司法背景下，"以审判为中心"必然要求侦查机关调查收集的各类证据都要经过"呈堂"，在庭审的聚光灯下充分"曝光"，通过各方的举证、质证，最后判断各类证据的证明力[①]；必然倒逼侦查机关树立证据意识、程序意识、人权保障意识，规范侦查取证行为；必然要求检察机关在审查起诉的过程中，应当站在法官的中立立场，以庭审为中心，依据定罪量刑的证明标准全面、细致、严格审查案件、提起公诉，当案件的证据没有达到公诉标准或者庭审要求时，启动退回补充侦查程序，制定科学的补充侦查提纲，以客观公正的视角，从应对法庭质疑与律师挑战的角度，按照审判时的证据认定规则，有针对性地引导侦查人员收集、补充证据，更加注重证据的真实性、合法性和证据链条的完整性[②]，严格实施非法证据排除规则，提升侦查水平与能力；这必然倒逼检察机关更新司法理念，严格证据审查，

---

① 徐贤飞：《审判中心主义如何实现》，载中国法院网《刑事研究》2015 年 1 月 5 日。

② 肖波、肖之云：《论以审判为中心的制度下的公诉工作》，载《中国检察官》2015 年 2 月。

提高公诉质量。

（三）观念层面

1. 人权保障意识淡薄

退回补充侦查程序是刑事诉讼过程中的非常态程序，是逆程序诉讼活动，新刑事诉讼法对退回补充侦查的次数与期限都作出了限定性的规定，其立法宗旨就是力图在程序正义与实体正义之间取得相对平衡，将对犯罪嫌疑人权益的侵害程度降低到最小。然而，当犯罪嫌疑人被羁押时，退回补充侦查程序不仅延缓刑事诉讼的进程，降低诉讼效率，而且延长了犯罪嫌疑人的羁押期限，极易造成犯罪嫌疑人的隐性超期羁押，特别是在一些共同犯罪案件中，部分犯罪嫌疑人事实清楚、证据确实、充分，而部分犯罪嫌疑人事实不清、证据不足需要退回补充侦查，则依据规定全案一并退查，这样就必然造成对一部分犯罪嫌疑人的无辜羁押。"尊重和保障人权"既是具有宣示意义的表述，同时也是具有实质意义的法律原则和行动指南①，因此，启动退回补充侦查程序必须在充分尊重和保障人权的基础上，牢固树立人权保障意识，兼顾比例原则，全面衡量退回补充侦查的必要性，更要强化对"随意"启动退回补充侦查程序的监督制约。然而，在司法实践中，部分办案人员人权保障意识淡薄，"重打击、轻保护，重实体、轻程序"的思想仍然比较严重。在我们所考察的样本中，477 件退回补充侦查案件共涉及犯罪嫌疑人 867 人，而被适用逮捕强制措施的犯罪嫌疑人就有 592 人，占全部退回补充侦查人数的比例高达 68.3%。如果退回补充侦查程序没有实现惩治犯罪的价值功能与发现案件真实的事实功能的话，那么如此高的羁押率，显然是对犯罪嫌疑人权益的一种实质侵害。

2. 程序意识不强

程序的一个重要功能就是划定权利与权力之间的界限，为权力的良性运行设定相应的条件和程序，这对于防止权力的恣意，尊重和保障人权具有重要的意义，因此，以审判为中心的诉讼制度改革，就必须强化程序的公正性与独立性。然而，在以"侦查为中心"的诉讼模式下，侦查机关的侦查权力过大，而且侦查权又缺乏有效的司法控制，公诉职能很大程度上从属或依附于侦查职能，使得部分侦查人员的程序意识趋于淡化，习惯性地把程序看作是追求侦查目的的手段，刑事诉讼程序不过是用来惩罚犯罪、实现实体公正的一种工具。这种程序工具主义的思想仍然盘踞在"侦查中心主义"的诉讼模式中，并严重影响着侦查人员的思维方式与侦查行为，使得侦查机关的侦查办案重心更多地侧重于破案率与批捕率，重捕前侦查轻捕后证据收集、固定，重结果，轻过程。在程序工具主义思想的主导下，使得某些案件的办理不能严格按照法律规定的条件和程序适用逮捕、拘留、监视居住等强制措施，甚至某些侦查行为不遵循刑事诉讼法的程序性规定，超越法律的界限侵犯公民的人身权利、财产权利等权利，导致案件的侦查取证不到位、不严密，犯罪事实、情节认定不够确实、充分，这都从源头上提高了案件退回补充侦查的盖然性，也是导致发生冤假错案的根源之一。

3. 证据意识不强

强化侦查基础工作，按照审判程序的法定定案标准全面、规范地收集证据，避免案件

---

① 夏红：《实体真实与人权保障》，载《国家检察官学院学报》2013 年 05 期。

"带病"进入审查起诉和审判阶段，是构建以审判为中心的诉讼制度的关键所系、根基所在①。取证是侦查活动的核心任务，也是证据运用的初步环节，从一定意义上讲，侦查水平与办案质量的高低，核心就在于证据的收集与固定。为了适应以庭审实质化为核心的"审判中心主义"诉讼制度改革，侦查取证方式必须遵循法定办案程序，侦查取证内容必须突出以证促供，侦查取证的效力必须杜绝非法证据、避免瑕疵证据。从诉讼构造上来讲，在以"审判为中心主义"的诉讼模式下，审判权的独立性和权威性决定了调查取证的质量应不会对审判的结果公正产生直接影响，但我国当前奉行的是"侦查中心主义"的诉讼构造，立法和司法实践中，公检法"流水作业"的纵向诉讼模式导致了法院的审判结果往往取决于侦查取证质量的高低。在"侦查中心主义"的诉讼构造下，侦查人员程序意识淡薄，证据意识不强，特别是物证意识淡化，使得"口供至上"观念根深蒂固，往往导致侦查取证质量不高，甚至非法证据层出不穷。司法实践中，很多侦查人员甚至认为"只要嫌疑人认罪，其他证据取不取都不影响定罪"，然而，面对口供等言辞证据，犯罪嫌疑人一旦翻供，其他证据又不足以证明犯罪事实时，公诉部门便将案件退回侦查机关补充侦查。但是有些证据因侦查时没有及时提取，导致证据已经灭失，人为地造成了证据不足现象的出现。这样的案件提起公诉后，出庭公诉人员也常常因此陷于被动局面，也致使"受诉法院面临一些事实不清、证据不足、存在合理怀疑、内心不确信的案件，特别是对存在非法证据的案件，法院在放与不放、判与不判、轻判与重判的问题上往往面临巨大的压力②。因此，降低案件退回补充侦查率，提高补充侦查的质量，必须强化侦查人员的证据意识，特别是物证意识，注重对间接证据的收集和运用，防止人为因素导致证据不足现象的出现。在司法实践中，由于侦查人员证据意识的淡化，当案件退回补充侦查时，侦诉之间就证据采信及证据标准认识的不统一，导致侦查机关产生对退回补充侦查的抵触情绪，认为检察机关故意刁难，便以"情况说明""无法查实"等理由给检察机关以"颜色"，使得部分案件屡退不查、屡查不清，而这一情形也逐步演变为案件质量的重大隐患。

## 五、审判中心主义语境下退回补充侦查制度的完善建议

（一）转变司法理念，积极适应"以审判为中心"的诉讼体制改革

当前，我国奉行的是以"侦查为中心"的诉讼体制，"侦查中心主义"与"审判中心主义"各有其价值意义，但如果承认刑事司法应当尊重和保障人权，确认现代刑事司法既要打击犯罪又要保障人权的价值取向，那么，结论就是必须承认刑事诉讼应当采取"审判中心主义"模式而非"侦查中心主义"模式③。十八届四中全会明确提出"推进以审判为中心的诉讼制度改革"，对我国司法体制改革和刑事诉讼制度的完善具有重大的指导意义。"推进以审判为中心的诉讼制度改革"，事实上反映的是我国整个刑事诉讼程序落脚点的转变，体现了我国刑事诉讼体制对程序价值的追求。以"审判为中心"是强化人权司法保障、确保办案质量、防止冤假错案、实现司法公正的需要，意味着整个诉讼制度与诉讼活

① 沈德咏：《论以审判为中心的诉讼制度改革》，载《中国法学》，2015 年第 3 期。
② 沈德咏：《我们应当如何防范冤假错案》，《人民法院报》，2013－05－06。
③ 陈光中：《推进"以审判为中心"改革的几个问题》，载《人民法院报》2015 年 1 月 21 日。

动都必须围绕庭审而构建与展开；其内涵是在刑事公诉案件的侦查、起诉、审判和执行等程序中审判居于中心地位，而且在审判中庭审（开庭审理）为决定性环节[①]；其主旨是庭审的实质化，亦即事实证据调查、定罪量刑辩论、判决结果形成都毫无遮掩地呈现于法庭之上，保证法庭在查明事实、认定证据、保护诉权、公正裁判中发挥决定性作用[②]；其宗旨就是要使整个刑事诉讼当中的各个办案部门重视庭审的决定性作用，严格证据标准，落实规则要求，确保案件质量。

推进"以审判为中心"的诉讼制度改革，就需要从根本上理解其核心主旨，进而在司法实践中厘清各种制度障碍，理顺"以审判为中心"的各种制度机制，革除过去长期积淀的落后观念，为推进相应的诉讼制度改革做好准备。

一是要切实转变司法理念。现代的刑事司法理念是刑事错案防范的先导，是确保刑事错案预防实效性和持续性的基础，只有从根本上实现刑事司法理念从传统型向现代型的转变，才能最大限度地减少刑事错案的发生，维护司法的尊严和权威，保障当事人的合法权益。这也是推行"以审判为中心"的诉讼制度改革的必然要求。推行"以审判为中心"的诉讼制度改革，必然要求从"有罪推定、疑罪从轻"向"无罪推定、疑罪从无"转变、从"重打击犯罪、轻人权保障"向"惩治犯罪与保障人权并重"转变、从"重实体、轻程序"向"程序公正与实体公正并重"转变、从"依赖言辞证据、轻证据合法性"向"全面客观收集各类证据、坚决依法排除非法证据"转变。

二是要建立严格的证据裁判规则。"以审判为中心"诉讼制度改革的要求，最终的落脚点体现在证据上，就是通过设置严格的证据规则，确认审判的核心地位，保证司法公正。证据裁判规则是指认定案件事实和定罪量刑，必须根据依法查明的证据进行，裁判案件要以事实为根据，认定事实要以证据为依据，证据是认定案件事实的唯一准绳。对非法获取的言辞证据，坚决予以排除。对有程序瑕疵的实物证据，必须予以补正；不能补正或者做出合理解释的，则予以排除。在庭审中贯彻直接、言辞原则，确立证人、鉴定人、侦查人员当庭提供的证言的证明力大于不出庭的书面证言，与之前做出的书面证言有矛盾的，以当庭提供的为准的证据采信规则。全面贯彻证据裁判原则，就是在诉讼活动中，所有办案机关和诉讼参与人，都要树立重证据、重调查研究、不轻信口供的意识，坚持依法收集、固定、保存、审查和运用证据，坚持用证据说话，用证据证明案件事实，不搞非法证据，不搞虚假证据，不认定没有证据支持的事实，用严密的证据链条锁定犯罪事实。不仅重视收集和采信证明被告人有罪的证据，而且重视收集和采信证明被告人无罪的证据；不仅要坚持有罪则判，而且要坚持疑罪从无

三是要切实突出庭审的中心地位。庭审是"以审判为中心"的诉讼制度改革的关键环节，是诉讼参与人参与诉讼活动、行使诉讼权利的主要场所，应通过法庭审判的程序公正，实现案件裁判的实体公正，只有坚持以审判为中心，将诉讼各方的注意力聚集到审判法庭上来，才能为各项刑事司法理念的贯彻落实提供比较合适的载体和比较坚实的基础，把法律面前人人平等、尊重和保障人权、罪刑法定、罪责刑相适应、控辩平等、程序正义等理念和原则不折不扣地落实到每一个案件中。充分发挥庭审的功能作用，对于确保案件

---

① 陈光中、魏晓娜：《推进以审判为中心的诉讼制度改革》，载《中国法律》2015 年第 1 期。

② 朱孝清：《略论"以审判为中心"》，载《人民检察》2015 年 1 月第 1 期。

质量至关重要。保证庭审发挥决定性作用，要求办案机关和诉讼参与人都要围绕庭审开展诉讼活动，做到诉讼资源向庭审集中，办案时间向庭审倾斜，办案标准向法庭看齐。确保案件证据展示、质证、认证在法庭，证人、鉴定人做证在法庭，案件事实调查、认定在法庭，诉辩和代理意见发表、辩论在法庭，直接言辞原则体现在法庭，当事人及其辩护、代理律师的诉讼权利行使在法庭，公正裁判决定在法庭，裁判说理讲解在法庭，等等。因此，确保庭审在实现案件裁判的实体公正和程序公正，有力打击犯罪和有效保障人权，有效防范冤假错案发生等方面发挥决定性作用，是严格、公正司法的必然要求①。

检察机关审查起诉阶段的退回补充侦查制度存在着诸多问题，这些问题既有制度设计本身过于理想化所造成的，也有制度运行过程中各种机制、体制异化后所造成的，为了完善退回补充侦查制度的运行，实现该制度的立法本意，有必要对退回补充侦查制度进行合理的规制或重构。然而，无论是从规范侦诉工作机制、完善退补考核机制、加强侦诉沟通配合、强化监督制约等角度对退回补充侦查制度进行规制，还是从构建侦检合一、重塑侦检关系、建立提前介入、检察引导侦查机制等角度，对退回补充侦查制度进行重构，都必须转变司法理念，始终以庭审为整个诉讼的中心环节，牢固树立证据裁判意识、人权保障意识、程序公正与实体真实并重意识，切断那些客观上侵蚀"以审判为中心"的各种制度、机制、观念、思想。否则，对退回补充侦查制度的任何规制与重构，都将是"隔靴搔痒""蜻蜓点水"，治标不治本。

（二）进一步完善侦诉关系，加大公诉引导侦查的力度

以审判为中心的诉讼制度改革，使得庭审对前置的审查起诉、立案侦查环节起到实质性的反向指导、传递、倒逼功能，使公诉环节的举证、质证和指控的难度逐步加大，要求侦查与起诉在同一个诉讼目标的指引下，与审判标准保持始终如一的同质性，保证诉讼的生态链条始终围绕审判运转。这必然要求检察机关应当重新检视公诉环节的各项制度、机制，特别是要不断完善退回补充侦查程序的运行机制，加强公诉对侦查的引导与规制功能，逐步构建新型的侦诉关系，这也是为了顺应"以审判为中心"的诉讼制度改革而对构建新型侦诉讼关系作出的必然理解。

侦查是诉讼之源，刑事侦查的质量直接决定着整个刑事诉讼的质量，侦查阶段也是产生非法证据的源头。然而，侦查机关（部门）侦查活动与公诉环节审查起诉活动的信息不对称往往导致非法证据排除程序难以启动。在当前以侦查为中心的诉讼模式下，侦查过程中的非法取证行为具有极强的隐蔽性与保密性，检察机关的公诉环节仅仅通过阅卷、提审、查看相关讯问录音录像等侦查机关（部门）移送的相关材料，进行一般性的书面审查活动，往往难以发现非法取证行为，而且侦查程序中的现场勘验、物证调取、证人寻找等活动都有及时的要求，一旦错过时机将无法补救。而以侦查为主导的诉讼体制下，侦查人员长期以来形成的口供中心主义，使得侦查活动的注意力都过分集中到口供上，而忽略对这些客观证据的调取与保存，导致司法实践中许多案件因时过境迁而无法获取定罪量刑的关键性证据。因此，在以审判为中心的诉讼模式下，检察机关的公诉环节要比以往任何时候都要加大介入侦查引导取证的力度，进一步完善公诉提前介入引导侦查的工作机制，紧

---

① 最高人民法院院长周强：《必须推进建立以审判为中心的诉讼制度》，载《人民日报》2014 年 11 月 14 日。

紧围绕提升侦查和公诉质量的目标，根据庭审证明需要，以客观公正的视角有针对性地引导侦查人员收集、补充证据，更加注重证据的真实性、合法性和证据链条的完整性，从整体上提高追诉质量①。同时，公诉部门把握好介入与监督、引导侦查与分工负责的相互关系，处理好引导侦查的范围、时间、方式、效力等问题，避免检察权干预侦查权，使得介入侦查演变为干涉代替侦查或检警联合侦查。

一是关于公诉引导侦查的案件范围问题。公诉引导侦查的案件应当限制在一定范围之内，并非"逢案必引"，应当坚持谦抑性的权力行使原则。以审判为中心的诉讼制度是一种司法资源高度集中的诉讼模式，公诉引导侦查对检察机关来说意味着诉讼资源的更大投入，然而，当前案多人少是检察机关面临的突出困境。检察机关受限于人力、物力、财力资源的制约，不可能对所有案件进行介入引导，如果公诉过度引导侦查，不仅会造成对有限的司法资源的极大浪费，而且有可能使侦查权的主动性和积极性受到影响，甚至有干预侦查机关独立行使侦查权之嫌。因此，公诉引导侦查的案件范围应当作出概括加列举式的规定，即原则上只包括重大、复杂、疑难案件及涉及重大民生案件，同时应当给公诉引导侦查留有一定的弹性空间，规定兜底条款适用于其他有必要引导侦查的案件。

二是关于公诉引导侦查的时间问题。公诉引导侦查的启动方式主要包括两种：第一种是侦查机关在案件侦查的过程中，认为疑难、复杂或者有较大社会影响，主动要求公诉介入引导侦查；第二种是检察机关依职权主动介入案件并引导侦查机关的侦查活动。公诉何时介入侦查开展引导工作，主要是指在主动介入侦查的情形下，一般来说，公诉介入侦查的时间则要根据案件的具体情况由检察机关自行决定。但是，从审判中心主义的诉讼视角来看，公诉引导侦查的时间，一般应在侦查机关立案或第一时间介入案发现场或抓获犯罪嫌疑人时，因为此时介入侦查，引导工作更有针对性，可以防止侦查机关在以后的诉讼进程中隐匿证据，也可以防止侦查人员调查取证上的懈怠。同时，从抓获犯罪嫌疑人开始就涉及人权保障问题，此时介入引导侦查有利于防止刑讯逼供和羁押性强制措施的滥用，从而在引导过程中发挥检察监督，防止侦查权的滥用与膨胀。

三是关于公诉引导侦查的方式问题。根据案件的具体情况，公诉引导侦查可以采取口头方式，也可以采取提纲式的书面形式或者召开案件现场分析会。此外，公诉部门可以与侦查机关（部门）定期召开联席会议，集中讨论侦查活动中出现的主要问题，并选取典型案例进行研讨，加强对类案的引导。同时，在侦查中心主义的诉讼模式下，侦查机关往往认为"只要将案件侦查终结、移送检察机关审查起诉，其破案的使命就已经完成，其余的工作就是检察机关与审判机关的事了"。于是，在庭审过程中，侦查人员极少有出庭做证的，即使在出现非法证据排除的情形下，除了极个别情形出庭做证，也只是以一纸"情况说明"敷衍了事，这就大大影响了公诉案件的庭审效果。因此，要改变以侦查为中心的诉讼理念，树立起侦查、起诉最终服务于审判的理念，突出庭审的实质性，就应当建立侦查人员出庭旁听制度，逐步强化公安侦查人员的庭审意识，使侦查人员直观地了解公诉人为提起公诉所需向法庭提供的证据，以及辩护人对证据提出异议的规律，对检察机关需要何种证据来支持公诉，什么类型的案件从什么角度去查证才能最终获得有罪判决做到心中有

---

① 王守安：《以审判为中心的诉讼制度改革带来深刻影响》，载《检察日报》2014 年 11 月 10 日。

数，以便日后有针对性地开展侦查工作，保证侦查活动朝着正确、合法的方向进行，强化公诉对侦查的间接引导，努力避免或减少非法证据、瑕疵证据的产生，防止侦查终结的案件"带病带伤"起诉，从而逐步提高案件侦查质量，降低退补侦查率。

四是关于公诉引导侦查的效力问题，公诉引导侦查是检察权的拓展，法律效力上具有检察权的程序权力属性，在权力性质上当属建议权。如果公诉引导侦查没有法律效力上的保障，该项机制的运行则完全取决于公诉部门与侦查机关（部门）之间关系的融洽程度，从而导致公诉引导侦查机制形同虚设。公诉引导侦查的法律效力基于引导侦查的内容不同而有所区别，而公诉引导侦查的内容主要体现在两个方面：一方面是贯彻非法证据排除规则，在引导中监督，在监督中引导，监督纠正侦查机关（部门）的侦查违法行为，防止非法证据进入诉讼程序，此时公诉引导侦查的效力是检察机关法律监督权的必然结果；另一方面，公诉引导侦查应当秉承"参与而不干预，引导而不指导，讨论而不定论"的原则，提出固定和完善相关证据的引导建议或意见，侦查机关（部门）可以根据案件的具体情况决定是否执行这些引导建议、意见。当然，无论侦查机关（部门）执行公诉的引导意见、建议将产生何种结果，都不影响侦查机关（部门）法律责任的相应承担，因为公诉引导侦查不会改变侦查机关（部门）在侦查程序中的法律地位，也没有改变侦查机关（部门）的最终决定权。

（三）完善证据立法，进一步明确退回补充侦查程序的适用条件

前文已经指出，由于法律对退回补充侦查的标准抑或条件的界定不够明确，因而司法实践中退回补充侦查制度被滥用。对证据标准的共识，是执法公正和诉讼高效的基石[1]，但是在司法实践中，对案件的实体审查是否达到"证据确实、充分"的证明标准，一定程度上受制于办案人员主观认知程度的影响，而对于"事实不清、证据不足"要达到何种程度才需要启动补充侦查，往往难以掌控，使得侦诉部门办案人员在证据标准的认识上极易产生分歧。为了保证退回补充侦查制度真正发挥诉讼程序作用，使补充侦查程序的立法目的得到最大化的实现，有必要通过总结实践经验，参考相关司法解释，进一步完善证据立法，从实体与程序、必要性与可行性的角度来明确界定退回补充侦查的标准与条件。当然，对于错综复杂的案件事实与程序而言，就退回补充侦查的适用条件，立法不易也不必"事无巨细"地作出过于细致的规定，应当在尊重办案人员业务能力的基础上，旨在通过立法引导侦诉双方对证据标准达成共识。

（四）严格区分退回补充侦查与自行补充侦查的适用条件

新《刑诉法》》第一百七十一条第二款规定："人民检察院审查案件，对于需要补充侦查的，可以退回公安机关补充侦查，也可以自行侦查。"但是对于何种情形下适用何种补充侦查方式，法律没有给出具体的规定。通过前文分析可知，在司法实践中，由于检察机关案多人少的现实境遇以及受制于侦查装备条件、审查期限等方面的限制，当案件需要补充侦查时，检察机关多数情况下都会选择将案件退回公安机关补充侦查，自行补充侦查很少启用。虽然有观点指出，人民检察院自行补充侦查权的存在，造成对检察机关公诉部

---

① 王培杰：《公诉案件退回补充侦查中存在的问题及对策》，载《法制与社会》2009年11月（上）。

门补充侦查活动监督的法律空白，也违背了诉讼职能分离原则，应该予以废除①。然而，当前在法律还没有赋予检察机关侦查指挥权、侦查引导权，也没有明确规定与侦查监督权相应的保障措施的司法背景下，自行补充侦查成为检察机关的法定职权具有重大现实意义，其不仅可以缩短审限、提高诉讼效率，而且能够强化庭审效果、保障案件办理质量，特别是侦诉双方在案件事实、证据方面的认识不能达成共识的情形下，检察机关执意将案件退回补充侦查，势必导致侦查机关的抵触或者怠惰侦查，以"文对文"的形式敷衍了事，从而给案件最终的办理质量埋下了潜在的隐患。

为了保证补充侦查的质量与效率，首先，立法上应从法律程序、案件事实、证据、遗漏事实与嫌疑人四个方面明确案件是否应退回补充侦查；其次，对于公安机关侦查的案件，应从侦、检两机关的职权分工与侦、检两机关司法资源的实际配置两个方面，来考虑案件是退回补充侦查还是自行补充侦查。为了充分发挥自行补充侦查的立法价值，减少案件退回补充侦查率，提高案件补充侦查的质量，检察机关公诉环节应当坚持以审判为中心，本着保证案件质量、提高诉讼效率、实现司法公正的原则，结合司法实践，充分行使自行补充侦查权。当公安机关移送起诉的案件有下列情形时，公诉部门应充分发挥主观能动性，尽力进行自行补充侦查，以期在缩短审查起诉期限、提高诉讼效率的同时，有力地配合公安机关的侦查工作，使其将主要办案精力集中在重大、疑难刑事案件的侦查工作中，在一定程度上节约公、检两机关有限的司法资源。一是案件主要事实清楚，证明案件事实的主要证据确实、充分，只需要查明个别案件事实或情节，或补充个别证据材料的，为保证庭审效果，公诉部门可进行针对性的自行补充侦查；二是需要补充侦查的事项比较简单，需要补充调取的证据比较容易收集的，比如，在本文的考察样本中，公诉案件的承办人要求侦查机关调取嫌疑人曾经被判处刑罚的刑事判决书，结果该案退回补充侦查用时一个月仅仅为了调取一份判决书，像此种情形的补查，公诉部门完全可以进行自行补充侦查以达到补查目的；三是公诉案件承办人与侦查人员对证据的收集存在分歧，或在案件定性、有关事实、情节的认定上产生严重分歧而难以统一的，而且公诉部门认为能够通过补充侦查予以解决的；四是在审查起诉中发现侦查人员认定案情、收集证据过程中有主观倾向性，退回补充侦查难以保证其补充收集的证据客观、全面、真实的；五是在审查起诉中发现侦查人员在案件的侦查过程中有违反法律程序的行为，或有违法违纪的行为，有影响案件公正办理的可能，承办人认为有自行补充侦查必要的；六是公诉案件承办人认为需要进行自行补充侦查的其他情形。

（五）规范适用退回补充侦查的法律程序

法律及相关司法解释没有对退回补充侦查启动、运行等程序作出具体规定，是导致退回补充侦查随意性过大、退回补充侦查率过高的主要原因。当前，全国检察机关统一业务应用系统的上线运行，一定程度上提升了检察机关执法办案的规范化水平，系统软件对退回补充侦查程序也进行了严格的规制，使得退回补充侦查程序适用的随意性有所降低。但是，系统中对退回补充侦查程序的规制仅限于审批流程的节点，在司法实践中，退回补充侦查相关文书的最低审批权限的配置较为随意，有的最低审批权限为分管检察长，而有的最低审批权限为部门负责人，即使最低审批权限的角色为分管检察长，在系统实际运行

---

① 崔建华：《重构我国补充侦查制度》，载《黑龙江省政法管理干部学院学报》2012 年第 5 期。

中，由于系统应用惩戒机制的缺失，承办人越级审批的情形也较为普遍，而且审核批准的依据在系统中也没有相应的配置，是否同意退回补充侦查仍然取决于案件承办人的报请理由与审批领导对案件的主观认知程度。为了严把退回补充侦查启动程序关口，必须健全退回补充侦查的相关法律程序，完善系统中关于退回补充侦查审核批准的相关程序配置，尤其是在统一业务应用系统中，配置退回补充侦查提纲的制作标准与规范格式，明确指出案件事实与证据存在何种问题，逐一说明需要补充侦查的事实、证据及该证据的证明目的，结合案件性质和犯罪构成要件理清退回补充侦查事项的逻辑结构，并详细说明补充侦查的细节，以及退补中需要注意的其他问题，强调退回补充侦查提纲的针对性、引导性和可操作性，使侦查人员能够准确、迅速领会退补的意图，提升退回补充侦查质量。

为了规范退回补充侦查程序的适用，确保启动退回补充侦查程序的谨慎性，缓和侦诉双方在退回补充侦查必要性与可行性上的分歧，还有必要在统一业务应用系统中，配置退回补充侦查的争议解决程序。如果侦查机关对检察机关退回补充侦查的决定存在异议，可以向检察机关提出复议申请，由检察机关案件管理部门予以受理并录入系统，通过相应的领导审批程序，另行指派承办人审查办理。通过这样的程序配置，给予侦诉双方陈述各自意见的机会，从而强化信息沟通和交流，不但可以增强公诉引导侦查的效力，而且可以避免一些不必要的退回补充侦查，提高诉讼效率、强化权利保障。

## 结　　语

公诉环节退回补充侦查是刑事诉讼程序的非常态，其在惩治犯罪、提高案件诉讼质量、防止冤假错案等方面都发挥着重要作用。但是，随着"以审判为中心"的诉讼制度改革的推进，公诉环节退回补充侦查制度在司法实践中逐步暴露出许多问题，还未能充分发挥其立法原意上的价值功能。要完全解决公诉环节退回补充侦查制度所存在的问题，是不能一蹴而就的，无论是司法实践中的完善还是立法体制上的重构，都有待于"审判中心主义"的诉讼制度在实践中真正建立运用，而不应止于司法理念的层面。唯有如此才能使公诉环节的退回补充侦查制度发挥其应有的功能，实现其立法本身应有的价值。

（作者：朱新武，安徽省淮南市人民检察院检察长；靳良成，安徽省淮南市人民检察院助理检察员）

**参考文献：**

[1] 吕长生，阮宵霞．退回补充侦查程序有待完善 [J]．人民检察，2012，（1）．

[2] 党增，明王毅．浅议退回补充侦查 [J]．法学研究，2012，（10）．

[3] 孙长永．审判中心主义及其对刑事程序的影响 [J]．现代法学，1999，（4）．

[4] 崔建华．重构我国补充侦查制度 [J]．黑龙江省政法管理干部学院学报，2012，（5）．

[5] 陈卫东．以审判为中心推动诉讼制度改革 [N]．中国社会科学报，2014-10-31.

［6］陈新生，金石，马涛．退回补充侦查的实践样态与反思［J］．中国检察官，2011，（9）．

［7］王守安．以审判为中心的诉讼制度改革对检察工作的影响［J］．人民检察，2014，（22）．

［8］齐冠军等．起诉阶段退回补充侦查程序运行情况调查［J］．人民检察，2014，（22）．

［9］朱孝清．略论"以审判为中心"［J］．人民检察，2015，（1）．

［10］周莘芳．关于北京市检察机关审查起诉阶段补充侦查进行情况的调研报告［J］．中国刑事法杂志，2002，（3）．

［11］兰志伟，陈亮．补充侦查制度检视与完善——以河北省石家庄市桥西区人民检察院为考察样本，河北法学，2012，（8）．

［12］王培杰．公诉案件退回补充侦查中存在的问题及对策［J］．法制与社会，2009，（11）．

［13］甄贞．如何理解推进以审判为中心的诉讼制度改革［J］．人民检察，2014，（22）．

［14］陈光中．推进以审判为中心改革的几个问题［N］．2015－01－21，人民法院报，（5）．

［15］肖波，肖之云．论以审判为中心的制度下的公诉工作［J］．中国检察官，2015，（2）．

［16］周强．必须推进建立以审判为中心的诉讼制度［N］．人民日报，2014－11－14.

［17］沈德咏．我们应当如何防范冤假错案［N］．人民法院报，2013－05－06.

# 刑事二审开庭审理问题研究

秦尤佳　　王明明

**摘　要：** 刑事案件二审开庭的主要目的在于发挥二审的纠错功能，创造一个平等对抗的环境，进而维护司法公正，增强司法公信力。然而在实践过程中，刑事二审开庭程序停留在表面、停留在案卷审查、停留在一审程序的重复，和其原有的定位相距甚远。文章结合新《刑事诉讼法》关于刑事案件二审开庭程序的修改要点，从二审案件不开庭审理的弊端、二审案件开庭审理的诸多问题出发，结合相应的司法实践，探求二审开庭程序的完善思路。

**关键词：** 刑事二审；开庭审理；不开庭审理

审判功能的实现离不开审判方式的支持。及时纠正一审裁判的错误，有效惩罚犯罪，保障无罪的人不受刑事追究是刑事二审程序的重要职能，开庭审理程序对该职能的实现有着重要作用。我国的刑事二审开庭程序也在不断发展完善，特别是这次《刑事诉讼法》的修改，将刑事二审开庭问题作了更为细致的规定，在实质上扩大了刑事二审案件开庭审理的范围。但仍然有很多刑事二审案件适用的是阅卷审查式的不开庭审理模式，其弊端不容忽视。

## 一、刑事二审案件不开庭审理的弊端

（一）违背了直接言辞原则

直接言辞原则是现在各国审判阶段普遍适用的原则，不仅仅是在刑事案件一审阶段，更包括二审阶段。直接言辞原则要求法官亲自听取双方当事人、证人以及其他诉讼参与人的当庭陈述和法庭辩论，从而形成案件真实与否的内心确信，进而据此对案件作出裁判。

刑事二审案件不开庭审理最直接的后果就是法官无法亲耳倾听当事人的陈述和辩解，只能依靠一审当中形成的笔录判断案情。一叶障目不见泰山，如果仅仅在提供的笔录范围内，坐在办公室内讨论研究，如何能发现一审错误，进而通过形成的内心确信作出二审正确的裁判？

（二）违背了审判公开原则

审判公开原则要求刑事审判程序的每一阶段、每一步骤都要在当事人和社会大众看得见的情况下进行。随着公民素质的不断提高，其对司法审判的关注度也不断提升，这就要求司法的透明度逐渐加深。许多公民呼吁司法公开，不仅包括裁判文书的公开，还包括审判过程的公开，自然不仅仅限于一审程序，二审程序也备受关注。刑事二审案件如果不开庭审理，首先，损害了公民对于案件审判的知情权、对于国家公权力的监督以及利益相关人对于自己权益的维护；其次，违背了《宪法》确立的审判公开的基本原则。我国《宪法》第一百二十五条规定："人民法院审理案件，除法律规定的特别情况外，一律公开进行。"由此可知，除法律明确规定的不公开情况外，案件审理理应公之于众。

（三）违背了程序参与原则

刑事审判模式体现了控诉、辩护、审判三方在刑事审判程序中的诉讼地位和相互关系，以及与之相适应的审判程序的组合方式。控、辩、审三方作为刑事诉讼基本组成结构，控辩双方地位平等，法官居中裁判是保证审判公正的前提，三方主体互相监督、互相制约。我国现阶段采取的是以国家职权主义为主、以当事人主义为辅的中国特色的刑事审判模式，且越来越重视对国家司法权滥用的抑制以及对犯罪嫌疑人、被告人权利的保护。只有通过开庭审理中控辩双方的对抗和辩论，才能让控辩双方最大限度地表达自己的观点，从而让法官更清晰地了解案件事实。若没有开庭程序，就没有诉讼结构的呈现，也就体现不出程序参与原则。在法制社会中，审判被认为是解决社会矛盾的最终、最彻底的方式。"司法最终裁决"的原则，要求审判必须是公正的。审判制度或程序真正永恒的生命基础在于它的公正性。正如培根所说，一次不公的审判比多次不平的举动为祸尤烈，因为这些不平的举动不过是弄脏了水流，而不公的审判则把水源败坏了。

程序参与原则的目的在于保障受诉讼结果直接影响的人有充分的机会参与诉讼过程中，并对最终的裁判结果发挥有效的影响。只有从制度上充分地保障当事人享有和行使程序参与权，诉讼程序的本身才能为审判结果带来正当性。刑事二审程序同样作为审判程序的一种，其正当性也需要同样的规则来保证，开庭审理则恰恰为保障其正当性提供了基础。

（四）降低了司法公信力

司法公正、司法效率、司法信仰共同构成了司法公信力这座大厦的基石，三者相辅相成，相互作用。司法公正是产生司法公信力的核心，司法效率是维护司法公信力的基础，司法信仰是司法公信力提升的保障[①]。我国实行二审终审制度，司法本身就具有权威性，但我们所论述的司法公信力更注重的是"信服"。只有参与并且了解整个裁判过程，充分表达自己的见解，并确信产生其最终判决的裁判过程合法且公正，才会达到让民众信服的效果。而二审不开庭审理必然使当事人无法完整参与整个诉讼过程，特别是针对一些对一审判决有质疑的案件，当事人往往寄很大希望于二审程序，希望通过二审开庭审理查清案件事实，进而对一审判决作出变更。如果二审仅仅通过简单的阅卷、讯问进行书面审理便得出相应的判决结果，很有可能造成当事人对二审程序公正性的质疑。尤其在我国现阶段裁判文书说理并不完善的情况下，当事人未经历开庭审判过程就直接面对二审判决，根本无法通过判决书内容了解法官判决的裁判思维，使得裁判文书的可接受性降低，进而大大影响了刑事审判的司法公信力。

① 张芸. 论司法公信力［D］. 兰州：西北师范大学，2007.

## 二、我国现行法律规定的刑事二审开庭的现状及问题

《刑事诉讼法》修改以后，刑事二审案件开庭程序的变化有目共睹。

| 项目\年份 | 二审收案 | 二审结案 | 维持原判 | 发挥重审 | 改判 | 撤诉 | 调解 | 其他 | 检察机关出庭 | 上诉 | 二审开庭率（％） | 抗诉 |
|---|---|---|---|---|---|---|---|---|---|---|---|---|
| 2009 | 100547 | 100398 | 70850 | 7712 | 13424 | 7215 | 368 | 829 | 10956 | 9192 | 10.9 | 1764 |
| 2010 | 101786 | 102370 | 71874 | 7838 | 13520 | 7796 | 442 | 900 | 11992 | 9307 | 11.8 | 2685 |
| 2011 | 98937 | 98919 | 69340 | 7530 | 12753 | 8053 | 379 | 864 | 13185 | 10360 | 13.3 | 2825 |
| 2012 | 108745 | 108096 | 76415 | 6962 | 13511 | 9846 | 336 | 1026 | 17906 | 14453 | 16.4 | 3453 |

（开庭率：检察机关出庭案件数与当年收案数之比）

资料来源：《中国法律年鉴》，中国法律年鉴出版社，2013 年。

2011 年，北京市总结中、高级法院刑事案件二审开庭率，同比提高了 11.5 个百分点，2012 年又提高了 4.7 个百分点；2012 年天津市的二审开庭率高达 75.64%。笔者在中国裁判文书网中随机选取了一百份 2015 年最近上传的裁判文书，其中有 43 个案件采用的是开庭审理的方式。在总结过程中，研究者发现二审案件的刑事开庭率在不同的地区、甚至是相同地区的不同法院之间还是存在很大区别的①。

修改刑事案件二审开庭是因为原规定在实践过程中产生的诸多问题，试图通过修法改变这种"能不开庭就不开庭"的状态，最终的目的是实现二审程序的功能，纠正审判中的错误，以服务于当事人权益的保障工作，这个目的在《刑事诉讼法》修改以后依然变化不大。"尊重与保障人权"把被告人权益的保障放在更高的位置。扩大二审开庭的目的就在于维护当事人的程序参与权，保证审判的公正性。但修改后的刑事二审开庭程序在实践过程中依然存在诸多问题，大多是公正与效率间的取舍。公正与效率之间是辩证统一的关系，二者之间的矛盾不可避免，加之制度设计得不合理，有时公正与效率之间便有了一道不可逾越的鸿沟。

（一）现行法律规定存在的问题

我国现行法律采用列举方式对几种应当开庭的刑事案件予以规定。《刑事诉讼法》第二百二十三条规定："第二审人民法院对于下列案件，应当组成合议庭，开庭审理：（一）被告人、自诉人及其法定代理人对第一审认定的事实、证据提出异议，可能影响定罪量刑的上诉案件；（二）被告人被判处死刑的上诉案件；（三）人民检察院抗诉的案件；（四）其他应当开庭审理的案件。"《最高人民法院关于适用〈中华人民共和国刑事诉讼法〉的解释》第三百一十八条规定："对上诉、抗诉案件，第二审人民法院经审查，认为原判事

---

① "据统计，11 个被调研的中院刑诉法实施八个月来二审累计开庭 567 件，同比增加 1.75 倍；二审平均开庭率为 32.5%，同比提高 21.3 个百分点。其中，二审开庭率提高幅度最大的由 20.1% 提高至 62.2%，提高幅度最小的由 11.6% 提高至 15.5%。"参见：山东省高级人民法院刑四庭．关于规范刑事二审程序重点问题的研究报告［J］．山东审判，2014，（3）：29 - 33.

实不清、证据不足，或者具有刑事诉讼法第二百二十七条规定的违反法定诉讼程序情形，需要发回重新审判的，可以不开庭审理。"

而这种列举式的法律规定存在的弊端则是法律适用的不明确，新法并没有明确规定何种情况下应当不开庭审理。仅仅是列举了应当开庭的四种情况，以及可以不开庭审理的几种情况，在两者之间未规定一个应当不开庭审理案件范围的限定，在司法实践中容易导致其他案件均不开庭审理"①。

（二）全面审查原则对刑事二审开庭审理的影响

全面审查原则的直接表达即"第二审人民法院应就第一审判决认定的事实和适用的法律进行全面审查，不受上诉或者抗诉范围的限制"。其具有浓厚的职权主义色彩，确立了法院在二审程序中的绝对主导地位。但弊端是限定当事人只有在启动二审程序方面具有决定性的作用，严重侵犯了当事人的诉讼权利，限定了当事人在行使处分权上的空间，使上诉人不能自主撤回上诉，检察机关也不能自主撤回抗诉，必须经过法院全面审查后同意，从而破坏了司法审判的中立性与被动性。

新《刑事诉讼法》修改以后，仍旧保留了全面审理原则。我们肯定全面审理原则在一个阶段对公正审判确实起到了促进作用，但现阶段全面审理原则却具有诸多弊端。如违背了"不告不理"的诉讼原则、破坏了司法中立性、不利于裁判的稳定性等。相较于刑事二审开庭程序而言，在新法"明缩实扩"的规定下，刑事二审案件开庭率激增，全面审理原则的保留使得二审裁判的审判方式与审理范围发生错位，二审开庭沦为"走形式""走过场"，难以达到其目的。

（三）检察机关方面存在的问题

首先，检察机关办案人员数量有限。北京市人民检察院副检察长甄贞在 2006 年的"刑事二审案件开庭审理专题研讨会"上就提出："可是我们 28 个人员编制，真正公诉处用于二审出庭的只有 8 位检察员和助检员，同时有 5 位书记员，一年的办案量是 150 至 200 件，也就是开庭审理要在 150 至 200 件之间，这样一个数量和这样一个人员比例，怎么保证我们全面地、公正地履行我们的职责。"② 从这个发言里我们可以看到她的无奈，也更了解检察机关面临的严峻形势，特别是新法修正后，二审案件的开庭率猛增的情况下。

其次，检察机关的定位。在我们国家，检察人员出席第二审法庭的任务包括：（1）支持抗诉或者听取上诉人意见，对原审人民法院做出的错误判决或者裁定提出纠正意见；（2）维护原审人民法院正确的判决或者裁定，建议法院维持原判；（3）维护诉讼参与人的合法权利；（4）对法庭审理案件有无违反法律规定的诉讼程序的情况制作笔录。检察机关既是追诉机关，又是法律监督机关。既然是法律监督机关，在二审开庭程序当中是不是要履行一个监督者的职能？但很多案件是由检察机关提出抗诉，且检察机关的抗诉案件是法定开庭审理的范围，这种情况下，是不是要凸显它的公诉职能？如何平衡检察机关这两

① 刘玫，耿振善．审判方式视角下刑事二审程序的制度更能——兼评新《刑事诉讼法》第 223 条［J］．上海大学学报，2013，（3）：131－140.

② 陈卫东．刑事二审开庭程序研究［M］．北京：中国政法大学出版社，2008：319.

种并不相融的职能？

最后，阅卷问题。法律规定："人民检察院提出抗诉的案件或者第二审人民法院开庭审理的公诉案件，同级人民检察院都应当派员出席法庭。"检察院与法院的对应机制一定程度上保证了审判的公正性，但随之而来的问题是，参与二审案件的检察官通过下一级检察院提供的案卷材料了解案情，必然受案卷材料的限制。除此之外，我们都了解一些刑事案件的案卷材料数量十分庞大，特别是一些经济类型的案件，卷宗多的可达几百本，要求检察机关在一个月内完成阅卷工作并发现问题，未免有点强人所难。

（四）案卷裁判问题

在新法修改之前抑或是修改之后，我国刑事二审都存在依靠案卷材料进行裁判的问题。关于案卷移送制度，有学者认为，2012年刑事诉讼法对庭前移送案卷制度的恢复，意味着1996年完成的旨在限制检察机关移送案卷范围的改革努力宣告失败，也标志着中国刑事诉讼中的案卷移送制度又回到了1979年的状态。在这种改革、规避改革和废止改革的表象背后，其实一直存在着法院通过阅卷来形成裁判结论的司法文化。造成这一文化形成的原因，除了有法官存在依据职权主导证据调查的传统、法官无法通过庭审来组织实质的事实审查以外，还有法院在庭外形成裁判结论、上级法院通过阅卷进行事实复审这些较深层次的因素[1]。显然罪源并不在我们的案卷本身，而在于制度设计，在于对案卷的处理方式。我们处在一个从侦查中心主义到审判中心主义过渡的阶段，怎样排除干扰，将法官的内心确信建立在法庭审判的基础上，不仅仅需要法律信仰的支持，更需要制度设计的保障。

（五）证据方面问题

无论一审还是二审案件，证人出庭做证率低都是普遍的问题，二审比一审的问题更严重。如果缺乏证人出庭制度的支持，刑事二审案件的开庭制度将仍旧建立在案卷裁判的基础上，局限在一审结论的范围内，失去设置的意义。这次法律的修订采纳了很多之前有关证人做证问题的建议，在以下几方面做了全新的规定。首先，规定了证人出庭的范围：即控辩双方对证人证言有异议，该证言对定罪量刑有重大影响的，人民法院认为该证人有必要出庭做证。其次，规定了强制证人出庭做证制度：经人民法院通知，证人没有正当理由不出庭做证的，人民法院可以强制其到庭，但是被告人的配偶、父母、子女除外。最后，规定了证人保护范围及措施。我国新刑事诉讼法第六十二条规定："对于危害国家安全犯罪、恐怖活动犯罪、黑社会性质的组织犯罪、毒品犯罪等案件，证人、鉴定人、被害人因在诉讼中做证，本人或者其近亲属的人身安全面临危险的，人民法院、人民检察院和公安机关应当采取以下一项或者多项保护措施：（一）不公开真实姓名、住址和工作单位等个人信息；（二）采取不暴露外貌、真实声音等出庭做证措施；（三）禁止特定的人员接触证人、鉴定人、被害人及其近亲属；（四）对人身和住宅采取专门性保护措施；（五）其他必要的保护措施。证人、鉴定人、被害人认为因在诉讼中做证，本人或者其近亲属的人身安全面临危险的，可以向人民法院、人民检察院、公安机关请求予以保护。人民法院、人民检察院、公安机关依法采取保护措施，有关单位和个人应当配合。"

---

[1] 陈瑞华. 案卷移送制度的演变与反思［J］. 政法论坛，2012，（5）：14－24.

然而，在对我国有关证人出庭做证制度不断进步感到欣喜的同时，我们也应当看到其中存在的诸多问题：第一，证人出庭范围的规定赋予法院更多的自由裁量权。但在司法裁判中法官却倾向于不愿意证人出庭做证①。第二，对证人未出庭的证人证言的效力未做明确规定。第三，强制证人出庭的措施单一，且具体适用未作明确规定。第四，证人保护范围、保护措施仍旧有待完善。

## 三、我国刑事二审开庭审理制度的完善

（一）解释与完善现行法律规定

目前刑事二审程序发展的总体趋势是不断提高二审案件的开庭率。刑事立法以列举的方式规定了开庭审理的范围，以改善新法颁布前"以例外为原则，以原则为例外"造成的刑事二审案件开庭率极低的状况。对于明确不开庭审理的标准，也制定了一些相应的司法解释，《最高人民法院关于适用〈中华人民共和国刑事诉讼法〉的解释》对刑事二审的审理方式作出了一定的补充，该解释第三百一十八条规定了可以适用不开庭审理的情形，即"第二审人民法院经审查，认为原判事实不清、证据不足，或者具有刑事诉讼法第二百二十七条规定的违反法定诉讼程序情形，需要发回重新审判的，可以不开庭审理②。针对现行法律规定中存在的问题，首先，要严格把握不开庭审理的标准。对于那些对一审认定的事实没有争议和二审时没出现新事实或证据的上诉案件，再开庭审理重复法庭调查，是对司法资源的浪费，这些案件完全可以剔除在开庭审理范围之外。应当完善不开庭审理与开庭审理的选择制度及不开庭审理的程序，以消除不开庭审理中公正司法程序保证要素的先天性不足。其次，可以发布相关的司法判例，随着两大法系的不断融合，我国也越来越重视司法判例，法官裁判过程中也会参考相应的司法判例。可以由最高人民法院牵头，相关权威机构参与，编订具有典型性、代表性的不开庭审理案例，供法院审判时参考。再次，限定法官的自由裁量权，明确"可能影响定罪量刑"的情况和标准，设置当事人的异议权。

（二）简化开庭程序，突破全面审查原则

在上文，笔者已经论述了全面审查原则在现阶段的弊端。但我们同样要看到全面审理原则的优势，共同犯罪案件一人上诉使得案件其他人获得减刑甚至无罪的案例不在少数，因此现阶段还没有办法一下规避全面审查原则。二审案件最适宜采用的是重点审查与全面审查相结合的原则。具体操作可以从一审着手，二审案件的审理范围是建立在一审的基础之上的，一审首先确定其范围，要求一审检察官在制作起诉书时简明扼要，明确犯罪构成，我国刑法采用主体、客体、主观方面、客观方面四要件犯罪构成。检察官的起诉就只能在起诉书指控的范围内进行，如果提出上诉，上诉内容的范围可能就是犯罪构成要件的一个方面，这样二审就可以考虑只针对一方面进行审判。这是比较理想的设想，从现阶段

① 左卫民，马静华. 证人出庭率低，一种基于实证研究的理论阐述 [J]. 中国法学，2005，（6）：164-176.
② 刘玫，耿振善. 审判方式视角下刑事二审程序的制度更能——兼评新《刑事诉讼法》第223条 [J]. 上海大学学报，2013，（3）：131-140.

看，依然可以区别上诉理由决定是否进行全面审查。在笔者随机统计的刑事二审开庭案件中，有48%左右的案件都是仅针对量刑部分的上诉，上诉理由绝大多数是"有自首情节""认罪态度良好""没有犯罪的故意""被害人也有过错"等等，有的甚至是直接"请求法院从轻判决"。笔者认为针对这些类型的案件可以重点审查犯罪人上诉理由的相关材料，对于犯罪事实没有必要做全面审查。

（三）检察机关的完善意见

首先，对于检察机关人员数量有限的问题，当然不仅仅是检察机关，法院也面临同样的问题。为解决此问题，我们可以做两步划分，第一步是对于大部分的认罪案件，可以通过简化开庭审理程序加以解决，结合上一部分论述中提到的举措，针对上诉人的上诉理由，检察官有针对性地阅卷，法官有针对性地提问，这样可以节省大量的人力；第二步就是根据案件工作量有计划地增加检察官、法官人数，不能让效率成了公正的绊脚石。

其次，是针对检察机关的定位问题。有人提出"检察官一审公诉，二审监督"这样的观点，对此笔者是持反对态度的，因为我们国家赋予了检察官在公诉权之外的一个监督权，确实将它在刑事二审开庭程序中推向了一个尴尬的定位。现在更多的学者淡化了检察机关的法律监督权，更愿意称其为程序启动权和建议权，它存在的目的是保障诉讼程序的公正、合法，保障诉讼参与人的权利。控辩双方平等、法官居中裁判这样的诉讼三角构造并不因为检察机关拥有监督权而发生变化，只有在法官发生违法的情况下，公诉人才会记录在案，在庭后提出意见。

最后，是关于检察机关的阅卷问题。有学者提出直接让参与一审案件审判的下级检察官参与刑事二审案件的审判中来，出庭支持公诉。虽然提议有不足之处，例如受到案件终身追究制度以及先入为主的内心确信都有可能导致一审检察官不能在二审开庭中很好地履行职责，但另一方面讲，有限制地引入一审检察官进入二审开庭程序不是没有可能的。例如限制案件类型，规定一些特别重大复杂的案件可以引入一审检察官协助办案，还可以在案件追究制之外给予参与二审案件的一审检察官"将功赎罪"的机会，使其在一审过程中出现的错误可以在二审过程中及时发现并及时纠正的，最重要的是愿意纠错的积极心态。

（四）避免以案卷裁判为中心

为了使刑事案件最终的裁判来源于刑事二审开庭后法官的内心确信，首先，要确立一审的"审判中心主义"，确保一审案件的裁判来源于法庭审判，确保一审案件的审判过程合理，证据来源合法。其次，避免二审法官先入为主，形成了难以改变的第一印象，判断是否开庭审理的标准除了法条的明确规定以外还有法官自由裁量的部分，"可能影响定罪量刑"就是一个模糊不清的概念，法官需要结合上诉状与一审的案卷材料判断是否开庭审理，这样一审案卷材料就有可能对法官的二审裁判发生影响，特别是有的案卷材料在检察机关的控制下会有失偏颇。对此，笔者认为可以设置专门的三人合议小组，专门负责刑事二审的庭前阅卷工作，以判断是否开庭。可以指定一个判断标准，比如说给出十个具体项目，只要出现其中任何一项内容，都应当开庭审理。总而言之，即判断开庭审理案件的标准不宜过于严苛。

（五）证人出庭制度的完善

第一，确定律师在证人出庭方面的权利①。首先也是最重要的是完善我国的法律援助制度，使得参与刑事案件的当事人都有能够维护自己权益的专业人士。其次是保障辩护律师要求证人出庭做证的权利，在辩护律师有相关线索证明证言可能影响定罪量刑的情况下，法官有义务传唤该证人出庭做证。

第二，限制传闻证据的效力。传闻证据是指"在审判或听证时做证的证人以外的人所表达或做出的，被作为证据提出以证实其所主张的事实的真实性的，一种口头或书面的主张或有意无意地带有某种主张的非语言行为"②。英美法系国家大都排斥传闻证据，直接认定为不可采信。考虑我国现阶段的国情，打击犯罪的任务仍然十分艰巨，是不可能完全排除传闻证据的。但仍有必要限制传闻证据的采用，特别是对于检察机关提供的书面证人证言，如果无法提供证人出庭做证，对于证言的真实性必须有其他证据予以印证；如果辩护律师提供相关线索，质疑检察机关书面证言的真实性，检察机关必须提供证据予以证明，无法提供证据证明书面证言的真实性，该书面证言不予采纳。

第三，完善证人做证的强制措施。《大清民事诉讼律草案》曾经规定："对于有做证义务而不做证者，或者有疾病不能做证又未及时申明者，可对其处以 30 元以下的罚款，如果其健康状况良好，仍勒令其到庭做证。"我国现行法律也规定："证人没有正当理由拒绝出庭或者出庭后拒绝做证的，予以训诫，情节严重的，经院长批准，处以十日以下的拘留。"可以参考相关法律规定采用警告、训诫、罚款、拘留甚至定罪逐级递增的方式对无故拒绝履行出庭做证义务的证人加以惩罚。

第四，加大对证人的保护力度。趋利避害是人类的本性，也是证人不愿意出庭做证的原因之一，只有确保了证人的利益不会受损，证人才会自愿出庭做证。对此，我们首先要扩大证人保护的范围，特别是一些重大的涉毒、涉黑的团伙性犯罪，犯罪分子的势力往往超乎想象，这时候的保护范围不应当仅仅限于近亲属，应自然扩大到有密切关系的人，例如男女朋友等；其次，明确证人保护机构，现阶段可以确立公安机关为证人的保护部门，明确专门机关的保护职责，以及不履行职责的法律后果，这样证人在遇到情况时可以及时获得帮助。长远来看还须确定专门的证人保护机构。

证人保护制度还依赖于很多方面的完善，例如经济补偿制度、特免权制度等等，这一切的制度设计都是为了提高证人的出庭率。对于刑事案件二审开庭程序而言，就是使二审开庭可以真正实现以法庭审理为中心、以当事人为主体、以庭审过程为裁判基础。

（作者简介：秦尤佳，法学硕士，安徽国伦律师事务所律师；王明明，安徽师范大学法学院诉讼法专业硕士研究生）

---

① 吕良彪. 程序辩护：尊重法庭与尊重法律［DB/OL］.（2010－01－07）　［2014－06－29］. http：// blog. sina. com. cn/s/blog_ 493412cc0102vru7. html.

② ［美］华尔兹. 刑事证据大全［M］. 何家弘等译. 北京：中国人民公安大学出版社，2013：102.

# 失衡与扶正：以审判为中心司法语境下
# 刑事被告人权利保护检视

蒋　涛

**摘　要：** 刑事诉讼结构力学设计之初为等腰三角形结构，控辩双方充分进行辩论，法院依据证据居中进行裁量。但司法实践中，却因为侦查中心主义、案卷移送、法官体制信赖等因素，导致法官先定后审、庭审虚化等情况严重，这不利于保护刑事诉讼等腰三角形中一角的刑事被告人的合法权利。在推进以审判为中心的诉讼制度改革背景下，要求事实证据调查在法庭，定罪量刑辩论在法庭，判决结果形成在法庭。刑事被告人参与法庭中充分表达意见，成为此次改革的题中应有之义。为了使刑事被告人参与法庭中充分表达意见，不仅仅是法院自身应该建立相应的制度，还要建立新型的侦诉关系，使公诉机关充分了解侦查机关证据取得的合法性；同时，还赋予刑事被告人以有效辩护的权利，扩大司法援助案件范围，提高律师司法援助的积极性。通过三方面的共同努力，以期使刑事被告人的合法权利得到更好的保护，刑事诉讼等腰三角形结构不再偏移和失衡。

**关键词：** 审判中心；直接言辞；侦诉关系；有效辩护；司法援助

党的十八届四中全会审议通过的《中共中央关于全面推进依法治国若干重大问题的决定》，明确提出"推进以审判为中心的诉讼制度改革，确保侦查、审查起诉的案件事实证据经得起法律的检视。全面贯彻证据裁判规则，严格依法收集、固定、保存、审查、运用证据，完善证人、鉴定人出庭制度，保证庭审在查明事实、认定证据、保护诉权、公正裁判中发挥决定性作用"。推进以审判为中心的诉讼制度改革要求做到事实证据调查在法庭，定罪量刑辩论在法庭，判决结果形成在法庭。这必然要求刑事被告人全面充分参与庭审之中，充分发挥己方意见。然而在长期的司法实践中，因诉讼结构重心的偏移，本应是等腰三角形的诉讼结构渐渐异化为钝角三角形，控辩双方处于完全不对等状态。如何使刑事被告人的权利得以充分保护，建立对等的控辩关系，恢复设计之初的等腰三角形诉讼结构模式，是我们在推进以审判为中心的诉讼制度改革中应认真考虑的。

## 一、现状素描：刑事被告人诉讼权利保护的缺失

刑事被告人作为刑事诉讼过程重要参与者，其与侦查控诉机关力量相比甚为悬殊，这就导致其在刑事诉讼过程中，难以以有效方式行使自己的权利。

（一）辩护律师参与案件数量不足

由于绝大多数被告人审前在押，且现行法律并未赋予被告人本人的阅卷权，专业辩护律师的介入显得尤为重要。笔者对辩护律师参与案件数量进行了统计（见图1和图2）。

律师参加刑事案件数

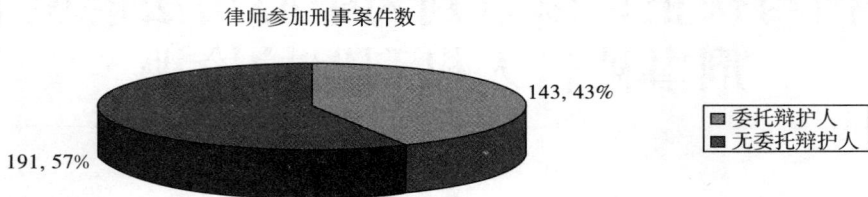

191, 57%　　143, 43%

□ 委托辩护人
■ 无委托辩护人

图 1　律师参加刑事案件数

司法援助案件数

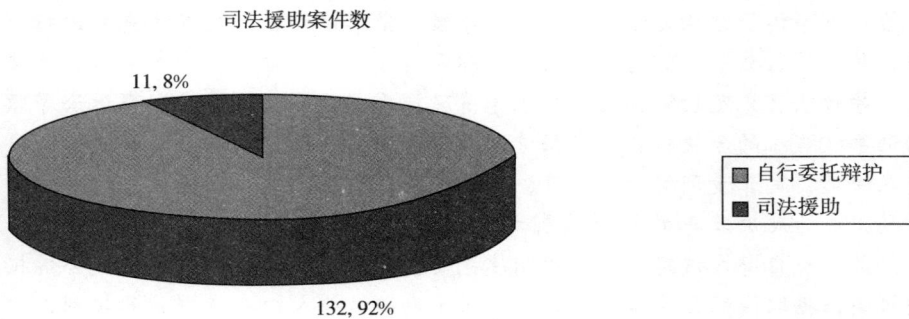

11, 8%

132, 92%

□ 自行委托辩护
■ 司法援助

图 2　司法援助案件数

统计数据显示，在2014年Y区法院审理的334件刑事案件中，有辩护律师参与的案件为143件，比例仅为42.8%。同时，值得注意的是，虽然《刑事诉讼法》对法定援助案件范围由三大类扩大到五大类，但该类案件所占刑事案件总量不多，被告人主动或知道申请法律援助的数量也偏少。与此同时，我国法律援助制度的适用对象限定在法庭审判阶段的被告人，而在侦查阶段的犯罪嫌疑人却不适用该种制度。在有辩护律师参与的143件案件中，被告人申请和法院指定的法律援助数量为11件，比例仅为7.7%。

（二）证人出庭率偏低

由于我国对保护证人的相关制度很少，证人因为担心遭到打击报复很多不愿出庭做证，因此，我国无论民事还是刑事诉讼中，证人出庭做证率都非常低，相较于证人出庭较少的情况，刑事侦查人员由于心理、职业等特点更加不愿出庭做证，因此，我国刑事侦查人员出庭做证的次数更加少。有很多刑事侦查人员一生办过很多刑事案件，但出庭做证却少之又少，甚至没有一次。如果侦办的案件开庭时有情况，一般就会由侦查人员或所在单位出具相关情况说明，且情况说明不会直接署名，这样就降低了侦查人员出庭做证时可能暴露他们工作中存在不足的风险。据一份调查显示，65.6%的警察不乐意接受法庭的传唤进行出庭做证①。因此，在我国，刑事侦查人员和一般证人出庭做证没有成为常态，反而

————————————————

① 宾亮：《浅析侦查人员出庭做证的制度构建》，《法制与经济》，2009年第8期。

不出庭做证成为常态。

（三）法官中立性难以保证，庭审虚置化严重

司法实践中，采取全卷移送制度，法官事前就对案卷进行了阅读，对案件基本事实已经有了预断，导致法官失去中立立场，以案卷定案，庭审虚化。笔者就此进行问卷调查，调查范围为 Y 区法院从事刑事审判法官（见表1）。

**表 1  调查问卷表**

| 问题 | 是（人） | 否（人） |
|------|---------|---------|
| 庭前进行阅卷 | 11 | 0 |
| 庭前对案件有倾向性 | 9 | 2 |
| 打断被告人或辩护人陈述 | 10 | 1 |
| 庭审中不认真听取辩方意见 | 8 | 3 |
| 判决参照庭审笔录 | 3 | 8 |
| 判决书中对质证、认证进行分析 | 2 | 9 |

从问卷的结果可以看出，法官普遍具有庭前阅卷的习惯，占问卷人的 100% 。庭前阅卷有利于法官全面了解案件事实，却导致 9 名法官对案件在开庭前即形成内向预断，从而导致 10 名法官出于种种原因在庭审中打断被告人或辩护人发表意见；8 名法官不认真听取辩方意见。庭审种种虚化现象从合议庭其他成员提出不同意见的比例也可以看出，据了解，绝大多数案件主要以主审法官意见作为最终判决意见，合议庭其他成员鲜有提出不同意见。种种现象都表明法官在庭审之前已经失去中立地位，庭审质证、认证均流于形式，这严重侵害了刑事被告人合法权利的行使。

（四）补充侦查时有发生

我国《人民法院组织法》第十四条规定："人民法院对于人民检察院起诉的案件认为主要事实不清、证据不足，或者有违法情况时，可以退回人民检察院补充侦查，或者通知人民检察院纠正。"此条规定让本应处于中立地位的法院重心有所偏移。在案件事实不清、证据不足的情况下，本应当直接根据疑罪从无的原则判决被告人无罪，而设置法院建议补充侦查，充分反映了将公检法作为惩治犯罪共同体的理念，审判权变成了侦查权后续的处罚权，失去了中立地位。笔者就此问题同样访问了该院 11 名刑事办案法官，就"办案中法官事实不清、证据不足时，是建议检察院补充侦查还是根据疑罪从无的原则判决无罪"。所有的刑事办案法官虽然所依据的理由不同，诸如：惩治违法犯罪维护社会秩序、防止被害人涉诉信访、协调法院与检察院关系防止关系搞僵等等，但都回答会选择建议检察院补充侦查。

## 二、原因深析：诉讼结构重心的偏移导致等腰三角形异化

刑事诉讼结构设计之初应为正立等腰三角形结构，但随着维护社会秩序和打击违法犯罪的刑事诉讼职能转变，等腰三角形结构渐渐异化为钝角三角形结构（如图4所示），其

中 $A$ 点代表法院；$B$ 点代表公检机关；$C$ 点代表刑事被告人；虚线处为重心。由图 4 可见，法院重心向公检偏移，导致本就处于弱势地位的被告人合法权益更难以得到维护。

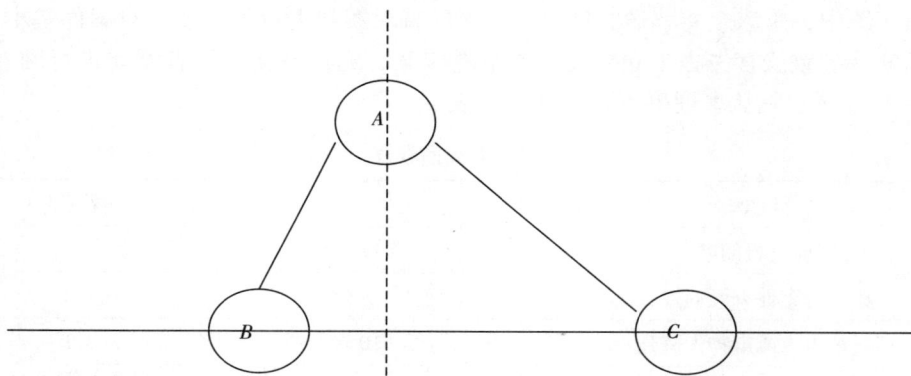

图 3  刑事诉讼结构三角形异化示意图

（一）宏观原因：侦查中心主义

有学者将我国刑事诉讼结构形象比喻为"葫芦形"，葫芦底端庞大，而上端较小。庞大的底部意指侦查活动，上端则意指法院的审判活动，葫芦细腰部其连接作用的则意指检察机关审查起诉活动。从此种形象比喻来看，刑事诉讼结构中侦查活动具有绝对的优势，而审判活动则难以和其相比较。故"我国民间对这样的刑事诉讼结构有一个形象的说法：'大公安，小法院，可有可无检察院'"①。从"葫芦形"构造可以看出，在我国刑事诉讼程序中，侦查活动比重较大，地位较高。"大公安、小法院"的称号恰恰表明了侦查活动相较于审判活动在刑事诉讼程序中的重要地位。

我国正确处理刑事诉讼中公、检、法三机关关系的一项原则"分工负责、互相配合、互相制约"，但这一原则在执行中出现了偏差，实践中逐步形成了刑事诉讼以侦查活动为中心的格局②。受"分工负责、互相配合、互相制约"原则的影响，刑事诉讼中地位平等的公检法三机关，在诉讼活动中则呈现出"侦查中心主义"的特征，在"侦查中心主义"模式下，案件事实及证据的认定往往决定着审判的结局，审判作为"流水作业"的后续工序只是为了给侦查活动加盖合法的印章，以至于"真正决定中国犯罪嫌疑人和被告人命运的程序不是审判，而是侦查"③。新近的统计数据显示，中国无罪率持续趋零（0.07%）④。从近些年的冤假错案更可以看出，"公安绑架法院"是个不争的事实，同时，由于我国体制的原因，遇到公检法三家难以协调或有重大争议的案件，往往政法委就会出面协调，最终法院不得已只好屈从于协调的结果。现行刑事诉讼结构力学下的等腰三角形的异化，导致冤假错案频发，司法整体公信力下降，我国刑事诉讼的结构到了必须调整重塑的关键时刻。

① 张建伟：《刑事司法：多元价值与制度配置》，人民法院出版社，2003 年，第 157 页。
② 参见汪红《法学家读四中全会公报（九）提出以审判为中心有其背景》，《法制晚报》2014 年 10 月 24 日。
③ 闵春雷：《以审判为中心：内涵解读及实现路径》，《法律科学（西北政法大学学报）》，2015 年 5 月 10 日。
④ 刘煜含：2014 地方司法观察：中国无罪率持续趋零〔EB/OL〕，http://china.caixin.com/2015 − 02 − 12/100783530.html，2015 − 02 − 12。

（二）中观原因：案卷移送、下级服从上级、先定后审

1. 以卷宗为中心导致庭审虚置化

2012 年，《刑事诉讼法》恢复卷宗移送制度，使法官对案件的审理主要依靠庭外阅卷，法官手头的案卷成为判决的主要依据。开庭前，卷宗已经移送到审判法官手中，从采访刑事法官来看，所有刑事法官都会在开庭前就对案卷进行全面的熟悉，对案件整体有个把握。法官处理一件刑事案件有 60% ~ 70% 的时间花费在阅卷中。刑事案卷中，各种笔录是各种证据的常存形态，法官阅卷也就主要通过阅读、审查案卷中的各种笔录对案件基本事实进行了解，如证人证言、被告人供述与辩解、勘验检查笔录、搜查笔录、辨认笔录等。通过对案卷中各种笔录的审查，法官就会对案件基本事实进行判断，因此，庭审过程就显得没有太大的意义。同时，相较于在庭审过程中对各种笔录进行审查花费时间较长、效率不高的做法，办案法官往往更加偏好专心致志地在办公室里审阅案卷。这种"以案卷为中心"的法官偏好模式也是庭审过程虚化的原因。

2. "下级服从上级"导致"审者不判，判者不审"

有学者指出："目前我国法院实行的是独任制、合议制、审判委员会制。合议制和审判委员会制均属于'民主集中制'的决策方式，实际上就是采取行政管理模式对案件作出决定。审理案件时，主审法官要向庭长汇报案情并做请示，裁判文书要报庭长、主管副院长审批；主管副院长不同意合议庭意见的，可以退回要求合议庭重新合议或提交审判委员会讨论决定；审判委员会认为没把握的，则要请示上级法院。对上级法院或审判委员会的决定，合议庭必须执行。无论是检察院还是法院，这种层层汇报、层层审批的行政化做法，是一种典型的行政管理模式，其直接后果就是案件承办者作为真正了解案件情况的人却无法对案件的处理结果享有决定权，庭审成为走过场，一切不正当的干预拥有了一条合法的通道，严重威胁司法的公正性，在无形中增加了错案的风险。"[1]

司法活动具有不同于行政管理的特性，司法裁判的内在要求也排斥司法的行政化。因此，司法裁判主要应遵循专业认知的规律和原则，无须遵循领导掌控和下级服从上级等行政决策的原则[2]。但在我国的司法实践中却存在着一些"司法裁判行政化"的做法。例如，审委会越俎代庖和政法委未审先判的现象。这就导致"下级服从上级"、重大案件要领导拍板、"审者不判，判者不审"的状况，导致冤假错案频发，严重危害司法公信力。

（三）微观原因：案多人少、体制信赖

1. 案多人少，法官能力精力有限

当前中国社会处于转轨期，诉讼纠纷激增，法官人数增长量与诉讼案件增长量呈现严重的不对等状况。有的刑事法官一年要处理一百多件刑事案件，平均两三天就要办理一起案件。同时，办案法官也要耗费一定的时间和精力在一些非审判事务上。调查显示，我国一些地方法官用于非审判事务的时间大约占 30%，包括政治学习、调研、宣传、维稳、扶贫、结对帮困等。有的法官甚至有超过 60% 的时间用于非审判事务。这样的工作量，也很

———————————————

[1] 刘品新：《刑事错案的原因与对策》，中国法制出版社，2009 年，第 43 页。

[2] 参见何家弘：《从侦查中心转向审判中心——中国刑事诉讼制度的改良》，《中国高校社会科学》，2015 年 3 月 10 日。

难让法官去对每一份证据进行审查，难免根据卷宗对案件进行判断。

2. 公检法体系信赖，法官自由心证的偏移

我国公检法系统的制度设计是公检法三家"分工明确、相互协作、相互监督"，不仅人们认为公检法三家是一体的，就连多数法官也由于体制因素，将公检法视为一家，因此，一些法官也就对侦查人员也即是"自己人"收集的证据都很信任。有时在庭审中出现被告人对侦查人员在收集证据过程中手段或方式的合法性质疑时，法官多会呵斥，告知这样不是很好的认罪态度，被告人由于顾忌最终判决的刑期，而选择沉默或不再提出异议。如在杜培武案的庭审中，当杜培武请求法庭传唤对他刑讯逼供的侦查人员到庭与他当面对质，遭到法官拒绝后，当即解开风衣从裤子里扯出一套血迹斑斑的衣服，说道："我还有他们刑讯逼供的证据，这是我当时穿在身上被他们打烂的衣服。"审判长却让法警收起血衣，说道："不要再纠缠这些问题了。"[1] 试想，如果庭审的法官能够跳出体制信赖，做到公平中立，对被告人提出的异议进行审查，则杜培武这样的冤假错案或许就不会发生了。

## 三、对策展望：以审判为中心诉讼制度重塑中立等腰三角形

以审判为中心的诉讼制度改革是我国司法制度改革中非常重要的部分，它不仅涉及法院内部工作重心的变革，也必将影响刑事诉讼中公、检、法三机关关系的重新建构，同时也关系到被告人权利的保障等方面。扶正已经偏移的刑事诉讼中立等腰三角，涉及公、检、法等各个司法机关，关系到刑事诉讼的各个阶段，主体多，阶段多，对策也是多方面，涉及各个主体。

（一）法院内部方面

法院作为把守司法公正的最后一道关口，是审判活动的具体实施部门，在以审判为中心的诉讼制度改革过程中理应肩负起该有的责任。

1. 完善法院独立行使审判权的规则

推进以审判为中心的改革，必然要求法院绝对独立，甚至法官独立。我国《宪法》第一百二十六条和《刑事诉讼法》第五条都明确规定"人民法院依照法律规定独立行使审判权，不受行政机关、社会团体和个人的干涉"。但在"侦查中心主义"的背景下，在司法机关的人、财、物都受制于地方政府的体制下，地方党政领导以各种手段直接或间接干预司法裁判的情况时常发生，法官难以实现审判独立，就更难说是以审判为中心对案件进行处理了。为了改变这种状况，四中全会《决定》提出要完善确保依法独立公正行使审判权和检察权的制度，明确规定："各级党政机关和领导干部要支持法院、检察院依法独立公正行使职权。建立领导干部干预司法活动、插手具体案件处理的记录、通报和责任追究制度。任何党政机关和领导干部都不得让司法机关做违反法定职责、有碍司法公正的事情，任何司法机关都不得执行党政机关和领导干部违法干预司法活动的要求。对干预司法机关办案的，给予党纪政纪处分；造成冤假错案或者其他严重后果的，依法追究刑事责

---

① 孙赟昕：《侦查人员出庭做证问题的思考——〈刑事诉讼法修正案（草案）刍议〉》，《安徽警官职业学院学报》2011 年第 6 期。

任。"① 中央已对保障法院独立行使审判权进行原则性规定，相信随着新一轮司法改革，法院内外部去行政化一定能够实现。在践行理想的道路上，不仅仅需要顶层决策，还需要法院自身以及各位法官的积极参与，争取早日完善法院独立行使审判权的各项规则。

2. 贯彻直接言辞原则

"直接言辞原则是指法官必须在法庭上亲自听取被告人、证人及其他诉讼参与人的陈述，案件事实和证据必须以口头形式在法庭上呈现，庭审调查要以控辩双方口头辩论、质证的方式进行。直接言辞原则已得到许多国家的认可，② 它有助于审判人员正确审查证据、认定案情，有助于实现刑事审判的公正性等价值目标"②。

我国《刑事诉讼法》虽并未明确规定直接言辞原则，但从一些法条中还是能看出，我国也是认可这一原则的。如坚持被告人在场原则、引入了交叉询问规则等等。但直接言辞原则在我国一方面立法上不完善，另一方面在实践中也未被全面贯彻执行。如我国司法实践中，对于疑难复杂的重大案件，合议庭或主审法官难以确定时，通常做法是提交本案审判委员会讨论，而审判委员会所作出的决定基本上就是案件的最终裁判依据。这就导致了"审而不判、判而不审"的局面。

要全面贯彻这一原则，首先要改革审判委员会讨论决定案件的方式，确保合议庭或主审法官有作出判决的绝对权力。由于我国司法审判人员素质参差不齐，完全去除审判委员会讨论、决定案件的功能就目前来说尚不现实，但我们也可以考虑借鉴历史上的"会审"制度，设立审判委员会开庭审理案件的程序。其次要强化证人、鉴定人出庭做证的义务。关键证人出庭是审判程序公正的重要标志，也是保证法庭查明事实、认定证据的基础性措施③。最后要严格限制证言笔录的使用，摒弃卷宗依赖主义。因为在案卷笔录中心主义的作用下，侦查程序将通过案卷笔录对法庭审判产生绝对影响，成为整个刑事诉讼的中心④。

3. 贯彻证据裁判原则

以审判为中心进行诉讼制度改革，必须树立以证据裁判的原则，将证据视为定案的根本依据，严格审查证据的真实性和来源程序的合法性，并且最后定案的证据必须经过法庭的举证质证。

首先要落实非法证据排除规则。非法证据排除规则确立的目的是遏制侦查人员实施非法取证行为，以剥夺侦查人员侦查成果方式逼迫侦查人员采取合法形式取证。虽然我国采取非法证据排除规则，但主要适用于非法取得言辞证据的排除。且还有严格的要求："一是证据收集的程序违法；二是程序违法必须达到可能严重影响司法公正的程度；三是程序违法难以被补正或被合理解释。"⑤ 这些要求给不适用非法证据排除留下巨大的缺口，为了更好地实现以审判为中心的诉讼制度，更全面地保护刑事被告人的权利，建议借鉴美国等国家非法证据排除规则，实行非法证据的零容忍，铲除非法证据生存空间。

其次要贯彻疑罪从无原则。虽然很多年以前，我国刑事司法理念已经由"疑罪从有"转变为"疑罪从无"，但在司法实践中，由于受到打击违法犯罪、维护社会安全等方面理

① 参见《中共中央关于全面推进依法治国若干重大问题的决定》，人民出版社，2014 年，第 20～21 页。

② 沈德咏：《论疑罪从无》，《中国法学》2013 年第 5 期。

③ 张建伟：《刑事司法：多元价值与制度配置》，人民法院出版社，2003 年，第 157 页。

④ 汪红：《法学家读四中全会公报（九）提出以审判为中心有其背景》，《法制晚报》2014 年 10 月 24 日。

⑤ 参见樊崇义、张中：《论以审判为中心的诉讼制度改革》，《中州学刊》，2015 年 1 月 15 日。

念因素的制约，"疑罪从有"思想依然印记于很多法官的脑中，这从法官在审查案卷时一旦发现证据不足就会建议检察院补充侦查的方式可以窥见。以审判为中心的诉讼制度，要求法官在证据未经庭审质证、犯罪事实未经被告人陈述辩解之前，要以无罪推定的眼光看待被告人，在证据采纳方面既要考虑有罪证据，也要考虑无罪或罪轻证据。

（二）重构"侦查—公诉"关系，从事后监督到全程监督。

以审判为中心的诉讼制度模式，庭审辩论必然是实质的严格的，就要求公诉机关全面清晰掌握证据的来源、内容等，以前侦查机关和公诉机关分离的制度显然不能满足，公诉机关应对案件证据材料案件事实有充分了解，在庭审中才能有的放矢。

要建立以审判为中心的刑事诉讼制度，侦查机关与公诉机关的关系也应重新构置。依照我国《刑事诉讼法》的规定，公诉和侦查之间是"分工负责、互相配合、互相制约"的关系。侦查机关和公诉机关有明确的诉讼职能分工，两者是一种相互独立、相互平行的关系。而长期以来形成的以侦查为中心的刑事诉讼格局，又加剧了"侦查为主、公诉为辅"的侦诉关系的确立。因为公诉机关履行职能在一定程度上还要依靠于侦查机关，这就导致公诉机关对侦查活动监督乏力，直接影响了公诉的质量。在以审判为中心的诉讼制度下，公诉机关很难应对高强度的庭审质证、辩论。因此，为满足司法改革的需要，要重新建构侦查—公诉之间的关系。有学者提出了"侦诉一体化"的设想，主张确立公诉机关在侦查阶段的主导、核心地位，突出公诉机关在刑事诉讼中对公安机关侦查行为的领导、指挥、监督权①。笔者比较同意此种观点，将公诉机关的监督权提前，变事后监督为全程监督，使公诉机关能够全面了解证据的取得程序是否合法，证据证明效力如何，更好地指导侦查机关收集有罪、无罪、罪重、罪轻证据。因全程参与证据的取得，在庭审中能更好地对证据进行阐述，更好地完成控辩对抗。

（三）充分保障刑事被告人的有效辩护权

作为三角关系的特殊一角，刑事被告人相对于侦诉机关代表的国家权力来说是非常弱势的，推进以审判为中心的诉讼制度改革，要改变国家权力过强，刑事被告人权利保障过弱的局面，在法院客观居中的情况下，要给刑事被告人以充分手段维护自身合法权利。

1. 保障刑事被告人的诉讼权利

以审判为中心的刑事诉讼，需要以控辩双方平衡的诉讼结构作为支撑，而在刑事诉讼中，作为个人的刑事被告人与代表国家的权力机关在证据调查、资源分配上存在天然的不平等，因此，为了维持诉讼结构平衡，实现控辩双方在诉讼力学结构上的平等，就要为刑事被告人设定一些特定的诉讼权利，如不能自证其罪、沉默权等，以提升其防御能力，实现以权利制约权力的目的。同时，由于我国多数的刑事被告人均处在被羁押状态，即使规定很多诉讼权利，他们自身也无法行使，因此，获得律师帮助权对保障刑事被告人的诉讼主体地位尤为重要。以审判为中心的刑事诉讼制度的推进，需要充分保障刑事被告人获得律师帮助的权利。2012 年我国修订的《刑事诉讼法》扩大了辩护律师参与刑事诉讼的范围和力度，使律师辩护从审判阶段延伸到了侦查阶段，有效地保障了刑事被告人诉讼权利的行使。

---

① 樊崇义、张中：《论以审判为中心的诉讼制度改革》，《中州学刊》，2015 年 1 月 15 日。

2. 增加司法援助的力度

我国《刑事诉讼法》对法定援助案件范围由三大类扩大到五大类，但该类案件所占刑事案件总量不多，被告人申请法律援助的数量也偏少。同时，由于国家对司法援助律师费用保障不足，考核机制不全面、刑事被告人对援助律师不信任等因素，我国法律援助的质量不高，很多法律援助的律师将法律援助当成一项任务，而且是分配给刚入行的年轻律师，在既无激励机制也无考核机制的情况下，很难让法律援助律师尽心尽力地为刑事被告人辩护，使得刑事被告人权利难以得到保障。因此，笔者建议，国家要加大对法律援助的经费支持，形成法律援助事后考核与奖惩机制，对于法律援助反映良好的律师可以给予奖励或增加其法律援助的案件数，反之，则剥夺其法律援助的资格。相信在经济的刺激下，法律援助律师一定会尽心尽力地为刑事被告人辩护，以保护刑事被告人的权利。

"我唯一的生活，就是在公安做好、检察送来的案卷里，等待自己生命一点点地流失，换取这一点点我都不知道有没有意义的判决"。从这段刑事法官"自言自语体"中，我们可以感受到处在"大公安、小法院、可有可无检察院"现状下刑事法官的无奈与被动。同时，我们也可以看出本应处于刑事诉讼一角的刑事被告人在我们考虑过程中的淡化。伴随着推进以审判为中心的司法改革，证据调查、定罪量刑等都必须在"庭审"中进行，法官的裁决必须基于"庭审"中证据调查、法庭辩论的结果而在"庭审"中作出，必然要求重视对刑事被告人的权利保护，使失衡的刑事诉讼等腰三角形结构恢复其应有的状态。

（作者单位：安徽省蚌埠市禹会区人民法院）

**参考文献：**

［1］闵春雷. 以审判为中心：内涵解读及实现路径［J］. 法律科学（西北政法大学学报），2015，（5）.

［2］沈德咏. 论以审判为中心的诉讼制度改革［J］. 中国法学，2015，（6）.

［3］杨依. 推进以审判为中心的诉讼制度改革的重大意义［N］. 西安日报，2015－01－12.

［4］李奋飞. 论"表演性辩护"——中国律师法庭辩护功能的异化及其矫正［J］. 政法论坛，2015，（3）.

［5］周菁，王超. 我国法官在刑事证据法中的诉讼角色［J］. 安徽大学法律评论，2015，（6）.

［6］李道清. 人民法院对刑事违法行为应该有确认权［J］. 行政法学研究，1996（6）.

［7］张娟，张晓媛. 法律监督的名与实［J］. 青海社会科学，2011，（1）.

［8］陈盎然，李琛. 并不仅仅是"接力赛"——刑事法官阅卷行为的观察、反思与展望［C］//建设公平正义社会与刑事法律适用问题研究·全国法院第24届学术讨论会获奖论文集（上册），2012.

［9］陈卫东. 以审判为中心推动诉讼制度改革［N］. 中国社会科学报，2014－10－31.

# 以审判为中心的诉讼制度下检警关系之重构

唐一哲

**摘　要：**《宪法》第一百三十五条和《刑事诉讼法》第七条规定的检察机关与公安机关之间"分工负责，互相配合，互相制约"的关系在刑事诉讼实践中并未真正实现。刑事诉讼实践中检警关系已异化为公安机关主导、检察机关单方配合、监督和制约严重弱化的关系。文章检讨了我国检警关系的现状、成因和主要问题，深入分析即将推行的以审判为中心的新的诉讼制度对检警关系的影响，对此制度下检警关系的定位进行了合理界定，分析了可能影响检警关系重构的诸因素，并对此制度下检警关系的重构提出具体建议。

**关键词：**以审判为中心；以侦查为中心；检警关系；重构

在以侦查为中心的诉讼制度下，我国检警关系的应然与实然一直存在着比较显著的差异。就《宪法》和《刑事诉讼法》的相关规定而言，检警关系本应是大体平衡的，即《宪法》第一百三十五条和《刑事诉讼法》第七条规定的"分工合作，互相配合，互相制约"。同时检察机关还依法享有对于公安机关的单向监督权，源于《刑事诉讼法》第八条"人民检察院依法对刑事诉讼实行法律监督"的明确规定。但是多年来，由于刑事司法实践中客观上存在以侦查为中心的诉讼制度，公安机关在三机关中占据主导优势地位，检警之间实际形成了公安机关主导，检察机关配合，监督和制约严重弱化的关系。在以审判为中心的新的诉讼制度下，检警关系将因诉讼制度的改变而在刑事司法实践层面发生新的变化，本文将对此作简要分析。

## 一、我国检警关系的现状、形成原因和主要问题

### （一）我国检警关系的现状

我国检警关系现阶段呈现两大特征：一是公安侦查权占据主导优势地位，公安机关开展侦查工作并不配合检察机关公诉工作的需要；二是检察机关对公安机关的监督和制约严重虚化，为配合侦查工作而降低监督和制约力度。

在以侦查为中心的诉讼制度下，公安机关的侦查工作与检察机关公诉工作基本是各自为政的状况，并不存在一种工作配合机制。公安机关在侦查案件的过程中，检察机关公诉人员无从参与，处于局外，只能被动地接受公安侦查取证的结果；公安机关侦查人员也不会从公诉的需要出发去取证，取证不充分、不全面是经常发生的现象，检察机关公诉人要求其补充侦查，公安机关往往不积极，对检察机关公诉工作并无配合的意愿和行动。

在互相制约方面，公安机关立案权对于检察公诉权的制约十分显著，而检察机关通过审查逮捕、不批准延长羁押期限、羁押必要性审查、不起诉权等对公安机关的制约则十分虚弱。对于审查逮捕案件，实践中往往是以批准逮捕为常态，不批准逮捕为罕见的例外。对于公安机关一再申请延长羁押期限，检察机关多数也是予以批准。羁押必要性审查工作启动不久，尚未见明显成效。审查起诉阶段对于证据不足的案件，检察机关往往不积极行使存疑不起诉权，而是依旧起诉，导致公安机关即便在取得证据不充分的情况下，其侦查结果仍旧能获得检察机关的确认，得以进入审判程序，其也就更加缺乏改进侦查取证方式、完善证据的动力。

至于检察监督，对于刑事诉讼实践中大量存在的公安应当立案而不立案的案件，检察机关主动启动监督程序则缺乏案件信息来源，而在依赖当事人的申诉被动启动监督程序的情况下，对于检察机关的立案通知，公安不执行，检察机关也没有相应的强制执行手段。对于公安侦查中各种违法行为，尤其是刑讯逼供非法取证的行为，检察机关同样存在作为局外人无从及时知晓和制止的尴尬。即便在侦查工作完成后的审查案卷和讯问犯罪嫌疑人的过程中发现了可能存在非法取证行为的迹象，对于启动非法证据排除，态度上也是过于犹疑，唯恐妨碍了侦破案件的需要。检察机关对于公安机关侦查行为的监督，缺乏及时性、有效性。

（二）形成的原因

造成此种局面的主要原因在于以侦查为中心的诉讼制度下，公安机关侦查权为刑事诉讼的中心，检、法两家都要以配合公安机关侦查犯罪的需要为开展工作的考量要素，强势的侦查权不需要也不允许检察权的介入对其构成影响，而且公安机关在证据收集不全面、不充分的情况下仍能获得定罪的结果，其通过刑讯逼供等非法手段取得的证据在刑事诉讼实践层面往往能取得快速破案的"积极"成效，因此受到追究的风险却并不高，这造成公安机关既没有与检察机关开展合作的意愿和必要性，也没有接受检察机关监督和制约的自觉性和对检察监督权的尊重。从检察机关这方面说，既没有要求公安机关配合公诉工作的可能性，也不得不从配合公安机关侦查破案的角度出发，对其逮捕、延长羁押期限等行为"开绿灯"，对起诉标准放宽，同时对公安违法行为的监督的积极性不高，力度不大。所以，检警之间的关系，就只能是以公安机关强势主导、检察机关配合、检察监督和制约严重弱化为特征的关系。

（三）主要问题

检警关系中公安机关占据主导优势地位，并不配合检察机关公诉工作，检察机关监督和制约严重弱化，导致的消极影响有以下几方面：

1. 侦查取证不全面、不充分，不能为公诉工作提供可靠的证据基础

由于公安侦查工作并不配合公诉工作的需要，公安侦查人员只是从侦查破案的角度出发去收集案件相关证据，其出发点和思路都集中于有罪证据的方面，往往会忽略对无罪证据进行收集，或对无罪证据舍弃不用①；缺乏审查证据的科学性，容易主观臆测，比如发

---

① 参见《于英生杀妻案错案追责：公安被指有意隐瞒证据》［E］．搜狐网，2015 年 2 月 6 日。

现了尸体就断定是某人的，也不进行 DNA 测试①，缺乏对证据链的准确判断，容易将不完整的证据链误认为完整，作出有罪的结论②，由于证据收集、采纳和审查判断方面的错误，容易将无罪之人误认为有罪，并误导其后启动的公诉工作，给公诉工作带来不良影响。更常见的是，侦查人员由于对证据充分性的标准并不清楚，导致取证不充分，使得起诉成功率受到影响；部分犯罪事实由于缺乏相应的证据证实，不得不放弃对其进行追究。

2. 导致侦查权缺乏约束而过分膨胀，侵害人权，危及司法公正

检察机关对公安机关的监督和制约乏力，导致公安机关侦查人员行使权力得不到应有的约束，其为了达成迅速破案的目的，时常侵犯犯罪嫌疑人的合法人身权利和诉讼权利，对于没必要加以逮捕的人，也逮捕而剥夺其人身自由，并且无节制地延长侦查羁押的期限；因罪嫌疑人人身在其直接控制下且无人在旁监督，侦查人员有充分机会进行刑讯逼供等非法取证行为，侵害人权的同时也破坏了刑事诉讼的程序公正，甚至因此造成无辜者作出有罪供述，造成冤案，严重损害实体公正。

## 二、以审判为中心的诉讼制度对检警关系的影响

在以审判为中心的诉讼制度下，审判是决定诉讼结局即决定被告人是否定罪和判处刑罚的环节，也是在"查明事实、认定证据、保护诉权、公正裁判中发挥决定性作用"的环节，其他环节的诉讼活动都要围绕审判来开展，并为审判服务③。此制度对于检警关系的影响需要从不同的角度和层面上进行考察。总的来说，由于新制度下侦查被取消了中心地位，公安机关失去了旧制度下对于刑事诉讼的主导作用，原有的公安机关主导、检察机关职权弱化的关系也就失去了存续下去的实践条件。更值得注意的是，以审判为中心的制度，将会生成一些新的条件，促使检察机关在检警关系中掌握更大的主导权，这是由以审判为中心的制度的自身特点和检警双方的职权差异决定的，以下将作具体分析。

（一）检警合作关系和检察机关对于检警合作的主导权将在司法实践层面确立

在以审判为中心的制度下，由于衡量公安侦查工作和检察公诉工作成功与否的共同标准，是庭审中能否取得定罪结果，双方首先在工作目标上形成了高度一致，这就为检警双方的合作提供了前提。其次，从具体的诉讼过程角度考察，在以审判为中心的制度下，公安机关对于刑事诉讼的参与范围与以侦查为中心的制度下有显著的不同。在旧制度下，公安机关在完成了侦查取证工作并移送案卷给检察机关后，基本不再参与刑事诉讼活动，庭审阶段更是完全不需要公安机关的参与。在新制度下，在审查起诉阶段，检方将在案卷审查外，在讯问犯罪嫌疑人和听取辩护律师意见后，就证据合法性等案件有关问题请求公安机关侦查人员予以说明，庭审阶段公安机关侦查人员可能被检察机关或法院要求出庭就证据合法性问题作出说明，鉴定人也可能因辩方提出异议而被要求出庭。公安机关参与刑事诉讼范围扩大，与检方在刑事诉讼更多环节发生工作交集，为其加强与检方合作提供了动

---

① 参见《佘祥林：归"零"后选择与命运和解》[E]．网易网，2015 年 3 月 13 日。《赵作海遭刑讯逼供案 6 警察被诉》[E]．四川在线 2010 年 7 月 14 日。

② 参见《女神探如何制造张氏叔侄奸杀冤案》[E]．腾讯网，2013 年 4 月 3 日。

③ 朱孝清．略论"以审判为中心"[J]．人民检察，2015（1）：6。

因。最后，从达成定罪结果的难度系数角度考察，在以审判为中心的制度下，法官采取中立立场，定罪的证据标准提高，来自辩方的对于犯罪事实和证据的质疑也会增多，要达到对被告人定罪的结果，取得侦诉工作的成功，难度系数将明显提升。检方为避免在庭审阶段因为证据不合法、不充分、不全面而陷于不利局面，需要提前在侦查阶段就进行布局，在一定程度上对侦查取证工作施加影响，以确保侦查取证尽可能全面、充分，有利于起诉取得成功；警方也必须确保自己的取证工作更加细致全面，证据更加充分，才能在庭审中赢得对于侦查成果的肯定评价。因为双方都有合作的需求，在以审判为中心的制度下，检警双方形成更加紧密的合作关系成为一种必然的趋势。

检察机关在检警双方合作关系中应掌握主导权，这是因为：庭审为决定控诉工作成败的核心环节，这一环节作为控方主力发挥主要作用的是检察机关，检察公诉工作的成败即决定了检警双方共同的工作成败，同时对于证据合法、全面、充分的标准，检察机关较之于公安机关更加精通，只有由检察机关掌握主导权，对公安侦查活动发挥指导作用，才能确保公安机关的侦查程序合法，取得的证据全面、充分，增加起诉成功的概率，确保双方共同利益。

（二）检察监督权的重要性进一步凸显，侦查监督在司法实践层面将得到强化

在以审判为中心的制度下，法官将采取严格中立的立场，控辩双方的地位和权利对等性将成为刑事诉讼中的现实。侦查机关的任何违法行为，都会成为法庭上辩方用来进攻的武器，侦查机关将受到越来越大的外部压力。为避免因为侦查人员的违法行为导致证据失去效力，检察机关出于自身利益必须对公安机关的侦查人员进行更强有力地监督；同时来自于犯罪嫌疑人、被告人、辩护人的越来越积极的针对侦查人员的违法行为的申诉，也要求检察机关更加有力地履行监督职责。综合以上两方面的原因，检察机关势必扩大检察监督权行使的范围，增大检察监督的力度。在失去在旧制度下享有的优势地位后，公安机关对于检察机关拓宽监督范围和加大监督力度的努力，也不再具备抗拒的底气，检察监督权在刑事诉讼实践中的约束力将显著增强，检察机关与公安机关之间将形成强监督关系。

（三）检察机关在起诉环节对公安机关的制约将会加强

在以侦查为中心的制度下，对于一些有罪证据不足、不能排除合理怀疑的案件，检察机关即便对案件有所疑虑，倾向于作存疑不起诉的处理，往往也因为外部要求及时破案的压力而被迫做出让步，一些证据不足的案件因此进入了审判程序，最终造成错案，检察机关通过行使存疑不起诉权对于侦查权的制约十分薄弱。在以审判为中心的制度下，这种外部的要求起诉的压力将会显著减弱，相反，对于证据充分性的要求将会明显提高：一方面是法官对于定罪证据的审查标准将会提高；另一方面，在法庭辩论的过程中，辩方也会针对证据链条的任何薄弱环节发起进攻，造成对于控方的更大压力。在证据不足的情况下，仍然坚持起诉会构成一种不合理的败诉风险，是检察官不太可能会采取的做法。检察官将会更加严格地审查证据，对于证据不足的案件，如果经过补充侦查，仍然不能满足要求，会依据刑事诉讼法的规定作出不起诉决定，导致刑事程序在这一步终结，这是对公安侦查权的有力制约。检察机关在起诉环节对公安机关侦查活动的制约，能直接决定公安侦查工作的成败，对于公安机关的影响十分重大。综合来看，虽然检警双方互相制约，但检察机关在检警双方的互相制约关系中将处于更有利的主导地位，这一点应无疑义。

# 三、在以审判为中心的诉讼制度下检警关系的定位

在以审判为中心的诉讼制度下，对于检警关系的定位首先必须符合《宪法》和《刑事诉讼法》的相关规定，不能突破其确定的合作、制约、监督的三个层次。但更为重要的是，根据以审判为中心的诉讼制度的要求，对现在的检警关系的突出问题进行修正，形成与新的诉讼制度相契合的新型检警关系，并使《宪法》和《刑事诉讼法》的相关规定在刑事诉讼实践中获得全面实现。笔者认为，新型检警关系应为以公诉指导侦查为特征的合作关系、全领域的单向强监督关系、以存疑不起诉权为核心的检察机关作为强势一方的互相制约关系。

（一）以公诉指导侦查为特征的合作关系[1]

在以审判为中心的诉讼制度下，检警双方共同构成了控方的力量，同时都以实现对犯罪的成功追诉为目标。在此维度上，检察机关与公安机关的关系可以定位为合作关系。这种合作关系的具体内容将体现为检察机关公诉人对于公安机关侦查人员和鉴定人进行的指导和公安机关通过侦查取证行为为检察公诉工作提供的支持。公诉指导侦查为检警合作关系的首要特征，决定了合作关系的基本导向是掌握公诉权和证据合法充分标准的检察机关对于公安侦查行为的指引与规范。公诉人将全程参与公安机关侦查活动，对公安侦查人员进行取证方面的指导，敦促侦查人员全面收集证据，并对证据是否充分、是否形成证明犯罪事实的证据链发表法律意见。检察机关通过直接指导公安机关侦查人员的取证活动，对取证方向施加足够的影响力，确保取证充分全面，满足起诉标准。还应由公诉人对于公安侦查人员和鉴定人给予出庭规范和技巧等方面的指导，避免其因为缺乏应对技巧而在庭审中陷入不利状况，确保庭审中控方实力的正常发挥。

（二）全领域的单向强监督关系

检察机关与公安机关之间形成强监督关系，监督对象是公安机关的刑事诉讼违法行为，范围囊括立案、侦查两个环节。检察机关通过立案环节对公安机关应当立案而不立案的行为，以及不应当立案而立案的行为进行监督，从源头降低无辜者被卷入刑事诉讼程序和有罪者逍遥法外的可能性，对刑事诉讼的启动环节施加更有力的影响；通过侦查环节对公安侦查行为进行全面、同步、有效的监督，防止因公安违法侦查行为侵犯人权，提升刑事司法的公正度。侦查监督必须与侦查行为同步，在侦查程序启动到终结的全程，都必须有检察监督的存在；侦查监督必须从被动的、事后的审阅案卷为主的监督转变为即时的、临场的监督，监督要以最大限度地防止违法行为的发生为宗旨。监督必须有充分的约束力，检察人员需取得当场制止违法侦查行为以及对有关人员提请公安机关予以惩戒的权力[2]。

---

① 参见张楚昊. 检警关系可行路径之选择研究 [J]. 法制与社会，2012，12（上）：176。刘仁琦. 中国式检警关系问题改革与践行理路 [J]. 大庆师范学院学报，2010（1）：48－49。
② 张楚昊. 检警关系可行路径之选择研究 [J]. 法制与社会，2012，12（上）：176. 刘仁琦. 中国式检警关系问题改革与践行理路 [J]. 大庆师范学院学报，2010（1）：49。

（三）以存疑不起诉权为核心的检察机关作为强势一方的互相制约关系

检警双方的互相制约关系包括了公安机关立案权对检察公诉权的制约，以及检察机关审查逮捕权、审查批准延长羁押期限权、羁押必要性审查权、不起诉权对于公安机关的制约。以审判为中心的制度下，检察机关作为公安机关侦查成果的裁决者，对公安机关享有更强的程序制约权，存疑不起诉权成为检警相互制约关系的核心。检察机关通过行使存疑不起诉权将直接控制公安侦查案件进入审判程序的机会，决定公安机关侦查工作的成败，影响之重大是公安立案权对检察公诉权之制约无法比拟的。公安机关虽可不立案而导致案件不能进入公诉权行使范畴，但检察机关对此有立案监督权作为反制手段，且不立案行为并不直接对检察公诉工作发生影响。而公安机关对于检察机关存疑不起诉权，只能通过申请复议和复核来救济，但结果仍取决于检察机关的裁判，如果检察机关维持原决定，公安机关唯有服从。

以存疑不起诉权为核心的检警互相制约关系，其实质在于以检察公诉权制约侦查权对公民权的过度侵犯，让证据不充分的案件终结于审查起诉程序，体现了对"无罪推定"原则的尊重和对犯罪嫌疑人合法权利的维护，同时也有利于防止无罪之人被错误定罪，有利于促进司法公正；令证据不足案件止步于审查起诉程序，避免了审判机关对这些案件耗费审判资源，对于提高新的诉讼制度下的审判效率也有直接的促进作用。

检警双方之合作、监督、制约关系体现了检警关系的三个不同维度，同时三者之间又有着内在的有机联系。合作是建立在合法性基础上的合作，而不是背离客观义务，片面追求追诉成功之目的而忽视对真相之探求以及对犯罪嫌疑人合法权益之维护的合作，合作必须与监督并行，不能只讲合作忽视监督；监督是基于合法性的监督，不能逾越界限，阻碍侦查权的正常行使，降低检警合作的效率；制约是在合作关系顺利开展之后的制约，如果双方合作体现了成效，侦诉犯罪的效率提高了，因证据不足而存疑不起诉的比例会有一定程度的下降，合作与制约并存而又此消彼长。

# 四、影响检警关系重构的诸因素

在司法实践层面，检警关系的重构要受到诸多因素的制约，绝非在短时间内可以达成。以下将对可能影响检警关系重构的诸多因素作简要分析。

（一）旧的诉讼制度相关观念的影响

正如我国近代史上，国民的封建意识并未因清朝灭亡而自动消失，仍然在相当长的历史时期内继续影响中国社会一样，在以侦查为中心的制度结束后，与该制度相适应的观念仍然会留存于部分检察官和侦查人员心中，继续影响他们在刑事诉讼中的工作思路和行为。在以侦查为中心的制度下，检察官习惯了无法指导侦查的局面，习惯了对证据不足的案件放行，习惯了审查逮捕以批捕为主、延长羁押期限以批准为主的工作方式，这些长期以来的工作习惯已经嵌入了他们的头脑，形成了一种固有的工作观念。在这种情况下，如果让他们去指导侦查，对不符合逮捕条件的案件坚决不捕，他们旧有的观念也会对开展新工作构成阻碍。从公安机关那一方面来说，警官们习惯了自行进行侦查，不受检察机关的任何影响，忽然让其接受检察官对于取证方面的指导，可能心理阻力更大，这些在旧的诉讼制度下形成的观念是确立新型检警关系的重大障碍。

（二）《刑事诉讼法》相关规定的缺乏

《刑事诉讼法》2012 年修改之后，虽然作了若干的新规定，加强了检察监督，并增加了对犯罪嫌疑人、辩护人的权利保护，但尚不能满足以审判为中心的新的诉讼制度的需求，对于涉及检警关系调整的检察指导侦查的程序以及检察机关对侦查进行现场同步监督的程序尚未作出相关的规定。这导致开展相关工作将缺乏立法层面的明确指引和规范，存在相当大的不确定性：一是在没有法律明确规定的情况下，制定和推行有关的工作程序将完全依靠检警双方的自行协商，其过程将更为复杂和艰难；二是没有诉讼法的统一规范，可能导致有关的工作程序缺乏足够的法律权威，导致实际开展工作时难以克服相关的阻力。

（三）检察人力资源数量和水平的限制

如果要对每个公安侦查的普通刑事案件都启动同步的监督程序，并派出公诉人进行现场的指导，耗费的人力资源将是巨量的。就检察系统目前的人力资源而言，可能短期内无法提供足够的人员完成上述工作，同时，检察人员法律专业知识和经验水平也是参差不齐的，并不是每个人都具备了开展监督和指导侦查所需要的专业知识和审查判断能力，这将成为检警关系重构中重要的限制性因素。

# 五、关于重构检警关系的建议

虽然存在上述的诸多制约因素，对于检警关系的未来发展，我们仍然可以秉持长期的乐观态度，按照以审判为中心的诉讼制度的要求，依据双方关系的基本定位，去进行合理的规划，以下提一些具体建议。

（一）需要克服旧的刑事诉讼观念的影响，着力培育与以审判为中心诉讼制度相适应的新的工作观念，为发展新型检警关系构筑观念基础

在检察官心中培育与以审判为中心的诉讼制度相适应的新的工作观念是重构检警关系的首要条件，如果不能消除检察官心中固有的刑事诉讼观念的影响，则确立新型的检警关系将是不可能完成的任务。如果检察官的头脑依旧被以侦查为中心的诉讼观念所主宰，即便建立相关的工作机制，其也会按照旧的观念开展工作，相关工作仍旧是被以侦查为中心的诉讼观念所主导，新型关系即便建立也是形式上的，其工作方式和实际效果还是和老路子一样。

首先，要明确树立"无罪推定"和忠实履行检察官客观义务的观念。在指导侦查之初，他们即应认识到犯罪嫌疑人并非等同于犯罪人，其完全有可能并未实施相关的犯罪，因此不能一开始就戴着"有色眼镜"去看待他，需保持客观和开放的思路，如此才有可能在收集和审查证据的过程中保持理性，而不被偏见限制。检察官客观义务要求检察官以发现真相为职责，其身份并不等同于当事人，而是秉持公正立场的法律守护人，不能为了获得定罪结果而隐瞒真相，要维护司法公正和犯罪嫌疑人的合法权利①。在检察指导侦查的

---

① ［日］松本一郎．检察官的客观义务［J］．郭布，罗润麒译．环球法律评论，1980，（2）：50.

检警合作关系中，如果检察官缺少无罪推定观念，不履行客观义务，在指导侦查取证的过程中偏重于有罪证据的收集，对无罪证据不去收集或视而不见，通过片面的推理将其排除于证据链条外，那就不能达到有效指导侦查、查明案件真相的效果，并直接影响审查起诉的质量，甚至作出错误的有罪结论，进而错误地起诉，如此就不能发挥检察指导侦查的正面效果，而重复以侦查为中心的诉讼制度下的错误侦查导向。

其次，对于公安机关刑讯逼供等违法行为，要明确认识到其对犯罪嫌疑人合法人身权利的侵犯和对程序正义的违反，从而坚决对此情况下取得的非法证据予以排除。不能对此有模糊认识，抱着"排除非法证据有可能妨碍追诉犯罪，因此有消极影响"的想法去开展监督，否则必然影响监督的力度。

对于逮捕这一强制措施的正确认识必须包含审查逮捕是对侦查权的必要限制这一观念，如果将其与侦查权过度认同，不从严掌握逮捕标准，则达不到以检察审查约束侦查权的目的，令审查逮捕制度发挥不出应有的作用。

最后，要全面认识检察公诉的职能，不能将此工作简单等同于追诉犯罪，要重视其限制侦查权的另一功能，对于证据不足的案件，应果断作出存疑不起诉的决定，行使存疑不起诉权是维护诉讼程序正义，防止侦查权对犯罪嫌疑人合法权利的侵犯，而并非是放纵犯罪。

（二）通过与公安机关之间的积极沟通协商，尽快确立相关的工作机制，为发展新型检警关系提供机制基础

1. 着眼于双方目标一致和专长互补的最佳结合，建立互利互助的合作机制

首先，可以探索成立包括公安侦查骨干和检察公诉精英的联合办案组织，负责可判处死刑的严重刑事案件及影响重大的黑社会性质组织犯罪、毒品犯罪、恐怖犯罪案件的办理。就一种理想情形而言，对于公安侦查的每个刑事案件都应选派检察官指导侦查，但短期内检察系统人力资源等客观条件还达不到全面推行此项工作的要求。从目前情况出发，可以探讨成立一种跨部门的检警联合办案组织，由双方选派骨干公诉人和警官参加，共同办理可能判处死刑及影响重大的黑社会性质组织犯罪、毒品犯罪、恐怖犯罪等案件，最大限度地提高重大案件侦诉工作的效率。其次，就取证程序、证据充分标准等出台检警双方联合文件，对有关的问题进行明确界定，达成双方都认可的共识。第三，就长期而言，应逐步推进检察全面指导侦查的制度，对于可能判处有期徒刑以上的案件，都应在立案之初，即由公安机关将案情及时通报检察机关，由检察机关派遣公诉部门的检察官对案件侦查取证进行指导，对于证据收集、审查判断等提出法律意见。第四，由检察机关公诉部门牵头，组织开展模拟庭审等联合演练。针对公安机关侦查人员和鉴定人有可能被要求出庭的情况，检察机关公诉部门可以采用模拟法庭等形式，对公安机关侦查人员和鉴定人进行出庭规范和技巧等方面的培训，提升其庭审应对能力，确保侦查取证成果顺利通过庭审考验，得到法庭认可[①]。最后，通过各种活动，在检警双方人员之间增进交流与了解，培育互相尊重、互相信任的合作氛围，为检警双方合作奠定良好的心理基础。

---

① 廖东隽. 试论新刑诉法实施后的检警关系重构——"从检察引导侦查到检察指导侦查"的制度转变［J］. 法制与社会，2012，11（中）：165.

2. 着眼于程序合法性和侦查工作实效性的有机统一，建立全面有效的监督机制

首先，需要双方加强沟通协调，在此基础上，联合出台规范检察监督行为的相关文件，对于开展检察监督的一些重大问题达成一致意见，对监督工作的顺利开展提供指导。其次，双方应努力扩大侦查监督覆盖范围，增强侦查监督的同步性；积极探索将检察机关提前介入侦查工作机制常态化，从目前的局限于重大案件逐步向普通刑事案件推进，完善同步侦查监督机制，最大限度地发挥检察监督的功能；从源头防范侦查违法行为的发生，最大限度地降低刑讯逼供行为的发生概率。再次，检察官需要充分重视讯问犯罪嫌疑人和听取辩护律师意见的工作，对于他们提出的针对侦查人员违法取证的意见以及提交的线索或材料，必须给予足够的重视，亲自调查核实并请求侦查人员作出证据合法性的说明和提供讯问的全程同步录音录像等。如果侦查人员提供的说明和录音录像材料不足以证明其取证不存在违法行为，或有其他证据显示其实施了刑讯逼供等非法取证行为，则应依法果断排除有关证据，对非法取证行为不可存丝毫纵容之心。最后，要恰当地处理检察监督与检警合作的关系，对于检察机关指导侦查的案件，作为监督者的侦查监督部门，检察官必须独立于负责指导侦查的公诉部门检察官开展工作，不能因此减损监督的力度。

3. 着眼于诉讼公正和效率的平衡，建立积极有效的制约机制

建立有效的制约机制，首先必须实行负责指导侦查的检察官与负责审查起诉的检察官之间独立并互相制约的工作机制。如果检察机关指导侦查的检察官与审查起诉者为同一人或合作者，即审查起诉的检察官也参与了指导侦查，那么审查起诉的程序会变得形同虚设；指导侦查的检察官如果内心已经形成了构罪的确信，其不可能会在审查起诉环节作出不同的结论，只有当审查起诉者为不同的人的时候，审查起诉程序才能发挥实际作用。在人员独立的基础上，还需要设计相关的程序，确保审查起诉人员能持客观立场。应禁止参与指导侦查的检察官在指导侦查期间与公诉部门其他工作人员讨论该案案情，以免其他人受到参与指导侦查者的影响，产生预设偏见。负责指导侦查的检察官在侦查终结移送案卷时，应就指导侦查的过程和取得的证据作出陈述，审查起诉的检察官听取指导侦查的检察官的陈述，并作笔录附于案卷中。其次，在所有案件中，负责审查起诉的检察官都要通过讯问犯罪嫌疑人充分听取辩护律师意见，必要时亲自进行调查，将自己获取证据的渠道变得更宽，做到兼听则明，在此基础上全面地衡量案件证据情况，作出合理的判断；如果发现了侦查机关移送案卷之外的无罪证据，必须充分重视，亲自调查核实。最后，在行使存疑不起诉权时，需进行有关事实和证据的充分说理，清晰说明作出不起诉决定的理由，赢得公安机关侦查人员的认可。

待相关的工作机制发展比较成熟后，可以由最高检和公安部向全国人大常委会提出修正案，推动检察指导侦查、同步监督、审查起诉与指导审查彼此独立和制约等相关工作机制在《刑事诉讼法》中以立法形式加以明确固定。

（三）通过合理调配人力资源，提升现有人员水平，扩大编制和吸纳新的人才等方式，提高一线办案人员的素质，培育发展新型检警关系的人才基础

发展新型检警关系终究有赖于数量充足的高素质检察人员的参与和担当。如何增加可以用于开展相关工作的检察人员数量，提升其能力素质，将是决定新型检警关系能否在实践层面得到实现以及在多大程度上得到实现的关键因素。

应通过司法改革，增加一线办案人员比例，改变目前从事业务工作的人员比例偏低的

现象，为办案部门充实人力资源，通过对现有人力资源的合理调配，充分发挥现有人才的效能。

通过在职法学教育和业务培训等手段，不断增强现有人员的法律素质，提升其业务能力。

吸纳优秀律师、法学专家进入检察系统任职，增强检察系统的人才储备。

通过扩编扩招，增加人员数量，适当增加检察工作人员的待遇，维系和增强对于法学人才的吸引力，等等。

# 结　语

以审判为中心的诉讼制度改革正处在启动的初期，在新的诉讼制度下，检警关系的重构将会是一个长期和复杂的过程。本文依据学理和实践经验，对于检警关系重构所做的设想和展望仅是一种初步认识，需要在诉讼制度改革的实践中根据实际情况不断深化和校正。读者可将此文作为抛砖引玉之作，对于检警关系重构这一复杂命题开展自己的思考。

（作者单位：安徽省人民检察院）

**参考文献：**

［1］朱孝清．略论"以审判为中心"［J］．人民检察，2015，（1）：6－9．

［2］张书铭．制约与监督辨析［C］//检察基础理论论丛第二卷．中国检察学学会检察基础理论研究会．北京：中国检察出版社，2013：29－44．

［3］廖东隽．试论新刑诉法实施后的检警关系重构——"从检察引导侦查到检察指导侦查"的制度转变［J］．法制与社会，2012，11（中）：164－165．

［4］张楚昊．检警关系可行路径之选择研究［J］．法制与社会，2012，12（上）：175－176．

［5］刘仁琦．中国式检警关系问题改革与践行理路［J］．大庆师范学院学报，2010，（1）：46－49．

# 法治思维视域下经济犯罪
# 侦查面临的困境与出路

盛 丰

**摘　要：** 当前，经济犯罪侦查面临的困境主要是经济犯罪侦查主体的孤岛现象和侦查对象的雾里看花。从法治思维的角度看，导致经济犯罪侦查困境的重要原因是法律规定的不科学和模糊性，化解困境的出路在于厘清经济犯罪侦查的权力清单，做好经济犯罪侦查的减权和加权设计。

**关键词：** 法治思维；经济犯罪；侦查；困境；出路

经济犯罪侦查，是指公安机关经侦部门为获得证明有无犯罪事实、犯罪情节轻重的有关证据以及捕获犯罪嫌疑人所依法采取的专门的调查措施和强制措施的总称。侦查主体——经侦部门的孤岛现象和侦查对象——犯罪事实的雾里看花是当前经济犯罪侦查面临的困境。法治思维视域下，法律规定的不科学和模糊性是造成当前经济犯罪侦查困境的重要原因。化解经济犯罪侦查困境的出路在于厘清经侦部门的权力清单，做好经侦部门经济犯罪侦查的减权和加权设计。

## 一、当前经济犯罪侦查面临的困境

（一）侦查主体——经侦部门的孤岛现象

国家是一个庞大的科层组织体系，该科层组织体系由不同层级、不同部门的机构组成。大多数执法活动需要不同层级、不同部门的机构之间的合作，而科层体系内不同层级、不同部门的目标存在着不一致，因此面对特定执法目标时有可能难以形成合力，这就是所谓的"孤岛现象"。

目前经济犯罪的侦查主体是公安经侦部门，在维护市场秩序中，经侦部门与工商、税务、国土、规划、审计、食品、药品等行政执法部门分工负责，各自发挥着重要作用。由于经济管理职能分散在众多的不同部门，经侦部门的刑事司法与其他行政执法部门的行政执法之间容易出现责任不明、效率不高、监督不力等情况，经侦部门刑事司法活动中存在着孤岛现象。

1. 责任不明

责任不明是经侦部门与其他行政执法部门之间存在的主要问题。责任"一是处于社会关系中、具有一定社会角色的主体分内（或按其功能预设）应做的事，与人的（角色）职务和功能有关，这种责任实际上是一种角色义务。每个人在社会中都扮演一定的角色，既有一定的职务或功能，相应地，也就必须而且应当承担与其角色或功能相应的义务，笔者称之为第一责任。二是因没有做好分内之事（没有履行角色义务）或没有履行助长义务而应承担一定形式的不利后果或强制性义务，即法律课责，笔者称之为第二责任。"① 经侦部门与其他行政执法部门之间责任不明主要分为两种情况：一方面，对第一责任互相依赖。行政执法部门过分依赖和夸大经侦部门可以追究当事人刑事责任的威慑性，轻视违法者逐利的驱动性，自觉不自觉地降低行政执法监管的主动性；而经侦部门主观上倾向于认为市场监管的主要责任在行政执法部门，与己关系不大；客观上经侦部门事务繁杂，需要处理的各类案件数量众多，加上市场监管所需要的专门知识，经侦部门投入市场监管的力量十分有限。另一方面，对第二责任则互相推诿。对于市场出现的诸多问题，行政执法部门认为大案不断、触目惊心，是经侦部门有案不管、打击不力所致。如果经侦部门能够严厉打击大案这个"结果"，那么市场就不会出现这么多问题；相反，经侦部门认为如果行政执法部门能够认真履行职责，没有渎职失职行为这个"原因"，那么，市场问题就能够防患于未然，就能够控制和消除在萌芽状态中。

2. 效率不高

效率不高是经侦部门与其他行政执法部门之间存在的普遍现象。主观上选择性执法和客观上重复劳动是导致效率不高的重要原因。一方面，行政执法部门和经侦部门均存在选择性执法的主观动机，所谓选择性执法是指执法主体在执行法律的宽严程度和执行法律方式等问题上的选择权。考虑到各自的利益、绩效考核等因素，行政执法部门和经侦部门免不了在行政执法和刑事执法的衔接上做文章，推诿扯皮，影响效率。另一方面，行政执法部门向经侦部门移送案件时往往附有大量的材料，由于执法主体不同，行政案件和刑事案件证据标准和规格要求不同，对于行政部门移送的涉嫌刑事犯罪的案件材料，经侦部门往往需要将行政执法部门调取的材料转换为刑事案件的材料，客观上形成重复劳动，在一定程度上造成资源浪费，影响效率。

3. 监督不力

监督不力是经侦部门和行政执法部门双方法律地位决定的。行政执法部门与经侦部门双方是平等的主体，虽然经侦部门办理刑事案件，行使"刑事司法权"，但是经侦部门和行政执法部门都是同级人民政府的组成部门，法律地位平等，经侦部门难以对行政执法部门的行政执法行为实施监督。行政执法部门多年来存在的"以罚代刑""有案不交"的问题在很大程度上是由双方法律地位决定的。近年来，行政执法部门与经侦部门加大了行政执法与刑事司法的衔接力度，案件移送有了一些增加，但效果并不明显，其中监督不力问题是主要原因。

协调工作机制在解决经侦部门与行政执法部门之间的上述问题发挥了重要作用。第一，协调工作机制是经侦部门和行政执法部门之间的沟通平台，可以针对专项任务和问题，协调讨论后再转交职能部门办理，从而提高工作效率。第二，协调工作机制是新增的制度架构，可以在必要时打破常规，实现跨组织的资源安排，有效统合各种资源。第三，协调工作机制可以促进互动，形成集体政策，减少执法摩擦。第四，协调工作机制是党和

---

① 参见刘水林：《从个人权利到社会责任》，载《现代法学》2010（5），第34页。

政府领导职能部门的具体方式之一，其常设办公室自然地承担起监督执法的职能。但协调工作机制并没有彻底解决问题，主要原因有以下几个方面：第一，协调工作机制适合运动式执法，其持续性作用容易弱化。建立协调工作机制后，往往通过专项治理的方式集中资源开展执法，短期内取得立竿见影的效果。但专项治理具有间歇性，疾风骤雨的执法运动过后，执法力度往往会弱化，高压状态一解除，违法现象就会重新出现。第二，对其他部门的协助总是要耗费资源，因此协助受自身所拥有的资源的限制。第三，虽然协调工作机制建立了完整而严格的考评体系，但相关部门在任务繁重的工作中难免顾此失彼。第四，协调工作机制提供的是索取平台和机会，对其他部门的每一次资源索取都可能遇到障碍，其他机构总是有消极抵制甚至拒绝的可能性和理由①。

（二）侦查对象——犯罪事实的雾里看花

犯罪事实是经济犯罪的侦查对象，是需要经侦部门查证证实的。从时间上看，经济犯罪从预谋、实施、发现到被侦查有一个较长的时间过程，这个过程比一般刑事案件要长得多，尤其是合同诈骗、集资诈骗、贷款诈骗等案件，犯罪嫌疑人大多具有事前的预谋行为，精心设计，采取各种方式，编造各种理由掩盖犯罪事实，致使犯罪事实雾里看花、扑朔迷离。不少经济犯罪行为人瞄准国有企业、金融部门实施犯罪，甚至和内部人员勾结实施犯罪，大肆损害国家、集体利益，并千方百计防止案件败露，一旦案发，则以经济纠纷搪塞，企图逃避刑事法律责任。从空间上看，经济犯罪无所不在，几乎渗透到所有经济领域，金融、证券、税务、商贸、知识产权、互联网等均受其害，就连过去被认为是清水衙门的涉农部门，现在亦是"窝案""串案""管涌"。

经济犯罪不同于普通的刑事犯罪，犯罪事实并非一目了然，对于同样的事实究竟是犯罪还是纠纷往往仁者见仁、智者见智，经济犯罪侦查在实体定性和程序适用问题上经常引发争执和非议。《人民日报》甚至对这种现象进行了报道，称之为乱象②。批评是容易的，但实践中的分辨却是艰难的。

1. 实体定性的困惑

实体定性，即行为是否构成犯罪以及构成何种犯罪的问题。相较于其他刑事案件，经济犯罪案件实体定性上具有特殊性。首先，经济案件发生在市场经济活动领域，经济犯罪行为通常采取合法经济行为的形式，且往往采用新型经济手法和经营模式。此类行为是合法的经济行为，还是一般违反民商事法律或者经济法律的违法行为，还是违反刑法的经济犯罪，界限往往非常模糊，因而行为定性难度尤为突出。其次，相关行为复杂多样，一般具有超出一个经济犯罪的罪名所规制的经济行为，行为的定性还存在具体构成何罪的疑难问题。

在促进市场经济繁荣、推进市场行为创新的商品经济市场中，经济手段更新较快，市场经营模式不断创新，很多经济行为往往介乎合法与违法的模糊地带，合法与否难以一目了然，涉众型经济行为尤其突出。在涉众型经济案件中，需要判断，以"联营入股返利""购后返租""消费返利""绿色银行"等名义进行的涉众型经济行为是合法的经济行为，还是刑法规制的"非法吸收公众存款""集资诈骗""组织、领导传销活动"等犯罪行为

---

① 参见陈柏峰：《城镇规划区违建执法困境及其解释》，载《法学研究》2015年第1期，第20-38页。

② 人民日报曝光经侦滥权乱象：经侦警察帮人讨债：http://www.xwqynet.com/news/shehui/2015/0211/20856.html.

类型。在新型涉众型经济行为方式和经营模式不断创新的市场经济下，新型经济行为的行为类型判断往往存在争议。如果对行为的界定太过严苛，则无异于缩紧和抑制市场经济行为；如果放任其发展，则可能危及社会公众的利益甚至市场经济秩序。

2. 程序适用的困难

由于经济犯罪案件发生在经济活动中，往往涉及涉案人员的财产法律关系，因此极易导致民事诉讼程序和刑事诉讼程序的交叉，这种交叉主要体现为诉讼程序启动的交叉以及诉讼的拖延和重复两个方面。第一，诉讼程序启动的交叉。在经济犯罪的案件中，行为人与被害人之间必然存在经济利益关系，且一般由于被害人受到经济财产损失而案发。由于经济案件在定罪之前，经济犯罪和经济纠纷的界定尚未明确，这可能导致经侦部门刑事立案侦查之前，有的被害人为维护自身权益，以要求行为人履行合同或者赔偿损失为由已经向人民法院提起民事诉讼。由于被害人与行为人之间确实存在经济纠纷，因此，人民法院也往往以经济纠纷进行了民事立案，启动民事诉讼程序，甚至已经审结完毕。第二，诉讼的拖延和重复。由于经济案件证据的收集和侦查需要大量工作，极易导致诉讼的拖延和重复。

民事诉讼程序和刑事诉讼程序的交叉以及刑事法律关系和民事法律关系存在争议的案件统称为刑民交叉案件。经济案件实体定性的疑难问题和程序适用的疑难问题是相互交叉的，且实体定性的疑难问题导致程序适用的刑民交叉，而程序的刑民交叉又反过来阻碍了实体的准确定性、强化了实体定性的难度①。

## 二、法治思维视域下经济犯罪侦查困境的形成原因

（一）法律规定不科学是导致经侦部门孤岛现象的主要原因

经济领域广阔，行政执法部门众多，经侦部门是维护经济领域秩序和健康运行的最后一道防线。根据现有法律规定，行政案件经调查、审查发现违法事实涉及的金额、违法事实的情节、违法事实造成的后果等已超出了行政案件的"度"，发生了"质"变，构成了刑事案件，行政执法部门应将案件移送给公安机关，追究其刑事责任。如上所述，这种模式存在责任不明、效率不高和监督不力等问题，经侦部门和行政执法部门均没有在经济领域规范中各自起到应有的作用。建立责任明确、效率提高和监督有力的行政执法和刑事司法的衔接模式势在必行。责任明确是发挥职能的前提，必须明确区分行政执法部门和经侦部门的责任，应该界限分明、易于把握。效率提高是挤压行政执法部门和经侦部门选择性执法的空间，避免相互扯皮、互相推诿现象的发生，同时减少重复劳动，减少资源浪费，将效率提高到最大程度。监督有力就是说监督要有权威，监督的有力和权威来自监督主体适格、监督依据合法、监督后果落实。

（二）法律规定模糊性是导致犯罪事实雾里看花的根本原因

刑事诉讼和民事诉讼的二元对立要求经济案件寻求国家公权力的帮助和支持必须首先确定案件性质：如果是经济犯罪案件，进入刑事诉讼程序；如果是经济纠纷案件，则进入

---

① 参见聂慧苹：《涉众型经济犯罪司法疑难问题探析》，载《上海政法学院学报（法治论丛）》，2013 年第 4 期，第 125 – 130 页。

民事诉讼程序。由于法所调整的社会经济关系纷繁多样，而语言本身具有模糊性，难以准确地将所要反映的事物准确地表达出来，因此，有关经济犯罪规定的法律条文含义在立法者、司法者、当事人、社会公众等各方就有了不同的解释。如经济犯罪规定中经常出现的"非法占有为目的"的含义理解就是争议分歧最为激烈的代表。一是非法占有为目的本身是一个含糊的概念，是一个主观上的概念，需要通过客观行为来认定。二是经济犯罪行为人即使主观上具有非法占有的目的，也会千方百计地掩盖、否认。三是非法占有的主观故意在时间上也可能存在变化：有事前故意，事中故意，事后故意；有事前故意、事中无奈，事后放任；也可能事前没有故意，事中、事后产生犯意等。法律规定的这种模糊，使得犯罪事实认定困难，犯罪事实认定困难又从实体和程序方面加大了经济犯罪侦查的难度。经济生活中的犯罪现象千奇百怪，行为人的情况又各不相同，行为的性质究竟如何，通常没有一定深度的侦查是确定不了的。这个时候受害人要求启动刑事诉讼程序，而相对方则要求启动民事诉讼程序，双方均会通过各种渠道，运用各种力量对办案人员施压，以有利于自己的方式妨碍或选择国家公权力的介入，揭露或掩盖行为的真相。

## 三、法治思维视域下经济犯罪侦查困境的出路

根据全面依法治国的要求，化解经济犯罪侦查困境的出路在于厘清经侦部门的权力清单，做好经济犯罪侦查的减权和加权工作。

（一）减权

减权就是将经侦部门对行政执法部门移送的刑事案件移送检察机关审查起诉权赋予行政执法部门。赋予行政执法部门刑事案件移送检察机关审查起诉权后，行政执法部门对于立案查处的行政案件，经调查、审查认为构成刑事案件的，应将刑事案件移送给检察机关，追究行为人的刑事责任。赋予行政执法部门刑事案件移送检察机关审查起诉权，行政执法部门与经侦部门的关系变化为行政执法部门与检察机关的关系。行政执法和刑事司法移送检察机关审查起诉权由行政执法部门一体使用，有利于明确市场监管责任主体，避免效率低下、资源浪费和相互推诿等现象发生；同时，由于检察机关和行政执法部门直接发生关系，更加有利于检察机关法律监督权的实施，便于保证监督的效力，最大限度地减少以行政执法代替刑事司法现象的发生。

赋予行政执法部门刑事案件移送检察机关审查起诉权在理论上是可行的：其一，违法事实涉及金额、情节和后果等是决定案件性质的关键，罪与非罪的判断标准很大程度上取决于数量。虽然在案件法律性质认定上行政执法部门较经侦部门可能稍有欠缺，但就案件性质判定的专业性和技术性而言，行政执法部门远远强于经侦部门。其二，除严重危害社会秩序和国家利益的案件以外，对于一些轻微的刑事案件，被害人可以行使自诉权。由此可见，一些行政机关移送的刑事案件可能是公诉案件，也可能是自诉案件，在性质上具有双重性。其三，被害人可以作为提起追究刑事责任的主体，行政执法部门作为市场的管理者，至少应该与受害人具有同等的法律地位，从主体资格和主体地位来说，行政执法部门应当可以作为追究刑事责任的发起者。其四，法律规定："如果行政执法部门认为构成犯罪，需要追究刑事责任的，应该移交公安机关。"这一规定从一定意义上说，是对行政执法部门判定案件刑事性质权的一种认可，是行政执法部门对案件性质进行判定的法律依

据。行政执法部门在案件移送前必然要对案件性质进行预判定，对于判定为刑事性质的案件，行政执法部门具有相应的移送权。

赋予行政执法部门刑事案件移送检察机关审查起诉权，应注意下面三个问题：第一，经侦部门要充分发挥职能。要准确定位经侦部门的职责，经侦部门行使抓捕和控制犯罪嫌疑人等涉及限制人身自由权的权力，行使专有的执法权为行政执法部门服务，全力维护稳定的市场秩序等。第二，加强监督，强化人民检察院的法律监督责任，强化人民检察院对行政执法部门案件移送检察机关审查起诉权的监督责任，对于以罚代刑、有案不移等不作为、乱作为行为，应坚决追究法律责任。第三，完善检察官的自由裁量权。对于行政执法部门移送的案件，检察官要根据案件的性质等情况，依法采取多种形式，妥善处理案件[①]。

（二）加权

加权就是赋予经侦部门对于事实复杂、性质模糊的案件启动刑事侦查权。对于事实复杂、性质模糊的案件，赋予经侦部门启动刑事侦查权，一是有利于快速查明事实真相。经济案件事实复杂，一些经济犯罪行为人还有意掩盖事实，故意在犯罪与纠纷中制造混乱，没有公权力的介入，事实真相难以查清。二是有利于息诉。经济案件总是存在双方当事人，如果事实不查清，双方都会不停地主张诉求。三是有利于维护国家和集体的利益。经济犯罪行为人往往针对国家和集体实施犯罪行为，认为侵害国家和集体的利益容易逃避法律追究，经侦部门的介入则有利于维护国家和集体的利益。四是不影响受害人通过民事诉讼程序维权。我们知道，先启动刑事诉讼后启动民事诉讼对案件定性的影响并不大，但是，先启动民事诉讼程序后进行刑事诉讼，对行为的定性有一定的影响：一旦对经济行为启动民事诉讼程序并进行民事裁判，意味着将其界定为经济纠纷。如果后判决的刑事认定与民事认定一致尚可，如果刑事判决与民事裁判相冲突而需要撤销民事裁判或者需改变责任承担方式，在浪费司法资源的同时更有损司法权威。而这也正是最高司法机关将先刑后民的司法经验加以原则化的原因所在。五是有利于树立社会诚信、净化社会风气。

经侦部门对于事实复杂、性质模糊的案件启动刑事侦查权应该坚持以下几个原则：其一，不告不侦原则。刑事侦查权必须是应一方当事人的要求而启动。其二，存在虚构事实、隐瞒真相行为原则。行为反映主观故意，行为人不得有虚构事实、隐瞒真相的行为，行为人在经济活动中使用的资料必须真实，资金使用目的、过程、去向等必须真实记录，如果行为人存在不真实的行为，要承受主观上具有非法占有目的的不利认定。其三，不利推定原则。经济犯罪行为人通常不惜违反规定将不利于自己的证据销毁，然后制造各种借口搪塞，企图蒙混过关。不排除因意外原因导致证据消失，但大多数情况是行为人有意为之，除经济犯罪行为人提供确切证据证明外，在证据已经缺失的情况下，以不利于行为人的原则进行事实推定。其四，程序合法原则。经济犯罪案件立案、侦查、采取强制措施等程序上依法进行。

（作者单位：安徽省公安厅经济犯罪侦查队）

---

[①] 参见盛丰：《我国食品药品案件行政执法与刑事司法衔接模式重构探析——从食品药品刑事案件移送审查起诉权的角度》，载《公安研究》2012年第3期。

# 法庭调查与辩论的分与合

缪　阳

　　**摘　要**：现今我国民事诉讼法在立法中将法庭调查阶段与法庭辩论阶段分开，规定为两种严格分立的程序功能。由于过于区分此两种程序，因而造成了司法实践中"二分式"庭审模式，法庭调查主要负责案件事实与举证，法庭辩论主要对案件涉及的法律法规进行辩论。该模式为现在中国法院司法实践所应用，成为一种惯例，但这种模式是具有缺陷的，因此文章通过对实践中遇到的困境进行分析（以民事诉讼为例），提出合并法庭调查与法庭辩论之思考，并同时对该合并的完善提出一些思考。

　　**关键词**：法庭调查；法庭辩论；阶段；二分式

　　《中华人民共和国民事诉讼法》第一百二十四条规定了庭审中法庭调查的进行顺序，第一百四十一条规定了法庭辩论的进行顺序。法庭调查阶段主要是针对当事人所陈述的事实、举证、审查证据等与案件事实相关的问题进行查证查明；法庭辩论主要是对于该案件事实所关系到的法律问题进行言辞辩论。本文主要从我国司法实践情况、大陆法系和英美法系的司法实践等角度，分析现今司法实践中"二分式"庭审模式，并针对我国当前司法实践中所存在的调查与辩论二分的情况提出一些建议。

## 一、在实践中存在的不足之处

　　我国民事诉讼法所采用的法庭调查与法庭辩论上的严格区分类似于德国普通法时代规定的庭审诉讼"法定顺序主义"，严格地将案件开庭中的程序分割为事实证据的认定阶段以及法庭辩论阶段，而后，如果辩论中又出现了新的证据，又将从辩论阶段再次转到法庭调查阶段，之后又进行有针对性的新一轮的法庭辩论。对于较为复杂案件来说，甚至会反反复复。这样的庭审程序隐含着重大缺陷。

　　（一）证据表述的遗漏与模糊不清

　　法庭调查阶段与法庭辩论阶段的二分式的庭审模式的弊端在法庭审查、调查证据阶段表现得很明显。在司法实践中当事人（代理人）一方在提供证据并表明所举证据的三性之后经常会对证据所涉及的法律进行表述，但法官一般会禁止其作出相应阐述，而要求其放在法庭辩论阶段展开，作为当事人或者律师也只能根据法官的要求去处理。正常情况下，如果案件事实清晰、证据确凿、法律法规明确，将法律辩论放在辩论阶段对于后期辩论阶段的辩论则没有多大影响；但如果面对复杂有争议的案件，案件争议较大，涉及较广，证据多而且复杂的情况，弊端就会凸显出来。尤其是当遇到的案件无法通过一次开庭审理调查完毕而需要多次开庭审理质证而后再开庭辩论时，每个人都不能保证辩论中对前期所有的证据不会有遗漏表述，弊端之处则不言而喻。

（二）可能会造成程序上的形式化与诉讼效率的降低

在目前的司法实践中，不少律师、法官已经考虑到目前程序上所存在的问题。因而在处理一些简单、纠纷较小的简易程序案件中，法官也会适当地允许当事人（律师）在庭审中证据调查阶段作出相应的辩论发言。但我国的民事诉讼法又强制规定了在法庭调查阶段之后，必须开展法庭辩论、作出相应事实与法律陈述，才能完成这一次开庭。因此，在此种情形下会造成在法庭调查后进行的法庭辩论对于法官、律师、当事人而言已没有实际意义，律师和当事人重复调查阶段的意见，造成了重复的意见表述。这就不可避免地将诉讼中关键性的辩论变成了一种形式化，成了一种形式上的要求。尽管法庭调查结束后，法官会引导双方当事人、律师简明地表达辩论意见，但仍然会显得多少有点一味重复观点的问题。除此之外，最后陈述也往往存在形式化。辩论结束后，当事人、律师在最后陈述意见阶段中常以请求法院依法判决、同诉状诉请等简单言语应付最后陈述，从而使该阶段也没有了实际意义。所以程序上过分的形式化会大大降低庭审的诉讼效率，影响法官与当事人的积极性。

## 二、大陆法系与英美法系的司法实践与一些规定

以法国为例的大陆法系国家，法国完成资产阶级革命后，根据案件的具体事实情况，采取适时进行辩论阶段与证据调查阶段相结合的方式（举证辩论结合），并没有关于案件审理中辩论与调查程序过于二分的规定。根据法国的实际情况以及目前的情况来看，我们认为其针对案件的辩论从案件调查阶段的举证、质证就已经是开始了的，其法律没有调查与辩论严格的先后顺序设定，而是相互渗透。

以美国为例的英美法系国家，双方当事人或者其代理人在法官引导下在庭审中明确双方的争议焦点，并结合法律法规规定向法官说明其主张理由。美国法官明确双方当事人、代理人的表述后直接依法判决。所以，根据美国的法律规定以及司法审判实践，也没有严格二分法庭调查与法庭辩论的规定与实践。但是美国法院设置了最终环节的辩论，该辩论也是本文所主张的终结陈词，不同于中国庭审司法实践中的法庭辩论阶段，其是对调查与辩论的统一概括，重在达到整个庭审的效果而不是僵化的完成程序上的强制性规定。

## 三、实践中对庭审程序完善的思考

笔者作为律师，对法庭调查与辩论程序过于二分深有体会。例如，对于买卖合同纠纷中最简单明了的，由被告向原告出具货款欠条的案件。被告不到庭，在调查阶段举证并对证明目的以及涉及的买卖合同法律规定适当点明后，法官会宣布进入法庭辩论阶段，然而在法庭辩论阶段要么重复质证所述，要么直接表述"同质证意见"，由此，该程序走成了一种重复性、赘余性或者过场性的程序，但是作为法官根据法律规定又必须走完改程序，因而已丧失了实际意义。所以，如果合并法庭调查与辩论，那就不会存在这种走过场式的

辩论。但是完善需要长久的过程，笔者认为可以先从简易程序着手推进程序的完善。在按照简易程序处理案件中，没有必要强行的去贯彻普通程序严格二分的要求，可以根据案件审理的需要，融合法庭调查和法庭辩论，提高庭审效率，推进庭审模式的完善。

针对存在的问题，笔者认为，应当从以下两个方面的完善来解决：

第一，通过完善诉讼法新规定，统一法庭调查与辩论为"调查与辩论阶段"，将最后陈述改为"终结陈词"。

首先，应当将当事人对案件事实的陈述、举证、审查证据与原被告双方辩论统一起来，而不是严格分开。进而使案件在审理过程中直接进入原被告双方针对案件基本事实与所涉及法律的互搏辩论，使案件更加清晰明了。此过程中以双方当事人进行举证、质证，以辩论为中心，更有利于双方当事人与法官明确案件的争议焦点，全面透彻地了解案情，也不会造成法官、当事人对证据上的记忆模糊情形出现，有利于案件调解或者判决。除此之外，还能够方便书记员将案件观点详细记录，方便法官对案件一目了然没有遗漏，提高案件庭审的效率，进一步节约司法资源，公正裁判。

其次，把最后陈述改为"终结陈词"。在该程序中，双方当事人、代理人应当将在之前辩论与调查过程中所做的举证质证陈述以及法律观点辩论进行总结概括，形成简洁明了的终结前陈述，可以有效避免观点重复。如果案件事实争议较小或者不存在事实上的争议，那么原被告双方或者代理人可以直接就法律法规予以陈述即可。因此，在该阶段中，有利于三方直接针对案件的争议焦点与法律，整理思路，可有效避免诉讼突袭，有利于案件公正裁判或者双方当事人之间的调解。

第二，进一步完善相关庭审之外配套程序制度。

首先，进一步完善庭审前的准备工作。通常案件在庭审前，法官会召集当事人调解案件，调解是处理案件的一种好的思维。但是当庭审前调解不成时，不一定就要法官、双方当事人一拍而散，而在之后庭审上直接对峙，应当在调解不成后，在法官主持下，双方当事人之间明确案件的争议焦点以及对与本案相关的证据材料进行整理或者进行证据交换，明确之后"法庭调查与辩论阶段"的核心问题，以归纳出后期庭审的焦点。特别是对于案件复杂、争议较大、影响较大的情况来说，该处理方式显得尤为重要。不仅可以在庭前排除与案件无关、没有意义的争议明确案件重心，也可以缓解当事人矛盾冲突，减少在与案件无关联性的问题上扯皮，更有利于在庭前双方当事人达成协议，使案件不用再经过烦琐的庭审就能达到合情合理的处理效果。

其次，要降低当事人收集取证的难度与门槛。证据是庭审顺利开展的基础，也是上文中调查与辩论阶段的核心，在案件受理后，当当事人一方遇到调查取证困难时或者相对一方当事人具有证据而拒不提供时，作为法院应分析当事人所主张的该证据材料对案件是否具有重大影响，分析后对于有重大影响的证据材料，法官应当以法院名义给该当事人开具调查函，或者是直接去调查取证，以便更好地查清案件事实，使调查与辩论阶段的庭审顺利开展，合情合理、公正裁判。同时，作为机关单位，应当贯彻国家行政法规的规定，从实质上落实信息公开制度，这也在一定程度上降低了当事人取证的难度，只有当事人顺利取证后，才更有利于保障案件公正审理裁判。

综上所述，当前我国民事诉讼法严格将案件庭审中的法庭调查与法庭辩论分为两个程序阶段，却导致在司法实践的具体适用中过于生硬僵化以至于诉讼效率不高。因此，笔者认为应当通过立法的完善，统一法庭调查与法庭辩论程序，形成"调查与辩论"阶段。除此之外，完善案件庭前准备工作与相关配套制度，也可在一定程度上改进当前的诉讼模式，从而提高整个庭审的效率。

（作者单位：安徽远泰律师事务所）

**参考文献：**

[1][德]卡尔·拉伦茨.法学方法论[M].陈爱娥译.北京：商务印书馆，2003：15.

[2]陈桂明.诉讼公正与程序保障[M].北京：中国法制出版社，1996：36.

[3]王亚新.论民事、经济审判方式的改革[J].中国社会科学，1994，（2）.

[4]章武生.民事简易程序中的公正与效益[J].法学，2003，（8）.

[5]王亚新.民事诉讼法修改中的程序分化[J].中国法学，2011，（4）.

[6]第五期金杜-明德法治沙龙实录[EB/OL].http：//www.lawinnovation.com/html/mdfz/sl2/521238.shtm.

# 刑事诉讼实物证据收集程序的审视

## ——以非法实物证据的裁量排除为思考的逻辑终点

陈兆华

**摘　要：** 审判程序是刑事诉讼的中心环节，承载着定罪与量刑的双重任务，其作为案件事实和证据的最后把关与认定环节，对于非法证据的排除具有的重要作用自不待言。我国刑事诉讼为平衡打击犯罪与人权保障的关系，针对不同证据的审查判断确定不同的法律规则，不仅与各国证据立法通例相符，也符合建立非法证据排除规则的本来目的。目前我国司法实务对以非法搜查、扣押等手段取得的实物证据，从一定程度上允许在庭审中补正与作出合理解释，实为契合于现阶段我国刑事侦查机关的取证状况，具有一定的现实合理性，但过多遵循现状，使得搜查、扣押的程序要件缺乏较为严格的排除规范，导致法官对非法实物证据的裁量排除过程，有时无奈停留在侦查机关取证明显违法与事后的补正解释之间，容易架空非法实物证据排除规则的适用。尤其在目前的刑事诉讼中，仅仅靠事后从救济角度设置的非法证据排除规则，并不能彻底遏制违法取证现象，因为刑事证据规则的完善与刑事程序规则的改革密不可分。借鉴各国对刑事实物证据收集程序的考量因素，积极探索并完善我国实物证据收集的程序，前置设定较为规范的实物证据收集的启动、实施要件，构建符合中国国情的刑事实物证据收集程序，与事后的排除规则形成"三位一体"的共同效应，不仅会有益于刑事案件的正确审理，也终将会对实现我国刑事诉讼打击犯罪与保障人权并重的目的产生积极作用。

**关键词：** 刑事搜查；证据能力；规范化路径

刑事诉讼的证据在学理上分为言辞证据与实物证据，其非法与否的排除规则各不相同，一般来说，各国大都对采用非法手段获得的言辞证据奉行绝对排除原则，对采用非法搜查、扣押手段获得的实物证据是否排除的问题，各国主要存在三种模式：一是自动排除，并且这种排除具有强制性，如法国、俄罗斯等国；二是自动排除加例外，主要为美国所采用；三是裁量排除，为英国、德国、日本等大多数国家和地区采用。结合我国现行刑事诉讼相关证据规则的规定理解，我国实物证据的排除规则为裁量排除。

从我国刑事诉讼法将物证、书证列为法定证据之首来看，显示出实物证据在刑事诉讼证明领域的重要地位。目前我国司法实务中涉及的非法实物证据包括物证、书证、视听资料三大类，勘验、检查笔录和鉴定结论由于其制作过程不存在侵犯人权的可能，因此不属于非法证据排除规则适用的范围。分析现行刑事诉讼实物证据的审查判断规则，不难看出其对基于非法手段获取的实物证据的证据能力采纳并无多大实益。由此应借鉴先进的刑事证据排除规则，与我国的司法实际相结合，对刑事实物证据的收集程序进行科学架构，以利于刑事案件审理程序的更加完善。

# 一、我国刑事司法中涉及实物证据收集的规定

（一）我国立法及司法实务层面涉及实物证据收集的规定

1. 实物证据的范围界定

实物证据多以物品或痕迹等实在物为其存在状态和表现形式。根据证据的存在及表现形式的不同，可以将其分为言辞证据和实物证据。这种证据分类，人们通常习惯称之为"人证和物证（广义上的物证）"，但是实物证据的范围显然大于证据法定种类中的物证范围。尽管我国刑事诉讼法中的实物证据范围，结合法定证据种类进行分析，包括"物证，书证，勘验、检查笔录，现场笔录，视听资料"都属于实物证据。但本文所研究的非法实物证据范围仅包括物证、书证、视听资料三大类，勘验、检查笔录和鉴定结论由于其制作过程不存在侵犯人权的可能，因此不属于非法证据排除规则适用的范围

值得注意的是，根据修订后的刑事诉讼法的规定，"行政机关在行政执法和查办案件过程中收集的物证、书证、视听资料、电子数据等证据材料，在刑事诉讼中可以作为证据使用"。由此，刑事实物证据的范围在司法实务中的时空界定存在一定的边缘化内容。

2. 侦查机关对实物证据的法定收集手段及程序。

主要反映在搜查、扣押手段的运用上。

（1）我国现行刑事诉讼法规定：为了收集犯罪证据、查获犯罪人，侦查人员可以对犯罪嫌疑人以及可能隐藏罪犯或者犯罪证据的人的身体、物品、住处和其他有关的地方进行搜查（第一百三十四条）。

进行搜查，必须向被搜查人出示搜查证。在执行逮捕、拘留的时候，遇有紧急情况，不另用搜查证也可以进行搜查；在搜查的时候，应当有被搜查人或者他的家属、邻居或者其他见证人在场。搜查妇女的身体，应当由女工作人员进行（第一百三十七条）；

搜查的情况应当写成笔录，由侦查人员和被搜查人或者他的家属、邻居或者其他见证人签名或者盖章。如果被搜查人或者他的家属在逃或者拒绝签名、盖章，应当在笔录上注明。（第一百三十八条）。

在侦查活动中发现的可用以证明犯罪嫌疑人有罪或者无罪的各种财物、文件，应当查封、扣押；与案件无关的财物、文件，不得查封、扣押。对查封、扣押的财物、文件，要妥善保管或者封存，不得使用、调换或者损毁（第一百三十九条）。

对查封、扣押的财物、文件，应当会同在场见证人和被查封、扣押财物、文件持有人查点清楚，当场开列清单一式二份，由侦查人员、见证人和持有人签名或者盖章，一份交给持有人，另一份附卷备查（第一百四十条）。

（2）《人民检察院刑事诉讼规则》在第一百七十八条至一百九十三条，《公安机关办理刑事案件程序规定》在第二百零六条至第二百二十三条，也均分别对人民检察院及公安机关的搜查、扣押的行为及程序作了相应的规定。

（二）搜查、扣押等侦控措施的立法定位及运行

1. 我国刑事实物证据收集手段的体系定位

在刑事诉讼中，当侦控机关的某一项权力如果没有进行科学的设置，其实施过程中将有可能出现对公民基本权利的漠视。由此，理性审视现行的搜查、扣押权利在刑事诉讼法中的体系设置，不难发现，我国实物证据收集手段主要是搜查、扣押规范在刑事诉讼中体系并未定位在强制措施中，而是定位在侦查行为体系下，规范密度及强度远不及其他法域[①]。这种立法技术上的褊狭，使得实践中存在诸多干预公民基本权利的强制性侦控手段无法被纳入刑事强制措施的规范框架之中，致使搜查、扣押等侦查措施的程序运作的正当性问题被掩盖起来[②]。

2. 搜查、扣押等侦控措施的运行机制

"宽松性启动、内控型审批、附带性兜底、宣示性排除"可以看作是对我国目前搜查、扣押等侦控措施运行机制的要点归纳，也是存在不利影响的因素。所谓宽松性启动，一是指我国刑事搜查的启动标准是"为了收集犯罪证据、查获犯罪人"，刑事扣押也可依附于搜查而无须任何启动理由；二是指启动理由的判断不需要任何事实根据，只要侦查人员认为必要。所谓内控型审批，是指有证搜查的审批权赋予侦查机关负责人即公安局长（或检察院自侦案件刑事搜查时由检察长批准）。所谓附带性兜底，是指"遇有紧急情况，不另用搜查证也可以进行搜查"，何谓紧急情况并没有一定的衡量标准。所谓宣示性排除，是指法院在被告人及其辩护人提出存在非法实物证据时，对以刑事搜查、扣押获得的实物证据进行裁量排除，但由于排除规则的参照标准"先天"缺失，加之没有限定的允许侦查机关进行"补正与合理解释"，使得最后一道程序的排除规则难以产生实效性，只是呈现出一定的宣示意义。综上，由于我国实物证据收集的运行机制从程序启动、具体实施、证据审查，整个程序并没有形成有机的完整体系，且缺失相对人对搜查、扣押的异议权及相应的救济程序，导致搜查、扣押等侦控措施存在程序运行上的较多瑕疵。

（三）实物证据能力审查时面临的缺陷

对实物证据能力审查与认定，通常人们会较多地关注证据的确证性、存在性、一致性问题。[③] 随着非法证据排除规则的制定，实物证据的收集、保管等程序问题也纳入法庭对证据能力判断的视域，不可否认我国的非法证据排除规则在现阶段所起的积极作用，但理性审视该规则的内容及实际运行效果，不难发现实物证据能力审查时存在一定的缺陷，即裁量排除规则的参照标准"先天"缺失，导致排除条件难以有效实施。

根据《关于办理刑事案件排除非法证据若干问题的规定》第十四条的规定，我国对采用非法手段取得的实物证据采取的是裁量排除规则，即"物证、书证的取得明显违反法律规定，可能影响公正审判的，应当予以补正或者作出合理解释，否则，该物证、书证不能作为定案的根据"。该规定的内容适用需满足三个条件：第一，明显的违法性；第二，违法后果的严重性（"可能影响公正审判"）；第三，不可弥补性（"即非法证据应当先予以

---

① 林喜芬：《两个证据规定与证据排除规则》，中国人民公安大学出版社 2011 年版，第 256 页。

② 万毅：《程序正义的重心：底限正义视野下的侦查程序》，中国检察出版社 2006 年版，第 184 页。

③ 最高人民法院刑事审判第三庭：《刑事证据规则理解与适用》，法律出版社 2010 年版，第 102 页。

补正或者作出合理解释，只有无法补正或合理解释的，才可以排除）①。该规定虽对排除非法实物证据起到一定的规范作用，但从制度内涵上讲，该规定设置的排除条件显然过高，在人权保障方面显得保守，存在过度偏向"打击犯罪"的嫌疑②。

一方面，对所谓"非法"，主要是指取证手段违反了法律规定，但该项排除条件的设定，由于刑诉法及相关司法解释与规定中并无取证手段的具体规定，实践中很难准确予以把握。按照学理上的观点，对侦查人员收集证据违反法定程序（即技术性违法）的，可以参照《办理死刑案件证据规定》对该技术性违法收集的证据，决定证据能力采纳问题。如有学者研读《办理死刑案件证据规定》后，批评指出，在运用体系解释方法后可以看出，由于下列情形被视为瑕疵证据，可以通过补正与合理解释予以弥补："(1)收集调取的物证、书证，在勘验、检查笔录，搜取笔录，提取笔录，扣押清单上没有侦查人员、物品持有人、见证人签名或者物品特征、数量、质量、名称等注明不详的；(2)收集调取的物证照片、录像或者复制品，书证副本、复制件未注明与原件核对无异，无复制时间，无被收集、调取人（单位）签名（盖章）的；(3)物证照片、录像或者复制品，书证的副本、复制件没有制作人关于制作过程及原物、原件存放于何处的说明或者说明中无签名的；(4)物证、书证的收集程序、方式存在其他瑕疵的。"③导致出现的令人困惑的问题是：对侦控人员收集的实物证据即使存在如此瑕疵，仍可补正或事后解释，将让人在实务中几乎很难界定什么是"明显违反法律规定"的实物证据收集内容。

另一方面，"可能影响公正审判"，按照以往的实务惯例，该要件的判断其实是采纳实体考量因素④。对系程序法角度的证据收集，单纯采用实体因素考量权衡，实施起来难免主观判断因素较强，不如设定客观性的非法实物证据"无害采纳"规范，以利于实践操作和避免主观意识干扰；同时对事后弥补角度的合理解释，实务中，侦查人员会很容易地采用一些并不规范的说明性材料，不仅导致合理解释的标准难以把握，也使得非法实物证据的排除规定往往停留在宣示性层面，难以有效实施。

## 二、完善实物证据收集程序应当考量的因素

（一）收集手段（搜查、扣押）启动的实体标准

从比较法角度研读各国的实物证据收集手段的启动标准，可以看出，刑事侦查人员如要启动一个合法的搜查行为，大都要在实体上遵循"相当理由"要求，即有理由相信待查对象可能藏匿犯罪嫌疑人或犯罪证据，否则，该搜查或扣押行为均是不合理的⑤。如美国联邦宪法第四修正案就规定："任何人的人身、住宅、文件和财产不受不合理搜查和扣押的权利，不得侵犯。除依据相当理由，以宣誓或代誓宣言保证，并详细说明搜查地点和扣押的人或物，不得签发搜查和扣押证。"对此的理解，有学者认为应从四个方面把握：一

① 龙宗智、夏黎阳：《中国刑事证据规则研究》，中国检察出版社 2011 年版，第 74 页。
② 林喜芬：《两个证据规定与证据排除规则》，中国人民公安大学出版社 2011 年版，第 262 页。
③ 林喜芬：《两个证据规定与证据排除规则》，中国人民公安大学出版社 2011 年版，第 263 页。
④ 林喜芬：《两个证据规定与证据排除规则》，中国人民公安大学出版社 2011 年版，第 264 页。
⑤ 林喜芬：《两个证据规定与证据排除规则》，中国人民公安大学出版社 2011 年版，第 233 页。

是"相当理由"的标准应是有一定的证据信息支撑相信（可借鉴数字比加以量化），不应仅仅是怀疑；二是"相当理由"的根据在合法证据的基础上扩展至传闻证据（主要是指线人、目击证人、其他警察的传闻信息）；三是"相当理由"的论证在采用书面方式之外，可以包括口头形式；四是"相当理由"的所涉对象包括已有的和预期的[①]。

（二）"无证搜查"例外的合理界定

在各国的刑事诉讼法规范中，一般均将有证搜查视为原则，无证搜查视为另外。为避免侦查人员随意借用"紧急情况"作为规避有证搜查的理由，应借鉴比较法上的先进经验，合理界定有证搜查的例外情况，此方面可以审视的内容主要为：一是紧急搜查的判断要点，即"是否为追捕正在逃跑的罪犯，是否存在证据即将灭失的危险，是否为防止已经锁定的嫌疑犯逃脱，是否为防止住宅内外的警察或公民遭受危险，是否可能存在危及公众安全的情况"；二是附带搜查的合法例外，由于附带搜查，虽属于无令状搜查的范围，但比较法上，对该附带性无证搜查的合法性并无太多争议，得到较为一致的认可。例如，在德国，为了执行确定判决之刑或者为了执行羁押、拘传命令而查获被追诉人时，不需要有独立的搜查证，也得对被追诉人进行搜查[②]；英国的《警察与刑事证据法》中规定了两种附带于逮捕的搜查方式，无须另行申请司法令状：一种是在警局外执行逮捕时，侦查人员如果有合理的理由怀疑其持有任何可能用于逃跑的或可能用于犯罪的证据物品；另一种是在警察局内执行羁押讯问时，犯罪嫌疑人被带到警局后，一般可以实施搜查，并记录随身携带的物品。但值得注意的是，附带性的合法搜查例外，其适用的对象一般限定针对被追诉人实施、适用的时空亦存在一定的范围限制，一般仅限定于被追诉人的人身及其立即可以控制的地方，合理的延伸常为被追诉人正在驾驶或就近停靠的车辆。

（三）附带扣押的范围

比较法上，大都参酌"一目了然"规则限缩附带扣押的适用范围。这主要解决的是在有证搜查住宅、车辆时，虽然严格限制了搜查证中记载的目标，但如果在搜查过程中，意外发现犯罪证据，侦查人员也有权予以扣押或者另案扣押，此时为保护公民基本权利不受侵犯，各国的实务层面，原则上对附带扣押的适用范围和另案扣押的适用范围进行限缩，即只有在目光所及范围内，方可适用附带扣押。

（四）搜查、扣押权利的体系配置

刑事诉讼中，对侦控机关的具体权力配置，应当适应与人权保障相一致的目的，如果没有适应刑事诉讼职能分工的要求，对涉及限制公民基本权利侦控手段的没有准确定位，存在"强制措施之外的强制措施"，自然存在侦查手段设置体系的不足，而且其运行机制在具体实施过程中如无有效的监督，只是采用形式上的内控型审批，其不符合刑事诉讼的立法目的缺陷自然体现。因此，合理配置有证搜查的申请权、决定权，不仅有利于权利监督，也有利于有效避免刑事实物证据搜集手段的滥用，同时通过运用权力制衡手段将搜查审批权剥离于侦查机关的方法实现监督的有效前置，与法院对非法实物证据进行排除的事后救济形成统一的证据收集、采纳体系，更能符合刑事诉讼的立法目的。

---

① 林喜芬：《两个证据规定与证据排除规则》，中国人民公安大学出版社 2011 年版，第 234 – 237 页。

② ［德］克劳思·罗科信：《刑事诉讼法》，吴丽琪译，法律出版社 2003 年版，第 345 页。

# 三、实物证据收集的程序规范化路径

（一）完善搜查、扣押的规范体系

尽管我国现行刑事诉讼法修订不久，但如前所述，我国刑事诉讼法对实物证据的法定收集手段"搜查、扣押"，仍规定在侦查行为体系下，并没有将其纳入强制措施的规范体系中。其实"搜查、扣押"在实质上属于证据保全措施，其实施过程本身往往带有一定的强制性，如果简单地将其视为侦查行为，没有严密的程序设置，其程序瑕疵自然不可避免。应借鉴比较法的先进立法体例，在现行的刑事强制措施包含的五种人身保全强制措施（拘传、取保候审、监视居住、拘留、逮捕）之外增加规定"搜查、扣押"两种证据保全措施，以精密的强制措施①程序（包括程序的启动、实施、监督救济）统摄搜查、扣押的运行机制，是完善我国刑事实物证据收集程序的关键因素。

（二）实物证据收集的启动程序

1. 刑事搜查、扣押启动的实体要件

实体性条件方面，可以借鉴理论上通行的"相当理由"，规定在具备以下几个条件的可以采取强制刑事搜查、扣押措施：

一是案件已进入立案侦查阶段，除涉及国家安全、公共安全外，禁止"未立先侦"；

二是依据一定证据可以推测接受搜查、扣押的相对人存在犯罪嫌疑或者在某场所可能存有犯罪证据；

三是无法通过其他手段或途径有效控制嫌疑人或获取该证据；

四是限定扣押的对象和范围（包括：与犯罪有关的物品、属于犯罪嫌疑人本人的物品、第三人非善意取得获取的赃款、赃物）。

五是无证搜查、扣押的适用条件：须为紧急搜查扣押且限于"（1）为追捕正在逃跑的罪犯；（2）存在证据即将灭失的危险；（3）为防止已经锁定的嫌疑人逃脱；（4）为防止住宅内外的警察或公民遭受危险；（5）可能存在危及公众安全的情况"或附带于合法的拘留、逮捕。

2. 刑事搜查、扣押启动的程序要件

一是对有证搜查、扣押，实行司法审查原则，必须由同级或上级人民检察院检察长签发搜查、扣押证，方可启动；

二是对附带于合法的拘留、逮捕或满足紧急搜查、扣押的无证搜查、扣押，分别实行一体化原则或免签原则，无须另行申请搜查、扣押证；

（三）实物证据收集的实施程序

一是进行搜查、扣押，向被搜查人出示搜查证、扣押证，合法的无证搜查、扣押除外

二是在搜查的时候，应当有被搜查人或者他的家属、邻居或者其他见证人在场，搜查妇女的身体，应当由女工作人员进行；

---

① 林喜芬：《两个证据规定与证据排除规则》，中国人民公安大学出版社 2011 年版，第 260 页。

三是搜查、扣押必须有两人以上，应当制成现场笔录并当场开列清单一式二份，由侦查人员、见证人和持有人签名或者盖章；无法签名或者拒绝签名、盖章，应当在笔录或清单上注明；

四是与案件无关的财物、文件，不得查封、扣押；

五是搜查证、扣押证的使用期限与侦查期限一致，禁止重复使用，搜查的具体时间应以白天为宜，夜间搜查是例外。

（四）实物证据收集的救济程序

1. 侦控机关的监督救济

被搜查者在紧急搜查启动后，如对搜查、扣押不服，可在 10 日内向实施紧急搜查、扣押的同级人民检察院提出异议，同级人民检察院应在 3 日内对紧急搜查的合法性进行审查，并在审查后 2 日根据审查结果作出维持或撤销的决定。

2. 法庭审理时的排除救济

在坚持现行司法实务中的利益权衡模式的基础上，对非法实物证据的裁量排除应当设定一系列附加条件，以便给法官以指引，限定采纳侦控机关事后在法院审查阶段对违法取证的补正行为，可以借鉴以下观点：（1）违法取证行为必须损害了被指控人的合法权利；（2）该证据可通过侦查人员的其他合法行为而获取；（3）该证据的排除不能与根据"真实"事实处理案件的结果相冲突①；（4）侦查人员的违法仅仅是技术性操作规范，事后补正行为或解释行为不加重损害结果。

# 结　　语

刑事诉讼实物证据收集程序的完善，除了未来应在制定法层面将扣押、搜查规定为证据保全措施外，还应通过借鉴理论上的"相当理由"因素，明确界定扣押、搜查措施启动的实体条件，同时区分规定有证搜查、扣押与附带无证搜查、扣押的实施条件；最终，围绕庭审中审视实物证据的证据能力，仍需要从司法解释层面设定明确的附加规范，对法官裁量排除非法实物证据的过程加以导引，在庭审阶段，限定侦控机关仅能对非实质性瑕疵的实物证据加以补正，严格排除"实质性缺陷"②的实物证据。

（作者单位：安徽省郎溪县人民法院）

**参考文献：**

[1] 林喜芬. 两个证据规定与证据排除规则 [M]. 北京：中国人民公安大学出版社，2011.

[2] 龙宗智，夏黎阳. 中国刑事证据规则研究 [M]. 北京：中国检察出版社，2011.

---

① ［德］托马斯·魏根特：《德国刑事诉讼程序》，岳礼玲、温小洁译，中国政法大学出版社 2003 年版，第 112 页。

② 张保生：《证据制度的完善是实现审判中心的前提》，载《法律适用》2015 年第 12 期，第 12 页。

［3］张军，熊选国，南英．刑事证据规则理解与适用［M］．北京：法律出版社，2010.

［4］卞建林，杨宇冠．非法证据排除规则实证研究［M］．北京：中国政法大学出版社，2012.

［5］樊崇义．学习"两高三部"颁布的"两个规定"［J］．法学杂志，2010，（7）.

［6］万毅．证据"转化"规则批判［J］．政治与法律，2011，（1）.

［7］熊秋红．刑事证据制度发展中的阶段性进步：刑事证据两个规定评析［J］．证据科学，2010，（5）.

［8］张保生．证据法学（第2版）［M］．北京：中国政法大学出版社，2014.

［9］沈志先．刑事审判证据规则研究［M］．上海：上海人民出版社，2007.

［10］吕广伦．《关于办理刑事案件排除非法证据若干问题的规定》理解与适用［J］．人民检察，2010，（16）.

［11］陈光中．改革完善刑事证据制度的重大成就［N］．人民公安报，2010 -06 - 01.

# 新型检律关系构建路径研究

## ——在"以审判为中心"视角下

葛维凯

**摘　要：** 自以刑事诉讼法为主体规范而架构起来的刑事司法制度肇始以来，其在接受人权保障和诉讼效率两大价值目标的磨砺中正发生着日益深刻的变革。《刑事诉讼法》的修改与颁行，提出了对作为控辩关系核心的检律关系进行重新审视的要求；时下，党的十八届四中全会提出的以审判为中心的诉讼制度改革也为构建新型检律关系思考的展开提供了一个绝佳的契机。在"以审判为中心视角下"构建检律关系需要借助历史和规范两大视角，并以此为原点追溯检律关系，借此得以还原检律关系的产生、发展、挫折和进步的双螺旋结构。在此基础之上，我们得以窥视检律关系的痼疾在于以下诸端：角色心理对立、客观义务的未完全落实、监督观念尚未理顺、工作机制尚未健全等。基于检律关系之未解病因并进而探讨二者未来努力之方向就可以顺势而下，取得突破性进展。

**关键词：** 以审判为中心；检律关系；检律平等；检律合作

## 一、检律关系发展路径考察：基于历史和规范视角

在"以审判为中心视角下"构建新型检律关系，历史研究与规范比较可以为相关思考的深入提供有益的资鉴。前者主要是在对不同历史阶段的诉讼模式沿革的分析中进行，且不以国界和法域为缚；后者则是将我国涉及检律关系构造的法律规范演变为分析对象，利用规范之间的冲突与契合展开比较研究。

（一）考察视角一：诉讼模式沿革之路径

尽管在纠问式诉讼模式中，检察官和律师尚未形成，然而这并不妨碍从对其考察的过程中把握检律关系的发展规律。因此，这一视角下的考察将从纠问式、职权主义以及当事人主义三种诉讼模式展开。

1. 检律虚无：纠问式诉讼模式下的状态

行政司法不分下的权力极端集中，是纠问式诉讼的最主要特色。这也就决定了作为诉讼制衡力量的检察官和律师缺位的必然。在此情况下，对权利的救济和保护唯有在被追诉者所享有的微弱无力的辩解和控审合一的审判官强大攻势的夹缝中寻得侥幸的机会。从某种层面检视，这一无奈的状态甚至在我国 1979 年《刑事诉讼法》之前的司法活动中还投下了阴影。

2. 一权独大：职权主义诉讼模式下的检律关系

纠问式诉讼模式向职权主义诉讼模式的转型期亦即检察官的源生期。职权主义模式下控辩审三方的经典组合"吸取了纠问程序中国家、官方对犯罪追诉的原则，同时又保留了中世纪的无告诉即无法官原则，并将这两者与国家公诉原则相联结，产生了公诉人的职位：检察官"①。"职权主义"词义本身也决定了被追诉者无法获取刑事诉讼之平等参与者地位，这也直接影响到律师在较为强势的检察权前全面抗衡的展开，一权独大仍成为检律关系的突出特色。

3. 检律相峙：当事人主义模式下的检律关系

从对抗性的层面而言，刑事案件的被追诉人在这一诉讼模式中获得了当事人地位；从地位的平等性而言，作为控诉主要力量的检察官也谦逊地坐到了"当事人"的席位上。这一将检察机关人格化的做法使得律师的权利大大扩张，形成对检方有效的制衡和对抗力量。在此基础上，分别代表控辩力量的检察官和律师不仅可以拥有平等的话语权，甚至更能够在恪守法律和尊重事实的基础上展开有效的合作。

随着诉讼模式从纠问式的兴废到职权主义、当事人主义各自成为大陆法系或英美法系的诉讼结构，检律关系亦从虚无走上对抗，进而走向合作。

（二）考察视角二：法律规范承继之路径

1. 各法律文本关于律师权利的规定

《刑事诉讼法》和《律师法》无疑是深刻影响检律关系最为基础的两种法律文本。而对检律关系的思辨，归根结底还是要回到对检律力量的对比考察立场上来。根据先后颁行的三部《刑事诉讼法》以及三部律师规范，笔者绘制出涉及检律关系研究的律师权利对照表（见表1）。

表1　三部《刑事诉讼法》关于律师权利的规范比较

| 《刑事诉讼法》文本 | | 《刑事诉讼法》（1979年） | 《刑事诉讼法》（1997年） | 《刑事诉讼法》（2012年） |
|---|---|---|---|---|
| 律师责任 | | 维护被告人的合法权益 | 维护犯罪嫌疑人、被告人的合法权益 | 维护犯罪嫌疑人、被告人的诉讼权利和其他合法权益 |
| 律师权利 | 会见、通信权 | 有（被告人） | 有（犯罪嫌疑人、被告人） | 有（犯罪嫌疑人、被告人） |
| | 侦查期间会见权 | 无 | 无 | 有（特殊案件中的经许可） |
| | 安排会见期限 | 无限制 | 无限制 | 至迟不超过48小时 |
| | 会见是否受监听 | 受监听 | 受监听 | 不受监听 |

① ［德］拉德布鲁赫：《法学导论》，米健等译，《中国大百科全书出版社》1997年版，第123页。

（续表）

| 《刑事诉讼法》文本 | | 《刑事诉讼法》（1979年） | 《刑事诉讼法》（1997年） | 《刑事诉讼法》（2012年） |
|---|---|---|---|---|
| 律师权利 | 取保候审申请权 | 无 | 有 | 有（申请变更强制措施、获答复权） |
| | 申请证人到庭、调取新的物证、申请重新鉴定勘验 | 有 | 有 | 有 |
| | 发问权（被告人、证人） | 有（经许可） | 有（经许可） | 有（经许可） |
| | 发问权（鉴定人） | 无 | 有（经许可） | 有（经许可） |
| | 申请专家证人出庭权 | 无 | 无 | 有 |
| | 质证权 | 有 | 有 | 有 |
| | 辩论权 | 有 | 有 | 有 |
| | 阅卷权（诉讼文书、技术性鉴定材料） | 无 | 有（自审查起诉之日起） | 有（自审查起诉之日起） |
| | 阅卷权（犯罪事实材料） | 无 | 有（自法院受理之日起） | |
| | 自主调查取证权（证人） | 无 | 有（经同意） | 有（经同意） |
| | 自主调查取证权（被害人） | 无 | 有（经同意和许可） | 有（经同意和许可） |
| | 申请调取遗漏无罪罪轻证据权 | 无 | 无 | 有 |
| | 申请调查取证权（证人） | 无 | 有 | 有 |
| | 申请证人出庭权 | 无 | 有 | 有 |
| | 申请警察、鉴定人出庭权 | 无 | 无 | |
| | 侦查阶段介入权 | 无 | 有（特殊案件经许可） | 有 |
| | 侦查阶段会见权 | 无 | 有（特殊案件经批准、受监听） | 有 |
| | 侦查阶段的提供帮助权、代理申诉控告 | 无 | 有 | 有 |
| | 侦查阶段罪名案情知情权 | 无 | 有 | 有 |
| | 侦查阶段意见获听取权 | 无 | 无 | 有 |
| | 侦查阶段书面意见附卷权 | 无 | 无 | 有条件 |
| | 控告、申诉权 | 未规定 | 未规定 | 有 |

（续表）

| 《刑事诉讼法》文本 | | 《刑事诉讼法》（1979 年） | 《刑事诉讼法》（1997 年） | 《刑事诉讼法》（2012 年） |
|---|---|---|---|---|
| 律师权利 | 保守秘密权 | 未规定 | 未规定 | 有 |
| | 审查起诉意见获听取、附卷权 | 未规定 | 无条件 | 有（特殊性秘密除外） |
| | | | | 无条件 |
| | 申请非法证据排除权 | 未规定 | 未规定 | 有 |
| 辩护律师介入阶段 | | 审判阶段 | 审查起诉阶段 | 侦查阶段 |
| 法律服务律师介入阶段 | | 无 | 侦查阶段 | |
| 法援律师可介入阶段 | | 审判阶段 | 审查起诉阶段 | 侦查阶段 |

从上述规范比较不难看出，刑诉法的立法沿革史，也正是律师权利在细化中的同时得以强化的过程。这一规律同样能够在律师执业规范上得以完全地展现（见表 2）。

表 2　三部律师规范关于律师权利的规范比较①

| 规范文本 | | 《律师暂行条例》（1980 年） | 《律师法》（1997 年） | 《律师法》（2007 年） |
|---|---|---|---|---|
| 职业属性 | | 国家的法律工作者 | 为社会提供法律服务的执业人员 | 为当事人提供法律服务的执业人员 |
| 律师责任 | | 维护委托人利益、国家、集体利益 | 维护当事人合法权益 | 维护当事人合法权益 |
| 律师权利 | 阅卷权 | 有 | 有 | 有 |
| | 阅卷权（诉讼文书和案卷材料） | 未明确 | 未明确 | 有（自审查起诉之日起） |
| | 阅卷权（所有材料） | 无 | 未明确 | 有（自法院受理之日起） |
| | 会见、通信权 | 有 | 有 | 不受监听 |
| | 调查权 | 有 | 有 | 有（申请变更强制措施、获答复权） |
| | 申请调查取证权 | 无 | 无 | 有 |
| | 自主调查取证权 | 无 | 无 | 有（无限制） |
| | 申请证人出庭权 | 无 | 无 | 有 |
| | 保密权 | 有 | 有（个人隐私、国家秘密、商业秘密） | 有（特殊性秘密除外） |
| | 辩论权 | 未规定 | 有 | 有 |
| | 出庭参与诉讼权 | 未规定 | 有 | 有 |
| | 其他权利 | 未规定 | 诉讼法律规定的其他权利 | 有（经许可） |

---

①　律师法于 2001 年进行过一次修正，但此次修正仅涉及该法第六条律师资格的取得；律师法于 2012 年进行了修正，仅在阅卷权方面有所变动：自审查起诉之日起，有权查阅、摘抄、复制本案的案卷材料。

可以看出,从 20 世纪 80 年代制定的《律师暂行条例》到 1997 年第一部《律师法》的出台,立法并未对律师权利的享有和行使给予实质性的规范指引;直至 1997 年《刑事诉讼法》颁行 10 年后,有感于律师权利式微下代表控辩力量之检律地位的失衡,立法才在细化律师权利的规定时投来了较之《刑事诉讼法》更为超前的目光。

2. 冲突与调和:检律关系之变迁规律

(1) 纵向的规范传承

从以上规范比较中不难看出,细化和丰富无疑是律师权利发展中的两个最为鲜明的特征。律师的权利正逐步渗透于刑事诉讼程序的每一个角落,在有涉当事人利益的公权力参与的场合,律师的维权和制衡作用越来越被重视。最具说服力的例证当属侦查环节律师的介入。侦查预示着当事人开始进入公权力关注的视野,危及当事人合法权益的因素亦在此阶段开始潜伏。尤其是在职务犯罪案件的侦查中,如何监督检察官自侦活动的合法,便是立法者不容忽视的问题。同样掌握法律知识和技能的律师正是在其深思熟虑之下获取了这一制约性力量。正是基于对类似问题的思考,规范传承之中便蕴含了扩大律师权利以平衡检律力量的立法规律。

(2) 横向的规范冲突

然而值得注意的是,我们观察六部法律的生效时间,则不难发现并行于一时的法律文本之间的冲突。这类冲突集中体现于 1997 年《刑事诉讼法》和 2007 年《律师法》两种法律文本。如辩护律师自案件移送审查起诉之后所享有的阅卷权的范围,即是否仅以技术性鉴定材料为限?除此以外,律师会见当事人是否受监听,亦因影响到辩护力量的有效发挥而成为饱受争议的问题。《刑事诉讼法》的修订为相关分歧提供了统一的解答。然而,针对这类左右着控辩力量对比的立法矛盾从出现到引发争辩再到消弭,反映出控辩角色下不同力量的激烈博弈,也同样彰显出检律关系在检律力量平衡的立法大势下从冲突走向调和的过程。

# 二、建立新型检律关系的僵局反思

尽管无论是从诉讼模式的角度还是规范比较的视野考察,律师权利的扩张无疑在本源上对检律力量的平衡和检律地位的平等起到最为有力的助推作用。然而,立法上的进步却无法使人忽视在新型检律关系的构建过程中依然存在的困境和僵局。

(一) 检律角色心理冲突还有待调和

将检察官和律师分别安置在法庭对立席的现代化的诉讼结构使得两者必然产生角色上的对立和心理上的冲突。一种极端错误却广泛存在的现象是,分别代表控辩职能行使的检察官和律师的冲突是一种天然的不可调和的矛盾。这一点在适用职权主义诉讼模式的国家显得更加明显。强大的公权力在侦查和指控犯罪中长期合作所形成的亲密关系,使得包括检察官在内的司法公职人员似乎已经无法接受作为"异己"力量的律师插足。如律师作为辩护人介入侦查环节就难免会令包括个别查办自侦案件的检察官感到头痛,在他们的观念之中,这一做法似乎天然就具有阻碍的性质。而被追诉人在审查起诉环节或审判环节翻供现象在司法实践中屡见不鲜,也会在造成检察官心理反感的基础上激化这类角色冲突,这也最终阻碍了法律职业共同体的有效形成。

（二）检察官之客观义务还有待重视

所谓检察官的客观公正义务，是指"检察官为了实现司法公正，在刑事诉讼中不应站在当事人的立场而应该站在客观立场上进行活动，努力发现并尊重事实真相"①。受指控犯罪作为检察官所担负的一项基础而神圣的使命的影响，对被追诉人合法权益的保障便不自觉地遭受了漠视。从受理案件开始，《起诉意见书》所界定的有罪结论极容易带来思想上的先入为主，而不及时扭转这一错误思路进而造成了在证据审查环节重有罪、罪重证据，轻无罪、罪轻证据的思维僵化。在检律力量对比严重失衡、检律地位存在较大差距的情况下，检察官的客观公正义务就愈加容易遭到忽视。尽管我国 1979 年《刑事诉讼法》就对检察官提出了这一严格要求，但这一观念还难免会面临无视之虞。因此，建立新型检律关系，将有效督促检察官强化对客观公正义务的重视。

（三）监督职能兼顾观念还有待强化

在集控诉职能与监督职能于检察官一身的宪法性规定下，兼顾检察监督职能的履行势将深刻影响到检律关系的和谐构建。新修订的《刑事诉讼法》规定了辩护人的申诉、控告权。该法第四十七条规定："辩护人、诉讼代理人认为公安机关、人民检察院、人民法院及其工作人员阻碍其依法行使诉讼权利的，有权向同级或者上一级人民检察院申诉或者控告。"由此可以看出，立法为律师辩护权的顺利行使和正当维护提供了检察监督这一救济途径。而这就必然要求检察官在公诉人之外担当起法律监督者的重任。然而，"重控诉轻监督"的偏颇取向却根深蒂固，而在角色冲突的场合，要求检察官必须为"对手"辩权在内的权利救济付出努力，就更加需要检察官从内心真正确立监督理念。而这一理念的牢固树立与否必然成为左右检律关系是否能够和谐构建的重要因素。

（四）相关工作机制还有待细化完善

其一，与律师权利行使相衔接的工作机制尚不成熟。尽管律师所享有的权利无论从介入程序抑或具体权利乃至救济渠道诸方面来看都获得了长足的进步，但某些规范设计尚不足以使具体的运作机制完全得到落实。如侦查机关滥用权力阻止律师行使会见权，或滥用监听权导致律师会见权客观上丧失的场合，律师应当如何维权？这些还缺乏与刑事诉讼法的规定相衔接的规范。其二，检律合作工作机制的建立还具有一定的空间。检察官与律师之间的长效沟通交流机制尚未建立，听取辩护律师意见的规定也亟待落实；此外，律师向检察机关开示证据义务的非义务化，这就可能导致检律双方各自掌握的信息尤其是无罪罪轻方面的证据信息不对称，从而使得"证据突袭"大行其道，既造成司法资源的无端浪费，又严重影响到和谐检律关系的构建。

## 三、以审判为中心视角下建立新型检律关系的致力方向

正如上文所阐释，在构建新型检律关系的过程中，无论是在司法心理、法律职业认同方面，抑或是在制度规范和权利保障层面，还存有一定的需要痛革的痼疾。因此，在以审

---

① 朱孝清：《检察官客观公正义务及其在中国的发展完善》，《中国法学》2009 年第 2 期，第 159 页。

判为中心的视角下，建立新型检律关系需于以下几个层面付诸全面的努力：

（一）致力方向之一：培养法律职业认同，促进法律职业共同体的形成

1. 打破固有角色对立认识僵局

无论是检察官还是律师，不能片面地因控辩的相互针对而产生心理上的对立，而拒绝敞开检律合作的大门。相反，应牢固树立"对抗而不对立，交锋而不交恶"的认识观，正确认识到控诉职能的履行和辩护权的行使均属双方各自正当职责的合法履行范畴，系法律职业分工的不同，而不能错误地视为对己方工作的干扰和阻碍，不能因此而将对方排斥在法律职业共同体之外。心怀敌对的角色意识是阻碍良性检律关系构建的顽疾，必须以法律职业共同体的意识看待检律关系，进而摒除存于彼此之间的隔阂猜忌。

2. 建立检律长期沟通交流机制

和谐源于理解，理解始于沟通。要努力搭建有效的检律交流平台，鼓励检察官与律师进行合法的交流，通过对彼此职能认识的增进，进而对自己角色的正确把握进行合理的反思，以期实现从相互排斥到彼此接纳的有益转变。相关的探索业已在部分省份检察机关积极展开，例如负责与律师协会进行沟通交流的专门办公室已经在北京市检察机关获批成立，在此基础上，检律联席会议、培训资源共享、检律相互授课等积极有效的交流活动得以有效地开展。这对于促进检律相互理解，增进彼此互信，进而抛弃心理排斥下的门户之见，无疑具有重要的意义。

（二）致力方向之二：重视客观义务履行，形成公正执法的检律合力

1. 重视无罪罪轻证据的收集审查

"就检察官之自我认知言，在欠缺相应法学教育配合下，许多检察官自命为打击犯罪的急先锋，而非兼顾被告利益的守护者，因而侦查中只管不利事项，不顾有利证据，大幅提高法官误判之危险"[①]。危险极易潜藏在检察官片面履行控诉责任之中。与律师加强沟通合作无疑可以作为杜绝这一危险所借力的方向。辩护职能的行使决定律师更容易将目光投入无罪罪轻证据的收集方面，在这一点上，律师的介入客观上能够敦促检察官积极履行客观义务职责，进而有效防止检察官片面思维下所引发刑事错案的出现，从而形成公正司法的检律合力。

2. 完善律师意见听取和附卷制度

对听取律师意见以及相关书面意见附卷制度，可从以下三个层次予以落实：一是完善检察文书，在收到律师提交的委托书或法律援助公函的三日以内向其发出《听取意见告知书》，敦促其及时行使有关权利；二是在对重大案件的讨论中如检委会对不起诉案件进行讨论时，律师意见必须作为专门的事项进行讨论，避免造成相关制度的流于形式，体现出对律师权利和意见的尊重；三是将律师意见随案移交法庭，这也可以使一些案件中律师所提供的辩护服务延伸至其因未接受委托而未予介入的阶段。

（三）致力方向之三：强化检察监督意识，切实保障律师权利的行使

1. 保障律师在自侦阶段和审查起诉阶段的权利

检察官需要以身作则，做好与本职工作有关的律师权利保障工作，在赢得律师认可的

---

① 林钰雄：《检察官论》，法律出版社 2008 年版，第 23 页。

同时促进程序正义。其一，完善律师阅卷制度。各级检察院可以视当地案件数量和本院人力资源妥善制定相关的工作细则，或建立专门的阅卷室并由专人接待，或由案管部门统一负责，对律师阅卷权予以充分保障。其二，制定律师会见办法。既要保障律师在普通刑事案件审查起诉环节的会见权利，更要依法维护律师在自侦案件侦查阶段会见权的有效行使。在权利维护的基础上达到实质意义上的检律平等。

2. 积极履行对侵害律师权利行为的监督职责

救济是保障的最后一道防线。其中最为紧要之处，便是确保律师控告、申诉权行使的畅通无阻。一方面，细化《刑事诉讼法》的有关规定，规定受理律师控告、申诉的具体部门，使其"投诉有门"；另一方面，及时对所受理的控告、申诉予以核查，发现行为确系违法，则及时通过提出检察建议、发放纠正违法通知书等方式展开监督，促使其权利及时得到救济。保障律师权利的职责，"使检察机关与律师在控辩平等这一基础关系之外形成了一种衍生性的救济关系，这是控辩平等的延伸，也是控辩平等的保障"[1]。

（四）致力方向之四：完善相关工作机制，促进多层次检律合作的开展

1. 加强审前信息沟通，探索证据开示制度

审前信息的互通有无不仅能够凝聚案件的争议焦点，避免司法成本在无关紧要之处浪费，同样也彰显出检律双方的彼此互信，是检律交流有序开展的前提。相较于律师在法庭上使用无罪罪轻证据作为撒手锏导致案件走向出现戏剧性的逆转而言，通过证据于审前程序的开示，更能减少检察官在闭庭后的挫败感，以及由此引发的与律师之间的角色冲突。这既能够给检律双方带来双赢——或赢得结果，或赢得效率，又可以有效地避免检律冲突，实现检律和谐。

2. 加强检律沟通协作，发挥刑事和解功效

刑事和解作为西方恢复性司法理念在中国的引入和实践，使之成为开展检律合作的主要阵地之一。随着犯罪率和进入国家刑罚权规制范围内的被追诉者数量的不断攀升，司法成本紧张下诉讼效率的提高便引发了对刑事速决程序处理模式的思考。而以信任为基础架构的委托关系，使得律师往往能够在晓以利害的基础上引导和促进刑事和解。于是，检律合作便在"共同决定如何消除这项犯罪的后果及其对未来的影响"[2] 的路径下得以有效展开。

3. 强化律师执业监督，确保合作有序展开

构建新型检律关系，同样也要确保作为参与者律师的素质，否则就容易为不法所浸染甚至走向犯罪化。因此，强化对律师执业的监督也自属构建新型检律关系的题中应有之义。一方面，对于涉及有损律师职业道德的问题，及时向有关监管单位或行业组织发出检察建议，以敦促律师执业的合法性；另一方面，对于个别涉嫌引导被追诉人翻供、串供或伪造证据以破坏检律关系良好构建的律师，要在查实的基础上向有关部门通报，以坚决将有害检律和谐关系的害群之马清除出去。

---

① 甄贞：《论中国特色的控辩关系——以新刑事诉讼法关于刑事辩护制度的规定为视角》，载《河南社会科学》2012 年第 7 期，第 20 页。

② 冀祥德、张文秀：《从对抗转向合作：中国控辩关系新发展》，载《中国司法》2011 年第 12 期，第 52 页。

## 四、以审判为中心视角下新型检律关系的内涵（代结语）

通过以上对检律关系发展脉络考察等分析可以看出，以审判为中心视角下的新型检律关系，是指在权力制衡和人权保障双重理念的指引下，通过律师权利的扩大与保障以及检察监督职能的履行，以检律力量平衡和检律地位平等为基础而形成的检律合作关系。要言之，它涵盖以下诸方面的内涵：

（一）人权保障是新型检律关系的精神内核

无论是检察官客观义务的履行，抑或是律师权利的实体扩大和程序保障，这一模式下的制度设计无不围绕人权保障的司法理念而展开。这些规则的设立彰显出"慎刑"的刑事司法理念，体现出刑事司法在尊重被追诉者权利上的细微关怀。

（二）权力制衡是新型检律关系的法理基础

扩大律师的权利和强化检察官的义务，正反映出通过私权地位的抬高和公权运作的谦抑以形成权力制衡的诉讼结构之立法初衷。也正是在权力滥用遭到监督和禁止的前提下，检律双方才能够展开有效的合作。

（三）检察监督是新型检律关系的制度保障

新修订《刑事诉讼法》中所规定的检察监督关系到律师权利的保障和救济，进而决定了检律平等能否在检律力量平衡的基点上实现实质性的架构，关乎检律合作的顺利展开——检察监督实系保障新型检律关系构建的重要力量。

（四）检律平等是新型检律关系的结构模式

美国法学家麦克尔·D. 贝勒斯指出："即使判决并没有准确地判定过去发生的事实真相，争端双方只要确信他们受到了公正的对待，他们也会自愿接受法院的裁判结果。"[1]因此，实现检律平等是实现增强司法公信下新型检律关系构建的必然要求。

（五）检律合作是新型检律关系的发展路径

运用博弈论的方法考察，偏离正常检律关系的博弈"只能是负和博弈，多方冲突和斗争的结果，只能是所失大于所得，是一种两败俱伤的博弈"[2]。刑事诉讼活动的三角结构无法抛开博弈的性质，而要获取"正和效应"的博弈结果，检律合作的全面展开就势在必行。

（作者单位：安徽省蚌埠市五河县人民检察院）

---

[1] 陈瑞华：《刑事审理原理论》，北京大学出版社1997年版，第44页。

[2] 陈亚尔：《"赢在二审——有害正义：刑事诉讼中的博弈关系难题》，载2012年12月《全国法院第24届学术讨论会获奖论文集》（上册），第557页。

# 新刑诉法对经侦执法的影响及对策

王结来

新刑事诉讼法的修改，对于公安机关来说，挑战大于机遇，公安执法将面临更大的压力。笔者结合经侦工作实际，从律师自由会见权和辩护权的保障、非法证据排除制度的建立以及检察监督权的加强三个方面分析对经侦执法工作的影响，并从实务的角度提出对策思考，以期引起经侦部门重视，积极应对新刑事诉讼法修改带来的变化，更好地打击犯罪，服务于经济建设。

## 一、关于律师自由会见权及辩护权的保障

（一）对经侦执法的影响

新刑事诉讼法关于律师参与刑事诉讼的修改，解决长期困扰律师界会见难、调查取证难和阅卷难的问题，与律师法保持了统一。律师在侦查阶段自由会见权和辩护权的增强，对于保障犯罪嫌疑人的合法权益意义重大，但与此同时，律师知情权和辩护权的增强对经侦执法也将带来一定的影响，需要我们积极面对。

影响一：律师的知情权扩大，使公安机关查明的事实基本暴露。新刑事诉讼法将辩护律师在侦查阶段向公安机关了解业务的范围由原来的"涉嫌罪名"扩大到"涉嫌的罪名和案件有关情况"。六部委《关于实施刑事诉讼法若干问题的规定》第六条对"案件有关情况"的范围作了具体解释，包括犯罪嫌疑人涉嫌的罪名及当时已查明的该罪的主要事实，犯罪嫌疑人被变更、解除强制措施，延长侦查羁押期限等案件有关情况。也就是说，犯罪嫌疑人被第一次讯问或采取强制措施之日起，律师有权知悉侦查机关案件办理的进展情况，经侦部门查明的案件事实对律师而言已无秘密可言，律师的知情权得到了增强，为侦查阶段律师的实体辩护增加了空间。

影响二：律师实体辩护权的扩张，将会从总体上妨碍刑事诉讼效率的提高。新刑事诉讼法将律师在侦查阶段的身份定位为"辩护人"，依据刑事诉讼法第三十五条的规定，辩护人的责任是根据事实和法律，提出犯罪嫌疑人、被告人无罪、罪轻或者减轻、免除其刑事责任的材料和意见，维护犯罪嫌疑人、被告人的诉讼权利和其他合法权益。一方面，法律赋予律师在侦查阶段享有辩护权，有利于减少冤假错案的发生；另一方面，公安机关经侦民警在侦查阶段与律师打交道的时间、频率较以往会有大幅提升，经侦民警如果对律师有怠慢或者对律师意见置之不理，极易成为被申诉、控告的对象。此外，律师通过自由会见犯罪嫌疑人以及从公安机关了解的案情，可能就案件事实和证据以及侦查活动是否合法

提出意见，对于律师提出的书面意见，公安机关应当听取，根据情况核实记录在案。就经济案件来说，调查取证工作量大，侦查羁押期限紧张，罪与非罪在较短的时间很难界定。如果律师在侦查阶段提出犯罪嫌疑人罪轻、无罪等方面的意见，公安机关应当核实，侦查工作量势必会大大增加，妨害诉讼效率的提高。

影响三：律师会见不受限制，一旦发生串供等干扰诉讼活动的行为，将使侦查工作面临不利局面。新刑事诉讼法明确规定了犯罪嫌疑人投所之后，律师凭"三证"前往会见，看守所应当在48小时内安排会见，会见时不被监听，公安机关不得派员在场，看守所基于安全考虑也只能进行监控。虽然刑事诉讼法明确规定了律师违反六种禁止性行为应承担法律责任，但是在现行的会见环境下，律师与犯罪嫌疑人会见时的通话内容是不受任何监督的，完全依赖律师自身的职业修养和道德约束，在司法实践中很难避免律师串供等干扰诉讼活动行为的发生。虽然刑事辩护制度以维护被指控人的合法利益为立足点，但是如果少数律师基于利益的考虑，利用会见犯罪嫌疑人的机会将其他同案人的供词告知犯罪嫌疑人，或者将犯罪嫌疑人的供词告知其他同案人，那么案件在侦查阶段就可能成为"夹生饭"。公安机关即使知道律师有串供行为，由于缺乏有效手段收集证据也无法予以打击。

（二）应对之策

对策一：依法保障律师的辩护权，提高与律师打交道的能力。既然新的刑事诉讼法与律师法保持了统一，作为一名侦查员，首先要深刻理解立法原意，积极主动地适应法律修改带来的变化，学好、用好这部法律。其次，要正确对待律师的辩护权，不要有抵触情绪。辩护权是一项基本人权，保障辩护权就是保障人权，辩护制度存在的价值就在于保障人权和防止国家刑罚权的滥用。各级经侦部门要尊重律师介入侦查的权利，真正把律师介入侦查看成是对侦查工作最有力的促进，切实保障律师依法充分地行使权利。第三，侦查员要提高与律师打交道的能力，工作中要讲究技巧，对律师提出的意见要正确对待，高度重视，依法保障律师的辩护权，防止因工作不当引发律师申诉、控告，造成工作被动。

对策二：及时调整侦查模式，"由人到证"转变为"由证到人"。在侦查阶段律师行使辩护权的节点是公安机关第一次讯问或采取强制措施之日起，也就是说一旦犯罪嫌疑人被抓获归案后，律师接受委托后就可以行使辩护职责。因此，我们在抓人之前要做好以下几个方面工作：首先要做好外围证据的收集、固定工作。经侦案件由于书证、物证较多，在抓人之前可以利用法律赋予的权限，开展有关物证、书证的调取，询问有关证人、被害人，查询资金流等，充分收集、固定外围证据。其次，在外围证据收集完毕后，及时控制犯罪嫌疑人。要利用传唤24小时和宣布拘留投入看守所前24小时，在保障犯罪嫌疑人必要的饮食和休息的基础上，充分做好犯罪嫌疑人第一次讯问工作，争取首问必破。办案部门对犯罪嫌疑人的首次讯问要高度重视，选派有经验的侦查员，科学制定讯问提纲，全面、客观地固定犯罪嫌疑人的口供。即使犯罪嫌疑人在律师会见后翻供，也不影响第一次讯问笔录的真实性、合法性。

对策三：规范律师在侦查阶段的会见。目前，全国有些地方为规范律师会见、依法保障律师的辩护权，出台了相应的规范性文件，如广州市公安局、司法局联合下发的《关于印发侦查阶段律师行使辩护权的规定通知》（穗公〔2012〕233号），该份文件对律师的会见和通信、公安机关通报案件情况等进行了规范，明确律师会见时不得携领犯罪嫌疑人的家属或其他人员参加会见，不得为犯罪嫌疑人转递信件、钱物以及其他看守所所禁止的物品，不得将通信工具交给在押犯罪嫌疑人使用。未经公安机关看守所和在押犯罪嫌疑人的同意，律师在会见在押犯罪嫌疑人时不得进行录音、录像、拍照、上网。看守所应当依照规定设置物品存放柜，用于存放前来会见的辩护律师所携带的手机、录音笔、照相机、摄像机等具有通信、录音、摄影、摄像功能的物品。建议各地结合本地实际，联合司法部门出台相应的规定，以进一步规范律师的会见和保障律师的辩护权。

## 二、关于非法证据排除制度的建立

新刑事诉讼法非法证据排除的规则明确了非法取证的方式、非法证据的范围、非法证据排除的法律后果以及非法证据排除的操作规程。非法证据排除制度的建立，对侦查工作提出了更高的标准和更严的要求，在一定程度上限制了侦查权力，增加了侦查人员在收集证据、固定证据、发现犯罪线索、深挖犯罪、扩大战果等方面的难度，必然对侦查工作造成一定的冲击，影响到侦查机关打击犯罪的力度，甚至还可能出现一定程度上放纵犯罪的现象。

（一）对经侦执法工作的影响

影响一：办案模式由"封闭"走向"开放"。新刑事诉讼法在原有"严禁刑讯逼供"规定的基础上，增加了"不得强迫任何人证实自己有罪"的总原则。"不得强迫供任何人证实自己有罪"实际上是赋予了犯罪嫌疑人、被告人一项诉讼权利。该原则要求办案机关不能简单地寄希望于犯罪嫌疑人、被告人供述自己有罪，应当转变侦查模式才能适应侦查工作的需要。长期以来，侦查员已习惯于在传统封闭环境里开展审讯，不受任何外界干扰，而如今不得不在办案场所"摄像头"下工作，考验着每一名经侦侦查员的讯问技能、心理素质、临场应变能力和个人涵养，整个讯问过程已完全置于阳光之下。

影响二：侦查人员由"幕后"走向"前台"。按照新刑事诉讼法的规定，如果当事人、诉讼代理人及辩护人提供相关线索或材料，审判人员启动非法证据排除程序后，对于证据合法性的调查，按照举证责任的分配原则，由公诉机关举证。公诉人一般会向法庭提交讯问笔录、原始的讯问过程录音录像、看守所入所健康检查笔录等证据材料证明取证行为的合法性，如果以上证据仍不能排除刑讯逼供嫌疑或者对收集的物证、书证、证人证言作出合理解释的，检察机关就会提请或人民法院通知侦查人员出庭做证，就证据的合法性或其执行职务时目击的犯罪情况接受质证，从而使整个庭审过程更加具有对抗性。由于庭审考验着侦查人员的临场应变能力、口语表达能力、论辩能力以及心理素质，经侦民警能否适应新形势带来的变化不得而知。

影响三：调查取证由"粗放"走向"精细"。通过近年来的经侦执法卷宗抽查，我们发现，对物证、书证的调取还存在一些突出问题，主要表现在证据的调取不能说明来源以及调取过程存在一定瑕疵。如有的凭介绍信调取书证，未注明证据来源；有的对实物证据的调取，未开具《调取证据通知书》；有的辨认笔录、相关清单的制作不规范等。最高人民法院《关于适用〈中华人民共和国刑事诉讼法〉的解释》明确规定了讯问笔录、询问笔录、辨认笔录、物证、书证和鉴定意见等证据被直接排除的法定情形，同时又规定了物证、书证的收集程序、方式存在瑕疵，经补正或者作出合理解释的可以采用，明确了"瑕疵的范围"。对于讯问笔录，侦查机关举证责任更加严格、明确，突出表现在录音录像等证据材料在特定条件下的强制提交；对于物证、书证，细化了物证、书证调取、使用的要求，规范了物证、书证的复制品、复制件的制作，增加了签名人范围。总体来说，调查取证已经由传统的粗放化转变为精细化。

（二）应对之策

对策一：要及时转变执法理念。牢固树立证据为本的观念，始终坚持"重证据、重调查研究、不轻信口供"的原则，要从以人证为主的证明方式转变为人证、物证并重的证明方式，学会更多地运用物证证明案件事实。只有把侦查工作建立在合法证据的基础之上，才能确保侦查工作的正确方向，才能充分发挥侦查应有的功能和作用。

对策二：对犯罪嫌疑人的讯问尽量录音录像。随着新刑事诉讼法的实施，被告人翻供或刑讯逼供的辩解必将呈现高速增长的态势。录音录像资料作为再现整个讯问过程的直接载体，保证其完整性、连贯性、与讯问笔录的一致性，将具有越来越重要的意义。此外，一旦启动非法证据排除法庭调查程序，同步录音录像对于证明侦查人员的清白也至关重要。因此，对于经侦案件来说，实行同步录音录像是大势所趋，势在必行。一是对可能判处无期徒刑、死刑的经侦案件必须做到全程录音录像；二是对可以录音录像的经侦案件要把握两个标准。对于达不到所有经侦案件同步录音录像的地方，要着重把握好以下两个标准：第一，非法排除证据的标准。第二，对于可以录音录像的案件，强调由犯罪嫌疑人、重要证人亲笔书写供词、证词，并对书写过程全程录音录像，以防犯罪嫌疑人庭审翻供。

对策三：要进一步及时规范合法取证。一是要加强对侦查人员讯问技能的培训。在没有录音录像的情况下，要注意讯问技巧，不要有诱供、指供言语；权利义务告知要全面、犯罪嫌疑人的饮食、休息等权利要保障并记录在案等，避免不必要的申诉控告。二是规范行政案件移送。由于行政执法机关移交的实物证据可以直接作为刑事诉讼证据使用，因此，对于工商、税务、质监等行政执法部门移送的案件要注重程序的合法性，切实按照《行政执法机关移送涉嫌犯罪案件的规定》（国务院令第310号）规范接受移送材料。三是书证、物证的调取要合法。侦查员要养成良好的取证习惯，培养工作责任心，注重工作细节，如复印书证材料要清楚，物证、书证、电子数据复制件（品）的制作要规范等等，避免因侦查员工作疏漏导致收集的证据被排除。四是要做好立案审查期间的有关证据的收集工作，不打无准备之仗。

对策四：强化内部执法监督。新刑事诉讼法规定，在侦查阶段，公安机关发现非法证据，经县级以上公安机关负责人批准可以直接排除，不得作为提请逮捕、移送审查起诉的依据。因此，公安机关执法监督（法制）部门要充分履行职责，对侦查人员收集证据的真实性、合法性、证明力进行审查，去伪存真，把好第一道关口，确定是否达到法定的证据标准。

# 三、关于检察监督权的强化

新刑事诉讼法关于检察监督权的强化，主要体现在以下三个方面：一是对监视居住执行方式以及决定是否合法进行监督；二是对逮捕后的犯罪嫌疑人定期进行羁押的必要性审查；三是对当事人、律师的涉及强制措施的控告申诉，有权进行审查并纠正。面对监督权伴随整个侦查过程，公安机关将面临更大的、更现实的执法压力。

主要影响：由"事后监督、局部监督"转为"同步监督、全面监督"。

新刑事诉讼法不仅在监督的方式，而且在监督的范围方面较之以往都有较大变化。如新《刑事诉讼法》第九十三条的增加，改变了多年来必要性审查仅停留在案件审批过程的制度，既可以有效地防止超期羁押、不必要的关押，又可以避免羁押期限长于所判刑期的变相超期羁押现象的出现。同时，为了及时发现、防止错误羁押现象的延续，新刑事诉讼法还增加了审查批准逮捕时讯问犯罪嫌疑人和听取辩护律师意见的程序，将原刑诉法在审查起诉阶段才有的程序前置到审查批准逮捕阶段。《人民检察院刑事诉讼规则》第六百一十九条规定了捕后羁押必要性审查的八种情形，只要符合情形之一，检察机关都可以向公安机关提出予以释放或者变更强制措施的书面建议，尤其是八种情形之一的"因为案件的特殊情况或者办理案件的需要，变更强制措施更为适宜的"较为具有弹性。该制度的建立，将打破公安机关习惯的封闭式侦查模式，嫌疑人的羁押将变成动态的、不确定的局面，要求侦查人员调整侦查观念。此外，案件从立案环节开始，到采取、变更强制措施、侦查活动的开展、涉案财物的处置等，整个侦查过程将接受检察机关的全程监督。

应对之策：自觉接受监督，依法维护自身权益。

各级公安机关经侦部门首先要从执行宪法和法律的高度，增强接受检察机关法律监督的自觉性和主动性，严格按照法定程序侦办各类案件，认真听取检察机关提出的检察建议，及时检查和纠正办案中存在的问题，确保办案程序合法，实体公正。其次，依法维护自身权益。《公安机关办理刑事案件程序规定》将接受人民检察院的法律监督改为依法接受人民检察院的法律监督，说明监督和被监督都要有法可依。公安机关对于检察机关不批准逮捕的决定，如果认为有错误，要充分行使复议、复核的权利。对于检察机关提出的犯罪嫌疑人被逮捕后不需要继续羁押的检察建议，如果认为需要继续羁押，要与检察机关加强沟通，充分阐明理由，争取支持。

（作者单位：安徽省公安厅经侦总队）

**参考文献：**

[1] 孙茂利. 新刑事诉讼法释义与公安实务指南 [M]. 北京：中国人民公安大学出版社，2012.

[2] 张军，江必新. 新刑事诉讼法及司法解释适用解答 [M]. 北京：人民法院出版社，2013.

# 浅谈刑事诉讼中控辩对等的实现途径

赵洪亮

在刑事诉讼中，实现控辩对等，一直都是中国律师的一个梦想。梦想虽美，但现实却不理想：律师见办案人，难；律师会见犯罪嫌疑人、被告人，难；律师调查，难；律师辩护意见采纳，难。种种难题、难事一直困扰着中国律师，而中国律师也一直在不停地努力，期盼能够突破这一困境，但收效不佳；尽管如此，但仍未放弃努力。如今，推进以审判为中心的诉讼制度改革已启动，我们期盼能够以此为契机，推动控辩对等的加快实现，努力构建在刑事诉讼中，以审判为中心，控辩双方地位对等、控辩平衡的刑事诉讼结构，最大限度地维护法律的正确实施，维护犯罪嫌疑人、被告人的合法权益，维护社会的公平正义。实现控辩对等，无疑是一项重大的系统工程，以笔者之能力、阅历实无法而为之，因此，只能是从大处着眼，小处入手，谈一点浅陋之见，以期抛砖引玉，与同人共同探讨，推进控辩对等的加快实现，为中国律师的刑事辩护开创一个新的时代。

## 一、辩护律师在场权

所谓辩护律师在场权，笔者的理解，应当是指在刑事诉讼中，办案机关及其办案人员在对犯罪嫌疑人、被告人进行讯问、勘验或者检查等相关刑事活动过程中，犯罪嫌疑人、被告人的辩护律师有在场的权利。辩护律师在场权，可以说是辩护律师的"首权利"，应当成为辩护律师的一项基本的辩护权，只有赋予辩护律师这种"首权利"并保障这一"首权利"的实现，实现控辩对等才有基础，才有可能。从辩护律师为犯罪嫌疑人、被告人的辩护需要出发，结合当前法律的规定，笔者认为，辩护律师在场权至少应当包括但不限于以下四个方面：

（一）讯问在场权

《刑事诉讼法》第三十三条规定："犯罪嫌疑人自被侦查机关第一次讯问或者采取强制措施之日起，有权委托辩护人；在侦查期间，只能委托律师作为辩护人。被告人有权随时委托辩护人。侦查机关在第一次讯问犯罪嫌疑人或者对犯罪嫌疑人采取强制措施的时候，应当告知犯罪嫌疑人有权委托辩护人。"这是刑事诉讼中犯罪嫌疑人可以委托辩护律师最早时间的规定，但未规定犯罪嫌疑人在委托辩护律师之后的讯问中辩护律师有在场的权利。这对辩护律师而言，应当是一件憾事。如果想真正实现控辩对等，就应当赋予辩护律师讯问在场权，这样可以在刑事诉讼中，从刑事诉讼的启动阶段，辩护律师就可以与侦查人员进行面对面的交流，可以有效杜绝刑讯逼供，有利于更好地维护犯罪嫌疑人、被告人的合法权益。赋予辩护律师讯问在场权，不是一件可怕的事情，相反却是"阳光执法"的重要体现，可以有效杜绝、减少冤假错案的发生。笔者最近办理了一起故意伤害的刑事案件，在审查起诉阶段，因犯罪嫌疑人不识字，办案人员在讯问犯罪嫌疑人时，就通知辩护律师到场。笔者认为这很好，虽然是在审查起诉阶段，给了辩护律师讯问在场权，但这毕竟是一种开端（笔者是第一次在办案人员讯问犯罪嫌疑人时在场），让我们看到了希望。在推进以审判为中心的诉讼制度改革中，我们有理由相信，随着以审判为中心的诉讼制度改革的逐步推进，辩护律师讯问在场的这一天，尽早会到来的，当然，我们希望这一天早点到来！

（二）勘验或者检查在场权

《刑事诉讼法》第一百二十六条规定："侦查人员对于与犯罪有关的场所、物品、人身、尸体应当进行勘验或者检查。在必要的时候，可以指派或者聘请具有专门知识的人，在侦查人员的主持下进行勘验、检查。"第一百三十条规定："为了确定被害人、犯罪嫌疑人的某些特征、伤害情况或者生理状态，可以对人身进行检查，可以提取指纹信息，采集血液、尿液等生物样本。"第一百三十一条规定："勘验、检查的情况应当写成笔录，由参加勘验、检查的人和见证人签名或者盖章。"根据上述规定，既然侦查人员在勘验、检查的时候，要邀请见证人到场进行见证，并在勘验、检查笔录上签名或者盖章，其目的无非就是通过见证人的见证，以表明其勘验、检查的客观性、真实性。既然如此，何不赋予犯罪嫌疑人、被告人的辩护律师勘验或者检查在场权，也由辩护律师对侦查人员勘验、检查的情况进行"见证"，这样，不仅可以起到见证人的见证作用，更重要的还可以防止或避免在勘验、检查中的"弄虚作假"等现象，确保勘验、检查的客观性、真实性、合法性，有效维护犯罪嫌疑人、被告人的合法权益。

（三）辨认在场权

辨认，当前已成为侦查人员查明案情的一个重要手段。《公安机关办理刑事案件程序规定》第二百四十九条规定："为了查明案情，在必要的时候，侦查人员可以让被害人、证人或者犯罪嫌疑人对与犯罪有关的物品、文件、尸体、场所或者犯罪嫌疑人进行辨认。"第二百五十三条规定："对辨认经过和结果，应当制作辨认笔录，由侦查人员、辨认人、见证人签名。必要时，应当对辨认过程进行录音或者录像。"笔者认为：既然侦查人员在犯罪嫌疑人对与犯罪有关的物品、文件、尸体、场所进行辨认时，要邀请见证人到场进行见证，并在辨认笔录上签名，何不也赋予犯罪嫌疑人辩护律师辨认在场权，也由其辩护律师全程参与辨认。这样，可以防止或避免在辨认中的"弄虚作假"等现象，确保辨认的客观性、真实性、合法性，有效维护犯罪嫌疑人、被告人的合法权益。

（四）搜查在场权

搜查，是侦查人员收集犯罪证据的重要手段。《刑事诉讼法》第一百三十四条规定："为了收集犯罪证据、查获犯罪人，侦查人员可以对犯罪嫌疑人以及可能隐藏罪犯或者犯罪证据的人的身体、物品、住处和其他有关的地方进行搜查。"第一百三十七条规定："在搜查的时候，应当有被搜查人或者他的家属，邻居或者其他见证人在场。"笔者认为：既然侦查人员在搜查的时候，应当有被搜查人或者他的家属，邻居或者其他见证人在场，其实也应当赋予犯罪嫌疑人辩护律师搜查在场权，通知辩护律师到搜查现场，由辩护律师全程参与搜查，可以防止或避免在搜查中的"弄虚作假"等现象，确保搜查的客观性、真实性、合法性，有效维护犯罪嫌疑人、被告人的合法权益。

媒体近期披露的杜培武案、佘祥林案、赵作海案、张辉和张高平叔侄案等错案，形成的原因是多方面的，但至少可以说，在讯问犯罪嫌疑人、勘验或者检查的时候辩护律师不在场，这种控辩失衡恐怕也是一个重要因素吧。为此，建议对《刑事诉讼法》进行相应的修改或增设相应的内容，赋予辩护律师讯问在场权、勘验或者检查在场权、辨认在场权、搜查在场权，强化辩护律师的辩护权利，以此平衡控方的权利，使辩护律师更好地行使辩护权，更有效地维护犯罪嫌疑人、被告人的合法权益。

## 二、辩护律师侦查的知情权

《刑事诉讼法》第三十六条规定："辩护律师在侦查期间可以为犯罪嫌疑人提供法律帮助；代理申诉、控告；申请变更强制措施；向侦查机关了解犯罪嫌疑人涉嫌的罪名和案件有关情况，提出意见。"这是《刑事诉讼法》关于辩护律师在侦查期间的工作内容或相应的权利。虽然《刑事诉讼法》赋予了辩护律师向侦查机关了解犯罪嫌疑人涉嫌的罪名和案件有关情况的权利，但是，在司法实践中，辩护律师的这一权利却难以得到尊重、落实，尤其是辩护律师去本辖区之外办案。作为辩护律师，总是想尽可能多地从侦查机关获得有关犯罪嫌疑人的信息、案件情况，但鉴于控辩双方的对立性、对抗性，侦查机关总是想尽可能少地向辩护律师介绍案件情况，有时，甚至不想多说一句话，看到律师就有点烦。

如何解决这一问题，充分保障辩护律师侦查的知情权，以使控辩能够相对对等？笔者认为：要想真正实现控辩对等，应当赋予辩护律师书面了解犯罪嫌疑人涉嫌的罪名和案件有关情况的权利，即辩护律师向侦查机关提出了解犯罪嫌疑人涉嫌的罪名和案件有关情况的书面申请的，侦查机关应当及时书面回复，书面回复至迟应当在移送起诉前3日送达辩护律师，以便辩护律师能够提出意见，有效地维护犯罪嫌疑人的合法权益。辩护律师的书面申请应当包括但不限于以下内容：本案所有犯罪嫌疑人的基本情况、犯罪嫌疑人涉嫌的罪名和案情概况、犯罪嫌疑人归案情况等等，而侦查机关的书面回复应当针对辩护律师的书面申请作出（当然，依法应当保密的除外），以使辩护律师能够真正了解犯罪嫌疑人涉嫌的罪名和案件有关情况。

为此，建议在《刑事诉讼法》第三十六条中增设一款：辩护律师向侦查机关提出了解犯罪嫌疑人涉嫌的罪名和案件有关情况的书面申请的，侦查机关应当及时予以书面回复，书面回复至迟应当在移送起诉前3日送达辩护律师。

## 三、辩护律师的阅卷权

《刑事诉讼法》第三十八条规定："辩护律师自人民检察院对案件审查起诉之日起，可以查阅、摘抄、复制本案的案卷材料……"这就是《刑事诉讼法》赋予辩护律师的阅卷权。阅卷权是辩护律师行使辩护权的重要权利，也是实现控辩对等的重要程序，但在司法实践中，阅卷难却是辩护律师常遇的重大难题，尤其是辩护律师去本辖区外作刑事辩护。这种阅卷难，主要是难在辩护律师与办案机关的对接上：其一，由于辩护律师没有办案机关、办案人员的联系方式，一时难以联系上办案人员，更不要说是阅卷；其二，即使去办案机关官网查找联系方式，但电话打出去，都是空号，真的是联系难；其三，即使联系上了办案人员，阅卷也是要预约的，一时半会还不一定能够阅上卷，使辩护律师为了阅卷耗费了大量的时间，影响了辩护的有效开展。

为此，为了真正解决辩护律师阅卷难的问题，提高辩护效率，办案机关应当推出一些便利措施：一是在办案机关官网上公布有效的联系方式，坚决不允许发生"空号"事件，以使辩护律师能够快捷地与办案机关取得联系；二是在办案机关官网上公布"阅卷须知"，使辩护律师能够快捷了解阅卷的流程，以便在最短的时间内进行阅卷；三是对外地辩护律师阅卷也能够实行"网上预约"，使辩护律师能够根据自己的工作很好地安排阅卷；四是对外地辩护律师阅卷能够给予优先权，因为外地辩护律师去阅卷实在不易，如果办案机关能够给予辩护律师阅卷优先权，就可以大大提高辩护律师阅卷效率，使辩护律师有更多的时间去准备辩护，这对实现控辩对等无疑是一大促进。

## 四、办案机关不同意辩护人变更强制措施申请的，
## 应当准许辩护人申请复议一次

《刑事诉讼法》第九十五条规定："犯罪嫌疑人、被告人及其法定代理人、近亲属或者辩护人有权申请变更强制措施。人民法院、人民检察院和公安机关收到申请后，应当在三日以内作出决定；不同意变更强制措施的，应当告知申请人，并说明不同意的理由。"这是辩护人为犯罪嫌疑人、被告人申请变更强制措施的法律依据。在刑事辩护实践中，对于犯罪嫌疑人、被告人被羁押的刑事案件，辩护人经常会根据案件的事实、证据及相关情况，向人民法院、人民检察院和公安机关提出变更强制措施的申请，即申请变更为取保候审、监视居住。而人民法院、人民检察院和公安机关对于辩护人的变更强制措施申请，有的会作出书面决定，并告知辩护人；有的是否同意变更，既不作出书面决定，也不告知辩护人。对于不同意变更的决定，辩护人没有任何救济渠道，这不仅不利于维护犯罪嫌疑人、被告人的合法权益，而且从诉讼的角度而言，控辩双方也不对等，是严重失衡的。为此，建议在《刑事诉讼法》第九十五条增设一款：对人民法院、人民检察院和公安机关不同意变更强制措施的决定，辩护人可以向人民法院、人民检察院和公安机关申请复议，人民法院、人民检察院和公安机关应当在收到复议申请后三日以内作出复议决定。

## 五、法律文书、诉讼文书应当送达辩护人

法律文书、诉讼文书是辩护人了解案件事实、案件证据、诉讼程序的重要材料，也是有效开展辩护的基础性文件。《刑事诉讼法》第一百六十条规定："公安机关侦查终结的案件，应当做到犯罪事实清楚，证据确实、充分，并且写出起诉意见书，连同案卷材料、证据一并移送同级人民检察院审查决定；同时将案件移送情况告知犯罪嫌疑人及其辩护律师。"然而，在刑事辩护实践中，有的公安机关竟无视法律的这一规定，在将案件移送时并不告知犯罪嫌疑人的辩护律师，从而严重影响了辩护律师的辩护，也严重损害了犯罪嫌疑人的辩护权。之所以会造成这样的局面，很重要的原因，就是法律缺乏对法律文书、诉

讼文书送达辩护人的强制性规定。

《刑事诉讼法》第一百四十六条规定："侦查机关应当将用做证据的鉴定意见告知犯罪嫌疑人、被害人。如果犯罪嫌疑人、被害人提出申请，可以补充鉴定或者重新鉴定。"虽然《刑事诉讼法》作了此项规定，但在司法实践中，对鉴定意见，又有几个犯罪嫌疑人提出申请，要求补充鉴定或者重新鉴定的？而往往是到审判阶段，辩护人认为鉴定意见有问题，才开始申请补充鉴定或者重新鉴定，这显然会影响刑事诉讼的正常进行。

为此，建议《刑事诉讼法》作相应的修改或增设相应的内容，即法律文书、诉讼文书应当送达犯罪嫌疑人、被告人的辩护人。法律文书、诉讼文书包括但不限于刑事拘留通知书、逮捕通知书、移送起诉通知书、鉴定意见书、变更强制措施决定书、退查通知书、起诉意见书、起诉书、撤诉通知书、判决书。实行法律文书、诉讼文书送达辩护人的规定，将辩护人的取得这些法律文书、诉讼文书权利转变为办案机关的义务，可以使辩护人能够及时了解案件事实、证据，从而使控辩趋于对等，也有利辩护人更好地维护犯罪嫌疑人、被告人的合法权益。

## 六、法庭审理增设公诉人、辩护人互相发问

《刑事诉讼法》第一百九十三条规定："法庭审理过程中，对与定罪、量刑有关的事实、证据都应当进行调查、辩论。经审判长许可，公诉人、当事人和辩护人、诉讼代理人可以对证据和案件情况发表意见并且可以互相辩论。"这就是《刑事诉讼法》关于调查、辩论的重要规定，而在辩护实践中，辩护人对于案件的相关情况想作进一步的了解，而辩护人的这种"了解"，更多的时候是想向公诉人发问，通过发问，了解相关证据是如何取得的，相关事实是如何形成认定的，等等，以便能够更好地做好辩护工作，但由于《刑事诉讼法》缺少"公诉人、辩护人互相发问"的法律规定，使得辩护人的这种"了解"也只能变成了了结。在《刑事诉讼法》中增设法庭审理中公诉人、辩护人互相发问的规定，一可以使庭审更富于对抗性，使证据、事实通过互相发问，变得更加清晰；二可以使控辩趋于对等，弥补辩护人因缺少相应的辩护手段而造成的辩护劣势，即通过向公诉人发问，增强辩护功能；三可以让法官更全面地了解案情，更好地居中裁判。总之，法庭审理增设公诉人、辩护人互相发问，有利于强化辩护人的辩护能力，使控辩更加趋向对等，以有效地维护犯罪嫌疑人、被告人的合法权益。

综上所述，在刑事诉讼中，实现控辩对等，不是一件简单的事情，不仅需要从立法层面解决诸如辩护人在场权、知情权、阅卷权等与刑事辩护极为相关的重要问题，以强化辩护人的辩护能力，从而在立法层面上做到控辩相对对等，而且更重要的是，在刑事辩护实践中，人民法院、人民检察院和公安机关要尊重辩护人，真正保障辩护人依法享有的辩护权能够得到尊重并得以实现，这可以说是辩护人的最低要求，因为这是法律赋予的，是辩护人应当享有的，但有时却是一个最高要求，甚至是一种奢望。一句话，在刑事诉讼中，实现控辩对等，真的是中国律师的一个梦想，但要实现这一梦想，仅有律师的努力是不够的，但不论如何，梦想已经起航，实现只是早晚之事！

（作者单位：安徽赵洪亮律师事务所）

# 以审判为中心的诉讼制度
# 改革对检察工作的影响

包志乾　　陈国华

**摘　要：** 党的十八届四中全会提出"推进以审判为中心的诉讼制度改革"，就刑事诉讼而言，是要求诉讼程序和案件事实经得起法律的检验，防止冤假错案的发生，确保立案侦查、提起公诉的案件事实、证据经得起法律的检验，并非对刑事侦查权、检察权、审判权之间的关系重新定位。检察机关是国家唯一的公诉人，为侦查程序的主导者、法官裁判的把关者，也是庭审中不可或缺的一方，地位重要、责任重大。以审判为中心的诉讼制度改革将会对检察工作带来深远的影响。

**关键词：** 以审判为中心；检察工作；影响

近年来，冤假错案频繁发生，如杜培武案、佘祥林案、赵作海案、张高平和张辉叔侄案等数十件全国震惊的冤案，虽然占比微乎其微，但其对司法公信力的伤害至深，造成极坏的影响。冤案发生的原因，其实很多不在于案件的哪个承办人，在责任追究时，往往有很多人难逃其责，但被追责的主体很大一部分均有无法言明的苦衷。可见，个人虽有责任，但深层次的原因还在于制度，特别是刑事诉讼中侦查阶段的决定作用，致使起诉、审判阶段的虚无化、程序化、形式化，使得刑事诉讼各阶段互相监督、互相制约的法律关系形同虚设。被告人的权利得不到有效的维护。审判阶段是刑事诉讼的核心阶段，侦查、起诉阶段形成的证据均应在审判阶段得到有效的展示、质疑，审判阶段，控辩对抗、审判中立的作用至关重要，因此，以审判为中心的刑事诉讼制度是避免刑事诉讼冤假错案发生的重要保障。党的十八届四中全会通过的《中共中央关于全面推进依法治国若干重大问题的决定》明确提出："推进以审判为中心的诉讼制度改革，确保侦查、审查起诉的案件事实证据经得起法律的检验。"可见，党中央对刑事诉讼制度及实践中存在的缺陷已经非常重视，将审判阶段惩罚犯罪及保障无辜的作用提升到中心的地位，以审判为中心的诉讼制度改革已经势在必行。但是，审判在刑事诉讼三阶段的地位的提升，需要各种制度的支撑，检察机关在以审判为中心的司法改革中有其独特的作用。

## 一、以审判为中心的诉讼制度的内涵

以审判为中心的诉讼制度改革目标是要求达到诉讼程序和案件事实经得起法律的检验，防止冤假错案的发生，并非改变我国刑事诉讼各机关即侦查、起诉、审判机关的权力架构，以及控辩审三大刑事诉讼职能之间的相互关系①。以审判为中心的诉讼制度，不能简单理解为审判权的扩权，侦查、起诉仍为审前的重要环节，是抓捕、追诉犯罪，防止冤假错案的屏障。其实，庭审中案件实质性的诉讼行为更多的由控辩双方来完成，法院虽是终极的权威，但法庭在庭审中的作用相较于控方和辩方而言更多的是组织庭审的程序和保障双方平等对抗的权利以及对控辩双方的诉求、观点、证据形成采纳与否的判断，最终做出裁判。将审判阶段作为诉讼的中心阶段，充分发挥审判特别是庭审的作用，在于务必使控方、辩方的诉讼行为最终全部暴露于法庭之上，形成阳光下的审判，使得据以定罪量刑的证据事实、诉讼程序、法律适用均在法庭上得以披露，得到有效的控辩对抗，使得庭审实质化，审判人员能够从庭审展示中发现真实，从而形成经得起法律和历史检验的权威裁判，庭审中心是确保案件处理质量和司法公正的重要环节和程序保障。

## 二、检察机关在以审判为中心的诉讼模式中的定位

审前阶段，国际上大多数国家的做法是检察机关控制侦查机关，检察机关是侦查程序的主导者。我国侦查机关和检察机关之间的关系是分工负责、互相配合、互相制约②，从刑事诉讼法整体的立法体例上看，相互之间没有控制与被控制、主导与服从的关系。但是，从我国刑事诉讼法规定的具体职权来看，在刑事诉讼中检察机关与侦查机关之间是实质上的部分控制关系，如刑事诉讼法规定的在侦查阶段的批捕权、通知立案权、捕后监督权等，检察机关均有实质上的决定权，侦查机关不服的，可以提出异议，但必须依检察机关的决定执行。这符合司法官控制警察的国际通行做法。而且，在审查起诉阶段，检察机关有权对需要补充侦查的案件自行侦查，即对非自侦案件也享有部分侦查权。

审判阶段，审判机关和检察机关均为国家司法机关，检察机关是追诉机关，为审判前的把关者，因为在不告不理的审判原则下，没有检察官的起诉，就没有审判。审判机关在庭审中的地位是超然中立的，虽代表国家审判，但必须严守中立，并恪守证据裁判原则，所谓含泪下判即是法官在消极中立及证据裁判主义之下的理性之举。审判的要义是定罪量刑权为超然中立的法院独享，法院作为裁判者，必须不偏不倚，将控审分离作为刑事诉讼审判阶段的基本理念，法院不可成为追诉的主体。"因而，检察机关不追诉时院方基于不告不理原则，并无主动启动刑事程序之可能性，更遑论有罪裁判了；反之，院方未为确信被告有罪时，即便检方指正历历，当然也不能为有罪裁判"③。在诉与不诉之间，有罪不诉，会使人民处于被犯罪威胁的危险之中，国家因而丧失威信；诉及无辜，则会使人民处于白色恐怖之中，国家因而丧失公信。此两种现象均违背社会主义法制原则和中国共产党全面依法治国的执政理念，但并非二律背反。检察机关必须充分发挥司法的能动性，在严守法律的情况下，尽一切之可能将犯罪分子绳之以法，维护法律的尊严和法制的统一，做到不冤不纵。

---

① 参见习近平，关于《中共中央关于全面推进依法治国若干重大问题的决定》的说明
② 自侦案件由检察机关内部反贪、反渎部门实施，但与批捕、起诉等部门之间也有内部分工，同样存在制约与配合，并非完全混为一体。
③ 林钰雄：《检察官论》，法律出版社，第13页。

检察机关作为刑事诉讼程序中唯一全程参与的国家机关，是代表国家的唯一的公诉人，为侦查程序的主导者、法官裁判的把关者，也是庭审中不可或缺的一方，地位重要、责任重大。对以审判为中心的诉讼制度改革，特别是在刑事诉讼中，检察机关应将侦查监督、审查起诉、提起公诉、支持公诉、审判监督等工作作为改革的重点环节，有所作为，使检察机关既作为准确追诉犯罪、确保平安的国家正义之剑，又作为防止冤假错案、保障人权的国家正义之盾，维护国家追诉犯罪的公信力。

检察机关在刑事诉讼中的价值定位：（1）惩罚犯罪；（2）保障人权；（3）检察监督，确有错误的决定、裁判提出异议，纠正诉讼中出现的程序和实体错误。过去有学者对上述定位中的检察机关对法院审判行为的监督权提出不同的观点，在十八届四中全会以审判为中心的诉讼制度改革提出后，这种观点再次被提出，对此，本文依然坚持传统的观点。因为：其一，正如本文第一部分对以审判为中心的诉讼制度内涵的辨析，以审判为中心并非降低检察权和辩护权在诉讼中的地位，而是要求庭审实质化，要求诉讼程序和案件事实经得起法律的检验，检察机关对法院的法律监督不违背这一目的，对确有错误的刑事裁判，检察机关代表国家提出异议是有必要的，这不仅不影响司法独立，而且有利于裁判公正，检察机关的异议是否成立最终还是由法院通过审判程序审查确定；其二、我国的检察体制有其独特性。作为法制统一的社会主义国家，西方三权分立制衡的政治制度因其固有缺陷并不适合我国。"法律是治国之重器，法治是国家治理体系和治理能力的重要依托"[1]，我国检察机关是国家法律统一实施、法治国家治理的保障。检察机关与政府、法院独立设置[2]是我国国家权力分工与制约的需要，在国家权力层面有必要建立通过检察机关的法律监督实现对具体公权行为违法的异议和纠错制度，以避免权力滥用导致腐败，将权力"关在法律的笼子内"。

检察机关在刑事诉讼中的主要职能定位：（1）在侦查过程中监督侦查机关的侦查行为，防止在侦查阶段出现程序违法现象（即侦控）；（2）审查侦查终结移送审查起诉的案件，确保起诉的准确性；（3）出庭支持公诉，使得有罪的人得到应有的惩罚；（4）监督法院审判；（5）对贪污贿赂、渎职侵权等职务犯罪依法立案侦查。

## 三、以审判为中心的诉讼制度改革对检察工作的影响

以审判为中心的诉讼制度改革并不改变我国刑事诉讼各机关即侦查、起诉、审判机关的权力架构，以及控诉、辩护、审判三大刑事诉讼职能之间的相互关系。"我国刑事诉讼法规定的公检法三机关在刑事诉讼活动中依然各司其职，互相配合、互相制约，这是符合中国国情、具有中国特色的诉讼制度，必须坚持"。[3] 但是，在观念及具体制度层面，特别是有涉及部门利益的一些制度的变革和措施的实施，比如严禁领导干部干涉办案、终身责任追究、审判案件以庭审为中心、重视证据裁判原则、判决结果形成于法庭等等，是这次以审判为中心的诉讼制度改革的重点，必将对刑事诉讼中检察机关的工作形成重要

---

① 习近平，关于《中共中央关于全面推进依法治国若干重大问题的决定》的说明。
② 世界上大多数国家将检察机关设置在政府司法部之下或与法院合署。
③ 习近平，关于《中共中央关于全面推进依法治国若干重大问题的决定》的说明。

影响。

第一，观念革新，办案人员必须树立办案经得起法律检验的理念，增强责任意识，敢于通过法庭审判实现案件裁判的公正性，有效防止冤假错案的发生。首先，办案人员应当改变将追诉犯罪作为刑事检察工作的唯一价值判断的观念，而应当树立惩罚犯罪与保障人权并重的刑事诉讼理念。在检察工作历史上，我们不难找到疾恶如仇的检察模范，这种工作态度值得敬仰，但是，在与犯罪嫌疑人角色对立的立场下，往往容易形成预设的判断而影响对案件客观事实的把握。所以，检察工作更需要的是理性的思辨，不仅要有与犯罪分子作斗争的大无畏勇气，更要有充分赋予犯罪嫌疑人以辩护的各项权利的平等对待心态，取得公众尤其是被追诉人对国家刑事司法公正性的认可，所谓真正的认罪服判。其次，将以审判为中心的诉讼模式下的庭审要求作为衡量侦监、批捕、审查起诉、支持公诉、检查监督的应然标准，坚守公正底线。应然标准的首要要义为证据裁判原则，"证据裁判原则，其根本的意义在于，它将刑事裁判建立于理性的基础之上……使得证据处于中心的位置，具有决定性的意义……还为司法官对证据的自由判断做出了限制"[1]。再次，重视庭审质量，充分尊重法官的居中裁判地位，降低庭审后与法官沟通的依赖思想。

第二，使侦查监督落到实处。"明确检察机关在刑事审前程序中的主导地位是我国检察机关的性质、检察官的客观义务、司法现状所决定的"[2]。侦查监督是刑事检察工作的重要内容，但是，在现行司法实践中，侦查监督职权得不到有效实现是普遍存在的现象。犯罪嫌疑人的无罪地位在刑事诉讼法中非常明确，却在侦查工作中被很多侦查人员忽视，从而导致不少侵犯犯罪嫌疑人人权的行为发生，导致了司法中频发的冤假错案。因侦查的特殊性，包括侦查机关的破案压力，侦查人员的荣誉观，侦查阶段的秘密性（在侦查阶段，证据不对犯罪嫌疑人、辩护人公开），犯罪嫌疑人的人身危险性，侦查权强大等特征，除极少数主观上恶意制造冤假错案的警界败类外，很多侦查人员在客观上有采取非一般手段破案的情绪化冲动，这与以审判为中心的诉讼制度及无罪推定原则是相违背的。审判阶段是刑事诉讼各阶段中最能体现被追诉人的辩护权利、无罪地位，将无罪推定发挥得最好的阶段。以审判为中心的诉讼制度改革，就是要将侦查、起诉阶段的侦控职能审判化，要求侦查、起诉阶段赋予被追诉人有效的辩护权，给予其平等地位。检察机关作为法定的侦查监督机关应当对侦查工作中的问题及时提出，并要求其改正，这不仅有利于犯罪嫌疑人人权的保护，也是对侦查人员的保护。新修订的《刑事诉讼法》对侦监制度及侦监权力做了较多的规定，这需要检察机关侦监工作人员认真学习，将法律规定真正运用到侦监工作中去。检察机关工作人员应当在侦监工作中发挥主观能动性，主动获取问题线索，例如：公开举报电话、网站；开辟举报途径；与侦查机关多沟通，加强跟踪监督，及时发现并解决问题等。

第三，在审查起诉时以证据裁判原则为标准，对取证程序的合法性、证据证明力的程度等进行严格审查，确保侦查、起诉的证据经得起法律的检验。检察工作人员应当形成换位思考的习惯逻辑，以法庭审判的严谨视角来审查案件，以辩护律师的苛刻态度来对侦查机关提供的证据材料查漏补缺。新刑事诉讼法规定律师有权向侦查机关、检察机关提出辩

---

① 龙宗智，《刑事庭审制度研究》，中国政法大学出版社，第65页。
② 刘佑生，石少侠：《规范执法：检察权的独立行使与制约》，中国方正出版社，第193页。

护意见，侦查机关、检察机关应当重视辩护人的意见并记录在案。这一规定从正面理解是赋予辩护方在侦查阶段、审查起诉阶段充分的辩护权，而从反面来看则正是庭审中心化在侦查阶段、审查起诉阶段的体现。检察机关在审查起诉时，应当将辩护律师的意见看作是善意的提醒，辩护律师提出意见的目的与检察机关审查起诉的部分目的是一致的，是对追诉的可能不合理、不合法的地方，要求慎重审查，以免错误追诉，确保起诉的准确，以维护国家起诉的公信力。重视辩护律师的意见是检察机关防范冤假错案成本最低、效力较高的途径。当然，辩护律师为当事人的利益而参加诉讼，基于其必然的反方地位，其没有作为以审判为中心的诉讼制度中法官的超脱，控方的惩罚犯罪的责任，其意见有可能偷换概念、混淆事实、扰乱心神，对此，检察人员必须保持清醒的头脑，坚持以事实为依据、以法律为准绳，在指控犯罪和保障人权的理念指导下找到最佳的平衡点，坚持正确的选择，预设自己的庭审方案，给予有理有力的回应。在审查起诉时，检察机关有一定的自由裁量权，这主要体现在诉与不诉之间，虽然"检察权总体上是一种程序性的司法请求权而非处分权，无权作出终局性的处置，它与可以引起实体法律关系变化的"处置性"权利，如审判权，有着本质的区别"。[①] 但是，不起诉裁量权有很强的处分性，可以直接导致犯罪嫌疑人因酌定或存疑的决定而无罪。所以，检察机关在准备作出不起诉决定时，应当以司法官的中立视野力求程序正义和实体正义兼而顾之。程序正义是确保不起诉决定作出科学决策的保障，比如可引入侦查方、被害方、辩护方甚至检察监督员等的听证程序，对证据事实、法律依据、法益平衡等方面进行充分的论证；实体正义是检察机关作出不起诉决定的目标，检察机关在不起诉决定书中应当对经正当程序获知的事实、观点充分说理，做到有法可依、有据可查。

第四，在出庭支持公诉时，严格按庭审中心主义的要求，保证庭审在查明事实、认定证据、保护诉权、公正裁判中发挥决定性作用。"庭审实质化"是以审判为中心的诉讼制度改革的最低限度要求，但是在我国的司法实践中暂时未能做到有效实施。造成"庭审空心化"现象的原因是多方面的，控、辩、审三大职能的不正常运作均是"庭审空心化"的原因。例如：控方为实现指控目标，在庭审中阻碍证人出庭（我国刑事诉讼法并未规定证人必须出庭的制度，即使新修订的刑事诉讼法规定了关键证人出庭制度，但何为关键证人仍由控方及法庭决定，辩方仅有申请权），使得证人证言笔录的真实性、合法性缺乏起码的实质化质证程序；审判委员会制度导致的决定者与实际审判者相分离；辩护人因担心执业风险而不敢充分取证等等。庭审空心化的产生，究其根源为：控辩双方不能实现真正的对抗。我国传统文化本身缺乏对抗的"基因"，权力至上而非法律之上的观念、民不与官斗的习惯性思维、以和为贵及退让妥协的中庸之道等等，是不能形成控辩有效对抗的历史和思想根源。坦白从宽与抗拒从严的刑事诉讼政策，虽有其合理性，却又存在不利于无罪推定原则和反对强迫自证原则在刑事诉讼中的实施等弊端，导致控方想方设法套取被告的认罪口供而轻视对客观证据的获取，被告方迫于无奈，为争取宽大处理，"识时务"地低头认罪。从我国的刑事诉讼发展史来看，在刑事庭审中，历来采取纠问式的诉讼模式，这一模式对现行的刑事庭审仍产生着深远的影响，如控方对被告人的发问仍然被称为讯

---

① 王学成主编，《法律监督权研究新视野》，中国检察出版社，2010年1月第一版，第145页。

问，辩方没有向控方的发问权等。这些均有悖于平等对抗和审判中立的理念，使得"庭审实质化"大打折扣。以审判为中心的诉讼制度使得审判阶段处于刑事诉讼的中心地位，从诉讼的角度去审视，则侦查、审查起诉均为公诉人在审判阶段的指控服务，如对非法证据排除的庭审中侦查人员应当作为控方证人出庭等。在庭审中，过去走过场的形式主义审判方式必然改变，不再是控方片面地宣读证据、法院核实控方证据，辩护人可有可无的审判方式。以审判为中心的诉讼模式要求以实质性的控辩对抗方式对证据、程序等一切涉讼事宜进行充分的言辞辩论。这种庭审方式，要求公诉人做好更充分的庭审准备和具有更高的庭审艺术，将一切可能的对抗在开庭前了然于胸，形成庭审预案，在庭审中按照预定的目标随机应变，让自己的观点、理由在庭审中得到审判庭的认可，降低对庭后沟通的依赖。同时，公诉人应当熟知审判程序的法律规定，包括非法证据排除、提供证据、举证、质证、证人、鉴定人出庭、重新鉴定程序等等，以免因自己的失误而致使国家追诉不能成立。这种情况，在现行司法体制下一般不会发生，但是如果真的做到完全的庭审中心，程序维持原则得以充分尊重，那么在将来还是有可能的。

第五，监督法院审判，必须严格坚守审判独立的司法理念。在以审判为中心的诉讼制度确定庭审中心主义的模式后，庭审中的"司法至上"即审判至上必将得到执行。在庭审的三方中，审判居于中间，为居中裁判者，是庭审权威结论的唯一判断方，控诉方和辩护方处于对抗和说服审判方的地位，控方的指控和辩方的意见必须通过法庭认定。检察机关审判监督权的弱化是一种趋势，但是，"前提是法院系统的审级监督、陪审制度、法官选任与保障及责任追究制度等真正得到有效落实，否则，弱化对法院的监督极易导致司法专横及腐败"[①]。正确处理庭审中的控审关系，在以庭审为中心的诉讼制度中尤为重要。控方虽依法出庭监督，但不得对法庭指手画脚，干扰法庭组织庭审。审者判也，判者审也，检察机关不能以监督之名行干涉之实，不得在审判过程中监督，而应当事后监督，且应当完善监督的程序，如庭审确有违规，则应当按《刑事诉讼法》规定的具体权力和程序依法提出，不可借监督的名义，左右法官的判断。不仅如此，检察机关还应当对审判独立进行保驾护航，对于干扰办案的领导干部，根据情节的轻重提出检察建议或追究法律责任。如果因干预而给国家、集体导致损失的，则可否以检察机关的名义提出公益诉讼，也可商榷。检察机关作为公益诉讼的起诉主体，也是党的十八届四中全会提出的司法改革要求之一。

（作者：包志乾，池州市人民检察院研究室主任；陈国华，池州学院政法系副教授）

---

① 白新潮，《中国检察权的定位及其权力配置》，载刘佑生、石少侠主编，《规范执法：检察权的独立行使与制约》，中国方正出版社 2007 年版，第 97 页。

# 律师与公检法机关良性互动
# 关系建立与完善的研究

张友军

**摘　要：** 随着新《民事诉讼法》《刑事诉讼法》的实施，司法在国家和社会生活中的地位日益提高，作用愈加重要。如今律师的社会地位与"1995 年律师蒙难年"时相比提高了很多，而公检法机关执法时也受到相关法规、法条的制约。党的十八大上，习近平总书记提出要建设中国特色社会主义法治国家，要让每一位群众都能够在诉讼中感受到正义。作为法律职业共同体的律师和公检法机关要建立良性的互动关系，能够相互监督、相互帮助，能够更加有效地维护双方当事人的合法权益，从而让人民群众切实感受到法的正义。

**关键词：** 律师；公检法；良性互动；公平正义

律师和公检法机关分工不同，公检法代表国家，其权利具有强制性和不容侵犯性；律师没有国家强大的后盾，律师代表法律本身，代表当事人的利益，这就使得律师在维护法律正义的时候有些正当权利无法完全实现。总的来说律师和公检法机关的关系可概括为"公检法在上，律师在下"。

现代律师的社会地位略有提高，公检法对待律师的态度比改革开放初期要好很多。作为法律职业共同体的律师和公检法机关若相互勾结，以利益为重，那么司法就无法得到公正；反之，他们若相互协作，严格依法办案，维护社会公平正义，必将最大限度地实现司法公正，促进中国特色社会主义法治社会加速形成[1]。因此，正确看待和研究律师与公检法机关的关系，在当前法治现代化建设进程中显得尤为重要。

## 一、律师在司法实践中不可或缺

（一）律师的定义

根据《律师法》第二条第一款的规定，律师是指依法取得律师执业证书，接受委托或者指定，为当事人提供法律服务的执业人员。

由此可以看出，律师属于提供专业法律服务的人士。而在实践中多将律师界定为自由职业者，以显示其与公职人员特别是与公务员之间的区别，这种做法大大忽略了其在法律职业共同体中的应有作用，也很容易导致律师与法官、检察官等的对立。这既不利于对律师的管理，也不利于律师行业自身的健康发展。

### （二）律师的执业道德

律师职业道德是指从事社会主义法律工作的人民律师在从事律师业务，为社会提供法律服务时，所应遵循的行为规范的总称。律师职业道德是法律职业道德的重要组成部分。律师职业道德是指导律师执业行为的准则，是评判律师执业行为是否符合律师职业要求的标准，是对违规律师追究职业责任的重要依据。

西方律师职业道德历史悠久。古罗马时期的律师职业道德是律师职业道德发展的初级阶段，它对以后律师职业道德规范的发展演变具有深远的影响[2]。近代西方国家通过颁布一系列的法律确定了职业律师制度，为律师职业道德的形成和发展提供了法律上的依据。现代西方国家对律师的职业道德进行了严格而详细的规定，使之作为指导律师职业的道德规范，作为律师在执业活动中必须遵守的行为准则。较之于现代西方国家，我国律师职业道德建设起步较晚且相对滞后，并存在诸多实际问题。如在律师与司法官关系中，一些非正常现象导致双方职业关系失范；在律师与委托人关系中，由于律师业务能力和道德能力存在不足，委托人利益不能得到有效保障；在律师与公众关系中，存在公众情绪干扰律师正常执业，传媒的误导甚至影响司法公正；在律师与律师同业者的关系中，恶性竞争问题突出。

### （三）律师在司法实践中的地位

当今中国社会，律师与社会生活日益密切，律师的作用日益凸显并受到人们的重视。律师在推动政治民主、法制建设、经济建设、保障人权等方面发挥着重要的作用。可是在司法实践中，由于法律职业共同体观念的缺乏，因而"庭审虚化"成为一种常见的现象。有的法官认为，法官是官，律师是民，法官有一种高高在上的感觉，对律师的辩护或代理采取"你辩你的，我判我的"的立场，甚至听不得不同意见，结果就屡屡出现法官在法庭上禁止或武断地打断律师的发言，甚至把律师赶出法庭的现象[3]。

## 二、公检法机关的分工与现状

### （一）公检法机关的分工

公检法是公安局、检察院、法院的简称，三者是政法机关的重要组成部分。其中，检察院和法院是司法机关，最高人民检察院和最高人民法院对全国人民代表大会负责。地方各级检察院上下级为领导关系，地方各级法院为监督关系。

公安局隶属于公安部，是执法机关。法院代表国家行使审判权，公安代表国家行使刑事侦查权，检察院代表国家行使公诉权及司法监督权。法院的判决是否公正需要方方面面的努力，首先公安的证据必须真实充分，再者检察院的公诉合法合理，然后就是法院的判决合理合法，做到案结事了。

《中华人民共和国刑事诉讼法》第七条规定："人民法院，人民检察院和公安机关进行刑事诉讼，应当分工负责，互相配合，相互制约，以保证准确有效地执行法律。"关于各专门机关的分工，《刑事诉讼法》第三条作了明确规定："对刑事案件的侦查、拘留、执行逮捕、预审，由公安机关负责。检察、批准逮捕、检察机关直接受理的案件的侦查、提起公诉、由人民检察院负责。审判由人民法院负责。"人民检察院和人民法院都是国家的政法机关，它们总的任务是打击敌人，惩治犯罪，保护人民，保卫社会主义现代化建设。这三个机关既分工负责，又互相配合互相制约。

（二）公检法机关的现状

理论上，公检法三机关以三方分工负责、互相配合、互相制约的完整司法体制为基础，以人民法院专属的定罪量刑权为中心，合法、有序地运作——三方各司其职，各尽其责；公检法三机关中每个机关在工作上需要另一机关协助时，另一机关都能依法在职权范围内协助；而三机关通过各自的工作发现另外机关存在的工作问题时，可提出建议要求其纠正。尽管公检法关系在理论上诠释着权力制衡的平衡之美，但在实践中却存在着若干缺陷。比如，实践中公安机关与检察机关"侦""诉"分离配合不当，实践中法院与检察院存在诉讼监督上的冲突等等。

在实践中，由于百姓对公检法机关或法律知识的缺乏，冒充公检法机关人员诈骗的现象层出不穷。犯罪分子大多是冒充公安、检察院、法院等部门工作人员，打电话给受害人，声称受害人的身份被冒用或者受害人涉嫌经济犯罪，要求配合司法机关工作，诱骗对方将钱财转到犯罪分子提供的所谓"安全账户"内。

## 三、现阶段律师与公检法机关关系的现状

（一）律师与公安机关关系的现状

律师与公安机关的关系自古以来都是对立的，公安机关从心底上排斥律师介入案件，因为在公安机关看来，律师的介入无疑是推翻他们的办案结果。其实不然，律师了解全部案情，只是更好地为犯罪嫌疑人辩护，使犯罪嫌疑人的人权得到保障，律师绝不会歪曲法律，相反律师的职责是匡扶正义。正因为公安机关对律师的偏见、误解以及认为自己代表国家行使权力，所做的决定不容置疑，如果自己办的案件被律师推翻了自己就会颜面无存这种想法，才使律师与公安机关之间出现矛盾。长期以来律师和公安机关关系不和谐主要从以下几个方面可以看出：

1. 旧刑诉时律师会见犯罪嫌疑人需重重审批

新的刑事诉讼法出台以前律师会见犯罪嫌疑人要先申请，然后等领导审批，最后由办案民警陪同，这一流程大概需要一个月。新的刑事诉讼法出台后律师与公安机关的关系稍微缓和些，大部分案件不需要办案民警陪同会见，不要办案单位批准，律师持三证随时可以会见犯罪嫌疑人。这个制度的实施，在一定程度上缓和了律师与公安机关的关系。

2. 律师有权利但并不代表权利能够实现

新的刑事诉讼法规定：律师有为犯罪嫌疑人申请取保的权利、调查取证的权利等，但有权利申请并不代表就能够取保候审、能够调查取证。在实际案件中律师为犯罪嫌疑人申请取保候审的过程并不顺利，往往是无疾而终。律师申请取保候审，办案民警要按照刑事诉讼法的相关规定，向领导汇报，由领导来决定，折腾许久，最后得到不能取保候审的答案。这时律师和公安机关在一定程度上立场就不一致了，公安机关给出的答案是不能取保候审，但涉及具体原因就是按规定不能申请取保候审。此时律师很尴尬，难道找规定理论吗？如要找公安局问清原因，势必会惹恼公安局，以后办案的过程中肯定会遇到麻烦；若

是手续不全，一次补一个手续，折腾了半天手续齐了又会有其他诸多理由。这种现象严重影响了律师办案，更无法弘扬法的公平正义。

3. 律师实施调查取证权时没有和公安机关事前沟通

根据新的刑事诉讼法规定，律师在侦查阶段是有调查取证权的。律师不能够全面了解公安机关已经掌握的案件证据，律师获得的案件信息大部分是来自犯罪嫌疑人的家属。律师在行使调查取证权之前没有和公安机关就案件问题交换看法，公安机关也会对律师的这种行为表示反感，导致两者之间关系紧张，将来在审判庭上还可能追究律师的伪证责任，同时律师自身安全也受到威胁。

（二）律师与检察机关关系的现状

党中央对公正司法高度重视。党的十八届四中全会围绕保证公正司法、提高司法公信力，提出了很多新的举措。修改后的《刑事诉讼法》《律师法》等法律法规，制定人民检察院保障了律师在刑事诉讼中依法执业的规定等一系列规范性文件，完善保障律师权益、听取律师意见和与律师沟通的制度机制，促进了律师与公检法之间的和谐关系和保障了律师依法执业的权利。但一些地方检察机关在律师权益保障方面还存在不少问题和不足，具体表现在以下几个方面：

1. 检察机关和检察人员观念陈旧

他们对律师介入诉讼活动有抵触心理，对律师会见、阅卷、调查取证"防着""挡着"，甚至人为设置障碍。有的对律师是法律职业共同体的认识不到位，在办案中潜意识地把律师作为对手，办案中不仅不认真听取律师意见，"无视"甚至"反感"律师提出意见，等等。这些不仅影响诉讼过程和办案质量，而且严重损害了检察机关的司法形象和司法公信力[4]。

2. 力量方面的悬殊

检察机关以强大的国家权力和雄厚的国家资源为后盾，代表国家行使控诉权，可以说是"国家的律师"。若是检察机关想要调取证据，不管是针对个人还是机关单位，可说是畅通无阻。而律师仅依靠自己的法律知识技能来行使辩护职能，若想调取证据，询问证人，就要先向法院、检察院提出申请，得到允许后还要获得当事人一方的首肯，方能有机会搜集证据。同时，如此悬殊的地位和力量对比，也导致了律师一旦与控方发生激烈冲突，就立即显现出其处于被动的弱势地位，很容易遭到打击报复。

3. 良性对抗关系尚未完全形成

一方面，检察机关行使国家检察权，审查被追诉者的行为是否涉嫌犯罪、是否应追究刑事责任，就应起诉的犯罪嫌疑人，提起公诉并在法庭上与辩方对抗；另一方面，律师代表犯罪嫌疑人、被告人，提出其无罪、罪轻或减轻、免除其刑事责任的材料和意见。现实中两者之间需要能形成一种良性的对抗，使这种对抗是为了追求事实的真相以及法律的正确实施，要能真正做到"对抗而不对立，交锋而不交恶"。

4. 和谐的合作关系仍需努力

如同英美法系的"法律执业共同体"，律师同检察官承担的角色尽管不同，但是都要实现司法公正，两者所要追求法律的价值目标是相同的——检察机关追究犯罪行为、发现事实真相；律师则通过保护当事人的合法权益，防止其受到不当的对待。因此，可形象描述这两者的关系："检察机关（检察官）和律师都怀有追求正义的理想，是从一个圆上的起点同时出发，向相反的方向分别找寻，最终在某点相遇。"从这个意义上说，检察机关（检察官）和律师的关系并不是对抗的，而是相互制衡的，检察权和律师辩护权只不过是实现正义的工具而已，两者殊途同归。

（三）律师与法院关系的现状

随着党的十八大又一次提出建设中国特色社会主义法治国家，人们法治观念的不断增强，律师业务也在蓬勃发展。同时社会上另一个敏感的话题也随之出现，律师和法官的关系成为人民群众最为关心的话题。作为法律共同体的法官和律师，有着相同的法律知识和法律语言，又有着不同的社会角色和职业定位。他们之间如何适度交往取决于二者的自律及各自对职业道德的理解，但他们的关系却又事关重大，可能影响着公平公正的司法环境。现代社会律师与法官关系的现状主要有以下几个方面：

1. 不平等的"官民"关系

法官是依照法律行使国家审判权的审判人员，他代表国家主持审判，具有通过对案件的审理、查明案件事实并适用法律作出判决的司法权力。在人民眼中法官就是所谓的"官"，其拥有着国家赋予的广泛社会资源，国家强制力是他的后盾力量。虽然律师对维护公民的合法权利、促进法律制度的完善和实现社会正义具有不可或缺的作用，是法治建设中的组成部分，是现实法治中可以制衡法院以求公正的一支强大队伍，但是基于种种原因，律师仅仅是"民"，其社会地位极不理想，尤其是诉讼律师的地位，这种"资源贫乏"与其肩负的使命极不相称。

2. 不正当的交往关系

我国的《法官行为规范》《中华人民共和国法官法》《中华人民共和国法官职业道德基本准则》等对法官的行为、回避以及交友都有严格规定，《律师法》《律师执业行为规范》《律师执业管理办法》等对律师执业行为、职业道德也都有一些规定，但是近年来一些律师与法官的过密交往关系引起人民群众的极为不满。律师法官之间存在着监督、抗辩的关系，他们之间走得过近，在讲究人情关系的中国，引起审判不公的概率是非常大的。

# 四、律师与公检法良性互动关系的建立和完善

（一）律师与公安机关良性互动关系的建立和完善

良性互动的警律关系有助于办案效率的提高，最大限度地实现公平正义，但这需要律师和公安机关二者共同努力实现。另外应出台明确警律之间协作办案的法律法规，具体的可以从以下几个方面考虑：

1. 司法机关要保障律师的权利能够实现

在取保候审这一问题上，若不能取保，公安机关应向律师说明情况，要给当事人解释清楚，让其相信司法的公正性，成与不成都是工作的成果，不能怨天尤人，做负面宣传或鼓动。引导当事人尊重法律、尊重司法机关的决定，这对建立良性、互动的警律关系至关重要。

2. 建立有效的沟通机制

让律师和公安机关就一个案件在恰当的时间坐在一起探讨案情，发表各自的看法。俗

话说"三个臭皮匠顶个诸葛亮",律师和公安机关一起合作排除与案情无关的信息,抓住案件的重点,提高办事效率。

### 3. 建立相互监督机制

律师有权调取公安机关讯问犯罪嫌疑人全部过程的资料,若律师发现公安机关在侦查阶段有违法行为可以及时向有关部门检举,这样可以使公安机关能够健全和完善讯问制度,防止冤假错案的发生,不断强化自己的侦查手段,最大限度地实现法的公平正义。另一方面,律师为了利益,为了能够给自己的委托人一个交代,就会干扰公安机关办案,甚至制造假证据为当事人辩护。公安机关在这方面就需要加强对律师的监督,只有这样相互监督,才能有效办案,最大限度地实现公平正义[5]。

### (二)律师与检察机关关系的建立与完善

党中央对公正司法高度重视,四中全会围绕保证公正司法、提高司法公信力,提出了很多新的战略举措。但一些地方检察机关在律师权益保障方面还存在不少问题,这严重损害了检察机关的司法形象和司法公信力。因此从以下几个方面开展必要的活动,建立检律良性合作关系很有必要:

### 1. 开展规范司法行为专项整治的活动

针对社会各界反映强烈的侵犯律师执业权利等问题,以职务犯罪侦查、侦查监督、公诉、民事行政检察、刑事执行检察、控告申诉检察等部门和环节为重点,有针对性地加强专项整治,着力解决司法简单粗暴的作风,特权思想、霸道作风严重、不认真听取当事人和律师意见,对律师合法要求无故推诿、拖延甚至刁难、限制律师权利,私下接触当事人及律师,泄露案情或帮助打探案情,或者受人之托过问、干预办案,利用检察权获取个人好处的,接受吃请、收受贿赂、以案谋私,办关系案、人情案、金钱案等司法不规范的行为,进一步健全完善规范司法的各项制度机制,带动和促进检察机关司法规范化水平。

### 2. 要完善律师会见、阅卷、调查取证等执业权利的保障机制

会见难、阅卷难、调查取证难是律师反映比较强烈的问题,是保障律师执业权利中的"顽疾"。检察机关要完善保障律师权益的机制,促使这"三难"问题逐步得到解决。特别是对有的地方检察机关在办理的职务犯罪案件中,存在对"特别重大贿赂犯罪案件"条件扩大适用、不许可会见等问题,必须完善相关的配套措施:一是律师在侦查阶段提出会见特别重大贿赂案件犯罪嫌疑人的,人民检察院应当严格按照法律和相关规定及时审查决定是否许可,并及时答复。二是有碍侦查的情形消失后,应当通知律师,可以不经许可会见犯罪嫌疑人。三是侦查终结前,应当许可辩护律师会见犯罪嫌疑人。人民检察院在会见时不得派员在场,不得通过任何方式监听律师会见的谈话内容。为切实保障律师的诉讼权利,检察机关还将建立办案部门和办案人员违法行使职权的记录、通报和责任追究制度,对于存在侵犯律师执业权利等违法行为的,要依法依规严肃处理。

### 3. 构建开放、动态、透明、便民的阳光司法机制

十八届四中全会《决定》明确要求,要构建开放、动态、透明、便民的阳光司法机制,推进检务公开。公开不仅是确保检察权依法正确行使的重要手段,也是检察机关更好地保障律师执业权利的重要方式。要按照全会《决定》的要求,进一步深化检务公开,不仅从"硬件"建设上入手,完善"两微一端"、网上网下检务公开大厅等;而且从"软件"上入手,构建案件程序性信息查询平台、法律文书公开平台、重要案件信息发布平

台、辩护与代理预约平台等四个平台，更好地保障包括律师在内的人民群众对检察工作的知情权、参与权和监督权。特别是要加强律师接待窗口建设，畅通律师接待渠道，及时听取律师意见，规范律师接待流程，健全及时、主动、公开和依申请公开制度，提高司法办案的透明度，方便律师参与诉讼。

（三）律师与法院良性互动关系的建立与完善

同为法律共同体之成员，信任与合作至关重要，实现社会公平、正义与有序是共同的责任。在法治国家建设进程中，法官与律师肩负使命，任重道远。虽然角色不同，但目标完全一致，应当互相尊重，互相配合，更好地支持对方履职尽责，为共建美好法治明天而努力奋斗。可以从如下几个方面建立和完善律师与法官的关系：

1. 打破"官与民"的错误认识

法官与律师，是师兄和师弟，在同一条起跑线，在同一个方圆内；法官与律师之间是一种水涨船高的关系。律师是司法制度的基础，而法官是公正的化身、正义的体现，是整个司法体系的中心，居于司法制度的顶端。律师有多高的社会地位，法官就会有更高的社会地位，法官与律师在整个司法制度体系中有着极微妙的互动式联系。法治事业好比大海里的航船，没有法官的掌舵，就没有前进的方向；没有律师的划船，更没有前进的动力。从工作方式来看，律师是动态的，主动进行证据搜集等工作；法官是静态的，坐堂问案、坐堂听案、居中裁判，构成了法官与律师相互关系的基础，决定了法官与律师相互关系的走向。律师处境的根本好转取决于整个法制环境的改善，但法官对律师的看法和态度将直接关系到律师的处境和地位。而律师处境好转、地位提高，将促进整个法制环境的改善，法制环境的改善又会提高法官的社会地位。因此律师和法官之间良性互动关系的建立和完善，不仅有助于律师和法官工作环境和心态的改变，而且有助于人民群众对司法公正的认可[6]。

2. 适度距离是法官与律师交往的必要守则

法官和律师在职业关系中彼此是有距离的。律师办案件毫无疑问要通过影响法官来使法庭采纳自己的意见和观点，或者通过自己的意见和观点来影响法官和法庭对案件的判断及裁量，从而获取和维护当事人的最大利益。但是这只能通过在法庭活动中发表法律见解，通过对证据、事实和法律观点的阐述来实现，不得在法律设定的时间和空间之外进行具有涉及职务内容的交往，不能称兄道弟、打成一片，更不能甘为人臣形成某种依附关系。律师、法官审查案件角度不同，但目标一致，如果律师仔细审查挑出问题，那法官求之不得。当然"斗争"要注意方式，一定要有理有利有节，把握住分寸，不要伤和气，要说到点上，在真理面前谁都服。有时候可能法官基于各种压力偏听偏信，但是不影响法官心目中对你的尊重，有的法官心服口不服，但是在判决书上会体现出对你的尊重。

# 结　　论

本文从律师与公检法机关各自的工作职能等方面阐述，分析了现阶段几方面的关系现状，提出了一些改进措施，以此促进其相互之间建立良性的互动机制。对于合理的职业交往诉求，如果一味采取禁止、隔离的态度，这些交往就会潜入地下甚至变质，最终达到不可收拾的境地。在这种正常沟通交流的渠道里，定能有效弱化律师与公检法机关进行不正当接触、沟通的动机，从源头上遏制律师与公检法机关交往中的违规行为，真正形成互相尊重、互相支持、互相监督、平等交流的良好关系，从而确保公正和谐的司法，更好更快地促进社会主义法治建设。

（作者单位：安徽百舜律师事务所）

**参考文献：**

［1］李娜．最高人民检察院召开"律师界代表委员座谈会"13 名律师代表建言检察工作［N］．检察日报，2013－7－17（1）．

［2］曹建明．构建检察官与律师良性互动关系　共同推进中国特色社会主义法治建设［N］．检察日报，2013－12－22（1）．

［3］张明楷．耐心倾听、正确判断与合理采纳——法官的正确思维及对控辩意见的合理判断［J］．法律适用，2012，（7）．

［4］石艳芳．论律师执业条件制度［D］．重庆：西南政法大学，2011.

［5］张成柱．规范法官与律师关系，共创社会主义和谐司法［J］．法制与社会，2010（4）．

［6］计京旺．我国律师参政研究［D］．合肥：安徽大学，2010.

# 试论推进以审判为中心诉讼制度改革的现实路径

## ——以 A 法院试点推进审判为中心制度改革为视角

俞丽妃

**摘　要：**党的十八届四中全会通过《中共中央关于全面推进依法治国若干重大问题的决定》（以下简称《决定》）明确提出"推进以审判为中心的诉讼制度改革"。这是我们党为全面推进依法治国，加快建设社会主义法治国家，切实保障刑事被告人诉讼权利，确保刑事司法公正而作出的重大改革部署。"以审判为中心的诉讼制度改革"具有现实和深远的历史意义。《决定》提出后，全国法院积极响应，成都中院确定刑一庭、刑二庭以及辖区内高新区法院、温江区法院等部分基层法院作为试点单位，率先在全国试水"以审判为中心的诉讼制度改革"①。笔者所在的 A 法院，亦在刑事审判实践中积极探索"以审判为中心"的诉讼模式。然而，立法设计的缺陷、传统刑事司法理念的束缚等成为司法实践中实现"以审判为中心"诉讼模式的"拦路虎"。文章拟以 A 法院推进以审判为中心的诉讼制度改革为视角，浅析推进"以审判为中心诉讼制度改革"的现实阻力，并提出相关的实现路径。

**关键词：**以审判为中心；制度改革；裁判规则；现实路径

以审判为中心是法治国家诉讼制度的基本特征②。以审判为中心的制度要求侦查、审查起诉、辩护、执行等各个诉讼环节都须围绕审判展开，做到事实证据调查在法庭，定罪量刑辩论在法庭，判决结果形成在法庭。我国 2012 年新修订的《刑事诉讼法》第十二条明确规定："未经人民法院依法判决，对任何人都不得确定有罪。"从某种意义上说，这是从立法层面确立了审判中心主义。然而在司法实践中，"未经人民法院依法判决，对任何人都不得确定有罪"的基本原则并未完全得到贯彻落实。不断出现的冤假错案，愈来愈暴露出我国现行刑事司法制度的弊端，也充分引起了高层的关注与反思，于是继"不得强迫自证其罪"制度、非法证据排除制度等一系列保障被告人权利制度出台之后，以"审判为中心诉讼制度改革"应运而生。笔者认为，贯彻落实"以审判为中心的诉讼制度改革"，不仅需要完善诉讼证据制度，全面落实证据裁判规则，还需要公检法机关转变传统的刑事诉讼理念，形成合力，围绕审判核心，实现全面的控辩平衡。

---

①　开永丽：《成都法院在全国率先试水"以审判为中心"刑事诉讼制度改革》《四川法制报》2015 年 5 月 22 日

②　张保生：审判中心与证据裁判，《光明日报》，2014 年 11 月 5 日。

# 一、一个案例引发的思考

## （一）A 法院审理的一个真实案例

2014 年 8 月到 12 月期间，被告人王某在某市区沿街商铺实施盗窃 4 起，其中窃取某摄影店相机 2 台、镜头 5 个；某旅行社电脑 1 台；某药房电脑 2 台；某茶叶店"黄山毛峰"等茶叶 10 余斤。案发后，被盗财物均已灭失。侦查机关与被害人核查被盗财物信息时，被害人向侦查机关陈述了被盗财物的型号、购买时间、购买价格等信息，但未提供证据证实被盗财物的信息，且被害人关于被盗财物信息的陈述前后不一致。侦查机关依据被害人最后一次关于被盗财物信息的陈述，委托相关鉴定机构对被盗财物进行了价值鉴定，鉴定结论为被盗财物价值合计 4 万余元。公诉机关据此向 A 法院提起公诉，认定被告人王某盗窃 4 起，合计财物价值 4 万余元。A 法院在审理过程中，承办法官认为，本案中被害人关于被盗财物型号、数量、购买价格、使用性能等陈述无其他证据相互印证，且被害人关于其被盗财产的数量、购买时间、购买地点以及购买价格等陈述存在前后矛盾。而侦查机关仅依据被害人的陈述对被盗财物进行鉴定。鉴定机构据此所作出的鉴定结论不具有客观性和排他性，不能准确客观地反映被盗财物的价值。承办法官向公诉机关提出对证据的疑问，并书面建议公诉机关补充侦查或者变更起诉。在补充侦查一个月后，公诉机关向 A 法院提交由侦查机关出具的《情况说明》，认为经侦查，被盗财物的购买票据已灭失，无法调取到被盗财物的购买信息以及其他可以证明被盗财物信息的相关证据。最终 A 法院认定鉴定结论不能作为定案依据，对该鉴定结论不予确认。该案宣判后，公诉机关不服，并补充侦查获取了被盗财物的购买票据、证人证言、案发现场监控视频等相关证据材料，后重新委托鉴定，据此公诉机关以原审认定事实错误、量刑不当为由提出抗诉。A 法院经向上级法院请示，该案因补充侦查，公诉机关提交了新的证据，可能发回 A 法院重新审判。

## （二）案例显现的困惑与思考

### 1. 严格证据裁判规则却面临被发回重审的风险

以审判为中心的诉讼制度改革，实质上是强调审判阶段尤其是第一审程序中的审判在整个刑事诉讼程序中的中心地位，强调把事实认定和证据采信限定在审判阶段，并通过制度提升法院的权威，保证判决的终局性[①]。这个案例是 A 法院推进以审判为中心制度改革过程中遇到的典型案例。A 法院在发现公诉机关认定案件事实的证据存在不充分的情况下，书面建议公诉机关予以补充侦查，因公诉机关未能补充侦查到新的证据，A 法院依据现有证据，作出判决。法官在整个裁判过程中严格依据证据裁判原则，而其作出的裁判不仅未能得到公诉机关的认可，亦不能得到上级法院的认可，面临被发回重审的风险。此种情况下的发回重审虽不会被纳入错案评查，但影响 A 法院的整体考核，亦大量增加了法院的审判成本，浪费了司法资源。在案件审理的过程中，被告人王某对鉴定结论并无异议，如果承办法官不"较真"，以公诉机关指控的事实予以制判，公诉机关和被告人都不会有意见。然而，承办法官这一"较真"，确实落得个"吃力不讨好"。不仅未能体现审判在

---

① 樊崇义.张中:《论以审判为中心的制度改革》，载《中州学刊》第 2015 年第 1 期第 54 页。

整个刑事诉讼程序中的中心地位，亦严重挫伤了法官的积极性。

2. 侦查、检察人员从某种程度上排斥以审判为中心

我国对证据法学教育相对缺失，诉讼法学者樊崇义教授说："证据是一门科学。但是对于这门科学，恐怕我国有百分之八九十的人对它感觉陌生，包括法学本科生。在公检法干部中，恐怕也有相当数量的人没有系统研究过。"① 司法实践中，错综复杂的案情、种类繁多的证据，加上司法人员对证据的认知存在局限性，导致对证据标准理解出现偏差。在上述案件审理过程中，审判人员认为公诉人提出的鉴定结论不能作为定案依据，建议公诉机关补充侦查时，公诉人提出了不同的意见，认为没有足够的证据可以推翻鉴定结论的情况下，鉴定结论可以作为定案依据。公诉人员根本不认同审判人员的证据评判意见，当然就不会听从审判人员的补充侦查建议，而该案侦查人员更是对检察机关书面要求其补充侦查的意见置知不理。案件宣判后，检察机关进行补充侦查过程中，竟然发现，其实相关被害人均能提供被盗财物的购买凭证及进货单据，而在原来的侦查过程中，侦查人员根本没有要求相关被害人提供。这样的结果，不仅充分证明了审判人员严格证据评判的标准是正确的，也充分说明，公诉机关、侦查机关并未充分重视以审判为中心的制度改革，因而从内心里排斥制度的约束，认为法院是"多事"和"吹毛求疵"。

## 二、A 法院探索"以审判为中心的诉讼制度改革"现状分析

（一）探索"以审判为中心的诉讼制度改革"的基本做法

从《决定》确立"推进以审判为中心的诉讼制度改革"以来，A 法院探索各种方式，积极推进"以审判为中心的诉讼制度改革"，通过启动非法证据排除程序、召开庭前会议、通知证人（包括侦查人员）出庭做证、向公诉机关发补充侦查建议书、存疑证据告知书、移送证据材料通知书、当庭认证、合议和宣判等方式，逐渐确立审判在刑事诉讼程序的中心地位。A 法院共启动非法证据排除程序 4 次，召开庭前会议 5 次，通知证人出庭做证 9人次，向检察机关发送补充侦查建议书 5 份、存疑证据告知书 2 份及移送证据通知书 2份。为了防止在开庭之前受到检察机关移送至法院的案卷材料的影响而导致的"预判"，A 法院贯彻直接言辞证据规则，对于被告人对指控的犯罪事实及定案的重要证据提出异议的，尽可能地通知证人出庭做证，接受法庭的质询。遵循庭前会议仅解决程序性问题的原则，防止在庭前会议上提前研究与被告人定罪量刑有关的实质性问题，杜绝庭审功能前置。在庭审中，充分保障被告人及其辩护人的刑事诉讼权利，对被告人当庭提出的自首、立功等线索的，一律要求公诉机关予以核实，避免遗漏被告人法定和酌定的量刑情节。

（二）A 法院推进以审判为中心的诉讼制度改革成效不明显

尽管 A 法院多措并举推进以审判为中心的诉讼制度改革，但成效并不明显。以 A 法院非法证据排除适用情况为例，A 法院启动了 4 次非法证据排除程序，通知侦查人员出庭做证 2 次，却未排除任何非法证据。其中一起贩卖毒品案件，被告人第一次被讯问后被采取监视居住强制措施，未予以羁押。之后予以逮捕羁押，庭审过程中，被告人以侦查人员

---

① 张保生：《审判中心与证据裁判》，《光明日报》，2014 年 11 月 5 日。

对其实施刑讯逼供为由，申请对其第一次讯问的讯问笔录予以排除，并提供了讯问时间、地点、侦查人员姓名以及如何对其殴打等相关的线索。A 法院启动非法证据排除程序，在检察机关证明证据收集的合法性过程中，因被告人第一次被讯问后未被羁押，无入所体检证明，且讯问过程没有同步录音录像。A 法院通知侦查人员出庭作证，侦查人员与被告人各执一词。一方面检察机关没有充分证据证明侦查人员取证的合法性，另一方面被告人提供的线索也不足以证实侦查人员存在刑讯逼供的事实。审判人员对该份证据是否应当排除左右为难。综合本院其他证据分析，最终审判人员未排除非法证据。然而这种未排除，并不说明侦查机关的侦查行为具有实质合法性。非法证据排除机制近乎虚设。

此外，A 法院向公诉机关发送补充侦查建议书、存疑证据告知书、移送证据材料通知书等，得到公诉机关及侦查机关积极回应的亦不占多数（见表1）。比如上述的王某盗窃案，再如 A 法院审理的一起非法经营案件，庭审中被告人提出在侦查人员安排下接听"上线"来电，与"上线"发信息，并向侦查机关提供"上线"人员银行卡、不为他人掌握的手机号码等信息，协助侦查机关抓获"上线"人员的立功线索，庭审后，审判人员要求公诉机关核实相关情况，经审判人员和公诉人员多次要求，侦查人员才补充提交被告人是否具有立功情节的相关材料。提交材料的时候，侦查人员不以为是地说："被告人的行为不构成立功，开始你们让我出具材料，我不想出具，你们总是问我要，那我就写一个，算他立功吧"。审判人员真是哭笑不得，似乎是审判人员为了让被告人具有立功情节而强迫侦查人员提供被告人立功的材料。

表1　A 法院推进以审判为中心相关做法及成效对比

| 启动非法证据排除程序（次） | 召开庭前会议（次） | 证人出庭作证（人次） | 补充侦查建议书 | 存疑证据告知书 | 移送证据材料通知书 | 当庭宣判率（%） |
|---|---|---|---|---|---|---|
| 4 | 5 | 9 | 5 | 2 | 2 | 50 |
| 排除非法证据数 | | | 侦查机关、检察机关积极回应数 | | | |
| 0 | | | 2 | 1 | 1 | |

# 三、推进以审判为中心诉讼制度改革的阻力分析

## （一）传统刑事诉讼理念的束缚

打击犯罪，让犯罪分子得到应有的惩罚一直是我国刑事诉讼主要的价值追求。侦查机关"破案"、检察机关控诉、审判机关定罪，成了司法裁判者当然的追求目标；再加上司法服务于社会矛盾化解，服务于经济社会和谐，这样，公检法机关理所当然地站在同一战线上。在这种传统的司法理念指引下，被追诉者的合法权益遭受司法机关的践踏便成为可以理解的事了。中央司法体制改革领导小组办公室负责人姜伟说：在司法实践中，一些进入庭审的案件，常常因为侦查机关没有收集或者没有依法收集关键证据，而未达到定罪标准。这种情况下，法院如果判被告人有罪，容易造成冤假错案；如果判无罪，又要承受社

会各方面压力。① 2012 年 2 月 21 日凌晨，网友微博发出了一份罕见的"死刑保证书"，直指河南省平顶山市中级人民法院为了让被害人家属"息访"，与被害人家属达成"判决被告人李怀亮死刑"的协议。此后，平顶山中院判处被告人李怀亮死刑。平顶山中院对被告人李怀亮杀人案作出的判决，竟然是以被害人不上访作为"交换条件"② 平顶山中院的做法确实让人大跌眼镜，但也充分说明了在传统刑事诉讼价值追求下，法院作为司法裁判者的无奈。

同时，我国的刑事诉讼一直延续从立案到侦查到审查起诉再到审判的分阶段流水式的模式。由侦查机关发现犯罪事实，予以侦查确定犯罪事实，然后由公诉机关审查起诉。在刑事诉讼环节上体现以侦查活动为中心，在审理方式上以庭外阅卷为中心，在证据出示上以书面言辞为中心，这种现象造成部分案件庭审形式化③。法官通过庭外阅卷可能先入为主，难以客观真实地裁判案件事实。

（二）证据制度建设的相对缺失以及证明标准的理解偏差

证据认定是刑事审判的基础也是核心。证据是否确实充分直接影响被告人的罪与非罪、罪轻与罪重。我国刑事诉讼的立案、侦查、起诉、审判等一系列诉讼阶段，都是围绕证据的收集、固定、审查、判断而进行的。刑事审判过程分为事实认定和法律适用两个阶段，准确的事实认定是正确适用法律的前提，也是实现司法公正的前提。然而，我国目前证据规则条文存在着理念缺失、原理错误、内容重复和适用不统一的问题④。虽然我国《刑事诉讼法》对证据"确实、充分"进行了明确规定，但实践中侦查、审查起诉、审判三者对证据"确实、充分"理念的理解及适用始终不能达到统一。有些案件，侦查终结时没有打牢"确实、充分"的基础，审查起诉时没有把住这一证据关口，起诉到法院的案件证据存在明显的硬伤。笔者审理的一起贩卖毒品案，被告人不认罪，公诉机关指控被告人犯罪事实的证据全部都是间接证据，无一直接证据。对于该案间接证据是否足以达到排他性，公诉机关与法院产生了截然不同的理解，公诉机关认为三个方面的间接证据均指向同一被告人的犯罪事实，据此可以认定被告人有罪。而法院却坚持认为间接证据定案需要具有完全的排他性和唯一性，不能存有任何疑点，该案证据之间不能形成完整的证据锁链足以具有排他性，故应当宣告被告人无罪。这就是公诉机关与审判机关对证据证明标准的理解上的冲突，导致截然不同的定案标准。当然，该案最后经过侦查机关多方努力，收集到了定案的直接证据。如果该案最终无法收集到直接证据，而检法两家对证据证明标准不可调和的理解冲突，可能面临裁判、抗诉、发回重审、再裁判、再抗诉等多轮审判。

（三）非法证据排除规则难以实现理想的效果

刑事审讯具有隐秘性，通常发生在相对隔离的场所，是否有刑讯逼供行为仅有侦查人

① 《官员谈防冤假错案：推进以审判为中心诉讼制度改革》中国新闻网 http：//www.chinanews.com/fz/2014/10-30/6732746.shtml

② 《河南省一县政府为不上访与被害家属达成死刑协议》 搜狐新闻 http：//news.sohu.com/20130111/n363168330.shtml

③ 开永丽《成都法院在全国率先试水"以审判为中心"刑事诉讼制度改革》，《四川法制报》2015 年 5 月 22 日。

④ 张保生：《审判中心与证据裁判》，《光明日报》，2014 年 11 月 5 日。

员与被审讯人知晓,这样形成了"一对一"的关系。被审讯人提出了刑讯逼供,侦查人员予以否认,无任何人能够证实客观真实情况。"除非因侦查人员在讯问过程中实施刑讯并最终导致被刑讯人死亡或伤残等严重后果,或因侦破其他案件而抓获真凶致使案件真相大白,否则,即便承办案件的司法人员在相当大的程度上怀疑该'口供'系侦查人员刑讯逼供收集所得,亦无法以确凿的证据证实该'口供'属非法证据并予以排除。"[1] 新刑事诉讼法第五十七条规定了控方的证明责任。司法实践中,控方提供的证明材料对于法庭认定非法证据来说均显苍白无力。通常控方能够提交的证据有侦查机关的情况说明、讯问过程的录音录像(限于技术和资金的问题,侦查机关大多数都没能对普通案件的审讯进行全程录音录像,故检察机关大多数不能提交)、看守所入所出所体检表、通知侦查人员出庭说明情况等。纵观这些证据,大部分均系侦查机关的单方面材料,其证明力不强。而且看守所入所出所的体检表针对软暴力审讯行为没有证明力。侦查人员出庭做证不可能证实自己有刑讯逼供行为,可想而知其出庭效果。许兰亭律师在解读谢亚龙案时说:"根据规定,法庭对刑讯逼供进行调查时,可以通知讯问人员和讯问时其他在场人员出庭做证。但是,这些人多是法律专业人员,有应对庭审各方发问的经验和知识,被告人及其辩护人很难通过对其发问发现刑讯逼供的证据。"[2] 根据全国首个非法证据排除试点单位——江苏省盐城市中级人民法院的情况看,出庭侦查人员都无一例外地否认进行过非法取证行为,使得非法取证的事实难以确定[3]。

## 四、探索实现"以审判为中心"的现实路径

(一)坚持沉默权制度和疑罪从无的基本原则

现代诉讼的基本模式是:控辩平等对抗,法官居中裁判。而在整个诉讼阶段,控方代表国家公权力追诉和惩罚犯罪,掌握国家机器,具有雄厚的资源和较大的权力。而被追诉人显得相对弱小,导致控辩双方先天差距较大,明显体现出双方的不平等[4]。在此情况下,沉默权制度作为均衡控辩力量的有效杠杆,应当予以落实。沉默权的设立向被告人权利倾斜,以被告人的权利制约国家公权力,实现控辩双方有效的平等对抗。疑罪从无的原则也是程序法治原则的重要体现,是使刑事诉讼尊重客观规律、体现司法文明、落实人权保障的一项重要原则[5]。然而,疑罪从无的原则在司法实践中并没有完全得到贯彻落实。"念斌案"中被告人历时8年,经过10次开庭、4次被判处死刑,最终被宣告无罪,就充分表明了疑罪从无原则在实践中的虚弱性[6]。

---

① 胡丹:《浅析非法证据排除规则的适用》http://sssfy.hbfy.gov.cn/DocManage/ViewDoc? docId=ae4ee452-b4fb-4b02-9263-157aa9652b77

② 王帆、汪红:谢亚龙遭刑讯逼供? 举证艰难》载法制晚报,2012年4月25日。

③ 尹志红:《非法证据排除规则的司法现状及完善》,载南昌教育学院学报,第26卷第5期,第194页。

④ 黎建新:《新刑事诉讼法视野下对沉默权的解读》中国法院网。http://www.chinacourt.org/article/detail/2013/03/id/921864.shtml。

⑤ 沈德咏:《论疑罪从无》《中国法学》2013年第5期。

⑥ 曹晶晶:《福建警方再将念斌列为嫌犯未公布决定依据》,《南方都市报》2014年11月25日。

（二）完善辩护制度，强化刑事诉讼法律援助

对于被告人而言，在面临着被定罪处罚的关键性审判阶段，其辩护权应当得到充分和有效的保障。辩护律师在维护被告人合法权益、帮助查明案件事实方面起到了无可替代的作用，律师辩护制度也是推进法治化进程的重要内容之一。尽管 2012 年刑事诉讼法的修改使辩护制度取得较大进步，然而我国刑事庭审中律师出庭辩护率仍然比较低，大约在30% 左右，发达地区略高一些。在法庭上公诉人对被告人进行强有力的犯罪指控，被告人大多数不懂法，不知道如何有效地为自己行使辩护。只有具有专业知识的律师参与庭审，才能形成与公诉人针锋相对的平等性对抗。可是，很多被告人根本请不起律师，我国刑事诉讼法规定应当提供法律援助的情形范围又明显过窄，是导致多数被告人得不到律师辩护的主要原因。故司法实践中应当扩大法律援助的范围。浙江省人民法院将应当为被告人指派法律援助律师的案件范围扩大到"被告人可能被判处三年以上有期徒刑刑罚的"，以及"被告人作无罪辩护的"情形①，值得借鉴。

（三）建立科学统一的证据裁判规则

证据制度是法治国家的一项基本法律制度。以审判为中心的诉讼制度改革，必须树立"打官司就是打证据"的理念，全面贯彻证据裁判规则。对证据从司法实践的需要和可能性来看，从最高人民法院司法解释的角度，制定一部能够适用于全国各级人民法院审判各类案件的证据规则，实现"三证合一"，可能有利于"推进以审判为中心的诉讼制度改革"。这项工作可以采取"软件升级"的办法，对现行证据规则进行系统编纂，建构体系以解决理念缺失和逻辑混乱的问题，合并同类项以解决重复问题，正本清源以消除原理错误和法律冲突，最终建立起一个以相关性为逻辑主线，以证明责任和证明标准为证明端口，以举证、质证和认证为法定阶段，以准确、公正、和谐和效率为价值基础的证据法律体系②。

1. 完善非法证据排除机制，落实非法证据排除规则

非法证据排除规则让侦查机关的违法行为变得"徒劳无功"，能够从根本上消除刑讯逼供。"迄今为止，这是解决程序违法问题的唯一有效途径"③。然而我国《刑事诉讼法》虽然确立了非法证据排除机制，但立法对非法证据排除规则规定得过于笼统，比如对"刑讯逼供"及"等"字的内涵和外延均无明确具体的规定。实践中，许许多多的审讯方式，比如侦查人员语言粗暴、简单地扇个耳光、长时间审讯等等是否可以认定为"刑讯逼供"。刑诉法规定了审判人员发现可能存在非法方法收集证据情形的，应当对证据的收集的合法性进行法庭调查，却没有规定如果审判人员不进行合法性调查应该承担的法律后果、责任以及当事人救济的途径等；规定了辩方申请非法证据排除的，应当提供相关线索或证据，却没有规定提供线索或证据的证明程度或标准；再者，对权利人提出非法证据排除申请的时间规定得过于宽泛，"如果不对权利人提出申请的时间进行适度引导，很容易导致相关

① 陈光中：《推进"以审判为中心"改革的几个问题》，《人民法院报》第五版，2015 年 01 月 21 日。
② 张保生：《审判中心与证据裁判》，《光明日报》，2014 年 11 月 5 日。
③ 陈瑞华：《非法证据排除规则的理论解读》，《证据科学》2010 年第 5 期。

人在庭审中滥用权利"①。此外，未规定权利人在一审中未提出非法证据排除申请的，能否在二审中予以提出，二审法院是自行启动证据合法性调查，还是发回重审？如何处理？等等。立法规定得过于笼统，给司法实践的适用带来相当大的难度。笔者建议通过出台相关司法解释对上述问题予以立法明确，以便于实践操作，更好地予以贯彻落实。

2. 贯彻落实直接言辞原则

直接言辞原则是大陆法系国家刑事诉讼的一项基本原则，是直接审理原则和言辞审理原则的合称。直接原则的要求有二：一是法官必须始终在法庭上亲自接触证据材料、直接感受证据材料；二是法官应当尽可能接触原始证据材料，而不是第二手或者更远离原始的材料②。直接言辞原则十八届法官通过庭审，直接听取被告人、证人及其他诉讼参与人的陈述，便于法官"察言观色""听话听音"，辨别证据真伪，而不依赖书面的侦查案卷。坚持以审判为中心，必须遵循直接言辞原则。十八届四中全会《决定》在"全面贯彻证据裁判规则"的总体要求下，特别强调了"完善证人、鉴定人出庭制度，保证庭审在查明事实、认定证据、保护诉权、公正裁判中发挥决定性作用"。我国目前刑事审判中证人出庭率较低，遵行卷宗中心主义，控方依据卷宗载明的被告人、证人、被害人等庭外陈述作为指控被告人的证据，辩护方无法对这些庭外陈述人行使实质意义上的质证权，导致被告人的辩护权难以得到有效发挥，贯彻直接言辞原则，能够有效提升证人的出庭率，更好地维护被告人的诉讼权利。

3. 强化检察机关对侦查取证的监督引导

中央司法体制改革领导小组办公室负责人姜伟说："公正始于侦查，如果侦查机关在搜集、固定证据时偏离了公正要求，案件就不会有公正的结果。建立以审判为中心的诉讼制度，要求从侦查环节开始，就必须全面、规范地收集、固定证据，确保侦查、审查起诉的案件事实和证据经得起法庭调查、质证、辩论的检验，从源头上防止事实不清、证据不足的案件进入审判程序，确保案件裁判的质量，有效避免冤假错案。"所以侦查作为整个刑事诉讼的启动程序，其地位和工作非常重要。以审判为中心并非否定审判前的程序，相反，应当更加完善审前程序，更加强化证据裁判原则。然而司法实践中，由检察机关向法院提起公诉并作为控方参与庭审，与辩方进行庭审对抗，侦查人员参与庭审的并不多，从知识积累及经验法则上，检察机关掌握证据裁判原则的能力及优势明显强于侦查机关。且法律赋予了检察机关实施法律监督的职权与职责，故强化检察机关对侦查机关取证的监督指导具有理论和实践基础。最高人民检察院检察长曹建明指出："以审判为中心，要更加重视检察机关在审前程序中的主导作用，强化对侦查取证的监督引导，探索建立重大案件侦查办案听取检察机关意见制度，促进侦查机关严格依法收集、固定、保存、审查和运用证据……"

## 结　语

以审判为中心的诉讼制度改革，其根本目的是使各办案部门重视庭审的决定性作用，严格证据标准，落实规则要求，确保案件质量，从而有效地避免冤假错案的发生。以审判

---

①　《最高人民法院关于适用〈中华人民共和国刑事诉讼法〉的解释理解与适用》，中国法制出版社，2013 年版。

②　陈光中：《推进"以审判为中心"改革的几个问题》，《人民法院报》第五版，2015 年 01 月 21 日。

为中心的诉讼制度改革，并非否定公检法三家在刑事诉讼中的分工负责、相互制约、相互监督的关系；相反，更应当加强公检法三家在刑事诉讼中配合与相互制约、监督的关系，只有公检法三家形成合力，统一诉讼理念、统一证据裁判规则，力往一处使，才能有效地达到以审判为中心诉讼制度改革的根本目的和价值追求。

（作者单位：安徽省宣城市宣州区人民法院）

# 我国非法证据排除规则的激活

韩小亮

**摘　要：** 非法证据排除规则通常是指侦查机关在刑事诉讼过程中违背了法定程序或是侵犯了公民的合法正当权益而获取的证据不被准许进入审判程序。我国非法证据排除规则立法起步较晚，在证据制度方面的规定过于原则化，证据规则不够系统和完整。鉴于此，两高三部 2010 年共同发布了《关于办理刑事案件排除非法证据若干问题的规定》，从实体和程序两方面，作出较以前相关法律和司法解释更为清晰具体的规定，初步构筑起了我国的非法证据排除规则。非法证据排除规则更是在 2012 年被首次写入我国《刑事诉讼法》中，基本确立了具有中国特色的非法证据排除规则。从立法层面看，这是我国法治的一大进步。然而修改后的刑事诉讼法虽然在诸多方面对刑事案件排除非法证据的规则作了规定，该原则性规定及框架设计在对非法证据的审核与确定、排除的规则设计、法官权力配置以及相对应的程序保障等具体实施方面的规定略显粗略，非法证据排除规则在我国确立以来，在司法实践中没有发挥应有的作用。文章旨在从非法证据排除规则的本意出发，针对非法证据排除规则在我国的适用情况，有针对性地提出几点建议。

## 一、非法证据排除规则在我国的确立

（一）非法证据排除规则在我国的发展历程

非法证据排除规则是一个舶来品，最早出现于 20 世纪初的美国，最初针对的是违反美国宪法第四修正案规定的违法搜查和扣押获取的实物证据，并将之视为非法证据，应当予以排除。1966 年，米兰达规则将非法证据的范围扩大到非法取得的言辞证据[①]。到目前为止，非法证据排除规则已经得到了联合国及世界上大多数国家的认可和接受，成为一条通行的国际司法准则。

就我国来说，2010 年之前，我国基本上没有非法证据排除规则。原刑事诉讼法中只有严禁刑讯逼供等宣示性的口号，但是对于何谓非法证据，如何处置非法证据都没有规定。原《关于执行〈中华人民共和国刑事诉讼法〉若干问题的解释》《人民检察院刑事诉讼规则》两个司法解释首次对非法获取的口供进行了否定，但是其并没有规定相应的否定程

---

① 黄金钟：《非法证据排除制度的理性反思》，载《犯罪研究》2014 年第 3 期，第 2 页。

序，缺乏应有的可操作性。随着社会的发展，人民的法治意识和权利意识逐渐增强，尤其是程序必须合法的观念和保护犯罪嫌疑人权利的观念日渐深入人心。特别是近年来在司法实践中出现的佘祥林等一批冤假错案，更加触动了人们敏感的神经。社会各界无不对侦查机关的刑讯逼供等非法取证行为深恶痛绝，专家学者们更是口诛笔伐，社会对非法证据排除规则的呼声空前高涨，人们希望该规则能够遏制刑讯逼供行为，规范侦查机关的侦查行为，保护犯罪嫌疑人的合法权益。在这种背景下，2010 年，两高三部联合颁布了《关于办理刑事案件排除非法证据若干问题的规定》（以下称《非法证据排除规定》），《非法证据排除规定》首次明确了对非法言辞证据应当予以排除，对非法证据的内涵和外延、非法证据排除的主体、程序、证明责任等都做出了较为系统的规定，具有一定的可操作性，具有里程碑的意义。2012 年通过的《刑事诉讼法》吸收了《非法证据排除规定》的主要内容，从立法上确立我国的非法证据排除规则。

（二）中国特色的非法证据排除规则

我国非法证据排除规则的立法具有鲜明的中国特色，该规则在我国的适用呈现出以下原则：

首先，遏制刑讯原则。我国非法证据排除规则具有鲜明的针对性，纵观这一规则的确立过程，可以发现，我国《刑事诉讼法》一贯坚决反对刑讯逼供等非法取证行为，遏制刑讯逼供等严重违法取证行为一直是非法证据排除规则确立的出发点，该规则正是力图从证据规则的层面解决长期困扰我国司法实践的刑讯逼供难题。与此相适应，在该规则的适用范围上，也是首先排除采用刑讯逼供等非法方法收集的犯罪嫌疑人、被告人供述。从司法实践的运行状况看，各部门也将非法证据排除规则的适用主要集中在对通过刑讯等非法方法收集的供述的排除。通过排除非法取得的供述，遏制刑讯的发生，是该规则适用的重点。

其次，强化职权原则。我国《刑事诉讼法》第五十四条规定："在侦查、审查起诉、审判时发现有应当排除的证据的，应当依法予以排除，不得作为起诉意见、起诉决定和判决的依据。"据此，在刑事诉讼中，公安机关、人民检察院、人民法院均有权依法排除非法证据。在非法证据排除的启动方式上，职权启动与诉权启动并用，在审前程序中更加侧重职权启动及职权作用的发挥，与其他国家主要依诉权启动的模式有较大不同。这是由于在我国刑事诉讼中，辩护律师的力量较为薄弱，特别是在审前程序中，律师的参与更少，权利亦受到较多的限制，通过当事人及其律师的申请启动非法证据排除难度较大，故需要以职权部门的职权启动模式为主。在非法证据排除程序的启动及运行程序中，公安机关、人民检察院、人民法院的职权作用更为关键，正是上述机关职权作用的发挥，弥补了这一问题上当事人弱势的不足。

最后，尽早排除原则。由于刑讯逼供等非法取证行为严重侵犯了公民的基本权利，损害了国家司法机关的威信，故所获得的非法证据不具有证据能力，不得在诉讼中作为证据使用。越早排除非法证据就可以越早发现并纠正程序违法行为，也就越有可能将非法证据排除在诉讼的轨道之外，避免其对案件的审理产生影响，进而实现非法证据排除规则的立法价值。

## 二、非法证据排除的实然状态

非法证据排除规则已经确立，但由于我国的司法体制及法律的不尽完善，在司法实践中，非法证据规则难以被激活，主要表现在以下几方面：

（一）非法证据的概念不详、范围不清

非法证据是非法证据排除制度的基础概念，根据美国的《布莱克法律词典》对非法证据的定义："侵犯被告人权利所取得的证据，原因是警察没有逮捕令状或者可能的理由而执行逮捕，或者是令状有缺陷且不存在有效理由而进行无证扣押。"①，可见美国对于非法证据的范围主要是指取得的程序不合法而取得的证据。而我国的新《刑事诉讼法》中并没有关于非法证据的概念的规定，只是在第五十四条中规定："采用刑讯逼供等非法方法收集的犯罪嫌疑人、被告人供述和采用暴力、威胁等非法方法收集的证人证言、被害人陈述，应当予以排除。收集物证、书证不符合法定程序，可能严重影响司法公正的，应当予以补正或者作出合理解释；不能补正或者作出合理解释的，对该证据应当予以排除。"该条文中并没有关于非法证据的概念表述。在我国理论界，对于非法证据的定义也众说纷纭，广义理解上的非法证据包括取证的主体、证据的内容和形式、取证程序、取证的方法和手段等不合法的证据；狭义上理解的非法证据仅仅指侦查人员违反法定程序或者采用非法方法和手段取得的证据。还有学者认为，从证据的可采性角度应将证据分为三类：合法证据、瑕疵证据和无证据能力的证据。合法证据为完全符合法定要件、具有证据能力和可采信的证据；瑕疵证据是指因自身的瑕疵，证据能力处于效力待定的状态，经补正与合理解释后具有证据能力之证据；无证据能力的证据包括取证程序和手段严重违法的非法证据和其他严重违法欠缺法定要素的不具有证据能力的证据②。

从新《刑事诉讼法》表述来看，我国法律中所指的非法证据主要是指狭义上的概念，即侦查人员违反法定程序或者采用非法方法获取的证据。但是针对"刑讯逼供"的理解在认识上仍然存在分歧，刑讯逼供是指司法工作人员采用肉刑或变相肉刑折磨被讯问人的肉体或精神，以获取其供述的一种极恶劣的审讯方法。对于那些轻微违反法定程序取得的口供、侦查人员在制作证据笔录时具有的技术性缺陷的瑕疵证据，不应纳入非法证据的范畴，而是可以通过补正和合理解释等方式消除瑕疵。这些证据主要包括：证据笔录记录错误、遗漏了重要内容、缺少有关人员的签名和盖章以及一些技术性手续的违规等③。此外，对于那些采用暴力、威胁等非法方法获取的证人证言和被害人陈述，新刑诉法也规定予以排除，但是该条文没有规定取证的主体是侦查机关还是其他辩护人，容易引起歧义。笔者认为，就非法证据排除规则设立的初衷，主要是通过这种程序性制裁的方式规范侦查机关的司法行为，对于辩护人通过非法方法获取证人或者被害人口供的并不进行规制。对于侦查机关非法收集物证、书证的情形，法律规定了可以通过补正或者作出合理解释，消除违法情形后予以采用，但是何谓严重影响司法公正，这是一个弹性极大的规定，不同的司法

---

① 边慧亮：《中外非法证据排除程序比较研究》，载《西部法学评论》2012 年第 1 期，第 102 页。
② 万毅：《论瑕疵证据——以"两个证据规定"为分析对象》，载《法商研究》2011 年第 5 期，第 120 页。
③ 陈瑞华：《论瑕疵证据补正规则》，载《法学家》2012 年第 2 期，第 66 页。

机关、不同的人可能会有不同的认识，该条款在实践中适用的可操作性不强。

（二）缺乏完善的证明责任分配机制

1. 辩护方被迫承担非法取证行为的证明责任

从理论上讲，检察机关显然应该对控方证据的合法性承担证明责任。这不仅是无罪推定原则和维护程序公正的内在要求，而且是保障人权、促进法治以及维护控辩平等的客观需要。如果控方证据不需要检察机关证明其合法性，那么刑讯逼供等非法取证行为就会成为侦查机关收集证据的法宝。在这种情况下，刑事诉讼的正当性就会丧失殆尽。

从近年来的司法实践来看，当辩护方向法庭提出排除控方非法证据的要求时，公诉人员常常按照"谁主张、谁举证"的证明责任分配原则，要求辩护方举出证据证明控方的非法取证行为。然而，在无法参与或者监督侦查机关的调查取证行为而且取证能力十分有限的情况下，辩护方很难发现、找到或者固定侦查人员实施非法取证行为的强有力证据。在司法实践中，刑讯逼供这种最常见的非法取证行为①，通常是在犯罪嫌疑人的人身自由受到限制的情况下进行的。在辩护人无法在场监督讯问过程的情况下，辩护方能否收集到刑讯逼供的充分证据往往取决于犯罪嫌疑人自己。在绝大多数情况下，缺乏法律专业知识的犯罪嫌疑人并没有保留相关证据的意识和能力。即使某些犯罪嫌疑人能够意识到收集证据的重要性，也因为受到羁押而无法及时固定、保全受到刑讯逼供的证据。而且许多有经验的侦查人员在审讯过程中十分清楚该如何避免留下刑讯逼供的证据。显而易见，在承担非法取证行为的证明责任而又无法提供足够证据的情况下，辩护方很难说服法庭启动非法证据排除调查程序。

2. 强制辩护方提供相关线索或者材料所带来的隐患

或许正是基于上述教训，无论是《非法证据排除规定》，还是经过 2012 年全国人大再次修订的《刑事诉讼法》，无不明确强调检察机关应当对证据收集的合法性承担证明责任。尽管控方应当对非法取证行为承担相应的证明责任，但是改革之后的非法证据排除规则并没有完全消除辩护方在申请排除非法证据时所应承担的义务。《刑事诉讼法》《非法证据排除规定》以及《最高人民法院关于适用〈中华人民共和国刑事诉讼法〉的解释》均规定，辩护方在申请排除非法证据时应当向法庭提供涉嫌非法取证的人员、时间、地点、方式、内容等相关线索、材料或者证据。这意味着，如果辩护方只是提出排除非法证据的申请，而没有根据上述规定向法庭提供相关线索、材料或者证据，那么法庭对是否存在非法取证行为这个问题有权拒绝展开法庭调查。这为非法证据排除调查程序的启动带来一定的障碍。在辩护方参与侦查活动和调查取证的能力没有得到根本改善的情况下，辩护律师很难按照现行法律的规定真正地找到能够证明非法取证行为的相关线索、材料或者证据。这是因为：第一，刑讯逼供时的警察没有谁会主动在刑讯逼供前还告诉被讯问者他的名字；第二，有的被告人被异地关押多天后在暗室里根本说不出被刑讯的时间和地点；第三，在采取不让睡觉、不让吃饭、强光照射等多种变相刑讯逼供手段后，被告人根本无法提供刑讯逼供的方式和内容让法院采信②。

---

① 参见陈虹伟：《刑讯逼供之饬》，《法制与新闻》2010 年第 7 期。

② 陈虹伟：《刑讯逼供之饬》，在《法制与新闻》2010 年第 7 期。

（三）侦查人员出庭做证流于形式

新《刑事诉讼法》新刑诉法第五十七条第二款规定："现有证据材料不能证明证据收集的合法性的，人民检察院可以提请人民法院通知有关侦查人员或者其他人员出庭说明情况；人民法院可以通知有关侦查人员或者其他人员出庭说明情况。有关侦查人员或者其他人员也可以要求出庭说明情况。经人民法院通知，有关人员应当出庭。"从该条文可以看出，当证据材料不能证明证据收集的合法性时，法院可以通知侦查人员出庭做证。侦查人员出庭说明证据收集情况，从理论上来讲，体现了直接言辞原则，侦查人员直接与被告人在法庭上相互质辩，更有利于法官发现案件事实。但是在司法实践中，侦查人员出庭流于形式，侦查人员出庭时，与被告人在法庭上各执一词，介于公检法三机关的关系，以及侦查员的背后的侦查机关，法官往往宁愿相信侦查人员的证言。该举措无实质意义。

（四）非法证据排除规则实施的救济乏力

新《刑事诉讼法》中并没有采用《非法证据排除规定》中的关于非法证据排除的救济性规定。《非法证据排除规定》第十二条规定："对于被告人及其辩护人提出的被告人审判前供述是非法取得的意见，第一审人民法院没有审查，并以被告人审判前供述作为定案根据的，第二审人民法院应当对被告人审判前供述取得的合法性进行审查。检察人员不提供证据加以证明，或者已提供的证据不够确实、充分的，被告人该供述不能作为定案的根据。"有学者认为，该规定并不能解决对非法证据排除规则实施的司法救济问题①。笔者同意其观点，首先，此规定并没有关于对一审法院不履行非法证据审查义务的制裁措施；其次，二审法院审查证据取得的合法性问题缺乏相应的救济程序，一旦二审法院经过审查认为证据的取得是合法的，在中国"二审终审"的司法制度模式下，被告人就失去了上诉的机会。此外，无论是新《刑事诉讼法》还是《非法证据排除规定》都未明确规定被告人对非法证据排除决定的司法救济程序。

（五）公检法流水作业式的诉讼模式缺乏应有的制约性

在我国目前的司法体制下，公检法三机关分工负责、相互配合、相互制约。一个普通的刑事案件，公安机关负责侦查，检察机关负责审查起诉，法院负责审判，这种流水作业式的诉讼模式，共同目标是打击犯罪。在此共同目标的引领下，三机关其实相互配合有余，而制约性不足。特别是涉及一些刑事案件的关键性证据时，法院通常会出于三家之间的关系考虑，往往不会轻易地一排了之，因为一旦排除这些关键性证据后可能会导致无罪案件的出现，这往往是侦查机关和检察机关都不能接受的。如果在实体正确的情况下，法院一般不会排除那些影响定罪的关键性证据，而会通过要求侦查机关补正或者合理解释的形式使该证据具有可采性。

（六）重实体轻程序的诉讼观念增加了社会对非法证据的容忍度

中国社会一直就有"重实体、轻程序"的诉讼观念，据有的研究者调查，甚至司法实务的工作人员，如警察、检察官、法官、律师等在一定程度上也具有重视实体事实的查明而非程序的正当性，认为排除非法证据会削弱对犯罪分子的打击力度，增加诉讼成本，在

---

① 高咏：《程序性辩护的困境——以非法证据排除规则的适用为切入点》，载《当代法学》2012 年第 1 期，第 22 页。

主观上会排斥非法证据排除规则的适用①。如果排除了非法证据导致犯罪嫌疑人被定为无罪，从而放纵了犯罪分子的话，不论是一般的社会公众，还是断案的法官都是无法容忍的。相反，他们认为，那些非法取得的口供也不一定就是虚假供述，尤其是对于那些具有客观性的实物证据，社会公众具有更大容忍度。正如有的学者指出的那样，如果有足够的证据怀疑有罪，仅仅因为侦查人员取证手段违法就做出宣告无罪的裁决，这对现行的体制是一个承受不了的负担②。尤其是我国目前社会正处于转型期，各种矛盾层出不穷，刑事案件高发，社会希望国家保持对犯罪的高压态势的情况下，更加注重对犯罪的打击力度，当打击犯罪与程序正义二者发生冲突的时候，法官的价值判断往往偏向打击犯罪的一边。

（七）法官自由裁量权的滥用

在辩护方的非法证据排除申请仅仅是一种普通的诉讼权利而对法院的审判活动缺乏诉权制约作用的情况下，是否启动非法证据排除调查程序并不取决于辩护方在申请排除非法证据时有没有提供足够的理由，而直接取决于法官如何行使其自由裁量权。从司法实践来看，存在着法官因为滥用自由裁量权从而拒绝启动非法证据排除调查程序的现象。尤其是在《非法证据排除规定》颁布实施之前，在《人民检察院刑事诉讼规则》第二百六十五条、《关于执行〈中华人民共和国刑事诉讼法〉若干问题的解释》第六十一条没有规定辩护方如何申请排除非法证据、法官如何调查证据合法性的情况下，庭审法官常常凭借其自由裁量权竭力避免将非法证据是否排除问题作为审理和裁判的对象。在遇到被告人以刑讯逼供为由予以翻供时，有的法官甚至明确表示刑讯逼供不在法庭调查范围之内，对证据的真实性由法庭庭后调查，如果对证据取得的方式有异议，可以向纪检部门提出③。即使辩护方偶尔能够向法庭提供足以证明非法取证行为的证据，处理结论也是如此。

近两年来，尽管随着非法证据排除规则操作细则的不断完善，法官在适用非法证据排除规则过程中的自由裁量权有所削弱，但是根据法律规定，如果法官坚持认为控方证据不符合排除条件，或者带有偏见地预判辩护方提出的相关线索、材料或者证据无法证明非法取证行为，那么法官就可能会以没有必要为由拒绝启动非法证据排除调查程序。辩护方的非法证据排除申请之所以难以启动非法证据排除调查程序，往往就是法官滥用自由裁量权的结果。例如，北海市中级人民法院从 2011 年 10 月 14 日到 11 月 4 日在审理裴日红等故意伤害案件中，虽然法庭对第一被告人裴日红及其辩护人的非法证据排除申请展开了长达 7 天的法庭调查，但是对于另外 4 名被告人及其辩护人的非法证据排除申请，法庭却以"没有必要"为由拒绝启动非法证据排除调查程序④。有的法院甚至随便找一个理由来拒绝启动非法证据排除调查程序。例如，2011 年 9 月 22 日，浙江省湖州市吴兴区在褚明剑涉嫌受贿案件的法庭审理过程中，在事先已经向法庭提交关于刑讯逼供的反映材料的情况下，辩护律师在被告人翻供之后要求审判长启动非法证据排除调查程序。审判长并没有当庭予以答复，而是宣布休庭合议。在恢复开庭之后，审判长却表示在法庭调查结束之后再

---

① 刘晓彤：《我国非法证据排除规则的确立任重道远——基于基层司法现状的实证分析》，载《研究生法学》2012 年第 2 期，第 128 页。

② 王敏远：《现代刑事证据法的两个基本问题——兼评我国刑事证据法的新发展》，载《国家检察官学院学报》2010 年第 6 期，第 8 页。

③ 赵天乙：《辽宁盘锦 8·29 涉黑案庭审直击，五宗罪取证遭质疑》，载《辽沈晚报》2004 年 2 月 12 日。

④ 王超：《非法证据排除调查程序难以激活的原因与对策》，载《政治与法律》2013 年第 6 期，第 142 页。

考虑是否启动该程序。辩护律师对此提出抗议之后，审判长再次宣布休庭。但是再次开庭之后，审判长以纪委不是《关于办理刑事案件排除非法证据若干问题的规定》中的办案机关为由，决定不启动非法证据排除调查程序。而辩护律师则认为，检察院与纪委联合办案，同时参与刑讯逼供，因此应该启动非法证据排除调查程序。审判长对此没有理睬，而是让公诉人员继续举证①。

## 三、激活非法证据排除规则

尽管《非法证据排除规定》颁布以来，我国非法证据排除规则已经取得了突破性的进展，但是难以激活的非法证据排除调查程序却给人们遏制非法取证行为的美好愿望泼了一盆冷水。毕竟，启动非法证据排除调查程序是非法证据得以排除的前提和基础。在非法证据排除调查程序难以启动的情况下，改革之后的非法证据排除规则只能重蹈名存实亡的覆辙。有鉴于此，为了充分发挥非法证据排除规则的功能，我国应该进一步推进刑事司法改革，为激活非法证据排除调查程序提供强有力的制度保障。具体建议如下：

（一）明确界定辩护方的证明责任及其证明标准

证明责任分配机制是与非法证据排除调查程序启动密切相关的一个因素。在 2010 年我国改革非法证据排除规则之前，在司法解释没有明确规定证明责任分配机制的情况下，法院往往因为辩护方无法证明控方的非法取证行为而避免将是否排除非法证据这个问题作为审理和裁判的对象。尽管这种做法随着非法证据排除规则的不断完善而有所收敛，但是辩护方在申请排除非法证据时的证明责任不清，仍然为法院随意拒绝启动非法证据排除调查程序提供了借口。有鉴于此，我国在明确规定控方对于非法取证行为的证明责任之后，还应该进一步界定辩护方在申请排除非法证据时的证明责任。

第一，应该明确界定辩护方"提供相关线索或者材料"的性质。尽管控方应当对证据收集的合法性承担证明责任，但是这并不意味着辩护方在申请排除非法证据时无须承担任何证明责任。这是因为，在辩护方无须承担任何证明责任即完全实行证明责任倒置的情况下，即使控方不存在非法取证行为，辩护方为了争取对其有利的判决结果，也会抱着侥幸的心态不断地提出排除非法证据的申请。而为了避免控诉失败，控方只好不断地证明取证行为的合法性，法庭也需要不断地展开专门调查，以便确认控方证据是否具有合法性，导致司法资源的不必要浪费和诉讼效率的降低。尽管为了减少辩护方的"无聊申请"而有必要让辩护方承担相应的证明责任，但值得强调的是，辩护方在申请排除非法证据时所承担的证明责任只是为了促使法院启动非法证据排除调查程序，并且只对控方证据的合法性产生怀疑的争点形成责任，而与控方承担的说服法院排除非法证据嫌疑的证明责任存在本质差异。为了防止法官"刁难"辩护方的非法证据排除申请，最高人民法院有必要通过司法解释，将辩护方提供相关线索或者材料的性质明确界定为争点形成证明责任，而不是说服法院存在非法取证行为的证明责任。

第二，应该明确规定辩护方在申请非法证据排除时所要达到的证明标准。辩护方在申

---

请非法证据排除时应该承担一定的证明责任，但该证明责任的程度不宜过高，因为辩护方的非法证据排除申请只是一种程序性的主张，只需证明形成争点的责任。为了防止法官因为滥用自由裁量权而随意拒绝启动非法证据排除调查程序，最高人民法院有必要通过司法解释，对辩护方提供相关线索或者材料的证明标准做出明确的规定。只要辩护方不是无缘无故地向法庭提出排除非法证据的申请，而且能够举出一定的证据或者初步的理由说明控方可能存在非法取证行为，就视为辩护方完成其证明责任。

（二）加大对非法取证人员的处罚力度

孟德斯鸠说："一切有权力的人都容易滥用权力，这是万古不变的一条经验。有权力的人们一直遇到有界限的地方才休止。"[①] 新的《刑事诉讼法》颁布后，虽然增加了对非法取证人员的追责制度，但是依然显得较为宽泛，不够细化。新《刑事诉讼法》第五十五条规定："人民检察院接到报案、控告、举报或者发现侦查人员以非法方法收集证据的，应当进行调查核实。对于确有以非法方法收集证据情形的，应当提出纠正意见；构成犯罪的，依法追究刑事责任。"因此有必要通过制定司法解释的形式，在排除非法证据规定中增设一些处罚措施，视情节轻重，给予不同的处罚，以避免违法收集证据。

（三）注重非法证据排除规则司法解释的完善

《刑事诉讼法》第五十四条中"暴力、威胁等非法方法"取得的言辞证据应予排除。但何为"暴力""威胁""非法方法"？立法没有明确界定，使之难以与侦查人员所采取的侦查策略相区分，因此在司法实践中就难以对证据是否合法给出一致的意见。这必然会影响非法证据排除规则在司法实践中的应用。

（四）适当赋予犯罪嫌疑人、被告人沉默权

刑事诉讼过程中赋予被告人、犯罪嫌疑人沉默权的规则在西方被誉为"人类通向文明斗争中最重要的里程碑"[②]。沉默权制度的本质是犯罪嫌疑人、被告人的自我保护权，也是排除刑事非法证据规则的重要配套制度，其赋予犯罪嫌疑人、被告人的自我保护权利，如自我辩解和辩护的权利、对与本案无关的问题拒绝回答的权利以及允许犯罪嫌疑人、被告人为自己作无罪、罪轻辩护的权利等。我国尚未规定犯罪嫌疑人、被告人享有沉默权，因此我们应依据国情，吸收其他国家（地区）对沉默权的规定和限制中的合理因素，逐步确立适当的沉默权。

（五）确立审判的制高点，加强司法裁判的终局性

非法证据排除规则有效实施的前提是作为刑事诉讼最末端的法院处于刑事诉讼中的权力最高点上，司法裁判真正实现对非法证据的否定。非法证据排除规则良好适用的司法环境必须是法院的权力势能高于警方与检方，对警检行为拥有否决权。在刑事诉讼中，我们应该实现法官对查证属实的非法证据严格排除，对逮捕、搜查、扣押等涉及公民宪法基本权利的行为进行审查，以确保其侦查权的合理性。

---

① 孟德斯鸠：《论法的精神》，商务印书馆1961年版，第154页。
② 宋英辉：《刑事诉讼法原理》，法律出版社2003年版，第103页。

# 结　　语

非法证据排除制度在我国的正式确立是法治的进步，它所折射出来的思想与价值远远超出了刑事司法制度本身，已经成为一个国家法治化与民主化程度的标杆。但毋庸讳言，因为法律规范的粗疏以及司法模式、社会观念、公共政策等复杂因素的影响，该制度在我国的有效运行尚待时日，注定其本身的宣示性价值和预防警示功能远大于其制度运行本身的效果，2010 年《非法证据排除规定》出台以来的司法实践足以说明这一点。但是，我们对待一项新的制度必须抱有一种宽容和批判的心态，承认其价值的同时，指出其运行中可能遇到的问题，供立法者和司法者参考，对该制度的有效运行应该有所裨益，这也是本文的目的所在。

（作者单位：固镇县人民法院）

# 以审判为中心的诉讼制度视野下
# 贿赂案件证据证明力之思考

## ——以证据"负面清单"为模型

罗国勇

**摘　要：** 贿赂案件的证据主要有言辞类和客观类两大类证据体系，但仍存在着证据体系结构失衡状况没有根本转变、证据体系不稳、翻供多发、间接证据形成的证据链证明力较弱等问题。但在"以审判为中心"的诉讼制度下，更为强调庭审对证据的审查和实质性的质证，无疑这给贿赂案件证据的证明力带来了极大的风险。对此，要在贿赂案件证据制度中积极引入"负面清单"制度，将审判中可能出现的诉辩对抗在侦查以及审查起诉阶段提前进行模拟，避免审判中被动局面出现，强化证据的证明力。

**关键词：** 以庭审为中心；诉讼制度；贿赂案件；证据证明力

党的十八届四中全会发布了《中共中央关于全面推进依法治国若干重大问题的决定》，强调"推进以审判为中心的诉讼制度改革，确保侦查，审查起诉的案件事实证据经得起法律的检验。"以审判为中心的诉讼制度意味着侦查始终围绕审判程序的要求进行，侦查的办案标准要符合审判程序的法定定案标准。庭审阶段不再是被动接受公安机关、检察机关送来的材料内容，对有关证据将进行更加深入的审查和实质性的质证，这无疑给检察机关贿赂案件证据的证明力带来新风险。

## 一、贿赂案件证据体系的现状和问题

刑诉法规定，刑事证据包括物证、书证、证人证言，被害人陈述，犯罪嫌疑人、被告人供述和辩解，鉴定意见，勘验、检查、辨认、侦查实验等笔录，视听资料，电子数据等八类，可归纳为言辞类证据和客观类证据两大类。

（一）言辞类证据

贿赂案件的言辞类证据包括行受贿双方口供和其他证人证言。

1. 行受贿双方口供

行受贿双方口供是贿赂案件的核心性言辞类证据，其对案件侦查方向、侦查人员的内心确信和客观类证据的收集与验证均发挥着主导作用，一直被视为贿赂案件的"证据之王"。行受贿双方是犯罪行为的直接参与者，而且交易时往往无第三方在场。其口供能够最直观、罪真实地反映当时场景下的主观心理态度，这一特殊因素决定了侦查人员大多将口供作为犯罪主观故意认定的核心证据。

### 2. 其他证人证言

根据对案件事实证明力的大小，其他证人证言可分为核心证言和外围证言两种。核心证言是指能证明权钱交易过程的证言，包括参与权力操作、见证财务给付、直观交易过程等方面的证言。外围证言是指不直接证明权钱交易的内幕，但对事实认定有印证作用的证言，内容包括权责范围的解释，提供传闻性证据、行受贿人背景、收入情况和生活方式的变化等。外围证言在证人证言当中占比较大，由于其证言内容一般不涉及权钱交易的核心环节，证明力较弱，往往只起到对身份职权的验证作用以及对核心证言的佐证作用。

核心证言在证人证言中占比较小，在司法实践中，存在能直接印证财物给付过程的核心证言非常之少。主要存在如下两种情形：（1）第三人从中斡旋；（2）借助他人之力完成交易。

### （二）客观类证据

依证据对象分类，贿赂案件客观证据主要分为三大类：一是证明财务给付方式的客观类证据；二是证明权力行使过程的客观类证据；三是证明身份、权限等主体资格能力的客观类证据。其中，第一、二类证据涉及到贿赂案件权钱交易的核心环节，对犯罪事实有着较强的证明力。

（1）证明财务给付方式的客观类证据。主要包括给付的现金，银行存汇款，卡券类，黄金、车辆、手表等实物形式的财物。

（2）证明权力行使过程的客观类证据。通过权力的行使为他人谋取利益是贿赂犯罪的构成要件。虽然立法上将许诺行为视同为谋取利益的一种方式，但实务中更多的是着眼于实实在在的利益谋取行为。主要通过作为和不作为两种方式实现。

（3）证明身份、权限等主体资格能力的客观证据。此类证据主要包括犯罪嫌疑人的身份证明、任职文件、权责范围规定等事项，设计犯罪构成要件，是每件案件必须收集的证据内容。

由以上贿赂证据的现状分析得知，当前贿赂案件证据体系主要有以下三个问题：

一是证据体系结构失衡状况没有根本转变。贿赂案件本身的特殊性决定言辞类证据受重视程度明显强于客观类证据，虽然侦查人员在办案过程中尽力收集客观类证据以固证固供，但毕竟"巧妇难为无米之炊"，客观类证据本身的匮乏往往使取证工作难有作为。大部分贿赂案件以现金方式给付财物，又以"合法合规"的方式行使权力，客观类证据较少，其大部分只能用于外围印证，有时反而成为犯罪嫌疑人用于解释行为正当无谋利的辩方证据。另外，强证明力的客观类证据占比低，获取时间靠后。客观类证据中具有强证明力的证据包括银行汇款、实名卡券和其他实物等可证明给付财物的证据，证明权力行使存在瑕疵的证据等，大多又是在行受贿一方口供突破后才对此取证核实，制约了该类证据作用的充分发挥。

二是证据体系不稳，翻供多发。言辞类证据来源于案件客观事实，外化为言辞形式，这个过程是一种主观见之于客观的活动，因此可能受到生理、心理、时间、地点、记忆能力、表达能力和利害关系等因素的影响，可能出现偏差，对案件事实的陈述往往发生变化，甚至截然相反。此外，贿赂案件的证据体系中，除行受贿人双方的口供外，能直接证明权钱交易的证言不多，客观类证据往往又相当薄弱。这些因素导致行受贿人口供不稳，翻供翻证现象多发，办理案件整体质量有待提高。

三是间接证据形成的证据链证明力较弱。刑事证据的特性主要体现在两个基本方面：

一是证据的证明力，即对案件事实的证明作用；二是证据的能力，即证据资料在法律上允许作为证据的资格。这两个方面是刑事证据适用的基点。贿赂案件的间接证据主要包括外围证言，证明主体身份和职权范围的书证等，由于这些证据与犯罪行为的关联性弱，其虽具有证据能力，但证明力普遍不强，即便形成证据链，也难以发挥强有力的佐证作用。

## 二、以审判为中心的诉讼制度对贿赂案件证据的要求

以审判为中心是指确认指控犯罪事实是否发生、被告人应否承担刑事责任应当由法官通过审判确认。强调审判不是对侦查结果的确认，而是对被告人是否有罪进行实质意义上的审理①。以审判为中心也就意味着裁判案件要以事实为根据，认定事实要以证据为根据，证据是认定案件事实的唯一根据。没有证据不得认定事实，更不得认定犯罪。因此，以审判为中心的诉讼制度要求侦查阶段必须更加注重对证据的收集、审查工作。其中，以审判为中心的诉讼制度对贿赂案件证据带来的影响主要表现在以下两个方面：

（一）强化对证据的审查

以审判为中心，庭审实质化要求案卷笔录、书证、物证等各种证据均要通过诉讼参与人举证、质证，充分发表意见，最后才由法院判断证据的证明力。因此，侦查机关不仅仅是要收集证据，更应对收集到的证据加大审查力度，围绕证据的客观真实性、与案件的关联性、取得证据的合法性以及证据链条的完整性等进行全面细致的分析研究和审查判断。以审判为中心的诉讼制度导致在证据审查的标准、重点等也会发生相应的变化。首先，证据审查应该达到"确实、充分"的标准。要结合案件的具体情况，从证据与待证事实的关联程度、各证据之间的联系等方面进行审查判断，细化审查标准，强化审核责任，按照"确实、充分"的证明标准来构建完整严密的证据体系。其次，应强调对非法证据的排除。随着以审判为中心改革的推进，非法证据排除制度将成为辩护律师对抗控方的有力武器，同时也"倒逼"侦查机关按照非法证据排除规则的要求，严格审查收集的证据，确保进入庭审环节的证据均具有合法性。再次，应考虑证人出庭对证据可能产生的影响。随着以审判为中心的确立，证人出庭作证的比例将会大大增加。所以，从侦查环节收集审查证据开始，就应该也必须考虑证人出庭作证可能带来的证据变化和对案件定罪量刑产生的影响，更加注重证据的全面性、合法性和有效性。

（二）完善调查取证的方式

以直接言辞为中心使庭审活动更具对抗性，这对我国传统的"由供到证"侦查模式提出更为严峻的挑战。尽管多年以来在推行刑侦改革中，侦查模式的转变和变革就是其中的内容之一，但是在实践中，侦查人员仍然重视收集口供、证言等言辞证据，并以此作为侦查的出发点和突破口，从而带动全案侦破。这种依赖口供的侦查模式弊端明显，也难以有效应对犯罪嫌疑人翻供以及庭审中心主义下的严苛质询。随着以审判为中心的诉讼制度的确立，侦查机关必须加快实现从"由供到证"到"由证到供"的模式转变，转变为以实物证据的调查、收集和运用为主、以言辞证据为辅，更多注重物证、书证、电子证据等客

---

① 马怀德：《推进以审判为中心诉讼制度改革》，载《法学评论》2014年第12期。

观证据的提取。

# 三、构建贿赂案件证据"负面清单"制度

负面清单又称消极清单、否定列表，原本是经济管理学中的概念，是指在投资协定中通常的"不符措施"的代称，即在外资市场准入（投资）阶段不适用国民待遇原则的特别管理措施规定的总汇。其意义主要是让外资企业对照这个清单进行自我检查，对不符合要求的地方事先自行整改，以提高外资进入的效率[①]。贿赂案件证据的"负面清单"制度，是指对已收集到的证据进行列表质疑，对其中可能存在的虚假或易推翻部分进行罗列，通过收集更多的细节性证据推验清单中的内容，从而更有力地证实证据的真实性，强化证据的证明力，使得侦查所取得的证据能经得起庭审的检验和质证。建立"负面请单"制度实质上是将审判中可能出现的诉辩对抗在侦查以及审查起诉阶段提前进行模拟，避免审判中被动局面出现。

（一）两类证据中的"负面清单"

1. 言辞证据中的"负面清单"

言辞证据中的"负面清单"主要有形式上和内容上的翻供、翻证

第一，形式上的翻供、翻证。主要是指庭审过程中犯罪嫌疑人或证人以时间太久记不清、不知道审讯时是如何供述的等理由来翻供、翻证，尤其体现在行贿人的翻证上。因在庭审中行为人碍于情面，极有可能以"记不清"这样的理由来搪塞法官，避免直接与被告人起冲突。这种情况实质上并没有推翻之前的证言，只是其供述的内容在庭审过程中难以体现，因此侦查阶段需要将其列入"负面清单"，做好准备以防万一。

第二，内容上的翻供、翻证，主要包括以下内容：（1）时间。行受贿的时间是非常重要的一个点，大多数案件中行受贿次数往往不止一次，无论是行贿人还是受贿人记忆上存在偏差的可能性较大，但关于该时间只要行受贿双方的供述基本一致，侦查人员往往就依照该时间点记录，一旦庭审中辩护方提出强有力证据证实受贿人在该时间点内有无法受贿的情况（如出差在外、封闭培训等），整个证据锁链将断裂。因此固定证据证实受贿时间点非常重要。（2）地点。行贿人和受贿人对于行受贿地点的记忆同样可能存在差距，一旦庭审中辩护方提出受贿人或行贿人未曾到过相关地点的证据，案件也将缺乏基础。（3）方式。双方在行为时交付的受贿财物到底是现金、银行卡、购物卡还是其他物品，不能仅仅基于双方供述，更应抱着怀疑态度进行查证。（4）职务便利。职务便利"负面清单"中最重要的一点在于行受贿双方是否存在其他可能的经济往来事项。虽然目前侦查人员会在讯问时确认行受贿双方是否有其他人情往来等情况并记入笔录，但往往只要双方供述没有，侦查人员就到此为止。但双方是否可能存在劳务关系、挂靠资质关系等均不在侦查人员的调查范围之内，这就给庭审中被告人翻供带来可能。（5）赃款去向，大多数案件中受贿人往往交代已用于家庭开支，但具体如何使用，是一次性使用还是多次使用，是否存入相关银行账户等，也是"负面清单"中应当列明的内容。

---

① 张波：《美韩 FTA 对中国对外贸易的正负效应分析》，载《国际经济合作》2007 年第 8 期。

关于内容上的负面清单，要注重防止犯罪嫌疑人或证人故意设圈套。在贿赂案件中，没有其他客观证据印证的情况下，犯罪嫌疑人、证人在侦查阶段设下圈套，在庭审中翻供、翻证，整份笔录的真实性必将受到严重质疑，会让公诉人陷入极其被动的状态。在庭审中，犯罪嫌疑人、证人供述的特殊的时间、名义、目的等往往成为侦查人员的兴奋点，认为有了这些特殊点就能更好地给犯罪嫌疑人定罪，但往往正是这些特殊点中容易出现错误，因此其应是言辞证据负面清单的重要内容。

2. 客观类证据的"负面清单"

（1）鉴定意见。虽然大多数贿赂案件内容都为现金或有价证券，但随着经济文化不断发展，越来越多的"雅贿"出现，如古董字画、名贵服饰、手表等。这些贿赂品真假如何，价值多少，都得依靠鉴定，因此鉴定意见也成为最终定罪量刑的重要证据。鉴定意见更多的是代表鉴定机构及鉴定人个人的态度，而每个鉴定机构都可能存在不同甚至截然相反的态度。因此在"负面清单"中对鉴定意见更要引起重视。如受贿的东西到底是真是假，价值多少？是否能够达到数额较大、数额巨大的标准？

（2）其他客观类证据，如行受贿前后的通话记录、行车记录、监控视频、行贿人取款凭证、银行明细等。这类证据内容本身确实是客观真实的，但到底与案件的关联性如何，也应列入"负面清单。"

（二）贿赂案件证据中"负面清单"内容的排除

提出"负面清单"内容仅仅是第一步，重点在于如何切实在以审判为中心的诉讼制度下排除清单中的负面内容，使所收集的证据真正变得确实、充分。

1. 言辞证据"负面清单"的排除

第一，形式上。对于言辞证据形式上的翻供、翻证，应当完善同步录音录像制度。目前，检察机关同步录音录像制度主要针对犯罪嫌疑人，在案件移送审查起诉时全案移送，但针对证人尤其是行贿人的同步录音录像制度并不完善。一些地区未对行贿人询问过程进行全程录音录像，或者录音录像未妥善保存，以致到庭审中需要使用时无法提供，不能及时有效地应对行贿人模糊化翻供。

第二，内容上。内容上应对证言和供述的衍生证据进行收集与固定，做到及时、全面、深入，穷尽每一个间接证据的可利用性，将独立的"一对一"行受贿证据发展为体系完善、环环相扣的树状证据体系。具体而言，有以下几方面：

（1）在时间上。在侦查笔录中，除了明确显示时间的内容，侦查人员可以从其他多角度如天气、时间等形式来描述时间。如在笔录中体现，行受贿发生当天或前后几天国内外或本地是否发生一些大事件或群众关注度高的时间；案发当时天气情况如何，是否有明显的天气特征，如台风、重度雾霾等。侦查人员做好相应的取证工作印证上述内容，这样即使在庭审中双方对于时间提出异议，也能够有充分证据的证实。

（2）在地点上。笔录中除了明确的地点指向外，可以增加一些对地点细节的描述，如周围环境情况、内部细节等。侦查人员取得这些供述后应当对行受贿地点进行勘查，如果环境发生变动，应当收集更多的证人证言以证实。

（3）在方式上。关于方式，应当依据行贿人的供述进行细致查证。如果是以现金形式行贿，要核实现金的来源；如果是银行转账，相关的转账凭证必不可少；如果是有价证券，行贿人购买的地点、发票等均应查证。

（4）在职务便利上。对双方是否可能存在劳务关系、挂靠资质关系等这样通常不在侦查人员的调查范围之内的事项要细心查证，仔细听取犯罪嫌疑人的辩解和其家属、朋友、领导、同事等关系人的意见。

（5）在赃款去向上。如果受贿人仅仅供述用于家庭开支，则要查证受贿时间段后受贿人的家庭开支以及银行存款情况，将相关的开支以及账目情况加以固定，并结合案发后对受贿人家庭以及工作场所的搜查情况，勾画出赃款去向。

2. 客观类证据"负面清单"的排除

（1）鉴定意见方面。对于鉴定意见，侦查部门对可能存在争议的鉴定意见，尤其是涉及受贿物品的真假、价值鉴定等问题时，可以通过调取其他地区鉴定机构、上级权威鉴定机构的意见，进行对比分析，强化鉴定意见的可信度。

（2）其他客观类证据方面。其他类客观证据本身就是对案件事实进行辅助证实，因此这些辅助证据更应在查证属实后再作为定罪量刑的证据。对于通话记录、行车记录，仅能证实案发当时双方曾经有过联系或曾经去过相同的地方，并不能证实受贿的发生，甚至这两项证据可能显示其他时间内容的疏忽，成为辩护人的反驳意见。因此，侦查人员要根据其他类客观类证据与言辞类证据进行比对，及时发现错误、改正错误。

对贿赂案件而言，强证明力的客观类证据往往能正确引导案件的侦查方向，印证口供的真实性，起到"一锤定音"的效果。面对客观类证据相对不足尤其是强证明力的客观类证据稀缺的现状，侦查人员应增强证据依法收集意识，探索新类型证据（如手机短信、微信、MSN、QQ、电子邮箱等）的收集方式方法，并做好固证工作。

3. 注重收集再生证据，排除"负面清单"

贿赂案件在案发前后，一旦行受贿人有所察觉就会急于串供、转移贿赂款项，甚至退回赃款，从而产生再生证据。在"一对一"贿赂案件的侦查中，再生证据有特别重要的作用：（1）弥补原生证据。再生证据虽然从属于原生证据，但在证明效力上往往优于原生证据。例如，行贿方和受贿方串供、订立攻守同盟的信件、电话、电子邮件等再生证据，能使原本比较单薄、零乱的原生证据形成充实、完整、紧密的证据锁链；（2）印证原生证据。当原生证据灭失或无法获取时，可以运用再生证据证明原生证据的存在。（3）运用再生证据，可以应对行受贿人的翻供。因此，在"一对一"贿赂案件的侦查中，要特别重视再生证据的收集和使用。再生证据主要产生于以下环节：一是串供、订立攻守同盟；二是隐匿、销毁证据；三是转移赃款、赃物；四是收买、威胁证人等等。侦查人员一旦发现上述环节，就应及时收集相关的再生证据。

总之，随着我国以审判为中心的刑事诉讼制度改革日益深入完善，职务犯罪侦查工作将面临前所未有的严峻挑战，最为根本之点在于深度改变传统的侦查理念和侦查模式。在侦查模式上，要依托"大数据"技术助推侦查办案、合理引入"辩诉交易"制度、全面推行公诉引导侦查机制。同时，侦查人员要提升信息引导侦查的能力、取证和出庭质证的能力、综合运用侦查技术手段的能力、协作能力等方面的能力和素养，努力适应以审判为中心刑事诉讼制度的改革。

（作者单位：安庆市人民检察院）

# 我国民事诉讼证明责任分配的不足与完善

翟智民

**摘　要：** 证明责任的分配既与当事人的程序利益和实质利益息息相关，它又关系着司法公正，同时，它对民事案件的裁判结果起着决定性作用。如何完善并正确地适用证明责任分配的规则，是我国立法和司法亟待解决的问题。文章立足于我国的司法实践，结合中外关于证明责任分配的理论，对证明责任分配予以系统论述，并对进一步完善我国证明责任分配提出了自己的建议。

**关键词：** 证明责任分配；立法现状；法律要件分类；完善

证明责任的分配是民事诉讼理论与实践的重要内容，是研究民事诉讼证据的重要支点，也是我国在民事诉讼方面进行司法改革的关键出发点。在司法实践中，证明责任对维护当事人的实质利益、捍卫法律尊严和实现司法公平正义具有重要作用。近年来，证明责任的分配已逐步延伸到民法、侵权责任法、环保法等各个实体法中，因此，它的理论价值和实践价值是不可估量的。

我作为一名法律工作者，不仅要广泛阅读以夯实理论基础，而且要注重法律实务能力的锻炼。过去的几年，在法律实践过程中，我发现在基层法院，经常出现民事诉讼证明责任分配不明甚至混乱的情形。事后有关当事人怨声载道，这引起我的诸多思考。如何建立一个行之有效、可操作性强的证明责任分配体制已迫在眉睫。为此，内心油然而生的法律使命感催促我不断深入研究证明责任分配制度。通过广泛阅读相关理论的经典著作和文章，深刻分析世界各主要国家司法实践的成功经验，我获得不少启发。只要能立足于我国立法与司法的实际，同时更加注重学习借鉴其他国家的先进理论与实践经验，我坚信，我国在民事诉讼证明责任分配制度方面一定能够实现跨越式发展。研究证明责任有助于提升我的法学理论水平，也可以为未来的法律实务打下坚实基础。

## 一、民事诉讼证明责任分配概论

（一）证明责任分配的含义

理解证明责任分配首先要明确证明责任的概念，证明责任是指在民事审判中，当事人为使法官获得合理的确信，举证证明自己的主张，在双方当事人经过举证、质证后，如果法官根据双方提供的证据仍无法判明案件事实的真伪，则提供的证据不足以证明其主张的一方当事人应当承担败诉之不利的诉讼后果。

证明责任的分配是指在民事诉讼中，在双方当事人进行举证、质证之后，若案件事实处于无法判明的状态时，法官将根据法定的标准和原则，把败诉之不利后果归于一方当事人。证明责任分配的关键在于应当采取何种方法来分配证明责任。证明责任与证明责任的分配息息相关，证明责任是一种不利的诉讼后果，它不仅指行为层面上的证明责任，而更强调结果层面上的证明责任，同时也着重体现诉讼行为之目的。无证明责任将无从谈起证明责任的分配，在具体的民事审判当中，如果没有明确各方的证明责任，民事诉讼活动将很难有序地开展。证明责任是具体民事诉讼案件审理的重要内容，证明责任分配是法官裁判的重要依据。由此可见，理解证明责任分配关键在于对证明责任的内涵的正确认知。当双方当事人没有提供证据或证据不足导致案件事实最终处于真伪不明的状态时，法官就可根据法定的证明责任分配标准和原则，把证明责任分配给某一方，从而据此作出裁判，判定某一方败诉。当然证明责任与证明责任分配也有显著的区别，证明责任是行为、目的、后果的统一，而证明责任分配是结果层面上的证明责任的分配标准。

（二）外国证明责任分配标准的学说及评价

1. 外国证明责任分配标准的学说

（1）英美法系的利益衡量说

证明责任的分配从根本上可以说是诉讼利益的分配，在民事诉讼中，法官能否把这个"利益蛋糕"分配好，事关司法正义和法律尊严。基于一向追求司法的公平正义理念，以英国、美国为代表的英美法系国家通常依据利益衡量说分配民事诉讼证明责任。所谓的利益衡量说，是指在具体的诉讼过程中，法官根据具体的案情，从实质正义出发综合考虑公平、诚信、经验、盖然性、政策等因素，最终，作出最佳的证明责任分配的裁判。笔者把英美法系国家的这种做法称为综合平衡原则或最佳裁判原则抑或实质正义原则。

总而言之，由于英美法系国家的政治、文化、司法体制等特点，这些国家在证明责任的分配上倡导"自由主义"，即没有统一的分配标准，没有核心的证明责任分配学说，一切都是相对而言，甚至是不断变化的，即主张证明责任的分配应在整体权衡个案中各种因素的基础上进行分配。

（2）罗森贝克的法律规范说

罗森贝克的法律规范说是法律要件分类说中最具有实践价值的学说，他的学说长期以来在大陆法系国家比较流行。罗森贝克主要围绕权利发生、权利妨碍、权利消灭、权利排除的民事法律关系进行证明责任的分配。在此基础上，罗森贝克认为主张自己的权利存在的人应对权利发生的必要法律事实承担证明责任，认为对方权利不存在的人应对权利阻断的必要构成、权利不存在要件或权利否认必要条件承担证明责任。此外，罗森贝克进一步阐明证明责任的具体内容，即在民事审判的过程中，当必要事实处于无法辨别的状态时，法官将不支持当事人所依据对己有利的法律规范，从而会判决一方败诉。

罗森贝克的规范说主要建立在两个理论基础之上：第一，是以"不适用规范说"原则为理论基础。不适用规范原则，是指法院应当仅就必要法律事实的存在获得积极性确信时，才能适用该条法律，从而确信其法律效力为存在；法院在对必要法律事实的存在与否无法取得合理确信时，不适用该条法律[1]。第二是以《德国民法典》第一草案第193条为依据，认为立法者已在实体法中表明了证明责任分配的法律构想[2]。

（3）莱波尔特的"证明责任规范说"

虽然罗森贝克的规范说在学术界的地位举足轻重，似乎在引导世界潮流，但由于其理论中固有的局限性，规范说也受到了不少质疑和挑战，其中，最有影响力的非莱波尔特的"证明责任规范说"莫属，莱波尔特的证明责任规范说在方法上克服了真伪不明，同时又对因案件事实真伪不明引起的败诉后果进行分配。他指出，罗森贝克学说的最大不足在于其没有说明在待证事实处于无法辨别的状态时不适用法律原因。莱波尔特认为，在具体的诉讼过程中，事实真伪不明的情况时有发生，如果都因此而不适用法律规范，那么法官将无从断案，相关的民事诉讼纠纷也将无法解决。由此可知，事实真伪不明与不适用法律规范并不是必然的因果关系。因此莱波尔特提出了一个具有普适性的证明责任分配的形式方案，即确立一套独立完整的证明责任规范。换言之，在实体法外，以程序法的形式再单独建立一套直接分配证明责任的规范体系。

2. 对外国证明责任分配标准的评价

三大学说观点各有千秋，从理论上讲，如果三种学说理论能够相互融合进而形成一个新体系，那将是再好不过的事了，不过，事实上是否具有可操作性是值得商榷的。这也许是一个理想主义者的假设罢了，笔者对这三个证明责任分配学说的看法有以下几点：

第一，三大学说的主要区别在于英美法系国家与大陆法系国家在政治制度和法律制度方面的巨大区别。英美法系国家的审判以当事人为中心，法官保持中立，坚持诉讼从事实开始，充分突出法官在具体的诉讼中探索法、纠正法和完善法的作用。因此，英美法系国家的证明责任分配依据体现为各种要素的平衡，以实现实质意义上的正义，即往往符合当事人合理的心理预期。利益衡量说具有灵活性、针对性的特点，但任意性不统一的特点却让大陆法系法官无法适从，尤其在我国的民事诉讼中更难适用，同时也会因此产生严重的司法腐败的后果。而大陆法系国家的审判以法官为中心，突出强调法官在诉讼程序中的中心地位，法官就像是当事人的家长。坚持诉讼从法规开始，注重法官依法办事，并按照演绎推理的模式作出裁判，所以大陆法系证明责任分配标准规定比较明确，便于操作，有利于防止司法腐败，但缺乏灵活性，一些案件可能会因法律漏洞而无法作出裁判。

第二，罗森贝克的学说与莱波尔特的学说的区别充分说明了在同一法系中证明责任分配理论并非完全统一，仍有许多分歧。罗森贝克着重强调证明责任在真伪不明的情况下的适用，将证明责任与事实真伪不明看成必然，似乎有些绝对。我们知道，要件事实在诉讼过程中所呈现的状态并非一种，所以他的观点很难全面解决证明责任分配问题。况且，其规范说主要强调在实体法中规定证明责任分配标准，这就使证明责任分配规范分散，不利于法官适用和法律的统一性与稳定性。而莱波尔特所提出的"证明责任规范说"，既通过把待证事实拟制成"真"或"伪"，使法官得以按演绎推理进行法律推理，又直接确定了特定情况下哪一方会被判为败诉，从而可以高效合理地解决相关民事纠纷。但他没有具体说明如何构建独立的证明责任分配规范体系，这就使证明责任的分配标准很难得到落实。

第三，笔者认为英美法系的利益衡量说、罗森贝克的法律规范说、莱波尔特的证明责任规范说各有利弊，我国应立足于自身实际充分借鉴这三种学说的合理成分。利益衡量说符合我国社会主义法治理念，有利于实现司法公平正义，有助于指导我国证明责任分配的立法与实践；罗森贝克的法律规范说明确了证明责任分配的具体情形和内容，有助于弥补我国在证明责任分配上立法不足，同时更具有现实的可操作性；莱波尔特的证明责任规范说进一步补充和完善证明责任分配的适用情形，为法官在审判中提供更加科学、合理的依据。

## 二、我国证明责任分配的立法现状及存在的问题

（一）我国证明责任分配的立法现状

我国关于证明责任分配的法律规定主要体现在《中华人民共和国民事诉讼法》第六十四条、2015 年通过的《最高人民法院关于适用〈中华人民共和国民事诉讼法〉的解释》第九十条、第九十一条、《最高人民法院关于民事诉讼证据的若干规定》第一至八条、《中华人民共和国侵权责任法》等。根据我国法律的规定，我国证明责任分配主要可以概括为以下几点：第一，当事人对自己提出的诉讼请求所依据的事实或反驳对方诉讼请求所依据的事实应当提供证据加以证明，在作出判决前，当事人未提供证据或证据不足以证明其事实主张的，由负有举证证明责任的当事人承担不利的后果。第二，进一步确定当事人承担证明责任的适用情形，即主张法律关系存在、变更、消灭或者权利受到妨害的当事人，应当对产生、变更、消灭或者权利受到妨害的基本事实承担举证证明责任。第三，对于法律列举的几类特殊案件如环境污染案件、医疗侵权案件等，由于处于弱势的原告对某些特定的事实主张（如被告有过错）不能提供证据证明，立法者根据公平正义的法律价值，规定原告不承担证明责任，而由被告承担相应的证明责任

通过对比前文提到的外国证明责任分配标准的学说可知，我国的证明责任分配标准主要借鉴罗森贝克的法律要件分类说和英美法系的利益衡量说的部分观点。

（二）我国证明责任分配存在的问题

由于我国证明责任分配的理论研究起步较晚，司法实践又缺乏相应的经验，近年来，尽管我国也在不断借鉴外国的立法与司法经验，但我国证明责任的分配在立法和司法上仍存在诸多不足。具体而言，我国证明责任分配存在的问题在于以下几方面：

1. 立法笼统单一，分配不明

根据最新的司法解释，我国的证明责任分配制度主要可以总结为两点：第一，谁主张，谁举证，即当事人有义务提供证据对自己提出的主张予以证明；第二，举证责任倒置，一般情况下，原告应就其主张的事实存在承担举证责任，但基于法律对举证责任倒置适用情形的规定，原告对该事实不承担举证责任，而由被告就某种事实存在或不存在承担举证责任；如果被告不能提出证据或所提的证据不足以证明该事实的，则推定原告的事实主张成立的一种举证责任分配制度，也即我国证明责任分配是以"谁主张，谁举证"为原则。以举证责任倒置为例外，在最新的民事诉讼法司法解释实施以前，我国对证明责任分配的规定更抽象、概括，例如：我国证明责任分配没有具体规定当事人对何种事实承担证明责任，没有具体说明当事人在证明事实处于何种情形时分配证明责任，也没有具体区分举证责任与证明责任的区别，更没有具体规定当事人所要承担的何种后果等。举证责任不等于证明责任，举证责任，即指当事人为避免败诉风险，有必要举证说明其主张的特定事实[3]。当然，新诉讼法解释在一定程度上完善了我国证明责任分配制度，但仍有不足，具体如下：

第一，最新司法解释在原相关法律基础上将举证责任加后果等同于证明责任，即便如此，证明责任与证明责任的分配也不能画等号。证明责任不等于举证责任，证明责任是行

为、目的、结果的统一，举证责只是一种行为举动，它们具有行为与结果本质的区别，而且证明责任的内涵包含举证责任，因此，不能将二者混为一谈。而证明责任分配是解决证明责任的方法问题或标准问题，它是一个细致具体的工作，因此，对证明责任的分配并不是一两句话就能概括的。与其说我国法律规定了证明责任分配制度倒不如说我国法律规定了证明责任。

第二，我国最新司法解释进一步确定当事人承当证明责任的适用情形，即主张法律关系存在、变更、消灭或者权利受到妨害的当事人，应当对产生、变更、消灭或者权利受到妨害的基本事实承担举证证明责任。但笔者认为该规定仍不够具体，主张法律关系存在、变更、消灭或者权利受到妨碍的事实仍然只是一个大的方向，对于司法者而言，证明责任的待证事实的证明方符合界定，法律缺乏具有可操作性的具体规定。最新法律规定了证明责任中的不利后果，但没有说明不利后果的具体所指。

*2. 法官自由裁量权较大，极易产生司法腐败*

近年来，尽管我国的法治不断发展和完善，但有些基本问题仍没有得到彻底的解决，比如我国许多法条仍简单、概括甚至自相矛盾或缺乏可操作性，也即很多法条规定总是大而化之、原则化。例如：谁主张、谁举证这条规定，除了我们会产生种种误解，法官无从在具体案件中适用该法条外，我不知道它还有什么价值。当然，严格来讲，在证明责任分配方面，我国仍未形成系统的法律规定，尽管《规定》中也规定了一些标准，但只能解决一部分案件的证明责任分配问题，不具有普适性。鉴于法律规定上的不完善，在司法实践中，证明责任乱分配的现象也屡见不鲜，由于我国审判奉行职权主义，法官在诉讼中是主角及一些法律存在漏洞，这就为一些法官恣意妄为提供了条件。因此，许多案件就因此在证明责任方面有失公允，使一些当事人的权利受到损害。同时，在民事诉讼证明责任分配方面，在法院内部也缺乏专项监督，这就使法官成为案件的主宰，极易导致司法腐败。这时打官司不是打证据，而是"打法官"，即谁和法官关系好，谁就有可能胜诉。

# 三、我国证明责任分配的完善

证明责任分配的关键在于采用何种原则和标准来分配证明责任，如何使证明责任分配标准既能在司法实践中具有可操作性又能符合公平正义的法理要求。所以，"公正合理的证明责任分配属于法律制度的重要内容"[4]。通过前文关于证明责任分配理论的各种学说综合比较、分析和研究，笔者认为，我国在完善证明责任分配的过程中可以充分吸收借鉴这些理论学说的合理成分。同时，从我国司法实践出发，我国在证明责任分配方面仍有很大的进步空间，笔者将从以下几个方面具体论述：

（一）完善立法，加强证明责任分配的体系化建设

在前文，笔者已对我国立法在证明责任分配制度上的主要不足作了充分的论述，完善立法归根结底要从我国的立法实际出发。埃尔曼在《比较法律文化》中引用一位著名的美国法官在观察了两个法系之后得出结论说："举证规则可能使实体法规完全不起作用。"[5]这体现了证明责任规则的独立性，有助于弥补实体法在司法实践中的不足；同时，也表明了实体法的制定必须充分、合理考虑证明责任的分配和内置。在证明责

分配的立法上，笔者认为应将罗森贝克的规范说、莱波尔特的"证明责任规范说"和英美法系的利益衡量说有机结合起来。从根本上讲，这三种学说的观点并非互相排斥、水火不相容，其在一定程度上是互补关系。在客观形式框架上，我国一方面可以在实体法中合理地规定相关证明责任分配的规范条款，另一方面在实体法之外还可以再建立一套直接分配证明责任的规范体系。可以以最高人民法院的解释出现，比如：可以出台一部系统的最高人民法院关于证明责任分配的解释，也可以在《证据法》中单独规定系统的证明责任分配的章节。正如《民法通则》中有关于著作权、商标权、侵权责任等方面的规定，又单独制定《著作权法》《商标法》《侵权责任法》等，因此，加强证明责任分配的体系化建设这个举措符合我国的立法实际，最关键在于它具有很强的可操作性，法官有法可循、能够依法办事。

至于如何补充完善法条内容，那将是罗森贝克的规范说和英美法系的利益衡量说的问题了，换言之，在制定具体的法条过程中，我们可以以罗森贝克的规范说为基本理论依据，同时，参照考虑利益衡量说中的相关因素，以使制定出来的法是良法、善法且合情合理。可以说，我国的每一部法律都有其基本原则，整部法都要紧紧围绕基本原则制定。笔者认为，我国证明责任分配的法律体系应坚持两个原则：一是罗森贝克的规范说；二是公平正义原则。这样规定充分体现了原则在法条中的指引和统率作用。

罗森贝克的规范说立足于事实与实体法的关系，充分结合事实在实体法上引起的不同效果，具有很强的实践操作性。尽管该学说也有一定的不足，甚至引来不少非议，却都没有提出一个新的合理标准取代规范说[6]。"任何一种具体的法律制度都不可能完美无缺，人们不可能因这种局部的不足或缺陷而否定该制度本身，只能以其他的方法来加以弥补"[7]。笔者把第二原则归纳为公平正义原则，主要是从利益衡量说的内涵高度概括出来的，因为利益衡量说中的综合考虑各种因素，从本质上说，仍是为实现公平正义之终极目的，符合法理要求。

此外，在我国民事诉讼法及其他相关法的法条中存在的不规范的法律术语应加以纠正，必要时也可以删除。笔者认为，必须严格区分证明责任与举证责任，实现证明责任概念的真正独立化。应将《民事诉讼法》第六十四条的"谁主张，谁举证"之条款予以删除，一方面，举证责任不等于证明责任；另一方面，主张又有权利主张、事实主张之分。因而应将那些极易产生误解又不具可操作性的法条加以修正或删除，不能将举证责任与证明责任相混淆，也不能将权利主张等同于事实主张。要将举证责任倒置改为证明责任倒置，并将证明责任倒置的具体范围予以明确规定。

（二）规范司法，加强证明责任分配的专项监督

任何一部法律从根本上说都是为司法实践服务的，根据笔者在基层法院实习的经验，一些法官和律师在民事诉讼过程中最容易钻"法律空子"的地方就是在证明责任分配制度上，这也是与刑事诉讼相区别的地方，因为证明责任的分配在一定程度上决定了民事诉讼的胜败。由于立法上的不足，法官在审判过程中自由裁量权较大，同时又缺乏在证明责任分配方面的专项监督，这极易产生司法腐败。所以，当前我国正在不断深化立法、司法改革，在司法实践方面，我国是以民事诉讼制度为核心对民事诉讼制度进行全面改革的[8]，改革的立足点是证明责任制度[9]。笔者认为，除完善立法外，我国应在司法实践中尽快建立一种针对民事诉讼证明责任分配的专项监督机制，以防止法官在这方面的恣意妄为。民

事诉讼案件的公正关键在于案件之根即证明责任的分配，分配的合法、合理，案件的裁判结果就会令人心悦诚服。因此，笔者不主张法官自由裁量证明责任的分配。法律的完善关键在于执行，我国应高度重视理论界与实务界的交流与合作，应避免理论与实务的长期分离。在我国理论界主要以大学教师为主，实务界主要以律师、法官、检察官为主，由于各自的职责不同，他们长期处于分离状态，使理论与实践无法得到切实、真正的融合。所以，笔者建议，应搭建更多的交流平台，以促使法学教师、学者与律师、法官、检察官进行更多的交流与合作，实现理论与实务协调发展、共同进步。这无疑会进一步推动我国民事诉讼证明责任分配的完善。

# 结　　语

在我国的法学界，对证明责任分配的认识曾经历了一个曲折的过程，尽管当前我国的证明责任分配制度在立法上存在粗糙、单一的问题，在司法上也存在诸多不足，以及我国的司法队伍的法律素养有待于进一步提高。但我们应清醒地认识到：证明责任是"民事诉讼的脊梁"，[10] 而民事诉讼的证明责任分配，是民事诉讼证据的重要组成部分。因此，证明责任分配是一项系统、复杂而又艰巨的工程，我们要循序渐进，逐步提升，而不能急功近利，更不能期待一蹴而就。

同时，我们也应乐观地看到，自党的十八大以来，我们党和国家高度重视法治建设，司法改革也在如火如荼地进行着，我们应以此为契机，为促进证明责任分配的完善不断贡献自己的力量。理论界应与实务界一道精诚团结、共同努力，为我国的法治建设再立新功。我们也坚信，在不久的将来，我国一定可以建立起具有中国特色的证明责任分配制度。

（作者单位：安徽净源律师事务所）

**参考文献：**

［1］陈刚. 证明责任法研究［M］. 北京：中国人民大学出版社，2000：187 - 188.

［2］陈荣宗. 举证责任分配与民事程序法［M］. 台北：台湾大学法律丛书编辑部，1984：18.

［3］松冈义正. 民事证据论［M］. 张知本译，北京：中国政法大学出版社，2004：32.

［4］［德］罗森贝克. 证明责任论［M］. 庄敬华译. 北京：中国法制出版社，2002：97.

［5］［美］埃尔曼. 比较法律文化［M］. 贺卫方，高鸿钧译. 北京：清华大学出版社，2002：146.

［6］霍海红. 证明责任：一个功能的视角［C］//北大法律评论. 北京：北京大学出版社，2005，（6）：3.

［7］张卫平. 守望想象的空间［M］. 北京：法律出版社，2003：178.

[8] 田平安. 证人证言初论 [C] //诉讼法论丛（第二卷），北京：法律出版社，1998，(2)：556.

[9] 景汉朝，卢子娟. 经济审判方式改革若干问题研究 [J]. 法学研究，1997，(5)：35.

[10] [德] 罗森贝克. 证明责任论 [M]. [日] 仓甲卓次译. 东京：判例出版社，1987：70.

# 刑事诉讼证人出庭制度的立法、司法现状及落实完善的思考

高　逢

**摘　要：** 刑事诉讼的基本原则之一是直接言辞原则，证人出庭做证制度是贯彻直接言辞原则的必然要求。学界和司法界对证人出庭做证制度的积极意义给予了一致的肯定，认为证人出庭有利于增强其责任心，避免提供证言的随意性，有利于法庭查明事实，同时对于依法维护当事人诉讼权利、规范司法者自由裁量权、确保公正审判具有重要意义。无论是 1996 年的刑事诉讼法，还是 2012 年修改后的刑事诉讼法，均对该制度在立法层面予以确认。但是从审判实践来看，由于立法过于原则、法官自由裁量权过大、惩戒机制过于单一、人身权利保障不够充分等诸多原因，证人出庭做证制度在实践中遭遇到不小的困境。文章通过对安徽省近三年刑事案件中证人出庭率的统计分析，以审判实践为视角，剖析了证人出庭做证制度遭遇困境的原因，并从细化法律规定、建立证人宣誓制度、完善交叉询问制度、应用证人屏蔽做证系统等方面，就落实、完善证人出庭做证制度提出了自己的思考。

**关键词：** 证人；出庭做证；审判实践；落实；完善

证人证言是法定的刑事证据种类，在证明案件事实过程中发挥着无可替代的重要作用。庭审质证原则是我国证据法的基本原则之一，规定证据只有经当庭出示、辨认、质证等法庭调查程序查证属实才能作为定案根据。庭审质证原则的重要内容之一就是直接言辞原则，施行证人出庭做证制度是贯彻直接言辞原则的必然要求。证人出庭有利于增强其责任心，避免提供证言的随意性，通过控辩审三方交叉发问，有利于法庭查明事实。该制度的确立对于依法维护当事人诉讼权利、规范司法者自由裁量权、确保公正审判具有重要意义。本文拟通过研究我国刑事诉讼中关于证人出庭制度的立法规定及落实情况，分析存在的问题并思考完善的措施。

## 一、证人出庭做证制度的立法现状

1996 年，修改后实施的《中华人民共和国刑事诉讼法》（以下简称 1996 年刑事诉讼法）确定的刑事审判模式初步具备了控辩式特征，1996 年刑事诉讼法对证人出庭做证作了规定，但较为原则，不具有可操作性。2012 年修改的《中华人民共和国刑事诉讼法》（以下简称刑事诉讼法）确立了证人出庭做证制度，对证人出庭做证的申请决定、保护及经济保障等一系列问题作出了较为具体的规定。

### 1. 证人出庭做证的一般性规定

刑事诉讼法第六十条规定了证人的资格与义务，即"凡是知道案件情况的人，都有做证的义务"。第一百八十七条对证人应当出庭做证情形作出了一般性规定，即"公诉人、当事人或者辩护人、诉讼代理人认为有异议的，对案件定罪量刑有重大影响的，人民法院认为有必要出庭做证的，证人应当出庭做证。"刑事诉讼法与1996年刑事诉讼法相比，在维持了证人做证义务的同时，进一步明确了重要证人的做证义务。根据对刑事诉讼法坚持体系解释的观点，第一百八十七条确立的是证人应当出庭做证的最低标准，即在此情况下赋予了公诉人、当事人或辩护人、诉讼代理人申请人民法院通知特定证人出庭做证的权利，但并不排斥人民法院在其他情形下依职权通知证人出庭做证。

### 2. 强制证人出庭做证

为了改变庭审中证人不出庭带来的诸多不利影响，刑事诉讼法第一百八十二条对经法院通知没有正当理由不出庭的证人设立了强制出庭制度，并规定了对证人拒绝出庭做证的惩戒措施。考虑到强制配偶、父母、子女在法庭上对被告人进行指证不利于家庭关系的维系，刑事诉讼法第一百八十八条赋予了被告人的配偶、父母、子女出庭做证的豁免权。

### 3. 对证人出庭做证的人身保护

刑事诉讼法第六十一条规定了人民法院、人民检察院和公安机关对出庭证人及其近亲属的人身保护措施，规定了对打击报复证人及其近亲属构成犯罪的，可依法追究刑事责任或给予治安管理处罚。第六十二条有针对性地加大了对危害国家安全犯罪、恐怖活动犯罪、黑社会性质的组织犯罪、毒品犯罪等案件的证人的保护力度，不仅打消了公民出庭做证的顾虑，对打击严重犯罪也具有重要意义。

### 4. 对证人出庭做证的经济保障

刑事诉讼法第六十三条规定了对出庭做证证人应由同级政府财政保障其经济支出。该条规定实际上确立了证人出庭制度的经济补偿权，是对证人履行做证义务的一种保障和激励。《最高人民法院关于适用〈中华人民共和国刑事诉讼法〉的解释》第一百零七条明确了审判阶段证人出庭支出的相关费用应由人民法院进行补助。

## 二、我国刑事诉讼中证人出庭做证的司法现状

当前我国刑事诉讼中证人出庭率低，有关学者统计，刑事案件中有证人的案件超过80%，有证人出庭做证的却不足5%。以我省刑事案件为例，2012年我省共审理一审刑事案件30612件，其中证人出庭做证的有43件，占0.14%；审理二审刑事案件4400件，其中证人出庭做证的有17件，占0.39%；2013年我省共审理一审刑事案件32003件，其中证人出庭做证的有96件，占0.30%；审理二审刑事案件4278件，其中证人出庭做证的有34件，占0.80%。2014年我省共审理一审刑事案件34548件，其中证人出庭做证的有129件，占0.37%；审理二审刑事案件5012件，其中证人出庭做证的有68件，占1.36%。

上述数据说明司法实践中证人出庭做证难、出庭率低的情况一直存在。造成上述状况的原因既有受社会文化的影响证人做证不够积极，又有司法实践中执法不够严格，还有现行立法的规定不够完善，主要表现在以下几个方面：

1. 证人受传统文化的影响不愿出庭做证

我国传统人际交往注重亲情、友情，和为贵的处事原则深入人心，证人一般不愿直接参加到双方当事人的诉讼中去，更不愿在直面当事人的情况下作出对对方不利的证言。另外，因受现代社会功利主义思想的影响，有些证人不重视社会责任，法制观念淡薄，怕是非、求安稳，对事物采取"事不关己，高高挂起"的态度，认为不出庭做证是自己的自由，存在规避出庭做证的情绪。还有一些证人可能与一方当事人存在某种利益关系而相互串通，提供虚假的证人证言，这些证人因为担心出庭接受质询会露出破绽而承担法律责任，因此刻意回避出庭做证。

2. 司法机关对证人出庭持消极态度

从案件审理的角度看，一旦证人出庭，证人证言有可能出现反复或者受到质疑而不被认可，这会给案件审理带来困难，为了审判便利，一些审判人员往往不希望证人出庭做证。从审判效率的角度看，目前大部分法院案多人少的矛盾一直突出，在证人不出庭的情况下，法官只需对书面材料进行审查，减少了很多审判环节，有些审判人员出于提高审判效率的考虑，也不希望证人出庭做证。因此形成了"我国司法机关包括法院和检察院对证人出庭问题实际上采取一种说起来重要但心里不以为然的态度"[①]。此外，证人出庭带来的安全保卫问题、经费问题也影响了司法机关通知证人出庭的积极性。

3. 立法对证人是否出庭采取了可选择态度

在刑事诉讼法修改之前，法律允许证人不到庭做证，允许控辩双方使用书面证词。虽然 2012 年刑事诉讼法修改后增加了证人出庭做证义务和强制出庭做证制度的规定，但刑事诉讼法第一百九十条仍然规定"公诉人、辩护人对未到庭的证人的证言笔录、鉴定人的鉴定意见、勘验笔录和其他作为证据的文书，应当当庭宣读"，这在实践中为证人不出庭做证和司法机关不要求证人出庭做证提供了法律依据。

4. 法官在决定证人出庭做证方面自由裁量权过大

刑事诉讼法第一百八十七条规定了证人应当出庭做证的条件：一是证人证言对案件定罪量刑有重大影响，二是控辩双方对证人证言存在异议，三是法院认为证人有必要出庭做证。上述三个条件要全部符合，并且决定权在法院，完全由法官自由裁量决定证人是否需要出庭做证。控辩双方对证人证言有异议认为需要证人出庭，但法官认为没必要的可以一票否决，控辩双方是无法启动让证人出庭的。法官自由裁量证人是否要出庭，权力过大、过于集中，既不利于查清案件事实，也不利于客观公正审理案件。

5. 证人拒不出庭惩戒机制太过单一

刑事诉讼法规定法院对证人没有正当理由拒不出庭或者出庭后拒绝做证的可以训诫，情节严重的，可以对其作出不超过十日的拘留。从司法实践看，这种惩罚机制太过单一，达不到立法者预期的效果。对于那些作出虚假证言的证人来说，即使不出庭做证，其庭前的证言未必无效；如果出庭做证，经过交叉询问被发现其证言的矛盾处，证言反而会被排除。因此，鉴于不出庭做证的处罚过轻，权衡利弊，证人往往会选择不出庭做证。

6. 法律规定的证人权利保障机制不健全

证人的权利保障机制主要表现为两个方面，一是经济补偿权，二是证人及其近亲属的

---

① 龙宗智：《中国做证制度之三大怪现状评析》，载于《中国律师》2001 年第 1 期。

人身安全保障权。关于经济补偿，法律只规定对证人因履行做证义务而支出的交通、住宿、就餐等费用应当给予补助，对证人出庭的补助标准、支付程序等都没有可实际操作的规定。另外，在证人及其近亲属的人身安全保障方面也缺乏相关落实的机制。目前对证人的保护基本上是事后保护，缺乏预防性的保护措施。在实践中，确实有许多证人因做证而受到威胁或恫吓，遭受人身伤害或财产侵害，有的证人因做证使其亲属受到牵连，这都是影响证人出庭做证制度落实的重要原因。

## 三、落实、完善对证人出庭做证制度的思考

（一）治本：真正树立"以审判为中心"的理念

法律对证人出庭进行完善是希望这一制度的落实能对审判模式改革有益，证人出庭能够对审判结果产生直接影响，使庭审过程能够发挥实质价值。然而实践中证人出庭并未对审判模式甚至审判结果起到实质性作用，根本原因就是案卷笔录中心主义的遵循[①]。其主要表现形式：一是法官裁判过程中书面证言的书证化。中国审判方式改革尚未建立起通过对当庭出示的证据进行质证和辩论形成裁判结论的法庭文化，审判人员还未离开对公诉方案卷材料的依赖。二是口头证言认证方式较为单一。言辞证据无法单独定案，证人证言的证明效果被大量书面证据淹没，证人出庭无法对案件结果产生实质的影响。要想改变这一状况，最根本的就是要树立"以审判为中心"的理念。

党的十八届四中全会通过的《中共中央关于全面推进依法治国若干重大问题的决定》明确指出，诉讼制度的改革方向就是以审判为中心[②]。所谓以审判为中心就是将庭审作为整个诉讼的中心环节，侦查、起诉等审前程序都是开启审判程序的准备阶段，侦查、起诉活动都是围绕审判中事实认定、法律适用的标准和要求而展开，法官直接听取控辩双方的意见，依据证据裁判规则作出裁判。以审判为中心就是要求庭审实质化，提高审判质量[③]。

树立"以审判为中心"的理念关键在于确立并贯彻直接言辞原则。直接原则一是要求法官必须始终在法庭上亲自接触证据材料、直接感受证据材料，二是要求法官应当尽可能接触原始证据材料。法官对案件事实的认定是以证据为根据，因此要求法官对证据调查具有亲历性，要求证据尽可能具有原始性，才能使法官更准确地判断证据和案件事实。直接审理原则和言辞审理原则的综合作用，就是通过公正审判程序保障实现实体审判公正，特别是通过庭审查明案件事实真相。

我国刑事诉讼法虽然体现了直接言辞原则的精神，但是由于刑事诉讼法第一百九十条仍然规定对于没有到庭的证人证言笔录应当当庭宣读，证人不出庭，法官仍然可以采纳证人的书面证言。因此必须完善有关制度，使得证人出庭作为一般原则，而庭外证人笔录只

---

① 陈瑞华：《案卷笔录中心主义——对中国刑事审判方式的重新考察》，载于《法学研究》2006 年第 4 期，第63－79页。

② 原文表述为："推进以审判为中心的诉讼制度改革，确保侦查、审查起诉的案件事实证据经得起法律的检验。全面贯彻证据裁判规则，严格依法收集、固定、保存、审查、运用证据，完善证人、鉴定人出庭制度，保证庭审在查明事实、认定证据、保护诉权、公正裁判中发挥决定性作用。"

③ 樊崇义、张中：《论以审判为中心的诉讼制度改革》，载于《中州学刊》2015 年第 1 期，第 51 页。

能在法定例外情况下使用①。

（二）治标：完善证人出庭做证的具体制度

"以审判为中心"的诉讼制度改革，要求侦查、起诉和辩护等各诉讼环节都围绕审判展开，做到事实证据调查在法庭，定罪量刑辩论在法庭，判决结果形成在法庭。而证人出庭做证率低已成为目前审判实践中的突出问题。证人不出庭剥夺了控辩双方对证人当面质证的权利，同时法庭也无法直接审查证人的做证资格、感知能力、表达能力以及主客观因素对证人的影响，从而难辨证据的真伪，增加了法官查明案件事实的难度，影响了诉讼效率和实体上的司法公正。证人出庭率低的问题严重制约了庭审功能的发挥，阻碍了以庭审为中心的审判方式改革，因此，改变这种现状已成为当务之急。笔者认为，落实、完善证人出庭做证制度可以从以下几个方面考虑。

1. 细化、明确证人应出庭做证情形

我国刑事案件数量众多，要求所有的证人都出庭做证并不现实，但仍应坚持"出庭为常规，不出庭为例外"的原则。虽然刑事诉讼法规定了"证人应当出庭"的条件为"对证人证言有异议，且该证人证言对案件定罪量刑有重大影响"，但该条规定较模糊，有些合理的出庭要求就可能会被法庭以"没有重大影响"而不接受。因此，应对"对案件定罪量刑有重大影响"的适用条件作出明确界定。有学者建议这一界定应该包括以下事实：（1）被指控的犯罪事实发生、被告人实施了犯罪行为和被告人实施犯罪行为的时间、地点、手段、后果以及其他情节；（2）影响被告人定罪的身份情况；（3）被告人有无刑事责任能力；（4）被告人的罪过；（5）是否为共同犯罪及被告人在共同犯罪中的地位、作用；（6）对被告人从重处罚的事实等。对只有控辩双方都认可的证人证言才允许不出庭做证。对所有与定罪量刑有关的证言，诉讼一方提出异议的，证人均应当出庭做证，以确保查明案件事实，保证案件审理的公正性。

2. 建立证人宣誓制度

刑事诉讼法及相关司法解释规定，证人做证前应当在如实做证的保证书上签名，这可以被看作是证人宣誓制度的雏形。法律可以正式规定证人做证前的宣誓制度，明确宣誓的誓文、宣誓的方式、宣誓的例外情形、侦查起诉阶段特定情形下的宣誓等，也可以尝试刑法将伪证罪的构成要件改为以宣誓为前提，即只有在法庭上经过宣誓的证言虚假时，才能追究证人伪证罪的刑事责任，这对于解决如何确定伪证罪问题有着重要的意义。目前在刑事诉讼中，即使有的证人庭审中在辩护律师的反询问下否定了自己在侦查、起诉阶段所作的证言，也不能追究其伪证罪的责任。如果规定伪证罪必须以在法庭上宣誓为前提，会更加有利于刑事诉讼的庭审中心化和案件事实的查明。

3. 完善交叉询问制度

证人出庭做证本身并非法律制度的固有逻辑，促使证人在法庭上接受交叉询问才是证人出庭做证的直接目标②。我国刑事诉讼法虽然初步确立了交叉询问的基本框架，但是由于交叉询问的主体多极化、询问规则未加确立、保障措施不完善等，导致这一被誉为"发现案件事实的最伟大的法律装置"的询问证人的方式在我国并未体现出其功效。因此，有

① 符连峰、黄鑫：《刑事诉讼强制证人出庭做证制度研究》，载于《湖北科技学院学报》2014年第11期，第223页。

② 黄嘉琳：《刑事诉讼证人出庭制度浅谈》，载于《卷宗》2014第7期，第67页。

必要从询问主体、范围、顺序、规则等方面对其加以完善。此外，应加强对证人的交叉询问技巧训练，使法官、检察官及辩护律师能够充分锁定关键证言部分，对证人进行有针对性的询问，避免在庭审上对证人进行无意义的反复纠缠。

4. 利用信息技术为证人提供便捷、安全的出庭方式

一是利用远程视频技术。对于因自身疾病、路途遥远等客观原因不便出庭的证人，可以实行远程视频做证，消除出庭的客观障碍，促进其出庭做证。二是启用证人屏蔽做证系统。关键证人屏蔽做证制度是庭审阶段确保证人出庭的一个重要措施，因此有必要制定相应的程序予以规范。这不仅有利于打消关键证人出庭做证的顾虑，还可以节省司法资源。主要途径包括物理屏蔽和视频技术屏蔽，前者是为防止证人与被告人面对面接触做证而出现恐慌，避免证人遭受打击报复而通过物件遮挡证人的面部或改变声音、容貌；后者是指通过网络技术如视频传输技术改变证人的语言、声音、图像，避免控辩双方认出证人的身份，以此来保护证人的人身安全。

5. 健全证人拒不出庭的追责制度

证人出庭接受质询是一项义务，应当有强制性法律规范对拒不出庭做证的行为予以相应制裁，用国家强制力强制证人出庭做证。证人有做证义务而无正当理由拒不出庭的，实质上是妨碍诉讼活动的行为，对于经法院通知拒不到庭情节轻微的，可采取拘传措施强制将其拘传到庭；对于拒不出庭情节严重的，可予以拘留或罚款；情节特别严重的，可依法追究刑事责任。

6. 完善证人的权利保障机制

出庭做证虽然是证人的法定义务，但没有任何理由要求证人承担因出庭做证造成的经济损失。对出庭证人的经济补偿应包括工资或因误工而减少的收入、生活费、住宿费、交通费，对上述合理费用的范围及支付方式均应有明确规定和实施细则，以利于审判实践操作。在刑事诉讼中，应由国家设立证人出庭的专项补偿基金，纳入国家财政预算，统一管理。完善证人及其近亲属的人身保障制度，为证人出庭做证提供良好的法制环境，消除证人担心遭受打击报复的心理障碍。对证人的保护应扩展到事前保护，防患于未然，明确规定法院在审理前负有责任采取切实有效的措施，以防范各种对证人不利情况的发生。对于任何打击报复证人的行为应当及时制止并给予严厉制裁，对于证人的保护申请应立即采取切实有效的措施。对证人的保护不应仅限于其本人，还应扩展到其近亲属，从立法上完善安全保障制度。

（作者单位：安徽省高级人民法院）

# 我国刑事审判庭前会议制度研究

许 阳 王 旭

**摘　要**：刑事案件庭前会议制度是指对于重大、复杂的案件，法官依职权或依控、辩双方的申请，认为有必要时，可以召集公诉人、当事人和辩护人、诉讼代理人到庭对庭审中的相关问题进行必要的准备程序。庭前会议制度的出现丰富了我国刑事诉讼法律的构建，在公诉与审判间起着重要的衔接作用。庭前会议制度在保障案件集中审理、实现程序分流等方面具有积极意义，但是由于立法上对庭前会议的规定并不完善，需要法律工作者在实践中继续摸索。

**关键词**：刑事审判；庭前会议；程序保障

## 一、庭前会议制度的概念及其内涵

庭前会议即指对于某些重大复杂的案件，法官依职权或依控辩双方的申请，召集公诉人、当事人和辩护人、诉讼代理人到庭，对庭审中的相关问题进行必要沟通的准备程序。该项制度在 2012 年新修订的《刑事诉讼法》修改中得以确定，但是在法律规范的层面上，"庭前会议"这一概念的首次"亮相"却是在 2012 年最高人民法院和最高人民检察院新制定的《最高人民法院关于适用〈中华人民共和国刑事诉讼法〉的解释》、最高人民检察院《人民检察院刑事诉讼规则》之中。因此，在我国，"庭前会议"也从一个学理上的概念正式成为一项实在的制度。针对这样的一个概念，法律界学者对此有着不同的理解，有的学者认为，庭前会议程序是包括法院对刑事案件进行初步审查和为了正式开庭所进行的一切准备活动；而有的学者主张说，庭前会议程序主要是指人民法院对人民检察院提起公诉的案件或自诉人提起自诉的案件进行庭前审查，并据此来决定是否正式开庭的审判活动。但是无论如何，庭前会议程序作为独立于起诉程序和审判程序的这样一个新生诉讼活动，它是衔接公诉与审判的重要环节。其以厘清控辩双方争议点和收集证据为主要任务，是司法实践中公正与效率的共同选择。

## 二、庭前会议的制度价值

庭前会议制度作为刑事诉讼程序的一个比较重大的改革，是在刑事诉讼参与各方一致呼声下产生的，在司法实践中具有重要意义，庭前会议制度的实质是在起诉、审判程序之间植入一个中间程序，以打破我国原有刑事审判程序由起诉到审判的直接过渡，实现庭审的优质高效运行，促使庭审成为诉讼的中心。

（一）程序价值

1. 提高诉讼效率

效率是刑事诉讼的核心价值之一。在全球诉讼爆炸的背景下，尤其是我国案多人少矛盾突出的情况下，庭前会议制度显然可以最大限度地提高庭审效率，把庭审的主要资源配置于当事人对案件事实、法律问题的辩论之中，实现对司法资源的合理分配及庭审的集中、迅速审理。我国现行的庭审程序是起诉与庭审直接对接，相关程序问题都要到法庭审理过程中予以解决。通过庭前会议，可以明确争点、整理证据，防止证据突袭，把影响庭审中断的因素尽可能事先予以解决；避免引起庭审的中断及处理准备事项所带来的诉讼拖延，保证法官依其对审理案件新鲜、准确的心证作出裁判，实现集中、迅速审理。

2. 保障审判公正

审判公正的实现不仅需要审判过程的公开，更需要程序设置对审判公正的保障作用。庭前会议的证据开示、辩护人申请调取证据的权利，在实现信息对等的同时，也有助于强化控方的证明责任意识和辩方的辩护意识，促使当事人在庭审中积极展开有效对抗，实现辩护权，有利于公正的实现。而在庭前会议中排除非法证据对法官心证的污染，更能有效保障审判的公正。同时，庭前会议将以前法官内部不透明审查改为当事人参与的透明会议，使公正诉讼全过程均以"看得见"的方式进行，增加了裁决的透明度，增强了社会的信任感。

（二）实体价值

1. 保障人权的实现

新刑诉法恢复全案移送制度后，辩护方可以在庭前全面阅卷，通过庭前会议可以向法院提出相应的主张和证据材料，这就能够确保法官兼听则明，避免法官在庭前因仅接触控方证据而产生的偏见和不利于被告方的预断。此外，庭前会议制度充分尊重了当事人的诉讼主体地位，保障了其诉讼权利的实现。尤其是被告人可以通过行使各项诉讼权利，与控方进行积极对抗，保障其人权的实现。

2. 平衡控辩双方的对抗力量

由于公诉权具有天然扩张性，极易侵害公民私权利，庭前会议通过非法证据排除、回避、出庭证人名单等审查设置，在维护被告人合法权利的同时可对公诉权形成外部监督制约，有效防止公诉权力的滥用。当然，庭前会议也为公诉人提供了机遇，可以利用会议知悉律师提交的新证据，根据辩护方对证据提出的异议，可以有针对性地重点核实、补充相关证据材料，甚至修正指控的内容，有利于公诉机关做好参加庭审指控的准备工作，有利于更好地履行公诉职责。

# 三、在司法实践中庭前会议制度存在的问题

（一）庭前会议后能否作出实质决定不明确

从目前的规定来看，在我国的庭前会议中，公诉人、当事人、辩护人和诉讼代理人，仅仅是对回避、出庭证人名单、非法证据排除等与审判相关的问题发表意见，以便各方能

了解情况，做好庭审的准备工作。那么，审判人员对于审判有关的问题"了解情况、听取意见"后，是否能够在庭前根据所听取的意见就这些问题做出实质性的决定。立法机关工作机构对此的解读为"这里规定的非法证据排除，只是了解情况、听取意见，具体如何排除要根据本法第五十四条、五十六条、五十八条的规定进行"。由此可知，非法证据排除是否排除的决定应当在庭审中作出。对于其他问题是否可以在庭前作出决定或者也一并在法庭上解决，立法机关工作机构未作说明。但从条文的逻辑上看，并不排除法院在会议结束后、开庭前可以就这些问题作出决定。这样会带来三方面的问题：一是审判人员是否可以就回避、管辖权异议等纯粹的程序事项作出决定，以及何时作出决定，相关规定不明晰。二是对于非法证据排除问题，立法原意是审判人员在庭前会议中只能是听取意见，不得作出是否排除的决定。但是否允许辩护人听取公诉人的意见后主动撤回申请，或是公诉人在听取辩护人的意见后，因对证据的合法性产生疑问而能否当庭决定自行排除该证据，相关规定没有明确。三是《解释》第一百八十四条第二款似乎对 2012 年《刑事诉讼法》有扩张立法之嫌。立法本意是庭前不作任何决定，只是程序性准备，而司法解释的意图似乎希望在庭前作决定，带有实体准备的倾向。那么，对于证据有无异议是否能够突破"听取意见"的限制予以当庭作出决定，相关规定也没有予以明确。

（二）庭前会议的法律效力待确定

非法证据排除在任何阶段都可以申请，而争点的整理涉及部分实体问题，当事人、辩护人、诉讼代理人可能鉴于种种考虑不在庭前会议中提出意见而在庭审中提出。同时，我国庭审的目的是查清案件真实，而非法律真实，因此，对这两项可以允许在庭审过程中再次申请。但对于其他程序性事项不得作出有效力的决定，则不利于防止庭审的中断。此外，庭前会议法律效力的缺乏无法有效阻止"伏击审判"的出现，而我国刑事诉讼立法上的不协调也为"突袭"预留了后路。例如，2012 年《刑事诉讼法》第一百八十五条规定，开庭的时候，当事人有权申请回避；第一百九十二条规定，在法庭审理过程中，当事人和辩护人、诉讼代理人有权申请通知新的证人到庭，调取新的物证，申请重新鉴定或者勘验，而且公诉人、当事人和辩护人、诉讼代理人可以申请法庭通知有专门知识的人出庭，就鉴定人作出的鉴定意见提出意见。这为控辩双方可以在法庭审理过程中就相关问题发表意见提供了法律依据，这有可能导致庭前会议达不到预期效果。

# 四、进一步完善庭前会议的途径建议

针对上文所提出的庭前会议在司法实践中说遇到的问题，笔者尝试从以下几个方面提出完善建议。

（一）进一步完善庭前会议整理案件的功能

一是明确法律适用的争议点。在具体案件中，法律争议点主要体现在两个方面：一是起诉书所指控的事实及罪名，这是控辩双方攻守防御的核心和依据。庭审时，公诉人当庭变更、追加、撤回起诉，或变更起诉书指控的罪名，会使辩方因辩护准备工作陷入被动而申请休庭。为避免该问题打断庭审节奏，审判人员可以在庭前会议中要求控辩双方就起诉书指控的范围和认定的罪名各自发表意见。公诉人听取辩方意见后可以变更起诉或者改变起诉罪名，但应当在庭前会议中确定起诉范围和起诉罪名。庭审过程中，公诉人不得随意变更、追加起诉，也不得随意改变起诉罪名。

二是明确量刑的争议点。定罪与量刑都与被告人的切身利益相关，而且在绝大多数案件中控辩双方的争议焦点集中于量刑问题上。在庭前会议中，审判人员可以询问公诉人对案件的量刑建议，同时，让当事人、辩护人、诉讼代理人对公诉人的量刑建议发表各自意见。这样，庭审时集中精力于双方最关心的也是与被告人切身利益最为相关的量刑程序中，使"量刑活动由法官在办公室里的'秘密量刑'转变为各方在法庭上的'剧场化公开博弈'"。因为庭前会议中还要解决是否适用简易程序的问题，如果对于量刑建议不能够取得共识，实践中要辩方同意适用简易程序基本是不可能的，如辩方有缓刑的期待，但是控方没有通过量刑建议提出可以适用缓刑的建议，则辩方就会以种种理由拒绝适用简易程序。

三是明确事实争议点。在庭前会议中，法官可以要求公诉人就指控的事实要点予以陈述，辩护方可以对此作出答辩，辩护方对控告方预定证明的事实有争议的，就是案件的事实争点。一般情况下，争点常集中于犯罪构成的要件事实和法定的量刑情节。对此，控辩审三方都要做好记录，在正式开庭审判的时候，应当将法庭调查和辩论的重点放在这些焦点问题上。

（二）进一步细化明确庭前会议的处理方式

2012年《刑事诉讼法》规定审判人员只能"听取意见"，但从一些法院的试行情况来看，审判人员就一些问题可以直接作出决定。笔者认为，是否允许审判人员在了解情况、听取意见后作出决定应当具体问题具体分析。

首先，对于回避、明确出庭证人名单等程序事项，审判人员应当在会议后作出决定并及时通知各方。这是因为：法律虽然规定会议上只能"了解情况、听取意见"，但从条文的逻辑上看，并不排除法院可以在会议结束后、开庭前就相关程序事项作出决定。而且这些程序事项的解决具有不可回避性，尽早解决可以使控辩审三方更有针对性地为庭审做准备。

其次，对于非法证据排除问题，立法本意是因非法证据排除问题重大，需要在法庭上正式调查解决，庭前会议上只能了解情况、听取意见，不得作出是否排除的决定，如果审判人员在庭前会议中直接作出认定与否的决定将会构成对基本法律的违背。如北京市第一中级人民法院公开开庭审理郭宗奎等四被告人涉嫌贩卖毒品案件。同时，庭前会议的功能定位是意见协商的非正式程序，而非查明事实的预审程序。非法证据排除大多数是比较复杂的程序事项，同时也会涉及部分实体问题，庭前会议缺乏足够的查明机制。例如，控辩双方对证据的合法性争议较大，需要侦查人员或有关人员出庭说明情况。另外，合议庭针对排除的问题可以在庭审中当场裁决，也可以在庭审中调查、评议时与实体问题一并裁决。

但是，控辩双方在庭前可自行排除。这主要表现在两方面：一是辩护人庭前撤回申请。就"非法证据"而言，只有在"非法"的时候才能予以排除。庭前会议中辩护人在公诉人充分说明举证的情况下，对证据的合法性予以认可，也就不存在证据排除的对象了。二是公诉人在庭前会议后自行排除。公诉人在庭前会议中听取辩方意见后，应当依法对证据的合法性及时进行核实。经核实，确认存在非法取证行为的，应当在开庭前予以排除并通知法院、当事人及其辩护人、诉讼代理人；确认不存在非法取证行为的则应当将相关证据材料及时移送法院。检察院自行排除非法证据，是对侦查机关违法取证活动的程序性制裁，有助于在严格规范侦查机关的取证行为的同时，积极引导其合法取证。此外，公诉人经过审查发现确实存在非法取证的问题，在庭前排除有助于其有重点地补充补强其他证据，为庭审的有效指控做准备，防止庭审时陷入被动的局面。

最后，对于争点整理等涉及实体事项的问题，审判人员在庭前不得作出决定。争点及证据的整理虽然有利于庭审的集中进行，但毕竟涉及与被告人自身权益有关的实体事项，如果允许审判人员庭前直接就此作出决定，则有可能侵犯被告人的诉讼权利。尤其在被告人未参加庭前会议的案件中，辩护人没有异议不代表被告人没有异议，若因辩护人没有异议而在庭审时不允许被告人表达自己的异议，则有违公平审判。同时，庭前会议具体的运作规则尚不完善，多数人因持观望态度而选择在庭审时再亮出"撒手锏"。强制性规定一旦表示无异议，庭审时就不得反悔，那么，这些人很可能因需要给自己留后路而选择对所有证据都持异议或不发表意见。

（三）进一步确定庭前会议的效力

庭前会议以解决程序问题为主，兼顾了解部分实体问题的情况。其中，审判人员对于程序问题应当在会议结束后开庭前作出决定，该决定原则上具有效力，除非有证据证明是在开庭后才发现的对案件有重大影响的新情况或新证据。对于涉及实体问题的非法证据排除和争点整理则不得作出任何决定，当然，对当事人也就不会产生效力，除非控辩双方当庭表示不再申请或者没有异议。这主要是基于以下几点的考虑：

首先，即使在庭审阶段，审判人员针对程序问题与实体问题所作决定的时间段也是不同的。对于程序问题，审判人员在庭审中通常只是听取意见，至于是否同意或者驳回申请，则一般需要休庭在庭后予以调查并作出决定，再次开庭时只是宣布最终决定。相对而言，控辩双方就实体问题在庭审中提出申请，审判人员必须在庭审中作出决定。可以当庭举证、质证以及辩论的，审判人员必须据此当庭决定；如果未提申请的一方无法有效质证或辩论，需要庭后准备的，合议庭合议后可以决定休庭。休庭不是为了审判人员在庭后就该实体问题作出决定，而是为了控辩双方在庭后能够就该问题进行充分准备，以便在下次开庭时进行有效的质证、辩论，从而有助于审判人员当庭作出决定。

其次，庭前会议为控辩审三方提供了一个发表意见、听取意见、了解情况的平台。审判人员在庭前针对这些程序问题作出判断，并赋予其影响庭审的效力，有助于解决"一步到庭"模式的弊端，改变庭审时将程序问题杂糅在实体问题中一并解决的现状。此外，控辩双方对实体问题发表意见，可以使对方更有针对性地准备庭审，也使审判人员能够及时归纳出庭审重点。但如果允许审判人员在庭前根据双方意见就直接对实体问题作出判断，并赋予其影响整个庭审的效力，那么，就有可能使庭前会议演变为1979年司法实践中"听取意见"制度的法律庇护者。当然，这种"未审先定"违背了庭前会议的设立初衷。当然，我们应当特别指出的是，基于庭前会议"了解情况、听取意见"功能限定，除了审理日期的确定、是否公开审判等可以在开庭前由法官单方决定的问题外，对于庭前会议曾经提出过的可以由控辩双方决定的问题，包括程序上的回避问题、是否适用简易程序的问题、涉及实体问题的非法证据排除等问题，对控辩双方都不会产生强制性的效力，即控辩双方在开庭时可以当庭改变庭前会议上曾经表示过的看法，法庭只能以其当庭表达的意见为准。但是，这并不能否定庭前会议本身的意义，协商和无约束力的协议本身是有意义的，因为这不仅让法官了解了情况，加速了庭审的进程，更重要的是，我们还要相信人的理性和诚信，如果不是基于可以理解的原因，纯粹以欺骗和玩弄为目的改变庭前会议中表达的意愿的情况，是不大可能存在的。

# 五、结　　语

随着我国经济社会的快速发展，我国的社会主义法律制度日臻完善，但刑事审判庭前会议制度仍有很多不足之处，为了使其应有的功能完全发挥出来，必须不断加强司法改革，以便更好地保障当事人的诉讼权利，提高审判的针对性和实际效果，促进司法公平公正。

（作者单位：淮北市相山区人民检察院）

# 论新《刑事诉讼法》中
# 被害人诉讼权利保障与不足

胡素琴

**摘　要：** 文章结合该法实施半年多来司法实践中遇到的诸多问题和现实案例，从"进一步完善立法、建立被害人法律援助制度、建立刑事精神损害赔偿制度、保障被害人上诉权、建立被害人救助制度"等方面，就进一步健全完善被害人诉讼权利保护问题进行探究。

**关键词：** 新《刑事诉讼法》；被害人诉讼权利；保障；不足

2012 年 3 月 14 日，《刑事诉讼法修正案》获得人大通过。这部施行了 16 年的刑事诉讼法，完成了第二次"大修"，于 2013 年 1 月 1 日起正式施行。新《刑事诉讼法》对被害人诉讼权利的保障较之以前的刑事诉讼法律有了明显的改善，但还是存在一定的完善空间。笔者认为，只有充分保护被害人的诉讼权利，才能真正实现刑事诉讼的实体公正，维护宪法和法律关于保护人权的核心价值理念，发挥审判机关和检察机关打击刑事犯罪、维护公平正义的职能，推动社会和谐发展。

## 一、新《刑事诉讼法》实施后被害人诉讼权利保护现状

（一）被害人诉讼权利的含义

我国《刑事诉讼法》中明确规定，被害人是指具备刑事诉讼能力的当事人。其作为受犯罪行为直接侵害的人，是刑事诉讼的启动因素之一，也是刑事诉讼保护的中心人物。被害人诉讼权利是指被害人参加刑事诉讼、指控犯罪、维护自身利益的权利。近年来，诉讼法学界普遍认为，刑事诉讼中不仅要完善对被告人诉讼权利的保护，而且应当同时重视和加强对被害人诉讼权利的保护，只有这样，才能更完整、充分地体现刑事诉讼中人权保障的含义，不致使诉讼活动偏离正确的轨道，有失公平①。

（二）保障被害人诉讼权利的意义

保障被害人刑事诉讼权利，使被犯罪侵犯的财产权、自由权、人格权、健康权、生命权等权利的维护目的得以实现，不仅体现人人平等的法治理念和基础原则，也是促进社会的和谐稳定，实现"惩罚犯罪，保护人民，保障国家安全和社会公共安全，维护社会主义

---

① 王洪祥：被害人诉讼权利的保护，法律教育网，2003 年 12 月 16 日

社会秩序"目的的重要举措。

（三）新《刑事诉讼法》有关被害人权利保护的规定

新刑事诉讼法对被害人的诉讼权利作了比较具体、全面的规定。概括起来，刑事被害人的诉讼权利主要有以下几个方面：

一是申请回避权。在刑事诉讼中，被害人作为与犯罪分子对立的一方当事人，在法定情形下，有权要求审判人员、检察人员、侦查人员回避，有权对合议庭组成人员、书记员、公诉人、鉴定人和翻译人员申请回避，以保证诉讼活动公正、合理进行，维护自身的合法权益。

二是委托诉讼代理人的权利。新刑事诉讼法第四十四条规定了公诉案件的被害人及其法定代理人或者近亲属，附带民事诉讼的当事人及其法定代理人，自案件移送审查起诉之日起，有权委托诉讼代理人。自诉案件的自诉人及其法定代理人，附带民事诉讼的当事人及其法定代理人，有权随时委托诉讼代理人。

三是提起附带民事诉讼的权利。新刑事诉讼法第九十九条规定："被害人由于被告人的犯罪行为而遭受物质损失的，在刑事诉讼过程中，有权提起附带民事诉讼。"由于附带民事诉讼本质上是民事诉讼，作为原告人的范围就包括公民、法人和其他组织。

四是受到不法侵害时的举报、控告权。刑事诉讼法第一百零八条规定："被害人对侵犯其人身、财产权利的犯罪事实或者犯罪嫌疑人，有权向公安机关、人民检察院或者人民法院报案或者控告。"第十四条也规定："诉讼参与人对于审判人员、检察人员和侦查人员侵犯公民诉讼权利和人身侮辱的行为，有权提出控告。"这两项规定是宪法赋予公民申诉、举报、控告权利和在刑事诉讼中的具体体现。

五是特殊案件中被害人申请保护的权利。刑事诉讼法第六十二条规定，对于危害国家安全犯罪、恐怖活动犯罪、黑社会性质的组织犯罪、毒品犯罪等案件，证人、鉴定人、被害人因在诉讼中做证，本人或者其近亲属的人身安全面临危险的，人民法院、人民检察院和公安机关应当采取必要的保护措施。证人、鉴定人、被害人认为因做证面临危险的，可以请求予以保护。

# 二、新《刑事诉讼法》对被害人诉讼权利保护缺失的表现

（一）刑事被害人对案件的知情权受到严重限制

被害人作为犯罪行为所直接侵害的对象，理应对整个案件的处理过程有充分了解，但在司法实践中，事实并非如此。我们看到，许多被害人在追溯犯罪的过程中往往因为无法及时了解案件进展而根本不能维护自己的合法权益，而且法律对于被害人参与案件侦查、审查起诉、诉讼的程序性规定几乎是空白，这对于维护被害人利益是非常不利的。例如在侦查阶段，侦查机关除了向被害人了解相关情况外，很少向被害人说明案件侦查进展情况和处理结果。从具体办案程序而言，公安机关只有立案告知书、鉴定结果等，法律文书必须通过法律程序告知被害人，但案件到了什么地步，对犯罪嫌疑人采取了什么强制措施等，法律上都没有明确告知的义务。现实中许多被害人因为对案件进展不知情误认为公安机关不管不问，从而导致的上访较为多见。另外，虽然刑事诉讼法规定检察机关应当听取

被害人及其委托人的意见，但这也只是一种单方面听取意见的过程，并未形成公诉机关与被害人的互动，公诉机关也不会将已经掌握的案件情况告知被害人。在审判阶段，除了被害人或者被害人的近亲属提起附带民事诉讼，一般情况下，法院并不通知被害人到庭参加诉讼，也不将公诉机关的起诉书送达被害人。

（二）被害人法律援助制度缺乏

一是缺少法律援助机制。在新刑事诉讼法中，对于被害人对因经济困难无力聘请诉讼代理人的情况，没有建立相应的法律援助机制。虽然最高人民法院、最高人民检察院、公安部、司法部对《关于刑事诉讼法律援助工作的规定》进行了修改，第三条规定公诉案件中的被害人及其法定代理人或者近亲属，自诉案件中的自诉人及其法定代理人，因经济困难没有委托诉讼代理人的，可以向办理案件的人民检察院、人民法院所在地同级司法行政机关所属法律援助机构申请法律援助。第五条规定应当告知被害人及其法定代理人或者近亲属有权委托诉讼代理人，并告知其如果经济困难，可以向法律援助机构申请法律援助。但缺乏具体的指导意见，各地落实情况不一，导致一些文化程度不高、经济拮据的被害人，由于对法律知识欠缺，对于其相关诉讼权利完全不了解，在很大程度上限制了对其自身权益的维护。

二是诉讼代理人介入诉讼的时间明显滞后于辩护律师。新刑事诉讼法中规定辩护律师介入诉讼的时间为侦查阶段，即犯罪嫌疑人从被第一次讯问或采取强制措施之日起就有权委托辩护律师，而且辩护律师从侦查开始阶段就有权向犯罪嫌疑人询问相关案情，并向其提供相应的法律服务。但在新刑事诉讼法中对于诉讼代理人介入诉讼时间却没有作出相应的调整，被害人在审查起诉阶段才有权委托诉讼代理人。此项规定对于财产型犯罪中的被害人来说，由于关键的追赃等工作在很大程度上都是在侦查阶段决定的，所以诉讼代理人介入时间滞后会对其造成不利的影响。

三是诉讼代理人查阅案卷材料的权利不能保障。新刑事诉讼法对于诉讼代理人查阅案卷材料没有明确相关的规定，却对犯罪嫌疑人的辩护律师阅看案卷材料的权利作出了调整，将辩护律师在审查起诉阶段只能阅看技术性鉴定材料和法律文书修改为可以阅看所有的案卷材料。最高人民检察院2012年颁布的《人民检察院刑事诉讼规则（试行）》第五十六条明确规定，诉讼代理人要阅看案卷材料的，必须经过检察机关的许可。这就意味着诉讼代理人并没有要求阅看案卷材料的当然权利，其是否能够阅卷，决定权在于检察机关[①]。在司法实践中，需要许可才能阅卷的规定，往往就意味着在一般情况下诉讼代理人的阅卷请求将很难获得同意。也就是说，诉讼代理人的阅卷权仅仅相当于辩护律师之外的公民辩护人，如此导致双方的权益失衡。

（三）被害人缺乏精神损害方面的赔偿

被害人的权益遭受到被告人的侵犯，所造成的损失不仅仅是物质上的损害，更重要的是精神上的痛苦。但刑事诉讼法明确规定被害人只能就物质赔偿提起民事诉讼请求，而将精神赔偿排除在民事赔偿外。这样使得没有物质损失的被害人不能参与诉讼中，在刑事案件中受到的精神损害得不到赔偿。2013年2月的某一天，某砖厂务工人员张某，在互联网

---

① 陈为钢、肖亮：新刑诉法保障被害人权益若干问题研究. 中国律师网，2013年9月23日。

上聊天认识年仅 15 岁的初中女生李某，并相约到该砖厂对面山上玩耍，于当晚 7 时许，张某对李某通过暴力、胁迫手段，多次对其进行奸淫，对李某身心造成极其严重的伤害。这在李某以后成长过程中都将形成阴影。在该起案例中，张某对李某造成的身体伤害，可以附带民事诉讼请求赔偿，但精神赔偿却被排除在民事赔偿以外，显然与被害人的诉求相差甚远。

（四）被害人不具有独立的上诉权

被害人与被告人在诉讼中都是当事人，拥有相同的机会影响诉讼结局，也是当事人的必然要求。只赋予被告人上诉权而不赋予被害人上诉权，将导致被告人与被害人保护失衡。按照新刑事诉讼法的规定，被害人虽然是重要的当事人之一，却不享有上诉权，被害人被冠以"当事人"之名，却无"当事人"之实，这与被告人的诉讼权利极不对等。即使被害人不服判决而申请检察院提出抗诉，由于二者出发点和追求目的的不同，检察院一般是抱着非常审慎的态度，不涉及重大利益，一般不会轻易抗诉，致使被害人的合理要求在许多情况下不能满足。而被害人又没有强制检察机关进行抗诉的权利，那么他的合法权益就很难得到保障。

（五）缺乏被害人救助制度

依据我国法律，刑事被害人因犯罪行为所遭受的经济损失，主要是通过提起刑事附带民事诉讼，由被告人及其他赔偿义务人依法赔偿。但是，在现实中，刑事案件尤其是造成被害人伤亡的案件中被告人及其他赔偿义务人没有赔偿能力或赔偿能力不足的情况大量存在，有的刑事案件发生后难以查获犯罪嫌疑人或者证据不足无法认定责任者，致使刑事被害人或其近亲属依法要求赔偿经济损失的权利不能实现，生活陷入困境，甚至由此引发恶性报复事件或者久访不息，直接影响社会的和谐稳定。

在司法实践中，曾经发生过被害人因付不起医疗费而影响治疗导致死亡的事例。还有的被害人受到犯罪行为侵害后，由于被害人有限的合法权益得不到及时和最低限度的保护，而导致矛盾激化，出现受害人转化为犯罪人的现象。例如在震惊全国的邱兴华特大杀人案中，杀害 11 名无辜者的陕西汉阴县农民邱兴华被判死刑，遗憾的是，这些生活困难的被害者却没有得到应有赔偿。在这类严重刑事案件中，犯罪分子往往是低收入者，特别是被判处死刑后，大多数无赔偿能力或没有可供执行的财产，被害方因得不到基本经济赔偿而生活陷入困境，有时还因此引发申诉或上访等。

目前，我国尚无有关对被害人进行国家补偿的立法，在司法实务中，对因犯罪行为遭受损害无法得到赔偿而造成生活极为困难的被害人，有的由地方政府给予补偿，有的由被害人单位给予救济，有的由某种援助团体予以资助。这些做法无疑对解决被害人实际困难和平衡其心理具有积极的作用，但这些做法只是出于有关团体、单位对被害人的同情与怜悯，并没有上升到义务的高度，而且也并不普及，被害人的获得补偿权并没有获得法律与制度化的保障。

# 三、当前加强被害人诉讼权利保护的建议和对策

受害人有限的合法权益得不到及时和最低限度的保护，有可能导致矛盾激化，甚至有

可能受害人采取了某些过激行为，从而使被害人转化为犯罪人。因此笔者认为加强刑事诉讼被害人的人权保障，是维护司法公正的当务之急。

（一）从立法层面保障被害人的知情权

针对被害人难以及时准确地获知有关司法信息的问题，司法机关应当在程序上尊重被害人的诉讼权利，在法律上保障被害人的知情权。无论是侦查机关、起诉机关、审判机关还是执行机关，都应把自己对犯罪分子的追诉过程以妥善的方式通知被害人，以保证被害人知情权的完整和连贯，从而使被害人及时掌握诉讼进程中的各种信息，对司法机关执行刑事诉讼任务及时进行监督，对自己的权益及时进行维护。同时，还要就侦查机关、公诉机关，审判机关应当履行的保护被害人权利的各种义务以及履行义务的期限做出明确规定。

（二）建立被害人法律援助制度

一要建立对被害人的法律援助机制。被害人由于自身原因，对于诉讼中广泛的诉讼权利很难有效利用，所以律师协助便成为必要。这也是其作为诉讼当事人主体地位的最基本要求。对于经济上的原因不能聘请律师的被害人，建立法律援助制度是实现司法公正的必然要求。特别要为那些文化程度不高、经济拮据的被害人提供法律支持和援助，满足被害人的司法需求，平衡犯罪嫌疑人和被害人之间的相关诉讼权利。二是对诉讼代理人介入诉讼时间作出相应调整，改变被害人在审查起诉阶段才有权委托诉讼代理人的现状，打破诉讼代理人与辩护律师之间的权利失衡。三是确保诉讼代理人查阅案卷材料的当然权利。建议对诉讼代理人是否也有权和辩护律师一样阅看所有案卷材料的权利加以明确，以最大限度地保障被害人的诉讼权益。

（三）建立刑事精神损害赔偿制度

根据新刑事诉讼法及有关司法解释的规定，精神损害赔偿不在刑事附带民事诉讼赔偿范围之内。笔者认为，刑事被害人享受精神赔偿权利，在立法上确认刑事损害精神赔偿有利于更好地惩罚罪犯，缓解和消除被害人精神上的痛苦。我国在民事侵权领域里已明确地规定了精神损害赔偿，而比民事侵权更为严重的刑事犯罪却将精神损害赔偿排除在外，在客观上造成了我国刑民内在的逻辑矛盾。所以，建议在刑事诉讼法中明确规定被害人有权提出精神损害赔偿的请求，以全面维护被害人的权益。

（四）保障被害人上诉权

上诉权作为被害人的救济性人权，具有公正、秩序、效益及科学民主价值，是被害人所有实体性权利和程序性权利得以实现的保障[1]。新刑事诉讼法规定，被害人及其法定代理人不服地方各级人民法院第一审的判决的，自收到判决书后五日以内，有权请求人民检察院提出抗诉。人民检察院自收到被害人及其法定代理人的请求后五日以内，应当作出是否抗诉的决定并且答复请求人。在实践中发现，许多被害人本来对刑事法律知识知之甚少，在五日内要求被害人申请抗诉，很难维护自身的合法权益。再则申请抗诉权利实现困难，被害人有申请抗诉的权利，但申请抗诉能否被接受则取决于检察院，因法律未明确规

---

① 兰耀军：论被害人上诉权的价值与保障．甘肃政法成人教育学院学报，2004 年 01 期

定检察院接受被害人申请抗诉的条件和标准，而检察院的职责是以维护国家和公共利益为前提，对于被害人因个人利益而申请抗诉的往往拒绝。为保障被害人的上诉权利，建议增设告知程序，通过法律程序告知被害人如果不服地方各级人民法院第一审判决的，自收到判决书之日起五日以内有权请求人民检察院提出抗诉，避免因被害人不知具体规定而错失抗诉机会。其次，要增设判决书送达程序。要求法院在送达判决书时，应当在送达检察机关之前或同时将判决书送达被害人，从而使被害人有充分的时间行使抗诉请求权。再次，增设检察机关审查刑事抗诉请求程序，为避免原承办人员受原先办案过程中形成的认识影响，在审查被害人提出的抗诉请求时容易先入为主，难以深入细致地进行审查，从而可能影响其对抗诉请求的公正审查。建议出台相关规定，不得由案件原承办人审查被害人的抗诉请求，而应更换承办人或由专门部门进行审查，并应要求写出审查报告，以保证审查人员对是否抗诉提出正确意见，从而切实保障被害人的抗诉请求权。

（五）建立被害人救助制度

开展刑事被害人救助工作，在刑事被害人遭受犯罪行为侵害，无法及时获得有效赔偿的情况下，由国家给予适当的经济资助，既彰显党和政府的关怀，又有利于化解矛盾纠纷，促进社会和谐稳定。积极、稳妥、有序地开展刑事被害人救助工作，在当前人民内部矛盾凸显、刑事犯罪高发的形势下具有重要意义。建立并逐步完善刑事被害人国家救助制度，为那些生活困难的被害人，在受到严重伤害而犯罪分子又没有能力给予经济赔偿的情况下，提供最基本的保障是当务之急。

目前，安徽省政法委已牵头在全省政法机关开展有关刑事被害人救助资金需求情况的调研，力求解决刑事被害人基本生活方面面临的突出困难，及时化解社会矛盾，促进社会和谐。这是一个好的信号。笔者认为，开展刑事被害人救助工作，应当以党的十八大精神为指导，在中央司法体制和工作机制改革总体框架内，以解决刑事被害人生活面临的急迫困难为重点，全面落实党和国家宽严相济的刑事政策，切实维护社会和谐稳定。一是明确刑事被害人救助的重点。2009 年，中央政法委等八个部门联合制定了《关于开展刑事被害人救助工作的若干意见》，明确了刑事被害人救助的重点是：因严重暴力犯罪造成严重伤残，无法通过诉讼及时获得赔偿，生活困难的刑事被害人；或者刑事被害人因遭受严重暴力犯罪侵害已经死亡，与其共同生活或者依靠其收入作为重要生活来源，无法通过诉讼及时获得赔偿，生活困难的近亲属。因过失犯罪或不负刑事责任的人（如精神病人、不满刑事责任年龄的人）实施的刑事不法行为，导致严重伤残或者死亡的刑事被害人，生活困难又无法通过诉讼获得赔偿的，可以参照予以救助。二是规定救助标准。《意见》原则规定了救助标准，即：对刑事被害人或其近亲属的救助数额，以案件管辖地上一年度职工月平均工资为基准，一般在 36 个月的总额之内。救助以一次性为原则，对接受过涉法涉诉救助的，不再给予刑事被害人救助。三是拓展救助途径。国家可以通过保险赔偿、社会救助、社会捐助等途径对刑事被害人给予救助。各地还可就刑事被害人救助资金需求情况进行调研，积极拓展多种渠道，着力解决刑事被害人基本生活方面面临的突出困难，及时化解社会矛盾，促进社会和谐[①]。

---

① 吴建立、段秋萍：做好刑事被害人救助工作的着力点．郑州日报，2013 年 5 月 24 日。

# 结　　语

保障刑事被害人的诉讼权利，不仅体现我国的人权保护，更事关司法公正、公平、公开。同时，受害人的加入可以督促公检法机关真正地依法办案，而不至于使他们从一个极端走向另外一个极端，使行政机关、司法审判机关的行政司法行为得到真正有效的保障。

（作者单位：歙县公安局）

**参考文献：**

［1］陈娟．试论被害人诉讼权利的实现［EB/OL］．（2013－08－04）http：//shqfy. hncourt. org/public/detail. php？id＝634.

［2］徐小玲．论刑事被害人的诉讼权利［EB/OL］．（2013－03－02）http：//www. qikan. com. cn/Article/zscj/zscj201303/zscj20130359. html.

［3］李小龙．论刑事被害人诉讼权利的保障［EB/OL］．（2013－08－29）http：//www. cnki. com. cn/Article/CJFDTotal－JMSJ201308294. htm.

［4］万鄂湘．论刑事被害人诉讼权利和救济制度的完善［EB/OL］．（2013－02－16）http：//www. 66law. cn/lawarticle/10163. aspx.

# 司法权力分工及其监督机制研究

陆汝明　　陆栋良

**摘　要：**司法权力要得到很好的行使并获得良好的效果，就必须合理配置各机关的司法职权。我国司法权力机关包括公安机关、人民检察院、人民法院、司法行政机关，即公检法司。司法权力具体分为侦查权、检察权、审判权、执行权。确保司法权力机关分工负责、互相配合、互相监督，才能保证准确有效地行使司法权力，从而限制国家公权力被滥用，使国家法律得到准确有效的执行，才能实现真正的公平正义。文章介绍了我国各司法权力机关的设置及其职权，结合我国法治发展的现状，对健全司法职权优化配置进行分析和展望，阐述了我国司法权力分工负责、互相配合、相互监督机制的现状和不足，希望国家加快司法体制改革进程，早日建立强盛的社会主义法治国家。

**关键词：**司法权力；司法权力机关；司法职权优化配置

## 一、司法权力机关范围及其改革规划

　　司法权力机关是指行使司法权的国家机关。在资本主义国家，司法机关与立法机关、行政机关互不从属。在社会主义国家，司法机关从属于国家权力机关而相对独立于其他国家机关。司法权力机关有狭义和广义之分，狭义的司法权力机关包括国家审判机关即人民法院、国家公诉机关即人民检察院，以及国家侦查机关即公安机关、国家安全机关，广义的司法权力机关还应包括代表国家行使除侦查、起诉、审判之外的司法职权的司法行政机关。上述四个机构简称公检法司，根据《刑事诉讼法》《民事诉讼法》《行政诉讼法》《监狱法》等法律法规的明确规定，各类案件在各阶段由各专门机关分工负责、相互配合、相互制约，共同行使国家司法权力，维护国家的稳定和社会发展。

　　各机关根据不同时期的工作需要，必须进行相应的职权调整和优化，根据《关于深化司法体制和工作机制改革若干问题的意见》（以下简称《意见》）的内容，现阶段司法改革的总体规划为，以加强权力监督制约为重点，紧抓影响司法公正、制约司法能力的关键环节，强调排除体制性、机制性、保障性障碍，力图建设公正高效权威的社会主义司法制度。改革首先要解决的是各司法权力机关进一步优化司法职权配置问题，其次是落实宽严相济刑事政策、加强政法队伍建设、加强政法经费保障四个方面。《意见》具体提出了包括完善民行案件执行体制，推进司法公开，促进裁判统一，改革完善内部监督、外部监督，完善人民监督员制度，推进社区矫正工作，改革纪检监察工作机制等60项改革任务。《意见》是今后一个时期司法改革的总纲，体现了中央对现阶段司法改革的整体考虑，反映了中国特色社会主义法治对推进司法改革的内在要求，标志着新一轮司法改革的正式启动。

# 二、人民法院的设置和职权优化

1. 人民法院的设置

人民法院是国家的审判机关，由同级人民代表大会产生，向人民代表大会负责并报告工作，依法独立行使审判权不受任何行政机关、社会团体和个人的干涉。国家设立最高人民法院、地方各级人民法院、军事法院、铁路运输法院、海事法院。最高人民法院作为最高审判机关，监督地方各级人民法院和专门人民法院的审判工作，上级人民法院监督下级人民法院的审判工作。

2. 人民法院的主要职权

人民法院的主要职权包括：（1）依法受理和审判有管辖权的民事、行政和刑事案件；（2）依法执行已发生法律效力的判决书、裁定书、调解书及其他具有强制执行效力的法律文书；（3）依法受理国家赔偿案件和决定国家赔偿；（4）中级以上法院依法按照审判监督程序审理当事人提出的申诉、申请再审案件，人民检察院提出抗诉的刑事、民事、行政案件，依法审理减刑、假释案件；（5）调查研究审判工作中适用法律、执行政策的疑难问题，提出解决问题的办法、意见和司法建议，开展司法统计工作，参与地方立法和综合治理工作；（6）指导辖区内法院的思想政治、教育培训、法制宣传和队伍建设工作；（7）指导辖区内法院的人员、财务、装备、技术、鉴定等工作；（8）负责辖区内法院的纪检监察工作；（9）最高人民法院还有权根据法律的实施情况出台相应的司法解释、指导案例等。

3. 人民法院司法职权的优化配置

2014年1月10日，最高人民法院发出《关于认真学习贯彻中央政法工作会议精神的通知》，要求全国各级法院根据会议精神指导人民法院工作，更好地发挥人民法院的职能，要进一步深化对新形势下人民法院工作任务的认识，进一步深化对司法体制改革的认识。要准确把握深化司法改革的目标任务，从而确保依法独立公正地行使审判权、健全司法权力运行机制、完善人权司法保障制度三个方面，着力解决影响司法公正、制约司法能力的深层次问题，努力提升司法公信力。

（1）完善人民法院司法职权运行机制。把人民法院的职权重心放在审判和执行工作上，优化审判业务部门及综合管理部门之间的职权配置；培养各部门业务主干，重视对业务部门的能力提升；规范审判管理部门的职能和工作程序。

（2）进一步完善刑事审判制度。完善《人民法院量刑程序指导意见》，严格规范法官裁量权，将量刑纳入法庭审理程序，提高量刑工作的透明度，统一裁判标准。完善减刑、假释审理制度，加强同步监督。完善保外就医、暂予监外执行、服刑地变更的适用条件和裁定程序。完善刑事附带民事审判制度，规范财产刑和刑事附带民事诉讼裁判的执行工作机制。强化诉讼调解，促进裁判有效执行。完善证人、鉴定人出庭制度和保护制度。完善刑事审判监督程序，完善刑事申诉案件立案与再审的职能分工和工作流程。完善未成年人审判制度，设立独立建制的少年审判庭，并不断完善相关的配套制度，将宽严相济刑事政策制度化。

（3）完善民事、行政审判制度。进一步完善民事诉讼证据规则。设置知识产权案件综合审判庭，建立健全相应的审判体制和工作机制。完善民事、行政诉讼简易程序。建立新型、疑难、群体性、敏感性民事案件审判信息沟通协调机制，保证裁判标准统一。完善民事、行政案件再审程序，依法保护当事人的申请再审权。完善诉前诉中调解制度，完善诉讼与仲裁、行政调处、调解等非诉讼纠纷解决方式之间的衔接机制。完善执行和解制度。推进行政诉讼法的修改进程，促进行政诉讼审判体制和管辖制度的改革和完善。

（4）完善民事、行政案件的执行体制。加强执行联动机制建设，完善高级人民法院统一管理、统一协调本辖区执行工作的管理体制。完善执行异议和异议之诉制度。推行执行全程公开和执行事项告知制度，建立执行裁决权和执行实施权分权制约体制。健全执行程序中的财产调查、控制、处分和分配制度，加大制裁规避执行行为力度。配合有关部门建立健全执行威慑机制，建立政法委组织协调、人民法院主办、有关部门配合、社会各界参与和监督的执行工作机制。

（5）完善审判组织。完善审判委员会机构设置、运行方式、讨论案件的范围和程序，实现审委会委员的专业化和工作的规范化。对合议庭的组成、职责、考评机制、免责情形等做出规范，明确合议庭和主审法官的职责。确保人民检察院检察长、受检察长委托的副检察长列席同级人民法院审判委员会的规定得以执行。完善人民陪审员制度，扩大人民陪审员的选任范围和参与审判活动的范围，规范人民陪审员参与审理案件的活动。

（6）完善上下级人民法院之间的工作关系。完善上级人民法院对下级人民法院的监督指导工作机制，明确上级对下级进行业务管理、人事管理和行政管理方面的范围与程序。完善发回重审制度，改革再审制度，保障当事人的申诉权和申请再审权，制定配套规范。规范下级人民法院向上级人民法院请示报告制度，进一步限制上级法院答复和指导行为，避免二审干涉一审独立审理的情况。完善委托宣判、委托送达、委托执行工作机制。

（7）完善人民法院接受内外部制约与监督机制。完善人民法院组织内部的监督体制，规范人民法院接受检察机关法律监督的内容、方式和程序。规范人民法院接受新闻舆论监督的工作机制。接受党委、政法委对法院领导班子及其成员进行监督的工作机制，规范政法委、人大对人民法院审判行为的监督。建立和完善特约监督员制度，加强党外人士监督制度建设。健全新闻发言人例会制度，完善记者旁听开庭机制等，加强与新闻媒体的沟通联络。建立人民法院网络民意表达和民意调查制度，完善社会舆情汇集工作机制，妥善解决司法工作中涉及民生的热点问题。完善司法公开制度，保护公众的知情监督权和当事人的诉讼权。完善人民法院廉政监察员制度，强化对审判、执行工作的直接监督。完善反腐倡廉长效机制，构建职权明确、监督到位、追究有力的责任体系。

（8）加强司法职业保障制度建设。加强人民法院依法独立公正地行使审判权的保障机制建设。完善对非法干预人民法院独立办案行为的责任追究制度，加大对不当干预人民法院审判和执行工作的纪检监察力度。完善对妨碍人民法院执行公务、拒不执行生效裁判等违法犯罪行为的法律规定。完善最高人民法院就司法解释工作与相关部门的协调制度和人大备案制度，保证司法解释的统一和权威。

# 三、人民检察院的设置及其职权优化

1. 人民检察院的设置

人民检察院是国家的法律监督机关，人民检察院由同级人民代表大会产生，向人民代表大会负责并报告工作，依法独立行使检察权不受任何行政机关、社会团体和个人的干涉。国家设立最高人民检察院、地方各级人民检察院和军事检察院、铁路运输检察院。人民检察机关上下级是领导和被领导的关系，为了维护国家法制的统一，检察机关必须一体化，必须具有很强的集中统一性。

2. 人民检察院的主要职权

人民检察院的主要职权包括：（1）对于叛国案、分裂国家案以及严重破坏国家的政策、法律实施的重大犯罪案件，行使检察权。（2）对于直接受理的国家工作人员利用职权实施的犯罪案件，进行侦查。（3）对于公安机关、国家安全机关侦查的案件进行审查，决定是否逮捕、起诉或者不起诉，并对侦查活动实行监督。（4）对于刑事案件提起公诉，支持公诉。对于人民法院的刑事、民事、行政审判活动实行法律监督，对人民法院已经发生效力的判决、裁定，发现违反法律、法规规定的，依法提出抗诉。（5）对于监狱、看守所等执行机关的活动实行监督。（6）受理公民控告、申诉和检举。（7）对国家机关工作人员职务犯罪预防工作进行研究并提出职务犯罪的预防对策和检察建议，负责管辖范围内的法制宣传工作。（8）对于检察工作中具体应用法律的问题进行司法解释。（9）负责检察机关内部的思想政治工作和队伍建设，检察机关内部的纪检监察工作。（10）管理辖区内检察院的人员、财务、装备工作等。

3. 人民检察院司法职权的优化配置

根据《"十二五"时期检察工作发展规划纲要》及《2014—2018年基层人民检察院建设规划》，现阶段人民检察院改革目标是强化法律监督和自身监督，首先就要优化检察职权配置，改革和完善法律监督的范围、程序和措施，加强诉讼监督，以执法办案为中心，努力实现法律效果、政治效果和社会效果的有机统一，充分发挥人民检察院作为法律监督机构的作用，更好地保障经济平稳快速发展、维护和谐社会稳定和公平正义。

（1）完善人民检察院司法职权工作机制。加强对公安机关，人民法院、司法行政机关的监督工作。提高批捕、起诉效率的工作机制，保障批捕、起诉案件质量。优化立案、起诉、监察等部门之间的职权配置。完善检察委员会制度，促进检察委员会民主决策、科学决策。将宽严相济的刑事政策法律制度化。

（2）加强重点职务犯罪领域的监督检察工作。严肃查办发生在领导机关和领导干部中的职务犯罪案件、权力集中部门和岗位的职务犯罪案件、国家重点投资领域、资金密集行业的职务犯罪案件、侵犯人民群众合法权益的职务犯罪案件、破坏生态资源、重大责任事故、执法司法不公、群体性事件涉及的职务犯罪案件和充当黑恶势力"保护伞"的职务犯罪案件。加强和规范查办刑罚执行和监管活动中的职务犯罪工作。

（3）加强严重暴力犯罪领域的检察工作。将另一工作重点放在打击严重刑事犯罪，包括暴力犯罪、恐怖活动犯罪、黑恶势力犯罪、多发性侵财犯罪等，重视对侵害民生犯罪的打击，切实维护人民群众权益，保障人民群众生命健康安全。积极配合公安机关开展社会治安专项整治，始终保持对严重刑事犯罪的高压态势。

（4）加强民事、行政案件检察工作。完善创新民事行政检察工作机制和方式。对于人民法院受理的重大民事、行政案件进行有选择的监督，规范监督范围、程序和措施，健全民事行政检察监督体系，减少检察机关身份与职能的冲突，保障涉及老百姓切身利益的重大案件的公正审理和执行。规范民事行政抗诉工作，强化同级检察机关的监督，充分发挥再审检察建议等方式的作用，构建以抗诉为中心的多元化监督格局。开展民事执行监督试点工作。推进民事、行政检察机构专门化设置。

（5）完善诉讼监督制度。重点是加强对刑事立案、侦查活动、刑事审判、刑罚执行和监管活动的监督，加强程序监督，完善监督机制、强化监督措施，包括完善检察长列席审委会制度，明确、规范检察机关调阅审判卷宗材料、调查违法行为的程序。对确有错误的已生效的各类案件提出抗诉或支持申诉。推行量刑建议制度，将量刑纳入法庭审理程序。

（6）完善诉讼外事务的监督机制。加强刑罚执行和监管活动监督，建立刑罚变更执行同步监督制度，加强对减刑、假释案件开庭审理的监督。建立适应社区矫正特点的监督工作机制。完善重大监管事故应急处理和应对机制。推行被监管人及其家属约见检察官制度。完善人民检察院检察建议工作制度，加强检察机关参与社会治安综合治理、宣传法制、预防和减少违法犯罪的功能。建立上级检察院对监管场所开展巡视检察机制。完善办理刑事赔偿案件机制，积极稳妥地开展赔偿监督工作。

（7）完善上下级人民检察院之间的职权配置。加强上级对下级的业务监督和领导监督制度，保证下级检察院独立办案。完善检察院立案侦查的案件逮捕决定权上提制度，保障自侦案件质量。建立健全相应的电子检务网络和远程视频讯问系统。推行下级检察院检察长到上级检察院报告工作、述职述廉制度。完善巡视制度，全面开展检务督察工作，突出对重大决策部署和制度执行的监督，探索实行重大工作部署专项督办制度。

（8）完善人民检察院内外部监督制约机制。全面推进检察机关惩治和预防腐败体系建设。建立健全对自身执法活动的监督制约机制，完善检察工作的内外监督机制。完善人民监督员制度，规范人民监督员选任和监督范围，保证人民监督员的外部性、独立性、公正性，有利于监督检察权的行使，维护犯罪嫌疑人合法权益，促进民众对司法的参与。建立检察机关巡视工作制度、检务督察制度和执法办案内部监督制度。完善检务公开制度，规范公开的方式和途径。建立和完善检察系统的新闻发言人制度。

（9）加强检察队伍素质建设。健全检察官惩戒制度，落实责任追究制度。完善和落实党建工作责任制。加强思想政治建设、检察业务建设、领导班子建设、人才队伍管理机制建设、职业保障建设、基础设施及信息化建设，加强检察文化建设，完善检察业务考评机制，加强基层检察院建设。

## 四、公安机关的设置及其职权优化

### 1. 公安机关和国家安全机关的设置

公安机关是具有武装性质的治安行政和刑事司法的专门机关，广义的公安机关还包括维护国家安全的国家安全机关。国务院设公安部，省、自治区设公安厅，专署设公安处，市设公安局，县设公安局（城市区设公安分局），城镇街道、农村乡级单位设公安派出所，铁路、交通、林业等系统设专门的公安机关，公安机关上下级是领导与被领导关系，同级公安机关受本级人民政府领导。

国家安全机关是国家的反间谍机关和政治保卫机关，国务院设国家安全部，省级政府设国家安全厅（局）由国家安全部与当地省级党委、人民政府双重领导，实际上以国家安全部的领导和管理为主。

2. 公安机关和国家安全机关的主要司法职权

公安机关的主要职权有：（1）预防、制止和侦查违法犯罪活动；（2）维护社会治安秩序，制止和惩处危害社会治安秩序的行为；（3）维护交通安全和交通秩序，处理交通事故；（4）对被判处管制、拘役、剥夺政治权利的罪犯和监外执行的罪犯执行刑罚，对被宣告缓刑、假释的罪犯实行监督、考察；（5）指导和监督国家机关、社会团体、企业事业组织和重点建设工程的治安保卫工作等；（6）负责辖区内的法制宣传工作，公安系统内部的队伍建设及纪检监察工作；（7）负责辖区内的治安统计、户籍等工作。

国家安全机关的主要职权有：在国家安全工作中依法行使侦查、拘留、预审和执行逮捕以及法律规定的其他职权。

3. 公安机关的司法职权优化配置

在新形势下，结合十八大精神，公安队伍正规化建设是公安机关今后一个时期的工作重点，推进公安机关行政改革是解决公安队伍诸多问题的重要途径，对于社会稳定发展有着重要意义。

（1）强化预防、制止和侦查违法犯罪活动职能。加强严重暴力犯罪行为的预防和打击，包括暴力犯罪、恐怖活动犯罪、黑恶势力犯罪、多发性侵财犯罪等，加大侦查力度，切实维护人民群众生命财产安全，加强检察院转交的对经济犯罪和职务犯罪等部分刑事案件的侦查权的行使，积极配合检察机关开展社会治安专项整治，始终保持对严重刑事犯罪的高压态势。建立违法犯罪行为人资料库，加大全国联网的范围和规模，加大武器装备投入，建立高效的侦查体系和预防犯罪机制。

（2）完善生效刑事案件当事人刑罚的执行工作。强化对被判处管制、拘役、剥夺政治权利的罪犯和监外执行的罪犯执行刑罚工作，对被宣告缓刑、假释的罪犯实行监督、考察，配合司法行政机关对特定人员进行社区矫正和帮助安置工作。

（3）明确职能定位，加强队伍建设。明确自身职能，严禁越权办案，加强各级公安机关领导班子能力建设，着重提高与职能定位密切相关的能力，提高指挥实战和随机应变的能力。培养专业技术人才，加强对新型犯罪的研究工作。建立适应公安机关特点的人事管理机制，优化警力资源配置。完善岗位负责制及行政领导责任制，将工作后果与职业前途挂钩。

（4）加强自身监督和外部监督体系。建立高效的自我约束监督制度，防止和严惩公安队伍的内部腐败行为。建立公安队伍的诚信档案，配合检察机关查处腐败行为。强化上级对下级，政府对本机公安机关的领导和监督工作。完善新闻发言人制度、警务公开制度，加强社会各阶层的舆论监督。

## 五、司法行政机关的设置及其职权优化

1. 司法行政机关的设置

司法行政机关是政府对司法工作进行行政管理的专门机关，司法行政机关不是司法机

关而是行政机关，却行使着公安机关、国家安全机关、检察机关、审判机关司法权力之外的司法权力，作为司法机关职能的必要补充机关。国务院下设司法部统一管理全国司法行政工作，地方各级政府的司法行政机关称为司法厅或司法局。司法行政机关受同级政府和上级司法行政机关领导。

2. 司法行政机关的主要司法职权

主要职权包括：（1）负责全国监狱管理工作，监督管理刑罚执行、改造罪犯的工作，指导、监督司法行政系统及戒毒场所的管理工作；（2）普及法律常识，规划并组织实施、指导各地方、各行业法制宣传、依法治理工作和对外法制宣传；（3）负责指导监督律师工作、公证工作，监督管理全国的法律援助工作，负责港澳的律师担任委托公证人的委托和管理工作；（4）指导、监督基层司法所建设和人民调解、社区矫正、基层法律服务和帮教安置工作；（5）组织实施国家司法考试的相关工作；（6）主管全国司法鉴定人和司法鉴定机构的登记管理工作；（7）参与有关法律法规的起草，国际司法协助条约的草拟、谈判，履行司法协助条约中指定的中央机关有关职责；（8）指导司法行政系统的对外交流与合作，组织参与联合国预防犯罪组织和刑事司法领域的交流活动，承办涉港澳台的司法行政事务；（9）负责司法行政系统人员、财务、装备的监督和管理工作，指导、监督司法行政队伍建设等。

3. 司法行政机关职权的优化配置

根据中央政法委《关于深化司法体制和工作机制改革若干问题的意见》和十八大精神，结合现阶段社会发展的需要，对司法行政机关职权进一步优化配置是必要的。

（1）完善监狱和戒毒所管理制度。加强监狱和戒毒所的工作人员、服刑人员、财务的管理工作及相关制度的完善，监督监狱、戒毒所和企业收支分开，规范运行。完善配合人民法院和人民检察院处理减刑、假释案件及服刑场所犯罪案件的机制。

（2）加强法律援助和法制宣传工作的指导和投入。完善法律援助制度，充分保障受援人的基本权利和援助经费，监督提供法律援助人员履行职务，宣传和鼓励社会力量壮大法律援助事业。加大法制宣传力度，建立定期进行法制宣传活动的机制。

（3）加强司法行政系统、律师事务所、公证处、司法鉴定机关、法律服务所的管理。司法行政机关工作人员、律师、公证人员、司法鉴定人员、法律工作者队伍在快速壮大的同时，必须加强司法行政机关的监督和管理，鼓励他们从事法律宣传和公益事业，建立执业诚信档案，加大对违法违规人员的处罚力度，保障上述机构人员的高水平、高素质。完善司法考试制度，培养优秀法律人才。

（4）完善监督和交流机制。完善本级政府和上级司法机关对司法行政机关的领导和监督机制，配合人民检察院和其他组织人员的监督，完善政务公开制度，接受人民群众监督制度。完善由司法部代表国家对外交流促进机制。完善对自身系统内部人员的监督和处罚制度。

## 六、司法权力机关之间的相互配合机制

1. 司法权力机关在处理案件中的配合

互相配合是公安机关、人民检察院、人民法院和司法行政机关在分工负责的基础上互

相支持和合作，互相协调，使各类诉讼和非诉讼程序顺利衔接，共同完成揭露犯罪、证实犯罪、惩罚犯罪、维护公平正义的任务。司法权力机关之间相互配合表现在具体案件之中，对侦查阶段的刑事案件的侦查、拘留、执行逮捕、预审由公安机关负责；侦查期间提请批准逮捕、决定起诉，监督公安机关、人民法院、司法行政机关行使司法权力工作，以及公诉阶段全过程由人民检察院负责；审判和部分民事、行政案件的执行权由人民法院负责；对于交付监狱执行和交付社区矫正人员的管理工作由司法行政机关负责。通过公检法司各部门的相互配合，一个案件才能最终结案。

2. 司法权力机关在其他情况下的配合

大量法律法规的起草、通过和公布需要公检法司各部门共同行使，主要由各部门的最高级别的机关代表本系统行使权力，如最高人民法院、最高人民检察院、公安部、司法部联合发布《关于刑事诉讼法律援助工作的规定》《关于对判处管制、宣告缓刑的犯罪分子适用禁止令有关问题的规定（试行）》，最高人民法院、最高人民检察院、公安部、国家安全部、司法部共同印发《关于办理死刑案件审查判断证据若干问题的规定》和《关于办理刑事案件排除非法证据若干问题的规定》等。有公检法司各权力机关的共同配合，才能出台更具可操作性的规范性文件，才能保证宪法和法律的正确实施。还应加强司法权力机关在其他领域的配合，比如法制宣传、教育领域，对外交流合作等领域的配合，以达到最好的社会效应。

# 七、司法权力机关之间的互相监督机制

1. 司法权力制约的必要性

没有监督和限制的绝对权力，必将导致腐败的发生，而司法的腐败将导致民众法律信仰的丧失、国家的法律权威丧失，这将会给整个国家带来毁灭性的后果。我们要建立的民主法治国家，就是要坚决遏制司法腐败，如此才能保障权力的正确实施，保障国家的长治久安。我国还处于社会主义初级阶段，对于各种国家制度和发展模式还处于改革和实践的过程中，司法权力机关及其职权还有待优化配置，权力行使的程序规定还不够具体完善，司法权力的行使还缺乏独立性和权威性，司法队伍的素质还有待提升，国家机构整体设置还有待改革和调整，这将是个长期的改革与实践过程。

2. 建立司法权力相互监督机制

司法权力互相监督是公检法司各部门在行使司法权力过程中互相监督、互相制约的机制，主要表现在，各权力机关在行使司法权力的过程中，以人民检察院为主要法律监督机关，其他机关在职权范围内相互制约，同时各部门接受党和人大的监督和制约。要使司法权力得到有效的监督和制约，防止发生错误和及时纠正错误，把权力分散到多个部门，并由多个部门互相制约是现代社会制约权力的有效机制。这还需要制定严格的权力制约机制，通过学习借鉴国外先进制度并结合我国国情，尽快完善相关立法，利用先进技术手段加大司法权的监督力度。先从权力机关内部加强监督和制约，以权利制约权力，再完善和推广人民监督员制度，加强舆论监督和党组织监督，合理发挥内部和外部的双重监督作用，确保权力在公正、法治的框架内运行，最终建立立法、行政、司法三大分支系统之间、国家与地方之间权责明确、相互制衡的司法制约机制。

# 结　束　语

　　司法权力要得到很好的行使并获得良好的效果，就必须明确并合理配置各司法权力机关的侦查权、检察权、审判权、执行权，确保公检法司四机关分工负责、互相配合、互相制约，才能保证准确有效地行使权力，从而限制国家公权力被滥用。分工负责、互相配合、互相监督是密切相关、缺一不可的。其中，分工负责是前提，互相配合和制约是四机关依法行使职权、顺利进行各类司法活动的保证。只有贯彻这一原则，才能保证案件的正确处理，使国家法律得到准确有效的执行，实现真正的公平正义，才能完成建立强盛的社会主义法治国家这一终极目标。

（作者：陆汝明，现任安徽陆汝明律师事务所主任；

陆栋良，现任安徽陆汝明律师事务所副主任）

# 论刑事诉讼中确保控辩平衡关键在保障辩护律师的权利

程达群

**摘　要：**现代刑事诉讼最基本的要求是实现控辩双方的实力均衡和司法的消极中立，并为法庭对抗而适当均衡双方在自然状态下力量的不平等。由于犯罪嫌疑人、被告人在法律知识上的欠缺，要维护其合法权益必然更多地依靠辩护律师的作用发挥。因此，保障辩护律师的诉讼权利成了确保控辩平衡的重中之重。

**关键词：**刑事诉讼法；控辩平衡；辩护律师；司法公正

2015 年 4 月 29 日，《人民日报》第 14 版发表《让律师说话，天不会塌下来》的署名文章①，一时引发众多评论。该文主要针对北京市大兴区人民检察院出台要求检察机关在办案过程中要尊重听取辩护人、诉讼代理人的意见的规定，赞扬了该检察院保障、尊重律师权利的做法。进而作者得出了只有尊重律师，发挥律师的作用，才能实现控辩双方充分对抗，对案件进行充分交流，才能让裁判法官得出最公允的结论，从而达到刑事诉讼发现真相、保障人权、实现公平正义的目的。

这篇文章从一个侧面反映了我国刑事诉讼过程中存在的重大问题：不让律师说话，不听律师说话，不让律师进行有效辩护。这也是造成中国冤假错案层出不穷的制度性原因。我们可以发现，不论是佘祥林、赵作海冤案，还是安徽歙县张氏叔侄冤案的形成，都是审判者不尊重律师辩护，对律师无罪辩护置若罔闻，按照侦查阶段取得的证据一条路走到黑的结果。这么多的冤案提醒我们，在中国完全没有确立律师在刑事辩护中的应有作用，没有实现控辩双方对等的法律地位。连让律师说话这最基本的底线都要拿来进行赞扬，就别说更多的程序性保障措施的付诸阙如了。为了彻底实现刑事诉讼法的正义，彻底地保障人权，为了全面落实中共十四届四中全会"依法治国"的方针，笔者认为在刑事诉讼中全面确立控辩对等原则刻不容缓。

刑事诉讼法的现代化是建立在公诉制度以及辩护制度的基础之上的。为实现惩罚犯罪、维护人权同时维护社会正常秩序，各个国家都在刑事诉讼法中规定了公诉制度，同时赋予控辩双方对等的法律原则。控辩对等是现代刑事审判的核心机制，是基于"平等武装"理念，是实现司法公正的前提条件。"这项原则主要包括：（1）控辩双方在诉讼中的法律地位平等。即控诉一方和被告一方都是诉讼主体，法律地位完全平等。只有控辩双方

---

① 《人民日报》2015 年 4 月 29 日第 14 版。

的法律地位完全平等，双方才能公正地进行对抗，法官才能保持中立，进而实现'兼听则明'，实现裁判的公正性。（2）诉讼权利相同或对等。诉讼权利相同是指，控辩双方都享有同样的诉讼权利，包括在庭审中都有提出证据的权利、质证权、辩论权、上诉权等；相对应的诉讼权利是指，一方享有一种诉讼权利，而另一方则享有与之相对应的诉讼权利，如控方有权发表公诉词，而辩护一方则有权发表辩护词，一方享有举证权，而另一方则有权进行反驳，等等。因此，控辩对等已经成为衡量刑事诉讼程序是否具有公正性的基本标准。在刑事诉讼的三方组合中，公诉人与辩护人形成两造对立的局面，以及法官的客观中立是保持诉辩平衡，实现司法公正的保证。"①

如果控辩双方失衡，从程序上就无法保证案件能够得到公正的审理，实体上必然难以实现正义。在当下中国，可以说控辩双方不对等的情况是严重的。其中一个最严重的方面是律师的介入有限且发挥作用不够。据统计，一个刑事案件律师的参与仅及三四成，而且地区之间也相当不平衡。在没有律师介入的刑事诉讼中，那些身负罪名的犯罪嫌疑人和公诉人对庭，无疑使得控方力量过于强大，破坏了平衡的诉讼架构，想实现正义的审判无异于缘木求鱼。另外，即使律师介入了刑事诉讼，也由于权利保障不力，甚至在执业过程中面临被刑事追究的风险。刑辩律师辩着辩着就成了刑事被告人，这样的辩护制度只能让律师心生恐惧，对刑事辩护退避三舍。没有制度的制约和保障，律师不敢发声，对公权力的违法行为不能进行有力的控诉，并让法院排除一些非法取得的证据，刑辩有可能就是走过场，刑事诉讼流于形式。由于控方力量过于强大，有些律师开始采取自力救济，采取"死磕"的方法，利用网络的力量揭露司法程序的不公。在庭审中，他们对明显先入为主的检法人员提出回避，对非法取得的言辞证据要求立即排除，对管辖权提出强烈异议，对不让律师完整发言当庭抗议，并写公开信给法官，采取行为艺术对法庭不保障律师权益进行抗议。这批律师因之被誉为"死磕律师"。笔者认为，"死磕律师"是在中国目前无法保障律师合法权益的情况下，为维护法律的正确实施而采取的一种"合理碰撞"。但是，很不幸，在征求社会意见的刑法修正案九中正在针对这种"死磕"做法做出规定，希望能够将这种所谓的闹庭行为纳入刑法规制，以进一步扼杀律师的全面有效辩护行为②。该修正案第三十五条的第三项和第四项由于太过宽泛，可以成为"收拾""不听话"律师的有效措施，一旦该条款得以通过，律师连抗议的权利都可能被剥夺，刑事辩护律师随时都有"被刑罚"的可能，控辩双方的对等地位进一步被打破，中国本已脆弱的刑事辩护更加岌岌可危。

没有了律师参与辩护的刑事诉讼或律师走过场式的刑事辩护对于刑事诉讼制度是一个极大的伤害。因为基于程序性的要求，当正义不再在人们的视野中运行，任何的审判结果都不会得到人们的尊重。有一句人所共知的法律格言："'正义不仅要实现，而且要以人们看得见的方式实现'。这句格言告诉大家：案件不仅要判得正确、公平，符合实体法的规定和精神，而且还应当使人感受到判决过程的公平性和合理性。因此，所谓'看得见的正

① 陈卫东：公诉人的诉讼地位探析——兼论检察机关审判监督职能的程序化，中国法学网

② 三十五、将刑法第三百零九条修改为："有下列情形之一，严重扰乱法庭秩序的，处三年以下有期徒刑、拘役、管制或者罚金："（一）聚众哄闹、冲击法庭的；""（二）殴打司法工作人员或者诉讼参与人的；""（三）侮辱、诽谤、威胁司法工作人员或者诉讼参与人，不听法庭制止的；""（四）有其他严重扰乱法庭秩序行为的。"

义'实质就是指裁判过程（相对于裁判结果而言）的公平，法律程序（相对于实体结论而言）的正义。"①

正是由于律师辩护在刑事诉讼中的重要作用，所以保障律师执业权利成了维护被告人合法权益、保障人权的重要手段，也成了实现控辩对等必须着力解决的大问题、真问题。当然，在保障律师执业权利的同时，适当地界定控方的权力，防止控方权力过大也是必须同步解决的一个问题。下面，笔者试从控辩双方各自权力权利的界定出发，对如何实现控辩对等提出管见。

# 一、给予被告人充分的辩护权，是确保控辩平衡的第一步

在刑事诉讼中，面对强大的国家机器，被告人的地位是相当脆弱的。为了打破这种一边倒的倾向，实现控辩平衡，必须强调"平等武装"。这样，就必须赋予被告人充分的辩护权。所谓的辩护权，就是指辩护人为被指控人利益进行辩护所拥有的各项诉讼权利②。这些权利的行使者当然包括被告人本身，比如申诉抗辩权、沉默权等专属于被告人的辩护权。但由于大多数被告人人身自由被限制，法律知识和诉讼能力方面欠缺，更重要的是特殊地位使得其辩护权无法充分发挥，因此其聘请的律师所做的辩护工作则重要得多。

为了让被告人获得更多更大的辩护权来对抗强大的国家机器，法律赋予了被告人各方面的辩护权：

### 1. 获得律师帮助权、法律援助权

由于被追诉人在法律知识以及表达能力上客观存在的缺陷，面对强大的国家机关的指控难以进行充分有效的辩护。于是，在刑事诉讼的各个阶段，给予其聘请律师的权利，由律师为其提供辩护，就成为补强其辩护权和辩护能力的必要。新的刑事诉讼法适应国际保护人权的潮流，在侦查阶段就赋予了律师的辩护权。律师在侦查阶段就可以以辩护人的身份给被告人提供辩护的法律服务，防止错案发展下去。如果被告人无经济能力聘请律师，只要其提出申请，各地的法律援助中心会为其提供免费的法律援助。在审判阶段，如果被告人系未成年人或可能判处死刑的案件，法院会通知法律援助中心为其提供援助律师。即使是一般的刑事案件，只要被告人经济困难，提出申请，在各个阶段法律援助中心都会指派律师为其提供法律服务。国家出钱给被告人请律师，充分体现了司法公正，是国家刑事诉讼制度一个重要的环节，是确保控辩平衡的重大举措。

### 2. 被告人与律师会见交流权、获得免费翻译的权利

由于被告人一般被羁押在看守所，与外界隔绝，无法获得充分的信息。这时，保障被告人与律师的会见交流就是非常必要的。我国法律也规定了被告人在第一次被讯问后可以跟律师会见，但在一些敏感案件和贪污贿赂案件中，律师要想得到及时的会见还是非常困难的。没有及时有效的沟通，被告人被诱供或者逼供的可能性会增大，从而在一开始就失去了控辩的平衡。《公民权利和政治权利国际公约》第14条第3款规定，如他不懂或不会说法庭上所用的语言，能免费获得翻译的帮助。另外，聋哑人也应该获得相应的翻译帮

---

① 陈瑞华：《看得见的正义》，北京大学出版社，2013年版，第2、3页。
② 熊秋红：《刑事辩护论》，法律出版社，1998年版，第6、7页。

助。这些都是实现辩护权的必备条件。

3. 获得与被指控资讯的知情权

被告人以什么罪名被指控，必须告知被告人和其近亲属，以利于被告人进行合理的抗辩，实现辩护权。《公民权利和政治权利国际公约》第 14 条第 3 款规定，人人在面临刑事指控时都有资格享有这样一种最低限度的保证——"迅速以一种他懂得的语言详细地告知他对他提出的指控的性质和原因"。这被学者们认为是"刑事被告人行使辩护权的前提"。

4. 在场权与沉默权

为保障刑事被追诉人的辩护权，落实直接言辞原则，其应当在法庭前受审，这就是通常所说的在场权。我国法律没有规定缺席审判，就是在场权的另一种规定。比如徐才厚在审判前死亡，我国法院便不再继续追究其刑事责任。另一些逃亡海外的贪官，虽然控方已经掌握了大量的证据，但因为其人不在国内无法进行审判。尽管我国法律一直没有规定被告人的沉默权，但毋庸置疑，沉默权是被告人辩护权的当然之意。被告人可以选择陈述，当然也可以选择沉默。任何人不得强迫被告人自证其罪。只有完善沉默权的规定，才能防止在"办案 GDP"考核下各种逼供诱供的冲动，防止被告人各项合法权利被侵犯。

5. 提供证据和质证权

辩护不仅仅是口头上对控方的指控提出反驳辩解，同时更是提供证据来推翻控方指控的一种重大权利。法庭应该允许被告人提供没有作案时间、平时品格优良、犯罪情节较轻等证据，也应该提供其询问证人、对控方证据进行质疑的权利。同时，法庭应该认真倾听被告人的抗辩意见，对辩方提出控方搜集到的有利于被告人的证据出示质证，还应该接受被告人申请去调取或核实有关证实被告人无罪或罪轻的证据。因为审判的结果是建立在证据的基础之上，因此在证据提取质证这个环节的重要性就不言而喻了。

6. 程序性权利

在刑事诉讼中，被告人还享有申请公诉人、审判人员回避的程序性权利。比如公诉人、审判人员与被告人存在利害关系自在回避之列。另外有一种情况也需要回避，比如公诉人对被告人存在偏见，一开始就先入为主在道德上攻击，完全失去理性的控诉也应该回避。典型的如江西南昌中院审判周文斌的案件，两个公诉人都毕业于南昌大学且周文斌时任校长，一开始就说控诉时心情很不平静①，并对曾经作为自己的校长感到耻辱，由于感情卷入，很难确保有一个公正的态度，往往带着情感会将案件朝着过重的方向发展。因此，公诉人应该回避。请求复审权、上诉权、控告权、申诉权等权利都是辩护权的逻辑延伸，必然不能被剥夺。那种以轻判让被告人不上诉不申诉的做法就是司法陷阱，是变相的剥夺辩护权，一样要受到谴责和被有效禁止②。

## 二、控辩平衡离不开辩护律师作用的发挥

法谚云：刑事诉讼是一场国家对公民个人的战争。任何公民，不管是权倾一时的市长，还是富可敌国的总裁，一旦遭遇刑事诉讼，其实都显得很弱小，此时只有刑事辩护律

---

① 江南都市报，http：//jndsb. jxnews. com. cn/system/2015/01/14/013558643. shtml。
② 陈卫东：《刑事被告人、被害人权利保障研究》，中国人民大学出版社，2009 年版，第 83 - 85 页。

师是他们唯一的精神寄托和依靠。总而言之，神父拯救的是人的灵魂，而死刑刑事辩护律师则拯救着人最宝贵的东西——生命。由于被告人地位特殊和法律知识的欠缺，要充分地实现辩护权还有赖于辩护律师。因此，如何保障辩护律师的权利，让辩护律师的作用更好更大地发挥则是关系到刑事诉讼公正、防止冤假错案发生的重大保证。众所周知，目前中国的刑事辩护律师处境并不好，经常是辩着辩着就进去了，成了阶下囚。就在笔者写作此文的时候，北京锋锐律师事务所由于维权惹恼了司法机关，本应该在律师协会内部处理的问题，结果上升到了刑事责任追究的层面，整个所的律师全部被抓，并且被央视曝光，让他们在镜头前一个一个地向全国人民"认罪"①。如此恶劣的司法环境，如何让律师去进行有效的辩护。要保护好被告人的合法权益，就必须在保障律师刑事诉讼的权利着手，必须保障辩护律师的地位和作用。离开了律师的辩护，被告人肯定是弱不禁风，如同巨人与小孩的对抗，作为"小孩"的被告人往往是遍体鳞伤，最后整个司法制度被毁。在这个意义上，辩护律师作用的发挥在实现控辩平衡上起着至关重要的作用。那么如何发挥并保障辩护律师的作用呢？笔者以为可以从以下几个方面着手：

第一，首先应保障律师刑事诉讼的基础性权利：会见权、阅卷权。会见是辩护人开展刑事辩护活动的重要手段，会见权是辩护制度的重要组成部分，也是辩护律师行使辩护权的基础性权利。会见权的保障能够实现犯罪嫌疑人被告人与辩护律师的自由有效交流，让犯罪嫌疑人、被告人获得法律咨询，能够得到维护他们合法权益的信息。会见有利于辩护律师形成辩护思路，能够使辩护律师及时发现违法侦查行为，这些都能够为保障犯罪嫌疑人的合法权益提供法律救济。2012 年前的刑事诉讼法由于侦查规定侦查人员在场，导致交流不畅，修改后的刑诉法让律师持有"三证"即可完成会见，无须侦查人员批准和看守所批准，确实是一个进步。但目前侦查机关扩大适用三类特殊案件会见的内容，形成新的会见难，需要进一步改进。

卷宗在诉讼中可以起到记载诉讼进行情况、固定相关材料的作用，也对形成案卷材料的诉讼机关具有一定的约束作用。查阅案卷，使辩护律师及时了解案件信息，提前做好抗辩准备，是保障犯罪嫌疑人、被告人获得公正实体判决的基本前提。2012 年的刑诉法改变了 1996 年刑诉法只移送证据目录、证人名单的做法，恢复了案卷移送制度。辩护律师阅卷的时间提前到了审查起诉阶段、阅卷范围也从诉讼文书技术性鉴定材料扩大到了本案案卷材料，这给律师的辩护大大提供了便利。但是我们也应该看到，目前检察机关退回补充侦查的随意性（比如案多人少时间紧张），还有法院将案件退回补充侦查等导致卷宗内容随时通过可逆的方式得到补充，会形成对辩护律师的突袭②。

第二，要重视律师在各个阶段的辩护意见，有关律师的书面意见应全面入卷，并在终结性裁判文书中得以体现。由于辩护律师在侦查阶段就可以介入案件，能有效地获得犯罪嫌疑人的信息，并在第一时间形成自己的辩护意见。律师将辩护意见以书面的形式送达给侦查机关以及法律监督机关检察院后，如果相关部门能认真听取律师的意见，那么将更少的发生后面可能出现的错误追究犯罪嫌疑人的情况。为了保障律师在侦查或者审查起诉阶

① 律师频道，法制网 http：//www. legaldaily. com. cn/Lawyer/content/2015－07/20/content＿ 6178044. htm？ node＝32988

② 陈瑞华：《法律程序改革的突破与限度》，北京，中国法制出版社，2012。

段的意见，必须将律师的辩护意见全面入卷。这样一方面可以让律师的意见得到重视，让律师的作用得到体现；另一方面也体现了让卷宗来监督侦查起诉机关的作用。对于一些终结性裁判文书，必须写明律师的意见，并归入卷宗。[①]

第三，质证阶段律师的权利要全部保障。修改后的刑诉法曾经让律师们很振奋：证人出庭做证接受交叉讯问，鉴定人、专家证人出庭做证，侦查人员出庭做证接受辩护律师的质询，申请法庭搜集有利于被告人的证据材料，特别重视非常证据排除程序的启动。如果这些一一兑现，那么庭审中心主义将会出现曙光。可惜的是由于现实的国情，这些并没有得到贯彻实施。对于最重要的非法证据排除规则，往往是法官到侦查机关或看守所去核实，后者只要出具一纸文书，便可以对非法行径进行漂白，律师往往无所作为、无能为力。

## 三、坚持庭审断案，必须贯彻直接言辞证据，一切以庭审为中心

党的十八届四中全会明确提出要"推进以庭审为中心的诉讼制度改革"。这项改革具有重要意义。这项改革学术主张可称为"庭审中心主义"。事实上，"庭审中心主义"对于法庭审判的要求，均包含在直接言辞原则的价值内核之中，汲取了直接言辞原则的精华部分。

第一，打破重侦查轻审判的诉讼惯例。中国刑事诉讼尽管宣称是公检法互相配合互相制约，其实是一条龙的流水线作业。业内人士笑称公安是做饭的，检察院是端饭的，法院是吃饭的。既然饭已经做好，法院不吃也得吃。于是中国的刑事审判不是审判案件本身，而是对侦查阶段取得的笔录进行审判，学术界称作"案卷笔录中心主义"。整个庭审过程均围绕着案卷笔录进行，而该笔录的"正当性"不容置疑。如果被告人翻供，马上会招来公诉机关的讯问："当时的字是不是你签的？"如果你拿不出刑讯逼供的证据，那么侦查阶段取得的笔录将毫无悬念地进入判决书，成为定罪量刑的客观事实。当然，对笔录质疑还会带来认罪态度不好不具有从轻处罚的情节或者本来可以认定的自首情节被取消等一系列苦果，在这种情况下，笔录更加堂而皇之、名正言顺。在"案卷笔录中心主义"的指引下，整个庭审往往就是在读笔录的过程中度过，换句话说，整个庭审就是对笔录进行确认的过程。这完全打破了刑事诉讼的基本原则，以审判为中心完全变成了以侦查为中心。如果不打破侦查中心主义，那么庭审中心主义就无法建立。因此，笔者认为，首先，不能天然地接受笔录的合法正当性；其次，要全面引入言辞证据，任何证据必须在庭审中进行体认把握；再次，取得笔录的侦查人员必须到庭接受质证，以打破侦查的天然合法性，以交叉讯问的方式对侦查合法性进行验证，从而决定笔录是否列入定罪证据。[②]

第二，全面落实刑事诉讼法直接言辞证据原则，允许法庭实现交叉讯问。直接言辞原则是大陆法系国家诉讼制度的基本原则。直接审理原则又称为在场原则，该原则要求断案的法官亲自参加刑事诉讼，亲自出席主持法庭调查、认真听取诉讼双方的言辞交锋，任何

---

① 吴情树：《法律博客，终结性法律文书上应载明律师的身份信息及辩护意见》http://qingyuanshan.fyfz.cn/b/850421

② 陈瑞华：《刑事诉讼的中国模式》，法律出版社，2010年版，第159-205页。

一个刑事审判判决的作出必须是基于其在法庭上形成的对于案件的直接印象。直接言辞原则要求法庭的审理应以言辞交锋的形式进行，未以言辞方式提出或者调查的证据不得作为法官判决的依据。其所真正强调的是"一种生动鲜活的语言"，也就是说当庭的所有参与方能够及时就案件事实问题发问并补充发言，而且这些疑问能够得到及时有效的回答，能够在每一份证据上完全地、充分地展开具体的生活细节。笔者认为，直接言辞原则应当成为我国刑事诉讼法的基本原则之一。目前，我国在贯彻直接言辞原则上存在不足。主要有以下问题：一是书面的案卷材料左右裁判结果，法庭审判流于形式，而审前书面证据材料大行其事；二是证人出庭率过低，证人能够出庭做证是直接言辞原则实现的基础，然而证人出庭率过低一直是困扰我国刑事诉讼发展的一个难题；三是审判委员会凌驾于法官之上，庭审的亲历者无权作出最后的裁判，造成了审者不判、判者不审的局面。

笔者认为，贯彻直接言辞原则，首要的是要发挥辩护律师的辩护作用，实现律师的有效辩护。要在充分保障辩护律师庭前会见权、阅卷权、调查权的基础上，注意维护律师在法庭审理中的质证权、辩论权，认真听取律师的辩护意见，尤其是律师无罪、罪轻的辩护意见，并且在评议裁判中加以考虑，在裁判文书中加以体现，在程序上维护律师的合法权益，在实体上促进判决的公正权威。贯彻直接言辞原则，必须彻底解决审的不判、判的不审的审判分离现象，实现让审理者裁判。

第三，以审判为中心的最基本内容是以庭审为中心（但仍应该包括侦查权力、检察权力运行中遇到的权力与权利的矛盾需要法庭进行裁决），即在审理案件的过程中，做到事实证据调查在法庭，定罪量刑辩论在法庭，裁判结果形成于法庭，全面落实直接言辞原则，严格执行非法证据排除制度。这就要求法庭在审理时，要响应辩护律师的申请，让有做证义务的侦查人员、做笔录的证人，做出鉴定结论的鉴定人出庭接受讯问。在讯问的过程中，往往可以发现证据间的瑕疵和矛盾，从而帮助法官明确判断笔录的正误、鉴定结论的正确与否，进而能够帮助法官形成正确的司法判决。目前的情况是法庭对辩护律师的申请不予理睬，还有更可怕的是权力的傲慢和民众的法律意识淡薄或恐惧，前者直接导致侦查人员不予出庭接受质证，后者导致证人不愿或不敢出庭。这些情况的改变不是一蹴而就的，可见庭审中心改革也是任重而道远。

刑事诉讼的本意在发现真相，如果没有控辩的对等，还是以侦查案卷为中心，必然无法实现刑事诉讼的目的。更可怕的是，在强大的公权力压力之下，很多真相被掩盖，甚至律师的人身自由、职业资格被剥夺，进一步损害了刑事诉讼的尊严，造成社会大量的不正义，直接导致法治的沦丧。在这个意义上说，无律师就无法治，无刑事诉讼的对等，就无刑事诉讼的正义，法毁国亡就不是危言耸听。

（作者单位：安徽道同律师事务所）

# 审判权功能研究之调审分离程序

## 马　灵

**摘　要**：现行我国民事诉讼中的调解制度是对历史传统"以和为贵"处理纠纷理念的继承和发展，由于其程序简捷，解决纠纷时间短而快，故在及时调纷止争、缓和社会矛盾方面发挥着重要的作用。但随着我国社会的转型、市场经济的快速发展、新类型的社会矛盾不断出现、人们法律意识的不断增强，这种融合审判模式的诉讼调解制度存在的弊端也逐渐显现。由此表明现行我国民事诉讼中调审结合的纠纷解决制度并不是民事纠纷解决的最佳制度。文章在对调审结合制度运行现状中存在的弊端进行分析，并在论证调审分离存在的基础后，提出了构建我国民事诉讼中调审分离纠纷解决制度的若干设想。

**关键词**：调审分离；模式；审前调解；构建

法院调解是现行民事诉讼法规定的人民法院解决民事纠纷的一种方式，自新中国成立以来，调解政策经历了以"调解为主"到"着重调解"到"自愿、合法调解"再到"调解优先"的变迁过程。目前的司法实践甚至认为调解是更高形式的审判艺术，出现了调解热，案件进入法院以后，调解是优先考虑和最受法官青睐的解决方式。这样一来，调解与审判在诉讼程序中出现了交替进行甚至一定程度上阻止了审判程序进行的现象，鉴于此，有必要对现行诉讼过程中二者关系存在的问题加以梳理。

## 一、我国调解与审判关系的问题

我国采用的是调解型审判或者说审判型调解的混合体制，尽管这种混合体制借助于法官在法律知识、身份和司法权力等方面的优势地位，能够促使大量的纠纷以调解的方式解决，从而具有现实层面的合理性。但同时，这种体制也弱化了对当事人的程序保障，实际上正是"以劝压调、以拖压调、以判压调、以诱压调"等强制调解盛行的制度性症结之所在。一些当事人也因此不断发出"法院根本不讲法律""法院压根就是在和稀泥"的抱怨，从而降低了对法院的信任感和对司法权威的认同感。

（一）存在调解审判化、审判调解化

不同的诉讼程序由相同的法官参与或主持，处理的又是同一件案件，法官很难在迥异的两个诉讼程序中轻松入场、应对自如。"调解是最典型的非正式解决方式，具有反程序的外观"[①]。每个案子的调解都取决于具体的案情及情境，并依赖于当事人的意愿和态度，

---

① 季卫东：《程序比较论》，载《比较法研究》，1993 年第 1 期。

因而自由度及自治色彩相当显要。而审判作为诉讼中最为核心的部分，不但程序严密、步骤紧凑，对法官的角色、职权也有规范化的严格要求。调审合一在运作上不但模糊了截然不同的两种程序要求，而且客观上给调解和审判的独立运行带来了干扰甚或负担。比如，在基层法院，出于现实情况的考虑，法官普遍都有调解结案的偏好，这就使得在正常情况下通过审判结案的案件被调解取代，可能会违背审判规律，背离司法工作的正常秩序，一味地偏向、迎合了某些政策性、倡导性的想法或要求。同样，在调解过程中，当法官基于职业倾向性，尤其是当年轻法官乐于根据法治时代的要求更愿意依法审判时，一些本来可以调解结案并有更好社会效果的案件，被过多地"依法判决"了，这在某些案件的法律效果和社会效果并不完全一致的情形下，后果更是严重。如此，审判、调解的常规性分离方式被人为地打乱，出现二者的随意掺和，司法工作的严肃性、权威性荡然无存。

（二）强调、硬调、乱调现象频现

调审合一模式下，由于调解结案率的压力，在调解和审判程序由相同法官参与或主持的情况下，法官必然将工作重心向调解转移，甚至想尽各种办法把当事人引入调解程序。现实中出现的"久调不决"往往是法官极端偏向调解的表现。当事人在纠纷需要快速、便捷地获得解决的迫切压力下，很可能不得不接受法官强制、强硬调解的安排，这完全与调解中当事人自愿性的要求南辕北辙，甚至在相当程度上损害了当事人的利益。"这种'强制性合意'之所以成为可能，是因为调解者对当事者常常持有事实上的影响力"①。这便涤除了调解的正当性基础，堪称胡乱调解。"当法官摆出裁判者的身份进行调解时，或明或暗的强制就会在调节中占主导地位，在强制力的作用下，自愿原则不得不变形、虚化"②。调解结案与法官之间有极为密切的利益关联，法官倾向于调解的动机非常明显，而在调审合一的诉讼过程中，调解还是判决均处于法官自身的权限作用范围，于是强调、硬调、乱调自然应运而生。

（三）调解率高低的绩效考评制度违背了民事审判规律

为了鼓励民事法官在民事诉讼案件中的调解积极性，一些法院把调解工作量化、细化，纳入年度个人和部门工作目标考核，并将考核成绩作为评选先进、晋职晋级、表彰奖励的重要依据，将调解结案率不含撤诉案件作为审判人员年终个人考评的一项重要指标，对重大案件调解结案或调解工作成绩突出的进行单项记功表彰。一些法院制订的考核办法规定，民事庭及基层人民法庭年终民事案件调解率不得低于45%。针对法院的这些举措，民事审判庭及基层人民法庭的有些民事法官为了能使案件调解成功，不断地与当事人"讨价还价、没完没了"地做调解工作，有的法官还邀请社会各界力量参与调解。但此类案件如果调解工作的情况走到这步，不管法官多么劳累，最后的结果大多是"费力不讨好"，当事人依旧我行我素，管你什么调解不调解，和谐不和谐！有的当事人双方由于白天忙于生计，只有晚上在家住宿，法官只得半夜三更驱车前往当事人家中做调解工作，而法官这一举动，大多招致当事人蔑视和辱骂。但法官为了追求案件的调解率，试图在年底获得好的绩效考评，只好忍辱负重，听凭当事人辱骂，硬着头皮继续做调解工作。此种烦琐的诉

---

① ［日］蓬濑孝雄：《纠纷的解决与审判制度》，中国政法大学出版社 2004 年版，第 13 页。
② 李浩：《民事审判中的调审分离》，载《法学研究》，1996 年第 4 期。

讼调解工作与片面追求调撤率的绩效考评制度，严重地违背了民事审判规律，使得民事法官无暇集中精力审理疑难、复杂案件，以致民事法官业务学习迟滞，业务能力提升缓慢。民事法官对民事审判工作的不堪重负，使得有些民事法官对民事审判工作的神圣性产生了动摇，甚至对建设法治国家的信心丧失殆尽、对法律的信仰脑海里呈现空白，以致产生了这样的疑问：中国的民事诉讼审判制度到底怎么了？中国的司法公正、高效与权威到底怎么了？这是值得我们每个法律人深思的问题。

## 二、调审分离的基础分析

（一）法院调解的独立程序价值

法律程序的价值并不仅仅针对审判程序而言，调解程序同样有其独立的程序价值，调解程序在减少解纷的恣意性方面亦有其独立的程序价值，如调解的启动、调解的期限、调解协议的法律效力等。调解作为非诉纠纷解决机制，其反程序的外观特征往往导致立法者对调解本身独立程序价值的漠视，但实际上，调解"在程序法的发展中发挥了相当大的作用，并且包含着自身程序化的契机"。在现代调解制度的发展中，调解的立法水平得到进一步的提高，其本身的独立程序价值也逐步彰显。《调解规定》完善和充实了调解的诸多程序内容，这些程序以"灵活性"为特征，以当事人之间的纠纷解决为基本目标，在一定程度上体现了调解制度的独立程序价值。

1. 主持调解的人员安排灵活

《民诉法》第八十七条规定："人民法院进行调解，可以邀请有关单位和个人协助。被邀请的单位和个人，应当协助人民法院进行调解。"《调解规定》第三条规定："根据民事诉讼法第八十七条的规定，人民法院可以邀请与当事人有特定关系或者与案件有一定联系的企业事业单位、社会团体或者其他组织，和具有专门知识、特定社会经验、与当事人有特定关系并有利于促成调解的个人协助调解工作。经各方当事人同意，人民法院可以委托前款规定的单位或者个人对案件进行调解，达成调解协议后，人民法院应当依法予以确认。"《调解规定》第四条第二款规定："当事人在和解过程中申请人民法院对和解活动进行协调的，人民法院可以委派审判辅助人员或者邀请、委托有关单位和个人从事协调活动。"

2. 调解方案提出和调解书制作灵活

《调解规定》第八条规定："当事人可以自行提出调解方案，主持调解的人员也可以提出调解方案供当事人协商时参考。"《民诉法》第九十条规定："下列案件调解达成协议，人民法院可以不制作调解书：（一）调解和好的离婚案件；（二）调解维持收养关系的案件；（三）能够即时履行的案件；（四）其他不需要制作调解书的案件。对不需要制作调解书的协议，应当记入笔录，由双方当事人、审判人员、书记员签名或者盖章后，即具有法律效力。"《调解规定》第四条第一款规定："当事人在诉讼过程中自行达成和解协议的，人民法院可以根据当事人的申请依法确认和解协议制作调解书。双方当事人申请庭外和解的期间，不计入审限。"同时，《调解规定》第十八条规定："当事人自行和解或者经调解达成协议后，请求人民法院按照和解协议或者调解协议的内容制作判决书的，人民法院不予支持。"另外，《调解规定》第九条规定："调解协议内容超出诉讼请求的，人民法院可以准许。"

3. 调解是否彻底解决纠纷灵活

《调解规定》第十七条规定："当事人就部分诉讼请求达成调解协议的，人民法院可以就此先行确认并制作调解书。当事人就主要诉讼请求达成调解协议，请求人民法院对未达成协议的诉讼请求提出处理意见并表示接受该处理结果的，人民法院的处理意见是调解协议的一部分内容，制作调解书的记入调解书。"

4. 调解组织方式灵活

《调解规定》第七条第二款规定："调解时当事人各方应当同时在场，根据需要也可以对当事人分别作调解工作。"可见，我国法律规范既允许采取"面对面"的方式，也允许采取"背对背"的方式。调解组织和调解场所灵活：《民诉法》第八十六条规定："人民法院进行调解，可以由审判员一人主持，也可以由合议庭主持，并尽可能就地进行。人民法院进行调解，可以用简便方式通知当事人、证人到庭。"《调解规定》第七条第一款明确规定："当事人申请不公开进行调解的，人民法院应当准许。"

5. 调解协议附加约定条款或担保条款灵活

《调解规定》第十条规定："人民法院对于调解协议约定一方不履行协议应承担民事责任的，应予准许。调解协议约定一方不履行协议，另一方可以请求人民法院对案件作出裁判的条款，人民法院不予准许。"《调解规定》第十一条规定："调解协议约定一方提供担保或者案外人同意为当事人提供担保的，人民法院应当准许。案外人提供担保的，人民法院制作调解书应当列明担保人，并将调解书送交担保人。担保人不签收调解书的，不影响调解书生效。当事人或者案外人提供的担保符合担保法规定的条件时生效。"

（二）法院调解与审判的基本属性差异

法院调解的本质属性是自愿性。法院调解是一种当事人之间合意型的纠纷解决机制，体现了私权自治的原则，"自愿反映了法院调解的本质属性，通过调解解决争讼与用判决方式解决争讼的实质性区别在于，前者是当事人自愿达成的协议，后者是法院作出的强制性决定"[①]。在对法院调解自愿性的理解上，现今世界调解立法实践中也出现了审前（或起诉前）强制调解的立法，如德国对小额案件实行的起诉前强制调解，审前（或起诉前）强制调解貌似违背了当事人启动调解的自愿，其实不然，当事人即使进入了强制调解程序，是否接受法院调解的权利仍然掌握在当事人手中，"即使在强制调解的管辖下，通向诉讼的途径仍然是畅通的，当事人可以采取拒绝调解的方式，使争议进入诉讼程序"[②]。

此外，法院调解与法院审判的程序约束不同。审判程序遵循严格程序原则，而调解程序具有宽松、灵活的特点。审判制度采取当事人对抗的程序结构，程序公正是审判过程的基本要求，审判过程必须遵循严格的程序，否则可能因违反法定程序而被推翻判决结果，而调解则不同，"由于调解以当事人合意为特征，这一合意一方面使调解程序获得了正当性基础，另一方面也使调解能够摆脱程序保障的形式约束"[③]。因此，以当事人合意为特征的调解程序具有高度的灵活性和简便性特点，调解无须受审判制度中辩论主义原则的约

① 李浩著：《民事审判中的调审分离》，载《法学研究》，1996 年第 4 期。

② 章武生、张大海著：《论德国的起诉前强制调解制度》，载《法商研究》，2004 年第 6 期。

③ 杨荣馨主编：《民事诉讼原理》，法律出版社，2003 年 4 月第 1 版，第 508 页。

束，也无须遵循庭审程序中的证据规则，在一定程度上，具有反程序的外观。其次，法院调解与法院审判的实体约束不同。调解的合法性与审判的合法性有很大的区别，审判结果则要严格地符合实体法规范，否则可能因适用法律错误而在上诉审或再审中被推翻判决结果，而调解协议建立在当事人之间合意的基础上，当事人之间的协议只要不违背法律的禁止性规定、不损害社会的公序良俗和第三人的利益即可视为合法。"判决严格的实体合法性体现了依法裁判的理念，调解富有弹性的实体合法性则体现了当事人自主解决纠纷的理念"①。

（三）充分体现司法的公正价值目标

调审分离之后，审判的法官对于调解过程毫不知情，他（们）最后作出判决所依赖的任何信息均是在审判过程中获得的，较之调审合一情形下法官在审判中已经由调解过程得到了该案的基本信息的状况，势必带来法官了解案情、作出判决出成本。事实上，一些法官也正是考虑到这一点而认为调审合一是有其合理性的。这就出现了一个矛盾，即司法公正与司法效率（成本）之间的关系。调审分离有利于司法公正，但必然带来司法成本的上升及司法效率的相对降低；调审合一虽然相对提升了司法效率，降低了司法成本，但有违司法公正精神。如何正确、科学地看待这个问题是能否在诉讼中确立调审分离的关键。如何高效率、低成本地设置和利用有限的司法资源是极为重大而现实的问题。但是不能一味地、过分地关注和强调效率的字眼，至少当效率、成本遭遇司法公正时，后者理当被置于首要地位，这也是法院得以存在的根本。无可厚非，司法公正的实现必然需要一定的成本，然而，该成本如果是实现司法公正所必须付出的，那无论如何不能以牺牲这类必要成本谋求所谓的效率，偏离司法公正的效率是荒唐的。特别是审判作为最普遍的司法制度以讲究程序完善、复杂闻名，这本身就是以巨大的司法成本为代价的，且这种代价被千百年的人类历史证明是合理的，而其目的便是实现司法公正这一得之不易的诉求。放眼寰球，调审分离较之调审合一所带来的成本问题是一个只有在中国才存在并被提出来的所谓问题。这在其他法域之所以不成其为问题，不是人家不明了这一顾虑，而是人家对司法公正和司法成本有更周全、到位的思考，并行之多年而视之当然。调审合一严重干扰了审判程序的正常进行，司法公正因之受到挑战，如果以调审分离取而代之，能够使这种状况得以改观的话，那么这种所谓的成本是绝对值得付出的。

# 三、调审分离的模式选择

学界对调审分离的制度设计亦存在两种不同的观点，从分离的程度看，调审分离论分为"完全分离论"和"不完全分离论"。

（一）"完全分离论"

很多学者都提出了"完全分离论"，但又有差别，一种观点主张在诉讼内实行调审分离，调解的阶段主要是在起诉之后、开庭审理之前，由不同的法官负责同一案件的调解与

---

① 李浩著：《论调解不宜作为民事审判权的运行方式》，载《法律科学》，1996 年第 4 期。

审判，也可由民间调解员主持案件的调解①，这种制度设计类似于美国的诉讼和解制度的设计，该观点的理由主要是："第一，法院调解制度在和平解决纠纷、简化诉讼程序、降低诉讼成本等方面具有不可代替的价值，如果将其从诉讼程序中彻底分离，将会造成重大损失。""第二，调解制度的灵魂在于自愿与合意，侵蚀调解这一灵魂的主要危险是强制调解。通过诉讼内调审程序与调解主体的双重分离，即可消除这一威胁。"② "完全分离论"的另一种观点是主张借鉴我国台湾地区民事诉讼法的"起诉前调解制度"③，将法院调解从民事诉讼程序中完全分离出去，建立非讼化的调解制度，由法院以外的社会力量主持调解，该观点从程序的目的性、庭前准备工作的弱化和庭审功能的强化等论证诉讼外调审分离的必要性，认为两种性质迥异的调解规定在同一程序中，容易出现程序的紧张和不和谐。两种观点的共同之处在于，都主张完全取消庭审过程中的法院调解，即案件一经开庭就不再进行调解。

（二）"不完全分离论"

持"不完全分离论"的学者认为在诉讼内将调解与审理彻底分离（即实行"完全分离"），虽然有利于避免调解程序与审判程序的紧张和不和谐，但是，"一方面不利于法院利用一切有利的时机适时调解，另一方面也剥夺了当事人随时请求调解和自行和解的权利"。该观点认为应当保留目前的法院庭审调解制度，同时应当将调解从庭审程序中部分地分离出来，建立审前调解，在起诉之后、开庭审理之前由法院对当事人之间的纠纷进行调解。持该观点的学者主要理由是："一方面审前调解将对案件施以调解的机会集中于起诉后到开庭审理之前，使调解有严格的时间限制，也有固定的促成当事人形成合意的时间保证，不至于因调解而拖延诉讼；另一方面，调解人员与主审人员相对分离，使调解与审判分阶段进行，既能避免审判

人员先入为主，也能有效避免审判权对当事人自由合意的形成产生影响，同时，也能够强化庭审的功能，节约诉讼成本。"范愉教授也认为，对于法律关系复杂且无明确法律依据的案件，或者对于家庭内部的纷争的案件，审前调解既显示出成本降低的优越性，也往往能够取得较好的调解效果。范愉教授还认为，"审前调解可以极大地减轻社会及当事人对主审法官调解可能导致的偏见或先期判断的担忧，事实上部分满足了调审分立的要求。"④

（三）两种观点之评价

"完全分离论"和"不完全分离论"均关注审前调解程序的设立，这应该是这两个观点的合理内核。从目前的状况看，建立审前调解程序在节约诉讼成本和司法资源方面确实具有不可替代的作用；从调研资料看，"在审前调解应用较好的基层法院一般约有全部民事案件的30%左右可以调解成功"⑤。"完全分离论"主张调解制度从审判制度中

---

① 章武生、吴泽勇：《论我国法院调解制度的改革》，见陈光中、江伟主编《诉讼法论丛》第5卷法律出版社2000版，第499页。
② 江伟主编：《民事诉讼法专论》，中国人民大学出版社2005年7月版，第311页。
③ 王红岩著：《论民事诉讼中的调审分立》，载《法学评论》，1999年第3期。
④ 王亚新、傅郁林、范愉等著：《法律程序运作的实证分析》，法律出版社2005年11月第1版，第214页。
⑤ 王亚新、傅郁林、范愉等著：《法律程序运作的实证分析》，法律出版社2005年11月第1版，第215页。

完全剥离出去，"纯化"审判制度，把调解制度规划在一个相对独立的阶段，避免调审合一造成调解与审判关系的紧张和冲突，消除强制调解的影响。但仍然存在一定的障碍，首先，该观点虽然彻底地解决了审判中的强制调解问题，在剥夺法官在庭审中适用调解手段的同时，也使当事人丧失了在庭审中选择调解途径解决纠纷的机会，不利于当事人之间纠纷的稳妥解决，有碍建立社会的和谐。虽然该观点也提出建立和解制度代替庭审中的调解，但如果没有第三人的介入，当事人之间"私了式"的主动和解机会并不大。从国外民事诉讼实践看，法官主动促成当事人之间和解其实也类似于我国庭审中的法院调解。再者，"完全分离论"主张通过将主持调解的法官与审判的法官相分离，避免法官的"双重身份"对调解的影响，其实从国外的司法实践看，审理案件的法官参与审前程序也是一种重要的做法，如美国和德国，这样有利于提高审理案件的效率。此外，现在法院系统逐步实现现代化管理，法官的庭审录像随案件卷宗一起存档，此时，法官的庭审过程受到严格的监控，法官采取"强调""压调"的手段还是比较困难的。

"不完全分离论"在肯定调解方式作为审判权运行方式的前提下，主张将调解从审判制度中部分地分离出来，建立审前调解程序，这种观点应该说比较符合现今的我国法院调解制度改革方向，新颁布的《调解规定》也明确规定了答辩前调解制度，但仔细分析，仍有一些值得推敲的地方。首先，该观点其实在我国现有的法院纠纷解决程序之外，又增设了一个新的程序，对于部分事实清楚、争议不大的案件，或者小额诉讼案件，大部分的纠纷或许可以在审前程序就解决了；但是对于事实不清、争议较大，或者标的额较大的案件，在当事人双方争议极大的情况下，仅凭调解或许无法解决纠纷。在这种情况下，如果强制这些类型的案件进行审前调解，只能导致程序的冗长和繁杂，影响纠纷处理的效率。其次，从我国现今的法官队伍人员相对短缺的情况看，如果单独抽调一部分法官来完成审前调解程序，无疑增加了法院的负担。

"完全分离论"和"不完全分离论"均有其合理的内核，但同样都有其弊端。笔者认为，在审视调解与审判是否分离这个问题上，应该认真考虑调解的两大特点，一是灵活性，调解具有灵活解决纠纷的特点，是庭审严格程序主义的有益补充，调解的灵活性与审判的严格程序性一张一弛，调解手段和审判手段共同构成了法庭审理中解决纠纷的有机体系。"完全分离论"虽有其立论的依据，但也有其明显的弊端，使当事人丧失在庭审中选择调解途径解决纠纷的机会，因此是否将调解从庭审过程中完全地剥离出来，还有待于进一步权衡其利弊得失。二是便利性，调解的便利性体现在调解能够迅速地解决纠纷问题，如果调解无法迅速解决纠纷，仅仅是"走过场"或"持久战"而已，那硬性要求先行调解就没有实际意义了。比如说，对于事实不清、争议较大，或者标的额较大的案件，强制这种类型的案件进入审前调解程序，而审前调解程序又无法迅速解决或者根本无法解决该类纠纷，那么，审前调解程序对于该类型的案件就没有实际的意义了。因此，笔者倾向于"不完全分离论"的观点，认为应当在保留庭审过程中调解的基础上，建立审前调解制度；更重要的是，应该从案件类型的角度，细分案件类型，明确界定应当进行调解的案件类型和可以进行调解的案件类型，对应当进行调解的案件类型实行审前强制调解，而可以进行调解的案件类型实行审前选择调解。

# 四、构建我国诉讼调审分离的制度设想

（一）细分调解案件类型

1. 现行法律规定的调解范围

目前，我国民诉法将调解案件范围主要分为三类：一是禁止调解案件，根据《调解规定》第二条的规定：适用特别程序、督促程序、公示催告程序、破产还债程序的案件，婚姻关系、身份关系确认案件以及其他依案件性质不能进行调解的民事案件，人民法院不予调解。二是应当先行调解案件：《简易程序规定》中规定了应当调解的情形，该规定第十四条："下列民事案件，人民法院在开庭审理时应当先行调解：（一）婚姻家庭纠纷和继承纠纷；（二）劳务合同纠纷；（三）交通事故和工伤事故引起的权利义务关系较为明确的损害赔偿纠纷；（四）宅基地和相邻关系纠纷；（五）合伙协议纠纷；（六）诉讼标的额较小的纠纷。但是根据案件的性质和当事人的实际情况不能调解或者显然没有调解必要的除外。"同时，《民诉法意见》第九十二条第二款规定："人民法院审理离婚案件，应当进行的调解，但不应久调不决。"三是可以进行调解的案件，除了禁止进行调解的案件类型外，几乎所有的民事纠纷都可以进行调解。

2. 审前调解案件分类

现行法律规定的禁止调解案件类型和可以进行的调解案件类型应当同样适用于审前调解程序，但对于应当进行调解的案件类型，笔者认为，法律应当重新构建应当进行调解的案件类型。首先，我国的法院调解规定的应当先行调解的案件是指应当在"开庭审理"过程中先行调解的案件，而不是审前调解程序中设计的"审前调解"，因此，应当明确对必须进行调解的案件规定为起诉后、开庭审理前必须进行调解的案件。再者，目前，我国法律对前文所述的五大类案件及离婚案件规定了应当先行调解或者应当进行调解，笔者认为，应当进一步细化应当进行调解的案件类型，在应当进行调解的案件类型中，最主要的是应当细化对小额案件的规定，"对简易和普通程序进行划分国家的民事诉讼立法，一般都是以争议诉讼标的的价额或金额作为划分的主要标准"[①]。在我国，由于地区发展水平的差距较大，无法实行统一的金额标准，但法律可以规定原则性的标准，笔者认为，对于诉讼标的额在 10 万元以下的案件，都应该属于应当进行调解的案件范围，不同地区需要依据该标准进行上下浮动的，但应当报请最高人民法院核准。

（二）重构审前调解程序

笔者认为，在审前阶段，当事人之间的矛盾相对激烈，如果完全依照当事人之间的申请才能启动则比较困难，应当有第三者的适当介入，综合考虑，可以采取以下的做法：

其一，不分案件类型，建立审前依职权调解和审前依申请调解的制度。所谓依职权调解主要是针对审前准备程序而言的，当事人只要进入审前准备程序，如证据交换程序，法官或其他第三人在证据交换过程中就可以自动依照职权对案件进行附带性的调解，而无须当事人的申请，充分利用审前准备程序的特殊机会对当事人进行调解；依申请调解是指案

---

① 章武生著：《简易、小额诉讼程序与替代性程序之重塑》，载《法学研究》，2000 年第 4 期。

件一旦为法院所受理，当事人在审前的任何一个阶段都可以申请法院主持调解。

其二，区分案件类型，建立审前强制调解与审前选择调解制度。审前强制调解主要适用于应当进行调解的案件，凡是应当进行调解的案件，非经审前调解程序，不得进入庭审程序；而对于可以进行调解的案件类型，则规定需要当事人的申请才能启动调解程序，当事人既可以申请进入庭审程序，也可以申请进入调解程序，此外，对于该类型的案件，应当赋予法官在审前促成当事人和解的职权。

### （三）审前调解具体程序

#### 1. 建立调解的激励机制

在目前我国诉讼费用相对较高的情况下，减少当事人的诉讼支出对刺激当事人选择调解的途径具有重要的作用。可以参照美国的被告提出判决方案的做法，如果原告在审前调解中拒绝被告所提出的判决方案，经过开庭审理所得到的判决金额与被告所提出的方案等额或不足其数额时，就由原告负担被告提出该提案以后的费用，鼓励当事人更多地选择调解方式。

#### 2. 完善调解员的选任制度

在调解员的选任上，国外的司法实践既有法官担任调解员，也有专门的法院调解员，还有法院聘请的民间调解员。我国现行的法院调解以法官主持调解为主，以民间调解员主持调解为辅，在调解员的选任上还是比较灵活的。从国外的司法实践看，我国的调解员选任制度尚须完善以下三方面：一是调解员的资格。很多国家都对调解员的资格条件进行了限制，如美国的调解员是由很有地位的律师和退休法官担任，日本的调解员的选任资格更加严格，调解委员的资格为：（1）具有律师资格者；（2）持有对处理解决民间纠纷有用的专业知识或社会生活上的经验知识丰富之人士；（3）有较高的个人品格见识；（4）40周岁以上70岁以下①。笔者认为，我国调解立法重视调解员的专业品质、社会经验以及与当事人的关系，不注重调解员本身的法律素质。组织调解本身是法律技术非常高的一项工作，因此，在调解员的选任上，应该大力倡导律师和退休法院参与调解工作中。二是调解员的名单。在我国调解名单是开放式的，调解员的名单的形成根本没有严格的程序，甚至没有调解员名单。这种状况容易导致调解员选任的随意性，甚至导致调解员公信力的降低。而日本的民事调解员的人选由地方裁判所决定，然后将名单报送到最高裁判所任命。笔者建议，立法应当对调解员名单的形成规定严格的程序，如调解员的选择至少应当由高级人民法院来任命。

#### 3. 赋予当事人选择调解员的权利

当事人调解的自愿原则不仅体现启动调解自愿、接受调解协议自愿上，还应该体现在当事人对选择调解员的自由上，当事人对自己选择的调解员往往在内心有更多的信任感。立法可以参照我国台湾地区的民事调解制度，在调解员的指定上，当事人对于法官选任的调解委员有异议或双方合意选任其他适当的人为调解委员的，法官得另行选任或依其合意选任调解委员。

#### 4. 规定调解的终结程序

我国台湾地区的调解制度中规定调解终止分调解成立、调解不成立和调解撤销三种类型。调解成立，调解书与判决书具有同样的法律效力，这点与中国大陆的法院调解没有差别。而对于调解不成立的，我国台湾地区法律规定了三种情形，即当事人双方于调解期日到场，不能成立合意者；对于法官提出的解决方案，当事人或利害关系人在法定期日内提出异议者；当事人双方或者一方于调解期日不到场者，法官酌量情形，可视为调解不成立①。笔者认为，加强调解不成立的规定有利于维护调解的自愿性原则，避免法院"硬调"或者"拖调"。调解可因为当事人双方的申请而启动，也同样可以因当事人双方的申请而撤销，如果当事人双方确实无意进行调解，法律应该规定，可以因双方当事人申请终止而终止调解程序。对于审前强制调解程序，可依调解期限终止或当事人之间达成调解协议作为调解终止要件，而对于审前选择调解，可以参照我国台湾地区调解制度中关于调解终止的规定执行。

（作者单位：和县人民法院）

---

① 齐树洁著：《台湾法院调解制度的最新发展》，载《台湾研究集刊》，2001 年第 1 期。

# 以审判为中心的诉讼制度改革对基层检察院公诉工作的挑战与应对

黄　勇

　　党的十八届四中全会通过的《中共中央关于全面推进依法治国若干重大问题的决定》（以下简称《决定》）提出了"推进以审判为中心的诉讼制度改革"，这项改革涉及的部门多、环节多，在整个诉讼制度改革中居于关键地位，牵一发而动全身，对确保办案质量和司法公正具有深远意义。"我国80%的案件在基层，80%的司法人员也在基层"[1]，因此该项改革对基层检察院公诉工作的影响尤其显著，笔者试从一名基层院公诉人的角度，分析以审判为中心的诉讼制度改革对基层院公诉工作带来的主要影响和挑战，并从转变证据审查模式、正确把握检警关系、检律关系、检法关系和加强公诉人自身能力建设等方面提出对策建议，以期抛砖引玉之功，不妥之处，敬希教正。

## 一、深刻理解以审判为中心的基本内涵

（一）我国目前仍是传统以侦查为中心的刑事诉讼制度

　　以审判为中心是现代法治国家公认的一项刑事司法原则，我国诉讼法理论通说也基本承认这一原则，但是在司法实践中，受司法体制、法制传统、社会条件等因素的影响，审判远未成为刑事诉讼的中心。不可否认的是，《决定》既然提出了推进以审判为中心的诉讼制度改革，说明我国现在的刑事诉讼制度并不是以审判为中心。笔者认为，我国目前的刑事诉讼制度是以侦查为中心的，主要表现在以下几个方面：

　　第一，从程序结构看，刑事诉讼法规定了"立案侦查—提起公诉—审判"流水线型的诉讼结构，而非控辩平等对抗、裁判居中居上的"三角结构"。整个刑事诉讼活动类似工厂流水作业，以侦查活动为起点并依靠侦查来推动。有一个广泛流传而十分形象的比喻：公安机关是"烧饭"的，检察机关是"端饭"的，法院是"吃饭"的。"公安做什么饭，法院就吃什么饭"，"大公安，小法院，可有可无检察院"。这些比喻虽然有失偏颇，却也不得不令人深思。

　　第二，从法律条文来看，刑事诉讼法条文重心仍集中在侦查程序中。我国刑诉法对立案、侦查的规定有60条，对提起公诉的规定只有11条，而对一、二审程序的规定也只有57条。

---

　　①　孟建柱：《深化司法体制改革》，《人民日报》，2013年11月25日。

第三，从我国刑事案件审理模式来看，案件的审理是以卷宗为中心。整个侦查活动基本只能从卷宗中反映，公诉人以办公室阅卷为主来审查案件、进行监督。庭审举证活动，也是围绕公诉人出示卷宗内容来进行。在这一模式中，公安机关收集的被告人有罪的书面材料，通过检察机关的"二传"，基本上会被法院采纳认可，直接、言辞等刑事诉讼的基本原则不再坚持，增大了造成冤假错案的可能性。

不得不承认，在当前经济社会飞速发展、犯罪率居高不下、轻刑案件居多的形势之下，以侦查为中心的刑事诉讼制度，在提高破案效率、提升人民群众安全感方面有其存在价值。但这种制度的弊端也是不可小觑，带来的危害无法量化：

第一，以侦查为中心，要求侦查人员必须同时具备优秀的侦查破案能力和证据收集、审查判断能力。客观上，术业有专攻，我国公安机关各警种之间人员流动性强，长期在刑侦办案一线的人员远比检察、法院少，因此要把庞大数量的警察队伍全部打造成这样的精英很困难。且高负荷的侦查工作使得侦查人员往往疏于对证据的审查判断和细节的把握，而往往这些细节的失败是致命的缺陷。如典型的云南"杜培武案"中，侦查机关动用的高科技手段可以说是首屈一指的，包括动用了弹道痕迹试验以证实杜开过枪，泥土化学成分的试验以证实杜开过尸体所在的一辆昌河微型警车，以及测谎试验、警犬嗅觉试验等。然而，射击火药残留物仅能证明杜开过枪。案发前，杜曾多次在单位参加射击训练，火药残留物可能为当时所留，并不能证明其开枪杀人。泥土化学成分分析也仅仅能证明作案车上的泥土与杜身上的泥土属于同一种类，并不足以认定杜开过这辆车。正是这些细节的忽略，导致将看似充足的物证鉴定意见作为定案的依据，使得无辜者蒙受了不白之冤。

第二，以侦查为中心，往往导致打击犯罪的热情难以克制，"重打击犯罪、轻人权保障"的观念不可能不影响对事实冷静而理智的判断，过分强调破案数、打击数、逮捕数，无形中成为衡量侦查工作成绩的标志，"限期破案""命案必破"这样一些一度甚嚣尘上、不符合司法活动规律的口号让打击犯罪的司法活动沦为运动式、竞技式的活动，而为此付出的代价就是刑讯逼供和冤假错案。

（二）对以审判为中心的诉讼制度的理解

第一，建立以审判为中心的诉讼制度的根本目标是提高审判质量，防范冤假错案。近年来，被媒体不断曝光的各种冤错案件不断刺激公众的神经，从河南赵作海故意杀人案到浙江张高平、张辉叔侄强奸案，再到内蒙古呼格吉勒图冤杀案等，这些案件背后几乎都有刑讯逼供的问题，都有不当干预司法的因素。党中央提出了推动以审判为中心的诉讼制度改革，其根本目的还是提高审判质量，防范冤假错案。以审判为中心首先强调审判是被告人定罪量刑、决定诉讼结局的重要环节，侦查、起诉的事实证据都要接受审判的审查和检验。只有通过公正的审判程序实现案件裁判的实体公正，才能促使办案人员增强责任意识；通过法庭审判的程序公正实现案件裁判的实体公正，才能有效防范冤假错案产生。

第二，以审判为中心的核心是以庭审为中心。全面贯彻证据裁判规则，严格依法收集、固定、保存、审查、运用证据，完善证人、鉴定人出庭制度，保证庭审在查明事实、认定证据、保护诉权、公正裁判中发挥决定性作用。

第三，以审判为中心不能否认侦查、审查起诉的重要地位和作用。公检法三机关在刑事诉讼活动中分工负责、互相配合、互相制约是我国的宪法原则，也是中国特色刑事诉讼制度。侦查活动是整个刑事诉讼的起点，具有重要地位和意义，它的专业要求是审判活动无法越俎代庖的。审查起诉在引导侦查、排除非法证据等方面具备独特优势，可以更有利于发挥庭审在查明事实、认定证据、公正裁判中的作用。因此，"以审判为中心"是对"以侦查为中心"的否定，但不是对现行刑事诉讼制度的否定，推进以审判为中心的诉讼制度改革，不能违背这一原则，不等于以法院或法官为中心，更不能简单照搬西方国家的审判中心主义理论来随意解读和改造我国的刑事诉讼制度。

## 二、清醒认识以审判为中心的诉讼制度改革对基层公诉工作的挑战

推进以审判为中心的诉讼制度改革，要求各环节办案人员都要树立办案必须经得起法律检验的理念，侦查、批捕、公诉都必须以法庭审判的事实证据标准来严格要求自己，防止事实不清、证据不足的案件或者违反法律程序的案件"带病"进入下一程序。公诉部门作为检察机关最后一道出口，同时肩负重要的法律监督职能，不仅自身要严把案件质量关，而且亟须在审前程序中发挥更大的主导作用，从源头上提高案件证据质量。归纳起来，以审判为中心的诉讼制度改革对基层公诉工作的挑战主要有：

（一）证据审查要求进一步提高

证据是诉讼的核心，审查证据是公诉工作最基本、最常态的内容。以审判为中心，要求全面贯彻证据裁判规则，对证据审查的影响因素有以下三点：

第一，证明理念的调整。诉讼证明的起点是"案件材料"而非"案件事实"，要求将在卷证据与定案依据明确区分开来，任何起诉证据未经法庭调查均无预决证明力，对各种证据审查、判断和认定的必要性和重要性进一步凸显。

第二，理念的调整必然带来审查证据方法的变化。对证据的客观真实性、与案件的关联性、取得证据的合法性要进行全面、细致、严格审查，证据审查范围要从"在卷证据"扩展到"在案证据"，从单纯审查在卷材料，转向多渠道、多层次收集案件信息、核实证据。

第三，排除非法证据责任进一步明确。认真开展对非法取证行为的调查核实，特别是对犯罪嫌疑人及其辩护人、诉讼代理人提出存在非法取证行为的线索和材料，应当高度重视，认真调查核实，不能仅凭侦查机关的工作说明就简单认定不存在非法取证。

（二）"诉讼优势"相对削弱

以审判为中心，必然进一步强化对被告人辩护权的保障，辩护律师全面介入刑事诉讼活动，控辩对抗从庭审、审查起诉阶段前移至侦查阶段，对抗性将显著增强，公诉部门的"诉讼优势"相对削弱，主要体现在以下三方面：

第一，公诉人对案件情况的了解晚于辩护律师。辩护律师调查取证、了解案件情况、发表辩护意见，已提前至侦查阶段，而公诉人除了提前介入案件的情形，通常在案件移送起诉后才了解案情。

第二，在辩护律师与公诉人同步阅卷的情况下，诸如取证的瑕疵、侦查程序的轻微违法等问题同步展示给辩护律师，公诉人通过事后"补正"方式消除证据隐患的难度加大。

第三，辩护律师的权利内容更为明确、具体，其合法权利受侵害时的维权诉求将更为强烈。少数所谓"死磕派"律师滥用权利的状况可能多发，这对公诉人的职业素养和能力

水平是更严峻的考验。

（三）引导侦查能力需进一步强化

我国目前刑事案件的举证责任实际是由公安机关和检察机关共同承担的，检警关系比检法关系相对更为紧密在所难免，双方往往是重合作，轻制约。在以侦查为中心的诉讼制度下，案件的实质调查都是在侦查阶段完成，起诉和审判程序是对侦查形成的案卷和证据材料的审查和确认，公诉职能在很大程度上依附于侦查职能。这不仅不利于保障人权，也不利于侦控机关统一认识，形成合力。以审判为中心的诉讼制度增加了检察机关的举证和指控难度，法庭对证据的审查标准更为严格，对证据与事实之间关系的推理更为严密，这就要求检察机关必须加强对侦查活动的指导，公诉人引导侦查能力需进一步强化。

（四）出庭任务显著加重

以审判为中心，必然强化庭审的举证、质证、辩论，落实侦查人员、证人、鉴定人出庭制度，使得公诉人的出庭任务显著加重，主要体现在以下三方面：

第一，简易程序案件公诉人全部出庭，而简易程序审理案件均在基层院。据笔者所在院统计，这将增加至少60%以上的案件出庭数量，而基层院公诉部门、刑庭囿于案多人少，"简案专办、集中公诉、集中出庭"等模式难以实现。

第二，证人、鉴定人、侦查人员出庭可能带来证据内容的当庭变化，拒不出庭又可能导致部分证据不被采信，大大增强了公诉人指控难度和诉讼风险，案件变数增加。

第三，法官不再依赖庭前阅卷，将更多地通过当庭讯问、询问、控辩双方举证质证、辩论来了解案件事实。基层院公诉人对法庭讯问和证据合法性调查的庭审应对经验相对不足，这些都对公诉人的当庭讯问、询问能力、证据展示能力、证据辨析质证能力以及法庭辩论技巧等提出了更高要求。

## 三、公诉工作应对以审判为中心的诉讼制度改革的对策建议

针对上述影响和挑战，笔者的主要对策建议如下：

（一）积极更新证明理念，转变证据审查模式

第一，强化证据合法性理念，在重视证据真实性的同时，要弱化对口供的高度依赖，强化证据补强与印证，更加重视对言辞证据获取合法性的审查，更加重视客观证据的收集和固定，更加重视庭审对证据合法性调查的预判和应对。

第二，适应庭审直接言辞的要求，言辞证据审查模式要从"书面审查"向"亲历性审查"转变，通过当面讯问、询问及审查录音录像、听取辩护人意见等方式，核实是否存在逼供、诱供、诱证、记录不全面、不客观等问题，补充完善相关证据，印证言辞证据。尤其是在命案、黑社会性质组织案件、毒品案件、职务犯罪案件及其他重大疑难复杂案件中更加重视全案证据的综合审查运用，积极构建以口供之外客观证据为中心的证明体系。积极甄别卷宗材料反映的矛盾和疑点，提高退回补充侦查的针对性，要善于运用自行补充侦查的手段及时查明。

对鉴定意见，要从鉴定意见、鉴定机构、鉴定资质、鉴定材料、鉴定方法、鉴定过程进行全面审查，必要时要向鉴定人、专业人员了解情况。对物证、书证在注重内容审查的

同时，还要注重对取证程序是否合法，有无伪造、调换的可能性进行审查。

第三，提升排除非法证据的能力。首先，要掌握鉴别证据真伪的能力，善于透过非法证据的"隐蔽性"或"伪装性"发现问题，如对报案记录、提讯证、搜查证、到案经过等材料和犯罪嫌疑人、被告人的供述和辩解进行鉴别、比对，鉴别证据的真伪。其次，对非法证据不能简单地一除了之，还要对排除后构建证据体系所必需的关键证据、核心证据予以补充完善。最后，对在庭审中通过质证发现确属非法证据的，要果断排除，以免被动；存在合理怀疑的，要及时申请休庭并调查核实。

（二）加强公诉引导侦查，形成侦诉指控合力

由于我国检察机关和公安机关是"分工负责，互相配合，互相制约"的关系，二者之间相互独立，互不隶属，因此西方国家检察主导侦查或者检察指导侦查的模式难于实行。在以侦查为中心的传统诉讼模式下，侦查机关往往重视破案而忽视收集证据，甚至导致一些关键证据灭失，而取证程序不规范会导致出现瑕疵证据、非法证据等问题，影响证据体系的构建。公诉人要全面把握好刑事诉讼中检察机关与侦查机关的配合、制约和监督关系。通过严把起诉关，对存疑证据进一步调查核实，绝不能因迁就侦查机关的非法侦查和怠于侦查而放松案件质量标准。

在重大、疑难、复杂案件提前介入引导侦查的情况下，一要规范介入范围和重点，明确工作定位与方法，加强侦、捕、诉配合与协作，努力形成"大控方"格局，通过对重点案件适度有效的介入，实现同步监督，消除侦查隐患，保证案件质量。二要增强引导取证的能力。公诉人既要尊重侦查人员在侦查取证、破案方面的专业技能，又要将取证的目的、方法、结果及时传导、反馈给侦查人员，以保证侦查机关获取的是符合庭审证明需要的证据，确保关键证据、核心证据取证规范到位。

（三）理性看待诉讼风险，构建检法协作关系

第一，公诉人要勇于担当，积极履行指控犯罪使命，理性看待诉讼风险。以审判为中心，定罪证明标准将进一步严格，庭审对抗性进一步增强，当庭裁判案件数量将上升，无罪判决会增加，检察机关的诉讼风险将明显加大。公诉人既要高度重视对可能判处无罪案件的风险研判，加强与审判机关的沟通，也不能过度放大诉讼风险，避免消极公诉、"宁纵勿枉"等倾向，更不能出现角色异化，完全站在法官、辩护人的立场而只重辩方思维和辩方证据，对该坚持的意见应坚持到底。

第二，公诉人要善于协作，正确处理尊重审判权威与加强审判监督的关系。尊重审判权威，是现代法治的要求，也是尊重司法权威的最终落脚点。以审判为中心，更要求全社会尊重法律、尊重司法、尊重审判。加强审判监督，是促进司法公正、树立司法权威的重要理念和诉讼制度设计，不可将二者对立。在以审判为中心的诉讼制度改革背景下，公诉人更要坚守法律监督职责，在审判过程中，从定案标准到法律适用、从程序运行到实体判断，都应当坚决贯彻检察机关的意见和主张，保证国家法律的统一正确实施。要切实加强刑事抗诉，将起诉意见书、起诉书、判决书进行对照审查，多渠道、多方位、深层次地拓展抗源。要突出监督重点，除了对通常的量刑畸轻畸重、认定事实错误、采信证据不当提出抗诉外，还要加强对自首、立功、主从犯等法定量刑情节认定错误、对附加刑适用错误的抗诉。加强对二审书面审理和定罪免刑案件的监督。要通过检察长列席审委会、纠正违

法通知书、检察建议等多种形式开展监督，打好"组合拳"。

（四）保障辩方的合法权益，构建健康的检律关系

辩护是控辩审三角结构的重要支撑，刑事案件被告人处于被追诉者的地位，大多数被告人的文化水平、对证据的掌握程度、对法律的认知都是有限的，仅靠自己行使辩护权利难以与强大的、专业的公诉机关对抗，非常需要辩护律师的帮助。公诉人要正确认识辩护律师在查明案件真实、发现诉讼违法、促进司法公正的积极作用，主动建立完善听取辩护律师意见的平台和机制，加强与辩护律师的审前沟通，更加全面客观地把握案件。在庭审中，检察官要侧重控诉职能，在控、辩、审三方构造中，既与辩方积极对抗，又依法保障辩方的合法权益，保证诉讼的顺利进行。对少数滥用辩护权干扰诉讼活动正常进行，甚至进行司法勾兑、自我炒作的辩护人，要敢于回击。

（五）强化自身能力建设，提高出庭指控水平

第一，以规范化促公正。认真贯彻执行《最高人民检察院关于加强出庭公诉工作的意见》《公诉人出庭行为规范》等文件精神，加强规范执行情况检查，确保公诉人出庭行为规范化。

第二，完善庭前会议制度。新刑事诉讼法规定了庭前会议程序。公诉人要善于利用庭前会议，加强与法院等相关部门协调，完善庭前会议制度，有效运用庭前会议解决案件管辖、回避、庭审方案和出庭证人、鉴定人、有专门知识的人、侦查人员的名单、非法证据等与审判相关的问题，将可能影响案件质量的问题化解在庭前会议上。公诉人应当明确掌握辩方申请的出庭证人名单，准确判断辩护人想要证明的问题，整理控辩双方的意见和争议点，使得法官审判时能把握案件重点，对没有争议的事实简化审理，促使庭审活动顺利进行。

第三，做好庭审预案与应对准备。凡事预则立，不预则废。好的庭审预案是庭审成功的一半。公诉人应加强庭前预测，重视"三纲一书"的制作，针对案件控辩争议焦点做好庭审预案，争取庭审中的主动性。做好重大、复杂、敏感案件的突发事件临庭处置预案，对案件可能存在的信访风险做好应对准备，确保庭前准备与庭上应对紧密衔接。

第四，全面加强出庭能力建设。基层院应坚持出庭考评制度。坚持兄弟院之间的观摩庭审、公诉人相互之间听庭评议制度，以取长补短，共同提高，打造优秀的公诉团队。

（作者单位：安徽省宿松县人民检察院）

# 刑事诉讼中侦查人员或者其他人员
# 出庭做证的定位与应对

张丽娜

**摘　要：** 侦查人员或者其他人员出庭说明情况的性质如何，其地位是否等同于证人，其参与诉讼活动的角色如何，是修改后刑诉法实施过程中的新问题。对于侦查人员或者其他人员出庭说明情况进行正确的定位，有利于厘清法庭审判活动的程序，使庭审活动有质有效，也有利于查明案件事实、采信证据。侦查人员或者其他人员出庭说明情况，在庭审活动这一阶段通常为检方的指控做证，需要在实务中有一定的应对措施，增强出庭效果，体现刑事诉讼法的程序性价值。

**关键词：** 出庭说明情况；侦查人员；其他人员；出庭做证

## 一、侦查人员或者其他人员出庭说明情况的定位

（一）《刑诉法》的有关规定

1. 侦查人员或者其他人员的概念

结合《刑诉法》非法证据排除制度的有关规定，对证据收集的合法性进行说明时，侦查人员应当是在案件侦查过程中证据收集的负责人或者参与人，具体是指：讯问、询问笔录的讯问人、询问人、记录人和物证、书证的提取人。其他人员是指除侦查人员以外的、收集证据时在场的其他人，包括见证人、录音录像制作人、翻译人员，也包括了解情况的看守人员、监管人员等。其他种类证据收集的合法性是否需要侦查人员或者其他人出庭，《刑诉法》《刑诉法解释》则没有明确规定的，仅《人民检察院刑事诉讼规则（试行）》（以下简称《刑诉规则》）第四百四十九条作出了规定。笔者认为，其他种类的证据，虽不属于非法证据排除的内容，通过侦查人员或者其他人员出庭的方式排除对证据可能存在的疑问，符合刑诉法程序公正精神。

2. 侦查人员或者其他人员出庭说明情况的特点

根据《刑诉法》第五十七条的规定，侦查人员或者其他人员出庭说明情况具有以下特点：第一，出庭说明情况的时间段仅限于在法庭调查中，《刑诉法》有关庭前会议的规定也涉及非法证据排除，但在庭前会议阶段，就证据收集合法性问题侦查人员或其他人员是否可以说明情况，则没有规定。《最高人民法院关于适用〈刑诉法〉的解释》（以下简称《刑诉法解释》）第一百零一条的规定，也是限定在法庭审理过程中对证据收集的合法性进行调查的阶段。第二，出庭说明情况的内容，是侦查人员或者其他人员就某一证据在收

集过程中是否存在违反法定程序的情况进行说明，是对程序性事实进行说明，不涉及案件的实体事实。第三，出庭说明情况的主体是侦查人员或者其他人员，即某一证据的收集者或者了解、知晓证据收集情况的在场其他人员，比如讯问少数民族犯罪嫌疑人时在场的翻译人员等。第四，出庭说明情况不同于《刑诉法》一般意义上的"出庭做证"，虽然侦查人员或者其他人员出庭说明情况其实质就是为某一证据的合法性进行证明，但法律并没有使用如证人、鉴定人、被害人"做证"这样的表述，也表明了出庭说明情况具有其特殊性。第五，侦查人员或者其他人员是独立的诉讼活动参加者，其地位与鉴定人、有专门知识的人出庭较为相似。不论是鉴定人还是有专门知识的人，其出庭做证的独特作用，也决定了其地位不同于证人，而是与证人相独立，具有其独特作用的诉讼活动参加者，具有独立的地位和作用。

（二）出庭说明情况的性质

**1. 出庭说明情况即"出庭做证"**

侦查人员或者其他人员出庭说明情况是就自己参与或者看到的有关证据收集过程的情况向法庭作出陈述，其实质是就某一情况进行证明的出庭做证。但是认为侦查人员或者其他人员出庭说明情况就是出庭做证，不等于出庭做证的侦查人员或者其他人员的地位就是证人。

第一，证人是知晓案件实体情况的人，一般是犯罪行为的目击者。刑事诉讼法第六十条规定，凡是知道案件情况的人，都有做证的义务；第一百八十七条第二款也明确规定人民警察就其执行职务时目击的犯罪情况是可以作为证人出庭做证。但是这里的人民警察就其执行职务时目击的犯罪情况作为证人出庭做证，并不是肯定了人民警察在作为证人的同时，仍然可以成为该犯罪情况侦查活动的侦查人员，而应当是作为证人之后，应当按照回避的规定，不能再从事该案件的侦查活动，法条也只是规定"人民警察"而不是"侦查人员"。虽然《刑诉法》规定了人民警察有可能就其执行职务时目击的犯罪情况作为案件情况的知情人作为证人出庭做证，然而一旦作为证人，就不能再成为该案件的侦查人员。

**2. 出庭做证不必要强行归入现有证据种类的某一类**

证人做证是证人证言，被害人做证仍然是被害人陈述，同样，侦查人员或者其他人员做证就是侦查人员或者其他人员的当庭陈述。实际上，在司法实务中存在诸多无法归入《刑诉法》证据种类的证明材料，比如同步录音录像的独特属性决定其并不是单纯的犯罪嫌疑人供述，情况说明是证人证言、书证还是其他，游离于明文规定的证据种类之外的证明材料是现实存在的，《刑诉法》关于证据种类的规定也经历了变化。

虽然刑事诉讼法并没有使用"侦查人员或者其他人员出庭做证"这样的表述，如果按照出庭说明情况的实质来定义为出庭做证，根据上述分析，也并不影响侦查人员或者其他人员的独特地位。

# 二、侦查人员或者其他人员出庭做证现阶段存在的问题

（一）法律规范上的问题

**1. 出庭做证的具体程序无规定**

《刑诉法》虽然规定了侦查人员或者其他人员在法庭调查中就证据收集的合法性出庭

说明情况，但并没有设置出庭说明情况的具体法庭调查进行的程序。根据诉讼法的规定，公诉人、当事人和辩护人、诉讼代理人经审判长许可，可以对证人、鉴定人发问，法庭也可以询问证人、鉴定人，即证人、鉴定人接受庭审质证的条款。对于出庭的侦查人员或者其他人员的法庭调查程序如何进行，《刑诉法》并未进行相关程序设置。

2. 是否需要质证无规定

侦查人员或者其他人员出庭做证的地位类似于鉴定人和其他有专门知识的人，《刑诉法解释》第二百一十二条、第二百一十三条详细规定了对证人、被告人、被害人、附带民事诉讼当事人、鉴定人、有专门知识的人进行询问和发问的规则。对于侦查人员或其他人员出庭说明的情况，即出庭陈述内容的真实性，检察机关和辩护人能否对证人做证、鉴定人做证、有专门知识的人做证进行询问和发问，并进行质证，目前立法尚为空白。刑事诉讼法作为程序法，在证据的审查方式和内容上以及庭审活动的如何开展，都应做明确的规定，但对出庭做证的侦查人员或其他人员出庭的程序却无任何规定。

3. 相关规定的不一致

对于搜查、勘验、检查、辨认等笔录存在争议的，侦查的人员及相关人员能否出庭做证，《刑诉法》和《刑诉法解释》没有相关的规定。但《刑诉规则》在第四百四十九条则明确规定了对于搜查、查封、扣押、冻结、勘验、检查、辨认、侦查实验等侦查活动中形成的笔录存在争议，需要负责侦查的人员以及见证人出庭陈述有关情况的，公诉人可以建议合议庭通知侦查人员以及见证人出庭。对于以上各种笔录，检察机关提出或者侦查人员及相关人员主动要求出庭说明情况时，法庭应当如何进行，《刑诉法解释》对此无规定。

（二）实践中可能存在的问题

1. 辩护人滥用非法证据排除程序

实践中不少辩护人会对除言辞证据和物证、书证之外的证据提出需要排除的意见，根据法律规定，只有涉及犯罪嫌疑人、被告人供述、证人证言、被害人陈述、书证、物证才会有非法证据的排除。因为以上证据才会涉及非法证据排除的程序，侦查人员或者其他人员出庭做证的内容也应以此来确定。而对于勘查、检验、辨认等笔录、视听资料等其他没有规定在内的证据，因不属于非法证据排除的对象，也就不会启动非法证据的调查。

2. 法庭调查阶段可能存在"陷阱式"发问

虽然侦查人员或者其他人员出庭是否需要质证尚属空白，但是为了查明程序性事实、实现法庭庭审目标，不排除审判长允许辩护人对出庭侦查人员或者其他人员发问，以实现法庭上的公平质证。辩护人作为具有一定法律知识和从业经验的法律人，针对证据存在的问题，特别是法庭已经启动非法证据的排除程序，一般会被认为对不存在非法证据的内心不确信，辩护人往往会提前设计一些"陷阱"，对侦查人员或其他人员进行诱导式发问。由于侦查人员或者其他人员在之前的刑事诉讼活动中甚少参与庭审活动，对于法庭讯问的程序、目的、技巧等都不甚了解，往往容易陷入辩护人设计的"陷阱"之中。

3. 审判公开的压力

随着民众法律意识的增强和审判公开力度的加大，审判公开特别是庭审程序的公开程度在以后会越来越大，不仅有众多的旁听人员，甚至会有庭审实况转播等。这不仅对审判人员、出庭公诉人提出了更高的要求，对侦查人员出庭做证同样是一种考验。侦查人员出庭做证在更多的目光之下，存在的问题会被无限放大，一个问题回答不好可能带来的舆论导向极有可能影响司法人员的判断，也会影响国家机关的形象甚至司法公信力。

# 三、侦查人员或者其他人员出庭做证的应对

（一）无明确规定参照其他有专门知识的人出庭做证

当证据合法性通过其他方式不足以充分证明时，公诉人可以建议合议庭通知侦查人员或者见证人出庭做证，具体程序可以参照其他有专门知识的人出庭做证的规则进行。因为从广义上来说，侦查人员对刑事侦查活动具有因职权而生的侦查技能、侦查手段等方面的知识，也属于广义上的有专门知识的人。因此，参照有专门知识的人出庭做证的规则具有一定的合理性。

（二）出庭做证程序的启动应穷尽其他方法

侦查人员或者其他人员出庭做证应当是在穷尽其他办法仍不能证明证据收集的合法性，必要时方可启动。《刑诉法》第五十七条也明确了在现有证据材料不能证明证据收集合法性的前提下，才能启动侦查人员或者其他人员出庭做证的程序。《刑诉规则》第四百四十六条也规定，在进行非法证据排除的法庭调查时，公诉人员首先可以根据讯问笔录、羁押笔录、出入看守所的健康检查记录、看守管教人员的谈话记录以及侦查机关对讯问过程合法性的说明、播放讯问录音录像，在必要时才申请法庭通知侦查人员或者其他人员出庭说明情况。《刑诉法解释》第一百零一条没有明确侦查人员或者其他人员出庭说明情况的前置条件，仅规定"公诉人通过出示、宣读讯问笔录或者其他证据，有针对性地播放讯问过程的录音录像，提请法庭通知有关侦查人员或者其他人员出庭说明情况等方式"，只对证明证据收集的合法性方式进行了列举。因《刑诉法》已有明确规定，应按照法律的规定执行。

（三）程序上应特殊保护

首先，由法庭核实侦查人员或者其他人员的身份，确认出庭做证人员的主体身份是诉讼顺利进行的前提条件，具体可以由侦查人员或者其他人员出具身份证、工做证件或者单位说明，但可以不要求在做证前签署保证书，仅就如实陈述作出保证。其次，由侦查人员或者其他人员首先就证据收集的有关问题进行说明，不直接由提请通知的一方先行发问。再次，虽然立法没有明确可以进行交叉询问，但是从做证的目的和庭审直接言辞原则的精神，侦查人员或者其他人员在说明完毕后，由法庭主持和决定由提请通知的一方先行发问，再由对方发问，法庭也可以补充询问。最后，侦查人员或者其他人员如无正当理由经通知不能出庭做证，法庭不能进行强制出庭，而是应当参照鉴定人不出庭的有关规定，对有关证据不予采信。

（四）对具体案件进行模拟

刑事案件经过侦查、审查起诉之后进入法庭审判阶段，对于非法证据也已进行了审查，公诉人已有内心判断。此时法庭开启非法证据调查程序，说明对证据的合法性仍有疑问，公诉人就需要特别认真对待：对于不存在非法证据的情形，应当坚持证据合法性的判断；确实需要侦查人员或者其他人员出庭做证的，应当进行必要的模拟训练。

首先，应当告知侦查人员或者其他人员出庭做证的重要作用和意义，法庭此时可能已

经不肯定某一证据的收集是合法的，如果该证据不能被采信会产生的后果，提高侦查人员或者其他人员的重视程度。其次，应当告知侦查人员或者其他人员出庭做证时仍应当依法如实地陈述，不能因为更加有利于指控而作出不实的说明。再次，侦查人员或者其他人员仅就收集证据的程序合法性进行说明即可，对于其他问题则可以避而不谈，毕竟侦查人员仅从事侦查活动，对于法律的辨析不是其工作重点。最后，对庭审调查阶段辩护人的发问进行预测和模拟，分辨辩护人发问的目的，对与证据收据无关的问题可以拒绝回答。此外，侦查人员或者其他人员的出庭语言、神态、动作等也应当进行一定的训练，端庄、稳重的外表也会传递给他人一种值得信任的信息。

（作者单位：淮南市大通区人民检察院）

**参考文献：**

[1] 汪建成. 理想与现实——刑事证据理论的新探索 [M]. 北京：北京大学出版社，2006.

[2] 张智辉主编. 刑事非法证据排除规则研究 [M]. 北京：北京大学出版社，2006.

[3] 陈朴生. 刑事证据法 [M]. 台北：台湾三民书局，1970.

[4] 宋世杰. 举证责任论 [M]. 长沙：中南工业大学出版社，1996.

[5] 童建明. 新刑事诉讼法理解与适用 [M]. 北京：中国检察出版社，2012.

# 试论法治思维在公安基层执法中的确立

聂晨晨

**摘　要：**法治思维是在法治理念的基础上，运用法律精神、法律原则、法律逻辑和法律规范对各种社会问题进行分析、判断、推理和形成结论、决定的思想认识过程。公安机关肩负的使命决定了其在依法治国的工作实践中，必须当好主力军，当好排头兵，全力以赴，推进法治建设。然而，公安机关法治建设不仅是形式的、外在的、工具的，更应是全体民警的内心信念和思维习惯，全体民警普遍确立法治精神和法治理念，使之成为日常工作的惯性思维方式和警务行动自觉，并转化为依法履职的"软实力"，贯穿到日常各项公安工作中。文章从基层公安工作的视角，对法治思维进行了理论解读，阐述了基层公安机关及广大民警如何树立法治思维，运用法治思维。

**关键词：**法治思维；法治公安；执法方式；基本路径

党的十八大指出："更加注重发挥法治在国家治理和社会管理中的重要作用，提高领导干部运用法治思维和法治方式深化改革、推动发展、化解矛盾、维护稳定能力。"全国公安机关深化执法规范化建设推进会，又进一步明确了公安机关法治建设的目标。"蓝图已描绘，图景待实现"。公安机关法治建设必须善于运用法治思维和法治方式管理公安工作，关键要教育引导全体民警普遍确立法治精神和法治理念，形成法治思维和法治人格，实现"文化"层面的法治与"工作"层面的法治之间渗透、融合、对接，让忠诚法律、尊重法律、学习法律、敬畏法律、服从法律、信任法律、信仰法律、捍卫法律成为每个民警的惯性思维和行动自觉，进而转化为公平正义的价值取向，转化为执法办案的规范行为，转化为依法履职的"软实力"，贯穿到日常各项公安工作中，不断提升执法公信力，为全面深化改革服务提供稳定的政治环境和良好的社会治安环境。

## 一、法治思维的重要内涵和意义

（一）法治思维的基本内涵

法治思维是指站在法律的立场上，用法律的观点和方法进行观察、认识各种社会现象并做出判断，进行选择，决定采取行动以及行为方式的思维方式或思维模式，是一种系统性思维、辩证思维、规则性思维、理性思维。它是以法律规范为基准的逻辑化理性思考方式，以实体法作为是非判断标准，以程序法作为判断是否采取行为以及行为方式的依据，以是否合法作为行为价值判断的认识、认知以及做出判断选择的思维过程。思维是容易形成定式、模式、方法和习惯的。在法治思维内涵中，立场是核心，是法治思维的灵魂，在此基础上形成的观点和采取的方法是解决具体的"知"和"行"的问题，形成统一的有机体。法治思维是我们党治国理政的实践经验，是推动社会和谐进步的可靠保障，是法治公安建设必须遵循的基本思维。

（二）法治思维是人类文明发展的理性选择

法治思维是按照法治的逻辑来观察、分析和解决社会矛盾与问题的思维方式，它是将法律规定、法律知识、法治理念充分运用并付诸实践的思考认知过程。早在古希腊时期，极力推崇贤人统治的柏拉图在探讨人性的不完善及权力的本质之后，开始追求一种次而有效的法治思维模式，其学生亚里士多德也强调法律是最优良的统治者，认为法治应当优于一人之治。千百年来，法律无论是对邪安之徒、普通百姓还是政务官员，均具有管束作用。"法网恢恢，疏而不漏"虽只是一种理想而非完全的现实，但从中仍可窥视出人们对于法治的崇拜和敬畏心态。法治更能明确行为的预期，它是社会秩序的稳定器，也是政治文明的重要标志，中外社会历史发展表明，法治是国家实现现代化的必由之路。一个成熟发达的国家，一定是一个法治化的国家，法治已成为一种当今世界各主要国家所推崇的治国理政方式。

（三）法治思维是实现依法治国的前提

法治思维是基于对法治的信仰和遵守，自觉运用法治理念、原则和逻辑来认识、分析和解决问题的思维方式。法治方式是运用法治思维处理和解决问题的行为方式。法治思维是法治方式的思想根源和理论支撑，法治方式是法治思维的外在表现和行动实践。实现依法治国的前提是树立法治思维，将法治思维贯穿于治国理政、促进国家治理体系和治理能力现代化的全过程和各方面。

（四）法治思维是深化公安改革的必然要求

在党的十八大报告中，"法治"是一个出现频率较高的主题词，共出现了18次，"依法"一词出现了21次。报告强调法治是治国理政的"基本方式"。公安社会管理作为国家治理的重要组成部分，应当自觉运用法治思维来提升社会管理能力。公安改革是法治中国建设和公安工作科学发展的不竭动力，而公安法治建设则是深化公安改革的重要载体和必然要求。全国公安机关深化执法规范化建设推进会后，提出了之后一个时期建设法治公安的目标，对深化公安工作改革作了具体安排部署。公安机关和广大民警应当清醒自觉地认识法治思维在执法执勤中的极端重要性，并自觉运用法治思维来指导行为实践，为法治公安建设注入新的力量。

# 二、影响基层公安法治思维养成的主要因素

（一）宗旨意识不强，法治思维成"无源之水"

执法理念指导执法行为，直接影响执法行为好坏。部分民警不能正确认识严格执法对服务大局的重要意义，机械执法，服务意识不强，不能积极回应社会需求，就案说案，忽略执法的整体效果，无形中损害执法的公信力；另外，部分民警群众观念弱化，一味追求铁面无私、公正执法，群众工作做得不细致、不到位，致使有些执法活动案结事不了，"合法忘乎情"，致使群众不理解、不认同，对公安机关执法的公信力产生了极大的负面影

响。同时，个别民警责任意识、敬业精神蜕化，执法过程中，不能把执法工作生命线意识贯彻到具体的执法工作之中，把工作看作是一种谋生工具，做事能逃就逃，责任能推就推，严重缺乏职业感和进取心。

（二）主体素质不高，法治思维成"无本之木"

"徒法不能以自行"，意思是说，即使是再好的法律也不能自动实施，它必须靠人去执行和落实。警察是执法主体，警察执法公信力的好坏取决于每一个警察个体的公信力。然而，随着信息化建设的推进，对公安民警的执法要求越来越高，公安队伍中民警的素质参差不齐，队伍建设中存在一些问题，导致执法不规范、群众不满意。部分民警法治理念、人权观念不强，法律素养、政治素质不高，办案水平有限，执法效果不佳；还有一些民警工作方法简单，缺乏群众意识，以管人者自居，不善于沟通和交流，"门难进、脸难看、话难听、事难办"，疏远了与群众的关系，损害了与群众的感情，弱化了警民互动体系，破坏了执法环境，法治思维难以落地生根，成"无本之木"。

（三）执法环境恶化，法治思维成"无如之何"

由于人民警察法对人民警察职责和救助群众危难、帮助排解纠纷的规定内容较为宽泛，加之公安机关自身承诺的"有困难找警察"等便民口号，导致警务活动与非警务活动界限模糊。一些群众经常要求民警提供职责范围以外的服务，有关部门也要求基层公安机关参与处置劳动纠纷、征地拆迁等，基层公安机关被动参与了大量非警务活动，基层所队的警力数与日常执法工作需求矛盾越来越突出，执法供给与执法需要的矛盾日益加大。加之，当前人民群众整体法治意识与建设法治社会的要求相比还有差距，不少群众法治观念淡薄，存在"信权""信访"却"不信法"的现象，公安机关法治建设成"无如之何"，无从下手，亟待让全社会了解法律、遵守法律、信仰法律。

（四）职责规范不明，基层民警成"无名之师"

近年来，一些地方公安机关以解决职级待遇、地方改革、打击新型犯罪等名义，突破《公安机关组织管理条例》，机构违规升格，职能逐步"细化"，机构设置缺乏论证，又要求上下对应，造成基层公安机关苦不堪言，难于应对。导致工作职权不清、机构设置混乱，严重影响公安工作有效运行，导致公安机关自身职责不清、形象模糊，部分基层公安民警在复杂的执法环境中如履薄冰、缩手缩脚，归属感弱化、法治思维退化。

# 三、四种理念增强基层法治思维

（一）强化为民意识，夯实法治思维基础

法治理念是法治的灵魂，能否自觉运用法治思维决策，是建立在良好法治思维理念基础之上的。要牢固树立法律面前人人平等、以法为尊、保护人权、依法治权等法治理念，把对公平、公正、公开的追求作为内心思考问题、分析问题、解决问题的习惯，养成用法治理念指导依法行政的良好习惯，使依法履职、依规办事成为领导干部自发的履职导向。能够主动运用正当程序等法治理念和法律原则处理问题，坚持依法办事，使决策合法合规，合情合理。"立警为公、执法为民"是公安机关工作的宗旨，是公安机关执法的灵魂。更好地实现和维护群众权益，不仅是社会进入稳定发展快车道的"通行证"，更是保证持续前行的"加油卡"。要通过开展核心价值观教育，消除特权思想，教育广大民警在工作中把"执法为民"思想理念贯穿到每一项执法工作和每一个执法环节中，激活原动力、激发战斗力，实现执法办案的法律效果、政治效果和社会效果的有机效统一；牢固树立执法为民、保障人权的理念，努力实现社会维稳与公民维权的有机统一。

（二）坚持规则意识，筑牢法治思维的底线

规则具有确定性、可预期、可执行等特点，是人们对事物理性期待的体现。规则思维的逻辑起点是权利和义务。对公安机关来说，维护社会稳定，首先要严守规则，维护规则的稳定，否则就会破坏人们的预期，理性就变成感性、心安就变成恐惧、有序就变成无序。强化职权法定、严格执法的理念，努力实现依法履职与依法治权的有机统一。宪法和法律是党的主张和人民意志相统一的体现，依法治国要求全社会对宪法法律一体遵循，特别是执法权力必须来自法律具体而明确的授予，执法活动必须在法制轨道上运行。公安机关作为法定的公权力部门，必须把严格依法办事作为做好各项公安工作的第一准则，实现依法履职和依法治权相统一。

（三）坚持程序意识，提高法治思维能力

"打铁还需自身硬"。提高法治思维能力首先靠执法者增强法治素养，自觉做依法治国基本方略的积极践行者，坚定信念，努力学习，自加压力，真正从思想和行动上使法治成为一种自觉。要提高执法办案能力，建立对执法人员系统的培训体系，通过定期组织民警学习法律法规，不断提高民警对事实的判断能力、对法律政策的把握能力以及对矛盾纠纷的调处能力，做到法理清、法条明，用自身的能力素质让公众信服，确保民警能正确运用法律手段维护群众的权益，切实树立公安机关公正、文明执法的良好形象。另外，要提高为民服务水平，坚持以人为本、执政为民，把群众的呼声作为第一信号，把群众的需求作为第一选择，真正做到权为民所用、情为民所系、利为民所谋，下大力气苦练群众语言、沟通技巧和化解矛盾、调处群众纠纷等基本功，进一步提高广大民警的群众工作能力和水平。

（四）强化监督意识，疏通法治思维渠道

公安机关社会关注度高，经常处在社会舆论的风口浪尖，其执法行为、执法结果要达到"案结事了"的社会效果，离不开立体化、全方位的执法监督。要进一步健全形式，多策并举，把内部监督、群众监督、舆论监督、民主监督有机结合起来，进行综合运用，让公权在阳光下运行，让执法在监督下进行，不断增强公安机关执法的自我约束力，提高工作的透明度。要落实执法责任，通过行政问责和责任倒查机制，做到执法考核发现问题必查、民警违法办案必查、工作中重大过失必查，切实减少随意、无序执法，杜绝执法不作为、乱作为等现象，切实规范执法行为，维护公安机关形象。同时，要建立警种联席会议和公检法联席会议制度，坚持定期收集、研判公安执法情况，对苗头性、倾向性问题及时预警通报、督促抓好防范整改。建设和谐警民关系。坚持"面对面"走访、拓展"键对键"评警、实现"心贴心"评警，结合党的群众路线教育实践和"三严三实"专题教育活动，切实将走访出来的问题及时进行办理、整改、反馈，进一步密切同人民群众之间的联系，借以获得人民群众的高度肯定。

（作者单位：安徽省合肥市公安局政治部队伍管理处）

**参考文献：**

［1］杨欣．公安行政执法存在的问题及对策［J］．辽宁警学专报，2004（3）．

［2］陈金钊，牛文军．法治精神与公安法治［J］．山东公安专科学校学报，2003（6）．

［3］姜明安．法治、法治思维与法律手段——辩证关系及运用规则［J］．人民论坛，2012，（14）．

［4］殷英华，栗慧勇．浅谈公安机关执法公信力［J］．公安研究，2011，（8）．

# 刑事认证的印证规则刍议

崔志强

**摘　要：**刑事认证的自由心证规则已为大家认同，但在适用时存在盲目和无所适从之现象。任事都需有规则、有约束，刑事认证也不例外。文章试从证据的印证规则作一探析。有规则可依，做到既自由裁量，又合规中矩，不滥用职权。

证据认定是运用证据裁判案件过程中最为重要的环节，它直接决定着案件的最终处理。何谓刑事认证？笔者认为，是指法官在刑事诉讼中，对控辩双方当庭提供的证据以及法院依法自行调查取得的证据，经控辩双方互相质证后，按一定的规则和标准确认该证据的证据能力和证明力的有无及大小的诉讼活动。刑事认证是刑事诉讼中的一个重要环节，也是审判活动的中心内容。在取证、举证、质证、认证的四个环节中，认证无疑是最关键的环节。没有取证、举证、质证，认证会成为无本之木，但取证、举证、质证都是为认证服务的，要借助认证来体现成果，可以说认证是其他诸环节的旨归。现在法学界都推崇自由心证模式。这项由 1808 年《法兰西刑事诉讼法典》推出的认证规则，不仅为大陆法系国家奉为圭臬，英美法系诸国也颇为认同。自由心证强调法官的主观能动性，享有极大的司法裁量权。《法学辞海》中对此的解释是："诉讼证据的证明力及其取舍运用，法律预先不作规定，由法官根据其良心、信念和法律意识，自由地加以判断和取舍。"[1] 法国《刑事诉讼法典》第 2 篇第 4 章也要求陪审官集中精神，"在自己良心的深处探求对于控方所提出的反对被告人的证据和被告人的辩护证据在自己头脑中形成了什么印象。"但刑事证据的取舍、判断虽是法官的主观内心活动，可也必须遵循一些规则，依规而动。正如学者所言，现代自由心证包括两方面的含义：一方面，法官具有自由判断证据的职责和职权，其他人无权干涉；另一方面，法官自由裁量证据的行为受到法律规则，尤其是证据规则的制约，所谓行为合规。如果不设立严格具体的标准和规则，则难免会随意使用证据[2]。中国古代西周即有"听狱之两辞"及"五听"断案的论述。现代英美法系国家更是创设了大量的证据规则供陪审团裁量时遵循。法官对证据可采与否的判断是在证据规则下进行的，而且在承认法官（陪审团）对证据价值凭理性和良心进行评判的制度下，证据规则实际上是约束法官广泛裁量权的最后防线[3]。在此笔者根据审例实践结合所学理论知识，就刑事认证中的印证规则予以阐述。

---

① 李伟民：《法学辞海》（第 2 卷），蓝天出版社 1998 年版，第 117 页。
② 徐静村：《刑事诉讼法学》（上），法律出版社 1997 年版，165 页。
③ 宋英辉、吴宏耀：《外国证据规则的立法及发展》，载《人民检察》2001 年第 3 期，第 59 页。

刑事诉讼中的印证规则是指法官在对证据的审查、判断时要讲求它们之间彼此关联、相互佐证的规则。归根结底，被采信证明待证事实的合法证据间要形成一条链条，即证据链。印证规则是将法定证据模式与自由心证制度有机结合起来的规则，其意义可使现代公正与效率的司法理念得以真正实施，实践了宪法所确立的保障人权规定，在理论上是切实可行的。因为任何事物的发生都会留下痕迹，在其他事物上得到反映。事物是普遍联系的，具体到审判个案，可使法官秉规持绳，不恣意妄为，不唯供而定。

下面试从证据分类角度，对印证规则作一浅议。

# 一、对待被告人供述

"无供不录"，口供在我国向来被称为证据之王。在目前司法资源欠缺、程序理念不强及人员水平参差不齐的境况下，我国还无法实行沉默权，还需以被告人的口供作为突破口，然后以此寻找其他证据，从而侦结破案。在刑事审判中，对于口供我们既不能弃之不顾，也不能珍之如玺，视之唯一，要分别不同的情况，遵从不同的规则、方法。

（一）被告人供认应采取的认证规则

对于被告人供认的，可采取以下规则认证：

1. 口供补强规则

口供仅具有证据资格，而不具备证明力。口供的证明力有赖于其他证据的辅证。我国《刑事诉讼法》第五十三条规定：只有被告人供述，没有其他证据的，不能认定被告人有罪和处以刑罚；没有被告人供述，证据充分确实的，可以认定被告人有罪和处以刑罚。此即为口供补强规则，是指禁止以被告人供认为唯一的定案依据，必须有其他证据予以补强的证据规则。民事诉讼中有自认可定案的规定，而刑事诉讼中由于牵涉到人身自由，其认证标准相对要高格、严厉、苛刻。许多国家也不承认口供对案件事实的单独、完全证明力，禁止以被告人口供作为有罪判决的唯一依据。非法证据是要排除的。至于补强证据达到何种证明标准，即证明力大小和实际价值，笔者认为，无须独立支撑整个案件事实大厦，只需与被告人有罪供认一致，证实供认真实性即可。对于共犯口供的采信问题，因共犯口供同属供述范畴，应适用补强规则。但考虑共犯口供毕竟能起到相互支持的作用，在分析口供无串供及非法取证的情况下，可对补强不作相应严格的要求，只需基本证实口供的真实性即可。

2. 有利接近规则

牵涉到犯罪数额，在被告人供述与被害人陈述不一致的情况下，以有利被告人量刑和较低或接近被害人的数额认定的规则。在某些犯罪中是以数额作为定性、量刑标准的，在此情况下数额的认定非常重要。有些案件被告人所供与被害人所述一致，可直接认定。有些却要费些周折，因为两造所述不一致。例如在一起盗窃案中，被告人供认是5100元，而失主报称为人民币7000元。在无其他证据佐证的情况下，法院应采信5100元的数字。因为5100元包含于7000元中，得到被害人言辞的印证，不枉不纵。若认定7000元数额，就显得依据不足，有孤证之嫌。还有被告人多次供述不一致或多名被告人供述"打架"的情况下，应采信最接近被害人陈述的数额。例如在一宗抢劫案中，被告人先后供述劫得数额为人民币2200元、1800元、1900元，而被害人报称人民币2400元，应以2200元认定。

因为 2200 元已是就低且有证据印证。又如同一案多名被告人供述抢劫数额分别为人民币 1800 元、1600 元、2100 元，而被害人陈述为人民币 2500 元，应以 2100 元认定。理由同前所述。上面是被告人的供述数额均小于被害人陈述，在存在被告人供述数额均大于被害人陈述时，应适用就低规则，采纳被害人的陈述。因为被害人只指控如此数额，此认定符合法律不告不理原则。如部分低于被害人数额，可将高于部分剔除，低于部分按接近规则认定。

3. 前后稳定规则

它是指被告人对某些事实、某个情节表现出始终如一的供述态度时，在无其他直接证据印证的情况下，可采信被告人口供的规则。被告人尤其是初犯、偶犯、未成年犯在被司法机关羁押、接受侦讯时，内心是极其惶恐的，处于一种懊悔、忐忑状态。在那种特定环境下，交代是坦白的、诚实的，有一种竹筒倒豆子的感觉，以求解脱和取得法律的宽宥，而不是吞吞吐吐，掩藏、伪饰。且被告人的供述有其规律性、一致性，其对某起犯罪某一情节交代了，在其他起犯罪中同类情节也不会隐瞒，且无遮掩的必要。否则，一是不利于他的量刑。目前中国刑法中有坦白从宽的规定；二是悖逆人的心理学原理。既然已说过，何必再封口；三是检侦人员也不会就此放过，而会就此顺藤摸瓜，乘胜追击。例如，有一销赃案，被告人交代销赃款为 2500 元，而买赃人却予以否认。分析此前被告人的多起一系列销赃数额交代，均与买赃人的言辞证据相吻合。而此起买赃人杜某某因从事摩托车修理，属特种行业，按规定进出摩托车要造册登记，否则要被责停业整顿。惧怕心理，使其一直不敢吐露实情。而被告人作为以偷盗为生的人，不可能将"辛苦"得来的赃车放于王某处几月之久而不闻不问，任王某骑行处置，这不符合事理。且被告人供述买赃人的姓名、住址等自热情况均得到印证，故而可采信被告人的口供。此一规则不违背供认补强规则，因为被告人对其他情节的供述已得到其他言辞证据的证实是真实的，就某一起某一点上还缺乏直接证据，但间接证据的合力完全可使法官形成内心确信，判断采纳。

4. 疑点去除规则

即被告人对指控事实虽作供认，但控方提供的证据存在疑点、瑕疵，使我们会产生合理怀疑时，应予排除使用的规则。这也符合疑罪从无的刑事司法原则。被告人交代与被害人所述在某些事实情节上肯定有出入，不可能丝丝吻合，这是符合案件证据真实性的。证据如丝毫不差，就有使伪作假的可能。但如牵涉到关键情节有使指控成立与否时，我们一定要慎重。审查两造所述的可信性，寻找与其他证据在逻辑上的一致性，看是否能吻合，与其他言辞证据结合证明是否能得出排他性的、唯一的结论。否则，应坚决不予认定。刑诉法不是设置了存疑无罪的规定吗？任何程序其实都不能做到完全惩罚犯罪并保护无辜者，做到每个案件的实体公正，好的程序设置只能在倾重于惩罚犯罪还是倾重于保护人权之间寻找平衡。波斯纳的观点是：对无辜者定罪处刑的道德成本大于对有罪的人放纵惩罚的道德成本，所以总的错误成本前者要大于后者。正如培根所言："应当懂得，一次不公正的裁判，其恶果甚至超过十次犯罪。因为犯罪虽然是冒犯法律——好比污染了水流，而不公正的审判则毁坏法律——好比污染了水源。"① 疑点排除规则可使我们在保障人权和实现程序正义兼顾实体真实上得到重要保证。对此美国学者卢卡奇有精辟的言论："几乎

---

① 培根：《培根哲理散文集》，安徽文艺出版社 1997 年版，第 94 页。

与合众国没有两样，那些建立排除规则的国家的最初动机和永远目标似乎总是与公民的基本权利相联系。"① 一起偷盗案，被告人黄某交代其偷了一辆五羊本田摩托车，然后予以销赃。失主也于此后十几日后持着行驶证从购赃人手上要回这部车。这些事实都查证属实。但存在的疑点是：被告人供述夜晚在集市水果店前偷取，失主陈述白天于自家院内失窃。夜间集市和白天院内可是天壤之别。这不是一般细节上的差异，而是关乎犯罪事实构成的基本要素：时间、地点上的不同。卷宗中也没有关于失窃车的发动机号、车架号的证据可锁定，这让我们怀疑被告人偷取与失主失窃是否为同一辆车？因为被告人黄某也供认曾销赃过一辆五羊车。最后法院没有支持指控。

5. 现场查看规则

即在言辞证据不能使法官对现场形成浮雕般印象而现场又至关重要时、法官应亲临现场耳闻目睹以获得正确心证的规则。因为有些案件，当事人、证人虽有对现场的言辞描述，公安制作的现场勘查笔录也予以记载，但现场的清晰概貌及特征还是无法显现。刑诉法也赋予法官必要的调查核实权。法官可于现场真实的观察中获得具体的感知。如崖体的高度，在山上打一声招呼，山下人能否听见；路面状况，是否能致被害人跌倒致伤；路途远近，证人能否具体目睹……这些经验、认知都是必须在现场环境中才能完成。但现场毕竟时过境迁，此一时非彼一时，走访现场应只是辅助性手段，但确实可增强内心的判断力。

（二）被告人不供认或翻供应采取的认证规则

对于被告人不予供认或供述后又翻供的情形，笔者认为应采取以下认证规则：

1. 细节锁定规则

即从案件的琐细、微小情节上着眼对被告人的供述是否予以采信的规则。任何一种行为都是在一定的时间和空间中发生的，只要有行为发生，就必然留下蛛丝马迹。各种痕迹和影像，是不以人的意志为转移的。案件的细节虽不是主要待证事实，但有时可锁定一起犯罪。因为非亲历者即案件当事人，对案件的微小情节、细致场景是无法描述的。被告人的翻供有其多种原因：一是畏惧心理，想减轻罪责；二是确为检侦人员非法采证，非被告人如实供述。基于规避心理的翻供，我们既不轻信，又不弃之不理，因为供述与辩解毕竟是证据的一种。可从其他证据上入手，看他们在案件的一些细小、特定情节上的供述是否吻合。例如一起盗窃案，被告人曾在公安部门交代一次去过现场施窃，并特别交代了在搬运茶几时打翻了矮柜上的一只玻璃杯这一细节，事后公安勘查现场记录也予以记载。后被告人一直翻供，予以否认。我们在认证时，觉得被告人这一有罪供述可信（排除非法取证的可能）。玻璃杯破碎情节虽小，却是关键，可锁定被告人曾去现场作案。

2. 推定认证规则

审判实践中，法官常常会遇到没有直接证据，但有大量间接证据予以证实的案件，在对证据审查判断认定案情时，往往需要运用推定法则。推定可以分为法律推定和事实推定。法律推定是指法律明文规定的推定，具体是指当某法律规定的要件事实有待证明时，立法者为了避免举证困难或举证不能的现象发生，乃明文规定只需就较易证明的其他事实获得证明时，如无相反的证明，则认为这一要件事实因其他法律规范的规定而获得证明。

---

① 胡炜：《司法政治论》，香港三联出版社 1992 年版，第 93 页。

事实推定是指法院依据某一已知事实，根据生活经验、逻辑法则，推论与之相关的诉讼中需要证明的另一事实是否存在。唯物辩证法告诉我们，事物的内外在是统一的。从被告人的举止、所处位置、状态，我们可推断出一些案件事实。例如，从某人在事故发生前的瞬间正驾驶着某辆汽车的事实，可以推断事故发生时正驾驶着这辆汽车。

3. 最佳证据规则

它是指数个证据都对待证事实有证明力时，只能采用可能得到的最令人信服和最有说服力的证据予以证明的制度。我国刑事诉讼法没有明文规定何种证据最佳，但其司法解释规定："据以定案的物证应当是原物。原物不便搬运，不易保存，依法应当由有关部门保管、处理，或者依法应当返还的，可以拍摄、制作足以反映原物外形和特征的照片、录像、复制品。""据以定案的书证应当是原件。取得原件确有困难的，可以使用副本、复制件。"故我国采"原始材料优于其复制品"的最佳证据规则。还有，实践中不断运用的"原始证据优于传来证据，传抄次数少的证据优于传抄次数多的证据"的原则。另外，鉴定结论也是普遍为法官所认可的证据。因为这些鉴定机关是依法成立的，鉴定人具有专业技术资格，又受托于有关司法机关，故其结论具有可采性，法官认证时可直接采纳，无须其他言辞证据补强。对此美国联邦刑诉法规则第 903 条也有类似描述："对鉴定书面资料不必要有补强证人的证词，除非对该书面资料的效力所适用的准据法的司法管辖区的法律有这样的要求。"直接采信鉴定结论，符合诉讼经济规则，即以较小的诉讼成本，实现较大的诉讼效益，或者说为实现特定的诉讼目的，应当选择成本最低的方法与手段。

# 二、对待证人证言

## （一）直接言辞规则

这一规则即要求法官须亲自参加证据审查、倾听当事人、证人用言辞形式展开的质证辩论的规则。这是司法亲历性原则的反映。我国古代即有"以五声听狱讼"的实践。我国刑诉法第五十九条也明确规定："证人证言必须在法庭上经过公诉人、被害人和被告人、辩护人双方质证并且查实以后，才能作为定案的根据。"与国外的传闻证据规则是一致的，它体现了现代控辩式诉讼模式的要求。法官直面证人的言辞陈述，可从证人做证时的情态、姿势、语速、眼神判断证词真伪，能获悉语言所无法递送的信息（即"无言之知"），必要时法官可直接询问。证人接受两造的交叉询问，言辞更显客观、全面、公正。被告人则获得反驳控诉方证据的机会、与对方证人对质的权利。与证人对质权也是联合国《公民权利和政治权利公约》第 14 条赋予的基本刑事诉讼权利，从而实现程序正义。正如美国学者戴维斯教授所言："……我们认为，对于解决裁判事实的争议，其公平的程序要求给每一方一次遭遇机会；此遭遇机会是指在得到法庭注意的适当场合内遭遇的机会，以及在适当场合内为了对包括反驳证据、交叉询问在内的有争议的裁判事实予以会谈的遭遇机会；其中这种会谈通常是对抗与争论。"[①] 基于目前我国证人出庭做证率低的状况，影响了庭审改革的成果，我们应大力加强法律宣传，提高司法人员素质，切实将直接言辞规则

---

① 何家弘、张卫平：《外国证据法选择》，人民法院出版社 2000 年版，第 261 页。

贯彻到质证、认证中，以保护程序正义。

（二）利益辨析规则

它是以与案件利害关系大小、与当事人的亲疏远近来审查判断证人证言的证明力并予以取舍的规则。证人能否客观公正地表述案情，与其记忆力、感知力、表达力有关，更涉及其与案件结果的关联程度和与两造的亲疏远近，故而审查证人的身外因素很重要。一般而言，利益关系与证据的效力成反比，利益关系大证据效力弱，反之大。中国人向来有"亲亲相隐"的传统，顾及脸面，讲求人情，考虑身外因素多。如没有这些人为因素牵绊，笔者认为证人会客观公正、无保留地陈述案情。故而我们在审查人证的"准入"资格时，利害关不可不把。对于证人证言与两造陈述在语词上、口气上、内容上非常惊人的一致，并带有明显倾向性意见，在认证时这类证据一般不予采信。这符合我们的经验法则和日常情理。英美证据法上的意见证据规则也是排斥证人陈述时的主观情感介入的，只能不偏不倚、中立客观地做证。

# 三、对待被害人陈述

（一）客观需要规则

它主要针对刑附民诉讼，以被害人的实际、客观需要作为认定案件事实的依据。刑附民案件，涉及对各种票据的审查，诸如医药费、车旅费、护理费等。从形式上看，此类票据大多合法，签章、印戳齐备；从内容上观，填制数额，笔迹也无伪造的痕迹，似乎可采信。其实这里面隐藏着一些不合理的开销。因为被害人的经济损失最终要落实于被告人身上，故其用药、护理、交通都不太节制，有些明显超出额度，如支持显然对被告人不公，失实体公正，也易助长作伪之风。故而我们审查认定时一定要参照其他证据，如病历、诊断证明、病案记载，看是否吻合；其伤情、路途、就诊次数，是否需要如此多的车旅费。对于包车费，一般首次伤情不明、情况紧迫的可予认定，余者如不是病情所需就不应支持。陪护人员的工资，一般以住院一人为限，两人以上需有医嘱证明。

（二）合理矛盾规则

用作定案依据的证据所证明的内容应当是协调一致的，证据与证据之间不能存在矛盾。但是，不能机械理解"矛盾"和"一致"的含义。合理矛盾源于人们自然认知能力的有限性和认知时的客观环境。实验证明，人的记忆、感知、表述能力是有限的，与客观事物不可能绝对、完全一致，还有外界因素也会干扰人的判断、感知，这就导致被害人提供的言辞证据可能在某些细节上与事实不符。这种矛盾为合理矛盾。比如，被害人估计犯罪嫌疑人年龄在40岁至50岁之间，而犯罪嫌疑人实为55岁。被害人对于犯罪嫌疑人年龄的感知与犯罪嫌疑人实际年龄是有差距的，这种差距即为合理矛盾。

与合理矛盾相对应，非合理矛盾指的是根本性矛盾。比如，有些时候，被害人基于某种原因在某些问题上说了假话，但在其他问题上却说的是真话。在这种情况下，部分的虚假并不代表全部虚假。不能仅凭部分不真实就否认证据的整体价值。

（作者单位：黄山市黄山区人民法院）

**参考文献：**

[1] 李伟民．法学辞海（第 2 卷）［K］．北京：蓝天出版社，1998：117.

[2] 徐静村．刑事诉讼法学（上）［M］．北京：法律出版社，1997：165.

[3] 宋英辉、吴宏耀．外国证据规则的立法及发展［J］．人民检察，2001，
（3）：59.

[4] 培根．培根哲理散文集［C］．合肥：安徽文艺出版社，1997：94.

[5] 胡炜．司法政治论［M］．香港：三联出版社，1992：93.

[6] 何家弘，张卫平．外国证据法选择》［M］．北京：人民法院出版社，2000：261.

# 刑事申诉异地审查制度研究

## ——以聂树斌故意杀人、强奸妇女申诉案为视角

### 韩佑斌　高光亮

**摘　要：** 刑事申诉是指在刑事诉讼过程中当事人及其法定代理人、近亲属对已经发生法律效力的决定、判决和裁定不服，向人民法院或者人民检察院提出请求对已发生法律效力的判决、裁定和决定重新进行审查处理的行为。刑事申诉是纠正错案、维护当事人合法权益的一种重要的方法。对申诉案件的审查是刑事申诉程序中的一个重要问题，它是刑事申诉能否被顺利提起，刑事申诉案件能否得到公正处理的前提和基础。我国长期实行原生效法院、上级法院及其对应的人民检察院对申诉案件进行审查的模式，由于案件审查的结果与原生效法院及其具体办案人员有着重大的利害关系，因此能够通过审查进入再审的机会极其渺茫，审查的公正性遭受广泛质疑。久拖不决的聂树斌申诉案就是典型的代表，但也就是聂树斌申诉案件中，最高院指令山东省高院再审，开启了刑事申诉异地审查的模式，这增大了人们对刑事申诉公正审理的期望。论文从我国现行刑事申诉的审查模式及其存在的问题入手，以聂树斌申诉案件为视角，系统地分析了刑事诉讼异地审查模式的可行性，并就构建刑事诉讼异地审查制度中所需要解决的一些问题进行了论述。

**关键词：** 刑事申诉；异地审查；管辖；回避

## 一、聂树斌故意杀人、强奸妇女案简介

聂树斌，男，1974 年 11 月 6 日出生，河北省鹿泉市下聂庄村人，鹿泉市冶金机械厂工人。1994 年 10 月 1 日，聂树斌被刑事拘留；1995 年，因故意杀人、强奸妇女罪被判处死刑，剥夺政治权利终身。2005 年，被警方抓获的王书金供认自己为"聂树斌案"真凶。由此，该案件事实上形成了"一案两凶"的局面，从而引起了广泛的关注，聂树斌的近亲属们便开始了漫长的刑事申诉。但是刑事申诉困难重重，聂树斌的家人历经坎坷。刚开始，河北省高院以聂家无法提供原案一审、二审判决书为由拒绝聂树斌亲属的申诉（事实上法院从没有向聂树斌近亲属提供过该案的一审、二审判决书），后来有神秘人士给聂树斌的母亲张焕枝以巨大帮助，分两次以特快专递的方式向其邮寄了原一审、二审的判决书，促使河北省高院受理了此案。但是一直到 2014 年，聂树斌申诉案件没有任何进展。而在对主动供述自己行凶的王书金案件的审理中，河北省两地法院在经过长达八年之后，在 2013 年 9 月 27 日，河北省高院裁定王书金非聂树斌案真凶，驳回王书金上诉、维持原判。这样就产生了聂树斌能不能得以昭雪、案件真相到底如何的广泛疑问。就在大家都对

河北省高院严重关切、严重失望的时候，2014 年 12 月 12 日，最高院突然出手，决定将聂树斌故意杀人、强奸妇女一案，指令山东高法进行复查。这样就使得该申诉峰回路转，曙光初现。

2015 年 3 月 17 日，聂树斌案代理律师首次获准查阅该案完整卷宗；2015 年 4 月 28 日，山东高院召开聂树斌案听证会；6 月 11 日山东省高院向该案申诉人聂树斌的母亲张焕枝等近亲属及其申诉代理律师陈光武、李树亭告知，因案情重大、疑难、复杂，需要进一步开展调查核实工作，相关工作涉及面广，不能在法定期限内复查终结，经最高院批准，决定延长聂树斌案复查期限三个月，至 2015 年 9 月 15 日，目前该案还在进一步审查之中。但是，山东省高院一改河北省高院消极、敷衍的作风；在案件审查过程中，积极主动，保持与聂树斌亲属及其委托律师联系，主动向社会公开信息，取得了良好的社会效果，使得人们对还原案件真相充满了期待。

聂树斌申诉案件几近十年，为什么如此曲折复杂呢？河北省高院在前有疑似案件真凶王书金的供述有罪，后又在全国人们的呼声之下，为什裹足不前，案件始终无法进入申诉程序呢？为什么山东省高院介入不过半年时间，就动作频频，案件与真相越来越近，人们也越来越期待呢？究其原因，本文认为，这是由于刑事申诉程序中的审查制度所致。也就是说，由于同地审查，河北省高院包袱重重，在申诉案件中就裹足不前，鲜有进展；由于异地审查，山东省高院了无牵挂，而进展迅速。本论文就此展开论述，以求抛砖引玉。

## 二、我国刑事申诉审查制度的现状及其存在的问题

申诉权是我国宪法赋予公民的一项基本权利，它是指公民对于任何国家机关和国家机关工作人员的违法失职致使侵害其合法权益的公务处理行为，有向国家机关提出申诉、请求重新处理的权利[1]。刑事申诉则是申诉权在刑事诉讼中的具体表现。《刑事诉讼法》第二百四十一条规定："当事人及其法定代理人、近亲属，对已经发生法律效力的判决、裁定，可以向人民法院或者人民检察院提出申诉。"根据《刑事诉讼法》的规定，当事人及其法定代理人、近亲属（以下简称申诉人）对于已经生效的判决、裁定向人民法院或人民检察院（以下简称受理机关）提出是刑事申诉开启的必要前提。但是，刑事申诉能否真正得以开启的关键在于能否通过受理机关的审查。

（一）当前刑事申诉的同地审查

当前，我国《刑事诉讼法》及司法解释只是规定了刑事审判监督案件的审理机关，没有对刑事申诉审查制度作出特别规定。结合人民法院和人民检察院的办案实际情况，对刑事申诉进行审查的机关，还是原来生效判决、裁定作出的人民法院或其上级人民法院以及与此相对应的人民检察院进行审查。这从管辖的角度来说，还是属于属地管辖中的同地审查。如果受理机关在接到申诉人提出的刑事申诉后，在审查的过程中能够排除干扰，不考虑与案情无关的因素，公正办案、独立办案，那么错案可能会因此进入救济的渠道，申诉人的申诉请求就可能得以实现，申诉案件就会得以再审。例如，在著名的佘祥林案件中，在 2005 年 3 月 28 日，佘妻张在玉突然从山东回到京山后，佘祥林案件被证明是错误的情况下，京东县人们法院立即就作出了重新审查的决定，4 月 13 日，京山县人民法院经重新开庭审理，宣判佘祥林无罪。但是在同地审查中，如果受理机关及其工作人员受到熟人社

会和既定思维的影响，对真实案情漠不关心、敷衍了事，那么只会使得生效错案一错再错，无法得到纠正。

（二）同地审查存在的问题

应该说同地审查对于审查人员就近了解案情、节约司法资源等方面发挥了重要的作用，但是在实践中，由于进行审查的人员与对原来案件作出裁判的人员，来源于同一单位或业务相关联的单位，彼此之间非常熟悉，因此可能会产生微妙影响；再加上各地法院、检察院都规定了错案追究制，原审裁判的法官、法院会因此受到重大影响，上述因素都会影响审查人员作出正确的处理，导致大量错案因此失去了纠错的机会。这种情况使得原来审理单位自行审查的公正性受到普遍的怀疑，导致了大量涉法、涉诉案件的发生，加剧了社会矛盾的激化。聂树斌申诉案件就是其中典型的代表，聂树斌申诉案件中，河北省高院起初以聂树斌家属无法提供其本身就不具有的原一审、二审判决书为借口，不予受理申诉。后来在申诉中，以种种理由予以拖延，使案件裹足不前，迟迟没有进展。造成恶劣影响，使得人民法院的公正性遭受极大的怀疑和挑战。

（三）异地审查的落实。

在聂树斌案件中，自从疑似案件真凶的王书金落网，出"一案两凶"的丑闻以后，聂树斌的家人随即申诉，要求对该案进行再审，但是河北省高院长期无法突破层层干预的影响，该申诉案件先后遭到拒绝、推脱、敷衍。迫不得已，聂树斌的家属只得向最高法院申诉。在此期间，许多学者、律师撰文向最高法院及河北省高院提出对该案的关切，学者们也表示对河北省高院的不信任，要求最高法院亲自审理。

在同样类似的"一案两凶"的呼格吉勒图案件中，2014 年 11 月 20 日，呼格吉勒图案进入再审程序。2014 年 12 月 15 日，内蒙古自治区高院对呼格吉勒图故意杀人、流氓罪一案作出再审判决，宣告原审被告人呼格吉勒图无罪。呼格吉勒图案件的改判极大地激发了社会对聂树斌申诉案的重视。相对于内蒙古高院的主动纠错，社会对河北省高院的不作为越来越不满。正是在这样的社会氛围之下，2014 年 12 月 12 日，最高院作出决定，指令山东省高院复查"聂树斌故意杀人、强奸妇女案件"。应该说最高院对山东省高院的指令，开启了刑事申诉案件异地审查的先河，值得广泛关注。

随后，最高人民检察院在 2015 年度的《工作报告》中首次以书面的方式提出了"构建畅通在押人员控告申诉渠道，探索建立刑事申诉异地审查制度，健全冤错案件及时发现和纠正机制。"本文认为，刑事申诉异地审查制度必将促进刑事申诉制度的进一步发展。

# 三、刑事申诉异地审查制度的作用

结合最高检的"构建畅通在押人员控告申诉渠道，探索建立刑事申诉异地审查制度"的文件解读，以及最高院指令的聂树斌申诉案件的异地审查下的实际进展，本文认为，刑事申诉的异地审查制度的作用表现如下：

（一）刑事申诉异地审查制度，有利于破除地方保护，及时纠正冤假错案

由于刑事申诉是申诉人提出申诉请求，重新审查原审裁判，案件处理的结果有可能会变更、撤销先前生效的裁判，而这种结果一旦出现，原审法院及主审法官必然会受到相应

的消极评价。而我国历来是一个人情社会、关系社会，人情网、关系网错综复杂。因此，如果所有刑事申诉案件均由同地的原生效法院及相对应的检察院审查，则很难达到审判监督的预期效果，使得再审程序流于形式。例如，聂树斌案件在河北省高院审查期间，作为一审提起公诉的石家庄市检察院、作出审判的石家庄中级法院，作为二审的河北省高院的承办检察官、法官、检委会、审委会，甚至当地政法委领导的身影及其影响力都会通过各种途径介入审查法官的视野，致使审查法官顾虑重重，从而裹足不前，使得案件在八年的时间，没有任何进展。

而异地审判可以有效破除司法地方保护，排除案件查处中的各种干扰和阻力，防止地方保护和不当干预，有效排除地缘人际关系网的束缚，保障复查案件的承办人员远离各方面的压力和影响，保障办案人员的人身职业安全、免受打击报复，为保证独立审判创造客观条件，在一定程度上确保申诉案件公正审查，依法作出申诉决定，实现"去地方化"司法目标。同样是聂树斌申诉案件，在进入山东省高院异地审查以后，山东省高院就完全没有上述顾虑，雷厉风行，大刀阔斧，使得案件进展迅速。

可以设想，当异地法院、异地检察院对刑事申诉案件进行异地审查时，他们可以比较有效地斩断干预刑事案件的黑手，督促案件申诉审查工作的顺利进行，可以进一步完善申诉审查制度。因此，广泛推行刑事申诉案件异地审查制度，必然能够更好地督促各级法院的办案质量，确保执法中的任何问题，都能被及时发现、纠正和问责；由于异地审查机关在审查过程中，客观公正，真正做到"以事实为依据，以法律为准绳"，真正实现了刑事申诉程序的功能，维护了社会公平正义，这减少和避免了重复申诉和越级申诉，提高了申诉人对复查机关的信任程度，维护了法律尊严和权威，促进了社会的和谐与稳定。

（二）异地审查发展了我国的刑事诉讼中的回避制度

刑事诉讼中的回避制度是在刑事案件的审理、执行过程中，与案件有法定的利害关系或其他可能影响案件公正处理关系的司法工作人员，不得参与该案件诉讼活动的一种诉讼制度。根据我国《刑事诉讼法》的规定，回避制度的设立是为了确保刑事案件得到客观公正的处理，确保申诉人在刑事诉讼中受到公正对待，确保法律制度和法律实施过程得到当事人和社会公众的普遍尊重与信服。培根说过："一次不公正的裁判，其恶果甚至超过十次犯罪，因为犯罪虽是冒犯了法律——好比污染了水流，而不公正的审判则毁坏了法律——好比污染了水源。"本文认为，回避制度的核心在于保障案件的公正审理，禁止与案件有任何利害关系或其他关系，可能对案件形成偏私、偏见而影响案件审理的司法人员，参与该案的诉讼活动，回避制度是保证公正审判的重要因素。

但是，根据我国《刑事诉讼法》第二十八条的规定，回避制度只适用于与案件有重大利害关系的审判人员、检察人员、侦查人员，而不包括其所在的机关。也就是说，回避制度只适用于个人，而不包括单位。一般而言，在刑事一审、二审中，刑事案件往往还处在个案之中，刑事案件由具体检察人员、审判人员办案，不会对检察院和法院产生直接的利害关系，当事人也不至于对检察院和法院产生整体上的不信任。但是，在审判监督程序中，广泛存在的所谓批捕率、起诉率、改判率、错案追究制以及各种排名等形式各样的考核制度，已经把整个检察院和法院打造成了一个密切相连的利益共同体。如果需要对一个在当地法院审理的案件通过审判监督程序进行纠正，必然涉及办理案件的合议庭成员、庭长、分管院长的利益，而且还会因为年终考评直接影响到审判庭和法院整体的排名，更不用说那些经过审判委员会讨论决定的案件了。如何避免原生效法院对刑事申诉过程中的不当影响，真正发挥审判监督程序的作用非常重要。因此，在审判监督程序中，原生效法院及其相对应的检察院是否需要回避也就进入了理论探讨的范围。

结合我国实际，司法人员对其所在的任职机关有着重大的人身依附关系，司法人员与其单位的同事、领导也有着密不可分的联系。很难相信，在没有巨大外力的干预之下，对刑事申诉案件进行审查的法官和检察官，能够冲破阻力，作出可能与自己的同事、领导相反的审查决定。果真如此，这将置同袍之谊、同泽之情于何地呢？果真如此，这让领导、同事情何以堪？河北省高院审查聂树斌申诉案件期间长达八年，案件却没有任何进展，这难道不是典型事例吗？近些年的审判监督程序启动率极低的事实，也是对这一事实作出的最好印证。

本文认为，回避制度的核心就是在审查者与利益攸关者之间构筑一道防火墙，避免审查者受到不正常的影响而作出不当的决定。而现有的回避制度，往往只针对个体办案法官、检察官，已经无法阻止审查者所在单位对其不当影响，因此在理论界，对单位的回避也就顺理成章地被提出了。启动刑事审判监督程序的异地审查制度，本质上就是将原审理单位排除出申诉案件的审理权限，交给其他单位处理。这本身就是对回避理论的重大发展，即从原来单纯的办案人员的回避发展到办案单位的回避，它要求办案人员只服从于法律与事实，将可能有偏私、偏见的各种可能因素隔离于诉讼活动之外，以防诉讼程序虚置，从而保证实体公正得以真正实现。所以说，刑事申诉的异地审查制度，是对现行回避理论的重大发展，也是对地方保护主义的一种釜底抽薪的做法，值得广泛借鉴与推广。

（三）异地审查制度能够提高案件的公正性，提升申诉人和社会对司法的认同感

异地审查制度在程序的设计上就强调打破外界因素对案件的非法影响，就事论事，以事实为根据、以法律为准绳，保证了诉讼过程的公正性。这不但保证了司法裁判的公正性，而且还促使再审的结果能够被申诉人和社会接受和认同。我们都知道，并不是所有的刑事申诉案件都会发生错误，原审结果都会被改变。实践中，有相当部分的案件当事人及其家属不断上访、申诉，并不是因为案子审理过程中出现的错误，而是由于申诉人及其家属的错误的认识，或者是基于对法律、事实的错误理解，因而不相信原审法院的裁判。如果仍然由原审法院依据审判监督程序进行审查与审理，必然会加剧申诉人对法院和裁决结果的不信任。要知道，不公正的诉讼过程难以完成刑事诉讼的惩罚犯罪、教育人民的目的，相反，会由此产生很多影响社会安定的后遗症。

作为刑事诉讼程序中重要构成部分的审判监督程序必须增强申诉人及其家属的认同感，唯有这样，才能够有效化解社会矛盾，避免引发新的社会冲突，同时使加害人真正悔过自新，降低再犯率。本文认为，对审判监督程序进行异地审查，能够最大限度地避免干扰，保证案件能够得到公平、公正的处理，能够保证裁决的结果被申诉人接受，真正实现定纷止争，以维护社会的和谐与稳定。

因此，审判监督程序进行异地审查，对营造尊重、信仰法律的社会环境具有积极意义，而这一氛围的形成又对我国的政治、经济、文化等建设的顺利进行起到促进作用，这正是和谐社会的必然要求与题中应有之义。

## 四、构建刑事再审异地审查所要解决的问题

长期以来，在刑事申诉程序中，一直实行当地法院和检察院决定受理、进行审查的模式，直到聂树斌案件，最高院才开启了刑事申诉异地审查的先河。之后，最高人民检察院在《工作报告》中予以跟进，许多问题还在探索之中，相关制度还需要进一步讨论。笔者认为，在理论和实践中，下列问题需要得到规制和完善。

（一）异地审查案件范围确定的规则——审委会讨论决定的案件及重大影响的案件需要异地审查

《刑事诉讼法》第二百四十一条规定，"申诉人及其法定代理人、近亲属，对已经发生法律效力的判决、裁定，可以向人民法院或者人民检察院提出申诉，但是不能停止判决、裁定的执行。"从立法的角度而言，所有申诉人提起的申诉案件都需要进入审查程序，那么是不是所有申诉人提起的申诉案件都必须进入异地审查程序呢？如果都进入异地审查机制，那么会不会因此显著增加人民法院的本已不可承受的工作压力呢？

笔者认为，如果所有刑事申诉案件都进入异地审查，反过来会刺激申诉人提起刑事申诉的诉求，必然会显著增加刑事申诉案件的数量，将本来是作为审判监督程序变相地发展为事实上的"三审"。毕竟现实案件往往会涉及多方主体的利益，由于利益主体的多元化，刑事案件不可能让所有主体都满意，如果不满意，就进入异地审查，必将增加法院的负担，进而冲淡了法院当前的主要工作。毕竟司法资源有限，法院应该将主要精力放在当前的案件上，解决现实矛盾和问题，公正裁决，提高办案质量，避免和减少新的司法不公。

我们认为，除非在特定时期、基于特定目的，否则法院不能、也不应该将主要精力放在审查陈年旧案上。对于刑事申诉案件，不可能、也没有必要进行异地审查，那么应该按照什么样的原则和标准来确定异地案件的审查范围呢？

结合司法实践，在我国刑事审判活动中，重大疑难的案件需要经过审判委员会讨论决定，对于一般案件则无须审判委员会讨论决定。我们都知道，审判委员会在一级法院内绝对是领导阶层，由审判委员会讨论决定做出裁判的案件，申诉人提起了申诉，在本地审查，必将阻力重重，很难通过审查。因此，实践中能否确定一个标准，即对于本级审判委员会讨论决定做出裁决的刑事案件，申诉人提起申诉的，应该进行异地审查；而对于其他非一般案件，原则上不需要进行异地审查，但是对于社会影响巨大的案件，亦可以进行异地审查。

（二）异地审查管辖法院的确定。

案件有没有管辖权是司法机关办理案件的先决条件。所谓管辖，是指在法院系统内，审理一审案件上的权限和分工。根据《刑事诉讼法》的规定，管辖确立的是一审案件，不是二审案件，更不应该是再审案件。如果异地法院没有管辖权，那么该人民法院就无权对申诉案件进行任何形式的审查和审理。根据《刑事诉讼法》的规定，再审案件当然由本地法院审查。但是，正是由于长期本地审查，排斥异地审查，在司法实践中，发生了很多久拖不决、社会影响很大的案件[2]。

当前，为了适应刑事诉讼的发展，促使刑事申诉案件能够得以公正处理，为此构建了异地审查制度。本文认为，怎么样的制度设计使得异地法院能够取得相应刑事申诉案件的管辖权是一个不容回避的问题，因为这直接关系到刑事申诉案件审查、审理是否合法。

由于历史传统和社会实践的不同，不同国家对于刑事再审案件的管辖各不相同。其中有以俄罗斯和意大利为代表的原一审或原审法院的上级法院管辖，也有以日本和我国台湾地区为代表的原一审法院管辖[3]。整体上说，这些管辖都不会离开当地，本质上不属于异地审查、异地管辖的范围。当然以英国和法国为代表的刑事申诉有异地审查、异地管辖的意味。例如英国设立刑事案件审查委员会专门受理再审案件；在法国，撤销原生效裁判之诉直接向最高法院（又称为"撤销法院"）申请，再审之诉可以向最高法院刑事再审委员会申请，如其决定再审，则由最高法院刑事审判庭进行再审。从上述规定可以看出，在英国和法国，对于再审之诉的申请、审查、审理都已经超出了原审法院的管辖范围，由最高法院内设的专门机构予以处理，从而有效地避免了原审法院的影响和干预[4]。

相对而言，英、法两国毕竟人口少、地域狭小，而我国的人口众多、幅员辽阔，将所有刑事申诉案件都交由最高院审理也是不恰当更是不现实的。结合我国实际，本文认为，应该充分发挥最高院和各省级法院审监庭的作用，做好申诉案件的异地审查工作，决定异地法院的管辖权。具体做法如下：各中级人民法院将在本辖区范围内的申诉案件中原审由审判委员会决定而做出裁决的案件，以及重大影响的案件报送到省级人民法院，省级人民法院审监庭认为需要异地审查的，按照事先确定的标准指令其他辖区的中级人民法院对该申诉案件进行审查，根据省级人民法院的指令，该中级人民法院就取得了对该刑事申诉案件的管辖权。根据同样的道理，最高院指令其他省级人民法院对其他省级人民法院申诉案件进行审查，该院据此取得了管辖权。只有这样，才能使审查审理的法院名正言顺地审查、审理该申诉案件，据此作出的裁判才会具有合法性，才可能被申诉人和社会所接受。例如在聂树斌申诉案件中，最高法院以指令的方式确立了山东省高院对该申诉案件的管辖权。截至目前，无论是当事人，还是社会都对此反响强烈，都表示出支持。可以想象，山东省高院复查以后，无论是否被重新审理，或者审理后的结果如何，都会被广泛地认同。

随着社会经济的发展，特别是高速公路、高铁等交通设施的便捷化，先前由于异地审查可能给申诉人带来的交通不便、开支过大的因素，在探究案件真相面前已经是不值得一提。因此，结合实际，本文认为，最高法院、最高检察院或省级法院、市检察院在确定异地法院管辖时，不要拘泥于地理位置因素，而长期固定让某两地司法机关相互进行异地审查，以避免可能存在的利益勾兑，从而违背设置异地审查的初衷。

在确定好异地审查机关以后，各机关根据自己单位的实际情况，由检察监督或审监部门牵头，根据实际案由，在本机关内组织专门人员，开展对案件的审查。在审查的过程中，要建立必要制度，保证审查人员的独立性和公正性，对于滥用职权、徇私舞弊的人员，要及时追究其法律责任。

（三）异地审查的方式——书面审查与听证会相结合

所谓刑事申诉审查中的书面审查是指在刑事申诉案件的审查过程中，人民法院只就当事人的申诉书及其他书面材料进行审理，不需要诉讼参加人出席法庭，而直接作出决定的一种审查方式。客观上说，书面审查对于人民法院、人民检察院快速审查案件发挥着重要的作用，客观上也节约了司法资源。但是，由于是人民检察院或人民法院单方面的审查，排除了申诉人及其代理人，使得案件审查的结果遭受广泛的质疑。

在聂树斌申诉案件审查中，鉴于案件的重大和复杂，山东省高院在异地审查中开启了召开听证会的模式，人民法院确定听证日期，通知申诉人及其代理人参加听证会，就案件发表意见，综合全面审查。本文认为，听证程序的引入是对申诉人行使申诉权进行诉讼活动和人民法院、人民检察院行使审判监督权以及对申诉案件审查的顺利进行都具有重要的意义。

首先，听证会能够确保人民法院、人民检察院审判监督审查权的正确行使。通过听证会，审查人员按照《刑法》《刑事诉讼法》及相关司法解释的规定对刑事申诉案件事实进行全面梳理，作出客观认定，根据刑事诉讼证据规则的要求，对证据进行全面的审核，真正做到去伪存真，以保证审查人员对刑事申诉案件作出公正的处理，从而发挥人民检察院、人民法院审判监督的职能。

其次，听证会有利于对刑事申诉审查活动的有效监督。众所周知，以往的书面审查，仅人民法院、人民检察院的办案人员针对申诉案件的一审、二审案卷卷宗进行研究、调查，由于缺乏透明度，审查人员的活动并不为申诉人及其代理人所知晓，这样容易增加申诉人的抵触情绪；再加上缺乏必要的监督性，审查人员先入为主而形成的主观倾向，可能会对案件产生重大的影响，不利于案件得到公正的处理。而通过召开听证会的方式，将案件的审查过程置于群众的监督之下，增加了审判活动的透明度，有利于保证案件处理的公正性。

第三，听证会有利于保护申诉人的合法权益。由于听证会的召开，申诉人及其代理人能够指出案件的疑点，能够就原审证据问题、法律适用问题指出错误、提出看法。一般而言，凡是在听证会上提出的意见，作为决策者的审查机构必须作出回应，否则相关行为可能因此而无效。所谓"兼听则明，偏信则暗"，正是由于申诉人及其代理人能够直接地参与听证会，能够面对面地发表观点，提出要求，这样才能更好地保证申诉人的诉讼权利，进而保障其实体利益。

结合聂树斌申诉案件审查的进程以及社会的反响来看，听证会的召开对于打消申诉人的顾虑，增加社会对异地审查的可信度等方面，发挥了重要的作用。当然，听证会召开的相关程序问题，还需要进一步地论证和完善。笔者相信，随着聂树斌案件的顺利展开，随着刑事申诉异地审查制度的逐步建立，听证程序必将不断发展和完善。

（四）异地审查的依据——应将全部案卷材料对申诉人开放

作为人民法院纠错程序的再审程序，人民法院应该结合案件的全部客观情况，对包括申诉人提请再审请求在内的全案事实的认定和法律的使用进行全部审查，而不能偏听偏信，对审查的范围和内容进行选择。

因此在异地法院审查的过程中，要将案件的卷宗对申诉人委托的律师开放。因为案件卷宗是原审案件客观真实的反映，也是申诉人进行申诉的重要依据，可以说，申诉人及其委托的律师能否还原案件的真相，还原本来事实，必须以客观真实的卷宗为基础，否则便是无本之木、无源之水。

因为案件卷宗无论在证据上还是程序方面，都是最主要的证明材料。例如聂树斌案件中，为什么在最高院介入以前，河北省高院迟迟没有进展，申诉人家属及其委托人到处上访呢？关键就在于，聂树斌的母亲及其委托律师无法接触原审案件卷宗，这样就使得案件处在长期的胶着之中，没有任何进展，这不但损害了申诉人的利益，也透支了人民法院的信誉。相反，在最高院指定山东省高院异地审查以后，山东省高院在较短的时间内就向聂树斌母亲委托的律师开放卷宗，允许律师阅卷并复印，使得律师能够深入了解案情，这对于查清全部案情、昭雪冤案、平息民愤等方面都发挥了重要作用。

除了在审查过程中要全面向申诉人及其委托人全面开放案卷，而且还应该与申诉人沟通，听取申诉人的陈述，了解其真实想法，明了案件的症结所在。异地法院站在中立者的位置，杜绝任何利害关系，完全以事实为根据，以法律为准绳，在兼听的基础上，对案件作出正确的判断。

我们都知道，每一个裁判，都可能为公众的法律信仰添加一块基石；而每一次失误，也都可能成为这一信仰崩塌的链条。在刑事申诉中，作为异地审查的法院应当严格审查，公正司法，让其经历审查的刑事申诉个案能够经得起历史的考验，使错案得以纠正，冤案得以昭雪。当然，原审裁判正确的案件也应该得以维持，只有这样，才能树立和增强人们对法治的信仰。

（五）异地审查机构与原审法院之间的协调问题

当上级法院确定了异地审查法院后，原生效法院就应该及时将案卷的所有卷宗移送到审查法院，使得审查法院能够全面、客观及时地对案件审查，并作出正确的审查结论。虽然审查法院与原生效法院不在同一地区，审查法院不容易受到原生效法院的干涉而影响到案件的审查结果。但是我们要知道，审查的结果必然与原审法院之间产生较大的利害关系，如果审查案件的结果涉及原审法院和多人或很大的利益，这必将会促使原生效法院中的某些人通过各种途径，采取各种措施对审查法院施加不同程度的影响。

在过去的一段时间，针对审判、检察工作，制定了大量的所谓量化考核指标，不可否认，某些量化指标对于提高司法工作的质量，能够起到一定的积极作用。但是，也应该看到，大量的所谓量化指标，成为束缚法院、检察院和法官、检察官独立办理案件的枷锁，也是司法不公的根源之一[5]。例如对案件处理方式的所谓"调解率"，以及上级法院对下级裁判的所谓"改判率"的控制。如果这些指标不予废除，异地审查的结果必然会对原生效法院产生重大的利益影响，这样原生效法院必然会通过各种途径，对异地审查机构做出影响，进而影响到刑事申诉案件能否得到公正审查。

因此，必须全面清理各类不合理的司法考核指标，坚决废除长期存在的所谓起诉率、有罪判决率、结案率等不合理的考核项目，对于防范冤假错案将产生深远意义[6]。审查机构根据审查的结果做出决定，认为需要进行审判监督程序进行再审的，就应该组成合议庭，对申诉案件进行再审。在全面审查的基础上，审查机构按照审判监督程序的规定作裁判，并就原案件审理裁判过程中可能出现的渎职、越权等犯罪行为，向原生效法院发出司法建议书，或者直接根据《刑事诉讼法》的规定，采取相应的法律措施，追究相关人员的法律责任，以真正实现异地审查的初衷。

综上所述，以聂树斌申诉案件为契机，我国的刑事申诉异地审查制度才得以真正实践。异地审查制度，对于保证刑事申诉案件得到公正处理、维护申诉人的合法权益方面起到了积极的作用，但是它毕竟涉及不同地区的人民检察院和人民法院之间的关系，涉及不同主体之间的利益博弈，作为一项全新的制度，还需要在实践中进一步完善。笔者相信，随着聂树斌申诉案件的顺利纠正，无论是法学界，还是普通民众，都会对刑事申诉异地审查制度抱有更大的期望。

（作者简介：韩佑斌，男，1971 出生，安徽当涂人，马鞍山市雨山区法院法官；高光亮，安徽桐城人，男，1972 年出生，安徽桐城人，安徽工业大学法学院副教授）

**参考文献：**

　[1] 彭海青. 完善刑事申诉制度管见 [J]. 中国检察，2002，(2).

　[2] 陈卫东. 刑事审判监督程序研究 [M]. 法律出版社，2002：133.

　[3] 姜小川. 刑事申诉法律性质之探讨 [J]. 法学论坛，2001，(3).

　[4] 程志军，刘文峰：我国刑事申诉制度的反思与重构 [J]. 浙江海洋学院学报，2005，(12)

　[5] 张智辉. 司法体制改革的重大突破 [J]. 理论参考，2014，(5)

　[6] 陈瑞华. 刑事再审程序研究 [J]. 政法论坛，2000 (6)：104.

# 新《刑事诉讼法》的实施对交警
# 执法的影响及对策

## 王立宏

**摘　要：**2012 年 3 月 14 日，十一届全国人大五次会议审议通过了关于修改刑事诉讼法的决定，2013 年 1 月 1 日正式实施。我国现行《刑事诉讼法》制定于 1979 年，在 1996年进行过一次修订，这是第二次修改。本次刑诉法修改坚持社会主义法治理念，贯彻宽严相济的刑事政策，落实中央深化司法体制和工作机制改革的要求，适应新形势下惩罚犯罪与保护人民的需要，着力解决当前司法实践中迫切需要解决的问题，符合我国国情和司法实际，有很多亮点和创新之处，是一次中国特色社会主义刑事司法制度的重大发展和健全完善，是社会主义法制建设的重大成就。此次修法条文变动之大、内容之广是上一次修改无法比拟的，对推动我国刑事司法进步具有里程碑意义。《刑事诉讼法》（简称新《刑诉法》）的实施既有利于公安交警执法工作，又对交警执法工作提出了更高的要求。目前交警队伍整体结构不合理，年龄老化严重，在执法办案中往往受到经验主义和能力水平等因素的影响和制约，难以胜任越来越高的执法要求，公安交警执法规范化建设将面临更大的挑战。文章参照了一些专家学者的观点，论述了新《刑诉法》的实施对交警执法的影响及对策。

**关键词：**新《刑诉法》；交警；执法；学习；转变

## 一、高度重视"尊重和保障人权"原则，转变执法理念

新《刑诉法》将"尊重和保障人权"原则，写进总则第二条中，并在明确不得强迫任何人证实自己有罪，确立非法证据排除制度；在完善强制措施制度中，完善了逮捕条件和人民检察院审查批准逮捕的程序，强调检察机关在批准逮捕后对羁押必要性的审查，严格限制采取强制措施后不通知家属的例外规定；在完善辩护制度中，明确犯罪嫌疑人在侦查阶段可以委托辩护人，完善辩护律师会见和阅卷的程序，扩大法律援助的适用范围；在完善侦查程序中，完善了讯问犯罪嫌疑人的规定，强化对侦查活动的监督等多项具体规定中加以贯彻和体现。

上述规定对我们交警的办案活动提出了更高的要求。因此，我们必须充分认识到，"尊重和保障人权"是我国宪法确立的一项重要原则，体现了社会主义制度的本质要求。处理好惩罚犯罪与保障人权的关系，既要保证准确及时地查明犯罪事实，正确地运用法律惩罚犯罪分子，又要保证无罪的人不受刑事追究，保障公民的诉讼权利和其他合法权利。

这就要求我们交警在办理交通肇事案件中，既要保护受害人的合法权益，也要把握住侵害者罪与非罪的界限，依法、理性、公正、文明地处理好当事各方的利害关系。思想是行为的先导，观念是行动的指南。做到"尊重和保障人权"，必须牢固树立社会主义法制理念，加强执法规范化建设。各级公安机关要加强执法教育培训，使广大交通民警提高认识，结合工作实际，加强学习，与时俱进，牢固树立立警为公、执法为民思想，不断提升整体素质和规范执法意识，按照严格公正、理性平和、文明规范、权威高效的执法要求，自觉主动地践行法律法规，规范执法理念，以适应新时期工作的新要求。

## 二、认真对待"律师提前介入"的规定，迎接辩护挑战

新《刑诉法》第十四条要求："公安机关应当保障犯罪嫌疑人和其他诉讼参与人依法享有的辩护权和其他诉讼权利。"第三十三条规定："侦查机关在第一次讯问犯罪嫌疑人或者对犯罪嫌疑人采取强制措施的时候，应当告知犯罪嫌疑人有权委托律师作为辩护人。"在聘请律师方面，现行诉讼法规定公诉案件进入移送起诉阶段后方可委托辩护人。新《刑诉法》明确规定了犯罪嫌疑人在侦查阶段聘请律师作为辩护人的规定。在律师会见在押犯罪嫌疑人方面，现行办理交通肇事案件中，律师会见在押犯罪嫌疑人，需要我们办案单位开具"会见通知"。而新《刑诉法》第三十七条第二款规定："辩护律师可以同在押的犯罪嫌疑人、被告人会见和通信。辩护律师持律师执业证书、律师事务所证明和委托书或者法律援助公函要求会见在押的犯罪嫌疑人、被告人的，看守所应当及时安排会见，至迟不得超过四十八时。"新《刑诉法》实施后，意味着在我们侦查机关不知情的情况下，律师就可以直接去看守所会见在押的嫌疑人。而律师提前介入侦查活动会极大地监督我们的执法办案行为，办案民警程序意识不强、执法资质不全、办案水平不高等问题，也必然是辩护律师将关注的问题。第三十七条第四款规定："辩护律师会见在押的犯罪嫌疑人、被告人，可以了解有关案件情况，提供法律咨询等；自案件移送审查起诉之日起，可以向犯罪嫌疑人、被告人核实有关证据。辩护律师会见犯罪嫌疑人、被告人时不被监听。"这就意味着，侦查机关不可以在律师与犯罪嫌疑人会见时再派员在场，也不可以通过技术手段监听会见时双方的谈话内容。"自案件移送审查起诉之日起，可以向犯罪嫌疑人核实有关证据"，就是说辩护律师与在押的犯罪嫌疑人会见时，可以就案件中的有关事实和证据向犯罪嫌疑人进行核实，包括将案内有关证据的内容，特别是与犯罪嫌疑人陈述不一致、甚至有较大出入的证据内容告知犯罪嫌疑人。必要时还可把有关物证、书证的照片或复印件出示给犯罪嫌疑人让其辨认。核实的目的在于使犯罪嫌疑人了解、掌握办案机关认定其涉嫌犯罪或指控其犯罪的事实及相关证据；同时使辩护律师与犯罪嫌疑人就案件事实和相关证据进行充分的交流，以做好辩护的准备。律师的提前介入，对犯罪嫌疑人的合法权益进行了充分保护，但对相对"保密"的公安侦查工作带来了巨大的冲击。同时，第一百五十九条："在案件侦查终结前，辩护律师提出要求的，侦查机关应当听取辩护律师的意见，并记录在案。辩护律师提出书面意见的，应当附卷。"第一百六十条："公安机关侦查终结的案件，应当做到犯罪事实清楚，证据确实、充分，并且写出起诉意见书，连同案卷材料、证据一并移送同级人民检察院审查决定；同时将案件移送情况告知犯罪嫌疑人及其辩护律师。"因此，办案民警可以及时与辩护律师进行联系、沟通。

上述律师的提前介入及全程参与的规定，对全体侦查人员提出了前所未有的挑战。我们交警在办理交通肇事、危险驾驶等刑事案件时，必须规范执法，依法调查取证，公平公正办案，还要学会认真对待"律师提前介入"，变压力为动力；要把握好侦查阶段的有关规定，增强办案中的紧迫感，从立案环节抓起，抓紧收集、完善、固定证据，主动与律师沟通，听取意见，接受监督，防止不当、不合法的行为，一旦律师对我们的侦查工作提出合理的意见，应迅速采纳，马上纠正和改进。与律师保持良好的工作关系，能促进我们的侦查人员素质的提高，促进侦查理念的提升。要提高办案质量，增强办案水平。这不仅保障了犯罪嫌疑人的合法权益，同时也是对我们交警自身执法监督的保护，避免犯错误，办错案。

## 三、严格、规范、全面地收集证据，确保证据确实、充分、合法

新《刑诉法》第四十八条提出："可以用于证明案件事实的材料，都是证据。"同时，增加了"辨认、侦查实验等笔录、电子数据"等证据种类，将"鉴定结论"改为"鉴定意见"。这就要求我们在执法办案中，要尽可能多地收集固定与案件有关的物证、书证、勘验检查笔录、电子数据等各种材料。第五十条规定："不得强迫任何人证实自己有罪。"进一步明确要求，我们公安交警的侦查工作，就是不轻信口供，重调查取证，以承担揭露犯罪、证实犯罪、打击犯罪，维护社会稳定发展，保护人民生命财产安全之重任。第五十三条要求："证据确实、充分，应当符合以下条件：（一）定罪量刑的事实都有证据证明；（二）据以定案的证据均经法定程序查证属实；（三）综合全案证据，对所认定事实已排除合理怀疑。"第五十四条规定："采用刑讯逼供等非法方法收集的犯罪嫌疑人供述和采用暴力、威胁等非法方法收集的证人证言、被害人陈述，应当予以排除。收集物证、书证不符合法定程序，可能严重影响司法公正的，应当予以补正或者作出合理解释；不能补正或者作出合理解释的，对该证据应当予以排除。在侦查、审查起诉、审判时发现有应当排除的证据的，应当依法予以排除，不得作为起诉意见、起诉决定和判决的依据。"第五十七条："现有证据材料不能证明证据收集的合法性的，人民检察院可以提请人民法院通知有关侦查人员或者其他人员出庭说明情况；人民法院可以通知有关侦查人员或者其他人员出庭说明情况。"第五十八条："对于经过法庭审理，确认或者不能排除存在本法第五十四条规定的以非法方法收集证据情形的，对有关证据应当予以排除。"第一百七十一条："人民检察院审查案件，可以要求公安机关提供法庭审判所必需的证据材料；认为可能存在本法第五十四条规定的以非法方法收集证据情形的，可以要求其对证据收集的合法性作出说明。"加强了人民检察院的执法监督。

综上所述，新《刑诉法》对证据合法性审查提出了更高要求。据笔者所知，目前我们交警队伍普遍存在警力严重不足情况，由于长年超负荷工作，许多民警不同程度产生了厌战情绪，存在主观上认识问题，只重视证据证明的案件事实，往往忽略证据来源审查，收集的证据不精不细。办案民警为了应对履行出庭做证的责任，尤其在法庭调查阶段会接受审判人员、公诉人员、当事人双方或委托律师的质证，不断回答有关调查取证等有关证据方面的问题。如果出庭民警素质不高，不能正确地说明证据来源的合法性，或者由于工作疏忽大意，取得的证据存在瑕疵，法院审理将会演变出"庭中庭""案中案"问题，焦点

将会转移到警察违规、违法办案问题上。这就可能导致在法庭上否决了事故处理人员调查取证得到的证据，如果一些关键证据不被采信，又由于时过境迁无法重新收集，将会导致道路交通事故认定被推翻或直接被认定为错案，不但犯罪嫌疑人得不到应有追究，交通事故死难者合法权益也难以得到保护。这样，就可能出现上访，办案民警会被问责。因此，交通民警在办案过程中，在现场勘查、调查取证、痕迹物证检验鉴定等重要环节，必须严格及时、规范、全面、细致地收集和固定证据，形式、内容要客观真实，程序上要合法，严禁弄虚作假。同时要加强"证据合法性审查、排除合理怀疑"，调查取证、事故认定要严密，力争获得的证据确实、充分、合法，形成牢不可破的证据链，确保经得起各方面质证，不会被排除。

## 四、及时规范讯问犯罪嫌疑人，全程录音录像加强安全防范

新《刑诉法》第一百一十七条："对在现场发现的犯罪嫌疑人，经出示工做证件，可以口头传唤，但应当在讯问笔录中注明。传唤、拘传持续的时间不得超过十二小时；案情特别重大、复杂，需要采取拘留、逮捕措施的，传唤、拘传持续的时间不得超过二十四小时。"这一规定增加了"口头传唤"，改进了过去必须使用《传唤通知书》进行传唤的做法；同时适当延长了传唤、拘传时间，将过去不超过12小时的规定延长至24小时，争取了办案讯（询）问时间，方便了办案，有利于提高我们的工作效率。第一百一十八条增加了："侦查人员在讯问犯罪嫌疑人的时候，应当告知犯罪嫌疑人如实供述自己罪行可以从宽处理的法律规定。"我们交警主办的主要是交通肇事类过失案件，只要我们询（讯）问违法犯罪嫌疑人时，方法得当，能敏锐地把握其心理，讲明"如实供述自己罪行可以从宽处理的法律规定"政策，都能比较容易地得到违法犯罪嫌疑人的配合，顺利地获得真实的供述，不要害怕有诱供之嫌疑。

新《刑诉法》第一百二十一条规定："侦查人员在讯问犯罪嫌疑人的时候，可以对讯问过程进行录音或者录像；对于可能判处无期徒刑、死刑的案件或者其他重大犯罪案件，应当对讯问过程进行录音或者录像。录音或者录像应当全程进行，保持完整性。"但我们交警在办理重大交通事故、肇事逃逸案件和醉驾、毒驾等特殊案件时，面对特定的对象，在审讯时一定要严格按照《公安机关执法细则》的规定，在讯问室内审讯，进行全程录音、录像，确保审讯安全，严防发生涉案人员非正常死亡案件。这有利于固定犯罪嫌疑人的供述和辩解，弥补手工记录可能存在的错漏；有利于保护犯罪嫌疑人的合法权益，防止刑讯逼供；有利于保护侦查人员的合法权益，防止被诬告陷害。我们要善于利用新法中的侦查措施，为侦查办案提供更有力的保障。

## 五、充分利用询问证人的新规定，及时有效获取证人证言

获取证言难，多年来一直是困扰公安机关调查取证之难题。新《刑诉法》第一百二十二条增加了："侦查人员询问证人，可以在现场进行，也可以到证人提出的地点进行。"这比原来询问地点的要求宽松了。但又严格了条件："在现场询问证人，应当出示工做证件，到证人所在单位、住处或者证人提出的地点询问证人，应当出示公安机关的证明文件。"

第六十三条明确规定："证人因履行做证义务而支出的交通、住宿、就餐等费用，应当给予补助。证人做证的补助列入司法机关业务经费，由同级政府财政予以保障。有工作单位的证人做证，所在单位不得克扣或者变相克扣其工资、奖金及其他福利待遇。"第一百八十七条第一款规定："公诉人、当事人或者辩护人、诉讼代理人对证人证言有异议，且该证人证言对案件定罪量刑有重大影响，人民法院认为证人有必要出庭做证的，证人应当出庭做证。"

交通肇事案件，具有突发性、流动性之特点，现场目击证人，通常为过路之客，绝大多数证人因为怕误工、误时，又得不到合理补偿，往往不愿做证。即使记录了证言，也可能因开庭时不愿无偿出庭做证，使依法获取的证言不被采信。

新法上述规定，不但在程序上方便了侦查办案，也是在物质保障机制上有法可依，为获得证人配合调查取证创造了有利的条件。因此我们交警在执法办案时，特别是在第一现场，一定要充分利用询问证人的新规定，及时有效获取证人证言，防止关键证据漏失。

## 六、加强检验鉴定机构建设，保证交警办案顺利进行

新《刑诉法》第四十八条将证据的种类之一"鉴定结论"改为"鉴定意见"，更改的原因无非是"鉴定意见"证据效力的降低。"鉴定意见"是我们交警所办理的各类刑事案件中不可缺少的关键证据之一，共涉及当事人生理、精神状况鉴定、人体损伤鉴定、尸体检验鉴定、车辆技术检验、车辆行驶速度鉴定、血液中酒精含量检测、毒品检测及交通肇事逃逸案件遗留痕迹、物证鉴定、道路鉴定、交通环境鉴定等。目前交警部门基本上没有设立相应的专门检验鉴定机构。新《刑诉法》一百八十七条第三款规定："公诉人、当事人或者辩护人、诉讼代理人对鉴定意见有异议，人民法院认为鉴定人有必要出庭的，鉴定人应当出庭做证。经人民法院通知，鉴定人拒不出庭做证的，鉴定意见不得作为定案的根据。"这一新条款将直接导致大量交通肇事案件中检验鉴定人需要出庭做证。鉴定人由于路途远、费用大、工作忙等原因往往不会出庭，将导致"鉴定意见不得作为定案的根据"的法律后果，案件就会进入两难境地，势必引起当事人上访。公安机关内部只有刑事侦查部门有完整的技术体系和专业设置，除法医、理化、法医物证等专业可与交通事故技术鉴定有部分业务交叉，涉及车辆痕迹、车辆技术状况、车速、道路交通环境等在交通事故处理技术鉴定中占比较大的项目无法通过刑事技术鉴定资质解决。由此，我们在办案中委托检验鉴定，要尽量就近委托、委托信誉度高鉴定机构，并且应签订出庭做证协议。要从根本上解决问题，需要加强检验鉴定机构建设，保障交警办案顺利进行。

## 七、正确适用"刑事和解"制度，有效缓解办理交通肇事案件压力

新《刑诉法》第二百七十七条："下列公诉案件，犯罪嫌疑人、被告人真诚悔罪，通过向被害人赔偿损失、赔礼道歉等方式获得被害人谅解，被害人自愿和解的，双方当事人可以和解：（一）因民间纠纷引起，涉嫌刑法分则第四章、第五章规定的犯罪案件，可能判处三年有期徒刑以下刑罚的；（二）除渎职犯罪以外的可能判处七年有期徒刑以下刑罚的过失犯罪案件。"交通肇事案件属于过失犯罪，大部分事故，都可以通过调解，让肇事

方与受害方达成"和解"协议。"刑事和解",实际上是双方当事人就民事赔偿等达成协议后,办案机关根据具体案件情况对被追诉人作出的从宽处理。与单纯达成民事和解协议不同的是,双方当事人在对民事部分达成和解的同时,还表达其对案件刑事部分的处理意见,包括对案件刑事部分悔罪、认错、谅解、希望办案机关作出处理等意思表示。第二百七十九条规定:"对于达成和解协议的案件,公安机关可以向人民检察院提出从宽处理的建议。人民检察院可以向人民法院提出从宽处罚的建议;对于犯罪情节轻微,不需要判处刑罚的,可以作出不起诉的决定。人民法院可以依法对被告人从宽处罚。"因此,正确适用"刑事和解"制度,就可以省去诸多辩护、出庭质证等不利环节,可有效避免出现错案、上访等麻烦,极大地缓解办理交通肇事案件压力。

总之,新《刑诉法》正式实施,对交警执法的影响将是直接而深远的,肯定是弊大于利,我们各级交警部门和广大交通民警,必须有清醒的认识,要有现实的紧迫感。各级领导要尽早向地方党委政府报告,尽快解决警力不足、保障不力等根本问题。要组织执法办案民警系统学习新《刑诉法》,全面深刻领会其内容和精神实质,强化法律意识、证据意识,提高执法水平和办案能力,自觉依法办案,这样,规范办案,我们就一定能够适应新时期的新要求,不辱公安交警之光荣使命。

（作者单位：马鞍山含山县公安局交警大队）

# 非法证据排除制度研究

汪淑芬　陈毅君　王樟泉

**摘　要**：2012 年 3 月 14 日，我国新《刑事诉讼法》获得通过，非法证据排除规则以法律的形式在我国得以确立，并对非法证据排除范围、举证责任、证明标准以及非法证据排除程序的设置等方面都作出了较为具体的规定，对于规范执法机关依法取证、保证诉讼的程序正义及维护公民的合法权益都具有重大的意义。但是由于传统的"重实体、轻程序"的刑事司法理念根深蒂固，畸重打击犯罪、忽略人权保障，极少数执法人员缺乏相应的专业知识和理论素养，非法证据排除规则在实际操作中阻力重重，难以发挥其应有的价值。我国非法证据排除规则的完善道路依旧任重而道远。

**关键词**：非法证据；毒树之果；程序正义；沉默权

我国的非法证据排除制度以法律的形式确立，可以说是经历了一段相当漫长、坎坷的过程，从形成、确立再到不断地完善，都是一个辛苦付出的过程。

## 一、从无到有七步走——我国非法证据规则的建立

非法证据，根据《诉讼法大辞典》的界定，即不符合法定来源和形式的或者违反诉讼程序取得的证据资料①。非法证据排除，是针对侦查机关违法取得的证据，宣布其没有作为认定被告有罪的证据能力，用英美法系的术语，就是缺乏可采性，从而使侦查机关不能享受违法得来的成果②。非法证据排除规则源自于英美法，于 20 世纪初产生于美国。当今世界各国及国际组织，大都制定了非法证据排除规则。我国的非法证据排除规则也经历了从无到有、从雏形到在基本法中正式确立的过程。

《禁止酷刑和其他残忍、不人道或有辱人格的待遇或处罚公约》于 1984 年 12 月 10 日由联合国大会第 39/46 号决议通过并开放供各国签署、批准和加入，1987 年生效。1986年 12 月 12 日中国政府签署该公约，并于 1988 年 10 月 4 日批准该公约，同年 11 月 3 日，该公约对中国生效。该公约规定各签约国要严格贯彻非法证据排除规则，建立了非法证据排除规则。

我国《宪法》第三十七条第三款规定："禁止非法拘禁和以其他方法非法剥夺或限制公民人身自由、禁止非法搜查公民身体。"第三十九条规定："中华人民共和国公民的住宅

---

① 杨帆：《我国非法证据排除规则浅析》，http：//www.law-lib.com/lw/lw_view.asp？no=2586，2004-2-17
② 郎胜，黄太云，滕炜：《刑事辩护与非法证据排除》，北京：北京大学出版社，2008 年版，2008 年 3 月，第 1 页。

不受侵犯，禁止非法搜查或非法侵入公民的住宅。"这些规定成为我国非法证据排除规则确立的宪法依据。

1979 年 7 月 1 日，第五届全国人民代表大会第二次会议通过的《刑事诉讼法》第三十二条规定"严禁刑讯逼供和以威胁、引诱、欺骗以及其他非法的方法收集证据"。这是新中国首次在法律中明确禁止用非法方法收集证据。1997 年《刑事诉讼法》第四十三条规定："审判人员、检察人员、侦查人员须依法定程序，收集能证实犯罪嫌疑人、被告人有罪或无罪、犯罪情节轻重的各种证据。严禁刑讯逼供和以威胁、引诱、欺骗以及其他非法的方法收集证据。"但是这些规定都没有明确规定要将非法收集的证据进行排除。

1994 年，最高人民法院在《关于审理刑事案件程序的具体规定》第四十五条规定："凡经查证属实属于采用刑讯逼供或者威胁、引诱、欺骗等非法的方法取得的证人证言、被害人陈述、被告人供述，不能作为证据使用。"此后，最高人民法院在《关于执行〈刑事诉讼法〉若干问题的解释》第六十一条基本重申了 1994 年的规定，并将此前的非法证据"不能作为证据使用"修改为"不能作为定案的根据"；这是在司法解释中第一次明确出现了非法言辞证据不能作为定案根据的规定。

2010 年 5 月，"两高三部"即最高人民法院、最高人民检察院、公安部、国家安全部、司法部联合颁布了《关于办理死刑案件审查判断证据若干问题的规定》和《关于办理刑事案件排除非法证据若干问题的规定》，这是我国首次对非法证据的排除问题进行较系统的规定，基本标志着我国非法证据排除制度的确立。

2012 年 3 月 14 日，我国新《刑事诉讼法》获得通过，其中第五十四条规定以刑讯逼供等非法方法收集的证人证言、被害人陈述，应当予以排除；第五十五条规定了检察院对非法证据的审查；第五十六条规定了法院审判过程中对非法证据排除以及当事人对非法证据的审查申请；第五十七条规定了检察院对非法证据的举证责任；第五十八条则规定了将非法证据予以排除。非法证据排除规则以法律的形式在我国得以确立。

2014 年 10 月 1 日开始实施的《公安机关讯问犯罪嫌疑人录音录像工作规定（以下简称《规定》）所确立的录音录像制度，弥补了现有法律、法规对于非法证据排除的不足，具有很强的可操作性。《规定》对公安机关讯问过程中应当进行录音录像的情形进行了明确的正面列举和特殊规定，因刑讯逼供基本仅存在于讯问过程中，若进行全程录音录像，屡禁不止的刑讯逼供行为将毫无藏身之地，对刑讯逼供的形成起到了巨大的冲击。

## 二、"毒树之果"不可食——我国非法证据规则的内容

"毒树之果"理论，是美国联邦最高法院在 1920 年 Silverthorne Lumber Co. v. U. S. 案[1]中确立的，是指非法行为取得的证据为毒树，由该证据所衍生的其他证据（secondary evidence），即使是合法取得的，仍是有毒性的毒果，应当予以排除[2]。非法证据排除规则是美国刑事诉讼制度中的一项重要规则，主要有两种情况：一种是强迫被告人供述；另一种是警察无合法授权的搜查和扣押。以上两种情况所获得的证据，由法律明文规定予以排

---

[1] See：Silverthorne Lumber Co. v. U. S.，251 U. S.，385（1920）.

[2] 郎胜，黄太云，滕炜：《刑事辩护与非法证据排除》，北京：北京大学出版社，2008 年版，2008 年 3 月，第 1 页。

除，不得进入审判程序。我国在立足于特殊国情的基础上，借鉴了国外的做法，为保证证据收集的合法性，在刑事诉讼法及相关司法解释中对于证据的收集、固定、保全、审查判断、查证核实等，都规定了严格的程序。

（一）非法证据的界定

《刑事诉讼法》第五十四条规定，采用刑讯逼供等非法方法收集的犯罪嫌疑人、被告人供述和采用暴力、威胁等非法方法收集的证人证言、被害人陈述，应当予以排除。收集物证、书证不符合法定程序，可能严重影响司法公正的，应当予以补正或者作出合理解释；不能补正或者作出合理解释的，对该证据应当予以排除。在侦查、审查起诉、审判时发现有应当排除的证据的，应当依法予以排除，不得作为起诉意见、起诉决定和判决的依据。

《最高人民检察院刑事诉讼规则（试行）》第六十五条规定，对采用刑讯逼供等非法方法收集的犯罪嫌疑人供述和采用暴力、威胁等非法方法收集的证人证言、被害人陈述，应当依法排除，不得作为报请逮捕、批准或者决定逮捕、移送审查起诉以及提起公诉的依据。刑讯逼供是指使用肉刑或者变相使用肉刑，使犯罪嫌疑人在肉体或者精神上遭受剧烈疼痛或者痛苦以逼取供述的行为。其他非法方法是指违法程度和对犯罪嫌疑人的强迫程度与刑讯逼供或者暴力、威胁相当而迫使其违背意愿供述的方法。

《最高人民法院关于建立健全防范刑事冤假错案工作机制的意见》规定，采用刑讯逼供或者冻、饿、晒、烤、疲劳审讯等非法方法收集的被告人供述，应当排除。除情况紧急必须现场讯问以外，在规定的办案场所外讯问取得的供述，未依法对讯问进行全程录音录像取得的供述，以及不能排除以非法方法取得的供述，应当排除。

因此，如长时间讯问，以冻、饿、晒、烤、强光、噪声等非暴力的精神折磨方法，应该认定为刑讯逼供，而采用诸如此类的手段获取的犯罪嫌疑人的供述，应当作为非法证据严格予以排除，但是实践操作中并非如此认定。

（二）对非法取证行为的监督

检察机关对侦查人员非法取证的监督：根据《刑事诉讼法》第五十五条的规定，人民检察院接到报案、控告、举报或者发现侦查人员以非法方法收集证据的，应当进行调查核实。对于确有以非法方法收集证据情形的，应当提出纠正意见；构成犯罪的，依法追究刑事责任。检察院经审查发现存在非法取证的，应当不批准或决定逮捕；已经移送审查起诉的，可以将案件退回侦查机关补充侦查。检察机关调查非法证据后，应当制作调查报告，排除非法证据的同时应当随案移送非法证据。

法院的监督：根据《刑事诉讼法》第五十六条第一款规定，法庭审理过程中，审判人员认为可能存在本法第五十四条规定的以非法方法收集证据情形的，应当对证据收集的合法性进行法庭调查。据此，法院对非法证据的排除具有调查责任。

当事人申请排除权利：根据《刑事诉讼法》第五十六条第二款的规定，当事人及其辩护人、诉讼代理人有权申请人民法院对以非法方法收集的证据依法予以排除。申请排除以非法方法收集的证据的，应当提供相关线索或者材料。当事人是非法证据排除程序的启动主体，只要能够提供相关的材料或者是线索，法庭即应对证据的合法性进行调查、审查，就非法证据排除等问题向当事人了解情况，听取意见，并要求检察院出示有关证据材料对证据收集的合法性加以说明。

（三）排除非法证据的程序

法院在向被告人及其辩护人送达起诉书副本时，就应当告知其申请排除非法证据的权利。作为申请排除非法证据的主体，当事人及其辩护人、诉讼代理人应当在开庭审理前提出，但在庭审期间才发现相关线索的除外。提出申请需要当事人提供涉嫌非法取证的人员、时间、地点、方式、内容等相关线索或材料。若是开庭前提出，法院应在庭审前及时将材料的复制件送交检察院；若是庭审过程中提出，则法院应当进行审查，有疑问的进行调查，没有疑问的当庭说明后继续庭审。检察机关应对取证的合法性加以证明，可通过出示讯问笔录、播放讯问过程录音录像、提请法庭通知有关侦查人员及其他人员出庭说明等方式证明，若确认或不能排除存在《刑事诉讼法》第五十四条规定的情形的，应当排除相关证据。

## 三、实践操作遇难题——非法证据排除规则难以达到其预设目的

我国非法证据排除制度突破重重阻力得以在基本法中确立，进一步完善了我国刑事证据规则，并从制度上遏制了刑讯逼供的非法行为，减少了冤假错案，维护了司法公正和程序公正、切实保障了人权。由于种种因素，虽有立法和监督，但该制度在实践运行中却难以尽如人意，难以达到其预设目的。

（一）我国刑事诉讼法尚未确立"沉默权"

自白任意规则也是刑事证据规则之一，又称非任意自白排除规则，我国《刑事诉讼法》第五十条规定，严禁刑讯逼供和以威胁、引诱、欺骗以及其他非法方法收集证据，不得强迫任何人证实自己有罪。只有基于被追诉人自由意志而作出的自白才具有可采性。在美国等国家，犯罪嫌疑人在讯问时可以保持沉默，而且他们一般会等到律师来才"开口"，司法人员无法强制其说话。但是，在我国涉及刑事案件的实际操作中，犯罪嫌疑人只要被讯问，就必须开口说话，没有"沉默"的权利，这就违反了不得强迫自证其罪的原则。2015年7月17日，19年前阜阳五青年杀人一案在安徽省高院再审，当时被判重刑入狱的张虎等人再审被宣告无罪。此前，在几乎没有任何直接的物证人证的情况下，该案能够定罪量刑，全凭被告人的供述和证人证言。但是经调查发现，不仅是五名被告，就连当时的两名证人也均遭到刑讯逼供，当时的侦办人员甚至是用枪抵头逼做口供，还称这是审讯人员发挥了所谓的"聪明才智"。只要犯罪嫌疑人的"沉默权""说真话的权利"得不到保障，那么非法取证的行为就难以"退出江湖"。

（二）传统的"重实体、轻程序"的刑事司法理念根深蒂固

因"杀妻"被判处15年有期徒刑的佘祥林，在狱中度过了11个春秋后被当庭宣判无罪，得获清白；因"杀害"同村人被判入狱服刑10多年，后因"被害人"突然回家才使得冤案浮出水面；因"突审"获得了"无懈可击"的证据，张高平叔侄被错误羁押近10年后被宣告无罪……从杀人罪犯到获释洗冤，经历了如此戏剧性的变化，这些刑讯逼供的被害人还能再相信法律吗？非法证据造就的一纸判决，青春不再、亲情不再、健康不再，这些是再多的道歉与赔偿也无法弥补的伤害。此类冤案错案是由"重口供轻证据""重实

体、轻程序"的传统办案理念的错误导向直接造成的。办案机关将非法证据排除的性质与证据真实性即证据证明力相混淆，以证据与证据间相互印证即证据具有真实性来认证证据证明能力的较多①。侦查人员没有口供不结案，检察人员没有口供不起诉，审判人员没有口供不判案等，甚至还有侦查人员为了获取自己想要的口供而在讯问录音录像之前进行"事先演练、彩排"，严重侵犯了犯罪嫌疑人的程序权利。

（三）检察院、法院对公安机关侦查阶段取证的合法性审查不严、不实

正如前文所述，我国《刑事诉讼法》第五十五条规定了检察机关对侦查人员的非法取证行为负有监督的责任，但是公诉机关并没有很好地履行职责，在对公安机关取证的合法性审查时不够严格，一些非法证据没有被发现或者排除，导致非法获取的证据延续到起诉或庭审中，既不利于保护当事人的权利，也不利于诉讼效率的提高。此时，律师或辩护人就应当发挥其作为最后一道保护屏障的作用，对刑事案卷进行详细的研究，及时提出非法证据排除的申请，以保护当事人的权利不受公权力的侵犯。

（四）侦查人员出庭做证尚未形成常态

侦查人员出庭做证，有利于规范侦查活动、抑制刑讯逼供，对于案件事实的查明及保护被告人的权利意义重大。在英美国家，侦查人员出庭做证是其职责所在，而在我国，侦查人员一般以各种理由拒绝出庭，出庭做证实属罕见。虽然刑诉法修订后原则上规定侦查人员应当出庭说明情况，但在实践操作中，大多数侦查人员只是提供书面说明，并不在庭审中露面，而相关法律法规也没有规定不出庭做证的强制性措施等。

（五）非法证据的范围未得到具体细化，"合理解释"主观裁量过强

本所办理的某某受贿一案中，作为被告的辩护人，我们发现其在被提审和开始讯问期间有大量的"空白"时间，也即提审与讯问这个连续性的环节期间有大量的无记录的时间，而且这种情况有很多次，经向被告人了解才发现，在讯问之前，检察人员对其进行了"彩排"，甚至是恐吓他若不"老实交代"就要把其妻女抓进来并给她们穿感染病毒的内衣！侦查人员此举的目的很明显，是想在全程录音录像的"讯问"中获得想要的"效果"。而二审法院在终审判决时却以"虽证据存在形式上的瑕疵，但检察机关已作出合理的解释，故不影响证据的证明效力"而将证据予以采信。

试想，很多从气势上、心理上压倒、摧毁犯罪嫌疑人心理防线的讯问语言、行为和策略很难与威胁、引诱、欺骗、恐吓等行为区分开来，某些认定为是侦查技巧的讯问方法所取得的证据即为"毒树之果"，形式上的瑕疵证据实为实质上的非法证据，不排除会严重侵犯犯罪嫌疑人或被告人的合法权利。

## 四、非法证据排除规则的完善建议

贝卡利亚在《论犯罪与刑罚》书中写道："对于一切事物，尤其是最艰难的事物，人们不应期望播种与收获同时进行，为了使他们逐渐成熟，必须有一个培育的过程。"从我

---

① 欧明艳：从《非法证据排除规定》到新刑诉法的动态分析，2013－08－1416：23：17，中国法院网，重庆市第一中级人民法院网频道。

国法治建设现状中可以看到，我国的非法证据排除之路还很长，依旧需要我们不断培育使之完善。笔者通过学习与查阅相关资料，现就完善非法证据排除规则提出几点拙见，以期抛砖引玉。

（一）树立实体正义与程序正义并重的立法、司法理念

受传统文化的影响，司法机关与司法人员均偏向于追求实体正义，甚至民众在面对司法与执法时也默认实体正义高于程序正义。司法机关与社会舆论都重视案件处理的最终结果，看重结果是否公平，是否合法，是否符合公序良俗，却往往忽略程序的重要性。诚如法学家郝铁川先生所说："常为国人称道的包公，他掌握的铡刀，想切谁的头就切谁的头，既不经过死刑复核程序的审查，又没有其他的机构、团体的监督，这是不讲程序的典型，但自古很少受到批评。"程序意识的未觉醒带来的便是"重实体，轻程序"的结果，体现在刑事案件领域往往是重口供下刑讯逼供带来的众多冤假错案。

要解决实体与程序的问题，首先要明确二者的关系，实体正义与程序正义并不是相互矛盾的存在，程序正义恰恰是实现实体正义的前提。程序公证应该是过程的公正，实体公正是结果的公正。但结果的公正是一种理解和判断，是否真正的公正，在很大程度上取决于人们对过程的信赖，所以程序公正是实体（结果）公正的保障。正是基于程序正义的同等重要性，我们必须树立实体正义与程序正义并重的立法、执法理念。

理念是一种意识，是长时间存在于人们大脑中的精神产品，理念一旦形成，就会影响人们的行为。新《刑事诉讼法》已经确立非法证据排除规则，立法上的目的最终还得通过司法来实现，刑事司法活动真正将"非法证据予以排除"形成意识习惯，做到实体正义与程序正义并重，才能彻底根除根深蒂固的"重实体、轻程序"的刑事司法理念。

（二）建立"沉默权"制度

所谓的"沉默权"，是指犯罪嫌疑人，被告人在接受警官讯问时或出庭受审时，有权保持沉默而拒绝回答的权利。"沉默权"最著名的是历史上美国联邦最高法院通过对米兰达案的审理而确立的"米兰达规则"。在刑事诉讼领域之所以实行沉默权制度，在于其彻底贯彻了"无罪推定"原则，指出了控辩双方的举证责任，即要求司法机关必须收集口供以外的其他证据来证实犯罪，而不是要求被追诉者自证无罪。这与我国《刑事诉讼法》中有利于犯罪嫌疑人的原则是相适应的。

我国现行《刑事诉讼法》没有规定沉默权，相反要求犯罪嫌疑人"对侦查人员的提问，应如实回答"。这显然是与沉默权相违背的。对"口供"的过于依赖、以"口供"定罪的现象，更加促使办案人员在审讯时使用一切手段去获取"口供"，遇到没有沉默权却沉默的嫌疑人，办案人员往往容易采取非法的手段去"撬开"嫌疑人的嘴，使得刑讯逼供导致冤假错案的风险大大增加。而建立沉默权制度，这个问题就可以迎刃而解。但鉴于我国政治经济、伦理价值的发展状况等，我国现阶段应有限度、有选择地实施沉默权，设置特定罪名、特定人群的例外规定，而不宜实行普遍明示的沉默权制度①。

（三）建立"非法证据排除规则"控辩双方双重监督体制

绝大部分刑事案件的侦查机关为公安机关，虽然法律规定公安机关自身对其侦查人员

---

① 吴建华，论我国刑事非法证据排除规则的构建，华律网，2012年11月2日。

在办案过程中取得的证据有审查的义务，但在实践操作中，要求公安机关对非法证据进行自我排查就犹如要求母亲指出自己孩子的错误一样困难。笔者认为，与其要求公安机关自我约束，不如建立控辩双方双重的监督体制，即建立由"代表国家行使公权力的检察机关"与"为犯罪嫌疑人进行辩护的辩护人"对刑事案件中形成的证据是否非法进行双重审查与监督的体制。

从职能上看，检察机关除了代表国家对刑事犯罪提起公诉外，还承担着监督公安机关办案的职能，这种监督当然包括对刑事取证的监督。《刑事诉讼法》不仅规定了非法证据排除规则，同时也规定了检察机关对侦查人员的非法取证行为负有监督的责任，即刑事证据的合法性首先要经过检察机关审查监督这一关。这是法律赋予检察机关的监督权力，检察机关对公安机关的法定制约使得检察机关在进行非法证据排除时比任何机关都有着绝对优势。

但同时，我们也应看到，相对于刑事辩护人的立场，检察机关与公安机关同犯罪嫌疑人是对立的关系，这种对立十分容易使检察机关在审查证据合法性时不能做到客观公正，加上部分检察人员法律意识和业务能力不强，使得非法证据在审查起诉阶段还是出现了遗漏审查现象。进入审判阶段后，出于定罪目的，检察机关会更加倾向于避免证据被认定非法而被排除导致公诉失败。因此，光有检察机关的监督还不够，还需要再建立辩护人（通常是律师）监督制度。

辩护人辩护的是犯罪嫌疑人，其目的是使用合法手段使犯罪嫌疑人不被定罪量刑，而非法证据排除规则就是合法手段之一。因为辩护人与犯罪嫌疑人在案件中处于同一方立场，所以只有辩护人才能真正做到对证据的合法性进行积极和严格的审查。新《刑事诉讼法》对于律师介入刑事诉讼的规定，由原来的审判阶段提前到了侦查阶段，同时扩大了律师在刑事案件中的权利，这对于保障犯罪嫌疑人、被告人的诉权与人权具有重要意义。但我们也要看到，律师在刑事案件中依然有着诸多权利限制，这使得律师在与公安机关、检察机关对抗时处于弱势地位，不利于积极审查非法证据的辩护人一方做好最后的证据合法性审查工作。非法证据排除规则的最终完善，离不开辩护人权利与地位的提升与保护。

（四）明确侦查人员的出庭做证义务，促使侦查人员出庭做证常态化

根据我国《刑事诉讼法》的规定，"了解案件事实的人都有做证的义务，证人有出庭做证的义务"，这点在刑界界已达成共识。但对于侦查人员应出庭与否，尚有争议，时至今日，《刑事诉讼法》对侦查人员出庭做证的规定还是只限于法庭调查中需要对证据收集的合法性进行证明，在确有需要时，侦查人员有出庭说明情况的义务。这样的规定使得侦查人员出庭的情况少之又少，且出庭也只是为了说明情况，即使侦查人员不能强硬地证明证据的合法性，法庭最终还是可能采纳非法证据。与我国不同，英美法系国家认为，"警察是法庭的公仆"，侦查人员出庭做证是当然的义务，这种义务不是特定情况下才产生的，而是必须履行的职责之一。侦查人员不出做证，仅凭书面的办案材料就能找出非法证据的线索实在过于艰难，一项制度的启动如果过分困难，这项制度也就将失去其产生的意义。因此，笔者建议将侦查人员出庭做证制度化、常态化，让侦查人员出庭做证义务与公诉机关的犯罪举证责任一样由控诉一方承担，否则，我们有理由相信证据存在非法的可能性。侦查人员出庭做证常态化，将利于非法证据排除规则的提起，也有利于防止冤假错案的发生。

（五）细化非法证据的范围，明确瑕疵证据的效力

非法证据与瑕疵证据均属于广义上的非法证据的范畴，我们平时所讲的非法证据应该是指狭义上的非法证据。非法证据与瑕疵证据的根本区别在于违法的严重程度不同①。对于严重的违法取得的证据，《刑事诉讼法》规定了非法证据排除规则；但对于瑕疵证据，则规定可以补正，如果补正后依旧不能证明证据的合法性，就将其作为非法证据予以排除。因此，可以看出，瑕疵证据一样可能被作为非法证据排除。目前我国《民事诉讼法》尚未明确瑕疵证据何种情况下为严重程度。因此，笔者建议，可以更加明确规定瑕疵证据的各种瑕疵程度，根据不同瑕疵证据的严重程度来决定瑕疵证据的效力。正是因为非法证据与瑕疵证据在范围上有重合，我们才需要更加细化非法证据的范围，以求达到司法效率与实体正义、程序正义的三者统一。

# 结　　语

勃兰代斯大法官曾说过："我们的政府是威力强大无所不在的教员，教好教坏，它都用自己的榜样教育人民。犯罪是可以传染的，如果政府自己犯法，就会滋生对法律的蔑视，引诱人民各行其道，把自己看作法的化身。"程序是法律不可忽视的问题，如果不经合法程序取得的非法证据不能得到排除，那在以证据说话的法治社会是一件十分可怕的问题②。法是社会的产物，同时也影响着社会，我们相信，法治社会的不断进步必将引领非法证据排除制度的完善之路。

（作者单位：安徽一飞律师事务所）

---

① 王英杰，瑕疵证据与非法证据的界定和处理，检察日报网，2014 年 5 月 11 日。
② 参见叶童著：《世界著名律师的生死之战》，中国法制出版社，1996 年版，第 25 - 26 页。

# 刑事判决非法证据排除说理的困境与出路

奚　玮　朱敏敏

**摘　要：**非法证据排除的说理状况是整个判决书说理问题的"缩影"，而且被许多人认为是改革进程中"最难啃的骨头"。强化非法证据排除说理，有利于排除虚假的可能性、拓展公开原则的价值、真正遏制刑讯逼供。完善非法证据排除说理，有必要厘清证据可采性与客观真实观的碰撞、克服法律规则适用中法律发现的尴尬、解决与业务考评机制等配套制度的冲突。我国应当尽快出台非法证据排除程序的细化规定和操作指南，突出以审判为中心，完善说理激励机制；优化案例指导制度，减轻法官说理的压力；规范法律文件，建构合理的业务考评。

**关键词：**非法证据排除；判决书说理；法律发现；价值权衡

　　最高人民法院提出的以判决书说理为特色的一系列司法公开措施，是贯彻落实党的十八大精神的重要举措，顺应了时代发展潮流，回应了当前社会各界日益增长的司法需求。应当说，随着"裁判文书上网"等具体措施的跟进，判决书说理在我国司法中呈现逐步强化、日渐规范的趋势。如 2014 年 11 月 13 日最高人民法院开设的中国审判流程信息公开网的正式开通，标志着"审判流程公开平台、裁判文书公开平台、执行信息公开平台"三大公开平台的初步形成。但是，总体而言，我国学术界并未针对判决书说理形成系统的法律方法体系，也缺乏规范的、细致的实证研究；许多成果是基于现象找原因，缺乏深层次的结构化分析；许多成果是"眉毛胡子一起抓"，缺乏有针对性的类型化分析。

　　2010 年《关于办理死刑案件审查判断证据若干问题的规定》和《关于办理刑事案件排除非法证据若干问题的规定》（以下简称"两个证据规定"）对非法证据排除规则作出了原则性的规定。在 2012 年刑事诉讼法修改中，非法证据排除规则的完善是最大的一个亮点，也是其贯彻尊重和保障人权的一个集中表现。但是，从法律实施状况来看，非法证据排除规则存在"启动难""证明难""排除难""辩护难"等问题。反映在刑事判决书中，针对排除抑或不排除的"说理"总体疲软、简略，公信力不足，说服力欠缺。不少判决书对非法证据排除与否只有简单、生硬的最终结论，遑论对律师对此提出的辩护意见进行回应。非法证据排除的说理状况是整个判决书说理问题的"缩影"，而且被许多人认为是改革进程中"最难啃的骨头"。提升判决书说理能力和水平，需要从非法证据排除说理

**基金项目：**最高人民法院 2014 年审判理论一般课题"裁判文书说理研究"。

做起。本文选取判决书中非法证据排除的说理进行类型化分析，发掘其真实的困境及影响因素，期许为整个判决书说理改革提供完善思路和建议。

# 一、非法证据排除说理的价值基础

在证据法的一般意义上，证据运用的说理是刑事判决书在事实认定、法律适用上的前置行为。这是由证据与诉讼的共生关系决定的。证据在判决书中是认识事实客体与认识主体的唯一"桥梁"[1]4。证据运用的说理也是检验判决书是否查明事实真相、是否依法定罪量刑的必经"渠道"。那么，作为非法证据排除说理，它又有那些更加独到的价值基础呢？

（一）诉讼认识：排除虚假的可能性

在我国，许多人认为非法证据排除规则重在遏制刑讯逼供，但有可能妨碍事实真相的发现。因此，对其说理，可能意味着掩盖真相。果真如此吗？从认识论的角度来说，非法证据排除的意义并不排斥，反而是促进诉讼真实论的发现。依据证据可靠性原理，一个由非法方式取得的证据所构成的"事实"是很难被具体把握的事实。尤其是通过暴力、威胁、引诱、欺骗等非法方式获得证据，可能导向虚假的"事实"：这些非法手段往往强烈地干扰了人的感知和思维，使人在表达时违背自由意志，较难贯彻真实的意思表示。非法证据构成的"事实"表现出了一种"可能"，这种"可能"与事实真相可能吻合，但在多数情况下具有虚假的可能性。非法证据排除的说理在某种意义上告诉我们：应当追究一种更加"高贵"的事实真相，它以排除虚假的可能性为目标；在命案中，贯彻非法证据排除有利于预防、避免"真凶伏法""亡者归来"等发现错案方式。从河南赵作海案、内蒙古呼格案等错案来看，刑讯逼供获得的证据没有被排除，而且针对这一问题上的辩护意见不加有效的回应和说理，这些均是造就错案的"肇因"，也是当下判决书说理改革需要汲取的教训。

（二）程序正义：拓展公开原则的价值

判决书说理的正当性何在？从十八届三中全会、四中全会部署、深化的司法体制改革来看，其重在贯彻公开原则。这是"让人民群众在每一个司法案件中都感受到公平正义"的形式性基础。"审判流程公开平台、裁判文书公开平台、执行信息公开平台"三大公开平台对社会公众起到警示、教育和引导的作用，甚至可以将公开价值拓展为一种对法官的道德约束：任何一项判决行为，都"即将成为明天的今天"[2]。仅仅公开这一项内容很难成为"满意度"的考量指标。因为"人民群众的满意度"是从主体需求的角度而言的，我们必须考虑不同当事人之间立场、角色的诉讼特征。由于主体的利益诉求不同，一份判决书很难做到双方当事人共同"满意"。但是，以说理为基础的判决书公开，其定位在于纾解双方当事人的争议，而且将争议解决的过程"公之于众"。在证据属性上，非法证据的认定不是对事实关联性和真实性的认定，而是对可采性的认定。非将可采性问题"公之于众"的直接后果，在多数情况下是排除指控有罪的有罪证据、罪重证据等，并实施程序性制裁。这是通过公开原则的贯彻进一步削弱传统"重打击、轻保护"观念、贯彻程序正义的典型体现。相反，针对非法证据排除的申请，如贸然地不予以说理，甚至简单地以辩护意见不予采纳加以回避，将阻碍证据可采性的公开，影响到整个判决书的接受程度。

（三）权力控制：真正遏制刑讯逼供

在美国非法证据排除的司法实践中，法官对于排除的判决书的说理，主要围绕"阻吓目的说""宪法权利保障""司法诚信说"等进行；在德国的证据禁止规则背后，主要是以下四种价值基础散布在法官判决中：如"发现真实""保护个人权利""公平审判""导正纪律"。其中，制约公权力、保障私权利是一个共通的主线。从我国刑事诉讼法来看，细化非法证据排除的判决说理，首先有助于遏制刑讯逼供等非法取证行为，这已经成为一项社会各界普遍认同的常识。非法证据排除规则涵盖了物证、书证等实物证据和口供等言辞证据可采性问题。对于中国近些年司法改革而言，真正遏制刑讯逼供仍旧是"重中之重"。非法证据排除规则说理通过怎样的机理实现这一功能呢？关键在于限制法官过去在证据评判上较为宽泛的裁量权，促进其站在中立、客观立场慎重评价非法证据。在2012年的谢亚龙受贿案中，辩方当庭提供了被告人被刑讯逼供的线索，法庭却没有启动非法证据排除的调查且说理不充分，受到了一些社会公众的质疑[3]。在细化非法证据排除判决说理的要求下，法官对于涉及非法方式收集的证据等问题，无论是启动调查程序，还是如何使用非法手段都必须一一说明，以"看得见的正义"来严格要求法官，这是一种正向的、良性的司法约束机制。

从当事人、辩护人和诉讼代理人的角度，细化非法证据排除的判决说理有利于其刑事诉权的实现，尤其体现在辩护权上。辩护律师提出的非法证据排除的意见相较于当事人主张而言，往往更具专业性和针对性。强调非法证据排除的判决说理这一要求将促使法官在是否采纳辩护意见上做出详细的说理，进一步推动了法律职业共同体对非法证据技术性问题的讨论与共识的形成；促进律师群体在保障被告人权利上更积极主动地收集证据，改变长期以来律师依赖控方的证据和卷宗的弱势地位；通过辩护权和侦查权、检察权、审判权的良性互动，为当事人加设了一个强有力的防护栏，更有利于理想的三方诉讼结构的实现。

# 二、非法证据排除说理的司法困境

许多研究成果指出，依据法治原则，判决书应当包含最低限度的内容或要素，其中与判决结果的正当性证明密切相关的事项主要有六个方面：案件所经程序的叙述，当事人提交证据和所持论点的概述，案件事实的陈述，所适用的法律规则，支持判决的理由，以及法院最后的判断和判决[4]。当前，针对判决书说理，许多研究指出其问题所在：说理方式格式化、空话、套话较多；结构不统一，无法有机融合事理、法理、学理、情理、文理等。这些问题在非法证据排除说理中也深度存在。加上非法证据排除规则适用对于刑事审判的敏感性，其在说理上存在不少特殊的司法困境。

（一）未确立作为证据规则的基本位置

非法证据排除的说理，从证据规则层面，应当在判决书中有其专门的"位置"和"要素"。当前，法院一般都使用模板化的判决书，按照"某检察院指控""被告人辩称""经审理查明""本院认为""依据某法某条之规定"等格式，在相应的位置填充相关内容。这其中，没有专门用以放置关于证据合法性程序性争议的位置。法院在作出判决时，通常只对实体性问题的审理过程、裁判结论以及裁判理由进行阐释，而很少记载对非法证据争议处理的过程、结论以及理由[5]。在中国裁判文书网上公开的四百余份涉及非法证据的判决书极少详细阐述法官自由心证形成的过程，有的甚至只给了一个"不排除"即草草了事①。绝大多数判决书对定罪量刑和程序争议"一锅煮"式地进行处理，刻意回避非法证据排除规则中的以下核心争议问题：判决书中根本不提或含糊其词、一笔带过法庭对非法证据排除问题的证据审查；判决书在非法证据的定性上普遍没有区分"瑕疵证据"和"非法证据"、非法言辞证据和非法实物证据的界限；回避翻供后庭前供述、庭审供述与重复供述中孰合法孰非法的判断。

尤其需要注意的是，有的判决书不仅在非法证据排除上仍未遵循刑事诉讼法的规定，而且违反刑事诉讼关于证明责任的一般原理。例如，在河北省某县法院〔2014〕镇刑初字第×号判决书中，我们看到："本院认为，公诉机关在讯问调查时程序合法，各辩护人也没有证据证实公安机关在调查取证时存在违法行为，故辩护人提出公安机关在办案中程序违法的辩护意见不能成立。"这里直接混淆了在非法证据排除上当事人及其辩护人、诉讼代理人的初步提出线索责任与人民检察院对证据收集的合法性的证明责任。

（二）忽略法律条文的发现与论证

刑事诉讼行为必须依据刑事诉讼裁判规范，判决书的说理也必须是尊重刑事诉讼法律发现的规律而进行事实认定的过程，非法证据的排除亦然。对非法证据排除的启动、审理、证明和认定，以及排除的范围都应当依照刑事法律规范来进行法律发现。"刑事诉讼法律发现，就是在刑事诉讼过程中裁判者依据法律渊源寻找个案的裁判规范，它是裁判者在现行法律渊源范围内寻找、识别、选择或提炼作为刑事诉讼行为根据的活动及方法"[6]38。基于当事人最基本的知情权和公开原则，当事人有权利知道法院是依据何种法律哪项条款做出的认定——无论法院最终认定的事实如何，也无论是否在判决书中能够详细地呈现法律发现的过程，最起码在判决书中应当体现裁定结果所依据的法条，这也是对各方法律意见的回应，是对当事人最基本的尊重，更是对判决书最简单的要求。

此外，根据我国《立法法》第八条的规定，犯罪和刑罚的事项只能制定法律，以及刑法的罪刑法定原则可以得知，刑事裁判的法律依据只能是立法机关制定的法律以及有权解释机关制定法律解释，不能任意参入一些部门规章和地方改革文件、会议纪要等。2010年"两个证据规定"及2012年《刑事诉讼法修正案》等均是非法证据排除说理中的重要的法律规范基础。因此，就非法证据排除而言，法院无论排除与否，有职责且有义务引用相关法律条文加以论证，这不仅是法律发现的一般要求，也是法律论证的题中应有之义。目前的判决书中，绝大多数对法条的引用仅限于对刑法实体法法条的简单引用，然后直接得出刑罚；在为数不多的非法证据排除判决书中，只是简单地给出"排除"或"不排除"的结果，偶尔有关于排除理由的简单说明，但是几乎没有引用任何法律条文来说明非法证

---

① 同时，值得关注和赞赏的一个实例是在最新公布的四川省内江市中级人民法院〔2014〕内刑字第4号判决书中，内江中院奉行了严格的证据裁判主义，判决书中清晰的注明了辩护方提出要求排除非法证据的要求、线索和理由，更在"本院认为"部分详细地阐释被告人有罪供述存在问题的原因、询问时间和方式产生疑问，且指出没有同步录音录像，无法认定其供述的合法性，因此予以排除。判决书对非法证据排除的说理进行了初步的尝试，对辩方诉求的呼应和公开自由心证过程的做法赢得了广泛的赞誉。

据排除的原因、过程和结果。这很有可能使非法证据排除规则停留在"书本中的法"这一角色，减损立法机关对其法律功能的预设和期待。

（三）缺乏程序性事项裁判的辅助

在 1996 年《刑事诉讼法》实施中，其诉讼构造具有较为明显的职权主义特征，表现在格式化的裁判文书一般不列明程序性问题及争议的解决，法官决定程序性事项的权力基本上处于"秘密"和"不受控制"的状态。这导致一些在庭审中较为明显的程序性争议也无法反映在判决书说理中。例如 1999 年杜培武案。在庭审过程中，被告当庭展示手上、脚上、膝盖上等多处被刑讯逼供所致的伤痕，当庭出示了被打烂的血衣，但是由于当时并没有非法证据排除程序规定及实体规则，法庭未启动法庭调查，被告人保留下来的血衣被法警收走……英国学者边沁在反思司法不公开时曾提出这样的警示："在审判程序完全秘密时，法官将是既懒惰又专横的……没有公开性，一切制约都无能力。"[7]410

根据 2012 年《刑事诉讼法修正案》，非法证据排除规则的依法适用，本身包括了庭前会议听取意见，庭审程序中调查程序的启动、证明、决定等程序性事项。在判决书中言明非法证据排除程序的过程也是程序公开的一个重要组成部分。法官关于非法证据排除的启动与否从不言明理由，证明过程及结果不加公开，会变相导致法官权力不受监督。非法证据排除的程序性事项不在判决书中公开，将制约非法证据排除结果的说理。相反，辅以非法证据排除程序性事项，就会使当事人和社会公众知悉非法证据排除的来龙去脉，增强说理的可接受性。

# 三、非法证据排除说理的阻碍因素

学术界对于判决书说理进行了系统研究，总结了一系列原因：如规范不完善难以说理、态度不端不愿说理、能力有限不能说理、机会缺失无法说理等。除了这些类型化的原因总结，具体到非法证据排除的说理问题，必然有更加个性化的相关性因素在影响着上述司法困境。

（一）证据可采性与客观真实观的碰撞

非法证据排除程序设立的逻辑起点不是"是否真实"，而是建立在"程序是否合法"这一层面上。非法证据排除并非排除不真实的或不具有证明力的证据，而是排除非法收集的证据，强调国家刑事诉讼追诉的程序合法性，本质上是贯彻证据裁判原则下证据可采性观念。不具备可采性的证据不能用以不利于被告人的指控。通过刑讯逼供等非法手段获取的证据，不能排除虚假的可能性。但许多法官固执地认为其中也有符合真实性、关联性的证据。从刑事诉讼任务来看，审判机关的一个重要职责是"查明案件事实"，查明的过程极大程度上依赖着具备真实性和关联性的证据。因此，当证据的真实性、关联性与可采性冲突时，法庭面临的问题是如何理性对待客观真实主义的影响。

当前，非法证据排除说理能否贯彻，关键需要审判机关充分意识到，非法证据排除规则在一定程度上也具有保证案件事实准确查明的功能，因为在一般情况下，合法证据比非法证据在真实性上更为可靠，也更有助于发现案件事实；从一系列重大冤假错案的纠正过程和结果来看，在诉讼成本及社会成本上，采纳合法证据定案要低于默许非法证据定案。

（二）法律规则适用中法律发现的尴尬

在判决书说理问题上，人们很容易将说理不清、说理不充分的原因归结为当前法官的业务素质有待提高，但苏力教授根据基层法院的调查问卷得知："中国法院内保存的案件卷宗内，除了正式的判决书副本外，都有一份结案报告。这份报告对案件处理都有详细的介绍，有比较详细的关于判决理由的论证分析。就我看过的结案报告来看，即使是文化、业务水平相对说来，比较低的基层法院法官实际具有的分析论证能力要比根据现有的判决书推断他们具有的能力要强得多。"[8]因此，我们不能简单地把原因归结到法官个人的业务素质上，而要挖掘其背后的制度困境。当前，法律发现在刑事诉讼领域还没有得到普遍的重视。在刑事诉讼法颁布之后，公检法机关等作出一系列具体的规定和解释。现行的刑事诉讼实际运行的裁判规则构成复杂化，非法证据排除程序从"两个证据规定"和《刑事诉讼法修正案》的确定，也是多种价值冲突和妥协的产物。相应的指导性案例也较少，覆盖面存在不足。就非法证据排除规则而言，目前我国极其缺乏详细的操作指南，尤其是结合具体罪名、情节等的裁判手册。

（三）与业务考评机制等配套制度的冲突

依据法学方法论，适用法律的过程对法条的演绎、推理和解释在某种程度上就是一种"司法作坊"中对法律适用条件、法律后果进行注释或是解构。相比之下，英美法系的判例制度，一份精心打磨的判决书会成为经典判决来对类似案件有约束力，这为英美法官带来极大的历史感和荣誉感，从而激发了英美法官的创造力和积极性。对于大陆法系国家而言，强调严格地遵循成文法条，主要是依据成文法对具体案件进行法律论证适用。从两大法系司法实践来看，法官在适用非法证据排除规则、证据禁止规定方面不存在对法官本身的不利评价，反而是其遏制警察违法、实现程序正义的一个表征。如在辛普森案中，社会各界没有将排除非法证据作为负面评价苛以法官，更多的是认同其对于《美国宪法》中权利修正案的捍卫。当然，这也需要承受来自一些被害人的压力。

与之面临的情况不同的是，在我国现有业务考评机制下，排除非法证据，尤其是关键的有罪证据的，在一些案件中可能带来不利的业务考评，进而可能诱发一些规避适用的情形。长期以来受司法行政化、司法地方化的影响，案件汇报制度、内部请示制度、裁判文书审批制度曾经普遍存在，这些都可能随时"狙击"关键性非法证据的排除决定。虽然中央政法委要求取消刑事拘留数、批捕率、起诉率、有罪判决率、结案率等一些不合理的考评指标，但是仍有一系列指标对司法的过程产生重大影响或者存在与之作用相等的评价机制。当前，因为排除非法证据导致案件认定事实不清、证据不足，在"发改案件"考评中仍然属于不利情形。在一些地方，一个无罪判决的出现可能对承办检察官的职务晋升、年度津贴等产生影响。在一些死刑案件中，作为司法潜在规则之一，个别法官会倾向于排除对定罪量刑不会产生重大影响的"边缘证据"。这实际上是背离非法证据排除规则立法初衷的：违法越严重的地方，施以制裁的力度应当越严厉，进行"错位"制裁往往产生某种纵容，使得非法证据排除规则异化为"水中月""镜中花"。

# 四、非法证据排除说理的出路与建议

随着司法改革的深入，"让审理者裁判，由裁判者负责"这一原则的提出为强化法官在案件审判过程中的权力与责任指明了改革方向。"让审理者裁判",其意义即打破过去司法权力运行的"行政化""层级化"状况,又强调了审理者的"裁判权"[9]。在此背景下,我国应当尽快出台非法证据排除程序的细化规定和操作指南,以审判为中心,完善有效辩护,并强化其中的说理机制。

(一)突出以审判为中心,完善说理激励机制

法院内部的审理报告内容详细说理充分,相应的判决书却内容单薄说理不足,实践中,审理报告和裁判文书说理内容"两张皮"的现象突出。这说明,完善判决书说理激励机制有望"激活"并"公开"审理报告中的说理能力。如何"激活"?完善以审判为中心的诉讼制度,让裁判者参与庭审、亲历法庭调查、质证与辩论环节,其"亲历性"有助于全面客观地复原和查清争议的事实真相。

当然,在非法证据排除中,要确立这样的执法理念:非法证据排除是贯彻审判机关公正、效率、权威等价值目标的重要制度,是应当给予正面评价的司法能动性表现;辩护律师提出的许多非法证据排除提议及辩护主张并不都是"搅局"和"死磕",相反有助于查明真正的事实真相,应当认真听取、相互尊重、积极回应。对于依法排除非法证据的,应当加以业务能力正面鼓励;对于在判决书中非法证据排除说理中法理阐述透彻、情理结合得当的,应当给予适当奖励。在法院系统,应当针对非法证据排除说理能力评选,并将成果向公安机关、检察机关延伸推广,提高其执法素养与水平。

(二)优化案例指导制度,减轻法官说理压力

在我国当前司法环境中,许多具体制度的改革可以借助指导性案例推进执法效果。在很多方面,它起到解释、明确、细化相关法律,弥补法律条文模糊和疏漏方面的作用,是经验法则的总结[10]。对于一些疑难的非法证据排除问题以及新出现的手段类型,法律难以及时、精细调整,就可以依托特定的案例,解决某个或者少数法律适用问题。与英美法中"遵循先例"原则中所遵循的不同之处是,根据《关于案例指导工作的规定》第七条的规定,最高人民法院发布的指导性案例,各级人民法院在审理类似案件时应当予以参考。在指导性案例中,地方各级法院不仅可以参考非法证据排除中理论争议热点具体得以辨析的结果,也可以借鉴其说理部分。当前,一些指导性案例设置了"关键词""裁判要点""相关法条""基本案情""裁判结果""裁判理由"等部分。在裁判理由部分,非法证据排除指导性案例可以针对瑕疵证据认定问题、刑讯逼供等非法方法认定问题、证据合法性证明责任问题以及证据合法性证明标准问题等进行类型化指导;可以阐释法官在非法证据排除的心证形成过程,这些都会减轻法官关于非法证据排除判决的说理压力。

(三)规范法律文件,建构合理的业务考评

刑事司法解释之间的冲突确实是客观存在的,不同部门做出的司法解释的影响力虽然只限于本部门内部,但是共同作用于同一类型案件。当两机关对同一个法律问题产生分歧时,常常会各自颁发解释。这在适用上很容易造成冲突。但是法律解释的逻辑起点应当源于法律在具体运用中所汇聚的实践经验。当前,我国应对以《刑事诉讼法修正案》为基础,整合"两个证据规定"、《关于严禁将刑讯逼供获取的犯罪嫌疑人供述作为定案依据的通知》等一系列法律文件,出台专门的涵盖程序启动、证明、决定、救济、说理、考评等内容在内的非法证据排除司法解释。这也便于法官在判决中援引法条,结合非法证据排

除争议事实进行深度说理。同时，针对在非法证据排除方面违反法定程序、违反职业伦理的行为要实施不利的评价，将其纳入司法惩戒范围。有些案件如排除了非法证据，可能会出现"事实不清、证据不足"，这时不应对法官实施不利评价。对于公安机关、检察机关办案人员而言，也要结合非法证据出现的原因、过程等调查结果，辨别具体的责任人员和责任类型，既不能包庇护短，也不能无序追责。

（作者简介：奚玮，安徽师范大学法学院教授、安徽师范大学法治中国建设研究院研究员，安徽国伦律师事务所律师，博士，硕士生导师；朱敏敏，中国政法大学"2011 计划"司法文明协同创新中心 2015 级博士研究生）

**参考文献：**

[1] 张保生. 证据法学［M］. 北京：高等教育出版社，2013.

[2] 万毅. 从无理的判决到判决书说理——判决书说理制度的正当性分析［J］. 法学论坛，2004，19（5）.

[3] 欧明艳. 审判阶段非法证据排除的程序规制［EB/OL］.（2013–08–10）. http：//www. chinacourt. org/article/detail/2013/08/id/1048300. shtml

[4] 王贵东. 判决书结构及其说理功能［J］. 学理论，2008，8（486）.

[5] 高咏，杨震. 一审程序中非法证据排除的裁判方式［J］. 中国刑事法杂志，2014，（3）.

[6] 雷小政. 刑事诉讼法学方法论·导论［M］. 北京：北京大学出版社，2009.

[7] 陈光中. 中国司法制度的基础理论问题研究［M］. 北京：经济科学出版社，2010.

[8] 朱苏力. 判决书的背后［J］. 法学研究，2001，（3）.

[9] 王韶华. 让审理者裁判 由裁判者负责［N］. 人民法院报，2014–7–28（2）.

[10] 胡云腾. 人民法院案例指导制度的构建［J］. 法制资讯，2011，（1）.

# 修改后刑事诉讼证明标准司法适用的实证研究

姜　瑞

**摘　要：** 新刑事诉讼法实际上引入了"排除合理怀疑"的证明标准；两起疑难案件通过遵循新确立的刑事诉讼证明标准进行审查处理，坚持排除非法证据，厘清案件事实节点，正面证明反面排除相结合，准确、及时收集证据，重视客观证据，明确内涵与外延

**关键词：** 合理怀疑；事实清楚；证据充分；证明

一段时间以来，发生在全国各地的"冤案、错案"不时牵动着全社会的关注，分析这些案件发生的原因，刑讯逼供、片面取证等违法行为毫无例外地成为"冤、错案"发生的诱因，然而深入分析这些案件，办案单位对刑事诉讼证明标准的把握不当、适用不当让违法获取的非法证据有了"登堂入室"成为被司法机关认可与采纳的空间，让本身"事实不清、证据不足"的案件办成了"铁案"，让无罪的当事人错误地受到了刑事的追究。如何正确把握当下刑事诉讼证明标准，如何在实际办案中运用刑事诉讼证明标准审查判断案件事实、划清"罪与非罪"的边缘、厘清"此罪与彼罪"的界限，从而能够正确处理刑事案件，这已成为司法工作者不可回避的工作任务。

当下，"修改后"刑事诉讼法对我国刑事诉讼的证明标准体系进行了一定程度的修改，新的"排除合理怀疑"的证明标准体系正在构建与形成，这些新的设计与构建给刑事诉讼侦查人员、公诉人、审判员提出了全新的、更高的要求，了解它、掌握它，在实践中适用刑事诉讼证明标准帮助司法工作者审查案件、判断案件，是每一名司法工作者的责任与义务，而注重对"证明标准"的实证研究无疑会对办案人的经验积累产生有益的影响。

## 一、我国刑事诉讼证明标准的形成与特点

刑事诉讼的证明标准，是刑事诉讼的重点、难点问题，同时也是刑事诉讼程序的核心问题，立案、移送起诉、提起公诉、判决都无法回避这一关键问题。长期以来，根据我国刑事诉讼法的规定："事实清楚，证据确实、充分"的要求适用于几乎所有的诉讼阶段，除了立案阶段的标准为："认为有犯罪事实需要追究刑事责任"（《刑事诉讼法》第一百一十条）外，移送审查起诉、提起公诉、有罪判决阶段都要求达到证据确实、充分的证明标准才可以。这反映出我国刑事诉讼证明标准具有的统一性与客观性的特点：所有案件、所有阶段的证明案件事实的证据都要达到"确实、充分"的程度，而这种证据的"确实、充分"都是描述一种由客观状态、客观事实而形成的主观认知，强调证据不仅要符合客观真实而且要足以充分证明客观事实。这种证明标准的设定只强调了案件的客观程度，没有

为司法工作者审查判断案件的主观思考设立标准。导致这种证明标准看似客观，而实际适用过程主观性较大，不同的司法工作者对客观事实的判断很容易出现不同的主观认识，这就反映出我国刑事诉讼证明标准尺度掌握的随意性，反映出我国传统刑事诉讼证明标准的粗放与不科学。

2012年3月14日第十一届全国人民代表大会第五次会议通过了关于修改《中华人民共和国刑事诉讼法》的决定，修正后的"刑事诉讼法"吸收了《关于办理死刑案件审查判断证据若干问题的规定》《关于办理刑事案件排除非法证据若干问题的规定》的相关内容，对证据"确实、充分"进行了进一步的界定："定罪量刑的事实都有证据证明；据以定案的证据均经法定程序查证属实；综合全案证据，对所认定事实已排除合理怀疑。"由此，新刑事诉讼法通过对证据"确实充分"的细化解释，实际上引入了"排除合理怀疑"的证明标准。"排除合理怀疑"作为英美法系（普通法系）国家刑事诉讼证明的证明标准首次出现在我国的刑事诉讼证明标准体系中，它的含义是：在刑事审判中，对构成犯罪所需的每项证据都达到了排除合理怀疑的证明程度，否则不得宣告被告人有罪。即：如果被告人有无罪的可能且无法排除该可能，则裁定其无罪。在英美等国，它是判定被告人有罪的最高标准。

新刑诉法实施后，代表着我国采用一种"证据确实、充分标准"与"排除合理怀疑"两个证据标准相结合的方法构建了我国新形势下刑事诉讼的证明标准，它作为一个更严谨、更科学、可操作性也更强的证明标准体系，对于司法机关科学办理刑事案件是非常有益的，这样的证明标准体系呈现出如下特点：

（一）坚持主客观的统一

我国传统的"事实清楚，证据确实、充分"的刑事诉讼证明标准主要在于强调证明标准的客观要求，即对证据本身质与量的规定，其本身具有极强的客观性，但司法工作者对案件的审查却又是一个主观判断的过程。什么样的证明程度达到了"确定、充分"的程度，需要司法工作者来认识和把握，传统证明标准客观性的强调，本身即是对主观审查标准规定的缺失。反观"排除合理怀疑标准"作为在普通法系国家已经比较成熟的证明标准体系，具有较强的主观性，适用这一标准需要司法工作者的判断与思考，亦为司法工作者的判断与思考提供了一定的方向与标准，"修改后刑事诉讼法"将"排除合理怀疑"标准作为"证据确实、充分"的具体判断标准引入，是对传统证明标准的补充，坚持了"主客观相统一"的科学审查判断标准；

（二）坚持"法律真实"与"客观真实"的有机统一

刑事诉讼的证明标准，是以追求"客观真实"还是"法律真实"为目的，一直都是我国法学界所关注的热点问题。"确实、充分"的证明标准，强调的是"客观真实"，是司法工作者努力实现的状态，要求司法工作者以此为目标，尽可能地发现真相；而"无疑"强调的是"法律真实"，是一种实然状态，在已有证据的基础上，允许司法工作者用经验和逻辑规则进行推断，从而排除证据矛盾，修复证据状况不佳的现状，构建犯罪构成框架下的"法律事实"体系，达到"内心确信，没有合理怀疑"的程度。我国的传统证明标准强调"客观真实"，"查明真相、还原事实"是司法工作的第一要务，这常常以牺牲合法性和侵犯当事人权益为代价，同时还会造成司法资源的浪费。传统普通法系国家的

"排除合理怀疑标准"，不利于最大限度地发现事实真相，往往以牺牲客观性和放纵犯罪为代价，我们耳熟能详的许多经典案例，如"辛普森杀妻案"等，都是这一证明标准下的司法实例。

我国"修改后刑事诉讼法"在"确实、充分"证明标准的前提下，在保持强调重视查明"客观事实"不变的前提下，引入"排除合理怀疑"的证明标准，是坚持了"客观真实"与"法律真实"的统一，是一次有益的尝试。

（三）坚持"惩罚犯罪"与"尊重与保障人权"的有机统一

"修改后刑事诉讼法"明确了对案件做出有罪认定必须"综合全案证据，对所认定的事实排除合理怀疑"，换言之，如果不能排除合理的怀疑，案件即不能被认定有罪，犯罪嫌疑人或被告人也不会受到刑事追究。这体现出的是"疑罪从无"的人权保障理念，新的刑事诉讼证明标准是修改后刑事诉讼法提出的"尊重与保障人权"的刑事诉讼基本任务的具体落实，其制度设计背后的价值选择是重视保护犯罪嫌疑人、被告人的合法权益，通过明确罪与非罪的界限，保障每一个不能排除存在不构成犯罪合理怀疑的人不受刑事追究。这与我国传统的"打击、惩罚犯罪"的刑事理念有机结合，对立统一，共同完成新的历史时期下刑事诉讼的基本任务。

（四）具有较强的可操作性

人的认识因素永远是司法工作的核心因素，一切刑事案件都离不开司法工作者的审查与判断，而传统证明标准客观性的强调，本身即是对主观审查标准规定的缺失，"证据是否确实、是否充分"，是司法工作者不断面对、不能回避的问题。他们在实践工作中最需要的是"确实、充分"的判断标准，引入"排除合理怀疑"的标准后，极大地增强了刑事诉讼证明标准的实用性，让极容易沦为一句空话的"事实清楚、证据确实充分"因为有了具体标准而更加接地气，成为刑事司法工作的指引与工具，使其具有较强的可操作性。

## 二、"修改后"刑事诉讼证明标准的实践运用的案例分析

在实践的审查起诉办案过程中，笔者连续接收到两起在证据上存在部分问题的非典型故意伤害案件，两起案件都通过遵循新确立刑事诉讼证明标准进行审查、分析，两起案件都得到了妥善的处理。

第一起案件是一起"密室"伤害案件——程某故意伤害案件，犯罪嫌疑人程某有着多年的吸毒史，其与被害人赵某系情人关系，两人在程某居住的某老式居民小区某栋楼 5 楼的家中姘居，经程某家人及邻居证实，程某经常对赵某实施暴力。夏日的一天晚上 9 时许，程某打电话给其母亲，称赵某在洗澡时摔伤，昏迷不清，让其拨打 120 急救电话。120 急救车赶到程某家中将全身赤裸、昏迷不醒的赵某带往医院急救，程某在此时消失。医院检查发现赵某浑身遍布外伤性伤痕，颅脑重度损伤导致昏迷，伤情已经构成重伤，因怀疑涉嫌伤害案件，当班医生向公安机关报警。公安机关认为程某有重大嫌疑，将其抓获归案，后赵某抢救无效死亡。到案后，程某拒不承认对赵某有过伤害行为，坚称其洗澡摔伤致死，案件发生在一个楼房顶楼的密闭家中，被告人拒不供述，且没有第三人在现场进行指正，只有楼下的一个邻居陈某在当天下午部分听到了楼上程某与赵某吵架的声音及赵

某可能被打求饶的声音，此外其他没有任何直接、间接证据可以指证，案件一度陷入僵局。

案件审查后，很容易就能得出一个结论：程某在说谎，其供述得不到任何事实与证据的印证与对应，其供述本身疑点重重，而同时明确的是，犯罪嫌疑人再多的涉嫌犯罪的疑点也无法完成对其正面的指控。承办人审查后认为，现有证据可以明确的事实是：首先，程某有经常性对被害人实施伤害的前科与习惯，其具备在案发当天作案的主观动机及可能性；其次，案发当天，仅有程某和赵某两人在家中，没有第三人介入；第三，也是本案的重点，即对被害人伤情的分析，被害人浑身的外伤性伤痕，其中新鲜伤痕形成于 24 小时之内，其重度颅脑损伤分布于左右颞顶部，系极大外力形成，且不可能是一次性作用形成，更不可能是在狭小的卫生间内摔伤所致。综观本案，本案证据情况相对较差，犯罪嫌疑人拒不供述，案件发生在"密室"内没有第三人看见现场的情况，唯一有利的证据仅有一份邻居听到现场情况的陈述，还仅能证明当时可能发生过争吵，证据不仅数量少，证明力也较低，证据情况极为薄弱。本案对犯罪嫌疑人能否做出有罪认定，能否达到刑事诉讼证明的"事实清楚、证据确实充分"的证明标准，这在一定范围内引起了争议。笔者认为本案可以做出有罪认定：本案的证据情况能够认为是"事实清楚、证据充分"，主要是基于本案目前的证据情况及通过证据还原的案件事实，能够排除程某不构成犯罪的合理怀疑。仔细分析本案的证据情况，特别是对本案的伤情鉴定、尸检报告进行分析，本案中，在没有第三人介入的情况下，形成这种被害人身上伤痕分布情况，只可能是他人所为，这个人唯一的可能性就是与其共同居住的拥有犯罪主观故意的程某。据此，笔者认为本案达到了事实清楚、证据确实充分的程度，对程某提出了故意伤害（致死）的指控，主要依据就是，在现有证据情况下，对于程某不构成犯罪的合理怀疑其实已经变得非常有限，只可能包括如第三人介入、被害人自残、其他地点受伤后转移到屋内等等。而这些怀疑都能够被现有证据排除：首先，案件发生在顶楼 5 楼的房间内，门窗紧锁，没有第三人进入的可能性，怀疑排除；其次，被害人伤痕累累，重度颅脑损伤导致昏迷，其颅脑损伤需要较大外力作用形成，且伤及左右颞顶部，没有自残形成的可能性，怀疑排除；第三，其他因素，如其他犯罪地点等怀疑，结合本案证据都无法站住脚。据此，笔者认为，对程某的指控已经达到了事实清楚、证据确实充分的程度，可以提出指控。案件经一审法院审理，采纳了公诉意见，在该案的二审审理过程中，程某如实供述了其用钝性器物殴打被害人的全部伤害事实，案件分析处理的正确性得到了印证。

另一起案件是发生于十多年前的陈年老案。1998 年 11 月某天晚上，淮南市麻风病院附近发生一起凶杀案，被害人陈某，19 岁。当天陈某吃过晚饭后驾驶四轮拖拉机出门务工，后被发现死在麻风病院附近的道路上，其驾驶的四轮拖拉机停在旁边，陈某背部被捅刺三刀，经鉴定因被锐器捅伤造成急性失血性休克而死亡。当地公安机关第二天对该案件进行刑事立案，但案件一直没有侦破。直到 2013 年，本案犯罪嫌疑人马某某的弟弟因涉嫌故意杀人罪被刑事侦查，其在看守所检举自己的哥哥马某某曾经告诉自己，十四五年前，在他们姑姑家附近骗一个小四轮拉货，后来就准备抢劫小四轮，用刀扎了那个小四轮司机，后来在发现对面有车来之后，就放弃了抢劫，跑到姑姑马芳珍家中。侦查机关在核对这份检举材料后，发现该内容与 1998 年的陈东被害案比较吻合，遂对被检举的马某某进行了侦查。犯罪嫌疑人马某某到案后供述，曾经（具体时间不清）乘坐出租车到姑姑家中，路上出租车司机与一辆被牵引着的小四轮（一个小四轮牵引着另一个可能坏了的小四轮）发生碰撞，出租车司机与小四轮司机发生摩擦。出租车司机从车中取出刀具捅刺，马某某在碰撞过程中被小四轮司机扔过来的东西砸中，心生怒气，向着小四轮司机的背部捅刺了一刀，后跑到姑姑家中。其姑姑陈述，马某某曾来过自己家中，告诉自己杀人了，但自己表示不信。马某某的弟弟、前妻等亲戚都表示听过马某某说自己杀过人。

这起案件看似证据充分，马某某自己有过捅刺、伤害的有罪供述，供述内容还恰巧与现场情况有一定的吻合（捅刺伤在背部），其他多名证人也曾听马某某说过杀人的事情，案件似乎指控起来并没有什么难度。但仔细思考，会发现本案马某某的供述、其他证人的证言都是源自马某某口述，证据不稳定，极易发生变化，同时案件证据中问题、疑点太多：首先，马某某的有罪供述内容与当时当地的环境有很大不同，案发当时淮南市的出租车数量极为稀少，马某某供述的车型更是绝无仅有；案发当地较为偏僻，在当时根本不会有出租车经过；另外，案发现场勘察情况及一些目击证人均反映出没有出租车出现的痕迹，也不存在第二辆小四轮出现的可能；且案件发生后，也没有查找到另一辆小四轮司机和出租车司机，马某某的供述疑点较多。其次，马某某供述的事情与陈某被害案件之间的联系存疑，虽然马某某供述事实与陈某被害案件在时间上、地点上都相近，公安机关也排查当地、当时并没有其他伤害案件发生，但并不能排除其他伤害案件的可能，马某某没有明确供述犯罪时间，也没有供述被害人具体情况，现有证据难以将马某某的供述与陈某被害的事实之间建立起联系。第三，指控马某某犯罪的证据实为孤证，虽然指向马某某行凶的证据有其供述和其他证人的证言，看似证据数量较多而其他证人的证言都是听自马某某的口述，即本案实际证据仍为马某某的口供，证据数量多，但证明效力弱，证据情况容易发生变化，对指控极为不利。存在着这些问题，本案的证据是否达到"事实清楚，证据确实充分"的刑事诉讼证明标准？笔者认为，本案没有能够达到刑事诉讼证明标准，主要理由就是本案目前事实不清，且难以排除合理怀疑：首先，本案不能排除他人行凶的可能性怀疑，即便如马某某的供述，其也只捅刺了一刀，对于此事实，承办人曾经考虑用"疑罪从轻"的处理方式，就低指控马某某捅刺一刀、进行伤害，但仔细分析，发现这种处理方式站不住脚，目前案件的问题不是认定犯罪上"重与轻"的问题，而是犯罪事实"有或无"的问题。目前，虽然没有查找到所谓出租车司机，但现有证据无法排除有他人介入案件的可能性，他人行凶的可能性怀疑成立，暂时无法排除。其次，本案不能排除马某某供述事实与陈某被害事实不存在关系的怀疑，马某某没有供述作案的准确时间，没有明确指认案发现场、辨认被害人，虽然供述内容与陈某被害情况极为近似、当地也尚未发现其他未能破案的凶杀案件存在，但现有证据也无法排除两者没有关系的可能性，关联性上的合理怀疑成立，暂时无法排除。第三、本案的事实不清楚，虽然，马某某做过有罪供述，但其供述是被误砸后心生怒气捅刺、伤害他人，涉嫌故意伤害，而其弟弟举报、陈述的内容是，马某某曾经说过是为了抢劫小四轮卖钱而实施的伤害行为，涉嫌抢劫；此外，案发现场有没有另一辆小四轮存在、有没有出租车存在、案发当时究竟为何行凶、如何行凶、行凶使用什么样的工具、工具从何而来、现在何处等关键事实皆无法查明，事实严重不清楚。据此承办人综合全案情况，提出了案件存疑的处理意见。

两起案件，具有不同的案件情况：一起案件证据看似稀少、薄弱，却能够依法提起公诉；一起案件被告人做出有罪供述、并有证言指证，却被存疑处理。两起案件的处理都是按照新刑事诉讼证明标准的指引做出的，在审查判断案件是否事实清楚、证据是否确实充分时，严格遵循能否排除合理怀疑的标准，在全面分析案件的基础上，判断合理怀疑的界限，在全面审查案件事实的基础上，结合科学的逻辑观念，确定是否排除相关怀疑，保证案件能够得到正确的定性及处理。

# 三、适用刑事诉讼证明标准应当注意的问题

通过以上实例的运用，不难发现适用刑事诉讼证明标准，可以帮助司法工作者正确处理刑事案件，而严格适用刑事诉讼证明标准也对司法工作者的能力与水平提出了更高的要求。当下，遵循刑事诉讼法设立的证明标准指引来办理刑事案件，需要每一名司法工作者注意如下问题：

（一）坚持排除非法证据，避免非法证据干扰案件判断

司法工作中，通过非法手段获取的证据严重干扰着司法工作者的视线，混淆了司法工作者的正常判断，扰乱着司法工作者的思考，存在非法证据的情况下锁定的事实，编织了"事实清楚、证据确实充分"的假象，极易让司法工作者轻信与迷失。存在非法证据的情况下，证明标准的适用失去了事实的基础和真实的理由，使得案件偏离航道，越走越远。只有当非法证据被排除在司法工作者的卷宗外，才能还办案人理性的思考与判断。正因如此，修改后刑事诉讼法确定的证明标准即规定，据以定案的证据皆通过法定程序取得，根据这一规定，排除非法证据成了司法工作者审查、判断案件的前提和基础。排除非法证据，是当下司法工作者办理案件的第一要务，而摒除非法证据生长的土壤，更是当前司法工作中的重中之重。

坚持排除非法证据，要求全体司法工作者在转变思想观念，改变过去那种"重实体、轻程序"的思想，严格遵守刑事诉讼法的规定，切实保护当事人的合法权益，严守取证程序，把办案人手中的取证权关进程序的笼子里，破除非法证据生长的土壤；坚持排除非法证据，要求改革司法工作考核机制，对于过去盲目追求"破案率""破案效率"的考核、评价机制要进行反省，"限期破案""命案必破"等违背规律的口号要"停一停、缓一缓"。审查非法证据，要求司法工作者提高工作能力，有针对性地排除言辞证据和实物证据：对于言辞证据，包括犯罪嫌疑人的供述、证人证言、被害人陈述等，根据《刑事诉讼法》第五十四条的规定，只要是以刑讯逼供等非法方法获取的言辞证据，一律直接予以排除，而对于实物证据应当进行区别。根据《刑事诉讼法》第五十四条的规定，构成非法实物证据的应当具备三个因素：收集证据的程序是违法的；收集证据的程序违法程度严重、可能严重影响司法公正；不能有效弥补和合理解释收集该证据的违法程序。司法工作者审查实物证据时，应牢记非法证据这三点构成因素，当案件证据符合这三个因素时，应当果断予以排除，对于可以补正或合理解释的证据经过补正可以采用，这种兼具了效率价值和公平价值的制度设计应当为司法工作者以坚持。如果排除后的案件证据难以达到认定犯罪的程度，也应当依法做出相应的处理。

（二）重视客观证据的证明作用

言辞证据，往往能够直接揭示案件情况，是最为直接、生动的证据形式，它的这些特

点让司法工作者更愿意从言辞证据入手去了解案件、深入案件，但随着案件复杂程度增加，言辞证据的不稳定性、主观性随之暴露出来，翻供、改变陈述等现象在办案工作中屡见不鲜。过于依赖主观证据，很容易陷入错误的认识中，而许多案件中，被告人抗拒执法、拒不供述，被害人死亡或重伤不能开口，案发特殊环境目击证人缺少，众多因素导致这些案件主观证据的缺乏。这些情况下，过于依赖言辞证据的传统办案方式往往会让案件陷入困境。如果案件存在一定的主观证据，诉讼过程中，办案人根据主观证据如果能产生合理性的怀疑，一定要排除，而对于由此而产生怀疑进行排除不足以成为完全定案的依据，主观证据随时会发生变化，要有防范的准备与预案。

应重视客观证据在司法工作中的作用，因为客观证据更加稳定，不以当事人的意愿为转移，能够真实地反映出案件的信息，由客观证据所反映出的案件事实具有较强的可信性。重视客观证据在案件审查中的作用，无疑会将由证据还原出的法律事实与客观事实之间的距离大幅缩短，基于此而达到的案件"事实清楚、证据确实充分"更加让人信服。在适用"排除合理怀疑"标准时，客观证据以及由客观证据科学、合理地延伸而得出的结论，将有效地限定合理怀疑的范围，同时也是排除合理怀疑的有效武器。当案件存在"可能性怀疑"时，那些与客观证据某一节点、某一方面、某个细节不相符、不一致的可能性怀疑，都将令人信服地被排除，这也一定比运用主观证据去排除"合理怀疑"要有效得多。主观证据的易变性让某一阶段可以排除的"合理怀疑"，在证据变化后变得不确定甚至往相反方向行进，而这种变化如若发生在审判等关键节点中，势必会对案件最终的处理造成巨大的影响。

重视客观证据的审查，给司法工作者的帮助是显而易见的，但需要说明的是，单纯靠客观证据却难以定案，客观证据的缺陷在于其片面性，难以全面、完整地展现案件事实，其证明形成的都是破碎的、割裂的事实。在实践中，需要将客观证据与其他证据结合在一起来审查、还原案件事实，与客观证据不符的供述、陈述要有选择性地排除，能够得到客观证据印证的事实具有较高的可信度，甄选后予以固定，即便日后出现反复，也可以以此来排除，从而使证据还原的事实具有较强的稳定性。将不同种证据的多变性、片面性的缺点剔除，将不同种证据具有的全面性、稳定性的优点结合起来，尽可能全面客观地还原案件事实，让司法工作者能够清晰地适用法律，审查案件是否达到"事实清楚、证据确实充分"的程度；同时，尽可能压缩"合理怀疑"的范围，对于仍然存在的"可能性怀疑"，应重点运用客观证据反映出的事实予以排除。此时客观证据的片面性不再阻碍证明标准的适用，客观证据所反映出的客观、真实的任意细节、片段只要与存在怀疑具有关联性，都可以被用作判断是否排除怀疑的重要工具.

（三）厘清案件事实节点，在每一个关键节点进行证明标准的审查判断

任何被认定有罪的案件，依据全案证据还原出的法律事实必然是一个符合刑法规定或者说是刑法意义下的完整、连续的整体；认定有罪的案件，案件事实整体必然达到刑事诉讼证明标准的要求，在事实简单或者证据充分的案件中，全面把握似乎并不是难事；而在许多疑难案件中，复杂的事实、稀缺的证据让案件难以整体上去适用证明标准审查判断，同时，在一些案件中，整体事实已经确立，只在某些关键细节中存在争议，此时需要司法工作者明确与案件定罪量刑息息相关并且目前存在争议与分歧的重要节点，这些节点的突出特点表现在其不确定性上，存在较多可能性发生，存在较多合理性的怀疑。对于这些关

键性节点，需要在每一个节点上适用证明标准，各个击破，打通"任督二脉"，让案件的办理能够"拨云见日"。

在上面的程某伤害案中，证明犯罪的关键节点就是：第一，案发当时只有被告与被害人两人在封闭的屋内；第二，根据被害人的伤情，排除自残、一次性摔伤的可能性，只可能是外人伤害所致。冲破这两个关键节点，即便被告人矢口否认也将不再对案件起到关键性影响。案件其他节点，如案件犯罪动机、犯罪时间、犯罪方法等一系列节点，根据刑事诉讼法及死刑案件办理"两个规定"等文件的要求，同样是这类案件必不可少的需要查明的节点，一样十分重要。但在复杂案件办理中，这类节点都应当放在第二层面进行考虑，首先需要解决的就是第一层面节点能够反映出的是否存在"犯罪"的问题。在程某伤害案中，这两个关键节点的运用刑事诉讼证明标准审查中，办案人依据对极少的主观证据（证人陈某证言）和大量客观证据，如现场勘察笔录、伤情鉴定报告、尸体检验报告等方面的审查，对两个节点的问题都得到肯定的答复：门窗紧锁的顶楼屋内、深居简出在一起姘居的被告人与被害人，没有第三人介入的可能性；大范围、达到严重程度、需要极大外力形成的颅脑损伤，不可能是自残能够形成，更非所说的一次性摔伤形成那么轻而易举，唯一可能性就是他人致伤形成。目前依据证据还原出的事实可以认定有犯罪发生，犯罪行为的实施者也可以确定是与被害人同居的唯一人类生命体，即被告人程某，这一认定可以将可能存在的"合理怀疑"压缩到"零怀疑"的程度。这两个关键节点问题得到解决，明确了罪与非罪的关键问题，确定了犯罪嫌疑人，辅以其他第二层面节点问题的证明，逐渐形成了完整的证明犯罪的事实，在被告人不认罪、没有目击证人的情况下，让被告人程某受到法律的严惩。

（四）正面证明要与反面排除相结合

对于案件是否符合刑事诉讼的证明标准，正面的思考是套用刑法犯罪构成的规定对事实进行证明，看案件是否达到刑法意义下的"事实清楚、证据确实充分"，这应当是司法工作者的核心思维。虽然刑法精神是"任何人在被确定有罪前都不应当被当成是罪犯"，但这并不妨碍司法工作者办案中带入式的理性思考。这并非对刑法精神的触犯，而是正常的逻辑判断思考，并且这样的思考也必须得到反向排除的检验，只有经过全面的考量，才能决定认定犯罪与否。

实践中，一些证据缺失、迷雾重重的案件会让司法工作者陷入误区，被案件证据呈现的多样化事实牵着鼻子走，失去了正向思考、证明的能力，特别是一些被告人不供述犯罪事实继而编造事实、拟定事实的案件，司法工作者往往陷入对被告人供述事实的怀疑与排除中，殊不知这些供述或其他证据的矛盾、不合理之处再多、再明显，都无法完成对犯罪行为、犯罪人正面的证明与指控，任何时候，都要紧紧围绕犯罪构成审查案件事实，从正向角度审查判断案件。

正向思考的完成，不代表罪与非罪的锁定，认定有罪还需要经过反向排除思考的检验，根据案件事实，提出合理怀疑；只有正面思考得出的结论，经受不断提出的"合理怀疑"的考验，对这些怀疑予以排除，才能基本确定为合法有效的判断。

正向的案件证明与反向的怀疑排除，二者结合才能形成对案件最理性、有效的思考，在上述马某某故意伤害案中，指控马某某构成犯罪的正向证明似乎已经完成，左撇子的马某某捅刺被害人左侧一刀，被害人伤口也正好在左侧；马某某弟弟、姑姑都能证实听马某某说过自己杀人，证明犯罪的基本模式似乎已经构建；而反向思考之后，这样的构建几乎不堪一击，马某某供述的行为能否与被害人死亡建立联系、是否有他人参与伤害等关键问题无法解决，怀疑成立，无法排除；更不用说，证言本身即来自于马某某一人，而马某某后续又已经翻供，反向思考下，指控马某某犯罪难以达到刑事诉讼证明标准的要求，指控难以成立。

（五）明确"合理怀疑"的内涵与外延

刑事诉讼证明标准要求的"事实清楚、证据确实充分"要达到排除合理怀疑的程度，在实践工作中一定要明确"合理怀疑"的范围。

首先明确的是排除"怀疑"而不是"可疑"，这里的"怀疑"指的是与定罪关键事实节点有重要关系的"怀疑"，其直接关系到"罪与非罪""此罪与彼罪"的刑事诉讼关键性问题，"怀疑"成立，最初的认定面临被推翻的可能，它是案件最核心、关键的问题，也是要明确和予以解决的头等重要问题。"可疑"是案件存在的可疑点，在刑事诉讼中，许多环节可能出现可疑，比如犯罪嫌疑人逃避惩罚，肆意编造、捏造事实的辩解，比如各方证人从各自角度观察的情况做出的不一致、不相符的陈述或表述。案件中充满了这些"可疑"点，需要司法工作者排除，排除这些可疑点，可以保证案件办理处于正确、准确的航道上，不致被不实证据改变思考、审查判断的方向。这样的工作非常重要，却并不至于让案件瞬间变得明了，许多关键性的问题依然需要去解决，再多的可疑点成立或排除，也无法完成犯罪嫌疑人有罪的否定与证明。在办案中，要首先排除案件的"可疑"点，保证办理案件沿着正确的方向发展，客观、准确地还原案件事实，用确实充分的证据还原出刑法犯罪构成要件下清楚、明晰的案件事实。

其次，要明确"合理怀疑"一定要在基本自然规律的前提下，结合案件事实的基础上进行合理的扩展和联想，允许适当地扩大范围，增加可能性选项，提出可能性怀疑。范围可以尽可能放大，但不可无限扩大，否则将会对司法资源造成消耗，对办案造成不利影响。什么样的怀疑是"合理怀疑"，合理怀疑具有以下要素：第一，合理怀疑设定要依据全案证据，以证据为基础，通常不应当以主观证据为限；因为主观证据的多变性，存在更改、变化的可能，以主观证据为限，很可能会限制怀疑的种类，从而导致放纵案件情况发生。比如程某故意伤害案中，程某诉称案发时两人在家中，但不应当以此为限"排除第三人介入"的合理怀疑，因为口供随时会发生变化，承办人审查案件必须考虑"第三人介入"这种怀疑是否具备存在的可能性。第二，合理怀疑要考虑一定极端情况发生的可能性，生活中事件的发生具有一定的概率因素，小概率事件发生的可能性极低，但特殊情况下，需要考虑这种事件发生的可能性，再根据案件情况予以排除，从而让案件更加让人信服。比如程某伤害案中，对于被害人先遭到侵害然后自残致伤、自己摔倒致伤的怀疑，可以看作是一定程度上具备合理性的"可能性怀疑"，虽然发生概率极低，但不排除极端情况，如在异物众多的狭小环境中一次性反复碰撞导致这种伤情的可能性，需要考虑这种可能性，根据案件情况合理地审查判断排除与否。第三，"合理怀疑"的提出要符合自然规律及人情事理，怀疑的提出一个最基本的原则就是要符合客观的自然规律和案发当时、当地的人情事理，特别是前者，明显超越自然规律的怀疑不应当被视作"合理"怀疑，不应当在办案中予以理会，如在程某伤害案中，被害人头部重创完全由个人自残所致，这样的怀疑应当说明显超越了人类正常生理表现的范畴，不应当视作"合理"怀疑。在马某某故意伤害案件中，马某某有罪供述伤害到人是否本案的被害人陈某，两者之间是否有联系，这样的怀疑结合当时、当地的人情、事理，存在一定的可能性，应当视作是"合理性怀疑"，虽然警方说明案发当时当地没有未破的命案，而根据犯罪时的人情、事理分析，20世纪90年代的山区农村，不排除有侦查机关不曾掌握的命案存在，不能排除马某某供述的内容与本案被害人死亡没有关系的可能性。如此，"情与理"需要在设定"合理"怀疑时予以考量，基于人情、事理过于荒诞的可能性不应当视作合理怀疑；当然，犯罪行为本身就是一种极端的社会行为，特殊情况下，对于一些极端行为的可能性还是要进行考量，做到"宁做错，不放过"。

总体来说，刑事诉讼法规定的证明标准要求排除"合理怀疑"而不是一切怀疑，强调怀疑的合理性，排除的是合理的怀疑，而不是臆想的怀疑，否则，会造成刑事诉讼效率的低下和案件进展困难。但是，笔者也认为，在合理怀疑设定的价值选择上，实体价值高于效率价值，当某项怀疑有其存在的可能性，虽然发生概率极低，但依然可以列入考虑的范畴，进行可能性、可行性审查，毕竟案件的妥善办理才是司法工作的最高追求。只是这样的审查判断结果并不必然导致对案件结果的影响，极端因素是否需要予以考虑，需要个人的判断与思考。此时，不得不提及在审查案件过程中人的主观因素对案件处理结果的影响，能否由现有证据达到内心确信的程度，能否排除极端概率的可能性事件，都需要办案人自己根据个人认识进行判断。人的因素是任何国家、地区司法工作都不可回避的因素，内心确信是普通法系国家形成的一种在道德层面上的"确认"。比如说，英国刑法学者塞西尔·特纳就将合理怀疑定义为陪审员对控告事实缺乏道德上的确信，如果控方要证明被告人有罪，就必须将犯罪事实证明到道德上的确信程度。我国刑诉法的新条文对于排除合理怀疑标准的设立，在很大程度上是和大陆法系国家的这种"内心确认"相类似的，当审判者对于案件事实在其内心形成了"内心确认"，则相当程度上也达到了排除合理怀疑的程度，办案人的"内心确认、确信"同样是在案件办理中不可缺少的因素。

（六）准确、及时收集证据，将案件的"疑点"控制在可控范围

前文已经阐明，案件中存在的合理"怀疑"与案件中存在的"疑点"是两个完全不同的概念，前者是关系到案件的"罪与非罪、此罪与彼罪"的重大问题，后者是案件中存在的种种矛盾、不清楚、不明朗的事实点，但适用排除合理怀疑的刑事诉讼证明标准同样需要重视把握的一点就是在案件证据收集阶段将案件的"疑点"控制在可控范围内；如若不然，疑点过多，必然导致案件的开放性，随之产生的合理性怀疑也就越多，导致案件处理起来异常困难。而做好此项工作，任务最重的莫过于侦查部门，侦查部门进行证据收集工作是排除疑点最佳有时也是唯一可能的时间节点。

马某某故意伤害案件的办理过程中，马某某做出有罪供述，但同时其供述的内容却具有众多疑点，出租车、两辆拖拉机、出租车司机、两个拖拉机司机，这些矛盾在办案中几乎都成为案件的疑点，出租车和出租车司机事后找不到，另一个拖拉机和拖拉机司机找不到，案发当地、当时，几乎没有出租车通过的可能，现场也没有其他拖拉机出现的痕迹。这些供述内容在今后的案件办理过程中都成了案件的疑点，虽然我们极端怀疑其真实性，但公平地说，尚无法确定这些内容的真假。这些疑点的存在，让案件变成了一个开放性的存在，可能性怀疑在这个开放性事实的案件中不断地滋生而又无法排除，疑点的堆积使得案件最终因为怀疑的无法排除而导致案件无法处理。

  要防范案件疑点，重点在侦查阶段，侦查人员要准确、及时地收集证据，当案件走向开放、逐渐产生较多疑点时，需要及时排除疑点。在许多情况下，疑点是可以排除的（如果真是排除不了，那么案件的确是存在问题的），马某某故意伤害案中，当马某某提出乘坐出租车、碰到两辆拖拉机时，这些供述明显与客观证据不符，必须及时予以提出，让犯罪嫌疑人给出解释，绝不能任由案件向臆造的方向发展。这样才能使案件的办理沿着正确的方向前进，让疑点的滋生在其他证据特别是客观证据证明的事实面前及时刹住脚步，封闭案件扩展的空间，不给案件的办理留下无法治愈的"后遗症"。要知道，刑事案件证据的取得是具有极强的时效性的，这有两方面的含义：一方面，许多证据错过一定时间则很难取得；另一方面，同样的许多干扰性、虚假、臆造证据一旦取得，在一定时间内没有能够及时排除，那么这些证据将变成案件办理的毒瘤，让案件办理情况变得更加不确定，存在极大的风险。

  总的来说，修改后《刑事诉讼法》确立的证明标准体系是对原有证明标准体系的补充与完善，其较强的可操作性，会帮助司法工作者找到审查、判断案件的新标尺。我们相信，注重对一些干扰刑事诉讼证明的证据问题及时进行处理，注重在办案中对"证明标准"体系进行实证研究与经验积累，让办案人习惯带着"证明标准"的目光去审查每一起刑事案件，会让"罪与非罪"的边缘清晰，会让"此罪与彼罪"的界限明朗，会让"冤、错案件"的发生概率得到控制，让司法公信力得到彰显与提升。

（作者单位：淮南市人民检察院）

**参考文献：**

  [1] 陈瑞华. 刑事诉讼中的证明标准 [J]. 苏州大学学报（哲学社会科学报），2013，(3)：78 - 88.

  [2] 陈国庆. 两个基本与我国刑事诉讼证明标准 [N]. 法制日报，2014 - 05 - 04.

  [3] 么宁. 排除合理怀疑标准的实践运用 [J]. 国家检察官学院学报，2012，(6).

# 论我国刑事和解制度的改革和完善

潘　灿

**摘　要**：20世纪70年代以来，随着恢复性司法在国际上的兴起和发展，在刑事领域通过和解制度来确定犯罪后的解决方案的实践做法已经逐渐成为一种趋势。作为中国几千年和谐文化思想的产物，刑事和解制度在中国有着深厚的文化基础。随着上访和申诉案件的增加以及大量案件的积压，主张在司法改革中引进带有协商对话性质的和解制度已经成为众多学者研究的方向。公诉案件当事人和解程序作为修正后的刑事诉讼法新增的特别程序，规定了和解程序的适用范围、条件和具体的程序，但在实践运行过程中，该程序仍然存在刑罚观念上的不适应、和解过程的公正合法性难以保障、容易将和解与调解相混淆以及在和解反悔上欠缺刑法保障措施、在刑事领域的适用过于狭窄等问题。文章以我国现行的刑事和解制度为基础，结合立法和司法实践中存在的问题，运用比较方法，适当借鉴国外经验，对刑事调解制度的改革与完善提出了一些建议，以期能对刑事和解制度有更深的了解，对完善我国公诉案件当事人和解制度有所裨益。

**关键词**：公诉案件；和解程序；和解协议；恢复性司法

对于刑法的认知，人们习惯于强调惩治、威慑等惩罚性功能。而实际上刑法存在的意义在于限制国家的刑罚权，保障包括犯罪嫌疑人和罪犯在内的广大民众的权利，而非追求对民众的制裁和威慑。这是现代刑法精神的核心，是现代刑法价值的灵魂。基于此，世界各国在刑事案件问题的解决上，大多倾向于轻刑化，并将契约理念引入刑事司法，以更加有效地保障广大人民群众的利益。有犯罪就必有伤害，在不能避免犯罪发生的情况下，如何更快更彻底地解决犯罪后遗留下的社会问题就理所当然地成为首要的任务。目前，逐步扩大简易程序与其他速决程序在刑事诉讼中的应用，已经成为世界各国刑事诉讼法发展的趋势之一，因此，作为一种独特的纠纷问题解决方式——刑事和解——正逐渐发挥着它独特的优势。

长期以来，中国的刑事司法都是建立在报应主义的基础上，随着我国刑事诉讼法学理论的发展，人们对我国传统的刑事司法模式进行了反思，并发现其存在的许多弊端。在重新审视传统刑事司法模式的过程中，人们对刑事和解制度有了进一步的认识，刑事和解制度代表着我国刑事司法发展的新动向。2012年3月14日，十一届全国人大五次会议通过了《刑诉法修正案》，在第五编的特别程序中新增了"当事人和解的公诉案件诉讼程序"，对于自诉案件的当事人和解的规定在修正刑诉法前已经作了规定。刑事和解作为一种重要的纠纷解决机制，是我国程序法中一项重要的诉讼制度，也是具有中国特色的矛盾解决机制之一。它蕴含着和谐这一贯穿于整个中华民族历史的时代理念和精神，既能适应中国法制观念的土壤，又能适应我国目前构建和谐社会的实际需要。它注重当事人之间的协商、对话，能够真正提高诉讼效率，能够给予被害人法律救济，也能保障被告人的诉讼权利，同时还能从真正意义上实现诉讼民主，因此，我们有必要对其做更深一步的探讨。笔者相信，对刑事和解制度的探讨，将会丰富我国刑事诉讼的理论和实践，并对我国的刑事和解制度的改革和完善、构建社会主义和谐社会起到积极的推动作用。

# 一、刑事和解制度的基本内涵

刑事和解（victim-offender reconciliation，简称VOR）在西方被称为"加害人与被害人的和解"。我国有学者认为刑事和解最早产生于我国，例如，樊崇义教授认为，"中国博大精深的和合思想就蕴含着和谐司法的理念，这种理念较之恢复性司法理念，在内涵上更加全面和科学"。刑事和解是西方三十多年来刑事司法领域的一种改革尝试，它一改传统刑事司法中以国家为本位，是强调国家对犯罪人行使刑罚来对犯罪人进行矫正的刑事司法理论，主张对受害人权利的关注，它为刑事司法的理论研究和实践注入了一种全新的理念。刑事和解主要是指发生符合法律规定性质的公诉案件，受到刑事司法程序管辖后，加害人内心诚恳为自己的犯罪行为反省悔过，真诚向被害人赔礼道歉、赔偿损失，得到被害人原谅，当受害人及加害人双方全都自愿和解时，任何一方主动向司法机关提出和解意愿的表示，经过公诉机关审查并在其主持下达成和解协议后，对加害人可予以从宽处罚的一种刑事诉讼特别程序①。刑事和解具有自愿性、第三方中立性、处理纠纷的灵活性等特点。"相对于刑事审判而言，和解具有程序上的灵活性、判断上的简约性，在纠纷的解决上耗时少、成本低，能够实现纠纷解决的效率和效益价值"②。它以诉讼主体权利自治理念作为其思想基础、马克思主义唯物辩证法为其哲学基础、契约观念为其文化基础，协商性司法理念为直接理论依据。

刑事和解能较好地使国家、加害人、受害人的利益得以均衡。这种制度在西方国家的成功实践，极大地吸引了国内理论和实务界的关注，且在国内某些地区已经开始有益的尝试。刑事和解的本质是符合法律规定条件的公诉案件被害人与加害人之间利益冲突和法律责任的和平解决，也就是被害人与加害人双方通过平心静气的对话和协商，希望能够采取审判以外的方式来解决刑事责任问题。和解的结果就是双方找到了非完全诉讼的替代方案来解决刑事责任问题，双方通过达成有效的和解协议使追诉机关放弃对加害人一定的追诉权，使加害人可以从宽处罚。对涉及被害人个人法益部分，基于权利自治理论，被害人有权将受犯罪行为侵害的个人法益部分的冲突和罪责与加害人进行协商和平解决，并在一定程度内影响国家法律对加害人的刑事处罚力度；对于被侵害社会公共法益部分，公权力机关仍然应当基于社会契约论代表社会整体追究加害人的法律责任。因此，刑事和解只是对侵害被害人个人法益的和解，而不是协商来减轻或免除加害人本应对社会对国家承担的法律责任。

刑事和解主要有以下几个方面的特征：（一）刑事和解的进行以刑事当事人的自愿为前提，当事人通过合意解决是刑事和解的本质特征。刑事和解的启动、刑事和解协议的达成等都取决于当事人的共同意愿。"刑事和解协议在实质上就是一宗契约或者说是一纸合

---

① 樊崇义：《刑事诉讼法学》，中国政法大学出版社，2012版，第574页。
② 苏甜，《刑事调解制度的理论基础》，载《前沿》2005年第2期。

同，是当事双方就案件的解决所达成的合同"①。（二）刑事和解是在中立第三方协助下进行的纠纷解决活动。中立第三方的协助对当事人之间纠纷的解决具有重要作用。（三）刑事和解的适用范围具有有限性。刑事诉讼的目的之一是惩罚犯罪，而犯罪是一种对国家和社会危害最大的行为，因此刑事诉讼必须采取国家追诉的方式，这使刑事和解的适用一直被限定在很小的范围之内。（四）刑事调解具有程序的便捷性以及处理过程的灵活性。和解无须遵循严格的程序，当事人可以根据纠纷的特点、彼此的关系以及各自的需要选择适用适当的程序，因此它程序便捷，能灵活处理案件。

## 二、刑事和解的司法价值

### （一）有利于实现诉讼经济

公正与效率是 21 世纪司法工作的主题。司法公正永远都是刑事诉讼的首要目标。但是，司法资源的紧缺和积案如山的客观现实，使诉讼效率的重要性日益凸显。案件只有及时公正地处理，才能有利于保护人民，打击犯罪，有效彰显法律惩恶扬善的功能，维护社会秩序。与刑事公诉相比，刑事和解制度彰显了刑事诉讼的效率价值，由于刑事和解协议是双方当事人在自愿基础上平等协商达成的，反悔的可能性较小。迟来的正义非正义，一宗刑事案件只有得到及时有效的处理，才能尽早弥补被害人心灵上的创伤，才能使被告人免受不公正的对待。刑事和解可以使案件得到及时有效处理，在一定限度地上减轻当事人的诉累，最大程度维护了当事人的实体权利和程序权利。此外，刑事和解充分调动了社会资源，大大减轻了司法机关的负担，使司法机关可以集中有限的司法资源去办理影响较大的刑事案件，从而提高诉讼效率，有利于实现诉讼经济的价值。

### （二）有助于形成对公权力的制约和弥补法院审判功能的局限

长期以来，在刑事诉讼中对犯罪的追诉权一直被国家公权力垄断。不可否认，在绝大多数刑事案件中，国家公权力救济取代公民个人私力救济体现了国家对公民个人的刑事关怀，是社会进步和走向文明的标志。但是，在某些刑事案件领域，国家公权力应该适度让步。在一定程度上说，刑事诉讼是公权力和私权利相互博弈的行为，两者之间是此消彼长的关系。尊重双方当事人的自主意愿，在实质上意味着公权力范围对私权利范围的适度让步②。刑事和解就是公权力对私权利让步的产物。尊重当事人解决纠纷的自主选择权，扩大公民的私权利在刑事诉讼中的行使范围，是我国刑事司法的现实需求。由于社会生活中的温情关系，对抗性的诉讼方式没有商谈式的和解更易接受。和解相对开放的特点，使得决策过程中的错误可以及时纠正，调动和解参与者的积极性，实现优化选择，达到当事人之间的最大公正。刑事和解"不仅着眼于从事实和法律上解决纠纷，而且重视通过恢复受害人原有的和谐关系，重整罪犯重新回归社会所必需的羞耻心来解决纠纷，因而是一种既可以从根本上消解因犯罪而引起的紧张人际关系，又可以最大限度地降低重新犯罪率的最为经济的处理犯罪的手段"③。

---

① 章武生张其山：《法院调解》，载《社会科学研究》2001 年第四期。
② 陈光中、葛琳：《刑事和解初探》，载《中国法学》2006 年第 5 期。
③ 韩轶：《刑罚目的的建构与实现》，中国人民公安大学出版社 2005 年版，第 51 页。

（三）刑事和解可以避免刑罚的副作用，有利于促进社会和谐

国家专门机关追究刑事犯罪，通过适用刑罚，可以惩罚犯罪分子，对犯罪分子进行教育改造，消除犯罪带来的社会危险性；可以安抚被害人，维护社会秩序的稳定。但是，在国家适用刑罚惩治犯罪分子的过程中，不可避免会产生负面作用。例如，在影片《秋菊打官司》中，那种正式严格的法律干预被认为是对权利的最好保护，但它不仅没有令当事人满意，反而损害了原本可以恢复的社会关系。也许，正是刑罚的严酷性能够深深触及人们的灵魂，从而使刑罚具有了威慑的功能，但是刑罚的严酷性在人们心灵深处引起的消极效应却不可低估①。我国现行的刑事诉讼追诉制度，决定了我国注重打击犯罪，但是对被害人的安抚却给予极少的关注。虽然被告人得到了应有的惩罚，但是社会并不一定会因此而变得和谐，原因在于犯罪人可能觉得刑罚过重而对改造产生抵制情绪，而被害人遭受的伤害并未得到赔偿，精神上的痛苦无法得到安抚，甚至会产生报复被告人及其家属的想法，从而引发新的矛盾冲突。而刑事和解制度以被告人和被害人为中心，使双方能够积极谈判。被告人可以真诚地阐述实施犯罪行为的动机和目的，被害人可以通过对被告人的犯罪行为的谴责而得到心理平衡和满足。刑事和解通过促使当事人双方互动，使被告人通过赔偿损失而不承担或少承担刑事责任，被害人在此过程中也得到了精神上的抚慰和物质上的赔偿。承担刑事责任，接受刑罚的制裁，对被告人而言是一种抽象的责任承担方式，而承担被害人物质上乃至精神上的损失，这是一种具体的责任承担方式。刑事和解关注的焦点不是集中在惩罚犯罪人上，而是从惩罚走向修复，从惩罚性刑罚观念逐步向恢复性刑罚观念过渡，正是和解的思想基础②。刑事和解以社会关系的修复为主要目的，注重发挥被告人和被害人之间的能动作用，积极参与纠纷的解决。为双方当事人营造一个良好的氛围，促使双方相互谅解，被告人通过赔偿被害人所遭受的损失，被害人对被告人进行谅解，在争议中解决矛盾，从而减少社会冲突，达到社会和谐的目的。

# 三、其他国家类似制度及司法实践的成功经验

（一）德国的合意制度

在实行职权主义诉讼模式的国家中，德国当仁不让是代表性国家，其在立法、司法、主流价值理论层面以及在注重刑事案件处理结果的客观真实方面，一直都给人一种坚守阵营的感觉。但随着法学观念和法社会学的发展，2009 年德国刑事诉讼法学习借鉴其他国家并结合实际在立法中明确了检察机关与被告人之间的合意制度以及审判机关与被告人之间的合意制度，适当改变了其一贯追求实体真实主义、职权主义、自由心证主义的强势态度。德国刑事诉讼法第 153 条 a 款明文规定，允许程序参与者之间对刑事诉讼程序的处理及其结果达成合意。德国合意制度可以采取多种方式进行，例如违法行为实施后加害人向被害人支付一定数额的金钱时，就不提起公诉，结束程序，国家不再追究刑事责任以及加害人希望获得从轻处罚而主动坦白犯罪事实，且协助国家对其进行追诉时，对加害人的部

---

① 赵秉志主编：《刑罚总论问题探索》，法律出版社 2002 年版，第 31 页。
② 卞建林，封利强：《构建刑事和解的中国模式——以刑事谅解为基础》，载《政法论坛》2008 年第 26 期。

分就可以行为停止追诉等①。

德国合意程序规定的通知义务与文书形成义务，并且必须以书面形式进行，从中可以得知合意是德国刑事合意制度中重要的要式行为，显然增进了合意要求的公开性、透明性。若要求法官在做判决时时刻受公正裁判要求的约束，而不任意基于合意的信赖自白，做出不正确的判决，就必须使合意的内容在判决中有所体现并进行适当说理。"阳光是最好的防腐剂"，在任何国家，公开判决都是被认可的，在与和解类似的制度中，一并公开和解协议以及控辩双方的主要证据与判决书，让世人去评判，从而带动世人对和解制度的理解与支持。

（二）法国的刑事调解制度

法国刑事调解类似于我国民事诉讼法的调解制度，是指在第三方主持下，促使犯罪行为人和被害人见面，进而在其之间建立和睦协商的平台，以便相互体谅对方，就赔偿方式和重新修复相互关系达成协议，公诉机关依据和解协议尽可能地创造使加害人不再重新犯罪的条件②。就权力性质而言，法国刑事调解是行使公诉权的一种表现方形式，属于公权力的范畴。

法国刑事诉讼法中规定的适用刑事调解的措施有六种：第一，把法律规定的义务向加害人重申；第二，引导加害人前往社会、卫生或专业机构接受并完成培训或实习；第三，要求加害人纠正其不符合法律法规规定的状况；第四，要求加害人对因其犯罪行为所造成的损害后果进行赔偿；第五，在取得双方当事人的同意后，指派第三人在加害人与受害人之间进行调解；第六，当受害人是其配偶、共同居住者、另一方的子女，或者是依民事连带互助协议而共同生活的另一半时，要求加害人搬离该住所。

我国刑事诉讼法第二百七十七条列出的我国公诉案件和解程序适用的和解措施有赔偿损失、赔礼道歉等方式，以及《人民检察院刑事诉讼规则（试行）》第五百一十三条对于该条规定中"等"的内容做出的补充说明，另外再结合《民法通则》等相关法律规定，可以推出我国公诉案件和解程序可以适用的和解措施有以下十种：赔偿损失、赔礼道歉、停止侵害、排除妨碍、消除危险、返还财产、恢复原状、消除影响和恢复名誉、训诫、责令具结悔过。

通过对比以上中法两国关于公诉案件和解措施，我们很容易发现，法国刑事调解中规定的各种措施更为细致，不仅有经济方面的赔偿，而且有包括排除加害人对其他人带来的潜在危险性和提高加害人自身素质教育之类的行为上的矫治措施，可操作性强。这样多元化多方位的和解措施在注重弥补被害人本人的损害赔偿的同时，也兼顾通过预防性的措施对受破坏的社会秩序进行补偿，从而起到一般预防的作用，易取得理想的法律效果。再看我国公诉案件和解措施，虽内容广泛，方式多样，但详细程度不足，不便运用于实际。

## 四、我国刑事和解制度的完善与创新

根据《刑事诉讼法》第二百七十七条的规定，可以适用当事人和解程序的公诉案件有

---

① 陈在上：《德国合意制度对完善我国刑事和解制度的启示》，载《河南财经政法大学学报》2014 年第 4 期。
② 王洪宇：《中法比较视阈下我国公诉案件和解程序之再完善》，载《中国法学》，2013 年第 6 期。

两类：第一类公诉案件是来源于公民之间发生的民间纠纷，即与公民人身、财产权益、家庭关系和其他日常生活直接相关的纠纷，基本是指《刑法》分则规定的那些可能被判处三年有期徒刑以下刑罚的侵犯公民人身权利、民主权利和侵犯财产案件。第二类公诉案件为部分过失犯罪，即可能判处七年有期徒刑以下刑罚的过失犯罪案件，但渎职犯罪不包括在内。过失犯罪由于主观恶性小，通过对其进行适当的惩罚和教育并适用当事人和解程序，可以使这类犯罪行为人重新回归社会的可能性增大，例如交通肇事罪。而值得注意的是，对于这两类案件中规定的"三年有期徒刑以下刑罚""七年有期徒刑以下刑罚"，是指根据加害行为具体的事实和情节，犯罪嫌疑人、被告人最终可能被判处的刑罚，即宣告刑，主要有管制、拘役、三年或七年以下有期徒刑。"犯罪嫌疑人、被告人在五年以内曾经故意犯罪的公诉案件，不适用和解。"该句法条明确指出了适用和解程序的消极条件。

在我国，除了上述案件以外，其他案件一律不能适用刑事调解。在法国，判处五年以下监禁刑的刑事案件可以适用刑事调解程序。而在德国，除了自诉案件以外，未成年人犯罪的案件和公诉案件中的轻微刑事案件可以通过刑事调解解决。在英国，未成年人犯罪案件可以进行刑事调解。不难看出，由于我国法律和司法解释的滞后性，能够适用刑事和解的案件相对于国外而言，范围偏小，难以发挥刑事和解制度的价值和优势。刑事和解要发挥其功效，有必要在其原有的基础上完善和创新，具体来说有以下几点：

（一）扩大刑事和解范围

在国外，刑事和解的案件适用范围有扩大的趋势。在我国进入构建社会主义和谐社会的今天，社会成员之间发生的许多轻微刑事案件，这些案件社会危害性较小，人身危险性不大，而且大部分的当事人都是相识的人。对于这类刑事案件，如果一律通过严格的刑事司法程序予以处理，不仅会给短缺的司法资源增加负担，而且还会使当事人之间的关系进一步恶化，与构建和谐社会的目标相悖。司法实践证明，对大量的轻微刑事案件通过刑事调解解决，可以实现对案件繁简分流，会产生良好的法律效果和社会效果。随着我国社会的发展和法学理论界、司法实务界对我国刑事和解制度的重新审视，现行的刑事和解案件适用范围过窄，已经不能适应社会发展的需要。因此，笔者建议，应当适度扩大刑事和解的适用范围。扩大刑事和解的适用范围必须把握好尺度，否则将有损司法公正。范围过宽，对国家刑罚权造成冲击，也牺牲了法治的权威；范围过窄，不利于充分发挥刑事和解的价值。笔者认为，扩大我国刑事和解的适用范围，应该坚持以下标准：（1）社会危害性的大小。（2）被告人的主观恶性的大小，悔罪态度是否积极。（3）根据案件的具体情况，对被告人可能适用较低的刑罚或免除刑事处罚。通过适用刑事和解，采用刑罚替代手段，可以对被告人适用较低的刑罚或免除刑事处罚。扩大刑事和解的案件适用范围必须同时符合上述三个标准。也有学者认为，重构我国刑事和解案件适用范围的标准在于：（1）加害人对罪责的预先承认；（2）加害人主观恶性和悔悟程度；（3）被害人同意与加害人协商会见的原因；（4）案件的严重性质[①]。

根据以上标准，笔者认为，除了刑事诉讼法和相关的司法解释规定的案件以外，下列案件应该适用刑事和解：一是未成年人犯罪案件；二是过失犯罪案件；三是初犯、偶犯、

---

① 郭志远：《刑事调解初探》，载《中国律师》2007年第2期。

胁从犯的刑事案件；四是在校大学生的轻微犯罪案件。但是该类案件如果造成严重的社会后果则不能适用刑事调解。

（二）构建自愿原则保障机制

刑事和解实行意思自治原则，基本要求是自愿、合法。当事人在自愿的基础上决定是否和对方进行刑事和解。即使在司法机关的建议下进行刑事和解，也必须征得双方当事人的同意，不得存在胁迫、强制。双方当事人之间的自愿合意是刑事和解制度的逻辑起点，也是刑事和解制度的正当化基础和本质属性。刑事和解的过程是当事人双方自愿协商、相互妥协让步的过程，也是当事人处分自己的实体权利和程序权利的过程，因此必须由双方当事人完全自愿进行，不能有任何的胁迫和勉强，不得受到外界任何不利的影响和压力。

在刑事和解司法实践中，公诉机关常出于各种原因主动在当事人之间采取调解的方式促成双方达成和解协议，此时当事人的真实意愿就很容易受到公检法机关的压抑。因为，司法人员的意见和建议对当事人的决定有重要的影响力，因为说服和强迫实际上只是程度问题，很难在两者之间分出清晰的界限①。正如日本的棚濑孝雄教授所说的那样："这种强制性合意之所以成为可能，是因为调解者常常对当事人持有事实上的影响力。"② 实际上，从法律规定来看，公诉机关介入的部分仅为对双方是否自愿达成和解协议、协议达成的合法性的审查、协议履行情况的监督等保障被害人、加害人权益的程序审查工作，以平台提供者的身份和法律监督者的定位来促成双方达成和解③。因此，为了使刑事和解具有合法性基础，应当设置自愿原则的保障机制，在刑事和解中确立并贯彻自愿原则。为了保证当事人的自愿原则得以贯彻落实，司法机关工作人员在刑事和解程序启动前应当向当事人双方履行告知义务和释明义务，告知当事人关于刑事和解的性质，当事人在刑事和解程序中享有的权利和承担的义务，以及一旦接受刑事和解协议可能会产生的法律后果等，使当事人在明知而自愿的条件下进行刑事和解。

（三）完善刑事和解的监督机制

刑事和解制度有很多优点，但是作为一项刑事司法模式，刑事和解制度的利和弊是共存的。刑事和解制度的运用有利于提高刑事诉讼效率，实现个案公正。在大力提倡适用刑事和解程序解决刑事纠纷的同时，应该看到，如果刑事和解制度适用不当，不仅可能导致司法不公，而且容易导致司法腐败。刑事诉讼法对这一程序的某些部分规定得比较笼统，从而赋予了追诉机关较大的自由裁量权，为了防止"花钱买刑""司法腐败"等不公正、不合法现象出现，必须健全完善当事人和解的监督制约机制，将刑事和解程序的全过程和刑事和解协议纳入强有力的监督体系中。刑事诉讼法只规定了公检法三机关相互监督与制约，但在公诉案件当事人和解程序中，公检法三机关作为主持和解的主体，缺乏由和解当事人或第三方对其的监督。对此，笔者认为可以借鉴德国合议制度中的相关公示程序对和解的达成和实施过程进行监督，加强对和解过程中的内部监督、人民群众监督、社会舆论监督，便于听取和解双方当事人和第三方的意见，从而有效避免公检法机关滥用自由裁量权。

---

① 沈达明主编：《比较民事诉讼法出论》，中信出版社 1991 年版，第 533 页。

② ［日］棚濑孝雄著，王亚新译：《纠纷的解决与审判制度》，中国政法大学出版社 1994 年版，第 13 页。

③ 殷明珠：《基层检察官适用刑事和解的问题与对策》，载《辽宁公安司法管理干部学院学报》，2013 年第 1 期。

（四） 建立与刑事和解制度的相关配套制度

从法律规定来看，刑事和解程序与民事、刑事等其他制度存在联系，完善和解制度应注意与其他制度的衔接。譬如，在和解的公诉案件结案之后，为保证和解程序的适用价值，公检法机关应对未宣告监禁刑的加害人动员和组织社区资源，促使加害人通过社区矫正，在开放的社区环境中完成服务、教育、辅导和矫正并定期走访调查；同时引导世人重新接受加害人，促进加害人与社会生活相融合、相适应，使其顺利回归社会。由于目前实践中对和解程序的善后机制不健全，在现行法中对加害人回归社会后的帮教和监督方式暂时阙如。针对大量的外来人、居无定所或无固定职业的人员矫治工作存在较大难度的问题，社区矫正工作人员可作为代表社区利益参与和解听证，并由其监督加害人按照和解协议中的约定参加社区服务，在社区工作人员的帮教和监督下美化环境、服务社会福利机构等教育和改造活动等。

# 结　　语

综据上述，和解因为自身的简洁、灵活，具有伸缩性，结果易执行，双方平等自愿的特点，已成为处于社会转型期的中国法制的重要组成部分。在构建社会主义和谐社会的历史进程中，刑事和解制度符合我国法律文化传统，符合"促进社会和谐"的历史主题。刑事和解作为一种充满发展前景的刑事纠纷解决机制，为我国刑事司法模式的发展注入了新的活力。中国属于法制后进型国家，立足本土，创造性地借鉴西方国家的经验是我国诉讼法制现代化的必由之路。和解作为本土的纠纷解决方式在中国被实践了数千年，它是被理性发展了的经验又是经受过考验的理性。虽然它也具有一定的弊端，但改革与完善现有的和解制度，充分发挥其在构建和谐社会中的巨大作用，具有非常重要的现实意义。但是，任何法律制度都不是十全十美的，刑事和解制度在发展过程中还存在着一些问题，因此对我国的刑事和解制度进行改革与完善势在必行。改革和完善我国的刑事和解制度，是构建社会主义和谐社会的要求，也是落实宽严相济的刑事司法政策的重要举措，同时也符合我国现代司法改革的发展方向。对我国刑事和解制度进行改革与完善，除了要从立法和司法两方面对该制度本身进行改革与完善并构建相关的配套制度以外，更应把着眼点放在和谐社会多元化纠纷解决机制的构建上，并适当借鉴国外的先进经验。只有这样，社会成员之间的纠纷才能够得到最终解决，社会和谐的目标才有可能得以最终实现。

（作者单位：合肥铁路运输检察院）

# 众里寻错千百度：论我国刑事错案的发现机制

## ——以英国刑事案件审查委员会制度为鉴

刘　阳

**摘　要：** 近年来不断披露的刑事错案不仅侵犯了公民的生命自由等基本权益，严重损害了司法权威，而且造成了司法资源的极大浪费。正是因为刑事错案极大的社会危害性，所以学术界对于这个问题的研究可谓方兴未艾。但是目前对于刑事错案的研究主要集中在刑事错案的防范机制上，即如何保证未来尽可能少地出现刑事错案。而对于已经发生的刑事错案应该如何积极地去发现并予以纠正，还无辜者以公道，我国现行的理论研究成果不多。虽然《刑事诉讼法》规定了申诉制度和审判监督程序来应对这个问题，民间也出现了类似于美国的"无辜者计划"的组织，但是现行的这些制度却因为自身固有的缺陷而运行不佳，刑事错案的发现与纠正消极被动，往往是通过"真凶浮现""王者归来""死者复活"等偶然的方式来完成的。在理论研究领域，有一种研究的思路，是期望在司法体系之外建立一个中立的官方刑事错案筛选机制，并由其代蒙冤者向司法机关提起申诉，即文章要重点介绍的英国刑事案件审查委员会制度。该制度被证明是具有强大生命力的错案发现机制。但是对于该机制的探寻，我国现阶段的研究成果不多，仅有的几篇论文如郭欣阳的《冤案是如何发现的》、黄冬英的《我国刑事错案纠正制度研究》等也只是对该问题的研究方向做了大概交代，对于该制度如何具体操作没有做进一步研究。由于英国和中国的司法环境有着很大的差异，如何恰如其分地将该制度引用到中国，以求能够为中国刑事错案的发现提供有益的借鉴，将是文章讨论的主要内容。

**关键词：** 刑事错案；刑事案件审查委员会；错案发现

## 一、刑事错案概念的界定

"无论刑事诉讼程序是多么精心的设计的，都不能防止错误的发生"[①]。因为诉讼作为一种特殊的认识实践活动，它以过去发生的事件为认识对象，而案件的裁判者不是事件的经历者，这样的裁判结果往往不能反映案件的真相，因此无罪的人很可能被判处有罪，刑事错案几乎无法避免。错案的结果往往是让人无法容忍的，因为"在任何冤案中，国家权力机关从某种程度上说其实质就是实施了侵犯个人自由甚至生命的'犯罪行为'，而这种

---

[①]　岳礼玲：《德国刑事再审制度及我国改革之借鉴》，载陈光中主编《刑事再审程序和人权保障》，北京大学出版社 2005 年第一版，第 109 页。

'犯罪'是最不能为社会公众所容忍的"①。因此，如何建立一套有效的错案发现机制，尽早还无辜者以公道，显得迫在眉睫。

要想系统地研究刑事错案的发现机制，就应对"刑事错案"的概念进行合理的界定。但是对于刑事错案的概念内涵，我国学术界仍然没有形成统一的观点。2013 年 11 月，最高人民法院虽然首次在《关于切实践行司法为民大力加强公正司法不断提高司法公信力的若干意见》中阐述了错案的评价标准，明确了错案的认定体系，但是对于刑事错案的概念界定、表现形式等相关问题语焉不详。

需要说明的是，本文研究的刑事错案仅限于刑事错判案件，即指审判机关在刑事诉讼活动过程中故意或过失，对案件事实认定错误，适用实体法律出现错误，导致案件结果与应然意义上的结果不一致的刑事案件。而且这里所讨论的刑事错案必须同时具备两个条件：第一，必须是被人民法院错判有罪的刑事案件。因为实践中有罪之人被错判无罪的情形并不多见。第二，必须是已经经过二审终审发生法律效力的案件。因为一个案件如果没有经过终审并发生法律效力，严格来说错案并没有形成，更谈不上错案的发现了。

## 二、我国现行刑事错案发现机制概述

综合各国的刑事错案纠正制度，可以将域外刑事错案发现机制归纳为集中典型模式，即诉权纠正，国家权力机关纠正以及民间组织推动纠正模式②。我国的法律也已经就刑事错案的发现进行了制度设计，这主要体现为刑事诉讼中当事人提起的申诉制度和法检提起的审判监督程序。当然，近年来悄然兴起的"无辜者计划"也在错案的发现方面做出了一定的贡献。但是上述这些制度的总体运行效果不是很理想。从统计情况来看，近年来发生的严重刑事错案绝大多数是因为"王者归来""真凶出现"或者权力机关的干预等偶然性因素而被发现的。因被告方的申诉、检方抗诉或者法院启动再审程序发现错案的情形实属罕见。这就警示我们需要对现行制度存在的问题进行必要的剖析。

（一）现有的刑事错案发现机制

1. 刑事申诉制度

刑事申诉，是指当事人及其法定代理人、近亲属对已经发生法律效力的刑事判决、裁定不服，向人民法院或者人民检察院提出重新审查和处理案件的一种诉讼请求。由于刑事错案无法避免，因此具备一个有效的错案纠正系统就十分必要。而处于这个系统入口位置的申诉筛选机制更是起到了关键作用，因为它负责接收申诉，并对申诉进行审查评估，之后让符合法定条件的申诉进入再审程序，从而使冤假错案得以纠正。根据我国《刑事诉讼法》第二百零三条的规定，刑事申诉程序分为向法院提起的申诉和向检察院提起的申诉两种③。刑事申诉是很多被告人在面对错案时进行自我救济的主要渠道，但是该制度并没有发挥其应有的作用。

---

① 傅蜜蜜：《论冤案之侦查程序的控制》，中国政法大学 2007 年硕士学位论文，第 9 页。
② 黄士元：《刑事再审制度的价值与构造》，中国政法大学出版社 2009 年版，第 59 - 63 页。
③ 郑旭著：《刑事诉讼法学》中国人民大学出版社 2007 年第一版，第 434 页。

（1）向法院的申诉

对于向人民法院提起的申诉一般是由做出生效裁判的法院受理的。法院做出的裁判一旦生效，就具有权威性、稳定性。任何法院对于本院做出的生效裁判都会千方百计地维护其权威性。实践中，任何法院都不愿意"错案"发生在自己身上。首先，法官错案责任终生追究制的建立，使得很多法官都害怕案件纠正以后被追究责任，特别是一些现在身处要职的曾经的办案人员，错案的纠正很可能意味着其个人前途的逆变和黯淡①。其次，根据《国家赔偿法》第二十一条的规定，对于再审改判无罪的案件，做出原生效裁判的人民法院应当承担国家赔偿的责任。这意味着刑事错案的纠正将导致原审人民法院因此承担国家赔偿。最后，刑事错案的纠正将导致原审人民法院在法院系统的考核成绩下降。可能仅仅因为一个错案的出现，就会使整个法院一年的考核成绩排名倒数，有的法院甚至会因此而被取消几年评优评先的资格。因此，在大多数被发现的刑事错案中，司法机关大多扮演着被动者的角色。面对当事人及其家人的申诉，部分司法机关甚至百般刁难、极力阻挠。

（2）向检察院的申诉

对于当事人向检察院提起的申诉，同样会产生问题。一方面，检察院的主要身份是对犯罪进行控诉，这就使得其会将主要的司法资源运用到追究被告人的犯罪上去，而对被错误定罪之人的申诉关注较少，有时甚至是置之不理。另一方面，当事人向人民检察院提起申诉会导致当事人和检察机关之间存在不正常的申诉和裁判关系，违背了刑事诉讼控辩审三方诉讼地位的基本构造，"因为当事人一旦向检察机关提起申诉，就实际处于申诉者的地位，而检察机关处于裁判者的地位"②。这样的构造模式会使得检察院缺少必要的监督，任意地去解释法律来回避当事人的申诉。

另外，就总体而言，我国现行《刑事诉讼法》及相关法律均未对刑事申诉当事人及法定代理人、近亲属的申诉主体地位的主次、时间的先后做出规定。依据法律规定，这些主体具有同等的刑事申诉权，这就导致实践中当事人及其近亲属常常基于同一或者不同理由重复申诉，在影响司法机关正常工作秩序和浪费司法资源的同时，使大量申诉无法得到及时处理。③ 另一方面，《刑事诉讼法》第二百零四条对于申诉理由的规定也存在问题。"确有错误"的证明标准相对于国外"可能存在错误"的证明标准要求过高。这种近乎法院推翻原判决的标准，仅凭已经被标上"罪犯"标记、人身活动受限的被告人去搜集证据来完成举证几乎是无法实现的。这就导致很多刑事错案很难进入再审审查的程序。以上种种理由，使得刑事申诉制度在我国刑事错案的发现中所起的作用非常有限。

2. 审判监督程序

审判监督程序是指人民法院、人民检察院对已经发生法律效力的判决和裁定，发现在认定事实或适用法律上确有错误，依法提起并对案件进行重新审判的程序。其强调的是由司法机关主动发现错案并纠正错案。从我国《刑事诉讼法》第二百四十三条的规定来看，提起审判监督程序的主体包括：各级人民法院院长和审判委员会、最高人民法院和上级人民法院、最高人民检察院和上级人民检察院。但是审判监督程序依然无法达到其发现与纠

---

① 刘品新：《错案追究制——看上去很美》，载《人民检察》2009年第5期（上），第50页。

② 陈瑞华：《刑事再审程序研究》，载《政法论坛》2000年第六期，第107页。

③ 鲜铁可：《刑事申诉主体与案件管辖问题研究》，《人民检察》2010年12期。

正刑事错案的目的。

（1）检察院抗诉制度

《刑事诉讼法》第二百一十七条规定了人民检察院是国家法律监督机关，对于人民法院的审判活动是否合法，应当予以监督。对于被告人有利或者不利的错误判决、裁定，人民检察院都应当提起抗诉。但是在实践操作中，检察院提起抗诉的案件数较少。其他学者的相关研究也指出，在实务工作中，主动启动再审均偏重于制裁职能而非特殊救济职能①。而且《刑事诉讼法》第二百一十七条规定了刑事二审抗诉的理由是一审人民法院的"判决、裁定确有错误"，但是法律条文对于如何界定"错误"没有具体性规定，导致各地检察院在适用该制度时存在着不同的理解，使得该制度存在着可以随意适用的空间，这严重制约了检察机关审判监督职能的发挥，很大程度上堵塞了错案发现的途径。

（2）人民法院主动提起审判监督程序

我国《刑事诉讼法》第二百四十三条第一款和第二款规定了人民法院作为提起审判监督程序的主体，包括各级人民法院院长和审查委员会、最高人民法院和上级人民法院②。这种制度设计是存在很大问题的。首先，没有经过当事人的申请，由人民法院主动提起再审，这与法院应当遵循的中立、控审分离以及不告不理等诉讼原则相背离；控诉职能和审判职能在制度设计上就必须是由不同的主体分别来承担的，否则法院就很难保持中立的立场，司法的被动性和控辩双方的平衡也很容易被打破③。其次，下级法院为了防止上级法院改判案件影响本院的绩效考核，于是下级法院会经常将一些其无法准确认定的案件向上级法院请示汇报，这从一个侧面使得被告人的上诉权利形同虚设，"二审终审"变成实质的"一审终审"，从而使得上级法院通过审判监督发现错案途径的职能无法正常行使。而且在量化的指标考核机制的影响下，由人民法院提出的再审申请是对自我之前所做工作的否定，因此，无论是原审法院还是上级法院，都难以避免从维护本系统的利益、名誉或者绩效上出发，对于错案审查采取消极的态度，甚至会阻止有关错案进入再审程序。

另外，就总体而言，启动再审的法定理由存在逻辑上的错误。我国再审启动的标准是"确有错误发生"，即要求在未经法庭审理的情况下，就已经断定了案件存在错误。这种先入为主的做法与《刑事诉讼法》规定的"一切定罪量刑的证据都要经过法庭举证质证"的原则相违背，因此，再审程序也无法很好地达到其发现错案的目的。

3. 新的尝试："蒙冤者援助计划"

"蒙冤者援助计划"是一项发源于美国的援助被错误追究刑事责任的被告人的制度。该制度主要是依靠一些大学法学院里面的教授和学生帮助那些自称为无辜者的囚犯提供法律代理服务或者在案件审查方面提供帮助。该计划主要致力于发现无辜者被判有罪的案件，并代理无辜者进行诉讼④。该制度在美国冤假错案的发现方面起到了很重要的作用。受美国该制度的启发，我国"蒙冤者援助计划"组织也开始出现，现主要有四大民间组

① 李晓磊，王雪丽：《刑事再审启动程序要论——从实证、比较法的视野考察》，南京工程学院学报（社会科学版），2013 年 1 月，第 48－53 页。

② 程荣斌，王新清：《刑事诉讼法》，北京：中国人民大学出版社，2012 年，第 354－355 页。

③ 黄冬英：《我国刑事错案纠正制度研究》，2014 年 3 月，第 10 页。

④ 郭欣阳：《美国无辜者计划的错案发现程序》，载《国家检察官学院学报》，2014 年 1 月第 22 卷第 1 期，P169

织：律师李金星发起的"无辜者洗冤行动"、学着徐昕发起的"无辜者计划"、律师杨金柱发起的"冤弱法律援助中心"、律师张青松和学者吴宏耀共同发起的"蒙冤者援助计划"[①]。这些民间机构的组织者多为大学法学院老师或者实务经验丰富的律师，其具有很强的专业性；而且这些民间机构的组织者具有一定的影响力，其在引起舆论注意以增大法院审理案件的压力上发挥着重要的作用。因此，该类机构的出现确实为救助被冤屈的无辜者起到了一定的作用。但是这些民间机构多属于非营利性组织，其财力和人员有限，再加上这些组织尚属于制度的探索初期，各方面经验还不成熟，受理的案件范围和数量自然也受到限制，因此该制度尚无法满足当今中国大量刑事错案需要被纠正的现实情况需要。

（二）现有刑事错案发现机制总结

通过以上论证，我们可以清晰地发现，无论是当事人及其利害关系人向司法机关提起的申诉制度，还是由司法机关自行发现错案而启动的审判监督程序，抑或是新兴的蒙冤者计划，都无法完成其发现刑事错案的使命。由于错案的发现渠道不畅，一些蒙冤者妻离子散，家破人亡，错案给其带来了不可挽回的损失。同时这些刑事错案的出现，更像是一颗颗恶臭的毒瘤，严重地破坏了司法的权威。因此如何在司法体制之外寻找到一条切实可行的发现错案的制度机制显得尤为重要。英国的刑事案件审查委员会制度就值得我们去借鉴。

# 三、成立刑事错案审查委员会的论证

（一）制度简介

在20世纪90年代，为了应对大量的司法不公案件，经皇家司法委员会提出提案，英国设立了一个专门的"非政府部门的公共机构"，即刑事案件审查委员会。该机构对于刑事案件的复查是一种上诉权耗尽后的再审机制[②]。其主要工作就是对英国治安法院和刑事法庭做出的可疑的错判进行复查，当其认为有罪判决、裁定或者量刑具有被推翻的实际可能性时，将相关案件提交给适当的上诉法院处理。刑事案件审查委员会并不考虑申诉者有罪无罪的问题，其任务就是判定某一申诉是否具有足以对最初判决的可靠性产生怀疑的新证据或新争点，是否具有上诉法院推翻原始判决的实质可能性。该项制度被誉为是英国刑事司法领域近二十年来最受赞誉的举措。

刑事案件审查委员会具有以下几个方面的特点：其一，独立性，该委员会不隶属于任何部门，虽然其对议会负责，但是其工作却不受议会干预。其二，主动性，正是由于刑事案件审查委员会处于不受任何机关干涉的中立地位，因此其能够主动地对刑事错案进行纠正。其三，广泛性，为了保证刑事案件审查委员会能够查明案件的真相，其被赋予了广泛的调查权力。委员会着手案件调查后，其有权向任何机关搜集与案件真实情况有关的材料。其四，终局性，即通过委员会提起再审是无辜者获得错案纠正的最后途经；委员会根

① 蔡嘉源，徐武，唐福乐：《刑事冤假错案防范与纠正机制构建研究——以平反昭雪的冤假错案为例》，载《东南学术》，2015年第2期，P181

② 印波：《英国刑案审查对我国刑事再审程序的借鉴》，载《人民法院报》2012年4月11日第006版，第1页

据条件对案件进行审查并对通过审查的案件向上诉法院提起再审。至此，委员会的工作就停止了。

综上可以看出，刑事案件审查委员会作为国家权力机关性质的错案纠正机制，在发现错案方面有着得天独厚的优势，其突破了司法机关自我纠错的瓶颈，值得我们去学习借鉴。具体到我国，笔者认为比较适合在全国人大及其常委会下设专门的刑事案件审查委员会对相关申诉进行复查来及时发现错案。

（二）可行性论证

1. 理论依据

依据《中华人民共和国宪法》第六十二条和第六十七条的规定，全国人民代表大会及其常务委员会享有对法检系统监督的职权，以及对其在行使职权中的违法和不当行为进行检查、督促、纠正的强制性权力。而且宪法第七十一条第一款赋予了全国人大及其常委会在必要的时候，组织关于特定问题的调查委员会的权力①。另外，在全国人大及其常委会下设一个独立的部门，对错案进行申诉审查，不会对法院的司法独立与司法权威造成损害。因为刑事案件审查委员会在此处的任务是监督和发现错案，然后向法院提起再审，是否进行再审的最终决定权还是掌握在法院手中。因此，考虑在全国人大下设刑事错案审查委员会有理论上的依据。

2. 现实需求

在我国，申冤成本过高而效率低下、申诉难以得到迅速有效和公正的处理、申诉审查部门缺乏公信力以致重复上访等现象频频出现，根本原因在于现行错案纠正系统缺乏一套合理的申诉过滤机制。现行申冤渠道存在多头、无序、缺乏专业性和权威性等弊端②。因此有必要设立一个独立的、权威的刑事错案复查机构，专门负责处理刑事错案的发现。

（三）机构设置

1. 制度构想

笔者认为，宜在全国设立一个只隶属于全国人大的刑事案件审查总委员会，具体履行跨省或者在全国影响重大的刑事错案的筛选工作。同时，考虑到我国幅员辽阔、刑事错案较多的现实情况，刑事案件审查委员会可以在每个省设立分会，分别处理本区域内的错案筛选工作。刑事案件审查总委员会只负责对各分会进行必要的监督和培训，它们之间不具有领导与被领导的关系。该总委员会及其分会在财政上由国家统一拨款，向全国人民代表大会报告工作，但其不代表任何一方利益，处于超然独立的地位。

2. 人员构成

为了保证刑事案件审查委员会委员的代表性和专业性，审委会委员的来源可以参照《仲裁法》对仲裁员任命条件的规定，主要由以下三部分人员组成：一是从理论界遴选，主要是指从事刑事法律研究的高校教授；二是从实务界遴选，即从事刑事辩护 8 年以上的

---

① 宪法第七十一条第一款规定：全国人民代表大会和全国人民代表大会常务委员会认为必要的时候，可以组织关于特定问题的调查委员会，并且根据调查委员会的报告，做出相应的决议。虽然在现实情况中，全国人大及其常委会设立调查委员会都是针对特定的突发问题设立临时调查机构，但是这不妨碍其针对刑事冤假错案这一突出的刑事司法问题设立刑事案件复查委员会这一常设的调查委员会。

② 郭欣阳：《冤案是如何发现的》，载《中国刑事法杂志》，2007 年第 6 期，第 96 页。

律师；三是从司法界遴选，来源可以是有经验的各级法院刑事审判庭法官、检察院公诉科检察官和公安刑侦部门警察[①]。当然，刑事案件审查委员会的委员要遵守法律的相关回避制度，即如果其与特定案件有关联性，就不能参与特定案件的审查，特别是对于司法系统的委员，更要严格遵守回避的制度规定。另外，为了保证委员会委员审查案件的效力，每名委员要为其配备 3 ~ 4 个助理。委员会的委员要定期更换，委员的任期不得超过四年，且不能连选连任。

### 3. 数据库的建立

为了对刑事错案产生的原因以及审查过程中产生的系列问题进行深入的研究，总结出其中的规律和经验，有必要对委员会成功处理的刑事错案的相关情况进行总结、归纳、整理成数据库，为以后的科学决策提供数据支持。例如，通过对数据的研究已经发现，我国的刑事错案主要集中在河南、湖北、云南等经济欠发达地区，尤其以农村地区偏多。通过对数据进行研究，可以得出很多类似的研究结论。这些结论能够为我们更好地进行决策提供依据。与此同时，刑事错案数据库的存在，还可以为公安机关侦查案件、进一步发现犯罪嫌疑人提供有力的数据支持，例如"杭州万向公园案"就是通过 DNA 数据库的支持而得以破获的。但是此项工作是一项长期烦琐的工作，要持之以恒地不断努力才能够取得预期的效果。

### （四）刑事案件审查委员会的职权

#### 1. 调查权

在我国目前的司法制度之下，律师为被告人辩护时，其享有的调查权极其有限，而且刑事案件终审后律师的帮助权消失、案件调查终止。而此时被告人已经身背"罪犯"的身份，其人生活动受到严格的限制，通过被告人本人搜集新证据几乎没有可能。如果此时没有一个独立享有调查权的主体，新的证据或者关键事实将难以被发现。因此，刑事案件审查委员会拥有充分的调查权，对于刑事错案的发现有着至关重要的意义。而且刑事案件审查委员会作为独立的公权力机构，能够提升证据的可信度，使得再审主体更乐于接受。关于其调查权，具体可以分为两部分：一部分调查权源自于其对案件关键证据的收集与复查所进行的主动调查；另一部分调查权源自于其依照再审法院的指示，对有关问题进行的调查。委员会应当享有广泛的调查权，其有权要求查看和保留任何机关、团体所有的文件、资料。其可以与在押犯人的初审或者上诉律师进行交流，找到可靠的证明被告人无罪的证据；对于复杂的或者其自身无法行使调查权的案件，其有权委托包括公安机关在内的其他国家机关工作人员代为调查案件。

当然，为了保证调查工作免受外部干扰，调查工作的实施应当具有保密性。在调查工作的开展过程中，任何涉案当事人都不得向外界透露案件信息，任何外部人员也不得打听关于调查工作的相关情况。同时也建议赋予委员会相应的权力，在案件调查工作完成之前禁止所有参与调查工作的自然人、法人或者其他组织就所受的调查向外界透露相关信息。

#### 2. 审查权

审查权主要是让委员会对于相关申诉案件是否符合错案标准、是否需要提起再审的情

---

① 沙季超，《试论美国无辜者运动对我国刑事错案发现机制的启示》，2014 年 9 月 30 日，成都行政学院学报，第 79 页。

况进行审查。当审查委员会认为已经生效的判决、裁定具有被推翻的实际可能性时，其就可以将相关案件提交给再审法院处理。一旦案件被提交给法院，刑事案件审查委员会的错案筛选任务也就宣告完成。对于法院不予受理的申诉案件，委员会有权要求法院说明不予受理的原因。如果委员会对于不予受理的理由不服，其可以将相关的案件材料提请全国总委员会，让其对于特定案件进一步复查，如果总委员会认为案件符合错案标准的，则由其将案件提交对应的法院进行再审。

（五）错案筛选的程序

面对申诉主体提出的申诉请求，委员会错案筛选程序的科学与否直接决定着潜在的刑事错案能否被发现，也决定着有限的申诉审查资源能否被有效地利用，因此委员会的审查程序应当采用金字塔形的逐级深入模式。为了达到上述目的，错案筛选的程序大致可以分为初审、实体审、裁断及回应四个阶段。

1. 初步筛选

对于被提交上来的申诉案件，刑事案件审查委员会首先要安排一般工作人员对这些案件进行初步筛选，主要是就申诉是否适格，即申诉人提出的申诉请求是否在委员会的审查范围内、申诉请求是否包含基本的再审理由等进行审查。如果申诉人仅仅坚持自己无罪或者罪轻，而没有任何事实、证据方面的表述，那么对于这样无根据的申诉进行审查，必将毫无意义并会造成司法资源的极大浪费。当然，由于所处的是初审阶段，因此申诉人对相关事实的证明标准不需要过高，甚至其提出了申诉理由即可以认定为达到了初步的证明标准。如果申诉人提出的申诉适格，则可以进入实体审查的程序。

2. 实体审查

实体审查分为两个步骤：书面审和全面调查。书面审的主要工作是收集、分析原审及上诉审过程中业已形成的案卷及证据材料，并据此对申诉提出的事实、理由进行基本审查，以确定申诉的合理性以及是否需要进行全面审查[1]。有一部分案件在进行书面审查以后，发现其已经附有相对可靠、充分的证据，错误已经基本能够被识别，或者只需要对证据材料做很少的补充就能够识别错误的，对于该类案件则可以直接标明"建议再审"，由案件管理人进行复审。对于经过书面审后发现确实存在问题，但是需要进一步调查的申诉，则应当附上已经发现的错误，需要收集的证据等材料后转入全面调查阶段。对于经过书面审查，认为申诉不合理的案件，不宜直接退回申诉人，可以备注"申诉不合理"及相应的理由和证据后转交案件管理人进一步审查。

经过书面审查后，则进入关键的全面审查阶段。对于标明"建议再审"的案件，由案件管理人进行复核，如果其没有异议，则可以撰写调查报告并将该案件提交委员会裁断。对于其他类型的案件，全面审查阶段要由一个专门的调查小组负责。该小组至少要指定一个明智的、有经验的、擅长分析和有创新精神的人担任案件的管理人，由其带领其他委员对案件进行分析，并对合适的案件进行有针对性的调查[2]。对于一些涉及专业知识的案件，则需要聘请特别顾问参与案件的调查。其他调查人员负责实施各项具体工作，同时由一名

---

① 钱兆宁：《英国刑事案件审查委员会再审审查程序研究》，2014年4月，第115页。

② 王小丽：《论我国刑事申诉制度的完善——以英国刑事案件审查委员会制度为借鉴》，2009年3月，第7页。

委员负责监督整个调查工作的运行。调查小组的工作应当紧紧围绕申诉案件中存在的错误和疑点展开，重点收集一些被告人无罪的证据，最终形成调查报告提交委员会进行裁断。对于经过书面审认为"申诉不合理"的案件，经过管理人进一步复查后，如果案件管理人会同负责监督的委员同意书面审时的意见，则共同签发意见书并附理由、证据后送达申诉人处。申诉人对于驳回申诉不服的，可以在法定期间内提出异议并补充相关证据。对于提出异议的申诉则直接进行全面审查程序。

### 3. 裁断及回应

如果刑事案件审查委员会认为经过案件管理人审查提交上来的案件确实存在相关错误，符合再审条件，那么其就可以把案件移送到再审法院，并同时将提交的决定及调查报告反馈给当事人和检察机关。如果委员会认为原裁判进行再审的可能性不大，那么委员会就会给申请者寄一封简短的信件，上面载明不提起再审的理由和证据。为防止反复申诉浪费司法资源，经过申诉异议后做出的裁断为最终裁断，禁止再次提起异议。由此，整个错案的筛选程序也即告结束。

### （六）对委员会的监督

虽然刑事案件审查委员会处于中立的超然地位，但是对其进行必要的监督以保证其合理地行使职权也是必不可少的。对委员会的监督主要集中在以下两个方面：第一，其要定期公开受理的申诉案件的处理情况，让申诉人了解其得出结果的正当理由；第二，对于一些影响重大的申诉案件，委员会可以通过听证会的方式，向社会公开解答遇到的困惑。只有真正做到公正高效地处理申诉案件，才能赢得社会的认可，其发现错案的使命也才能真正地贯彻落实。

# 四、需要注意的几个问题

任何制度即使再科学合理，如果没有其他制度的配合，其作用和价值往往也很难体现。刑事案件审查委员会制度对于刑事错案的发现虽然是一个不错的选择，但是，导致我国刑事错案的原因是多方面的，仅仅依靠委员会是不能很好地解决问题的。以下几个方面的问题也值得学术界关注：

### （一）问责制的改进

前面已经提到，我国刑事申诉和审判监督程序作为发现刑事错案的纠错程序，其之所以运行不畅，其中一个很重要的原因就是我国严格的错案问责制。特别是 2012 年河南人大代表提出的"错案责任终身追究制度"尽管能够在一定程度上提升原审法官的谨慎态度，但是涉及刑事错案的特殊救济启动时则会产生严重的负面影响。因此，如果不改变现有的错案问责机制，即便建立了专司错案申诉审查的刑事案件审查委员会，其审查工作也很难得到再审法院的支持，再审法院会为了整体的工作绩效大量地驳回委员会的申诉以维持其原判决。如此，刑事案件审查委员会的构建目的也就落空了。

### （二）加强与民间力量的合作

#### 1. 高校法律援助机制的建立

毋庸置疑，申诉书的质量以及初期新证据的收集直接决定了案件能否被刑事案件审查委员会所注意，甚至决定了错案能否被最终再审改判。因此，在申诉提出阶段由具备专业知识的律师对申诉人提供帮助是极为必要的。但是目前法定的律师帮助权仅仅局限于原审和上诉审阶段。这就导致了很多刑事错案的受害人受限于自身法律素养难以提供高质量的申诉书而蒙受不白之冤。而目前我国的 2800 多所高校有 2/3 以上设立了法学院，法学教授与法学大学生的资源非常丰富。因此委员会可以考虑与高校建立长期的合作关系，这样即可以解决高校学生的实习就业问题，也可以很好地帮助那些无辜者洗刷冤屈。

2. 无辜者计划组织提供刑事错案线索

之前提到的无辜者计划组织，虽然是民间非营利组织，组织成员有限，无法适应不断增多的刑事错案的需要，但是其成员多是一些大学教授或者有经验的律师。这些群体的社会责任心强，法律功底深厚，而且很多都关注社会生活现实，他们或者是出于调研的目的，或者是由于工作的需要而接触的刑事错案比较多，并且对于错案的基本情况已经进行了前期的调查和研究，因此其提出的刑事错案的线索值得审查委员会去认真研究。

（三）排除外部的干涉

过往的很多错案悲剧的发生，都是政法委或者政府等外部机关的不当督办、批示导致的，因此，在近年来的司法改革中，我们一直倡导要实现"司法独立"。其实，这个道理也适用于刑事案件审查委员会。其要想作为独立的错案申诉审查机构，不偏不倚地处理每一个案件，就必须排除来自外部的不当干涉。另外，从刑事司法的有序运行以及审判中立的角度来说，也应当保证刑事审判工作的独立。只有真正保证了司法机关和委员会的独立，才能保证其职能的实现。

# 结　　语

尽管完善的错案发现机制有助于维护我国刑事司法的权威。但是从根本上来说，刑事复查机制无论多么完善，都不能取代基本的刑事诉讼程序。原审程序应当尽量预防刑事错案的发生，委员会审查制度只应当作为刑事普通程序偶尔发生错误的补救机制，而不应当视其为必经程序。同时，要特别注意刑事判决的终结效力与错案发现纠正机制之间的动态平衡，以防止滥用申诉而导致司法权的稳定性和公信力丧失殆尽的不利后果。另外，通过大力发展法证科技提升我国的刑侦能力和 DNA 检测技术，完善证据规则，真正贯彻"疑罪从无"的理念，从源头上消灭刑事错案，同样应当引起广大学者和司法工作者的重视。

（作者单位：黄山市徽州区人民法院）

# 被告人认罪案件简易审理的法律冲突及建议

王亦文　　胡艳娇

**摘　要：**在我国刑事诉法中，被告人认罪案件的处理程序对实现司法公正和提高司法效率，在法理上被告人认罪案件简易审理程序与我国刑事诉讼法中的基本原则、辩护制度、证明责任等制度存在冲突，被告人认罪案件审理程序制度对司法审判的积极作用给予肯定的同时，建议改革与完善该制度，以提高刑事诉讼效率，同时，以程序公正促进司法审判的实体公正正义。

**关键词：**刑事诉讼法；被告人认罪；制度

## 一、被告人认罪案件简易审理制度的确立与司法效果

在 1996 年修改《刑事诉讼法》以前，我国没有设立处理被告人认罪案件的专门程序。1996 年《刑事诉讼法》首次规定了处理被告人认罪案件的简易程序，2003 年，最高人民法院、最高人民检察院和司法部印发的《关于适用简易程序审理公诉案件的若干意见》和《关于适用普通程序审理"被告人认罪案件"的若干意见（试行）》。在刑事诉讼中，犯罪嫌疑人、被告人在整个诉讼过程中都有可能针对自己的刑事指控做出承认，犯罪嫌疑人在侦查或审查起诉阶段的承认行为不属于程序法上所说的认罪。被告人认罪是指发生在刑事案件已经提起诉讼，并且已经完成证据展示，而法庭尚未开庭审理整个阶段的承认行为。《关于适用普通程序审理"被告人认罪案件"的若干意见（试行）》正式确立了被告人认罪案件简易审理制度。

刑事诉讼中，对于被告人认罪的案件适用简易程序，合议庭在公诉人宣读起诉书后，询问被告人对被指控的犯罪事实及罪名的意见，核实其是否自愿认罪和同意适用本意见进行审理，是否知悉认罪可能导致的法律后果，被告人可以不再就起诉书指控的犯罪事实在法庭上进行供述，公诉人、辩护人、审判人员对被告人的讯问、发问可以简化或者省略，法院可以酌情从轻处罚。被告人认罪也意味着放弃一部分诉讼权利，最终可能因此获得减轻处罚的利益回报。被告人认罪案件简易审理程序制度的确立，为司法部门在处理刑事案件中起到积极的作用，使得司法机关特别是法院节约司法资源、成本，以有限的司法资源和司法成本处理尽可能多的案件，提高诉讼效率，减少案件堆积，减轻诉讼压力和法官的压力，同时也是督促被告人积极坦白，从而取得从宽处理，实现诉讼公正，最终达到一个控辩双方双赢的局面。被告人认罪案件简易审理程序制度的确立，得到司法部门的广泛认同及应用。

笔者认为，在刑事案件数量不断上升、司法资源不可能无限增加的矛盾下，尽管被告人认罪制度在司法实践中有利于提高诉讼效率，但与现行《刑事诉讼法》等规定存在法律上的冲突。

## 二、被告人认罪案件简易审理制度与现行法规与原则相冲突

被告人认罪案件简易审理制度与当前我国的刑事法律规定和原则相冲突，主要有以下几点：

（一）与未经人民法院审判任何人都不得确定有罪的原则相冲突

《刑事诉讼法》第十二条确立了"未经人民法院依法判决，对任何人都不得确定有罪"的诉讼原则。这是修正后的《刑事诉讼法》在吸收西方无罪推定原则的某些成分的基础上，结合我国实际需要新增加的一项基本原则。这项原则包括三层意思：一是刑事案件的定罪权由人民法院统一行使；二是人民法院对被告人的定罪必须严格依照法律进行；三是对任何人在未经人民法院生效裁判确定其有罪之前，不得将其作为罪犯对待。法律明确规定对被告人定罪是法院的专属权利，其他任何机关、团体和个人都无权行使。1996 年刑诉法修正以前"被告人"甚至被称为"人犯"，同时也严格区分犯罪嫌疑人与刑事被告人，公诉案件在提起公诉前将被追诉人称为犯罪嫌疑人，提起公诉后始称为刑事被告人。

法律上对"被告人认罪"首次表述是在《关于适用普通程序审理"被告人认罪案件"的若干意见（试行）》中，第一条被告人对被指控的基本犯罪事实无异议，并自愿认罪的第一审公诉案件，一般适用本意见审理。被告人认罪是在庭审之前，并没有经过法庭审判，而此时在正式开庭审理前就要求被告人认罪就与未经人民法院审判任何人都不得确定有罪的原则相违背。

（二）与律师辩护的冲突

中国刑事诉讼制度及其相应的辩护运行机制受大陆法系的影响较深，虽然融汇英美法系的一些具体诉讼规则，但是大陆法系的"律师独立辩护模式"色彩更浓厚。我国刑事诉讼法规定辩护人具有独立的诉讼地位：一是独立于法院、检察院、公安机关和犯罪嫌疑人、被告人；二是依据事实和法律进行辩护，不受委托人的意志约束、不是被告人的代言人。辩护人不是帮助被告人作出或接受有约束力的程序性指令的代理人，虽然被告自己已经承认有罪（不管其因何理由为此承认），但辩护人如果仍为促请无罪或罪轻判决进行辩护，辩护人就会和当事人自己的意见产生分歧；而如果辩护人为迎合司法机关及被告人本人的意见，放弃其独立辩护权，就会影响辩护人充分行使辩护权，导致辩护律师不能充分维护被告人合法权益。在具体实践中，律师认为被告人不构成犯罪或者对案件定性持不同意见，被告人出于某种原因却在法庭上做有罪供述，导致控辩双方在法庭上失稳。例如在许霆案中，被告人许霆对公诉机关指控的盗窃罪不持异议，但是被告人的辩护律师在法庭上认为被告人许霆的行为应当构成侵占罪而非盗窃罪。此案引起笔者考虑的是，被告人认罪，仅就事实认定，不能够强求被告人在定性上直接予以认可，否则被告人就无法在庭审中获得充分的辩护权。

（三）与我国现行的证明责任相冲突

我国刑诉法明确规定控诉方承担举证责任，具体体现在公诉案件中检察院承担证明犯

罪嫌疑人、被告人有罪的责任，自诉案件中自诉人承担证明责任。辩方不承担证明责任，既不用证明自己有罪也不证明自己无罪，例外的就是在巨额财产来源不明的案件中犯罪嫌疑人、被告人不需要证明其财产合法，而应当由司法机关查证其财产来源不明并收集相关证据。《刑事诉讼法》第四十八条规定：可以用于证明案件事实的材料，都是证据。证据包括：（一）物证；（二）书证；（三）证人证言；（四）被害人陈述；（五）犯罪嫌疑人、被告人供述和辩解；（六）鉴定意见；（七）勘验、检查、辨认、侦查实验等笔录；（八）视听资料、电子数据。可见被告人的供述可以作为证据使用，法律虽然规定只有被告人供述，没有其他证据的，不能认定被告人有罪和处以刑罚，但是并不妨碍犯罪嫌疑人、被告人的供述作为证据使用，而且这是学理上的直接证据，效力远大于其他间接证据，更能取得控诉方和法官的信任。然而在仅仅有被告人供述的情况下，没有其他证据佐证，不能形成证据锁链，依然不能够定罪。因此，被告人认罪的前提是案件侦查机关在收集证据中除了被告人的供述之外，还应当有充分证据证明其犯罪事实，而并不能够因为被告人认罪而减轻控诉方的举证责任。实践中，作为审判机关为了追求诉讼效率，往往将案件审理寄托于被告人认罪，而在审理中忽略了其他证据的严格审理，产生了要求被告人自证其罪之嫌，与现行刑事诉讼的证明责任产生冲突。

按照《刑事诉讼法》的非法证据排除原则，被告人在侦查机关及审查起诉时认罪，直至审判时仍然作出认罪供述；同样，还应当审查侦查阶段所取得供述的证据的合法性。作为审判机关，在发现被告人可能在外界压力下在法庭中作出有罪供述时，同样要恢复普通程序进行审理，以甄别被告人供述的真伪。

## 三、过度追求司法效率将难以实现公平正义的法律目标

过度追求司法效率，希望被告人认罪从而简化庭审程序，可能造成司法机关在审理判决案件时作出错误判断，从而事与愿违，导致案件处理达不到公平正义法律效果。被告人认罪制度的设立宗旨应当是为节约诉讼成本，提高诉讼效率，确保被告人认罪服判，有利于其接受改造。但在审理案件过程中，可能会因为各种各样的因素，导致被告人认罪出现问题。

一是迫于压力而违心作出认罪供述。在实践中，有些司法人员为了提高效率，以不认罪就羁押的言辞相威胁，迫使犯罪嫌疑人或被告人作出违心供述。

二是被告人本人违背案件基本事实，避重就轻作出虚假供述。如在醉酒或者无证驾驶案件中，真正犯罪嫌疑人为逃避更加严厉的惩罚，甚至出现让人顶罪的现象，从而企图获得较轻的处罚。

三是被告人本人对法律缺乏了解或者认识不足而自认为有罪，而司法机关在侦查起诉时作出错误判断或者收集证据不全，导致原本可能无罪的人被指控。

鉴于上述种种情形，法院在审理案件的过程中，不能一味地追求案件审理的效率，在启动被告人认罪程序时仍然需要在庭审前进行充分审查或者在庭审中及时予以纠正，而不能迎合侦查机关与公诉机关的意图。只有严格依据法律规定审理案件，才能真正做到案件处理结果的公平正义。

# 四、消除被告人认罪程序审理制度存在的法律冲突的对策

《关于适用普通程序审理"被告人认罪案件"的若干意见（试行）》适用十几年来，由于在适用中确实有利于提高诉讼效率，得到司法人员的肯定而忽略了该制度本身及其在运用中可能存在的问题。笔者认为，在以诉讼为中心的司法制度改革的过程中，对于该项制度的实施与我国刑事诉讼制度应当加以完善，实现无缝对接，具体应当从以下几个方面入手：

（一）被告人认罪的理解应当予以科学解释

法律本来就应该严谨，不仅体现在司法实践中，法律语言也应该严谨，否则很容易产生歧义甚至冲突。

一是《刑事诉讼法》第二百零八条第二款的表述：被告人承认自己所犯罪行，对指控的犯罪事实没有异议的，但是《关于适用普通程序审理"被告人认罪案件"的若干意见（试行）》第一条：被告人对被指控的基本犯罪事实无异议，并自愿认罪的第一审公诉案件，一般适用本意见审理。这条的表述不够严谨，应该参照刑事诉讼法的规定规范用语，剔除"并自愿认罪的"表述。

二是对被告人认罪的理解应当在制度设计上给出一个科学的解释，即被告人认罪，不能够简单地认为是被告人本人认为自己是罪犯，而应当将此定义为被告人对公诉机关指控的犯罪事实的认可。对被告人认罪作出科学的解释，才不至于与"未经人民法院审判任何人都不得确定有罪"原则相冲突。

（二）通过庭审程序知悉被告人是否自愿认罪

被告人认罪应当在庭审的法庭审理前后两个阶段进行确认与认定，通过庭审程序知悉被告人认罪是否出于真实意思表示。在法庭调查前或者在开庭前，法院启动被告人认罪程序，仅就公诉机关指控犯罪事实征询被告人意见，即询问被告人对起诉书指控的犯罪事实有无意见。如果无意见，且公诉人、辩护人同意适用该程序审理时，即适用该程序。法庭辩论结束后，被告人最后陈述阶段，由被告人最终表态，是否对指控犯罪事实无异议并自愿认罪，而不应当对自愿认罪的表态在庭审前即予以落实，以避免产生未审先判之嫌。如果在法庭调查中，被告人尽管对起诉书指控的犯罪事实无异议，但在法庭调查的过程中，又进行翻供，则应当恢复普通程序审理。这样可以避免因外来压力迫使被告人在庭审前违心作出自愿认罪的表态，以便确认被告人认罪是否出于真实意思表示。

（三）被告人自愿认罪程序审理案件，能简则简该繁则繁

在适用被告人犯罪简易程序审理的案件，在庭审中还是有别于《刑事诉讼法》规定的简易程序审理的案件。在庭审中对指控事实调查可以简化，但就案件定性，是否具备从轻、减轻、加重等定性问题，仍然需要充分调查，在程序上不可忽略。当然，对于审理机关内部的审理报告、结案报告、审判过程中内部审批手续等内部性文件，可以从简处理或者合并处理，从而减少办案人员的工作量，提高诉讼效率。

（四）辩护律师应告知被告人认罪程序审理制度的有关规定

辩护律师在履行辩护的职责、维护被告人的合法权益的同时，应告知被告人认罪程序

审理制度的规定。尽管辩护人可以不受当事人意志的支配进行独立辩护，但是作为当事人权利的专门维护者，辩护人不得实施有损当事人利益的辩护行为。辩护律师应当就是否同意或者启动被告人认罪程序与当事人磋商、征求其意见，和被告人进行全面沟通，确保当事人的知悉权，让他了解整个认罪可能产生的法律后果，然后决定是否同意或者启动该程序。如果当事人仍坚持己见，与辩护律师达不成一致意见，当事人不同意适用被告人认罪程序审理制度的情况下，辩护律师应当尊重被告人本人的意见。如果发现被告人作出虚假供述，代人替罪或者企图利用被告人认罪程序，逃避更加严厉的法律惩罚，律师可以选择退出本案的辩护。因此对辩护律师在运用该程序进行辩护时应当在制度中赋予相应的权利与义务。

（五）共同犯罪中部分被告人自愿认罪的程序适用问题

依据《关于适用普通程序审理"被告人认罪案件"的若干意见（试行）》第二条第六款规定："共同犯罪中部分被告人不认罪或者不同意适用本意见审理的"，不适用本意见。笔者认为，对于共同犯罪中，部分被告人认罪的，在审理过程中，尽管在程序上不适用该意见，但在案件处理结果上仍然与不认罪的被告人有所区别。如果对于部分被告人真心认罪，切实对自己行为有悔改表现的，在处理结果上仍然要按照该意见精神给予从轻处理，而不能因为其他被告人不认罪没有适用该意见而剥夺其本该获得从轻处理的权利。对部分被告人认罪的共同案件没有适用该制度，但还应当在该规定中体现出对其从轻处理的明确规定，以落实我国"坦白从宽"的刑事政策。

# 结　束　语

在以诉讼为中心的司法改革的大背景下，切实完普通程序审理"被告人认罪案件"的顶层设计，使其与我国《刑事诉讼法》及其他刑事法律法规相一致，确保该项制度在适用过程中不因法律冲突而导致司法工作人员在处理案件过程中遇到问题而无所适从。被告人认罪程序审理制度的设立旨在通过诉讼程序手段，以程序公正推动实体公正，在提高司法效率的同时，通过刑法的惩罚教育功能，公正处理被告人，有利于改造罪犯，最终保证案件处理结果的公平正义。

（作者单位：安徽久安律师事务所）

# 民事庭审程序的改革与完善

## ——法庭调查与辩论程序合并进行的庭审模式

霍园园

**摘　要：** 随着 2015 年 5 月 4 日立案登记制开始实施以来，法院受理案件数量加剧上升。加之不断推进落实的司法体制改革，进入"员额"的法官大量减少。面对法院案多人少的情况，法官日益不堪重负。如何大幅度提高民事案件的审理效率，增强法官的庭审能力，从而提升司法审判的公信力，是亟待研究的重要课题。为此，十八届四中全会提出"推进以审判为中心的诉讼制度改革"，并且最高法院最近发布并实施的《民事诉讼法司法解释》提出的"可以将法庭调查和法庭辩论合并进行"等规定，也是该项目启动的重要政策和司法解释依据。文章从我国实际出发，以当前我国民事案件庭审中存在的突出问题，主要是法庭调查和法庭辩论两阶段的不当划分为切入点，探讨在庭审程序中法庭调查与法庭辩论分离的弊端及如何改革完善该程序，充分发挥法庭调查和辩论在案件审理中的重要作用。

**关键词：** 庭审程序；"二段式"庭审模式；改革构想；配套措施

　　我国法律学术界从 20 世纪 90 年代末至今，围绕庭审程序改革的探索和建言，主要集中在借鉴德、日的相关改革经验，完善我国的审前准备程序、确定争点和证据整理程序以及集中审理等方面。法院系统在此期间改革的主要成果是：落实公开审判原则，强化当事人举证责任；健全并落实承办人、合议庭责任制；审判流程管理模式的革新等等。无论是理论界，还是实务界，对诉讼中心环节之庭审程序改革则少有实质触及，仍然按照《民事诉讼法》中关于开庭庭审的规定，例行进行以下公事：核对当事人、宣布案由、宣布审判人员、书记员名单、当事人诉讼权利与义务、询问当事人是否申请回避等。当审判长宣布"现在进行法庭调查"之后庭审便进入了实质阶段。在逻辑顺序上，法庭调查在先，主要任务是通过审判人员的调查和当事人的陈述，来查对核实证据[1]。法庭辩论在后，主要任务是法律问题辩论。从 1983 年《民事诉讼法（试行）》开始施行起至今，近三十多年来，适用简易、普通程序的民事案件都是通过这种庭审方式审理并做出判决的（除了在庭审前终结的外）。然而，这种将法庭调查和法庭辩论进行割裂的"二段式"庭审模式，笔者认为是不妥当的[2]。下面拟从该模式的弊端、形成原因方面进行分析，并提出相应的改革构想及配套制度建设。

# 一、目前我国庭审程序和方式存在的问题

（一）法庭调查和法庭辩论两阶段的不当划分以及对二者功能的不当定位

根据现行法的规定，学界通常将法庭调查阶段的功能定位为听取当事人陈述和审查证据，查清案件事实，为下一步的法庭辩论奠定基础；法庭辩论阶段的功能定位为当事人及其诉讼代理人对有争议的案件事实和适用的法律进行辩驳和论证，以达到进一步查明案件事实、分清是非责任、奠定裁判基础的目的。现行法的规定和理论界对两阶段功能的界定及割裂，其本质上相当于德国普通法时代的诉讼"法定序列主义"，即严格地将审理区分为辩论阶段与证据调查阶段，而后，以证据判决结束辩论阶段后再进入证据调查阶段[3]324，很容易造成对法庭调查和辩论之间关系认识上的误区。不少人认为，既然有专门的法庭辩论阶段，法庭调查就不是辩论，最多存在局部的小范围的辩论。在司法实践中，我们经常可以看到法官打断双方当事人和代理人的发言及辩论，要求当事人和代理人到专门的辩论阶段再行辩论。这种两阶段划分的弊端在于：

第一，引发了法庭调查与法庭辩论理解上的混乱，弱化了庭审程序中的言辞辩论。本来开庭审理就是言辞辩论，法官利用言辞辩论为方法展开法律纠纷的审理。如前所述，由于法律对法庭调查和法庭辩论的两阶段划分，我国的理论与实务界对二者的功能存在不同程度的误解，许多法官认为法庭调查主要是审查证据，法庭调查不是辩论，或者仅仅允许有小范围的辩论。

在多数案件的法庭调查中，当事人通常仅能够简单发表一下对证据材料是否具备证据资格的看法，而很少有机会对证据的证明力等展开辩论，这一权利往往被推迟到法庭辩论阶段行使。而实际上由于种种原因，在专门的法庭辩论阶段，当事人的辩论权也往往难以充分行使。由于法庭辩论开始时通常会接近法院下班时间，再加上其与法庭调查内容的重复等问题，法官往往不太重视这个阶段。这也是法庭辩论通常时间很短的原因所在。

第二，割裂了事实与法律问题的关系，导致了许多案件在争点模糊的情况下审查了许多没有必要审查的证据。在法庭调查中，法官主要是按照《民事诉讼法》规定的法庭调查顺序，逐项审查各种证据，对于某个证据的地位与一方当事人主要观点的关系，法官并不完全清楚，因为这个阶段法官通常不允许代理人谈法律问题和对案件的观点，这些问题法官通常让代理人放在辩论阶段再讲。这种不合理的分割必然会造成法官在法庭调查时对争点不能完全把握，在一些关联性不大的证据审查上浪费时间，而一些重要的事实和证据却可能没有充分辩论甚至没有举证，从而影响到案件事实的查清。

（二）开庭审理程序和方式方面的法律规定过于粗糙，影响了庭审的效果

第一，我国许多复杂案件的审理没有确定争点，即使确定争点通常也不够具体。确定争点的法官，由于两阶段划分的限制，很少有像大陆法系国家和地区的法官具体到事实争点、证据争点和法律争点，并根据庭审发展不断修正争点的细致程度。

第二，《民事诉讼法》对法庭调查的规定过于简单和粗糙，且容易产生误导。从司法实践看，法官在此阶段调查的重点是审查证据的"三性"，许多法官甚至还审查当事人自认的事实，这样做的原因主要是根据法律规定的"未经质证的证据不得作为判决的依据"；

同时，对案件的证据审查一遍心里也更为踏实，有助于形成心证。此外，法庭调查顺序的要求和法庭调查中事实与法律问题的分离，必然导致争点模糊；再加上代理律师在提供证据时多多益善，凡与案件多少有点关联的证据统统提交，导致许多法官在法庭调查上花费了大量时间，疲于奔命。而许多情况下事实与法律问题的不可分性，某个证据与代理人整个代理观点的关联性都可能引发律师与法官在辩论上的冲突。一个要展开辩论，一个需要制止这种耗时的辩论，在此类案件的审理中法官与律师要求的不同也就成为必然。由于律师说服的是法官，通常情况下律师不愿意和法官发生冲突，这就意味着，这类案件冲突的结果往往是律师让步，必要的辩论未能展开。

然而反观大陆法系和英美法系国家的民事诉讼，也没有在庭审中将案件的调查与辩论分立的做法。

在大陆法系国家，例如德国、法国、日本等，实行的都是言辞辩论原则。所谓言辞辩论，是指在公开的法庭上，采用言辞的方式在受诉法院面前实施诉讼行为的程序。基于言辞原则的基本要求，大陆法系国家都将重要诉讼行为的实施放置于能够面对法院和当事人的空间。因此，法国、德国、日本等都建立了所谓"言辞辩论期日"制度。所谓言辞辩论期日，是指法院指定的进行言辞辩论的期日。言辞辩论期日相当于我国民事诉讼中庭审期间。根据辩论原则和言辞辩论原则的要求，所有作为裁判依据的主要事实必须从当事人的言辞辩论过程中产生，因此，言辞辩论期日也就成为诉讼的核心阶段和过程。言辞辩论原则适用于当事人的辩论和证据调查。应当注意的是，尽管在大陆法系国家的民事诉讼中也有所谓的证据调查程序，并与当事人辩论加以区分。但大陆法系民事诉讼的证据调查概念与我国民事诉讼法和实务中的证据调查概念有很大的不同。大陆法系的证据调查主要是根据当事人的申请，由法院委托鉴定人对案件所涉及的事实问题进行鉴定、查对文书的真伪、进行勘验。证据调查实际作用是对当事人声明的证据进行核实，认定当事人主张的证据的真实性。

在德国，对案件的实质审理在"主要期日"里进行。一旦进入"主要期日"也就进入了言辞辩论阶段。在"主要期日"里，当事人的诉讼行为都是属于广义上的辩论行为，包括陈述、提出证据、对争点的辩论。并不将对案件事实的法庭询问和对证据的质证、认证与当事人关于事实问题和法律问题的辩论加以区分。德国学者同时认为，以前经常将言辞辩论和证据调查分离而造成拖延的做法，以及分段进行证据调查的做法应当尽可能避免[4]。

在法国，民事诉讼程序分为事前程序、辩论程序、合议程序和判决程序。事前程序中，主要是对争点和证据进行整理，为辩论程序作准备。辩论程序是民事诉讼的核心程序，原告关于诉讼请求的陈述、有关的证据评价，被告的抗辩以及双方之间关于各焦点的辩论都将在该程序中进行。这种辩论程序，废除了审理程序方面种种死板的限制①。

在日本，也同样没有将法庭审理分为法庭调查和辩论两个阶段。日本所谓的证据调查和法庭的辩论程序都是在专门的期日和场所中进行。在证据调查的期日里，当事人双方也可以对证据问题进行辩论。而在言辞辩论期日里，当事人双方将对案件的事实问题和法律

---

① 详见［日本］《民事诉讼法》（第二编），第 133－280 条规定。

问题进行辩论,也包括对证据的评价问题①。我国之所以将法庭审理分为法庭调查和法庭辩论,也许与误解了大陆法系国家的证据调查与事实审中言辞辩论有关。

在我国台湾地区,《民事诉讼法》规定言辞辩论以当事人声明应受裁判之事项为始。当事人应就诉讼关系为事实上及法律上之陈述。该法同时明确,审判长应注意令当事人就诉讼关系之事实及法律为适当完全之辩论[3]323-324。

从以上大陆法系国家或地区的规定可以看出,言辞辩论从当事人提出声明(诉讼请求或诉讼标的)就开始了,且当事人于辩论中所陈述的应是事实与法律上的完全辩论,并无先事实调查、后法律辩论的顺序划分,也没有与我国《民事诉讼法》规定的法庭辩论及其中互相辩论相对应的概念。

## 二、法庭调查和法庭辩论阶段割裂的原因

18 世纪的英国政治哲学家柏克认为:"国家的权力和能力应受到限制,尤其受到法律的限制。"[5]我国是一个具有五千年光辉灿烂文明史的国家,但同时也是一个有两千多年封建历史且封建主义传统思想意识根深蒂固的国家。我国长期的农业经济,造成了一个静态的社会,在宗法家庭的土壤上,构筑了中央集权的君主专制政体。在家国一体化的官僚社会环境中,长期以来,我们习惯于集中、统一,而忽视个人的价值、个人的权利、个人的意志和人格尊严;再加上性善论的儒家文化的宣扬,做官的都是礼教楷模、贤能君子,在官本位的社会土壤中实行积极的政治观,故国家能力往往摆在十分重要的位置上。人们的观念是:个人的积极性和首创精神是微不足道的,只有国家能力和使命是至高无上的,个人可以把其权利和自由毫无保留地让渡给国家。正是由于国家至上的观念对政治法律生活的影响,国家对社会的干预也包括了对民事纠纷解决领域的干预,形成了我国诉讼模式中的职权主义模式——纠问式审判方式,从而辩论原则也出现较大的差异。

## 三、将法庭调查与辩论程序合并进行的改革构想及相关配套措施

在中国传统文化的原野上,由于个人本位法律观的虚弱乃至缺失,职权主义模式的辩论原则具有了天然的土壤。黑格尔曾说,理论是灰色的,生活之树常青。随着市场经济体制改革的深化,市场经济的发展使人们的法律意识发生了变化,其中最突出的是人们权利意识的觉醒和强化。在中国"尽管权利意识的变化具有不平衡性、被动性,但从总体上看,这种变化是改革以来最深刻的变化"[6]人们不仅要求认真看待自己已有的权利,而且还要求赋予自己应有的权利,维护自己的权利。而非约束性的辩论原则已不能满足人们对权利行使的渴望和对正义的寻求,因而改革的呼声此起彼伏。

(一)庭审模式改革的构想

笔者认为,应改革目前的庭审程序模式,将庭审程序中"法庭调查"与"法庭辩论"两个阶段加以融合,统一为一个"调查辩论"程序,将"最后意见"程序改为"终结陈词"程序。

---

① 详见台湾《民事诉讼法》,第 192－199 条规定。

其一，统合"调查与辩论"。在"调查辩论"阶段，将事实陈述，证据调查与言辞辩论三合为一，使开庭审理从开始就进入整体辩论的程序，以举证、质证为程序核心，使法官与当事人均可获得全面、清晰的庭审印象，便于裁判与调解。在将"法庭辩论"进行合并的基础上，重新定位"最后意见"，扩充其内容，使之成为案件审理的有效总结程序。

其二，设立"终结陈词"。在"终结陈词"阶段，要求双方当事人各自将之前所陈述的具体案件事实抽象概括为他们所主张的要件事实（即概括证据及证明对象），并各自明确根据要件事实所欲求的法效果（即有利于己的结论）即可，避免反复。若案件不存在事实争议的，则双方只需就法律适用予以争执即可。若如此，"终结陈词"可以帮助法官与当事人概括、梳理庭审过程，整理思路，明确法官将受到的辩论内容的限制范围，注意律师就争议问题、证据及适当法律理论所作的提示，避免诉讼突袭，为最后的裁判心证夯实基础。

（二）相关配套制度建设

首先，改进当事人证据收集制度。庭审程序顺利进展和集中审理的前提是当事人能够充分地提供证据，但当事人在收集证据时，对方持有的证据或者案外人持有的证据，除非对方或者案外人同意提供，否则，一方当事人很难提供。而证据不完整，将会直接影响庭审的顺利开展，甚至影响实体上的公正。因此，在证据提供的问题上，直接赋予当事人实际的调查权。有了这样的制度保障，当事人调查取证的权利就得以充分保证。

其次，落实和完善答辩和证据失权制度。不管是英美法系还是大陆法系，民事诉讼中均设置相应的失权制度。失权制度一般涵盖答辩失权和证据失权。针对失权制度建设，一方面，应结合我国当前的国情，在当事人诉讼能力较弱的背景下不宜引入英美法系的答辩失权制度，即如果被告不提供或逾期提供答辩状，由原告申请法院作出被告败诉的判决。但我们应鼓励和倡导当事人及时向法院提供答辩状和证据材料。另一方面，严格完善证据失权制度。新民事诉讼法关于逾期举证问题予以了明确规定，逾期证据采纳与否的主动权取决于法院。因此，对于逾期举证的后果，法院应当严格把握，对于恶意逾期举证的应当从严处理。

再次，完善审前准备程序，设置争点整理程序。在正式开庭之前，双方当事人在法官的主持下，对案件的争点及相关证据进行整理，以明确争点及法庭调查的证据。争点的范围除了事实争点外，还包括证据争点、法律争点以及整个诉讼程序事项的争点。特别是对于争点争议较多的复杂案件，当事人在证据开示与交换的基础上，进行争点整理，归纳总结出案件所涉事实焦点、法律焦点及证据争议，进而排除无争议、无关联性或无意义的问题。

最后，树立诉讼集中连续审理理念。随着诉讼模式改革的深入，应树立集中审理原则，这是民事诉讼改革的一个理念。因此在审前程序完善的基础上，要尽力保障案件的集中审理，调查辩论完结后立即进行终结陈词，否则分段、人为割裂审理过程将使得改革努力归于无效。

（作者单位：淮北市杜集区人民法院）

**参考文献：**

［1］杨荣馨：民事诉讼法学［M］．北京：中国政法大学出版社，1997：332.

［2］张卫平．法庭调查与辩论：分与合之探究［J］．法学，2001，(4)：23.

［3］［日］新堂幸司．新民事诉讼法［M］．林剑锋译．北京：法律出版社，2008：324.

［4］［德］罗森贝克，施瓦布，戈特瓦尔德．德国民事诉讼法［M］．李大雪译．北京：中国法制出版社，2007：765－767.

［5］刘军宁．保守主义［M］．北京：中国社会科学出版社，1998：11.

［6］夏勇．走向权利的时代——中国公民权利发展研究［M］．北京：中国政法大学出版社，1995：49.

# 谈非法证据排除规则的适用

李国强

**摘　要：** 在继 2010 年"两高三部"联合出台《非法证据排除规定》首次正式确立我国的非法证据排除规则后，修改后的《刑事诉讼法》在总结实践经验的基础上进一步完善了非法证据排除规则。对于如何更好地认定"非法证据"，准确地适用非法证据排除规则，最高检及时对 1999 年《人民检察院刑事诉讼规则》进行了修改，出台了《人民检察院刑事诉讼规则（试行）》，形成了检察系统的非法证据排除程序体系。检察机关作为非法证据的预防主体、监督主体、排除主体、补正主体、证明主体，其起到的作用关乎整个非法证据排除体系的运行。

**关键词：** 非法证据；尊重和保障人权；高检规则；程序构建

非法证据排除规则的设定是为了实现刑事诉讼惩罚犯罪和保障人权的平衡。早在 1999 年《人民检察院刑事诉讼规则》就有关于非法证据排除的规定，但是比较原则，宣传性多于实用性。进入 21 世纪以来，我国法制的不断完善及不断曝光的冤假错案，也催生着我国的非法证据排除规则。最终在 2010 年，最高人民法院、最高人民检察院、公安部、国家安全部和司法部联合发布《关于办理刑事案件排除非法证据若干问题的规定》（以下简称《非法证据排除规定》），正式标志了非法证据排除规则在我国确立。而 2012 年 3 月修改的《刑事诉讼法》更将之上升为法律的高度，并在总结实践经验的基础上进一步规范和完善了我国的非法证据排除规则。随着司法机关不断地探索摸索，经验的不断积累，两高司法解释、指导案例的不断出台，我国的非法证据排除规则也在不断地从抽象变为具体、从平面变成立体。

## 一、非法证据排除规则的非法证据认定

从字面意思上，非法证据是指违反法律规定获取的证据。但是，非法证据排除规则并非排除所有非法证据。由于非法证据排除规则背后的理念是刑事诉讼中惩罚犯罪和保障人权的平衡，过度地强调排除非法证据，而不考虑现有的侦查水平、办案人员的素质、社会的法治水平等，必定会导致对刑事犯罪的放纵。而一味地强调惩治犯罪而忽略了人权保障，也必定会导致侵犯相关人员的权益，致使冤假错案的产生。

我国《刑事诉讼法》第四十八条规定："可以用于证明案件事实的材料，都是证据。证据必须经过查证属实，才能作为定案的根据。"作为证据必须具备客观性、关联性、合法性。客观性、合法性关乎证据的证明能力，而关联性更侧重于证明力大小。非法证据的

排除正是因为该证据缺乏了合法性基础而丧失了证明资格，不能作为定案依据。但是在实践中，受限于侦查水平、办案人员素质及办案压力等，对于非法证据，我国并没有采取绝对排除。

通常认为，认定非法证据应具备以下要件：（1）非法证据的取证主体是国家职权机关的工作人员，主要是侦查人员。非法证据排除规则的出发点在于遏制刑讯逼供，保障犯罪嫌疑人、被告及律师的合法权益，所以其主要限制的应为公权力的滥用。对于律师、当事人等提供的证据，则不适用该规则。（2）主观上具备违法的故意，即作为取证主体明知自己的行为严重违反程序法的规定，仍采取刑讯逼供、暴力威胁等取证方式。（3）客观上采用侵犯公民基本权利的有辱人格尊严的作为或不作为的方法，对被追诉人的肉体或精神进行折磨，使其产生巨大的痛苦。一方面，应考虑违法取证行为侵权的严重性，通常是通过肉刑、变相肉刑等（如刑讯逼供及"冻""饿""晒""烤""疲劳审讯"等）侵犯了公民的健康权、人格尊严等基本权利，这些权利通常为宪法所规定，轻微违法行为取得的供述不在排除之列。另一方面，除对受害人造成的身体损害外，还应具体考量其违法取证行为给受害人造成的精神强制，如巨大的恐惧、担忧、耻辱感等。（4）从结果看，严重违法取证行为迫使犯罪嫌疑人、被告人违背意愿进行了不利于己的供述，证人违背自己的意志做出了证人证言，办案人员非法手段获取了物证、书证等。

非法证据排除规则中的非法证据包括非法言辞证据和非法实物证据。根据我国《刑事诉讼法》第五十四条的规定，非法言辞证据包括：（1）采用刑讯逼供等非法方法收集的犯罪嫌疑人、被告人供述；（2）采用暴力、威胁等非法方法收集的证人证言、被害人陈述。《人民检察院刑事诉讼规则（试行）》（以下简称《高检规则》）特别明确了"刑讯逼供"和"其他非法方法"的含义，指出"刑讯逼供是指使用肉刑或者变相使用肉刑，使当事人在肉体或者精神上遭受剧烈疼痛或者疼苦以逼取供述的行为。""其他非法方法是指违法程度和对当事人的强迫程度与刑讯逼供或者暴力、威胁相当，迫使其违背意愿供述的方法。"非法实物证据是指不符合法定程序、可能严重影响司法公正且不能补正或者做出合理解释的物证、书证。《高检规则》第六十六条把"可能严重影响司法公正"细化为"收集物证、书证不符合法定程序的行为明显违法或者情节严重，可能对司法机关办理案件的公正性产生严重损害"，将"补正"界定为"对取证程序上的非实质性瑕疵进行补正"，明确"合理解释"的含义专指"对取证程序的瑕疵作出符合常理及逻辑的解释"，并特别规定经侦查机关补正或者能够做出合理解释的物证、书证，可以作为批准或者决定逮捕、提起公诉的依据。

《刑事诉讼法》第五十条规定："严禁刑讯逼供和以威胁、引诱、欺骗以及其他非法方法搜集证据，不得强迫任何人证实自己有罪。"这也就导致学界出现了通过"威胁、引诱、欺骗"等方式获取的证据是否属于非法证据排除之列的讨论。从条文可见，非法证据排除规则的上位原则是"反对强迫自证其罪"。如能够确定这一供述是违背被追诉人意志自由的非自愿性供述，即应作为非法证据予以排除；反之，某一违法取证行为不足以影响到被追诉人的意志自由，其供述本质上属于自愿供述，就不应作为非法证据被排除。一般情况下，采用"威胁、引诱、欺骗"获取的证据与"刑讯逼供"对相关人员的意志强制不可同日而语，被追诉人或者证人并未完全失去意志自由，所以通常"威胁、引诱、欺骗"获取的证据不作为非法证据排除。但是对于特别严重和恶劣的威胁、引诱、欺骗给被告人、证人造成精神上的巨大痛苦和心理强制，程度与刑讯逼供相当的，应当适用非法证据排除规则予以排除。

## 二、《刑事诉讼法》与《高检规则》非法证据排除程序构建

《非法证据排除规定》主要从人民法院刑事审判的角度规定了非法证据的排除程序，对人民检察院如何适用排除规则关注不够。而新修改的刑事诉讼法虽然进一步明确了人民检察院的排除义务，但章节篇幅有限，相应条文较少，对于具体操作性规定，更是鞭长莫及。于是最高检在此基础上，结合实践，及时更新了《高检规则》，构建起了较为完整的检察系统的非法证据排除规则。

（一）启动时间及程序优先性

从《高检规则》第六十八条可以看出，在侦查、审查起诉、审判阶段均可启动非法证据排除程序。《非法证据排除规定》第五条、第十三条也规定，庭审中控辩双方均可提出对非法取得的有关证据予以排除，但是否启动对证据收集合法性的调查，在于法庭对有关证据的合法性是否有疑问。是否启动该调查程序，决定权完全在法庭。

非法证据排除规则属程序性裁判，根据"程序优先审查原则"，非法证据排除规则应优先于实体性审判。其主要考量有：其一，非法证据排除规则所要规范的不是证据的证明力问题，而是证据能力问题。证据能力是证明力的前提。任何证据必须先具备证据资格，然后才谈得上对其证明力的审查判断。一旦将证据能力审查与证明力审查相互混淆，必定会影响裁判者的认知，影响"自由心证"。其二，出于效率考量，必须先解决程序性争议。只有在解决了程序争议的前提下，对案件实体问题的办理、审理才能有一个良好的环境；否则，会频繁地导致办案人员在证据资格审查与证明力判断之间徘徊，甚至会误导侦查、办案方向。在审判中也会致使双方程序争议不断、频繁休庭，这既影响诉讼效率，也会削弱法庭审理的集中性。其三，如将非法证据排除问题与实体性裁判一并进行，非常有可能造成程序性制裁的虚化，即不从根本上排除非法证据，而将本就存在的非法证据当成对被告人从轻量刑的一个砝码，久而久之，非法证据排除规则即会流于形式。

针对实践中大量出现控辩双方在庭审中纠缠于非法证据排除问题，严重影响庭审秩序和诉讼效率的问题，新修改的《刑事诉讼法》规定法官在审判过程中可以依照具体的步骤引导控辩双方对非法证据排除问题进行辩论，还特别规定了中国式的庭前会议制度，明确审判人员在开庭前可就非法证据排除问题了解情况，听取意见，对证据的合法性问题进行集中辩论、认定，为庭审扫清障碍。《高检规则》也据此明确了公诉人庭前的准备工作，对可能出现证据合法性争议的，拟定证明证据合法性的提纲并准备相关材料。《高检规则》第四百二十九条规定，人民检察院在开庭审理前收到人民法院或者被告人及其辩护人、被害人、证人等送交的反映证据系非法取得的书面材料的，应当进行审查。对于审查逮捕、审查起诉期间已经提出并经查证不存在非法取证行为的，应当通知人民法院、有关当事人和辩护人，并按照查证的情况做好庭审准备。对于发现新的材料或者线索，可以要求侦查机关对证据收集的合法性进行说明或者提供相关证明材料，必要时可以自行调查核实。

（二）启动方式

根据《刑事诉讼法》和《高检规则》的规定，非法证据排除规则可以依职权或依申

请启动。在依职权启动方面，人民检察院、法院在刑事诉讼过程中，若发现以非法方式搜集证据的，均可依职权启动非法证据排除程序；在依申请启动方面，当事人及其辩护人、诉讼代理人仅能针对侦查人员采取刑讯逼供等非法方法收集证据的行为向人民检察院或法院申请启动调查核实程序。由于在我国刑事诉讼中，辩护律师的力量较为薄弱，特别在审前程序中，律师的参与更少，权利亦受到较多的限制，因此通过当事人及其律师的申请启动非法证据排除难度较大，故主要以职权部门的职权启动模式为主。其中，人民检察院的职权的运用更为重要，故《高检规则》第六十八条中又对非法证据排除的启动方式做出了明确规定，其中在依职权启动方面，人民检察院在侦查、审查起诉和审判阶段发现侦查人员以非法方法收集证据的，应当报经检察长批准，及时进行调查核实；在依申请启动方面，当事人及其辩护人、诉讼代理人仅能针对侦查人员采取刑讯逼供等非法方法收集证据的行为，向本级人民检察院或上一级人民检察院申请启动调查核实程序，人民检察院经审查发现根据现有材料无法证明证据收集合法的，报经检察长批准后及时进行调查核实。

（三）证明责任

对于依申请而启动的非法证据排除规则，在初步审查阶段，出于考虑当事人处于弱势地位、取证不便等因素，为保护其合法权益，《刑事诉讼法》仅要求被告人及其辩护人提供相关线索或者材料。《高检规则》也规定，被告人及其辩护人应当提供涉嫌非法取证的人员、时间、地点、方式、内容等相关线索或者材料。其只有达到让办案人员或者法官对证据的合法性产生怀疑的程度，方会进入非法证据排除的实质审查阶段。之所以这样规定，一方面是为了限制被告人及其辩护人权利的滥用，节省司法资源；另一方面也为非法证据排除的实质审查阶段指清了方向。

在实质审查阶段，在庭审过程中，证明责任主要由公诉方承担，而在侦查、移送审查起诉阶段则主要由侦查人员承担证明责任。根据我国《刑事诉讼法》的规定，我国对非法证据采取了强制性排除和裁量性排除两种方式。

强制性排除针对言辞证据，具体而言，即包括侦查人员通过刑讯逼供等非法手段获取的被告人供述以及通过暴力、威胁等非法手段获取的被害人陈述、证人证言，一经确认上述非法取证行为的存在，就应无条件地将其排除。公诉方或侦查人员的举证责任主要是证明不存在刑讯逼供、暴力、威胁等非法手段取得言辞证据的情形，或者证明所获取的言辞证据均为合法手段所获取。

裁量性排除主要是针对实物证据，我国《刑事诉讼法》规定，对于非法取得的书证、物证，可能影响公正审判，且不能补正或做合理解释的，应当予以排除，可见法院享有一定的自由裁量权。我们可以看出要排除非法实物证据应包含三个要件：其一，侦查人员对物证、书证的收集不符合法定程序；其二，该违法取证行为"可能影响司法公正"；其三，对该取证行为不合法的情况不能进行补正或者做出合理解释。据此，其证明责任承担也主要包括三个阶段：其一，公诉方要证明侦查人员收集实物证据的合法性。其二，法院在认定实物证据取证不合法的前提下，责令被告方承担证明责任，也就是证明侦查人员的非法取证"可能影响司法公正"（即《高检规则》中规定的，收集物证、书证不符合法定程序的行为明显违反或者情节严重，可能对司法机关办理案件的公正性产生严重损害）。其三，假如被告方能够证明实物证据的非法取证"可能影响司法公正"，那么，证明责任再次回到公诉方或侦查人员，进行补正（《高检规则》将其界定为"对取证程序上的非实质性瑕疵进行补正”）或者合理解释（《高检规则》将其界定为“对取证程序的瑕疵作出符合常理及逻辑的解释”）。

（四）证明方式

根据《刑事诉讼法》《高检规则》的规定及实践经验，人民检察院在庭审过程中证明取证行为合法的几种基本手段，大致包括：其一，当被告人或者辩护人申请排除非法证据时，公诉人首先可以要求被告人及其辩护人提供相关线索或者材料，承担初步证明责任。其二，针对被告人或者辩护人对证据合法性提出异议的事项，公诉人可以出示包括讯问笔录、羁押记录、出入看守所的健康检查记录、看守所管教人员的谈话记录等证明材料，对庭前讯问被告人的合法性进行证明，也可以有针对性地播放讯问录音、录像。其三，公诉方还可以出示和宣读自行调取的相关人员的“情况说明”，提供“情况说明”的既可以是讯问人员，也可以是监所管理人员、同监所的人员或者录音录像的制作者。其四，在穷尽上述调查方法后仍无法证明取证行为合法性时，人民检察院才可以申请法庭通知侦查人员或者其他人员出庭说明情况，就取证行为合法性问题接受控辩双方的询问和合议庭的发问，充当“程序证人”的角色。

（五）证明标准

对于侦查行为的合法性，我国《刑事诉讼法》第五十八条规定：法院确认或者不能排除侦查人员存在以非法方法收集证据情形的，应当对有关证据予以排除。“确认”，是指有足够证据使法官确信该证据系非法取证；而所谓的“不能排除”，是指公诉方对侦查行为合法性的证明并没有令法官排除合理怀疑。可见，在对侦查行为的合法性的证明标准上，我国采取了和定罪量刑相同的证明标准：“排除合理怀疑”。因为非法证据排除规则与犯罪嫌疑人的定罪量刑有直接关系，采取相同的证明标准也符合刑事诉讼基本原理。

（六）调查核实主体

非法证据排除程序的调查核实程序依附于正常诉讼程序进行，在审查批捕、审查起诉和审判阶段，调查核实程序的负责部门一般也是办理案件的主管部门。根据《刑事诉讼法》第五十五、五十六条规定，人民检察院接到报案、控告、举报或者发现侦查人员以非法方法收集证据的，应当进行调查核实。法庭审理过程中出现的非法证据，由审判人员对其合法性进行法庭调查。除此之外，《高检规则》第六十九条规定非法证据的调查核实，侦查阶段由侦查监督部门负责，审查起诉、审判阶段由公诉部门负责，必要时，渎职侵权检察部门可以派员参加。

（七）排除结果

没有法律后果的法律规则实践意义是不大的，强有力的法律后果设置，是法律规则正确实施的保障。对于非法取证行为，我国的《刑事诉讼法》及《高检规则》规定了明确的违法后果及所应负的个人责任。新《刑事诉讼法》第五十四条第二款的规定：“在侦查、审查起诉、审判时发现有应当排除的证据的，应当依法予以排除，不得作为起诉意见、起诉决定和判决的依据。”《高检规则》第六十七条在此基础上作了进一步明确：“人民检察院经审查发现存在《刑事诉讼法》第五十四条规定的非法取证行为，依法排除该证据后，其他证据不能证明嫌疑人实施犯罪行为的，应当不批准或者决定逮捕，已经移送审查起诉的，可以将案件退回补充侦查或者作出不起诉决定。”

而在其后续处理上,《刑事诉讼法》第五十五条规定了对于确有以非法方法收集证据情形的,应当提出纠正意见;构成犯罪的,依法追究刑事责任。《高检规则》第七十一条在此基础上详细化其处理过程,对于办案人员在审查逮捕、审查起诉中经调查核实依法排除非法证据的,应当在调查报告中予以说明。被排除的非法证据应当随案移送。认为需要追究刑事责任的,应当依法移送立案侦查。

## 三、非法证据排除中的检察院角色

从以上的论述中,我们可以看出检察机关在非法证据排除规则的适用过程中发挥着极其重要的作用。从不同的诉讼阶段中,检察机关承担着不同的角色。

（一）预防主体

刑讯逼供、暴力威胁等非法手段取得言辞证据及非法取得书证、物证等皆属于侦查人员的侦查行为,即侦查人员的职务行为。"防患于未然""预防与惩治并重"方是最有效的打击犯罪、维护社会和谐稳定的方法。针对刑讯逼供等职务犯罪特征提出切实的预防方案,转变侦查人员的办案意识是人民检察院的一项基本工作。

（二）监督主体

人民检察院是我国的法律监督机关。《刑事诉讼法》规定人民检察院接到报案、控告、举报或者发现侦查人员以非法方法收集证据的,应当进行调查核实。《高检规则》中也规定,人民检察院在侦查、审查起诉和审判阶段发现侦查人员以非法方法收集证据的,应当报经检察长批准,及时进行调查核实,这些实质上皆是人民检察院是我国的法律监督机关使然。

（三）排除主体

根据《刑事诉讼法》第五十四条第二款的规定,在侦查、审查起诉、审判时发现有应当排除的证据的,应当依法予以排除,不得作为起诉意见、起诉决定和判决的依据。而人民检察院在调查核实之后,若发现存在《刑事诉讼法》第五十四条规定的非法证据之后,应依法作出排除。

（四）证明主体

人民检察院的一项重要职能是代表国家追诉犯罪。在庭审过程中,若被告人及其律师对证据的合法性提出异议,并致使法官产生怀疑时,人民检察院就应采取相应的证明手段对取证行为的合法性予以证明。

（五）补正主体

根据《刑事诉讼法》的规定,对于非法取得的书证、物证,可能影响公正审判时,公诉方应对此作出补正或者合理解释,若不能作出补正、合理解释就会导致该书证、物证的排除。

（六）责任追究主体

非法取证行为属于侦查人员的职务行为,对于需要追究刑事责任的,大多数情况下由检察机关的自侦部门负责立案侦查。对于尚未构成犯罪的,人民检察院也应当依法向被调查人所在机关提出纠正意见。

# 四、人民检察院非法证据排除的困境及克服

（一）办案人员有限，素质不齐

一个好的法律制度必定须配备相应的执行人员才能落到实处，而在基层法院和基层检察院，人少案多、办案压力大的问题依然没有得到解决。在忙碌的工作中，控诉方及审判人员很难对每个案件的所有证据进行细致的斟酌、审核。在工作中很难确保不存在工作失误与瑕疵，最终导致瑕疵证据、非法证据流入庭审环节，甚至将此类证据作为定案依据。而在办案终身责任制的压力下，在一些司法改革试点单位，甚至出现了法官、检察官的"离职潮"。在待遇与责任不协调的情况下，许多优秀法官、检察官选择辞职，这更进一步导致了司法办案资源的紧张。另外，每个人的法律水平和业务能力不一，导致对于案件及非法证据的把握水平不一，对于有些证据，一些办案人员认定为非法证据，在另一些办案人员眼中则不是非法证据，导致非法证据排除规则得不到统一适用。

对此，应做到以下几点：第一，借助司法改革契机，扩充编制，招录具有法律专业知识的人才充实司法一线队伍。同时，努力实现司法人员职业权利保护与终身责任制之间的平衡。通过提高基层办案人员待遇，实现"不仅招得进人，更须留得住人"，防止优秀办案人员的流失。第二，通过专门的培训活动，切实转变办案人员的司法理念，增强对非法证据把握及案件控制能力。第三，借助司法员额制改革，真正实现检察员及法官队伍的合理进出，激励年轻司法办案人员，同时实现办案队伍的优化，整体提高司法队伍水平。

（二）滥用现象普遍

我国法律规定，当事人及其辩护人仅承担初步的证明标准，便可进入非法证据排除的实质审查阶段。其本意是考虑当事人地位较弱、取证不便等。但是在实践中，却存在即使没有存在非法取证的情形，当事人及其律师仍会要求启动非法证据排除程序，在某些律师的代理刑事案件的流程中，要求非法证据排除已经成为其必备项目、庭审计谋之一，甚至教唆、暗示当事人提出非法证据排除，导致办案效率降低、司法资源浪费。

为了防止这种现象，可以从以下两方面入手：一方面，建立律师诚信档案，对于恶意提起非法证据排除的，应给予警告、罚款等相应处罚措施。限制权利滥用不是为了限制权利，而是为了更好地行使权利。另一方面，在刑事审查过程中，审查人员应准确把握证明标准，而不是只要当事人及其辩护律师提出异议，就启动实质审查。对于一些供述存在矛盾、行为表现异常的，应慎重启动非法证据排除。

（三）证明形式化

在非法证据排除的程序构建中，我们已经简要了解了非法证据的证明机制，包括证明责任、证明方法、证明标准等。但由于非法证据证明的复杂性，在实践中突出存在两种倾向：其一，证据合法性证明的形式化。在审查起诉之前，有时办案人员并未认真履行调查核实责任，以致使问题证据流入法庭审判阶段。而当法官依职权启动或当事人履行申请排除程序的证明责任之后，即进入对证据收集的合法性进行法庭调查的程序。针对被告人或者辩护人对证据合法性提出异议的事项，我国法律规定了控诉方可以通过出示包括讯问笔

录、羁押记录、出入看守所的健康检查记录、看守所管教人员的谈话记录等证明材料、有针对性地播放讯问录音录像、出示办案说明，甚至要求侦查人员出庭做证等方式予以证明。但是在实践中，控诉方有时并未认真履行，只是按照法律规定的证明方法进行机械的、空洞的证明，流于形式。在无法证明合法性的情况下，便将证明责任交由侦查人员承担，而侦查人员大多数情况下并未出庭做证，多采取书面说明的形式对相关情况进行说明；即使出庭做证，也以"少说""慎说""不说"等形式接受被告人及辩护律师质证。其二，证明标准一定量虚化。有时法院出于各方面考虑，对于公诉人及侦查人员的证明除严重不符合事实和法律外均予以采纳，对于一些问题选择性忽略，导致证明效果大打折扣。

对此，可以采取以下对策：一是控诉方应切实转变自己的办案意识，认真履行证明职责，同时拓宽证明方法，努力收集、提供更多的证据并保证其合法性与真实性，构建证据合法性证明体系。同时，认真履行非法证据调查核实义务，以尽早排除为原则，增强依职权发现非法证据能力，增强发现证据矛盾点、证据链缺失的能力，对于有问题的证据尽早补正、补全，对于非法证据尽早排除，不让问题证据进入审判环节。二是对非法证据有审查核实义务的主体（如法庭、公诉人员、侦监部门等）应切实把握"排除合理怀疑"证明标准。设置有利于弱者的推定，对证据的证据能力和证明力进行整体评判，决定是否作为认定犯罪的依据；对于不够确实的证据，应本着有利于犯罪嫌疑人、被告人的原则，将其作为存疑证据，不能作为认定犯罪、追究刑事责任的依据。

（四）相关经验缺失

从 2010 年"两高三部"的《非法证据排除规则》的出台到现在已有五年，但是我国的非法证据排除规则依旧处于幼年阶段，并没有太多先前经验可循，这同时也是导致滥用现象普遍、证明形式化的原因之一。有时，审查人员由于认识水平不一，对非法证据证明标准的把握水平不一、启动及证明方式不一，侦查人员出庭做证更是混乱，这些都严重影响到了非法证据排除规则的效果及司法的权威性、公正性。

对于经验不足问题，可以从以下两个方面进行补足：一方面是，细化非法证据排除规则，在法律不能随意修改的情形下，通过立法解释、司法解释等方式统一标准，对于一些模糊性事项明确化，使得非法证据排除规则的各个阶段均有法可依。另一方面，通过案例指导将非法证据排除规则回归实践。我国虽然不承认判例为法律渊源，但案例指导制度对于人民检察院和人民法院同样重要。理应积极地通过发布指导性案例，引导司法人员正确把握非法证据排除的实体性规则，并恰当运用非法证据排除的程序性规则。

综上所述，从 2010 年初次确立非法证据排除规则，到 2012 年新的刑事诉讼法的颁布实施，再到《高检规则》等司法解释对相应条文进行解释、细化，我国非法证据排除规则正在逐步完善，程序性裁判渐渐独立于实体性裁判，非法证据排除也作为一种理念不断地被侦查人员、公诉人员、审判人员所接受。但是对比于实践中存在的问题，我们仍可以看出我国的非法证据排除规则仍有很长的路要走。而作为其中关键环节的人民检察院更是任重而道远。随着我国侦查技术的提高以及司法体制改革的不断进展，我国的非法证据排除规则必将会日趋成熟和合理化，其也必将在避免冤假错案、维护司法公正、保障人权等方面发挥更大作用。

（作者单位：亳州市谯城区人民检察院）

**参考文献：**

［1］陈卫东. 人民检察院适用非法证据排除规则若干问题的思考［J］. 国家检察官学院学报，2013 年（1）.

［2］陈瑞华. 非法证据排除规则的中国模式［J］. 中国法学，2010，（6）.

［3］陈瑞华. 非法证据排除程序再讨论［J］. 法学研究，2014，（2）.

［4］闵春雷. 非法证据排除规则适用问题研究［J］. 吉林大学社会科学学报，2014，（2）.

［5］陈卫东. 检察机关角色矛盾的解决之策———法律监督职能与诉讼职能的分离［N］. 法制日报，2011－02－23.

［6］顾永忠. 我国司法体制下非法证据排除规则的本土化研究［J］. 政治与法律，2013，（2）.

# 民事诉讼证明规则的改革与完善

施兴宇

随着民事审判方式改革的深入和完善，诉讼证据的作用显得越来越重要，其直接影响着整个民事诉讼改革的价值取向。改革和完善现有诉讼证据规则，对于提高法律审判工作的透明度，提高审判工作效率，节省诉讼成本，最大限度地实现办案的公开、公平、高效，具有十分重要的意义。要实现办案的公开、公平、公正三性，关键的一点就是变纠问式审判为诉辩式审判，双方有理讲在庭上，有证举在庭上，法官通过庭审，以有效证据证实的事实来判断是非曲直。但什么样的证据是有效证据、怎样提供证据、由谁提供证据、举证责任如何分配等一系列的民事诉讼证据规则问题，是目前还未有效解决的问题。正是存在这些问题，致使民事诉讼证据的取得、适用和责任分配、认证出现盲目性、随意性，极大地影响着法院办案的公正与效率。故本文拟从分析民事诉讼证据规则的现状入手，提出架构，完善民事诉讼证据规则的设想。

## 一、我国目前民事诉讼证据规则的现状

民事诉讼证据是指在民事诉讼过程中，用来确定案件事实的根据。"以事实为依据，以法律为准绳"是人民法院审理民事纠纷案件必须遵循的基本原则。从方法论的角度来讲，人民法院受理的民事纠纷案件，都是已经发生的事件，审判人员不可能预先知道案件事实，不可能一开始就了解当事人之间的民事法律关系发生、变更、消灭的过程。这样，审判人员对于审理的案件，实际上是一个由不知到知的过程。要完成从不知到知的过程转变就必须借助证据。只有充分、确凿的证据，才能保证正确认定案件事实，最大限度地追求"法律事实"与"客观事实"相一致，从而正确确定当事人之间的权利义务关系，保证办案质量。同时，也只有掌握充分、确凿的证据，才能有理有据地说服教育当事人遵守法律，履行自己的义务，使纠纷能彻底、迅速地解决。

基于证据在民事诉讼中的重要作用，我国的《民事诉讼法》《民法通则》《最高人民法院关于民事诉讼证据的若干规定》均对证据的种类、举证责任、证据取得、证据来源、证据形式做出了一些基本的规定。《民事诉讼法》第六十四条规定，"当事人对自己提出的主张，有责任提供证据"；第六十三条规定了诉讼证据种类有"书证、物证、视听资料、证人证言、当事人陈述、鉴定结论、勘验笔录"。《民法通则》第五十六条规定，"民事法律行为可以采取书面形式、口头形式或者其他形式，法律规定用特定形式的应当依照法律规定"。《最高人民法院关于民事诉讼证据的若干规定》第二条规定，"当事人对自己提出

的诉讼请求所依据的事实或者反驳对方诉讼请求所依据的事实有责任提供证据加以证明。没有证据或证据不足以证明当事人的事实主张的，由负有举证责任的当事人承担不利后果"。这些条文都对证据进行了一些限定。但笔者认为这些限定过于简单，给证据的认定带来难度。同时由于法律上对证人的保护、证人的举证义务等缺乏强制性，往往又致使当事人的举证不能及法院的查证不能，使案件"客观事实"无法认清，当事人的权益得不到保护。其主要体现在以下几个方面：

一是当事人举证的盲目性和随意性。由于没有统一的规范，加之当事人文化素质的差异，对于如何搜集证据、分辨证据、利用证据，当事人往往无法把握，导致在案件审理中，当事人对自己的主张要么没有具体证据证实，要么无证明力的证据一大堆，致使一次开庭结案率低，法院又得重新调查，重新开庭，体现不了办案效率。

二是当事人举证责任划分不清。举证责任的含义，是指当事人对自己的主张应当提出证据加以证明，当事人提不出证据或提出的证据不能证明其主张，法院依职权也未能收集到证据时，负有举证责任的一方要承担败诉的不利后果。虽然我国《民事诉讼法》及相关司法解释对我国当事人的举证责任作出了"谁主张、谁举证""举证责任倒置""举证责任免除"等相关规定，但由于在审判实践中不断出现新的情况，遇到新的问题，这直接影响到当事人举证责任的分配。实践中主要表现为审判人员机械地理解适用"谁主张、谁举证"原则，错误地划分当事人的举证责任，致使当事人合法权利不能得到法律的保护。

三是当事人举证与法院查证关系不明，导致审判实践中证据的调查收集活动相对混乱。审判实践中，片面强调当事人的举证责任而忽视法院依职权调查取证，从而剥夺当事人诉权的现象时有发生。最高人民法院关于《民事诉讼证据若干规定》第十七条只规定了"属于国家有关部门保存并须人民法院依职权调取的档案材料及涉及国家秘密、商业秘密、个人隐私的材料可申请法院调查收集证据"，但对《民事诉讼法》中规定的当事人或其诉讼代理人确因客观原因不能收集的其他材料，并未作出详细具体的解释，致使在审判实践中因法官的理解不同而产生的结果迥异。这样，就很难保护法官在调查取证过程中始终保持独立、中立，也直接导致证据收集活动的相对混乱。一方面表现为不少法院及其法官往往凭借其在调查取证方面所享有的广泛的调查取证权利而按照自己的主观臆断随心所欲地调查收集证据；另一方面表现为一些法院及其法官常常以现行民诉法已对当事人自负举证责任作出了明确规定为借口，对本来认为由其调查收集的证据采取敷衍塞责的推诿懈怠态度。以上两种表现已严重影响到法院和法官的声誉和司法权威。

四是法官对有效证据的认定及非法证据的排除随意性大。现有许多法院，为了提高当庭宣判率，都将当庭认证作为审判方式改革的一种倾向，硬性规定合议庭或独任审判庭法官所办的案件当庭宣判率要达到一定的百分比，致使认证过程简化、随意性大。事实上，在大多数案件中，当事人提出的证据需由合议庭合议讨论，认证过程也包括在合议庭讨论过程中。但认证对法官自身素质要求极高，包括证据规则的全面掌握、审判技巧的娴熟运用及"法律真实"理念的确立等，司法实践中出现的各种问题很大程度上与此相关。比如有的该当庭认证的不当庭认证，不该认证的草率认证；有的对拿不准的证据未经合议庭当庭认证，有的对关键证据急于表态认证；还有的抓不住案件的争执焦点影响了正确认证，而且认证的果断性不够，说理也不够透彻等等。

# 二、完善民事诉讼证据规则

## （一）完善当事人举证、法院查证制度

民诉法第六十四条规定，当事人对自己提出的主张有责任提供证据。这是当事人承担举证责任的法律依据。从举证责任的内涵来讲，当事人举证责任，既是一种程序责任，也是一种结果责任。而由当事人承担举证责任，既是我国民事证据立法模式的基础，也是我们审判改革的重心。笔者认为，完善当事人举证制度应从以下方面着手：一是尽快建立当事人举证通知书制度。举证通知书制度是保证当事人依法行使诉讼权利、提高诉讼效率的有效途径之一，它是指法院在受理案件后，通过书面形式，要求原告、被告围绕自己的诉讼主张提出相关证据或提请法院查证，否则就有可能承担不利诉讼后果的制度。二是进一步确立法院查证制度。我国采取的当事人举证责任制度，并非完全的当事人主张，而是当事人主义与职权主义诉讼模式的有机结合。在当前调查收集证据受到诸多限制的情况下，完全依靠当事人举证，是不可能也是不现实的。因此，当事人举证必须辅以法官查证，才能确保证据的完备。为此，在现有诉讼模式下建立专门法官查证制度，实现审判权与查证权相分离，应该是一个完善证据制度的很好的做法。当然，法官调查取证的范围，仅限于当事人及其代理人依法律规定的原因不能收集，主动申请法官收集的证据。同时，在法官调查取证过程中，我们必须明确两点：其一，法院与当事人的诉讼地位是不同的。法院并不是举证责任主体，因此，法院查证的程序，是依当事人的申请而启动。其二，法院依职权查证，仍收集不到有效证据，可视为当事人举证不能，并由其自行承担法律后果。三是进一步完善当事人的取证制度，除属于国家有关部门保存并须人民法院依职权调取的档案材料和涉及国家秘密、商业秘密、个人隐私等不能公开的证明材料外，应当允许当事人和律师全面调查取证，相关单位和个人有义务予以协助，并允许其依法定程序制作调查笔录，提供有关资料文件，被调查人应予配合。

## （二）合理分配举证责任

从目前我国民事审判方式改革的实际情况看，不但需要在法律上规定当事人、律师调查取证的基本方法和程序，而且还应进一步明确当事人举证责任分配原则及例外、司法认知、推定和自认原则以及当事人举证责任免除。举证责任的合理分配和划分，应综合考虑各种因素，依靠多种标准进行，真正做到公正合理。笔者认为要实现举证责任的合理分配，应遵循一定原则：

### 1. 法律既定原则

即在《民法通则》《民事诉讼法》及有关司法解释中明确规定了举证责任分配的，应按照法律规定办。目前，我国法律主要规定了三条基本原则，即"谁主张、谁举证""举证责任倒置""举证责任免除"。举证责任倒置和举证责任免除，无论是实体法还是程序法都规定得很清楚，无须赘述。"谁主张、谁举证"，灵活性较大，在通常情况下，适用这条规则时应注意遵循以下两个方面：一是当事人主张权利或法律关系存在的只需对产生权利或法律关系的要件事实负举证责任，无须对不存在的阻碍该权利或法律关系发生的事实承担举证责任。以产生某种权利或法律关系的事实不存在为由，反驳原告的诉讼请求的当

事人，应当对存在阻碍该权利或法律发生的事实负举证责任。例如，在借贷纠纷中，原告要求被告偿还借款时，他只提供证明借贷关系成立的法律事实，就算尽了举证责任，借贷关系没有发生的法律事实，或借贷后已偿还的事实则由被告承担举证责任。二是凡主张原来存在的权利或法律关系已经变更或消灭，或者应当变更或消灭的当事人，只需就存在变更、消灭权利或法律关系的事实承担举证责任。阻碍权利或法律关系变更或消灭的事实是否存在，则由对方当事人承担举证责任。例如，在离婚纠纷中，原告承担的举证责任是对夫妻感情确已破裂的事实，提供证据加以证明，而对不存在夫妻感情是否破裂的事实，或其他导致婚姻关系不能够解除的事实，不负举证责任，这类事实应由对方当事人负举证责任。

### 2. 法官自由裁量原则

由于现实社会现象纷繁、复杂，当事人举证情况也在不断地发生变化，单靠法律一一给予明确的规定是不符合实际的，也是不可能的。因此，给予法官一定的裁量权，使法官在裁判过程中，依据一定的规则酌情裁量双方当事人的举证责任，这是符合现代司法审判理念的，也与我国现有的法律原则不相冲突。法官的自由裁量权并不是放纵法官的恣意妄为，而是要求法官直接面临证据，通过自己在法庭上的所见、所闻，自然而然地形成对作为判决基础的事实的确信，这种确信的程度"不同于丝毫无疑义的自然科学的证明，而是只要通常人们在日常生活上不怀疑并达到作为其行动基础的程序就行"。在法官具体运用自由裁量权时，笔者认为应把握以下几个方面：

其一，以控制危险领域事实的一方当事人负举证责任，即按举证责任分配的一般原则讲，应由一方负举证责任，但由于所争议的法律事实处在另一方的危险领域的控制中，则举证责任应由处于控制优势的另一方当事人承担。

其二，以事实发生盖然性低的人负举证责任。盖然性标准是人们在长期的审判实践中反复求证的结果，是人类思维对客观事实的反映。"在证据法领域，近几十年来出现的盖然性学说，正是人类长期社会实践在司法审判上的一种必然产物，该种学说将人类生活经验及统计上的概率，适用于当待证事实处于不明之情形"。当事实处于真伪不明时，如根据统计资料或人们的生活经验，该事实发生的盖然性高，则主张该事实的一方当事人不承担举证责任，而由对方当事人对该事实未发生承担举证责任。例如，在借贷纠纷中，甲起诉乙，称乙借了甲 30000 元钱未还，并出示了一张借条原件作为证据，要求法院判决乙偿不还给甲。在案件审理过程中，乙否认借条的真实性，否认借款事实。该案按照举证责任的一般原则来讲，甲只就乙借款的事实以出示借条原件作为证据，而乙又否认了这个事实，故应当由乙提出相反证据来推翻借条的真实性，则应当由乙向法院申请对借条的真伪进行鉴定，就不存在借款事实承担举证责任。因为借条还在甲掌握之中，甲只要提供此借条就足以证明。该案举证责任的关键已转化为"借款是否有借条"这个法律事实上，此时法官便可依靠盖然性高低来确定举证责任。依交易习惯，"借款打借条"发生的盖然性要低，故应由主张没打欠条的乙承担举证责任，比较符合公平正义原则。

其三，以妨害行为发生的一方当事人负举证责任。对无正当理由造成证据毁损灭失的，或者故意毁损对己不利的证据当事人，法官应将举证责任裁量给他，由行为人负举证责任。

其四，以故意隐瞒证据一方当事人负举证责任。对无正当理由拒不向法庭提交证据，且对方当事人有证据证明其握有证据时，法官应责令其交出证据，否则可裁量举证责任给他，作出不利于他的裁判。

（三）建立科学合理的认证规则

在我国司法实践对证据认证的运用中，各级法院基本上是依照证据的"真实性、合法性、关联性"三个属性对证据材料进行确认排除。实践中开庭审理时，当事人举证、质证每一节结束后，法官一般就会对证据作出认证。我们常常可以听到"对某某证据予以认定，对某某证据不予认定"，而事实上法官是依据什么标准或规则对这些证据不予认定而不采纳的呢，法官依据"合法性、真实性、关联性"三个属性的具体标准又是什么，法律上并无明确的规定，针对这种情况，笔者认为很有必须建立相关的法官认定规则。

1. 法官认证应建立自由心证制度

自由心证是资产阶级革命时期，相对于欧洲中世纪封建专制诉讼中的法定证据制度而产生的，其内涵是：证据的证明力及如何运用，法律不预先规定，由法官自由判断，形成心证，心证达到确信不疑的程序，叫作确信，法官依据"内心确信"认定案件事实。我国尚未确定自由心证制度。对于这种证据制度，应当辩证地看待，有的学者主张建立现代自由心证主义为认证原则。因为现代自由心证主义认证原则是在批判传统的自由心证基础上产生的。它主要包含两方面内容：其一是法官具有判断证据的职权和职责，其他人无权干涉；其二是法官自由裁量证据的行为受到证据规则的制约。这两方面内容符合现代审判发展的要求，且现代自由心证有其存在的依据和价值，我们应大胆地借鉴和运用，并尽快制定出符合我国国情的自由心证原则。

2. 法官认证应引入优势证据原则

也就是说，在做好庭前准备工作的基础上，坚持分段核实、分段认证的方法和步骤，正确认识认证与说理的辩证关系，对于现有证据不能确定案件事实时，应引入优势证据法则。所谓优势证据，是指一方提出的证据并未达到确实充分的程度，但达到了合理可信的程度，即可以予以认定其有效的诉讼活动。根据审判实践经验，法官对下列证据应当作出有效证据认证：一是双方当事人明确表示认可的，包括权威部门的鉴定、审计、勘验笔录等；二是一方虽对对方提出的证据有异议，但不能提出反证和理由的；三是一方对证据提出反证予以反驳而先举的一方对反证认可的；四是对法院调查的证据，经质证双方无异议，或虽有异议不能举证予以推翻的。而对于与案件事实无关或不足以证明案件事实的，以及被新的证据驳倒的证据应作出无效的认定。

民事诉讼证据规则问题不是一朝一夕形成的，因而解决这些问题，也不是短期内能够奏效的，它需要法律人经过长期的研究探索，才能不断地使之完善。通过以上论述，笔者认为法律界应从转变司法理念入手，从追求"客观真实"到追求"法律真实"，在限定法官自由裁量权的基础上，充分发挥自由心证判断原则在审判实践中的作用，并明确盖然性标准，使法官依据"最大可能的标准"作出裁判，最大限度地实现审判的公开、公平、公正、高效目的。

（作者单位：安徽儒林律师事务所）

# 刑事公诉案件庭前会议制度基本架构

徐红霞

新修订的《刑事诉讼法》，将"庭前会议"作为可选程序，引入刑事案件的审理环节，规定"在开庭以前，审判人员可以召集公诉人、当事人和辩护人、诉讼代理人，对回避、出庭证人名单、非法证据排除等与审判相关的问题，了解情况，听取意见"。此举突破了以往"一步到庭"的传统做法，无疑是对刑事案件法庭审理准备措施的有效丰富。但它缺乏统一、精细的操作规程，导致实践中各地法院认识不一、做法不一，适用率不高。本文试从确立相关事项的判断标准入手，架构庭前会议的基本运行程序和内容，以推动该项制度的有效运转。

## 一、确立庭前会议适用范围的判断标准——"可以"与"必要"

刑诉法对适用庭前会议的案件范围，没有作出规定。而《刑诉法解释》第一百八十三条对此问题则有所明确，规定："案件具有下列情形之一的，审判人员可以召开庭前会议：（一）当事人及其辩护人、诉讼代理人申请排除非法证据的；（二）证据材料较多、案情重大复杂的；（三）社会影响重大的；（四）需要召开庭前会议的其他情形。"其中第（四）项关于其他情形的规定，使得适用庭前会议的案件范围变得非常宽泛。

关于庭前会议的适用范围，笔者以为，这里需要确立一个判断标准，以进一步指导司法实务。这个判断标准分为两个方面：一是基于法律规定，哪些案件可以适用庭前会议；二是基于个案情况，是否有必要适用庭前会议。这两个方面的结合，便形成具体案件是否适用庭前会议的判断。

哪些案件可以适用庭前会议？鉴于刑诉法解释第一百八十三条已经作出明确规定——尽管这个规定涉及的范围非常宽泛，在这里，笔者结合上述法律规定，就司法实务中出现的"有必要召开庭前会议"的情形作一个归纳：

其一，当事人提出的申请或者异议，有导致庭审中断可能的。譬如，被告人及其辩护人就非法证据排除、回避、不公开审理、调取证据等提出申请，就管辖权、出庭证人或者鉴定人名单等提出异议，通常会导致庭审中断，所以有召开庭前会议的必要。但是，假如根据被告人及其辩护人陈述的理由、提供的证据，对其要求某审判人员回避的申请或不公开审理的申请，不召开庭前会议极易作出认定，尽管其申请符合"可以召开庭前会议"的法定情形，原则上仍应依法径行作出处理决定，无须召开庭前会议。

其二，需要通过召开庭前会议整理事实、归纳争点的。通常情况下，涉及多个罪名、多起犯罪事实或者多名被告人的案件，证据材料必然较多，案情也较为重大复杂，庭审调查的工作量较大，有必要召开庭前会议，归纳、整理事实和证据争点，将有争议的事实与证据、无争议的事实与证据有效区分在庭审前，从而促使庭审更具针对性，提高庭审效率。

其三，社会影响重大的案件。此类案件，案情本身也许并不复杂，当事人争议也不大，但案件后果或者涉案当事人的身份等，引起了公众的普遍关注，社会影响重大，通常需要制定周密的庭审预案。因此，有必要庭前召开会议，了解情况，听取意见，以掌控庭审效果，在确保程序公正的同时，充分发挥庭审的宣传教育功能。

其四，审判人员认为有必要召开庭前会议的其他情形。譬如，被告人原本不认罪的一些案件，如果通过庭前会议可以促使其认罪，进而适用简易程序审判，则可以召开庭前会议，以促进诉讼程序的繁简分流。

需要明确的是，理论界和实务界对以下两类案件是否适用庭前会议制度存有争议：一是以简易程序审理的案件；二是没有辩护人的案件。对此，笔者以为，不能机械地一概而论，应当根据个案情况，适用"必要性"的判断标准。譬如，适用简易程序审理的案件，在程序和事实方面通常都不存在争议，庭审原本就比较简化，所以没有召开庭前会议的必要性。但如案件涉及的证据材料很多，通过庭前会议予以梳理，可以促使庭审更加简洁高效的，适用庭前会议制度亦未尝不可。又如，没有辩护人的案件，因被告人缺乏辩护人专业意见的帮助，庭前会议一般难以取得预期效果，所以召开庭前会议的意义不大，没有什么必要性。但假如被告人原本就是一位"法律人"，而案件在其他方面具有召开庭前会议的必要性，就不能因为没有辩护人而否定会议召开的必要性。

总之，笔者认为，实践中针对具体个案，是否需要召开庭前会议，应由审判人员基于案情，结合法律规定，考量是否有召开庭前会议的"必要性"。有则召开，无则免之。对于"必要性"的判断，适用简易程序审理的案件，原则上以主审法官为判断主体，可以商请庭长意见；适用普通程序审理的案件，原则上以合议庭为判断主体。

## 二、确立庭前会议处理事项的界定标准——以"解决程序事项为原则""解决实体事项为例外"

有学者认为，庭前会议以提高庭审效率为价值目标，因此其仅应解决程序问题，如将实体问题纳入庭前会议可能导致庭前会议功能的膨胀，甚至冲淡庭审的功能。退一步讲，即使将实体问题纳入庭前会议来解决，也应作必要的限定，否则可能不利于被告人的权利保护。笔者赞同这一观点。

一是凡有导致庭审中断、影响庭审质效可能的程序性问题，均可纳入庭前会议予以解决。刑事诉讼法第一百八十二条第二款规定，庭前会议可以对"回避、出庭证人名单、非法证据排除等与审判相关的问题，了解情况，听取意见"。本条款主要采用列举的方法，明确三个方面与审判相关的问题，为庭前会议的处理事项。这三个问题的共性特征是，均有可能导致庭审中断，影响庭审顺得进行，属程序性问题。

但实践中，可能导致庭审中断的程序性问题，并不局限于以上三个方面。有鉴于此，《刑诉法解释》第一百八十四条第一款进一步明确："召开庭前会议，审判人员可以就下列问题向控辩双方了解情况，听取意见：（一）是否对案件管辖有异议；（二）是否申请有关人员回避；（三）是否申请调取在侦查、审查起诉期间公安机关、人民检察院收集但未随案移送的证明被告人无罪或者罪轻的证据材料；（四）是否提供新的证据；（五）是否对出庭证人、鉴定人、有专门知识的人的名单有异议；（六）是否申请排除非法证据；（七）是否申请不公开审理；（八）与审判相关的其他问题。"本条款所列举的可在庭前会议中予以处理的八个问题，基本涵盖了司法实践中常见的程序性问题，进一步满足了实务需要。从立法定位看，这八个问题的共性特征，仍都属于可能导致庭审中断、影响庭审顺利进行的程序性问题。

二是庭前会议对程序事项的处理，应当停留在程序阶段。换言之，即使遇到在庭前会议中有能力解决的实体问题，除法律另有规定的以外，都应当予以"搁置"，留待庭审中予以解决或者使用其他程序予以解决。从司法实务的角度看，一些程序问题与实体问题密切关联，很难截然分开。譬如，非法证据排除申请，属程序性问题，但它又与证据能力的认定乃至案件事实的认定等实体性问题紧密相关；又如，《刑诉法解释》第一百八十四条第二款规定"审判人员可以询问控辩双方对证据材料有无异议，对有异议的证据，应当在庭审时重点调查；无异议的，庭审时举证、质证可以简化"，实际上是将梳理证据争议这一偏重于实体性的问题也纳入庭前会议的处理事项范畴。鉴于庭前会议仅是一个控辩双方交换意见的平台，是庭审法官了解情况、听取意见的平台，庭前会议不应对有关证据的效力及其所能证明的案件事实等实体问题作出认定。

有观点认为，庭前会议对上述能够解决的一些实体问题应当予以解决，否则便"人为地缩小了庭前会议所能解决的事项范围，势必会限制其功能的发挥，不利于庭前准备工作的成效"①。对此笔者不敢苟同。如此，势必导致庭审的虚无化，偏离设置庭前会议制度的立法本意。

三是庭前会议解决的是程序性问题，但法律明文规定可以在庭前会议中予以解决的实体问题，依法律规定。譬如，《刑诉法解释》第一百八十四条第三款规定，在庭前会议中"被害人或者其法定代理人、近亲属提起附带民事诉讼的，可以调解"。这是一个庭前会议中可以处理的实体问题，也是一个例外。例外的前提，是法律的明文规定。依笔者的理解，法律之所以对这个实体问题的处理，在程序上作出例外的规定，还是因为它是一个"附带的诉讼"，在本质上属于"民事实体问题"。而对这个民事实体问题的调解，即使不召开庭前会议，也可以在庭前予以调解。

## 三、构建庭前会议的具体流程——会前引导、召集会议、会议分项有序进行、逐项作出"处理和交代"

（一）会前准备与引导

庭前会议作为庭审前准备程序的重要环节，本身也需要辅之以相应的会前准备。一般包括以下三个环节：

其一，庭前阅卷。审判人员通过庭前阅卷，了解案件事实与证据的总体情况，对召开

---

① 戴长林：《庭前会议若干疑难问题》，载于《人民司法》2013 年第 21 期第 6 页。

庭前会议的必要性自然会有一个初步判断。

其二，询问了解。结合送达起诉书副本，可以询问被告人及其辩护人对指控犯罪事实的意见，了解被告人是否认罪，是否有需要在庭前会议中解决的事项申请，等等。

其三，会前指引。将有关庭前会议的法律规定和注意事项，纳入诉讼权利告知内容。提倡印制书面的庭前会议指南，在送达起诉状副本环节，一并送达被告人及其辩护人。加强庭前会议指引，可以有效保证庭前会议程序的有序展开，也有助于维护被告人的诉讼权利。

### （二）召集会议

#### 1. 会议的启动途径

刑诉法及司法解释只是规定审判人员可以召集庭前会议。司法实务中，导致庭前会议启动的途径无非以下三种情况：（1）人民法院针对个案的审理需要，径行依职权决定召开庭前会议；（2）当事人及其辩护人、诉讼代理人为了维护权益，于庭审前提出了各种程序事项的申请或者异议；（3）人民检察院为了解辩方观点和主张，做好相关准备工作，建议人民法院召开庭前会议。对于上述第（2）、（3）种情况，人民法院经审查认为符合法律规定的情形时，可以决定召开庭前会议。

不难看出，能否启动庭前会议程序，"咽喉性的环节"是，都需要人民法院依职权审查并决定是否召开庭前会议。相比而言，控方的建议或者辩方的申请，仅是"干流"之上的两个源头性的"支流"。从诉讼技巧和片面追求辩护效果的角度而言，在很多场合，辩方可能"更愿意"搞证据突袭。所以"支流"不一定非常情愿地汇入"干流"。因此，研究庭前会议启动途径的意义，不在于其本身，而在于审判人员如何更好地加强会前引导，促使当事人及其辩护人或者诉讼代理人将有关申请或异议在庭审前及时提出。

#### 2. 会议通知

人民法院决定召开庭前会议，应当及时将会议召开的时间、地点以及主要议题等，通知各诉讼参与人，并督促各方做好庭前会议的准备工作。例如，对被告人及其辩护人提出的非法证据排除申请，人民法院在送达召开庭前会议通知的同时，就应当将申请书以及相关证据材料和线索的复制文本送交人民检察院。并为控辩各方预留合理的会议准备时间。只有控辩审各方均做好相应的会前准备，保障控辩对等的情况下，才能保证庭前会议取得预期成效。

### （三）会中分项有序进行

关于庭前会议的具体操作程序或者说具体流程，由于个案的千差万别，很难作出统一的规定。但是我们可以将其中共性的特质提炼出来，予以明确。

一是庭前会议围绕会议通知列明的议题进行，但应询问并允许控辩双方是否有其他事项需要提交庭前会议交换意见。

二是区分情况，有所侧重，分项进行。（1）对当事人及其辩护人、诉讼代理人就有关程序事项提出的异议或申请，依次由提出异议或申请的一方阐明其主张、出示其证据，然后由负有说明解释义务的一方出示相关证据材料，作出解释说明。至于谁为负有解释说明义务的一方，应因事而异。譬如，对于排除非法证据的申请，控诉方负有解释说明义务；对于管辖权异议，既可由提起公诉一方作出解释说明，也可以由审判人员依法作出解释说明。（2）对于人民法院为整理事实、证据争点而依职权召开庭前会议的案件，或者控辩双方对事实和证据争议较大的案件，一般由控辩双方分别出示拟当庭提交的证据材料，然后由审判人员依次询问另一方意见，从而区分有异议的证据材料和无异议的证据材料。（3）在解决程序性问题，并对事实和证据的争点予以梳理以后，对于有附带民事诉讼内容的案件，可以在庭前会议中征求调解意见并予以调解，也可以安排在会后给予调解。

（四）作出"处理和交代"

1. 会中直接处理事项

法律并未明确规定人民法院能否在庭前会议中针对相关事项当场作出处理决定。有观点认为，人民法院在庭前会议中只能针对相关事项"了解情况，听取意见"，不能做出处理。这种观点有失偏颇。能够在庭前会议中直接处理的事项，如果不予直接处理，则庭前会议的功效将大打折扣。当然，由于庭前会议只是庭审的准备程序，因此对不宜在庭前会议中直接处理的事项，有必要作出限制性规定。笔者以为：

（1）对可能导致庭审中断的程序性事项，控辩双方达成处理合意，经审查，合意不违反法律规定的，庭前会议均可直接给予确认或处理，但法律规定应当作出书面裁定，或者应当报请审批、应当报请合议庭、审判委员会讨论决定的除外。例如，在庭前会议中，经过阐法晰理，异议人（申请人）撤回管辖权异议的，审判人员可以将这一情况记入会议笔录，直接予以确认；如异议人（申请人）不同意撤回，则应当在庭前会议结束后、开庭审理前及时作出裁定。

（2）对涉及证据采信、事实认定等影响到定罪量刑的实体性问题，不能在庭前会议中作出裁判，只能了解情况，听取意见。例如，对于被告人及其辩护人提出的非法证据排除申请，即使控辩双方针对该问题达成了合意，审判人员也不能在庭前会议中就此作出处理。

2. 对不宜在会中直接处理的事项，作出"处理交代"

庭前会议不能逾越其处理程序性事项的功能定位，不能取代庭审调查，不能针对实体性问题作出裁判。但是，这些都不妨碍庭前会议就会议涉及的各项议题作出"处理交代"。

"处理交代"可分为以下三种情形：本次会议依法予以确认；留待本次会议后、开庭前依法予以处理；留待庭审过程中依法予以处理。

# 四、明确庭前会议处理结果之效力——
# 没有正当理由对会议决定不容反悔

对人民法院在庭前会议中就有关程序事项作出的处理以及控辩双方达成的合意决定，应当赋予一定的法律效力。否则，庭前会议就会丧失功能价值。

一是对庭前会议中已经作出确认或处理决定的程序事项，当事人在庭审过程中以相同理由再次提出申请的，法庭不再进行审查。例如，被告人及其辩护人提出的非法证据排除申请，经庭前会议审查，已经对证据收集的合法性给予确认，在没有新证据、新理由的情况下，如果当事人及其辩护人、诉讼代理人在庭审中再次提出申请，则法庭可直接予以驳回，继续庭审。

二是对控辩双方在庭前会议中均予认可的特定事实和证据，不容反悔，除非能够提出正当理由。譬如，控辩双方在庭前会议中就某程序争议事项达成了合意决定，如果一方当事人对该合意内容当庭予以反悔并提供了正当理由——例如辩护人越权就某特定事项替被告人作出决定，则庭审过程中应当给予审查、处理；没有提出正当理由或理由不足的，则法庭应当认可双方的合意决定。

三是被告人及其辩护人能够在庭前会议中提出的程序事项申请或异议，拖延至庭审过程中才提出的，基于保障被告人诉讼权利等考虑，法庭仍应予以审查，但在处理程序上可有所差异。即不予中断庭审而给予先审查，而是在法庭调查结束前一并进行审查。譬如，《刑诉法解释》第一百条第三款规定的情形①。

# 结　　语

庭前会议作为刑事诉讼法新增设的一项新的程序性制度，需要提炼具有指导意义的相关判断标准，精细具体的运作规则和操作流程，结合审判实践不断弥补、完善目前制度存在的缺陷，以使庭前会议制度发挥积极功效，从而确保刑事案件的审判质效不断得到提高，真正保障控辩双方正常行使诉讼权利，最终达到惩罚犯罪、保障人权和司法公正的三重效果。

（作者单位：枞阳县人民法院）

---

① 《最高人民法院关于适用〈中华人民共和国刑事诉讼法〉的解释》第九十七条规定："人民法院向被告人及其辩护人送达起诉书副本时，应当告知其申请排除非法证据的，应当在开庭审理前提出，但在庭审期间才发现相关线索或者材料的除外"；第一百条第三款规定："法庭审理过程中，当事人及其辩护人、诉讼代理人申请排除非法证据，人民法院经审查，不符合本解释第九十七条规定的，应当在法庭调查结束前一并进行审查，并决定是否进行证据收集合法性的调查"。

# 浅谈"以审判为中心"视野下的公诉工作

李素芹

**摘　要**：推动以审判为中心的诉讼制度改革，是党的十八届四中全会《中共中央关于全面推进依法治国若干重大问题的决定》提出的改革措施，势必对公检法三机关现有的工作制度、机制、工作模式产生影响，对侦查、逮捕、起诉、审判等刑事诉讼活动引发变革。检察机关公诉部门上接侦查、下连审判，在整个刑事诉讼过程中发挥重要作用。以审判为中心的诉讼制度改革，则必然导致庭审实质化，对检察机关公诉部门履行出庭支持公诉、法律监督职责产生深远、现实的影响。文章从实际工作出发，首先理清以审判为中心的诉讼制度改革所包含的内容，在此基础上明确了以审判为中心的诉讼制度改革对检察机关公诉部门的办案方式、出庭公诉等工作带来的挑战，最后从切实转变执法理念、构建新型侦诉和诉审关系、切实提高公诉人证据审查能力和出庭公诉能力等方面提出了应对之策。

**关键词**：以审判为中心；庭审实质化；侦诉关系；诉审关系

推进"以审判为中心"的诉讼制度改革，是党的十八届四中全会为完善司法权力运行机制作出的重要部署。习近平总书记在全会上专门进行了说明：推进以审判为中心的诉讼制度改革，目的是促使办案人员树立办案必须经得起法律检验的理念，确保侦查、审查起诉的案件事实证据经得起法律检验，保证庭审在查明事实、认定证据、保护诉权、公正裁判中发挥决定性作用。这项改革对侦查、逮捕、起诉、审判等刑事诉讼各个环节都提出了新的更高要求，可以说公检法等机关包括律师都面临严峻的挑战。

## 一、"以审判为中心"的诉讼制度改革

推进以审判为中心的诉讼制度改革，符合司法规律，对于改变我国刑事庭审虚化的现象具有重要意义，但有的观点认为推进以审判为中心的诉讼制度改革，就是要建立以法院为中心、以法官为中心的诉讼制度，其他政法机关要为法院、法官服务；有学者甚至主张以审判为中心强调审判阶段对案件处理的关键作用，否定公检法三机关相互配合、相互制约的原则和现有的诉讼模式。

笔者认为，上述观点和解释存在一定的误区，对概念的阐述停留在文字表面，也脱离了我国的司法工作实际。因此，有必要对以审判为中心的诉讼制度作进一步理清。

（一）以审判为中心不是诉讼权力的再分配

推进以审判为中心的诉讼制度改革，其直接目的在于避免冤假错案，主要解决的是如

何保障审前司法公正的问题，否定的是在审判阶段仍然坚持侦查中心主义的观念，反对的是"未审先判"的做法[①]。主张过度扩张以审判为中心的概念外延，忽视公检法机关在"实质庭审"中的能力和作用，以确保定案证据的客观真实、检验和提高已完成的诉讼环节的办案质量，将使改革无论是在认识上还是在实践上都走向误区。

（二）以审判为中心没有改变公检法在办理刑事案件中分工负责、互相配合、互相制约的宪法原则

以审判为中心强调三机关的办案活动都要按照刑诉法要求的事实证据标准开展，确保侦查、审查起诉的案件事实证据经得起法律的检验，而不是在公检法三机关之间分出高低上下，也不是对刑事诉讼基本原则的否定。刻意凸显审判在不同办案机关当中的中心地位，把侦查、起诉视为服务于审判的诉讼活动，这是很值得商榷的。长期的司法实践证明，我国现有公检法三机关办案机制具有较好的效果，譬如检察机关具有法律监督职能，通过批捕和审查起诉监督侦查行为，既促进了侦查机关执法规范化，也检验了移送审查起诉案件的质量，在提高提起公诉案件质量的同时，也在审前为法院分流了大量案件。

（三）以审判为中心具有界限性

刑事诉讼的各个阶段各有规律和特点，侦查权、检察权、审判权各有职责任务，侦查、起诉、审判三者在刑事诉讼中首先应当做到各司其职。以审判为中心的理念对诉讼活动的指导过程重在审判阶段，指导时间位于判决之前，其所适用的诉讼过程具有现实性，所适用的诉讼时间具有阶段性。"把握'中心'的内涵特别要注意时空和标准的一致性"[②]。应当辩证地看待中心问题，不同的诉讼阶段理应允许不同的中心存在。

# 二、"以审判为中心"的诉讼制度改革
## 给检察机关公诉工作带来的挑战

明确了"以审判为中心"的诉讼制度，才能对公检法三机关进行准确的定位。而公诉部门作为检察机关的核心业务部门之一，其重要任务就是要出庭指控犯罪，显而易见，以审判为中心，庭审实质化后会给公诉工作带来极大影响和挑战。

（一）对公诉办案方式提出挑战

"以庭审为中心"的诉讼制度改革后，庭审将实现实质化，庭审实质化是相对于庭审虚化或形式化而言。所谓庭审实质化，就是要贯彻直接言辞原则，真正由庭审法官通过开庭审理这种特殊场景和活动来审查判断证据，认定案件事实，独立适用法律，确定被告人的刑事责任。做到事实调查在法庭，裁判说理在法庭，保证庭审在查明事实、认定证据、保护诉权、公正裁判中发挥决定性作用。

司法实践中，检察官现有的办案方式主要采取审查卷宗材料的方式进行，而侦查卷宗材料的形成具有一定的主观性，侦查人员天然的有罪推定的思维，对案卷的真实性和客观性都有影响。庭审实质化要求检察官改变传统单纯审查卷宗的办案方式，加大证据调查核

① 沈德咏：《论以审判为中心的诉讼制度改革》，载《中国法学》2015 年第 3 期，第 25 - 27 页。
② 樊崇义：《解读"以审判为中心"的诉讼制度改革》，载《中国司法》2015 年第 6 期，第 35 - 38 页。

实力度，最大限度地发现并排除卷宗中可能掩盖的问题。依法监督补正瑕疵证据，针对证据间相互不能印证、取证不到位等情况适时开展引导侦查取证或补正工作，依法监督纠正取证程序违法问题，坚决排除以刑讯逼供等手段取得的非法证据，使进入庭审的案件达到案件事实清楚，证据确实充分。

（二）对公诉人出庭公诉水平提出挑战

庭审实质化将直接导致：

1. 庭审不可确定因素增多

由于相关当事人都有可能出现在法庭上，当面向法官陈述相关案件事实，而不是仅仅停留在书面的卷宗材料上，这就使得当事人的当庭陈述有可能发生变化。这种不确定因素的存在给公诉人指控被告人犯罪增加了难度，对公诉人当庭应变的能力提出了更高的要求。

2. 法官减少庭前预判，庭审难度有所增加

传统的庭审方式，法官会在庭前通过阅卷来预先了解案件，形成庭前预判。而庭审实质化以后，刑诉法全卷移送的规定虽不会改变法官庭前阅卷，但由于庭审不确定性的增加，法官会更加看重庭审调查结果，庭审调查结果也将在更大程度上影响法官对案件的认定①。并且公诉方与辩护方地位更加平等，辩护律师的作用会更加突出，能够提供更加积极、有效的辩护，庭审对抗的激烈性、实质性程度更高。而法官居中裁判地位更加明显，出庭难度大大增加。

# 三、对公诉工作主动适应以审判为中心的诉讼制度改革的思考

在以审判为中心的诉讼制度改革的新形势下，检察机关公诉工作应在转变执法理念，提高公诉能力，构建新型侦诉、诉审关系等方面做出改进，以期达到以审判为中心的诉讼制度改革的目的。

（一）切实转变执法理念

1. 尊重和保障人权

推进以审判为中心的诉讼制度改革，是落实刑事诉讼法"未经人民法院依法判决，对任何人都不得确定有罪"基本原则的重要举措。受长期重惩罚犯罪，轻保障人权思想的影响，公诉工作在实践中多以证明犯罪作为重要思维方式。公诉人必须真正把尊重和保障人权的观念内化于心、外化于行，始终坚持客观公正的立场，坚决摒弃重打击轻保护的倾向，坚决摒弃有罪推定、先入为主的陋习，既注重收集有罪、罪重证据，也要收集无罪、罪轻证据；既注意准确、及时地惩罚犯罪，又注意保护诉讼参与人的合法权利，切实做到保障人权与惩罚犯罪并重，维护法律的公正与权威。

2. 理性地从审判中立、控辩平衡的诉讼架构中准确定位

庭审实质化后，公诉方和辩护方地位更加平等，处于严格依据法律和事实平等对抗的两方。公诉人在刑事诉讼中应当保持客观公正的立场，要以客观事实为根据，既要注意犯

---

① 肖波、肖之云：《论以审判为中心的制度下的公诉工作》，载《中国检察官》2015 年第 1 期，第 15 – 19 页。

罪嫌疑人构成犯罪的证据、事实和法律，又要注意有利于犯罪嫌疑人的证据、事实和法律，要不偏不倚①。重视犯罪嫌疑人、被告人的辩解，尊重辩护人的诉讼权利，注重听取辩护人的辩护意见，要使耐心听取辩护人意见成为一种品质。另外，公诉人在庭审中要充分尊重法官的居中裁判地位，不能以诉讼监督者的身份试图超越。

（二）构建新型的侦诉关系

**1. 完善对侦查取证的监督引导制度**

检察机关提前介入侦查、引导取证，是加强对侦查取证的监督引导制度。公诉人应根据庭审证明的需要，以客观公正的视角，从应对法庭质疑和律师挑战的角度，有针对性地引导侦查人员收集、补充证据，更加注重证据的真实性、合法性和证据链条的完整性。

**2. 强化审前过滤**

审查起诉环节对案件进行过滤，既是全面贯彻宽严相济刑事政策的需要，也是坚决防止事实不清、证据不足或者违反法定程序的案件"带病"进入审判程序的重要保障。要完善不起诉制度，对达不到起诉标准的案件在审前依法进行分流，也是"以审判为中心"的题中应有之义。

**3. 更好地落实非法证据排除规则**

修改后的刑诉法明确了非法证据排除范围和办案机关排除非法证据的义务。公诉检察官要加大证据调查核实力度，最大限度地发现并排除卷宗中可能掩盖的问题，坚决排除以刑讯逼供等手段取得的非法证据。

（三）切实增强公诉能力

以审判为中心，庭审实质化后，庭审就不能是简单地了解情况、核实证据，而是要充分进行交叉询问、辩论，充分发挥举证、质证、认证各环节的作用。这就对公诉人的能力提出了更高的要求。面对高要求，公诉人的公诉能力也要不断增强。

**1. 增强证据审查能力**

公诉人审查案件时，要用换位思考和反向思维能力的方式，站在辩护方的立场，用辩护人的视角来审视案件的证据质量，要善于透过证据的表象发现隐蔽性非法证据，锻炼自己排除非法证据的能力；对查证属实的非法证据，要严格执行非法证据排除规则予以排除；对瑕疵证据要求侦查部门予以补强或作出合理说明。公诉人还要把握指控证据可能产生的动态变化，预测辩方可能提出的新证据，有针对性地采取防范措施，将辩方可能提出的观点、理由或新证据纳入我方的证据体系中，要尽可能地将因证据不足带来的诉讼风险于庭审前化解。

**2. 增强出庭公诉能力**

庭审是公诉人与辩护人全方位的论法理、讲事实、列证据、论辩的过程，公诉人要在吃透案情的基础上与辩护人据法据理力争，维护国家公诉的形象；在面对可能出现的变化时，公诉人在法庭上要能迅速适应庭审的变化，把握住造成变化的原因，敏锐地调动自己所掌握的事实、证据材料和自身积累的知识，迅速地形成应变对策的思路和方式方法，给

---

① 扶德利　郑苗苗：浅谈以审判为中心的诉讼制度背景下的公诉工作转型 2014 年 12 月 12 日，http：//www.jcrb.com/prosecutor/thepractice/201412/t20141212_1458848.html。

对方以有力的反击。

**（四）强化审判监督、构建新型诉审关系**

检察机关既要尊重和支持法官在审判活动中的主导地位和权威，又要依法全面履行法律监督职能，推动公诉工作和刑事审判工作既相互配合又相互制约，共同促进庭审实质化，共同维护司法公正和权威。

**1. 牢固树立案件质量是公诉工作生命线的意识**

审查起诉、提起公诉作为刑事诉讼的中间环节，必须接受庭审的最终检验。所以提高公诉案件质量，是构建新型诉审关系的前提。检察机关公诉部门要把提高公诉案件质量放在公诉工作生命线的突出位置来抓，确保公诉程序的办案标准符合审判程序的法定定案标准。

**2. 加强沟通协调，消除认识分歧，统一司法尺度**

要加强与法院的沟通协调，消除法律适用、政策把握以及证据采信等方面的认识分歧，统一司法尺度。要完善庭前会议制度，在庭前解决管辖、非法证据排除等程序性争议，为优质高效的庭审打下坚实基础；完善证人、鉴定人出庭制度，规范申请侦查人员出庭机制，推动重大案件关键证人出庭工作，健全保障机制，解决证人做证难、出庭难的问题。

**3. 加强审判监督**

以审判为中心的诉讼制度要求强化合议庭、主审法官作用，真正实现让审理者裁判、由裁判者负责。毋庸置疑，这是符合诉讼内在规律要求的，但同时也出现了对合议庭、主审法官监督的留白。只有检察机关的审判监督工作及时跟进，加强监督，才能弥补监督缺位，使改革的顶层设计达到理想的预期效果。在对刑事审判活动的监督中，检察机关不仅要监督合议庭组成是否合法、法庭审理是否依法、审判结果是否公正，还应当进一步拓展监督内容，进一步完善检察长列席审委会制度，把握好监督时机、分寸和效果，确保庭审公开、公正。

总之，以审判为中心的诉讼制度改革，势必会给检察机关公诉工作带来诸多影响和挑战，检察机关公诉部门亦需要从执法理念、工作机制、办案模式、公诉能力等诸多方面作出改进以适应这种变革。实现目标并不能一蹴而就，需要一个长期的过程，也需要公检法三机关的共同努力，以取得侦查、起诉、审判各环节的良性循环，共同维护司法公正。

（作者单位：蚌埠市人民检察院）

# 审判权运行机制下的法官错案终身追责

田 卉

**摘 要**：法官判案很大程度上听命于上级，产生"审者不判，判者不审"问题，这种做法就是司法的行政化。审判分离使得错案责任难以追究，法官认为自己汇报给了领导，没有实际的"拍板权"，而层层汇报的领导数量太多，也很难说清追究谁的责任。诸如司法不公、司法腐败、司法效率低的问题，其原因都可以归结于司法的地方化和行政化，改革就是要把地方化的链条和行政化的链条斩断。目前正在推进的错案终身追责制度，意味着冤假错案一旦造成，判案法官以后哪怕晋升、调动工作或者退休，也都不能免责。因此，文章拟从司法权和司法行政权分离，打破司法大锅饭，让每一个法官都独立承担起审判责任的角度出发，阐述审判权运行过程中，权力与制约权力如何并存存在的诸多问题。

法律历来被认为是"定纷止争"的中立评判者，而现代意义上的司法在本质上应当是免于外部干扰、具有独立思考秉性的权威性力量，是指司法机关"享有的，对当事人提请其解决涉及当事人人身权益与财产权益的纠纷作出判断，对法律进行释义并宣告法律是什么的终局性权利。这种权利被赋予法官，以区别于立法权与行政权"。从这个定义中，我们至少可以提炼出如下司法权运行所必不可少的"本质"要素，它们分别是：专门独立的司法机构、形式理性的审判模式和职业同质的法官群体。其中，独立性是司法权实现其功能和价值的前提条件，是最具根本性的制度保证；程序性使司法权具有可操作性和可预测性，使司法权运行具有了"看得见"的形式合理性；而高素质的法官群体则在保证此二者的基础上进行公正权威的判决，三者缺一不可，共同促成司法权的合理运行[1]。

## 一、审判权在权力系统中的定位

"司法"的概念，采用世界上通行的狭义说，认为司法是指法院裁判纠纷的活动，与此相应，司法权是指审判权，司法机关是指人民法院[2]。审判权，或称为司法管辖权，是指法院或司法机构对诉讼进行聆讯和审判的权力。在大部分地区，不同法院的审判权是不同的，通常以区域和类别划分。审判权通常是指法院依法审理和裁决刑事、民事案件和其他案件的权力。是国家权力的重要组成部分。要透析审判权，必先从权力背后潜藏的法理说起。所谓"权力"，是一种影响力和支配力，是维护统治秩序，实现政治社会价值的最强大力量，体现为"一种组织性之支配力……是制定法律、维护法律与运行法律之力"[3]。然而，权力之间的分工和制衡绝不是一件轻而易举的事情，它就好比一部高速运转的精密仪器，每一个细小的故障，都可能导致其分崩离析。法国著名思想家孟德斯鸠认为："一切有权力的人都容易滥用权力，这是万古不易的一条经验。有权力的人们使用权力一直到遇有界限的地方才休止。"因此，"要防止滥用权力，就必须以权力约束权力"[4]。在我国，也有学者指出，既然权力具有相互矛盾的两重性：善性和恶性，而且权力内在的权威性和至上性决定着它的无限膨胀与伸延甚至侵犯人民权利的趋势的强大性。因此，对于权力控制的方式莫过于以权力约束权力。因为没有什么比权力更具有权威性和强制性，不可能指望在权力以外寻找到比权力更高级、更权威、更有力的对它加以约束的力量，此所谓制约权力规律之内在动因[5]。哈耶克认为，法官的职责乃在于通过对妨碍或侵扰秩序的行为进行矫正，以维护一种不断展开的行动秩序[6]。因此，审判的过程是一个判断形成的过程，并且这样一个判断还必须是公正的。其目的在于对颇具侵犯性、扩张性的立法权和行政权实施中立的矫正，以修复它们自身对公正的背离。尽管我国的《法官法》尚未明确将法官个人作为依法独立行使审判权的主体，但法官应该是司法舞台上的主角，具有不可推卸的"角色"义务。

## 二、错案终身追责举措——"胆识之举"抑或"职业桎梏"

（一）错案终身追责的社会背景及案例引申

事实上，"错案责任追究制"并不是新鲜名词，早在1998年，为强化法官的办案责任意识，最高人民法院就已出台《人民法院审判人员违法审判责任追究办法》，对程序和执行等方面法官承担责任的范围进行了明确规定，但并非"终身"追责。该措施出台已有十余年，部分内容因法律法规修订及执法环境改变，导致相同或者相似的案件性质，有的法院进行了追究，有的法院不予追究；责任主体不明确，相关责任人难以确定。直至2012年全国人大会议上，河南省建议建立错案责任终身追究制度，以进一步强化法官的责任意识，进一步提高案件审判质量，进一步提升司法公信力。同期，河南省三门峡市陕县法院判决了一起造成三死两伤的交通肇事案件，在受害人家属没有得到任何赔偿的情况下，法院以"被告人积极赔偿受害人家属部分经济损失90余万元"为由，对肇事司机"从轻处罚"，判处有期徒刑两年。对此，主审法官自称"眼花判错"了，后该案再审，该"眼花"法官被移交司法机关查处。而此次"眼花"法官被查处则成为河南省高院出台错案终身追责制度适用的"第一例"。

（二）河南省高级人民法院错案终身追责办法出台的主要内容

"谁用权，谁就要负责一辈子"。2012年4月5日，河南省高院出台《河南省高级人民法院错案责任终身追究办法（试行）》（以下简称《办法》），明确规定：错案一般是指法院工作人员在办案中，故意违反或者因重大过失违反与审判执行工作有关的法律法规，致使裁判、执行结果错误，造成严重后果的案件。具体包括七种情形：违反规定私自办理案件或内外勾结制造假案；毁弃、篡改、隐匿、伪造证据或指使、帮助他人做伪证，导致裁判错误；私自制作诉讼、执行文书的，或者制作诉讼文书时，违背合议庭评议结果、审判委员会决定，或者因重大工作过失导致诉讼文书主文错误，造成严重后果的；向合议庭、审判委员会报告案情时故意隐瞒主要证据、重要情节，或者提供虚假材料，导致裁判错误的；故意违反法律规定，对不符合减刑、假释条件的罪犯裁定减刑、假释的；故意违反法律规定采取财产保全措施、执行措施或其他强制措施的，以及因在采取上述措施中有重大工作过失而造成案件当事人、案外人或第三人人身伤害、财产损失等严重后果的；其他故意违背事实和法律致使裁判、执行结果错误或因重大过失致使裁判、执行结果错误并造成严重后果，被审判委员会确认为错案的。

《办法》还规定了一些不构成错案的例外情形，分别是：（1）因法律法规规定不明确或对法律法规、事实证据理解和认识上存在偏差的；（2）在二审或审判监督程序中，当事人提供新证据致使案件事实发生变化的；（3）因国家法律的修订或者政策调整而改变裁判的；（4）其他经审判委员会依法确认不构成错案的情形。

《办法》还明确规定：如果应予追究错案责任的法院工作人员已调其他单位的，由错案认定法院将其错案调查情况向该工作人员现所在单位通报，建议该单位根据有关规定予以追责；已退休的，根据其承担责任应给予降级、撤职、开除处分的，按照规定相应降低或者取消其享受的待遇；已调离、辞职、退休的，根据其承担责任涉嫌构成犯罪的，由错案认定法院将其违法线索移送有关司法机关依法处理。此外，上级法院认为下级法院应当追究有关人员的错案责任而没有追究的，可经院长决定，责令下级法院启动错案责任追究程序。

（三）初期践行中积极一面及存在的诟病

"令初下，门庭若市"，新规公布后引发民众广泛关注和热情参与，申诉、信访量大大增多，这虽说加大了相关部门的工作难度，从表象上制造了"维稳"的难题，但随着时间的沉淀，这有可能会变成官民之间的一种交流、一种"信赖"。正如"纳谏"古语所讲，"数月之后，时时而间进。期年之后，虽欲言，无可进者"。要从根本上保障社会稳定，需要的是能够给予社会信赖的制度。

然而我们要正视的是，错案终身追责虽从侧面可以促使法官慎用手中权限，在涉及案件定性等重大问题上更多地念及"历史的考验"，但我国司法道路艰辛的症结依旧在于司法行政化倾向得不到有效遏制。就此而言，错案责任终身追究制表面虽美好，背后却问题连连。

按照常理来说，错案终身追责应当遵循"权责对等"原则——既然要法官对经手的案件终身负责，那么就应当保障法官独立审判，这既是现代司法制度的重要职业伦理，也是促使法官将案件办成"铁案"的内在动力。然而，在时下特殊的司法背景下，尽管我国法律明确规定法官审判不受外来干扰，但在司法实践中法官却常常受到来自社会多方面的影响，尤其是一些重大敏感的刑事案件，法官更容易受到某种暗示和社会舆论的影响。在这种情况下，一些现实中对司法的强势干扰，往往采取非书面、无痕迹的变异方式进行，不仅事后难以取证，也让当事法官百口莫辩。

按照现行宪法的规定，依法"独立行使审判权"的主体是法院而非法官个人，在司法实务操作中，主审法官作为案件的实际责任人，往往在案件审理、定性中无法起到主导作用。受到包括（但不限于）审委会、法院内部行政化管理的氛围、甚至政法委主导下的公检法联合办案等诸多因素左右，或明或暗地侵蚀着司法的纯粹与公正。甚至在此次追责规定的例外条款中，竟然含有"经审判委员会依法确认不构成错案"的情形——审委会以及其他外在干扰力量，均可顺势委身审委会，并在事后轻松规避刑责[7]。

早在 2005 年，北京一中院就率先取消了错案责任追究制，以"法官不规范行为认定"

代之。这意味着，评判法官的依据，不再是其审判结果是否被上级法院否定，而是审判过程中是否存在不当、违法行为。北京一中院的这一举措意义重大：对于法官的追究依照公正程序进行，这样既可防止出现任意撤换、制裁法官的不正常现象，又可保障法官依法独立行使审判权。

（四）法官责任追究的域外考察

从各国法律关于法官责任追究的规定看，几乎都是强调行为的责任追究。如英国《1925年最高法院审判法》第12条、《1876年上诉法院法》第6条就规定，高等法院、上诉法院法官除司法大臣外，都是由国王任命，永久任职，只要其行为端正，其职位就受到法律保障；除非下议院提出并经国王批准对他进行弹劾，才能由上议院免职。弹劾法官的理由为法官实施了严重犯罪行为或不法行为。

英国原上诉法院院长丹宁勋爵在其所著的《法律的正当程序》一书中曾指出：当法官依法行事时，每位法官均应当受到保护，以免负赔偿损害的责任。所有法官都应该能够完全独立地完成自己的工作，而不需担惊受怕[8]。

# 三、我国法官的职业化弊端与职业风险

因审判权而带来的职业风险正在与日俱增，但保护其行使者—法官的机制却迟迟不能建立。

——你可能被起诉。作为法官，正襟危坐于法庭之上，但时时刻刻，你却有着被起诉的危险。广东省四会市法院的一名法官，仅仅因为适用证据规则，判决有欠条的一方当事人胜诉，而败诉的一方当事人愤而自杀。后经警方侦查认定，欠条系一方被胁迫而写，但民事法官并不能在法庭上像警察一样通过各种侦查手段审判案件，结果以"涉嫌玩忽职守"被捕入狱。

——调查时被拒之门外。当事人总会在诉讼中提出申请调查，法官也会因案情而决定进行调查，但这时法官会发现自己并没有法律所赋予的那么大的权力，一些机关大院、军政单位，甚至是小单位、个人都可以拒绝你的调查。有法官曾经遇到这样的情况：明明被调查的单位就在院内，但门卫就是不让进去，如果想要进去，要么找到沟通的渠道，要么面对冲突的发生，但一旦发生冲突，后果可能还要你来承担，法官仅仅学会依法行事还不够，有些单位和人并不尊重司法的权威。

——不被社会理解。随着社会的不断进步，各种新的社会关系需要纳入法律的轨道进行调整。近二十年来，法制建设突出表现在不断立法，使得我国法律体系越来越完善，社会的方方面面都加快了立法的进程。就法制进程而言，我们用短短十数年的时间，走完了近百年的立法进程，正在制定适合自己国情的法律，正在迎头赶上先进的法治国家。但就民众而言，仅仅是一两代人，其无论是从心理上还是从行为上，都尚未做好准备，迎接法治时代的到来。多年的普法，让民众树立了维权意识，却并不能使民众获得充分的法律知识教育，面对众多的法规，民众无心也无力研读，立法的完善始终停留在规定的阶段，正是"徒法不足以自行"，法律法规越多，可能离民众就越远，而研读和适用法律的法官们同样也就离民众越远。民众对许多现代法学理念的不理解，对法律规定所持的怀疑态度，导致法律在现实社会中运行困难，也导致了法官裁判时的困难。

法官是一个寂寞的职业者，法官要远离人群，要远离各种利益关系，认识的人越少，涉及的利益越少，才会越公正。但是，正因如此，法官也就一步一步地远离社会，职业化越强就意味着专业化越强，专业化最为显著的特点就是大众越来越不明白、越来越不接受，这种不理解最终成为一种不信任。

——各种权力对独立审判的影响。法官能否独立行使审判权，直接决定了司法审判是否公正。法官在审判各种社会纠纷的同时，也承受了代表各种利益阶层的压力，有些压力来自于对审判权的监督，有些压力则源自于其他权力对司法权的干预。在当前而言，法官任命、管理、待遇地方化，使得法院和法官难以避开地方权力的影响，这方面的例子已不少见。如河南省某位法官，因为正确地适用法律，并在判决书中评判地方性法规与法律相冲突，而在地方遭到罢免。另一位河北省卢龙县法院院长，因为不按上面的意思定案，竟然被免去院长职务，离开法院系统[9]。

外界压力固然会使法官更慎重地处理所审理的案件，但也要求占用更多的精力来排除这些压力。尤其当这些现实的压力已经干涉到独立行使审判权时，法官的司法权威就没有了保障，法官甚至自身难保。

舆论和被称为"第四权力"的传媒也能够施加无形的压力。一方面是媒体的误导，滥诉行为不断浪费司法资源。由于"眼球"经济的兴起，一些新闻媒体为吸引读者，迎合大众心理，炒作一些并不能进入司法途径解决的滥诉行为，甚至将几元钱官司大力渲染，通过媒体话语权影响法院的裁判。另一方面，还有媒体为追求轰动效应而着力抨击法院，找出个别的问题片面炒作，从而贬损司法权威[10]。

总之，作为平凡人的法官，"身无彩凤双飞翼"，我们面对的社会环境，使我们要走出现实的困境去实现理想中的司法职责变得非常之艰难。

# 四、错案终身追责的制度支撑——
# 我国错案追究制度运行现状及其存在的缺陷

（一）错案追究制度的运行现状

错案追究制度，试行于 20 世纪 80 年代末 90 年代初。目前，司法系统都在实行错案追究制度。经过多年的实践，实行错案追究制度产生了明显的司法效益和社会效益，审判的质量和效率也不断地提高，取得了积极的效果。

虽然经过多年的实践该制度取得了积极的效果，但该制度本身存在许多缺陷，一个健全的制度还未真正建立起来，从而使其在现实中的可操作性不强，不能真正发挥其作用，维护司法公正。

（二）错案追究制度存在的缺陷

1. 追究标准缺乏统一性

什么是"错案"？没有统一的标准，会使审判人员心存疑虑，畏缩不前，挫伤审判人员的积极性，从而导致与建立这一制度的初衷相违背的负面效应。为了明确"错案"的界限，各地法院自行制定了一些规定。虽然各个省市的具体表述不同，但在大体上都指出一个"认定事实错误"或"适用法律错误"或"违反法定程序"并且导致了"错误结果"

的案件就是错案；根据三大诉讼法的规定再审程序和上诉审程序中的法官进行判断错案的依据，也就是"事实判断是否清楚""法律判断是否正确""是否遵循了法定程序"。

因此，我们从中可以看出人们对错案追究制度的设计无不是以"重实体、轻程序，重惩罚、轻保障"的传统价值观为基础，程序正当才是现代法治社会的重要标志，所以这显然是与现代法治社会的要求不相适应的。因此现行错案追究制度的"错案"标准应当从注重实体公正转向程序公正，从而符合现代化法治的要求，保障公民的权利，控制司法行为，保证法官的法律秩序代表的地位，防止少数害群之马借此践踏法律。

2. 追究范围缺乏一致性

在实践运行中，由于错案追究标准不统一，因而错案责任追究范围缺乏一致性。实践中法官审理案件，依据的是其自身的专业知识和审判实践所积累的经验，从良知和正义出发，严格依照法定程序，对有关证据进行质证分析，认定事实，准确地适用法律作出裁判。在现实中错案的产生除了法官故意枉法裁判之外，有的会因法官在法律上或者在事实上认识出现偏差导致的。那么是不是所有这些错案都应追究法官的错案责任？因此，必须明确应当追究错案责任的案件范围，使得法官能充分发挥自己的才能，提高其威信，维护司法公正[11]。

3. 追究对象缺乏确定性

众所周知，我国的审判制度以合议为原则，以独任审判为补充，重大疑难案件是经审判委员会集体讨论决定。对这些大量的由合议庭甚至审判委员会决定的案件，如果出现错案进而追究责任的话，就会因为该错误判决是经合议庭集体讨论决定的尤其是经人数更多的审判委员会集体讨论决定以合议庭的名义作出判决而无从追究。这是因为，各地法院将判定是否为"错案"的权力赋予本案的审判委员会，且错案追究组织是在同一法院内部院长领导下的错案办公室。这明显违背"裁判者不得自断其案"的自然正义的原则，剥夺了法官的自由裁量权。所以，现行的错案追究制度也就不可能运行良好[12]。依据法院组织法的规定，审判委员会对复杂、疑难的案件有裁判权，而司法实践中易"出错"的案件往往就是这些复杂、疑难的案件。人类都有趋利避害的本能，有掩盖自身错误的倾向，这样就导致审判委员会能否认定自己先前做出的裁判错误也成了问题。法院审判工作中有些错案因由庭长、院长层层把关审批的做法使得庭长、院长成了案件的连带责任人，而庭长、院长又恰恰是审判委员会组成人员，所以即便不是经由审判委员会讨论决定的案件，在判定其为错案时由于连带责任人的参与也显得举步维艰。虽然有时"错案"的审查、追究者与被审查、被追究者不是同一主体，但也是"抬头不见低头见"的同事、朋友。

因此，追究者能否客观、公正地审判，真令人怀疑，从而也使得司法腐败现象有增无减，被追究者寥寥无几。因此，要明确错案追究的对象，使得错案追究制度在实践中更具有可操作性，起更大的作用。

4. 追究程序缺乏完善性

随着我国依法治国进程的加快和司法改革的深化，法官的审判活动应当在更大程度上受到规范和制约，法官应当是一种职权和职责相统一的职业，法官具有依法独立进行审判的职权同时也是法官的一种职责，如果在行使审判权过程中出现错误导致错判就必然应当受到追究。这是为防止司法专断所必要的，也是现代司法文明的体现[13]。在现实生活中，由于还没有建立起一套科学合理的错案责任的追究程序，而是依靠法院内部的错案办公室来追究其所属内部的法官责任，这有时会使法院内部出于保护本部门工作人员的考虑，不自觉地隐瞒错误，影响法院对错案的纠正，在逻辑上没有多大的说服力，只能导致错案追究制度不能真正地实行，不能遏制司法腐败。要想错案追究制度能在实践中实行，就必须建立一套合理的、科学的、有效的错案责任追究程序，维护司法公正。

## 五、完善错案终身追责制度设计层面的思考

法官套上"紧箍咒"，"如履薄冰"的权力值得期待。法院作为捍卫社会公正与正义的最后一道防线，法官守护的不只是司法公信，更是制度尊严。在制度设计层面，就有必要让权力成为一种负担，让权力在阳光下运行，给权力套上笼子。经验表明，权力成为负担时就会稳如泰山。"错案责任终身追究制"就是法官的"紧箍咒"、权力的"笼子"；给法官套上了"紧箍咒"，也就是给社会正义增设了一道"保护阀"。只有"如履薄冰"地慎用权力，才能让权力者时刻"战战兢兢"，全心全意为人民服务。

### （一）以程序正义作为判断错案的标准

从我国各个地区对错案的法律定义及判断标准来看，主要从结果意义上来判断错案，体现人们对实体正义的追求，对判决结果的关怀。但这种通过判决结果来判断错案具有不确定性，容易造成种种弊端[14]。因此，笔者认为，由于事实判断和法律判断两个方面存在不确定性，从而也使错案标准具有模糊性，因此不能以实体正义作为判断错案的标准。而对于程序问题来说，其直观的外表特征更容易被人们所看见，更容易判断是否错案，因此，笔者认为以程序正义为标准来判断错案更具合理性。

### （二）明确追究责任的错案范围

首先应当追究责任的案件必须是已经生效的并且被认定为错案的案件。从实践中我们可以看出，一起生效的判决出现错误在于法官在审理案件过程中认定事实错误、适用法律错误和审判程序错误。是不是一个案件如果出现以上错误就应当追究法官的责任呢？笔者认为，在审理案件过程中如果法官出于某种目的或者是贪赃枉法而违反事实、违背法律作出错误的判决，这是性质最为严重的错案，由于这类情况刑法已有明确规定，就不属于错案责任追究的范围。如果法官在案件审理过程中基于法律认识上的问题而不是违反法定程序和违反审判规则，根据自身的法律素养而作出的错误判决，就不应当追究法官的责任。我国应当给予法官在司法权限内的豁免权，保证法官独立办案。如果应当追究，那么我们法院的二审程序和上诉审程序就没有意义了。虽然法官并不希望错误结果的发生，但在审判过程中由于过失或疏忽大意而违反了认证规则、程序正义的标准等产生了错误，这就应当追究法官的责任，也就是说法官在过失心理状态下违反了审判规则、法定程序等方面产生错误的案件，都应当追究责任[15]。

### （三）建立错案终身追责的程序

要使错案终身追责真正落实，必须改变以往单纯由法院进行内部追究的模式，建立监督制约机制的错案终身追责程序。在各中级人民法院以上的法院成立错案追究委员会。基层法院可设立错案追究小组，认为是错案的可报中级人民法院错案追究委员会确认，其本身无权确认错案。笔者认为，可以借鉴审判委员会的做法，发现错案时，可经错案追究委

员会集体讨论，以少数服从多数的原则决定该案是否属于应当追究责任的范围，如果属于，则由错案追究委员会向作出错误判决的原法院的院长提出对有关法官进行错案责任的司法建议书。人民法院按照组织原则对法官追究责任后报错案责任追究委员会备案[16]。

（四）制定专门法规

在实践中，错案追究制度并不是由中央立法层面制定统一的具有权威性的法律文本，而是由地方人大制定相关的规范性法律文件，统一规范本行政辖区的司法行为。这使得错案追究制度在实践中难以操作。而错案追究制度都难以践行的话，更谈不上终身追责。所以应当在不断完善错案追究制度的立法基础上，对终身追责确定一个统一的标准，制定专门的法规使其能协调好与其他法律、法规的关系，真正发挥作用。

# 结　　语

权力是柄双刃剑，用之善道则利民，用之恶道则祸民。任何权力必须受到监控，不受监控的权力犹如一匹脱缰的野马，最终必然造成人仰马翻，这已经被无数事实所证明。审判权也决不例外，它与法官队伍建设是相互联系、不可分割、相辅相成的统一体。审判权之所以表现为权力，只有经过对个案的审判才能展现出来。由此可见，个案则是承载审判权力之舟，法官则是掌舵之人，如果离开了个案之舟，法官及其手中的权力也就成了无本之木、无根之草。因此，对具体案件的监督就是对审判权的监督，对审判权的监督就是对法官的监督。错案终身追责从一定层面赋予这种监督更为严苛和长效的特性，是对正义底线的坚守，这就是制度的力量。然而错案终身追责制度的完善与落实不可能一蹴而就，实际上要比议论的要复杂和艰难得多，甚至是曲折反复的，但只要经过努力，不断完善，真正建立起具有可行性、科学性的制度，那么错案终身追责就不再是口号，而能够真正发挥其作用，维护司法公正，保障当事人利益。

（作者单位：马鞍山市博望区人民法院）

**参考文献：**

[1] 汪习根．司法权论——当代中国司法权运行的目标模式、方法与技巧［M］．武汉：武汉大学出版社，2006：153.

[2] 吴卫军．司法改革原理研究［M］．北京：中国人民公安大学出版社，2003：12.

[3] 谢瑞智．宪法辞典［K］．台北：文笙书局，1979：61.

[4][法] 孟德斯鸠．论法的精神（上册），北京：商务印书馆，1961：154.

[5] 李龙，汪习根．宪政规律论［J］．中国法学，1999，（4）：22.

[6][英] 哈耶克．法律、立法与自由（第一卷），［M］．北京：中国大百科全书出版社，2000：153.

[7] 顾培东．中国司法改革的宏观思考［J］．法学研究，2000，（3）：19.

[8] 刘立宪，谢鹏程．海外司法改革的走向［M］．北京：中国方正出版社，2000：144.

[9] 于世平. 走过法官的岁月 [M]. 北京：中国法制出版社, 2007: 5.

[10] 孙旭培, 刘洁. 传媒与司法统一于社会公正——论舆论监督与司法独立的关系 [J]. 国际新闻界, 2003, (2): 38.

[11] 谭兵, 王志胜. 论法官现代化：专业化、职业化和同质化——兼谈中国法官队伍的现代化问题 [J]. 中国法学, 2001, (3): 140.

[12] 陈卫东主编. 司法改革与司法公正 [M]. 北京：中国检察出版社, 2002: 312.

[13] 强世功. 法制与治理——国家转型中的法律 [M]. 北京：中国政法大学出版社, 2004: 178.

[14] 龙宗智. 论司法改革中的相对合理主义 [J]. 中国社会科学, 1999, (2): 43.

[15] 谭世贵. 司法改革的理论探索 [M]. 北京：法律出版社, 2003: 52.

[16] 刘金国, 周静. 论司法公正——法官的行为哲（科）学 [J]. 政法论坛, 1999, (5): 25.

# 浅谈以审判为中心的诉讼制度改革及检察机关应对

孟媛洁

**摘　要：**"以审判为中心"，就是以庭审作为整个诉讼的中心环节，侦查、起诉等审前程序都是开启审判程序的准备阶段，侦查、起诉活动都是围绕审判中事实认定、法律适用的标准和要求而展开，法官直接听取控辩双方的意见，依据证据裁判规则作出裁判。因此，一方面，应当对现行刑事审前程序进行诉讼化改造，加强检察机关对公安机关侦查工作的引导和监督；另一方面，应当对法庭审判进行实质化改革，全面贯彻落实直接言辞原则、证据裁判原则、非法证据排除规则及疑罪从无原则。以审判为中心的诉讼制度改革给检察机关转换工作模式、提高办案质量提供了新的切入点，检察机关应当顺应时势积极探索，从推动检察工作创新发展的角度及时总结经验教训，作出理论和制度上的积极回应。

**关键词：**以审判为中心；审前程序；庭审实质化；直接言辞；证据裁判；检察机关应对

党的十八届四中全会通过了《中共中央关于全面推进依法治国若干重大问题的决定》（下称《决定》）。《决定》中明确提出要推进以审判为中心的诉讼制度改革："推进以审判为中心的诉讼制度改革，确保侦查、审查起诉的案件事实证据经得起法律的检验。全面贯彻证据裁判规则，严格依法收集、固定、保存、审查、运用证据，完善证人、鉴定人出庭制度，保证庭审在查明事实、认定证据、保护诉权、公正裁判中发挥决定性作用。"以审判为中心的诉讼制度改革的根本目的是提高庭审质量，最大限度地避免冤错案件。以审判为中心的诉讼制度改革是在一些冤错案件陆续披露、社会各界广泛关注的大背景下提出的，是诉讼规律的基本要求，也是对各界避免冤错案件呼求的一种宏观上的制度回应。它不涉及部门利益，不涉及各专门机关的地位高低、作用大小等问题，其根本目的是要使各办案部门重视庭审的决定性作用，严格证据标准，落实规则要求，确保案件质量，从而有效避免冤错案件的发生。

## 一、诉讼制度以审判为中心的实质

以审判为中心是法治国家诉讼制度的基本特征，也是近现代国家普遍认同的一项刑事诉讼原则。通常认为，以审判为中心有三个层面的含义①：第一，审判是整个刑事诉讼程

---

① 樊崇义：《论以审判为中心的诉讼制度改革》，载《中州学刊》2015 年第 1 期。

序的中心。因为相对于立案、侦查、起诉、执行等程序而言，只有在审判阶段，才能最终确定被告人的刑事责任。第二，一审是整个审判体系的中心。法庭审判所要解决的根本问题是案件的事实认定和证据的采纳与排除，这类问题的解决并不因审级提高而变得更为容易；相反，会因审级越高，所需时间越长，离事实真相越远而更加棘手。因此，"理想的中心主义应当是一审中心主义"。第三，法庭审判是整个审判程序的中心。因为定罪权是刑事审判权的核心，相对于庭前准备、判决书送达等程序而言，法庭审判是决定被告人罪之有无的关键环节。刑事案件的定罪权由法院统一行使已成为世界各国的立法通例。我国2012年修订的《刑事诉讼法》第十二条也明确了审判是决定被告人是否有罪的关键阶段，即规定"未经人民法院依法判决，对任何人都不得确定有罪"。在某种意义上可以说，我国在立法上已经确立了审判在刑事诉讼中的中心地位。

## 二、从"以侦查为中心"到"以审判为中心"

（一）"以侦查为中心"的诉讼制度现状

目前我国的刑事程序结构是一个葫芦形的构造①，侦查程序活动构成了膨大的底端；审判程序活动虽也构成了一个膨胀的部分，但其实无论从期限还是从权力运用的独断性上看，均无法与侦查程序活动相比；而介于侦查和审判之间的检察机关的审查起诉程序活动，也许只是葫芦上的"细腰"。民间对此形象的说法是："大公安，小法院，可有可无检察院"。因此，我国当前刑事司法程序是以侦查为中心的"侦查、起诉、审判"诉讼阶段论，法院对审判程序的司法控制十分微弱②。具体来讲，我国当前这种以侦查为中心的"三段论"刑事程序结构在实践中主要凸显出以下种种问题：

一是在法庭审判中，检察机关和审判机关共同占据主导地位，将法庭审判视为国家专门机关追查犯罪的进一步延续，是对公安侦查结论和检察机关控诉主张的一种确认和维护，以协作、配合抛弃了控、审分离的诉讼职能区分原理，导致审判格局由控辩平等对抗、双方举证质证、法官中立裁判的程序异化为法官、检察官联手主导的"审理讯问"程序。

二是公安机关侦查权力过大，侦查活动成为几乎封闭的系统，对侦查权缺乏有力的司法控制。公安机关对搜查、扣押等一系列程序活动可以自行决定、自行实施，检察机关对其监督乏力，通常也只是事后监督，除了对于构成犯罪的可以行使侦查权外，检察机关没有有力的措施对侦查活动加以控制；法院则根本没有以司法手段控制侦查的职权。由于缺乏对侦查权的有力制约，不能在根本上遏制侦查权被滥用和刑讯逼供等非法取证行为，因而当前我国刑事诉讼超期羁押、刑讯逼供等不良现象居高不下。

三是我国以侦查为中心的刑事诉讼的实际重心在侦查阶段，案件的实质调查和全面调查都在这一阶段完成，我国刑事诉讼法规定侦查终结的标准是犯罪事实清楚、证据确实充分，这一证明要求与检察机关提起公诉和人民法院作出有罪判决的证明要求完全相同。审查起诉不过是对侦查结果的检验而已，而法庭审判亦不过是对审查起诉的结论加以检验、

---

① 张建伟：《刑事司法：多元价值与制度配置》，人民法院出版社2003年版，第157页。
② 陈瑞华：《二十世纪中国之刑事诉讼法学》，载《中外法学》1997年第6期。

对侦查的结果加以第二次检验而已。再加上审判中过分依赖侦查中形成的各种笔录，法庭审判难免流于形式。

四是在我国，检察机关的起诉事实上具有直接导致审判的效力。按照"两高"的司法解释，对于检察机关提起公诉的案件，法院都应当受理；即使起诉需要移送的材料不充足，法院也只能要求补充材料，而不能拒绝开庭审判。同时，我国法律规定检察机关除行使控诉职能外还是国家法律监督机关，要对整个刑事诉讼活动实行监督。检察机关"一身二任"的特殊身份导致其诉讼角色发生冲突：一方面背离了检察机关作为控诉者的"当事人"的诉讼属性和地位，使得法庭审判由控、辩、审三方组合演变为检察机关和审判机关两大国家专门机关"协同作战"、控审合一；另一方面，检察机关的庭审监督权与审判机关对法庭审判的主导权发生冲突，在监督关系中检察机关处于"上位者"的优势地位，妨碍了审判机关庭审职能的正常发挥，削弱了审判的权威性和终局性。

五是我国《刑事诉讼法》在证人出庭的规定上是有缺陷的，其第一百八十七条规定："公诉人、当事人或者辩护人、诉讼代理人对证人证言有异议，且该证人证言对案件定罪量刑有重大影响，人民法院认为证人有必要出庭做证的，证人应当出庭做证。"第一百九十条规定："公诉人、辩护人应当向法庭出示物证，让当事人辨认，对未到庭的证人的证言笔录、鉴定人的鉴定意见、勘验笔录和其他作为证据的文书，应当当庭宣读。"这无异于是说证人是否出庭完全由法庭说了算，且承认了未到庭证人的证言笔录具有证据能力，这导致当前证人出庭率难以提高。另外，我国刑事庭审中律师出庭辩护率仍然比较低，大约在30%左右。试想，在法庭上公诉人对被告人进行强有力的犯罪指控，而辩护席上空荡荡的没有辩护律师与公诉人进行针锋相对的抗争，又谈何庭审的程序公正和实体公正。

（二）以审判为中心的刑事诉讼制度改革

毋庸讳言，当前，我国的刑事诉讼制度是以获取口供为重点的侦查中心、证据规则上是以传闻证据为核心的书证中心主义。这样的刑事诉讼制度本质上是人治而非法治，是与刑事诉讼制度的国际发展趋势背道而驰的，也是与我国建设社会主义法治国家的宏伟目标相抵触的。为了彻底改变我国刑事诉讼当前所普遍存在的刑讯逼供、超期羁押、控辩失衡、庭审走过场、判决不权威等现状，必须加大力度改革我国当前的"侦查中心主义"刑事诉讼制度，逐步建立以审判为中心的刑事诉讼制度。具体来讲，可以从以下两个方面来着手改革：

1. 从刑事审前程序方面进行改革

（1）实行司法令状原则

侦查权作为一种带有明显行政性质的国家权力，具有单方面自行启动的功能和强烈的强制性，其运行往往带有行政化色彩，如果不予以适当控制，就可能引发非法取证、暴力取证现象的发生，造成对公民基本权利的侵犯。因此，很多国家都实行令状原则，要求侦查部门在采取强制措施时，必须由检察官或警察向法官提出附有理由的申请，法院或法官审查后签发令状，侦查部门只有依据该令状，方可限制或者剥夺犯罪嫌疑人的自由和财产。从强化刑事追究的正当性、防止强制性措施被滥用的角度看，对强制性侦查实行令状原则应当成为我国侦查制度改革的趋势[①]。具体做法是：确立对强制性侦查措施的司法审

---

① 孙长永、高峰：《刑事侦查中的司法令状制度探析》

查机制。凡是公安机关、人民检察院实施的涉及对犯罪嫌疑人的人身自由或财产权利进行限制或剥夺的行为，侦查人员都需向法官提出附理由的申请，由法官进行审查并决定是否准许。除法定的紧急情况外，只有持法官签发的有效令状者，才能实施强制性侦查措施。

（2）强化检察机关对侦查机关工作的引导和监督

要打造以审判为中心的刑事诉讼格局，警检关系也需要重新设定。我国实践中已经形成了以侦查为中心的刑事诉讼格局，并确立了警主检辅的警检关系。由于公诉职能的行使在一定程度上依赖于侦查职能的行使，检察机关对侦查活动监督乏力，检察权对侦查权的控制相当微弱，这直接影响了侦查和起诉的质量。在警检关系的改革上，一方面，要调整检察机关与公安机关的关系，改变目前检察机关与公安机关的侦查活动相脱离的局面，使检察机关在刑事追诉启动伊始就能参与到侦查机关的调查取证活动中，为支持公诉做必要的准备；另一方面，要加强检察机关对公安机关侦查工作的引导或指导，保留并健全检察机关对公安机关侦查活动的法律监督机制。

（3）保障犯罪嫌疑人的诉讼权利

刑事诉讼以审判为中心，需要控辩平衡的诉讼结构作支撑，需要改善犯罪嫌疑人的诉讼地位，赋予其足以对抗追诉机关的诉讼权利，增强其防御力量，实现以权利制约权力的目的。鉴于控辩双方在刑事诉讼中的地位天然存在的不平等，维持诉讼结构平衡的途径只能是加强犯罪嫌疑人和被告人的权利保障，包括在立法上赋予其一些特权，如无罪推定权、不被强迫自证其罪权、沉默权、不受任意逮捕或拘禁的权利、获得保释权等。以审判为中心，需要充分保障犯罪嫌疑人获得律师帮助的权利。

2. 对法庭审判进行实质化改革

（1）建立刑事证据开示制度

证据开示具有整理证据、确定争点的功能。通过证据开示，当事人双方可以在庭审前提出争点并予以梳理、归纳，甚至可以就某些案件事实和证据达成共识，在法庭上可以就未达成共识的争点进行质证和辩论。对于那些存在分歧的案件事实，当事人双方由于已在开庭前做了充分准备，所以能够在庭审中进行集中质证和辩论。法官结合当事人双方都认可的证据，就能够对案件形成明确而清晰的认识。

（2）完善庭前会议制度

庭前会议是法院在决定开庭后、审判前为开庭审判做准备的一个程序，是庭前准备程序的核心和关键。但是，《刑事诉讼法》确立的庭前会议制度只是对一些程序性问题"了解情况，听取意见"，并且只是要求"上述活动情形应当写入笔录"，而没有明确赋予法官就庭前会议涉及的问题作出裁断的权力。按照这一制度，刑事诉讼中当事人双方即使就某些问题达成了合意，这种合意也没有法律上的约束力，无法发挥应有的作用。我国应在立法上进一步完善庭前会议制度，明确庭前会议的功能，确定庭前会议的法律效力。对于程序性争议问题，当事人双方在庭前会议上达成合意后，应当制作合意书，合意书一经签名或者盖章，即具有法律效力。审判人员应当在庭前会议上作出决定，明确该合意书可以在以后的庭审程序中作为证据使用。

（3）贯彻直接言辞原则

直接言辞原则包括两项具体的原则，即直接原则和言辞原则。其基本含义是：法官必须在法庭上亲自听取被告人、证人及其他诉讼参与人的陈述，案件事实和证据必须以口头形式向法庭提出，调查必须以控辩双方口头辩论、质证的方式进行。不过，我国立法中的直接言辞原则并不完善，这一原则在实践中贯彻得也不彻底。要全面贯彻这一原则，首先要保障合议庭有作出判决的权力，要改革审判委员会讨论决定案件的方式。从我国目前的情况来看，去除审判委员会讨论决定案件的功能尚不现实，不过，可以考虑借鉴历史上的"会审"制度，设立审判委员会开庭审理案件的程序。其次，要强化证人、鉴定人出庭做证的义务。关键证人出庭是审判程序公正的重要标志，也是保证法庭查明事实、认定证据的基础性措施。最后，要严格限制证言笔录的使用，摒弃卷宗依赖主义。因为在案卷笔录中心主义的作用下，侦查程序将通过案卷笔录对法庭审判产生绝对影响，成为整个刑事诉讼的中心。

（4）全面贯彻证据裁判原则

以审判为中心进行诉讼制度改革，必须树立"打官司就是打证据"的理念。在现代诉讼中，法官对事实的认定应当依据有关证据作出，没有证据不得认定事实，此乃证据裁判原则之要义。坚持证据裁判原则要做到两点：一是作为认定案件事实根据的证据必须是经过法庭举证、质证等程序后被确定为具有真实性，在形式上还必须具有相关性与合法性的证据。二是案件事实的认定必须建立在证据基础之上，正所谓"无证据，不事实"。要严格贯彻落实非法证据排除规则与疑罪从无原则。

# 三、检察机关如何应对以审判为中心的诉讼制度改革

面对以审判为中心的诉讼制度改革，作为检察机关应该如何应对，笔者认为可以着重从以下几个方面去把握：

（一）提高证据的质量

任何案件的定罪量刑都依赖于证据，控辩双方在法庭上博弈的焦点也是证据，因此，检察机关应把加大非法证据排除的工作力度以及引导侦查机关取证作为提高证据质量工作的重点。

1. 加大排非工作的力度

排非工作是深化司法体制改革、保障人权的重要环节。检察机关加大排非工作力度就应该做好如下工作：一是加强对侦查机关同步录音录像的审查；二是整合检察机关内部资源，建立侦监、公诉、控申、监所信息共享平台；三是办案人在办案过程中应对案件仔细审查，高度重视事实不清、供述前后不一、主要证据之间存在矛盾的案件，同时，要充分行使调查核实权，将非法证据排除在庭审之前，确保案件裁判的质量，有效避免冤假错案。

2. 强化引导侦查机关取证的能力

以审判为中心的诉讼制度改革改变了传统的"以侦查为中心"的诉讼模式，它意味着审判阶段才是诉讼活动的中心环节，是审前活动的终极目的。今后，控辩双方在法庭上的对抗将会更加激烈，这就要求负有控诉职能的侦查机关、公诉机关应紧密结合起来，形成合力，有效地打击犯罪。但是，侦查人员在侦查案件的过程，可能会受思维方式、逻辑判断等主观因素的影响，造成证据链条不完整的问题。对此，检察机关就应加强对侦查活动的引导和规制，引导侦查机关对遗漏的证据和情节进行补充，使案件进入庭审阶段，能够

达到事实清楚、证据充分的要求，确保审判工作顺利进行，保证案件能够经得起法律和历史的检验。

（二）消除对律师的对立情绪

新刑诉法第三十六条规定辩护律师在侦查阶段可以向侦查机关提出意见；第一百七十条的规定审查起诉案件应当听取辩护人、被害人及诉讼代理人的意见并记录在案，书面提出的应当附卷。从这些规定中我们可以看出律师的权利正在进一步扩大，律师在诉讼中的作用也越来越重要和明显。诉讼中，律师的辩护职能与检察机关的控诉职能相对立，因此，检察机关的办案人从心理上就存在对律师的对立情绪。在听取律师意见的过程中，检察机关办案人虽然能够做到对律师意见的真实记录，但是在会见中存在的对立情绪可能导致律师意见表述得不完整和对律师意见在理解上的偏差。为什么强调检察机关办案人要认真听取律师意见，消除对律师的对立情绪呢？因为从某种程度上来说，防止冤假错案最有效的途径和方法就是认真听取律师意见。北京大学陈永生教授抽取了 20 起刑事错案进行研究发现，这 20 起错案中，85% 的案件律师都提出了强有力的辩护理由，但由于办案人置之不理，导致最终错案的发生。同时，认真听取律师意见，多角度思考案件的定罪与量刑，对检察机关来说也是一种很好的借鉴。尽管司法实践中存在一些律师违法违纪的现象，但大部分律师还是能够遵守职业操守。认真听取律师的意见，注重检察机关和律师沟通交流，还可以使诉讼过程同时成为化解社会矛盾的过程，通过平衡各种社会关系，为社会利益找到最大的平衡点。

（三）加强检察队伍建设

俗话说："打铁还需自身硬。"建立以审判为中心的诉讼制度，检察人员担负的责任将更加艰巨，要胜任这一角色，必须提升检察人员的职业能力，同时，要加强检察机关体制机制建设。

1. 提升检察人员的职业能力建设

检察机关应对以审判为中心的改革，提升检察人员的职业能力，应着重抓好以下几个方面工作：一是要加强学习，通过培训、订阅书刊、观摩重大案件、学习先进院的经验等途径，增加检察人员的知识储备，优化知识结构。二是要加强岗位练兵，不断提高业务素质，增强检察人员的理性思维能力、审查判断运用证据的能力、交叉讯问能力、当庭应变能力、文书写作能力、语言表达能力、辩论能力和沟通协调能力，真正通过扎实的证据和严密的辩论，履行好对犯罪的追诉职能。三是要加强总结交流，对于重特大、疑难案件，应加强讨论、分析、交流，并在案件审结后加强对案件的总结和归纳。

2. 加强检察机关体制机制建设

检察机关应对以审判为中心的改革，加强检察机关体制机制建设，应着重抓好以下几个方面：一是增加业务部门的人员编制，加强办案力量的配备，从根本上解决当前案多人少的突出问题。二是积极推进主任检察官办案责任制改革，突出主任检察官的办案主体地位，落实办案责任，建立权责明确的办案组织。三是提升检察官的地位、待遇及晋升机制，吸引更多的优秀人才加入检察队伍。

（作者单位：泗县人民检察院）

# 论非法证据排除规则及其在我国的构建

汪志发

**摘　要：** 我国新颁行的《刑事诉讼法》确立了颇具特色的非法证据排除规则。诸如对程序启动、申请期限、排除程序相对独立等的确立，但对于若干程序的建立还需进一步完善规则。为了有效实施这些证据规则，需要完善程序与侦查行为合法性问题的司法审查机制，确立以司法裁判为中心的诉讼构造，并就刑事司法体制的改革问题进行进一步的完善；从非法证据排除规则结合我国国情现状进行分析研究，根据该规则在我国刑事诉讼现状中遇到的问题提出几点解决办法与建议，以期构建与完善我国的非法证据排除规则。

**关键词：** 非法证据；非法证据排除规则；刑事诉讼

## 引　　言

非法证据排除规则在 20 世纪初产生于美国，发展至今已有百年之久。其建立的意图是限制国家公共权力，保障人权。它也是当今我国"惩罚与保护并重"的司法理念的体现。它的建立对实体公正与程序公正两大诉讼价值的协调起到不可忽视的作用。随着近代刑事诉讼制度的发展，保障人权被越来越多的国家所重视，并写入其法律体系之中。我国的宪法、刑事诉讼法、司法解释中也有不少保护人权的有关规定。非法排除规则在刑事诉讼中作为保障人权的一项至关重要的规则，在我国司法实践中渐渐受到人们的重视，并形成一种规定，被作为一项法律规则来使用。2012 我国新修改的《刑事诉讼法》在第五十条、五十四条至五十八条以及第一百七十一条规定了我国非法证据排除规则，又对"两个规定"中非法证据排除规则进行进一步完善，将非法证据排除规则直接上升为一项刑事诉讼规则来对待，相比于以前刑事诉讼中对非法证据排除只有寥寥几句的情况，已经是很大的进步。

在理论界，我国对非法证据排除规则的研究起步较晚，专家学者大部分是从 20 世纪80 年代中期才开始关注。目前为止杨宇冠教授对非法证据排除规则的研究可谓是我国学者中研究得最深入的一位。他对非法证据排除规则的起源、发展、分类等情况进行了认真研究，提出了中国的非法证据排除规则应当是绝对排除与相对排除相结合的观点，并提出了宝贵建议，对我国的司法改革非常有帮助[1]。

虽然理论界对非法证据排除规则的建立提供了不少意见，但是不可否认的是，我国司法界中"重实体、轻程序"的诉讼观念一直难以改变。非法证据排除规则作为刑事司法中保障人权的至关重要的规则，因此，本文借鉴我国学者对非法证据排除规则构建的一些理论成果，通过对非法证据排除规则基本问题的探讨以及对英美法系和大陆法系主要国家的非法证据排除规则的考察，并结合我国的国情与法制现状，提出在我国构建完善的非法证据排除规则的一些构想。

# 一、非法证据排除规则概述

（一）非法证据

我国的证据法规定，证据材料必须符合三性才能称之为证据，三性即真实性、客观性、合法性。合法性即取证主体合法程序，证据的形式要符合法定形式。若证据材料中缺少三性的任一性，都不能成为证据。因此证据本身并无非法与合法之分。

近代非法证据的概述最先起源于美国联邦《宪法》，其原意是指违反美国联邦《宪法》第4条修正案由非法搜查、扣押所获得的证据。而《布莱克法律词典》对该词条的解释是："侵犯被告人权利取得的证据，原因是警察没有逮捕证或可能的理由而执行逮捕，或者是令状有缺陷且不存在有效理由而进行无证扣押。"[2]我国的《诉讼法大辞典》中将"非法证据"定义为"不符合法定来源和形式的或者违反诉讼程序取得的证据资料。"[3]而我国法学界对非法证据的界定却有着多种学说，大致可以用广义说和狭义说两种观点来总结。广义说认为非法证据是指证据内容、证据形式、收集或提供证据的人员及程序、方法不符合法律规定的证据材料[4]。包括四种情形：（1）证据内容不合法；（2）证据表现形式不合法；（3）收集或提供证据的人员不合法；（4）收集或提供证据的程序、方法、手段不合法。狭义的非法证据是指广义说中非法证据的第四种情况，即办案人员超越法定权限、违反法定程序或采取其他不正当的方法获得的证据[5]。

综上所述，笔者认为，广义说中的证据收集主体不合法、证据表现形式不合法在我国的司法实践中很少存在被采纳为证据的可能性，因此在此处谈及非法证据的排除规则中涉及这两方面并不恰当。因此本文探讨的非法证据的定义拟采用狭义说的观点，即非法证据是指办案人员违反法律规定的程序或以其他不正当方法而获得的证据。

1. 以非法的方法手段取得的言辞证据

以非法的方法手段取得的证据主要是指司法人员在刑事诉讼过程中，使用法律禁止的方法或手段收集的言辞证据。例如对犯罪嫌疑人实施刑讯逼供或以威胁、引诱、欺骗等不正当方法取得犯罪嫌疑人的口供。

2. 违反法定程序而获得的实物证据

违反法定程序而获得的实物证据是指以违反法律规定之程序所获得的物证、书证等证据。例如违反法律规定的搜查程序所获得的物证、书证，以及无法定理由随意扣押物证、书证等证据。

3. 毒树之果

以非法方式取得的证据为线索，从而获得的其他证据，学术上称其为毒树的"果实"。这种证据与上述两种非法证据相比较，其不同点在于上述两种证据的收集方法或者程序本身是违法的，而"毒树之果"的收集方法与程序本身是合法的[6]。只是因为其来源于"毒树"，即线索是通过非法的方法或非法的程序所获得。例如司法人员通过刑讯逼供而获知犯罪工具藏匿地点，从而起获犯罪工具，这种犯罪工具就是毒树之果。

（二）非法证据排除规则

证据是刑事审判的核心，对被告人定罪的证据必须确实充分，也就是说对被告人定罪都必须有相应的证据予以支持，并排除一切合理的怀疑，只有充分有效的证据才是定案的基础[7]。近年来，我国学术界对关于非法证据排除规则的争论也愈演愈烈。那么究竟非法证据排除规则的起源是怎样的，什么是非法证据排除规则？

非法证据排除规则起源于英美法系，于20世纪初产生于美国。发展至今，它已为世界大多数国家的刑事法律制度所认可，不仅仅成为刑事诉讼领域具有普适性价值的证据规则之一，更是当今世界各国宪法的牙齿[8]。在刑事诉讼规则中，各国基本上制定了非法证据排除规则。非法证据最初是指不得在刑事审判中采纳以非法方法取得的不利于被告的证据。经过诉讼制度的不断发展，非法证据排除规则也日趋完善，渐渐将排除的范围扩大到包括在审前程序中不得以非法方法取得的证据为根据，签发各种令状等司法行为，以及被告方可以就法院未排除非法证据为由进行上诉和请求最高法院审查案件。随着时代的发展，世界各国的刑事诉讼制度日趋文明化、民主化、科学化，刑事诉讼所倡导的保障人权和程序正义这两大诉讼价值受到的关注也日趋增强，进而在立法上、司法实践上和理论上肯定非法证据排除规则，并都在努力建立起各国自己的非法证据排除规则。

联合国《保护人人不受酷刑和其他残忍、不人道或有辱人格的待遇或处罚宣言》（以下简称《酷刑宣言》）第12条规定："如经证实是因为受酷刑或其他残忍、不人道或有辱人格的待遇或处罚而做陈述，不得在任何诉讼中援引为指控有关的人或任何其他人的证据。"[9]《禁止酷刑公约》进一步完善了前述规定："每一个缔约国应确保在任何诉讼程序中，不得援引任何业经确定系以酷刑取得的陈述为证据，但这类陈述可用作被控施用酷刑者刑讯逼供的证据。"[10]从以上条文中我们可以看出，只要是非法取得的口供都不能在任何诉讼程序中用作指控被告人有罪的证据，但这些可以用来指控取证人员的非法取证行为。在美国，非法证据排除规则顾名思义就是关于排除非法证据的规则，该规则主要是用来限制警察的权力滥用，保障公民的权利。根据该规则，如果警察通过侵害公民宪法权利的方式获得的非法证据，无论其是否具有相关性，法官都禁止其出现在法庭上，尤其不允许陪审团所接触；如果此类证据出现在法庭上，法官应当立即排除其证据效力，事实裁判者也不得将其采纳为认定事实的根据[11]。

综上所述，笔者认为，我国的非法证据排除规则应该定义为在刑事诉讼中，通过非法搜查、扣押等违反法定程序的方法或以非法手段获得的证据均不具有证明能力，依法应当予以排除，不得作为证据采纳的一项证据规则；除法律有例外规定之外，司法机关均不得采纳非法证据并将其作为定案证据。非法证据排除规则应包括非法的方法和手段获取的言辞证据的排除、违反法律规定之程序所获取的实物证据的排除以及"毒树之果"的排除。

## 二、关于我国非法证据排除规则的现状考察

（一）我国目前学界关于非法证据排除规则的理论研究现状

非法证据的排除从实质上体现的是法律价值的取向，是法律价值观在司法实践中的直接表现。我国法学界自20世纪80年代起对非法证据排除规则展开研究起，对非法证据向

来争议较大，没有形成统一的认识，目前我国理论界对非法证据排除规则主要有以下三种观点：

### 1. 真实肯定说

此种观点认为，凡是能够证明案件事实的证据材料，即使采用违反相关程序规定的手段和方法，也应作为证据加以采用。部分学者认为："对于其违法行为可以依法追究处理，但非法取得的材料若与案情有关，可以采信作为定案依据。"[12]该学说的主要理由是，我国刑事诉讼法强调追求案件真实，只要是对发现案件真实有作用的材料就应加以采用，这样才能有助于防止真正犯罪分子因侦查机关依法没有取得足够的证据，而让其逃脱法律的制裁。此种观点实际上是我国目前司法实务中对证据排除的态度。此种观点过于强调对犯罪的惩罚功能，忽略了对犯罪嫌疑人人权的保护。随着我国司法界对程序正义的逐渐重视、对公民权利的保护意识不断增强，此种学说也将失去现实基础。

### 2. 完全否定说

此种观点认为，只要是违反宪法和刑事诉讼方式的规定所收集到的证据材料都不具有证据效力，即使查证属实，也应予以排除，无论是言辞证据、实物证据抑或是"毒树之果"。这一学说也是为了防止冤假错案的发生，并由此推论出使用非法证据材料将会助长违法行为，对我们法治国家的构建带来无穷的后患。但此种观点远离社会现实，根本没有从我国的实际国情出发。我国在司法界向来重实体、轻程序，办案均以追求案件真实为首要目的，对人权保障根本无此思想根基，况且我国目前的刑事侦查技术仍待改进，侦查人员素质需要提高，若全盘实行非法证据排除，将大大提高打击犯罪的难度，也会因犯罪分子得不到应有的惩罚而导致公众对司法的不满。

### 3. 原则排除说

著名法学家陈光中先生认为："我国应当借鉴国际经验，有限制地吸收排除规则的内容，以有效地遏制刑讯逼供等非法取证现象的发生，切实保障诉讼参与人的合法权益……非法取证的存在，与刑事犯罪通常具有复杂性、隐蔽性，侦查技术落后，司法干部队伍量少质弱等多方面的原因有关，刑事诉讼法的修改要与我国法制建设状况相适应，不能超前过多，否则，这种修改只能成为空中楼阁。"[13]原则排除说是我国目前理论界的主流观点，此学说既考虑到我国目前的现实情况，又在此基础上构建了符合我国国情的非法证据排除规则，可以说此学说为我国确立真正、完善的非法证据排除规则指明了方向。

（二）关于我国非法证据排除规则的现状

我国现行的法律体系中虽已经建立起非法证据排除规则，但对于非法证据的规则，新《刑事诉讼法》司法解释中还待进一步完善。在我国新刑事诉讼体系中，新的《刑事诉讼法》第五十四条规定，对"严禁刑讯逼供和以威胁、引诱、欺骗以及其他非法的方法收集证据应予排除"。新《刑事诉讼法》第五十七条规定，对于搜查、扣押、讯问等取证必须是合法程序。而对于违法取证行为，我国2012年新《刑事诉讼法》对2010年两高、三部联合颁布实施的《关于办理刑事案件排除非法证据若干问题的规定》（以下简称《非法证据排除规则》），以及《关于办理死刑案件审查判断证据若干问题的规定》（以下简称《办理死刑案件证据规定》）。对这两部规定进一步完善，可以说是标志我国对非法证据排除规则新的突破。

新《刑事诉讼法》第五十四条规定了非法证据排除规则的适用范围。对于以刑讯逼供等非法手段取得的犯罪嫌疑人、被告人的供述视为非法言辞证据，应予以排除。而对于违反程序的言辞证据，则给予补正或完善，并不当然排除。在对待违反程序所取得的实物证据上，则没有做出一概禁止的一般规定，而是要求侦查机关补正程序或者对此做出合理解释即可。再者，其明确了被告人及其辩护人可以主动申请排除非法证据，但启动这一程序的初步责任由被告人及其辩护人负责。而控方则需对证据的合法性承担证明责任，并且规定了明确的证明标准。最后规定还明确了讯问人员出庭做证制度，明确人民检察院负有排除非法证据的义务。而对于《办理死刑案件证据规定》则对死刑案件的证据规定得更加严密，其在实物证据上的规定更加细致，具体罗列对于有瑕疵证据的补正规定，以及违反哪些程序的实物证据必须予以排除，这体现出我国对死刑之类案件的慎重和严谨。

从上述规定中，我们可以得知，我国的非法证据排除规则正在不断地完善，简单地说我国刑事诉讼体系中非法证据排除规则已经建立了。

## 三、我国非法证据排除规则存在的问题

（一）程序启动标准

新《刑事诉讼法》五十六条规定，申请排除以非法方法收集的证据的，应当提供相关线索或者材料。这是关于非法证据排除程序启动标准的规定。按照《规定》第六条，辩护方必须提供涉嫌非法取证的人员、时间、地点、方式、内容等相关线索或者证据，法庭才能启动非法证据排除程序。但所谓"人员、时间、地点、方式、内容"，是举出其中一项或几项就可以，还是必须全部举出？其内容应详细到什么程度？这些都未做明确说明。法官在决定非法证据排除程序是否启动时，实际拥有一定的自由裁量权。为保证案件审理的公正和司法裁量的统一，必须对这种权力的行使予以确定的价值导向。也就是说，在把握非法证据排除程序的启动标准时，法官必须明确一点：是从高还是就低？有人担心，启动标准过低，会导致程序的滥用，在刑事案件不断增多、司法资源日趋紧张的今天，弊大于利。这种担心并非没有道理，但笔者更倾向于降低程序的启动标准。理由主要是降低启动标准有利于非法证据排除申请的提出。非法证据排除规则自初步建立至今已有两年，综观我国的司法实践，总体情况并不乐观，非法证据排除案例寥寥无几。江苏盐城中院实施的非法证据排除试点项目中，九个基层法院六个月间共审结案件1906件，律师参与的案件数为737件，被告人提出排除非法证据申请的共14件，律师提出非法证据排除申请的案件2件，非法证据排除申请率为0.84%[14]。对于律师来讲，职业声望与其前途息息相关，滥用非法证据排除规则不但会引起司法反感，也会给事务所声誉、个人信誉及日常从业带来冲击。所以律师会将非法证据排除动议的提出控制在最必要的范围内，一般没有理由煽动被告人滥用程序。退一步讲，即便存在滥用程序的个案，也不是体制原因所造成，而是个体目的、个体素质等偶发因素导致，可以通过加强社会宣传、强化律师职业道德培训等方式来约束和引导，而不必通过提高程序启动标准、牺牲部分被告人的合法权益来达到节省个案司法资源的目的。

（二）申请期限

我国新《刑事诉讼法》第五十四条规定，在侦查、审查起诉、审判时发现有应当排除

的证据的，应当依法予以排除，不得作为起诉意见、起诉决定和判决的依据。有人解读为，非法证据排除申请自侦查启动时至判决作出前都可提出；也有人解读为，该条未明确规定申请期限，从法理学角度申请应限定在审前提出，这样既赋予了被告人充分的时间，又不致对被告人造成不利影响，还能提高审判效率[15]。笔者赞成限缩非法证据排除申请期限，而不是放宽为自侦查启动时至判决作出前。因为这样做能够提高司法效率，更有助于打击犯罪。但由于刑诉法第一百九十八条规定检察机关拥有申请补充侦查的权利，即便案件进入法庭审理阶段，也可以退回公安机关补充侦查，并有可能再次讯问被告人、证人，获取书证、物证。所以如果刚性地将申请的提出限定在审前，被告人将无权对补充侦查取得的证据提出排除申请。其实，侦查、举证、非法证据排除申请组成了一根法律意义上的反应链条，侦查为公诉方提供了证据，公诉方的举证则引发了非法证据排除申请。因此，被告人及其辩护人有权就补充侦查所得证据提出非法证据排除申请[16]。

（三）排除程序相对独立

许多法院都是将其非法证据问题与案件实体部分混同审理，并没有设置独立的程序。这种做法存在两个缺陷：一是让非法证据有"污染"法官价值判断的机会。即便形式上排除了非法证据，最终判决也没有写进去，但很难说没有对定案产生影响。很有可能法官对案件事实的认识和理解已经发生了变化，其他证据之证明力被非法证据抬升，并影响到最终判决。二是迫使法官进行"司法权衡"。混同审理的结果往往是导致非法证据是否排除依赖于法官对实体审理结果之预期，不影响定罪的非法证据较易排除，而可能导致无罪判决的非法证据则难以排除[17]。

为审理非法证据排除问题设置独立程序是十分必要的。这不但能避免法官在实体审理前与非法证据接触，基本上可以弥补上述两个缺陷，还可以提高庭审质量和效率。审判实践中控辩双方对证据关联性和真实性方面争辩得并不多，主要精力都放在证据的合法性上。多数案件中辩护方都会在庭审中对证据的合法性产生怀疑，而且经常反复地提出，致使庭审的很大一部分时间以及法官的很大一部分精力都消耗在证据的合法性审查上。设置独立程序进行证据合法性审查，可以预先扫清证据合法性障碍，后续庭审中控辩双方便可把精力集中在关联性、真实性及法律适用的问题上，提出更多有价值的意见，使庭审的质量和效率都得到提高。英国的预审和美国的听证，均是为解决证据采纳或排除问题而设置的独立程序。我国可以根据当前国情以及法院系统人力资源状况，逐步设立独立程序（如听证）对非法证据排除问题进行审理，控辩双方在法官主持下举证、质证和辩论，最后由法官作出是否排除的决定。由于当前司法资源比较紧张，很多法院设置独立排除程序尚存在人力、财力方面的障碍，可以尝试在法院的立案庭进行非法证据排除，经立案庭对非法证据问题作出裁断后，再将已排除了非法证据的案卷移交到刑事审判庭，由刑事审判庭在合法证据的基础上对案件实体部分进行审理。

（四）我国非法证据排除规则在实践中存在的问题

我国重刑思想的传统根深蒂固，历史上也有许多关于以严刑逼供找出相关证据破案或者审判官用计诱导犯罪嫌疑人招供而破案的案例，特别是审判官用计破案的案例，无不是被百姓称道，所以重实体轻程序一直被公民所接受，甚至非法证据排除规则还被公民所排斥。每当有重案要案发生后，公民要求严惩犯罪嫌疑人的呼声就铺天盖地，如前年的李刚儿子的交通肇事案、药家鑫案等，公民要求严惩凶手的呼声几乎压倒了理性的侦查及审判，给审判机关带来极大的压力。侦查部门在破获大案要案时出于各方的压力，会绞尽脑汁不择手段，选择更快的破案方法，包括选择一些非法手段，即俗话说的"目的正确可以不择手段"[18]。从而导致法院在审理一些大案中会因各方压力而不排除非法证据，把被告人判罚重刑，从而给公众一个"满意的交代"。法律人谁不知，舆论代替法律带来的灾难是何其严重，实在是对法律庄重的尊严的亵渎。

虽然 2010 年《非法证据排除规则》出台，明确了人民检察院为排除非法证据的主体之一，但就我国目前的司法实践现状来看，非法证据的排除大部分仍是需靠法院在审理的过程中予以排除。我国法律虽规定人民法院独立行使审判权，但同时要受到同级人大的监督，并对其报告工作。并且独立行使审判权不是法官独立，而是法院独立，合议庭要听从审判委员的意见。法院审理大案要案有时不仅会受到社会舆论的影响，还会受到同级人大代表、政府、党委的影响。人大代表对法院提出的意见，法院在审理案件时将不得不考虑，否则可能会对法院形成不利的后果。而各级政府对法院的影响也是不容忽视的，政府掌握着法院人事、财政等事权。各级党委均有政法委员会，负责统筹公、检、法、司等机关的工作，各级法院都要接受同级政法委指导工作。因此每遇到大案要案时，该级政法委统筹安排工作后，从侦查到审判的各个环节，公检法三机关形成默契，从而使合议庭的庭审流于形式。李庄案无疑是一个很好的例子，从立案到审判仅仅花费 19 天，创造了"重庆速度"。因此可想而知合议庭承受的压力是何等的巨大，要让合议庭在重重压力之下，排除非法证据，着实这难度非常大，其可能性也是微乎其微[19]。

## 四、我国的非法证据排除规则的基本构想

### （一）明确程序启动标准

虽然我国的新《刑事诉讼法》第五十六条规定，申请排除以非法方法收集的证据的，应当提供相关线索或者材料。这是关于非法证据排除程序启动标准的规定。按照《规定》第六条，辩护方必须提供涉嫌非法取证的人员、时间、地点、方式、内容等相关线索或者证据，法庭才能启动非法证据排除程序。因此，我国应将启动非法证据排除程序设置于庭审之前，并以当庭审查所有排除程序为补充来排除非法证据较为合理。将排除非法证据的提出及审查程序设置在庭审之前，意味着我国有必要建立一个预审的制度。预审阶段只是审查证据，对于非法证据予以排除，不纳入真正的庭审之中。在司法实践中，控辩双方常常在证据的合法性问题上展开大量的辩论，这不仅把庭审变成一场长时间的精力消耗战，而且会使合议庭成员受到非法证据的干扰，从而影响判决[20]。把提出非法证据的时间设置在庭审之前，这意味着非法证据将无法出现在真正的庭审之中，也将无法影响合议庭，控辩双方也不会把精力放在证据的合法性问题上，而是把精力放在被告人的有罪与无罪的问题上，从而使整个庭审活动效率提高。另外，由于被告人处于弱势地位，因此如果被告人在预审阶段没有提出排除非法证据的请求，也应允许被告人在庭审时提出，此时提出则由合议庭进行审查，从而决定是否予以排除。

基于刑事诉讼的两大价值取向——惩罚犯罪和保障人权，结合我国的司法环境，要改变现行的诉讼一元式裁判结构（即事实审和程序审的合二为一）尚不太现实，但是二元式

的裁判是必然趋势。扎根于我国当前的司法土壤，将从程序上探讨如何完善非法证据排除程序，以及非法证据排除程序的启动。综合西方国家的做法，结合我国国情，可以从两个方面来保障。首先，可以依申请，《刑诉法》规定了"当事人及其辩护人、诉讼代理人有权申请人民法院对以非法方法收集的证据依法予以排除"。其次，可以依职权，由审判人员主动发现并提出动议。审理非法证据排除动议的主体：起诉阶段，人民检察院应当审理，在庭审之前，应当设立审前庭，专门法官负责审理非法证据排除的案件。庭审阶段，法官依职权审理，对于结果的处理，如果动议成立，就裁决排除该非法获得的证据；如果确实案情重大，应当建议补正和作出合理解释。我国对"毒树之果"的排除可借鉴英国。如果取证行为只是一般违法，例如审讯中有诱供、欺骗等不当方法，而派生证据会影响审判结果，则不必排除；如果取证行为严重违法，例如以刑讯逼供等方法取证，已经影响到司法公正或者严重侵害嫌疑人、被告人的合法权益，则应当排除派生证据。

（二）申请期限的规定

修改后的《刑事诉讼法》未明确规定提出非法证据排除申请的时间。《关于办理刑事案件排除非法证据若干问题的规定》第四、第五条规定被告人及其辩护人可在开庭审理前或者庭审中提出非法证据排除的申请。因此，不管非法证据排除申请是开庭审理前还是庭审中，都应限缩非法证据排除申请期限，而不是放宽到自侦查启动时至判决作出前。

（三）排除程序设置独立

设置非法证据独立排除程序的基本内涵是：非法证据应该通过独立于正式审理程序的听证程序予以排除，目的在于提高刑事诉讼效率，还要从实际效果上真正防止非法证据对实体裁判者发生任何影响。所以对非法证据排除问题设置独立程序是十分必要。由于在非法证据排除程序中，庭审效率低而且还不能彻底消除被排除的非法证据对庭审法官的污染，因此应把有权决定排除非法证据的主体与对案件有权设置实体裁判的主体相分离，使有权决定排除非法证据的主体独立于对案件有权做出裁判的主体。如果排除非法证据的权力由法院的立案庭行使，由立案庭的法官通过独立于正式审理程序的审前听证程序来审查非法证据排除的申请，并明确规定该立案庭的法官不能参与该案的正式审理程序，这样既能将证据合法性审查问题在庭审前解决，提高了庭审效率，又可以防止审判庭的法官接触到非法证据的内容，受到被排除非法证据的污染。为了提高庭审效率，彻底消除非法证据对庭审法官的污染，废除非法证据同一程序并在我国建立非法证据独立排除程序已经势在必行。

（四）非法证据排除规则的实践

应该遵循我国的法律，侦查机关内部的纪律制度应对非法取证方面进行规定，从心理上对侦查人员进行暗示，能够从内部纪律上规范侦查人员的取证行为，更正侦查人员的取证心理，使侦查人员不会为追求办案速度而违法取证。内部的纪律制度以及监督制度的设立，是在非法取证的源头上设置一道关卡，使侦查人员未办案时就牢记依法取证的法规，并且有内部专门纪律检查人员的监督，使侦查人员不敢心存侥幸而知法犯法。另外，侦查机关的纪律与监督制度的建立，也有利于对非法取证行为的发现，因为正是由于监督机构与侦查人员属于同一个体系，监督者熟悉侦查人员的办案流程，许多秘密侦查手段其内部监督人员也均能知晓，因此内部纪律检查人员容易得知侦查人员是否违反纪律，违法取证，从而阻止非法证据对被告人产生影响。内部的监督机制，也可以监督侦查人员随意侵犯犯罪嫌疑人权利的行为，为犯罪嫌疑人提供救济途径，对侦查人员的侦查手段也有一个紧密的监督，将使侦查人员的侦查行为更加严谨而合法。

从我国目前的法律实践体系中可以发现，我国目前对于非法取证的侦查人员的惩罚只局限于刑事责任上，然而司法实践中，存在着大量违法但不属于犯罪的非法取证行为，因此法律的惩戒措施并没有对侦查人员的非法行为进行有效规制。"就对合法取证习惯的养成来说，非法证据排除规则只是使侦查机关不能从非法行为获益的角度宣告证据无效，只是一种程序上的法律后果，这虽然很关键，但如果不同时对非法取证的侦查人员个人进行惩处，不让其切身利益因为自己的非法行为受到影响，那么非法行为仍可能反复发生"[21]。只有"将公安司法人员的自身利益与取证行为的合法性相联系，促使其依法取证"[22]。应在侦查人员内部建立问责制，侦查人员进行非法取证，若构成犯罪，则依刑法处置；若不构成犯罪，则有相应的行政惩罚，办案人员将会被问责。这无疑将大大提高侦查人员的谨慎心理，不会再马虎应付。只有侦查人员的自身利益与非法证据排除相挂钩，才能使侦查人员谨慎对待非法取证行为，不会形成无所谓的态度。

# 结　　论

非法证据排除规则体现了刑事司法不仅是打击犯罪的价值追求，而且更注重对犯罪嫌疑人的人权保护。现代文明的法治与过去野蛮的法律是不同的。为追求案件真实而不择手段，因而肆意践踏人权，这是赤裸裸的犯罪，如若此类犯罪还得到国家的许可，那么司法人员打着保护公共安全、维护公共秩序的旗号，岂不是自打嘴巴、自相矛盾了。非法证据排除规则的出现，将可以很好地规范司法人员的取证行为，不至于出现违法执法；将大大提高证据的可信度，提高司法权威，侦查机关在民众中的形象也会不断改善。

非法证据排除规则的完善，首先，必须在理论上确立非法证据排除规则的地位，使非法证据排除规则的价值追求得到我国立法者及司法工作人员的认可，并深入人心；其次，在立法上明确非法证据的排除范围、非法取证的手段、提出主体、证明责任、证明标准……使非法证据排除规则成为一个切实可行的规则体系；最后，建立更加完善的配套措施，使非法证据排除规则在众多配套措施的相助下，如鱼得水，操作起来更加便利，更能达到预期的目的。

梁治平教授说过："法律与国情脱节，法律与社会脱节，法律与文化脱节是中国最大的困境。"[23]因此非法证据排除规则在中国真正得到完善，是一个渐进的过程，我们不能盲目追求一蹴而就，而应该一步一步改进。非法证据排除规则的完善需要不断提高我国司法人员的法律素养，增强我国民众的法律意识，在侦查技术方面也需要慢慢改进。如今，人们的人权保障意识不断增强，我国 2004 年人权保障入宪，2012 年新的《刑事诉讼法》建立了非法证据排除规则，这都为我国非法证据排除规则的建立奠定了基础，因此，我们对我国的非法证据排除规则的进一步完善抱有很强的信心。

（作者单位：安徽松圣律师事务所）

指导教师　刘佩良

**参考文献:**

[1] 朱恩全. 论我国非法证据排除规则 [D]. 哈尔滨: 黑龙江大学. 2009.

[2] Henry Campbell Black. Black's Law Dictionary. 5th Edition West Publishing Co, 1979.

[3] 柴发邦. 诉讼法大辞典 [M]. 成都: 四川人民出版社, 1989: 505.

[4] 李学宽. 论刑事诉讼中的非法证据 [J]. 政法论坛, 1995, (3).

[5] 张贵勇. 论对非法证据的排除 [J]. 中国人民大学学报, 1996, (5).

[6] 刘善春, 毕玉谦, 郑旭. 诉讼证据规则研究 [M]. 北京: 中国法制出版社, 2000. 135 - 136.

[7] 李学宽. 论刑事诉讼中的非法证据 [J]. 政法论坛, 1995, (2): 51 - 64.

[8] 杨宇冠. 非法证据排除规则研究 [M]. 中国人民公安大学出版社, 2002: 135 -136.

[9] 陈光中, 丹尼尔·普瑞方廷. 联合国刑事司法准则与中国刑事法制 [M]. 北京: 法律出版社, 1998: 264.

[10] 程味秋等. 联合国人权公约和刑事司法文献汇编 [G]. 北京: 中国法制出版社, 2000: 149.

[11] 陈瑞华. 问题与主义之间一刑事诉讼基本问题研究 [M]. 北京: 中国人民大学出版社, 2003: 51 - 52.

[12] 戴福康. 对刑事诉讼证据质和量的探讨 [J]. 法学研究, 1998 (4).

[13] 田荣新. 论非法证据排除规则 [D]. 郑州: 郑州大学, 2010.

[14] 杨宇冠, 徐清宇. 非法证据排除规则研究 [J]. 政法论坛, 2008, (6): 144 -156.

[15] 年邓山. 关于非法证据排除程序的若干思考 [D]. 上海: 华东政法大学, 2011.

[16] 王云龙. 论我国的非法证据排除规则 [J]. 安徽警官职业学院报, 2003, (6).

[17] 刘习飞. 论构建我国的非法证据排除规则 [J]. 安徽警官职业学院报. 2003, (2).

[18] 陈卫东. 我国非法证据排除程序分析与构建 [J]. 法学研究, 2008, (6).

[19] 刘中琦. 我国的非法证据排除规则 [J]. 法学研究, 2008, (8).

[20] 陈光中. 非法证据排除规则研究 [J]. 政法论坛, 2008, (5): 124 - 136.

[21] 张智辉. 刑事非法证据排除规则研究 [M]. 北京: 北京大学出版社, 2006: 240.

[22] 汪海燕. 论美国毒树之果——兼论对我国刑事证据立法的启示 [J]. 比较法研究, 2002, (1).

[23] 梁治平. 中国法的过去、现在和将来——一个文化的检讨 [C] //法律社会学论文集. 太原: 山西人民出版社, 1998: 206.

# 学 术 总 结

*石德和*

安徽省法官协会、检察官协会、警察协会、律师协会联合主办的"推进以审判为中心的诉讼制度改革"研讨会，经过紧锣密鼓的策划筹备、论文征集、专家评审等一系列活动，即将落下帷幕。下面，针对这次研讨活动，我讲三个方面的问题。

## 一、研讨会的积极意义

党的十八届四中全会通过的《中共中央关于全面推进依法治国若干重大问题的决定》，明确提出了全面推进依法治国重大方针的指导思想、总目标和基本原则，提出了关于依法治国的一系列新观点、新举措，对全面推进依法治国作出了全面部署。全面推进依法治国重大方针的提出，标志着我国依法治国的法治理念进入一个全面深化的新阶段，意味着我国依法治国的制度改革又一次极为重要的全面提速与极为深刻的转型升级。党的十八届四中全会提出的一系列司法改革举措中，以审判为中心的诉讼制度改革处于关键地位，也特别引人瞩目，对于何为"以审判为中心"，如何推进"以审判为中心"，法学理论界和司法实务界尚有一些不清晰的认识。在全面学习贯彻落实十八届四中全会《决定》的背景下，四家协会联合主办本次"推进以审判为中心的诉讼制度改革研讨会及主题征文活动"，在学理上并结合各自的工作实际，进一步研讨以审判为中心推进诉讼制度改革的理论与实践，为未来的司法改革提供理论与制度方面的建议，具有非常积极的现实意义。

## 二、研讨会的成果和特点

本次研讨会内容主要涉及以审判为中心的诉讼制度、强化庭审中心意识、发挥庭审的决定性作用、全面贯彻证据裁判原则、严格落实证据标准、强化人权司法保障机制、法律职业共同体相互关系、相关配套制度机制建设等六大专题，四家协会共征集论文 305 篇，其中 53 篇分获一、二、三等奖和优秀奖。通过评审，发现不少论文的质量很高，有很多新颖的角度和亮点。下面，我结合相关论文的内容和特点，从四个方面进行总结：

（一）紧扣刑事诉讼中存在的"短板"

新刑事诉讼法实施以后，社会公众热议最多的几个规则性问题是非法证据排除规则、证据裁判原则、疑罪从无原则，以及对冤、错案的纠正和追责问题。同时，社会公众提出非议最多的，也是这几方面的问题。

关于非法证据排除的问题。有同志认为，修改后的刑事诉讼法虽然在诸多方面对刑事案件排除非法证据的规则作了规定，但在对非法证据审核、确定、排除的规则设计，法官权力配置以及相对应的程序保障等具体实施方面的规定稍显粗略，导致非法证据排除规则在我国确立以来，在司法实践中没有发挥应有的作用。针对非法证据排除规则在我国的适用情况，建议从以下几方面予以完善：一是明确界定辩护方的证明责任及其证明标准；二是加大对非法取证人员的处罚力度；三是注重非法证据排除规则司法解释的完善；四是适当赋予犯罪嫌疑人、被告人沉默权；五是确立审判的制高点，加强司法裁判的终局性。

关于证据裁判问题。有同志认为，纵观已发生的冤、错案，都毫无例外地源于刑讯逼供、片面取证等违法行为。办案单位对刑事诉讼证明标准的把握不当，让违法获取的非法证据有了被认可及采纳的空间，让无罪的当事人错误地受到了刑事追究。如何在实际办案中运用刑事诉讼证明标准审查判断案件事实，划清罪与非罪的边界，厘清此罪与彼罪的界限，避免冤、错案发生，已成为司法工作者不可回避的工作任务。修改后的刑事诉讼法对我国刑事诉讼的证明标准体系进行了一定程度的修改，新的"排除合理怀疑"的证明标准体系正在构建与形成，无论是侦查人员、公诉人，还是审判人员，都应当严格依照法定的证明标准，遵守证据规则，绝不能从本部门的工作需要出发，降低证明标准，将证据带有硬伤的案件起诉到法院。第一审法院也不应当囿于各方面的压力，在证据不确实、不充分的情况下，做出有罪判决，把矛盾上交。只有这样严格适用同一的证据裁判规则，才能有效地控制冤、错案件的发生，让司法公信力得到彰显与提升。

关于疑罪从无的问题。有同志认为，疑罪从无是刑事诉讼的基本原则，也是法律职业共同体的普遍共识，但从司法实践来看，疑罪从无制度却无法得到具体落实，疑罪从轻成为司法人员的功利性选择，致使一些冤、错案不可避免。疑罪从无，不仅是对被追诉者的权利保障，也是对每一个可能涉及诉讼的公民的普遍保障；疑罪从无，绝非以牺牲受害人的权利作为代价换取被告人的权利保障，而是以排除错误追诉的可能实现包括受害人在内的普遍正义。刑事审判作为刑事诉讼的中心环节，必须坚决守住防范冤、错案的底线，通过依法独立公正的审判，把好最后一道关口，切实维护司法公正。

关于冤、错案的纠正和追责问题。有同志认为，对于已经发生的刑事冤、错案，应该如何积极地发现并予以纠正，还无辜者以公道，我国现行的理论研究成果不多。虽然《刑事诉讼法》规定了申诉制度和审判监督程序来应对这个问题，但是现行的这些制度却因为自身固有的缺陷而运行不佳，刑事错案的发现与纠正消极被动，效率低下，往往是通过"真凶浮现""亡者归来"等偶然的方式来完成的。为此，建议在司法体系之外建立一个中立的官方刑事错案筛选机制。关于追责问题，有同志认为，在法院现行的体制下，法官司法能力存在一定的差异，同样是法官，但是审判权的含金量不同。法官判案一定程度上听命于上级，存在审者不判、判者不审的问题，使得错案责任难以追究。目前，正在推进的错案终身追责制度，意味着冤、错案一旦造成，判案法官以后哪怕晋升、调动或者退休，也都不能免责。因此，必须把司法权和司法监督管理权分离，使"让审理者裁判、让裁判者负责"的制度落到实处。

（二）紧扣本部门工作实际情况

本次研讨会中，有不少同志根据自己所在部门的职能，有针对性地提出了一些较有价值的观点和建议。

有公安机关的同志认为，近年来，不断暴露出来的一些重大冤、错案，无不牵涉到刑讯逼供，而羁押是刑讯逼供、暴力取证的前提。如何科学配置羁押权，重新设定羁押制度，确立以庭审为中心的羁押权行使机制，通过庭审对刑事羁押进行司法审查，是司法改革应当考虑的选项之一，且不容回避。现代羁押制度兼有保卫社会与保障人权的双重功能：一方面，需剥夺被羁押者的人身自由以保证刑事诉讼顺利进行；另一方面，又要防止权力滥用，以保障公民人身自由权利不受任意剥夺。而后者是羁押制度的本质和核心，是羁押之所以要从工具性措施上升到法律制度的缘由所在。但我国羁押制度的设置，却未能体现羁押的本质。根据国际公约和世界各国的普遍立法例，应当在我国羁押权制度的改革中引入司法审查机制，让羁押权交由法院来监督。

有检察机关的同志认为，以审判为中心，势必带来审判权威增强、检法相互制约增强、庭审实质化增强、控辩对抗性增强、证据裁判规则全面贯彻等。检察机关必须深刻把握改革的实质内涵，理清思路，既积极推动改革早日落地生根，又不断强化法律监督，发挥检察机关在法治中国建设中的应有作用。当前，检察机关必须转变司法理念，加强检察引导侦查和提前介入工作，提高证据质量，加强侦查监督工作，坚持保障犯罪嫌疑人、被告人及辩护律师的诉讼地位，消除与律师的对立情绪，加强规范化执法办案并开展经常性的案件质量评查工作，以促进检察机关执法办案工作能够更好地适应和应对以审判为中心的诉讼制度改革及其诉讼模式。关于公诉环节退回补充侦查问题，有检察机关的同志认为，随着以审判为中心的诉讼制度改革的推进，公诉环节退回补充侦查制度在司法实践中逐步暴露出许多问题，还未能充分发挥其立法原意上的价值功能。要完全解决公诉环节退回补充侦查制度所存在的问题，无论是司法实践中的完善，还是立法体制上的重构，都有待于以审判为中心的诉讼制度在实践中真正建立和运用，而不应止于司法理念的层面，唯有如此，才能使公诉环节的退回补充侦查制度发挥其应有的功能，实现其立法本身应有的价值。

有律师界的同志认为，在刑事诉讼中，控辩双方地位对等、控辩平衡的刑事诉讼结构，可以最大限度地维护法律的正确实施，维护犯罪嫌疑人、被告人的合法权益，维护社会的公平正义。实现控辩对等，无疑是一项重大的系统工程，为此，建议从以下几方面进行改革和完善：一是保障辩护律师的在场权，包括讯问在场权、勘验检查在场权、辨认在场权、搜查在场权等；二是保障辩护律师侦查的知情权；三是当办案机关不同意辩护人变更强制措施申请的，应当准许辩护人申请复议一次；四是法律文书、诉讼文书应当送达辩护人；五是法庭审理增设公诉人、辩护人互相发问环节。

（三）紧扣公检法司"一盘棋"的大局

从四家协会征集的论文内容来看，不少论文作者虽然是从本职工作着眼，提出的观点与本职工作密切关联，但其论文立意高远，从社会主义法治建设职业共同体的角度，紧紧围绕着"推进以审判为中心的诉讼制度改革"这一大主题展开论述。

关于侦审关系。有公安机关的同志认为，在刑事诉讼中，侦查独立于审判，又与审判关系紧密，应当摒弃以侦查为中心的模式，确立以审判为中心的制度。侦查人员关于程序法治、司法终局、无罪推定、证据裁判等以审判为中心理念的养成具有重要意义。应当通过制度的约束、侦查人员自身理念的树立和增强以及对侦查人员相关理念的培养等措施，确立正确的侦审关系。

关于检律关系。有检察机关的同志认为，以审判为中心视角下的新型检律关系，是指在权力制衡和人权保障双重理念的指引下，通过律师权利的扩大与保障以及检察监督职能的履行，以检律力量平衡和检律地位平等为基础而开展的检律合作关系。其中，人权保障是新型检律关系的精神内核，权力制衡是新型检律关系的法理基础，检察监督是新型检律关系的制度保障，检律平等是新型检律关系的结构模式，检律合作是新型检律关系的发展路径。这些提法有力打破了传统"检强律弱"的观念，为刑事审判注入了新鲜的空气。

（四）紧扣保障人权的时代大趋势

从研讨过程来看，很多论文通篇贯穿了以法治方式保障人权的主线，体现了作者浓浓的人本情怀，契合了当前全面推进依法治国的价值追求。

关于刑事诉讼权力制约监督机制问题。有同志认为，刑事诉讼结构设计之初应为正立等腰三角形结构，但随着维护社会秩序和打击违法犯罪的刑事诉讼职能转变，等腰三角形结构渐渐异化为钝角三角形结构。当前，刑事诉讼结构力学失衡的现状较为普遍，导致刑事被告人合法权利得不到应有保护，法院居中地位受到影响，冤、错案频发。建议从以下三方面着手，将失衡的等腰三角形予以扶正：一是法院方面应回归其应有的居中地位，坚决贯彻言辞证据原则和证据裁判原则；二是应建立新型的侦控关系，在侦查机关侦查时检察院就应提前介入，对证据合法性予以严格把关；三是充分保护刑事被告人的有效辩护权，在自行委托不能的情况下，加大法律援助力度，确保刑事被告人能够充分表达自己的意见。

关于被害人诉讼权利保障问题。有同志认为，保障刑事被害人的诉讼权利，不仅体现我国人权保护，更事关司法公正、公平、公开。同时，受害人的加入可以督促公检法机关真正依法办案，而不至于使其从一个极端走向另一个极端，使侦查机关、公诉机关、审判机关的刑事司法行为得到有效保障。为此应做到以下几方面：一是从立法层面保障被害人的知情权；二是建立被害人法律援助制度；三是建立刑事精神损害赔偿制度；四是保障被害人上诉权；五是建立被害人救助制度。

总的来说，这次研讨活动达到了预期的效果，取得了满意的成绩，在此，我代表研讨会组委会向为这次研究活动付出辛勤劳动的各位专家、评委表示衷心的感谢，向各位获奖的论文作者表示热烈的祝贺；同时，希望研讨会能够继续健康发展下去，成为我省乃至全国推进以审判为中诉讼制度改革的动力和平台。

# 三、值得继续关注的研究课题

本次研讨会及主题征文活动设置的内容，只是依法治国这一大课题中的一个子课题。除此之外，个人认为还有很多值得我们继续关注的课题，如，我国民事诉讼制度演进研究。本次研讨会及主题征文活动结合新刑事诉讼法写的文章较多，但对新民事诉讼法适用的理论与实务问题（如公益诉讼、证据制度、多元纠纷解决机制等）进行研究的文章较少。再如，依法治国、依法执政、依法行政共同推进研究，深化行政执法体制改革问题，本次研讨会也没有涉及。另外，推进以审判为中心的诉讼制度改革，必然涉及立案、侦查、起诉、辩护、审判、执行等各个环节（领域）各项制度的完善、创新与发展，由此必然涉及要修改许多现行法律或者制定一系列新的法律等问题，因此，哪些现行法律需要修改，需要制定什么样的新法律，这些问题亦亟待研究。

# 编 撰 小 记

　　2015 年 5 月，安徽省法官协会、省检察官协会、省警察协会、省律师协会经过协商，决定联合主办"推进以审判为中心的诉讼制度改革"研讨会，开展论文征集活动，对相关问题进行研讨。四家协会按"推进以审判为中心的诉讼制度改革"研讨会方案，向全省各自系统发文征集论文；论文评审委员会制订论文的评审方案，提出论文评审的要求，开展论文评审工作，各评委对征集的 305 篇论文进行评审，经初评、汇总后复评，撰写"推进以审判为中心的诉讼制度改革"主题征文活动论文评审情况报告，报研讨会组委会进行终评。省高院党组副书记、副院长石德和同志不仅亲自担任评审委员会负责人，且撰写的《以审判为中心诉讼制度改革的路径初探》一文作为特邀稿件，最后确定 53 篇论文荣获奖项。其中，淮南市朱新武检察长撰写的《审判中心主义视角下公诉环节退回补充侦查制度的实证考察与反思》，芜湖市胡胜友检察长撰写的《试论以审判为中心诉讼模式的内涵和法理基础及检察机关宏观应对》，以及安徽公安职业学院唐文胜教授、池州学院陈国华教授、多个律师事务所主任分别撰写的高质量论文，论文观点创新，对审判实务的价值很大。2016 年 1 月，安徽省法官协会办公会议研究讨论，认为召开研讨会不足以完全呈现各作者的智慧硕果，为在全省司法系统进一步"推进以审判为中心的诉讼制度改革"学术观点，决定将 53 篇论文结集出版。在这里，感谢各位作者的辛勤付出，因为有你们的集思广益，才有本论文集的出版。同时，本论文集出版也得到了合肥工业大学出版社的大力支持和诚挚帮助，在此深表感谢。

张 兵

2016 年 7 月 1 日

**图书在版编目(CIP)数据**

推进以审判为中心的诉讼制度改革研讨会论文集/石德和主编 . —合肥:合肥工业大学出版社,2016.8

ISBN 978 - 7 - 5650 - 2926 - 4

Ⅰ.①推…　Ⅱ.①石…　Ⅲ.①诉讼—司法制度—中国—文集　Ⅳ.①D925.04 - 53

中国版本图书馆 CIP 数据核字(2016)第 196059 号

**推进以审判为中心的诉讼制度改革研讨会论文集**

石德和　主编　　　　　　　责任编辑　朱移山　王钱超

| | | | | |
|---|---|---|---|---|
| 出　版 | 合肥工业大学出版社 | 版　次 | 2016 年 8 月第 1 版 |
| 地　址 | 合肥市屯溪路 193 号 | 印　次 | 2016 年 8 月第 1 次印刷 |
| 邮　编 | 230009 | 开　本 | 787 毫米×1092 毫米　1/16 |
| 电　话 | 人文编辑部:0551 - 62903205 | 印　张 | 26.5 |
| | 市场营销部:0551 - 62903198 | 字　数 | 620 千字 |
| 网　址 | www.hfutpress.com.cn | 印　刷 | 合肥星光印务有限责任公司 |
| E-mail | hfutpress@163.com | 发　行 | 全国新华书店 |

ISBN 978 - 7 - 5650 - 2926 - 4　　　　　　　　　　定价:68.00 元

如果有影响阅读的印装质量问题,请与出版社市场营销部联系调换。